피터 럭크만의 주석서

소 선 지 서 I

호세아 - 나훔

피터 럭크만 지음

조도희 옮김

말씀보존학회

THE BIBLE BELIEVER'S COMMENTARY

THE BOOK OF
MINOR PROPHET

By

Peter S. Ruckman, Ph.D.

Bible Baptist Bookstore

Pensacola, Florida

2003 / Korean by Word of God Preservation Society

Seoul, Korea

피터 럭크만의 주석서

소선지서 I

호세아 - 나훔

들어가는 말

소위 "소선지서"라고 불리는 책들은 요즘 교회들에게 있어 가장 소홀히 취급당하는 책들에 속하며 따라서 〈킹제임스성경〉에 충실한 소선지서 주석서는 거의 찾기 어렵다. 대부분의 유명한 주석들은 많은 부분에서 성경을 뜯어고치는 파괴적 비평을 일삼았다.

영적인 교훈을 위한 가벼운 주석들은(매튜 헨리, 그린, 파인버그, 아이언사이드 등) 약간의 "젖"을 우리에게 제공하고 있기는 하지만 "그리스도의 장성한 분량"에 이르기를 원하는 그리스도의 용사들에게는 그 수준이 심히 낮다고 볼 수밖에 없다.

히브리어 구약성경에서는 선지서들(Prophets)을 나흐빔("Nahbim")이라고 부르며 전선지서와 후선지서로 나뉜다. 전선지서에는 여호수아, 재판관기, 사무엘상·하, 열왕기상·하가 포함되며 후선지서에는 이사야에서부터 말라기까지인데, 전선지서와 후선지서로 나누는 기준은 그 선지자들의 활동 시기에 따른 것이다. 또 후선지서는 이사야에서 다니엘까지의 대선지서와 호세아에서 말라키까지의 소선지서로 나누는데, 대선지서와 소선지서로 나누는 근거는 그 책들의 기록된 분량에 따른 것이다. "소선지서"(minor prophets)라고 불리는 것은 그 분량이 짧기 때문이지 결코 소선지서들의 선지자들이 대선지서들의 선지자들보다 뛰어나지 못하거나 그들이 주께로부터 받은 사명감 또는 수행능력이 모자라서가 아니다. 이들 소선지서들은 다니엘, 예레미야, 에스겔, 이사야 등과 비교할 때 결코 열등하다고 할 수 없다. 또한 선지서들의 순서는 구약성경의 배열 순서일 뿐이지 그 선지자들의 활동 시기 순서가 아니다. 호세아와 아모스 중에서 배열 자체는 호세아가 앞서나 연대기적으로는 오히려 아모스가 앞서기 때문이다.

벌링거(Bullinger)에 따르면, 16권의 선지서들은 다음의 4부분으로 나뉜다. 첫째는 6권의 선지서(요나, 아모스, 호세아, 이사야, 미카, 나훔), 둘째는 7권의 선지서(예레미야, 하박국, 스파냐, 다니엘, 요엘, 에스겔, 오바댜), 셋째는 2권의 선지서(학개, 스카랴) 그리고 마지막으로 한 선지서 말라키이다. 이것이 바로 선지자들의 활동 시기에 따른 분류가 된다. 그리고 이 선지자들의 활동 기간은 모두 약 316년이다.

선지자("prophet")라는 단어는 창세기 20:7에 처음 언급되고 있다. 물론 유다서 1:14을 통해 에녹은 "선지자"였음이 분명하다(계 19:10을 볼 것). 그러나 성경의 기록으로 볼 때 이 단어는 이곳에서 처음으로 등장하는 것이다. (모세는 B.C. 1897년경의 사건을 B.C. 1450-1400년 사이에 기록하였다.)

오늘날은 모두가 선지자가 되고 싶어한다. 죽어 버린 정통주의 학자들은 자신들을 욥(약 5:10)과 엘리야와 같은 그룹으로 분류하고 싶어하지만 쉽지 않다는 것을 발견하게 될 것이다. 열왕기상 18:9과 22:6에서 보면 적어도 850명의 "선지자들"이 그와 같은 무모한 시도를 했다가 450명은 목베임을 당했고 나머지 400명은 (시드키야의 인도하에) 시리아인들이 이스르엘을 포위했을 때(왕상 22:11,25) 목숨을 구하기 위해 도망치고 말았다.

"선지자"들은 구약의 신정정치에 있어 그린베레나, 공수부대, 혹은 해병대 같은 사람들이었다. 이들의 유니폼에는 특수부대 요원임을 알리는 마크와 표식이 붙어 있었다. 이들은 특별한 임무를 맡았던 사람들이었던 것이다. 선지자들은 "고통스러운 고난"(약 5장)을 겪었고 때로는 담(참호)을 파기도 했고(겔 8:8; 12:5), 벌거벗고 다니기도 했고(사 20:2), 창녀와 결혼도 했고(호 1,3장), 잿더미에 앉아 있기도 했고(욥 2:8), 아내를 잃기도 했고(겔 24:18), 뺨을 얻어맞기도 했고(왕상 22:24), 감옥에 들어가기도 했고(렘 38장), 목숨을 구하기 위해 도망도 쳤고(왕상 19장), 고래 배 속에 들어가기도 했고(욘 2:10), 돌로 얻어맞기도 했고(마 23:37), 십자가에서 처형도 당했고(마 27장, 막 15장, 눅 23장), 어린아이에게 조롱도 당했고(왕하 2:23), 목베임을 당하기도 했다(침례인 요한).

이러한 분들(히 11:36,37!!)과 자신들을 같은 그룹에 놓기 위해 자유주의자들과 정통주의 학자들은 다음의 두 가지 사실을 왜곡시켜 버린다.

1. 죽어 버린 정통주의 학자들은(트랜치, 알포스, 로버트슨, 바이스, 칼빈, 어거스틴, 제롬, 댑니, 스트롱, 핫지, 메이첸 등) 구약 선지자들의 사역을 자신들의 메시지와 같은 것으로 만들어 버렸다. 다시 말해 신약성경의 "선지자"란 단어는 "미리 말하는 사람"(foreteller)이라는 뜻이 아니고 말해 내는(forth-tell) 사람이라는 것이다. 선지자는 미래의 일을 예언하는 것이 아니고 하나님 말씀을 입에서 바깥으로 말해내는 사람이라고 우긴다. 이와 같은 진리의 왜곡으로 인해 팔걸이 등의자에 기대 지내는 신학자는 아무런 훈련도 받지도 않은 채 특수전투 요원으로 둔갑하고 만다.

선지자들이 하나님께서 그들에게 주신 메시지를 전달하는 것은 사실이다. 그리고 그 메시지의 내용이 "다가올 사건"이 아닌 경우도 물론 있다. 하지만 90%는 미래의 일에 대한 예언이었다. 미래를 예언하지 않은 선지자가 성경에 한 사람이라도 있었는지 찾아보라. 아브라함과 모세의 생애는 그들의 입으로 발설한 것을 제외하면 현재가 아닌 미래를 살고 있는(히 11장) 사람의 생애임이 분명하다. 죽은 정통주의 학자들이 이사야, 예레미야, 에스겔에서 "사회개혁을 위한 메시지"(social message)라고 오해하고 있는 것들은 실상은 전천년체계 내에서 "예수 그리스도의 재림에 관한 예언"임이 드러났다. 그러나 이들 정통주의자들 중에 전천년주의자들이 몇이나 되는가?

2. 자유주의자들은 "PRO-(미리, 앞당겨)," "PHET-말해내다."를 단순히 "입 밖으로 말해내다."(forth telling)으로 변개시키는 일은 생략하고 구약 선지자들의 발언 중 사회개혁에 관련된 내용만을 골라낸다. 이들은 선지자들이 "사회의 죄들"을 지적한 것을 들어 아모스, 요엘, 오바댜, 호세아, 미카, 나훔 등을 종교적 사회주의자로 만들어 버린다. 그리고 나서는 이들을 포스딕, 마르크스, 필, 트로츠키, 카가와, 블레이크, 레닌, 웨더헤드, 랩브라운, 슈바이처, 챠미칼, 버트란트 러셀 등과 같은 부류로 취급한다. 이들 "사회복음"주의자들이 "선지자"라면 누구는 선지자가 아니겠는가? 『**사울도 선지자들 가운데 있느냐?**』(삼상 19:24)

국제표준성경백과사전(International Standard Bible Encyclopedia)은 히브리어 "Nabhi"가 사무엘상 9:9에 나오는 선견자("ro'eh")라는 사실을 장황하게 설명한 다음 사무엘상 9:9을 마무리 지으면서는 자기가(백과사전의 이 항목의 저자) 선지자 학교에 소속될 수도 있다는 근거 구절들을 찾아 이곳저곳을 기웃거리고 있다. 그러나 사무엘상 9:9에 나오는 사람은 그가 선지자이건 선견자이건 간에 사무엘이고 사무엘상 9,12,15장을 읽어 본 사람이라면 사무엘의 발언 중 3분의 2가 미래에 관련된 것임을 알 것이다. 따라서 예언할 수 없는 사람은 선지자가 아닌 것이다(신 18장). 예언이 무엇이냐는 기준은 "모세와 같은" 선지자이신 예수 그리스도에 따르면 "미리 말하는 것"(foretelling)이지 결코 "말해 내는 것"(forth telling)이 아니다(신 18장 전체를 읽어 보라). 하나님께서는 예언할 수 있는 능력을 근거로 자신이 참 하나님이시며 하나님의 말씀은 무오하다는 것을 입증해 보이시고 세상 사람들에게 도전을 하고 계신다(사 40:21; 41:22,26; 42:9; 44:7; 45:11).

왜 자유주의자들은 선지자는 "예언자"가 아니고 "사회개혁자"라고 부르는가? 그 대답은 간단하다. 자유주의자들은 예언을 할 수 없기 때문이다. 자유주의자들은 거듭나지 못했기 때문에 예언의 영인 예수 그리스도의 증거(계 19:10)를 갖고 있지 않다. 그 어떤 근대주의자나 자유주의자도 지옥이나 재림에 관해 설교를 할 수가 없다. 왜냐하면 이에 관한 예언들은 『성령**으로 감동을 받아**』(벧후 1:21) 사람들에 의해 말하여졌기 때문이다. 그들은 성령도 없고, 예언의 영도 갖고 있지 않다. 따라서 그들에게는 예수 그리스도의 증거가 없는 것이다. 성령으로 충만한 사람 치고 미래를 모르는 사람은 아무도 없다(요 16:13을 볼 것).

사회주의 십자군들이 양우리 안에 침투하는 것을 막기 위해서는 구약성경의 선지자들은 어떤 사람들인가를 기억해야만 한다.

1. 선지자들은 죄의 마음이 세상의 모든 화의 원천이라고 간주했다.
2. 이들은 결코 "이상주의자"가 아니었다(다윈을 보라). 이들은 오직 남은 자들에게만 희망을 갖고 있었다.
3. 이들은 하나님께서 민족들을 심판하실 것임을 강조했다.
4. 이들의 메시지는 항상 무오한 하나님의 말씀에 근거했다.
5. 이들은 유일한 희망으로서 모세오경의 예언들을 성취하실 메시아만을 제시했다.

6. 이들은 모든 종류의 통합과 인종혼혈을 절대적으로 반대했다. 이 여섯 가지 사항과 교회협의회를 비교해 보라. 이 여섯 가지 사항을 당신의 목자는 갖추고 있는가?

새로운 도덕과, 교회일치, "하나 됨"을 주장하는 현대의 "선지자"는 이렇게 설교한다.

1. 과학은 믿을 만한 정보를 제공한다.
2. "평화"는 인류가 추구할 최상의 이상이다.
3. 세상에 순응하지 않는 자들은 비정상적인 자들이다.
4. 성경을 비판하는 것은 괜찮다. 그러나 다른 사람의 "신앙"을 비판하는 것은 죄이다.
5. 사형제도는 옳지 않다.
6. 죄책감이 정신병을 만든다.
7. 자기가 죽으면 어디로 가는지 아무도 확실히 알 수 없다.

모든 선지자들은 그리스도의 왕권을 강조했다. 그렇지 않다 하는 선지자는 하나도 없었다. 그분, 즉 주 예수 그리스도의 왕권은 그분의 재림과 함께 천년왕국에서부터 시작된다. 이것은 예수님께서 첫 번째로 이 세상에 오셨을 당시의 위선자들의 집단인 종교 지도자들을 혼동시켰다. 그러나 그러한 인간의 무지함과 완고함과 무엇보다도 진리를 기뻐하지 않는 마음은 약 2,000년이 지난 오늘까지도 변함이 없다. 98%의 성경 주석가들이 그러한 위선자들의 집단으로 치부되는 것은 그들이 선지서들의 주제를 모르기 때문이다.

구약의 주제는 주 예수 그리스도의 재림이다. 선지서 가운데 소선지서들의 핵심 내용은 더더욱 그렇다. 이미 구약의 주제를 예수 그리스도의 재림으로 이해하고 선지서들을 읽은 사람에게 그 책들은 내용이 까다롭다거나 이해하기 어렵거나 지루한 책이 아니다.

창세기 20:7에서 하나님께서 아비멜렉에게 아브라함이 선지자라고 말씀하셨다. 생명이란 단어가 창세기 1:20에서 처음 나타났듯이 선지자라는 단어는 바로 이 구절에서 첫 번째로 등장한다. 아브라함의 아들 이삭과 야곱도 선지자였다. 모세와 다윗은 그리스도에 앞서 보여진 "선지자-제사장-왕"의 모형이었다. 사무엘은 "선지자-제사장"이었고 사울은 모호하지만 "선지자-왕"이었다. 여호수아는 "선지자-왕"이었지만 확실하게 제사장은 아니었다. 에녹도 선지자였으며(유 1:14) 노아 또한 그러했다.

성경에는 다음과 같은 7개의 예언의 기간이 나와 있다.

1. 아담에서부터 아브라함(에녹은 선지자였다.)
2. 아브라함에서부터 모세(사람들이 진영에서 예언했다. 민 11:29,30)
3. 모세로부터 호세아(B.C. 1500-689)
4. 호세아로부터 말라키(B.C. 689-389)
5. 침례 요한부터 사도행전 1장까지(침례인 요한과 예수 그리스도는 선지자였다.)
6. 사도행전 1장부터 휴거까지(성령께서 우리에게 일어날 일들을 보이신다.)
7. 대환란에서 모세와 엘리야와 함께 예언하는 144,000명의 증인

천년왕국 때에는 선지자들이 없으며(슥 13:2), 예언도 없다(히 8:11). 천년왕국 때 선지자를 자처하는 자는 처형을 당하게 된다(슥 13:3).

소선지서 중에는 연대가 나와 있는 것들이 있는 반면(호세아, 아모스, 미카, 스파냐, 학개, 스카랴) 그렇지 않은 것들도 있다(요엘, 오바댜, 요나, 나훔, 하박국, 말라키). 호세아는 이사야와 미카와 동시대 사람이며 스파냐와 하박국은 예레미야와 동시대 사람이고, 다니엘은 요엘과 오바댜와 일부시대가 겹

친다. 학개와 스카랴는 동시대 사람이고 말라키는 홀로 예언했다.

히브리어 구약의 소선지서들은 21개의 세다림(봉독을 위한 구분)으로 되어 있는데 이는 원래는 12개의 소선지서들이 하나의 책으로 되어 있음을 보여 주는 것이다.

하나님께서는 선지자들을 고난을 겪는 자들의 본으로(약 5:10) 삼으라고 말씀하셨다. 우리 구세주께서도 모세와 같은 선지자이셨고(신 18:15), 여인에게서 태어난 자들 중 가장 위대한 선지자에 의해 세상에 소개되셨다(마 11:11). 또한 하나님께서 성경의 저자임을 확증하는 무오한 시험이 바로 "예언의 성취"라는 사실(사 42:9)에 입각해 볼 때, 우리가 소선지서를 공부하는 것은 결코 시간 낭비가 아닐 것이다.

마지막으로, 열 두 권의 소선지서들의 핵심 내용은 다음과 같이 요약될 수 있다.

1. 호세아는 재림시 이스라엘의 회개와 회복을 강조한다.
2. 요엘은 재림시에 있을 아마겟돈 전쟁을 강조한다.
3. 아모스는 재림의 여정과 예루살렘 곁에 있는 도시들에 내려질 심판들의 성격을 보여 준다.
4. 오바댜는 천년왕국에서의 불못의 위치는 에돔이라는 사실을 제시한다.
5. 요나는 성경에서 이방인들에게 말씀을 증거하도록 부르심을 받은 환란 시대의 유대인을 가장 잘 예표하고 있음을 비교한다.
6. 미카는 초림과 재림을 비교한다.
7. 나훔은 바빌론의 예표로서의 니느웨를 다루고 있으며 재림시에 나타날 상황들을 보여 준다.
8. 하박국은 재림의 여정을 강조하고 있다.
9. 스파냐는 재림의 부정적인 성격을 강조하고 있다.

10. 학개는 향후 20년, 10년 내에 있게 될 성전 건축을 예표한다.
11. 스카랴는 초림과 재림을 비교하고 난 후 아마겟돈 전쟁 이후의 자세한 상황을 제시한다.
12. 말라키는 재림에 앞서 주어지는 최후의 경고들을 다루고 있다.

목 차

이 책에 인용된 성경 구절은 <한글킹제임스성경>입니다.

호 세 아

호세아서는 14장, 197절, 5,174 단어(KJV 기준)로 되어 있다. 호세아라는 말 자체는 "하나님은 구원이시다." 혹은 "오, 하나님 구원하소서!"란 의미이다. 민수기 13:8,16에서 이 이름은 "여호수아"에게 주어졌는데 성경을 배우는 사람이라면 이 이름이 예수에 대한 구약의 이름이라는 사실을 알 수 있다. [행 7:45과 히 4:8을 볼 것. 신국제역(NIV)와과 신미국표준역(NASV)는 헬라어 본문의 네 계열을 모두 부패시켜 이 단어를 오역하였다.] 문자적으로, "그는 구원이시다"라는 말이다. "호세아"라는 이름은 다른 세 곳에서도 등장한다. 열왕기상 15:30에서 북왕국의 마지막 왕, 역대기상 27:20에서 에프라임 자손의 지도자, 느헤미야 10:23에서 느헤미야 밑의 백성의 우두머리이다.

호세아는 "웃시야, 요담, 아합, 히스키야" 시대에 예언을 하였고 이것은 B.C. 689년경부터 B.C. 611년까지이다. 이 기간이 70년이 훨씬 넘기 때문에 국제표준성경백과사전에서는 호세아 1:1을 문자적으로 믿어서는 안 된다고 말한다. 만일 호세아가 78세까지 살았다면(B.C. 689-611) B.C. 663년에 예언하기 시작하여 B.C. 611년까지 설교한 것이다. 그 기간은 정확하게 52년간이다. 웃시야가 B.C. 650년에, 요담이 B.C. 647년에, 아하스가 B.C. 632년에, 히스키야가 B.C. 617년에 왕위에 올랐으므로 1611년 〈킹제임스성경〉 권위역본에 의해 호세아가 사역한 정확한 "날들"을 알 수 있다.

선지자로서 호세아는 구약 선지자들에게 해당하는 선지자로서의 기본 방침을 따랐다.

1. 기존 사회질서를 전복시키기 위한 수단으로서 혁명이 필요함을 결코 설교하지 않았다.

2. 모든 형태의 종교적 인종적 통합에 반대한 강력한 분리주의자였다.

3. 인간이 당하는 재난은 경제적 구조 때문이 아니라 인간의 죄를 짓고자 하는 마음 때문이라고 지적했다.

4. 이 땅에서의 영원한 평화가 오는 것은 팔레스타인에서 유대인의 메시아가 천 년 동안 통치할 때만이 가능한 것임을 설교했으며 그 외의 유토피아에 대해서는 단 5분도 낭비하지 않았다.

5. 그가 설교한 모든 내용은 성경적 관점에 근거한 하나님과 하나님의 거룩함에 관한 것들이었다. "상대적 가치들"이나 "상황 윤리," "문화 교류"에 대해서는 전혀 몰랐다.

6. 하나님은 모든 것을 참으실 것이라고 생각하는 개인과 민족들에 대해 하나님께서는 진노하시고 심판하실 것을 강조하였다.

7. 자신이 죽은 후 2,000년간 일어날 사건들을 정확하게 예언할 수 있었다.

호세아서는 이스라엘과 사마리아의 멸망 전에 일어났던 사건들을 지적한다. (사마리아는 여로보암 밑에서 배교했던 북쪽의 열 지파가 살던 북왕국의 수도였다.) 이스라엘이 멸망한 것은 히스키야 통치 6년째였으며 이 사실은 호세아 13:16에서 예언되었음을 알 수 있다. 호세아는 연대기적으로 볼 때 구약에서 성경을 기록한 선지자들 가운데 첫 번째 선지자이므로 호세아 1:2에 기록된 대로 『**주의 말씀의 시작이라.**』를 대하는 것이 새삼스럽게 놀라운 일이 아니다.

자, 여기 호세아가 있다. 선조들, 즉 엘리야(왕상 17-18장)와 엘리사(왕하 2-7장)의 위대한 교훈을 그대로 가지고 있는 호세아가 있다. 밥 존스 시니어(Dr. Bob Jones Sr.)가 말했던 영웅적인 설교자들 중의 하나인 호세아가 있다. "선지자들은 설탕 덩어리가 아니었다. 소금 그 자체였다." 선지자들은 참호를 파기도 했고(겔 8:8), 벌거벗은 채로 돌아다니기도 했고(사 20:2), 아내를 잃기도 했다(겔 24:18). 잿더미 위에 앉기도 했으며(욥 2:8), 뺨을 맞기도 하였다(왕상 22:24). 고래가 삼켜 뒤범벅이 된 선지자를 토해내기도 했다(욘 2:10). 돌에 맞기도 했고 십자가에 처형되기도 했다(마 23:37; 27:20-45). 참수되기도 했다(막 6:24).

선지자들은 구약 신정통치의 특공대, 그린베레, 해병대, 낙하산 부대, 파괴 전문 부대의 특수요원이었다. 선지자들은 총탄과 포탄 속을 뚫고 돌격하였으며 적들을 죽이기까지(마 23:35) 아니면 적들이 죽을힘을 다해 도망갈 때까지(왕상 22:25) 집중 포격하였다. 하나님의 선지자들은 반드시 성공한다는 사실을 믿어야만 한다(대하 20:20). 그리고 분명하게 하나님의 선지자(신 18:22)와 마귀의 선지자(렘 23:9,14,15,16,21,25,26,28)를 구별해야만 한다.

여기 호세아가 있다. 예수 그리스도의 훌륭한 군사로서 믿음의 선한 싸움을 싸우고 고난을 견뎌 낼 준비가 되어 있는(딤후 2:3) 호세아가 있다. 그가 말하면 우리는 들을 것이다. 그가 말하는 것은 학자인 체하는 자들이 방해하면(왕상 22:24) 우리는 썩은 계란 치우듯이 일축해 버릴 것이다.

『**만일 그들이 이 말씀에 따라 말하지 아니하면 이는 그들 안에 빛이 없기 때문이라**』(사 8:20).

호세아 1장

1:1 유다의 왕들로는 웃시야, 요담, 아하스와 히스기야의 시대요, 이스라엘 왕으로는 요아스의 아들 여로보암의 시대에 브에리의 아들 호세아에게 임한 주의 말씀이라.

2 호세아를 통한 주의 말씀의 시작이라. 주께서 호세아에게 말씀하시기를 "너는 가서 음란한 아내를 얻어서 음란한 자식들을 낳으라. 이는 그 땅이 주로부터 떠나 크게 행음하였음이니라." 하시더라.

3 그러므로 그가 가서 디블라임의 딸 고멜을 취하였더니 그녀가 임신하여 그에게 아들을 낳았더라.

4 주께서 호세아에게 말씀하시기를 "그의 이름을 이스르엘이라 하라. 조금 있다가 내가 이스르엘의 피를 예후의 집에 갚을 것이며 이스라엘 집의 왕국을 그치게 할 것이요,

5 그 날에 내가 이스르엘 골짜기에서 이스라엘의 활을 꺾으리라." 하시더라.

하나님께서 호세아에게 매춘부와 결혼하라는 명령으로(2절) 호세아서는 시작된다. 이 여자가 직업적인 창녀가 아니라면 요즘 시대의 말로 최소한 프리섹스주의자나 간음을 일삼는 여자이다.

"처음부터" 사자 울음소리를 들은 학자님들은 잔뜩 겁을 먹어 우왕좌왕하다가 마침내 뜻을 모아 이것은 풍유적으로 해석해야 한다고 결정하여(이집트 알렉산드리아의 판테누스, 오리겐, 클레멘트 등을 보라) 이 구절을 문자 그대로의 "역사"로 취해서는 안 된다고 말한다. 이런 입장을 취하는 알렉산드리아 이단들은 존 칼빈, 제롬, 오리겐, 케일, 하버닉, 헹스텐버그, 로젠뮬러, 류스, 아히혼, 힛직 등이다("사도직을 계승했다."고 주장하는 이단은 이집트와 아프리카로부터 로마카톨릭을 통해 독일의 이성주의를 거쳐 죽은 정통 보수주의까지 연결되었다는 사실을 주목하라). 이 생각에 반대하는 사람들은 쿠르츠, 델리취, 호프만, 체인, 벨하우젠, G.A. 스미스 등이다. 그러나 이제껏 언급된 사람들 가운데 누구라도 구약의 2/3가 재림을 다룬다는 사실을 붙잡을 수 없다면 우리는 굳이 편을 짜 싸울 필요가 없다.

호세아 1:1-5은 문자적인 역사이다. 만일 2절이 역사적 사실이 아니라면 1절은 어떻게 되는가? 역사에서 문자적으로 성취된 4절과 5절(왕하 9:14; 10:14; 15:10,17)은 어떻게 되고 2절과 3절은 아직도 성취되지 않은 것인가?

여기에 대해 파괴적 비평을 일삼는 자들이 하는 대답은 열왕기와 역대기에는 이스르엘 골짜기에서의 중요한 전쟁에 대한 기록이 없다는 것이다. 이러한 대답을 함으로써 성경 본문을 해석할 수 있는 비판 능력이 전혀 없음을 보여 주는 것이다. 주어진 본문은 재림과 아마겟돈 전쟁과 연관이 있기 때문이다. 앞에서도 언급하였지만 앞서 말한 학자들 가운데 한 사람도 구약의 2/3를 이해할 수 없는 것이다. 어떤 무천년주의자나 후천년주의자라도 또 어떤 학위가 있다고 하더라도 성경을 해석할 수 있는 자격이 없다. 오직 성경 학자만이 성경을 해석할 수 있다.

5절에 대한 성취는 명백하게 호세아 1:11과 2:22에서 발견된다. 그러나 어떤 무천년주의자(로버트 딕 윌슨, A.T. 로버트슨, G. 메이첸, B. 와필드, 존 칼빈 등)도 성경적 해석의 관점에서 한 구절도 제대로 해석할 수 없다.

5절의 "그 날에"(at that day)라는 표현은 "주의 날"(the day of the Lord)을 알 수 있는 열쇠이다. 이 표현은 선지서에서 100번 이상 언급된다. A.T. 로버트슨이나 R.D. 윌슨보다 더 성경을 "진지하게" 공부하는 사람이라면 이스라엘은 이스라엘의 "활"(5절)이 꺾여진 후에 기뻐하고(2:22) 다시 모여진다(1:11)는 사실을 알 수 있다.

그러나 이 사실(롬 11:25)과 관련된 신약의 교리에 대한 언급을 이미 거부해 버린 그 어떤 히브리어 학자라도 어떻게 이 사실을 알 수 있겠는가? 전혀 알 수 없다. 이것은 자신이 하나님을 거짓말쟁이로 만들 수 있을 만큼 똑똑하다고 생각하는 그 어떤 사람도(살았든지 죽었든지 간에) 존경할 수 없다는 이유를 다시 한 번 입증한 것이다. "무지한"이라는 말과 "자만한"이라는 말은 성령님께서 A.T. 로버트슨과 J. 그레샴, 메이첸과 같은 학자들을 평가하실 때 사용하시는 용어이다. 그들의 "경건함"은 그들의 평판이다. 그들의 명성은 자유주의자들을 대항하는 "입장"에서 비롯되었다. 전능하신 하나님의 권위를 향한 올바른 태도로 얻어진 것과는 전혀 무관하다.

자, 호세아는 "음란한 아내"(2절)와 결혼해야만 했다. 호세아의 삶은 에스겔과 마찬가지로(겔 12:4-7) 같은 시대를 살았던 사람들에게 의미있는 교훈이 되었다. 디블라임(3절)의 딸 고멜이 "음란한 자식들"(2절)을 낳은 것은 『**이는 그 땅이 주로부터 떠나 크게 행음하였음이니라.**』(2절)는 사실을 입증한다. 더멜로우는 하나님께서 주신 이 의미있는 교훈을 즉시 덮어버렸다. 즉 호세아는 자신의 나중 경험들을 생각하면서 말하는 것이고 그가 아내와 결혼했을 때 그녀는 결백했거나 아니면 호세아는 자기 아내의 본래 참된 성품을 몰랐다는 것이다.

계속해서 하나님을 거짓말쟁이로 부르라![2절과 3절은 실제로는 일어나지 않고 다만 환상이었을 뿐이라고 말하는 킴치(Kimchi), 제이미슨, 포셋, 브라운처럼, p.766] 〈뉴바이블주석〉은 호세아가 이 명령을 받았을 때 그 여자는 아직 부정하지 않았다고 말한다. 그러나 호세아는 그녀가 무엇을 할 것인지를 알기만 한 것이 아니라 그녀가 출산한 아이들이 "음란한 자식들"인 것도 알았다. 이 구절을 속이려고 하는 어떤 시도에 대해서도 변명의 여지를 주어서는 안 된다. 호세아는 창녀였거나 간음하는 여자와 결혼했다. 그 여자는 결혼 전에 매춘부라고 불려졌고 결혼 후에는 간음하는 여자였다(3:1).

그러나 어거스틴과 〈강단주석〉은 하나님께서 말씀하신 것 그대로의 의미를 받아들이지 못하고 하나님께서 의미하는 것 그대로를 말하도록 놔두지 않는다. 그래서 이 〈강단주석〉("주님을 사랑했던 선한 사람들"이라고 인용되었던 사람들이 쓴)에서는 호세아 1장은 "상상속의 이야기"(p.1, vol.13)라고 말하며 칼빈은 이것이 "비유"라고 말한다. 그러나 99%의 보수주의자들이 요나서를 어떻게 다루었는가를 기억한다면(요나서 서문을 참조할 것) 하나님 말씀에 대한 자세가 문제시되었을 때 칼빈이 헤리 에머슨, 포스딕, 유진 카슨 블레이크, 파이크 주교와 한패라는 사실을 아는 것은 그다지 놀라운 일이 아니다.

『**그러므로 그가 가서... 고멜을 취하였더니**』(3절)

호세아는 하나님께서 그녀가 어떤 여자인지 말씀하신 후에 가서 그 여자를 취하였다. 『**그녀가 임신하여 그에게 아들을 낳았더라**』(3절). 그 아들은 곧바로 "이스르엘"이라고 불려지는데 이는 "하나님께서 심으시다." 또는 "하나님께서 흩으신"이라는 의미이다. 이 단어는 "이스르엘의 피"(즉 하나님께서 심으셨던 어떤 것에 대한 피)와 관련이 있다. 이 피는 잔인한 예후(왕하 10:31을 볼 것)로 인해 복수를 한다(4절). 그리고 나서 이스라엘은 흩어지게 된다(호 8:8). 4절과 5절에서 살펴본 예언이 이중적으로 성취되었다는 사실 때문에 많은 성경 개정자들과 성경 해석자들이 걸려 넘어진다. 하나님께서는 성경의 한 구절에 역사적이면서도 예언적인 언급을 기록하셨는데 그와 같은 많은 예들이 있다. 이러한 구절들은 전천년 성경해석 체계가 아니면 이해하기 불가능하다. 느부캇넷살이 예루살렘을 멸망시킨 사건(왕하 24장, 대하 36장)은 아직 성취되지 않았다. 바빌론의 영원한 멸망(렘 51:62-64)도 아직까지는 발생하지 않았다. 티투스의 예루살렘 포위공격은(눅 21:24) 실제 사건(계 11:1-3)에 대한 예행연습일 뿐이었다. "주의 날"(the day of the Lord)과 "그 날에"(in that day)라는 표현이 10-60가지의 사건에 언급되었는데, 이는 B.C. 400년 전에 역사적으로 이루어졌다(사 1-39장). 또한 동시에 이 사건들은 UN(슥 3:8, 사 2,11장)을 목표로 삼아 왔다.

이 "겹쳐지는"(중복되는) 내용(특히 단 9:26,27을 볼 것) 때문에 하나님의 말씀을 과거에 이미 이루어진 역사로만 국한시킴으로써 항상 하나님의 말씀을 폐기시켜 왔던 배교한 정통주의자들은 혼란에 빠질 수밖에 없는 것이다. "하나님의 말씀을 폐기"(막 7:13)시키는 경향이 아주 강하기 때문에 최소한 100명의 "경건하고, 헌신되고, 학식 있는 보수주의자 등"이 요한계시록 1장부터 19장까지를 과거에 일어난 역사라고 제쳐 버린다(요한계시록 주석서를 참조할 것). 더 추악한 사실은 그들의 추종자들이 그들의 평판이나 성품을 근거로 하여 성경에 대한 그들의 그릇된 비평관을 사람들에게 강제로 주입시키는 것이다. 성경적 관점에서 볼 때 하나님 말씀에 대한 진실된 모습이라고는 이 "경건한" 학자들 무리에서는 찾아볼 수 없다.

4절에서의 "조금 있다가"는 하나님의 시간표에서는 매우 짧은 시간이다. 그로부터 삼십 년 후에 이스라엘에게 적용되었기 때문이다(왕하 18:10). 그러나 므깃도 골짜기의 동남쪽 끝에 있는 므깃도를 팔레스타인 지도에서 확인하지 않고서는 5절의 이스르엘 골짜기로 갈 수 없다. 이것은 요한계시록 16:16에 언급된 "무리들의 언덕"(아마겟돈)이다. 이것은 그리스도의 군대들이(계 19:14-21) - 이스라엘의 군대가 아니다. - 멸망의 아들을 이기는 장면이다

(계 19:19). 그러므로 "이스르엘의 날"(호 1:11)은 앗시리아에게 이스라엘이 패배한 것 이상을 의미한다. 이는 교회 시대와는 별도로 이스라엘이 다시 모여지는 것을 언급한다(사도 바울이 로마서 9:25에서 호세아 1:10을 인용한 사실을 주목하라). 그러므로 "이스르엘"은 다음 세 가지와 연관이 있다.

1. 열왕기하 17장에서 앗시리아 왕에게 패배한 이스라엘 군대의 사로잡힘.
2. 동쪽으로부터 오는 2억의 군대에 의한 아마겟돈 전쟁.
3. 적그리스도의 패배와 천년왕국에서 이스라엘의 회복.

1장은 호세아의 사역에 대한 배경을 설정한다. 호세아는 여호와 하나님과 "결혼"했다가 "배반"한 한 민족을 강조하고 있다. 영적인 우상 숭배는 구약 전체를 볼 때 간음과 연관된다(민 25:1-8). "영적으로" 마귀를 숭배하는(고전 10:20) 한 부분이었던 행음(계 2:20)과 남자 동성연애(왕하 23:7)는 팔레스타인과 페니키아에서(로마, 그리스, 이집트, 바빌론에서처럼) 아주 많았다. 이스라엘은 버림받아(호 4:6) 이혼증서(신 24:1)를 받은 아내 같았다.

호세아서에서는 주로 버림받은 아내처럼(2:1,14) 잠시 거부하다가 후에 남편을 만족시키는(사 54:5) 이스라엘을 다룰 것이다. 이 화해가 한 민족의 민족적인 회복임을 깨닫지 못하고 단지 "교회"에서 개인적인 영적 회개라고 해석하는 모든 시도는 성경과 전혀 무관하게 꿈 속에서 잠꼬대하는 것이다.

1:6 ○ **그녀가 다시 임신하여 딸을 낳으니** 하나님**께서 호세아에게 말씀하시기**
를 "그녀의 이름을 로루하마라 하라. 이는 내가 다시는 이스라엘 집에 자
비를 베풀지 아니하고 그들을 완전히 제하여 버릴 것이기 때문이라.
7 **그러나 내가 유다 집에는 자비를 베풀고 주 그들의** 하나님**으로 그들을**
구원할 것이요, 활이나 칼이나 전쟁이나 말이나 기병으로 그들을 구원
하지 아니하리라." 하시더라.

두 번째 태어난 아이는 "로루하마"("사랑받지 못하는," "동정을 받지 못하는")이다. 이 말은 "가엾게 여겨지지 못하는 여자"라는 뜻으로 6절의 『**내가 다시는 이스라엘 집에 자비를 베풀지 아니하고...**』의 본문으로 정의된다.

"자비를 베풀지 아니하고"라는 말은 "그의 자비가 영원히 지속됨이라"(시 136편)고 말씀하신 분께서 하신 말씀이다. 자비를 얻기 위해 하나님의 조건(롬 9:16)을 만족시킬 때만이 하나님의 자비를 "영원히 지속적으로" 받을 수 있다는 사실을 깨달을 수 없다면 그 어떤 궤변론가라도 이 구절을 해석할 수는 없다. 이 시대에 영원한 자비를 위한 하나님의 조건은 로마서 10:9,10과 에베소서 2:1-8에 명백하게 기록되어 있다. 이스라엘 민족에 대한 하나님의 자비의 조건은 신명기 28:1-14, 레위기 26:1-3에 명백하게 기록되어 있다. 호세아가 설교를 시작했을 때 이스라엘을 위한 잔은 채워져 있었다. 호세아는 "부정적인" 설교를 했다. 『**내가 다시는 이스라엘 집에 자비를 베풀지 아니하고...**』(6절). 호세아는 인기 경연대회에서 그 어떤 인기도 얻지 못했음을 아는가?

『**그러나 내가 유다 집에는 자비를 베풀고...**』(7절). 이스라엘이 죄악을 행하던 이 시기(B.C. 680-670년경)의 유다는 북쪽의 열 지파에서 찾아볼 수 있었던 배교의 극치에 도달하지는 않았다. 유다는 아직도 "성도들과 더불어 신실"(호 11:12)했다. 이 시기는 히스키야가 왕위에 올랐던 때이다. 『**주 그들의** 하나님**으로 그들을 구원할 것이요**』(7절). 이 구절은 산헤립이 예루살렘을 포위했을 때 히스키야에게 베풀어 주신 하나님의 구원(왕하 19:35)과 연관된다. [이는 재림을 보여 주는 강력한 모형인데 이는 산헤립이 구약에서 발견되는 아주 강력한 죄의 사람의 예표이기 때문이다(사 10:5-19).]

1:8 ○ 그녀가 로루하마를 젖뗀 후에 임신하여 아들을 낳았더라.

9 **그때** 하나님**께서 말씀하시기를 "그의 이름을 로암미라 하라. 이는 너희 가 내 백성이 아니요 내가 너희의** 하나님**이 되지 않을 것임이라.**

세 번째 아이는 "로암미"("나의 백성이 아니다."라는 뜻)라고 불려진다. 이것은 9절에 정의되어 있다. 출애굽기 19:1-7에서 이스라엘은 하나님의 백성으로 출발했지만 여기서는 하나님께서 출애굽기 32:7에서 모세 앞에서 하셨던 것처럼 이스라엘을 버리셨다.

그렇다면 북쪽 열 지파의 상황을 정확하게 설명할 수 있다. 그들은 하나님의 백성이었다. 그러나 더 이상은 아니다. 그들은 자비를 받았었지만 이제 더 이상은 아니다. 그들은 심겨졌으나 그들은 흩어지게 될 것이다.

1:10 **○ 그러나 이스라엘 자손의 수가 바다의 모래같이 되어서 측정할 수도 없고 셀 수도 없게 되리라. 전에 그들에게 말하기를 '너희는 내 백성이 아니라.' 했던 그곳에서 그들에게 '너희는 살아 계신** 하나님**의 아들들이라.'고 말하리라.**

11 **그때 유다 자손과 이스라엘 자손이 함께 모여 자기들에게 한 우두머리를 세우고 그 땅에서 올라오리니, 이는 이스르엘의 날이 클 것임이라." 하시더라.**

예언은 10절에서 급격히 반전한다. 9절에서는 『**이는 너희가 내 백성이 아니요 내가 너희의** 하나님**이 되지 않을 것임이라.**』고 말씀하셨는데 10절에서는 "너희는 살아 계신 하나님의 아들들이라."고 말씀하신다. 가장 어두운 심판과 분노의 장면에서 가장 밝은 사랑과 자비의 모습으로 바뀐 것이다. 이보다 더 선명하게 하나님의 성품을 표현하기란 어렵다. (시 89:37,38과 시 22:16,23에서 같은 표현을 찾을 수 있다.) 하나님은 진노를 배제시킨 사랑의 하나님이 아니시다. 하나님은 심판을 배제시킨 자비의 하나님이 아니시다. 하나님은 원수 갚는 것을 배제시킨 용서의 하나님이 아니시다. 하나님께서 기록하신 하나님의 책에 계시된 하나님은 "현대인"이 전혀 받아들일 수 없는 하나님이심을 나타낸다. "현대인"은 자신이 묵인할 수 있는 어떤 것을 묵인해 줄 수 있는 자신과 같은 죄인(요 18:40)을 원한다. 현대인은 기준도 없고, 원리도 없고, 윤리도 없으며, 도덕도 없고, 무엇보다도 미래에 대한 지식이 없이 애매모호한 "에너지의 전자장"을 원한다. 성경에 나타난 하나님은 현대의 교육받은 바보 천치에게는 부적합하다. 그래서 현대의 교육받은 바보 천치는 니체와 더불어 "하나님은 죽었다."고 선언한다. 또 다시 틀렸다. 당신이 죽었다(엡 2:1-6).

10절과 11절은 문자적으로 다니엘의 70째 주 끝에 성취될 것이다. "한 우두머리"(11절)는 다윗(겔 34:23)이 될 것이다. "함께" 모이는 것(11절)은 두 집들과 세워진 언약(히 8:10)이 되어 막대기 하나(겔 37:16)처럼 그들을 모을 것이다. 그리고 솔로몬의 통치기간(왕상 4:25)과 마찬가지로 그들의 메시아이신 주 예수 그리스도의 통치하에서 그들의 수가 "바다의 모래같이"(10절) 될 것이다.

〈강단주석〉을 쓴 주석가들은 후천년주의자들이기 때문에 이들은 10절과 11절은 "교회 시대"에 대한 언급이고 "그 땅에서 올라오리니"(11절)라는 말은 이 시대에 이스라엘이 영적으로 그리스도께로 회심한다는 내용이라고 말한다. 또 다시 틀렸다. 이스라엘은 신약의 "교회 시대"에 영적으로 그리스도께로 회심하지 않았고 그들이 문자적이고, 실제적으로, 눈에 보이는 팔레스타인 땅에 정착하게(암 9:15) 될 때인 "그 날들 이후"(히 8:9-12)까지는 그리스도께로 영적으로 돌이키지 않을 것이다(겔 36:26).

더멜로우 역시 11절의 "함께 모이는 것"을 신약 교회에서 이스라엘 전체가 모이는 것으로 만들었다(p.547). 또 다시 틀렸다. 이스라엘 전체는 결코 신약 교회에 들어온 적이 없고 앞으로도 마찬가지이다(롬 11:26). 성령 하나님께서는 더멜로우처럼 믿는 사람은 자만한 것이고 무지한 것이라고(롬 11:25) 말씀하셨다.

주석가들이 이 구절을 해석할 때 잘못을 범하는 이유는 바울이 10절을 그리스도의 몸을 설명하는 데 적용하기 때문이다(롬 9:26). 대환란 기간 중에 유대인의 남는 자(Jewish tribulation remnant)를 다루는 구절들을 바울은 구원받은 이방인들에게 적용했다는 사실을 스템이나 벌링거 같은 사람들은 한 번도 이의를 제기하지 못했다(그들의 어떤 글이라도 읽어 보라). 이것이 제이미슨, 포셋, 브라운, 더멜로우와 그 밖의 다른 사람들이 그 구절에서 걸려 넘어지는 이유이며 이들은 10절과 11절(그리고 2:23)은 과거에 성취되었다고 생각한다. 그러나 앞에서 지적했고 또 앞으로 살펴볼 것이지만 예언의 이중적 성취(dual fufillment)는 "주의 날"(the day of the Lord)을 다룰 때 적용되는 구약에서의 공통적인 특징이다.

호세아 2장

2:1 너희는 너희 형제에게는 '암미.'라 하고 너희 자매에게는 '루하마.'라
하라.
2 너희 어미와 쟁론하고 쟁론하라. 이는 그녀가 내 아내가 아니고 나도 그
녀의 남편이 아님이라. 그러므로 그녀로 그녀의 모습에서 음행을 지우
게 하고 그녀의 가슴 사이로부터 간음을 지우게 하라.
3 이는 내가 그녀를 벌거벗겨서 그녀가 태어난 날과 같이 그녀를 두어, 그
녀를 광야같이 되게 하고 마른 땅처럼 두어서 목말라 죽게 하지 않도록
하려 함이라.
4 내가 그녀의 자식들에게 자비를 베풀지 아니하리니, 이는 그들이 음란
한 자식들임이니라.
5 그들의 어미는 창녀짓을 하였고 그들을 임신했던 그녀는 수치스럽게 행
하였으니, 이는 그녀가 말하기를 "나는 나와 연애했던 자들을 따라가리
라. 그들이 내게 내 빵과 내 물과 내 양모와 내 아마와 내 기름과 내 술
을 주는도다." 하였음이라.

〈강단주석〉 주석가들은 본문의 내용을 맞춘다는 이유로 1장의 마지막 두 구절과 2장의 첫 두 구절을 바꾸어 놓았다. 이런 짓을 저질러 놓고서는 호세아 2:1은 현재 하나님께서 베푸시는 하나님의 자비 등을 언급하는 것이라고 말한다. [로버트슨은 열두 소선지서(Twelve Minor Prophets)에서 이 구절을 막다른 골목까지 몰고 간다.] 이것은 보수주의자들이 권위역본을 혼란시켜 놓을 때 빠져 들어가는 임기응변의 코미디식으로 성경을 주석하는 전형적인 방법이다. 소돔과 고모라의 멸망에서도 찾을 수 있을 만큼의 "하나님께서 베푸신 자비"를 2절부터 4절까지에서 찾을 수 있다. 호세아 1:6,9과 정반대의 의미를 나타내는 "나의 백성," "가엾게 여겨지는"의 뜻을 가진 두 이름("암미"와 "루하마") 때문에 이들은 파괴적인 비평에서 헤어나오지 못하는 것이다.

그러나 이 대조되는 내용으로 현혹당하기 쉽다. 호세아 2:1은 호세아 스스로가 여자에게 그녀의 형제를 "암미"(나의 백성)라고 부르도록 또 남자에게 그의 누이들은 "루하마"(가엾게 여겨지는)로 부르도록 명령하는 것이다. 이스라엘의 남자들은 집합적으로 "형제들"로 여자들은 "자매들"로 불려진다(1절). 호세아는 그들이 앞으로 회복될 때 부르게 될 그 이름으로 서로 서로를 부르도록 명령한다. 이들이 아직까지는 회복되지 않았기 때문에 그들의 어머니를 "바르게 살아가야 할" 필요가 있는 부정한 아내로 불러야 하는 것은 너무나 명백한 사실이다.

『**그러므로 그녀로 그녀의 모습에서 음행을 지우게 하고 그녀의 가슴 사이로부터 간음을 지우게 하라**』(2절). 1절에서 회복된 이스라엘 사람은 아무도 없다. 그러므로 어느 누구라도 "뜻을 통하게 하기 위해" 1장의 10절과 11절을 뜯어다가 2장에 붙여 놓는 짓을 해서는 안 된다. 성경을 거부하는 후천년주의자들이 취하는 "훌륭한 이해력"은 성경대로 믿는 그리스도인들에게는 아무런 의미를 주지 못한다.

『**너희 어미와 쟁론하고 쟁론하라**』(2절). 여기에서 고멜은 이스라엘에 비유된다. "그녀가 내 아내가 아니고"라는 표현은 너무나 분명하게 해석되므로 로마카톨릭과 자기 의로 가득 찬 근본주의자를 제외하고는 로마서 7:1-4의 내용을 놓치지 않는다. 만일 남편을 놔두고 다른 남자와 "결혼"한다면(롬 7:3) "창녀"짓을 한(5절) 그 여자는 "간음한 여인"이다. 이는 누구에게나(로마카톨릭과 자기 의로 가득한 근본주의자는 제외하고) 간음이나 간통이 이혼의 근거가 된다고 말하고 있다. 이혼은 잘못을 범하는 쪽에 의해서 이루어지기 때문이다. 하나님께서 이스라엘이 간음함으로(사 23장) 이혼증서를 주시기 전까지 이스라엘은 마치 로마서 7:1-4의 아무런 근거없이 이혼증서를 갖고 있지 않은 여인처럼 간음한 여인이다. 3절에서 5절의 참담한 상황은 문자적으로 이루어진다. 그러나 3절(『**이는 내가 그녀를 벌거벗겨서, 그녀가 태어난 날과 같이 그녀를 두어, 그녀를 광야같이 되게 하고 마른 땅처럼 두어서 목말라 죽게 하지 않도록 하려 함이라.**』)은 이스라엘의 회복 때에 이루어진다(2:14,15과 주석을 볼 것). 출애굽기와 민수기의 사건들은 확실하게 대부분 다시 일어난다(시 78:1-6). 이스라엘은 자신의 반역들을 깨끗이 청산하고(겔 36:24) 결혼을 회복하는(2:20), "그녀의 젊은 시절"(2:15)로 돌아오기 때문이다. 그러나 여기에서 간음한 여인에 대한 심판이 이루어진다(에스겔 16,23장 참조). 5절, 7절에 의한 "이상한 아이들"은 하나님께서 정한 "범위"를(행 17:26) 벗어나 불법적인 관계에서 나온 "음란한 자식들"(4절)이다. 교육자들이나 정치가들이 부르는 "지역사회에 대한 소속감"이니 "참여주의," "행동실천주의," "감수성 치료" 등은 간음, 간통 등을 통해 "향락"에 빠지게 하는 국제사회주의에 지나지 않는다.

『**그들을 임신했던 그녀는 수치스럽게 행하였으니...**』(5절). 이스라엘은 적들이 자신을 도와줄 수 있을 것이라고 생각하며 그들을 좇아갔고(5:13), 때로는 이교도라 할지라도 자신을 돕는다면 그 종교적 관습들을 받아들였다

(7:11). 그녀는 물질적인 부를 보고 그녀의 "연애했던 자들"을 쫓아갔다(겔 16:15-50 참조). "빵... 물... 양모... 아마... 기름... 술"(5절). 그러나 『**사람의 생명이 자기가 소유한 것의 풍부함에 있지 않음이라.**』(눅 12:15)라고 한 것처럼 이스라엘은 미국이 1930년에서 1970년 사이에 저질렀던 것과 같은 잘못을 저질렀다. 그들은 하나님의 적들이었던 사람들과 친하고자 했던 것이다(왕상 22:1-4). 하나님의 축복으로 인해 이스라엘은 번영을 누렸다(신 28:12,13). 미국의 번영도 마찬가지이다. 그러나 하나님은 한 국가가 "범했던" 것과 같은 호세아 4:6,12,17; 6:9-11; 7:1,4,7,16; 8:14; 9:7; 10:4; 13:2에 묘사된 행위로 인해 그 축복을 거두신다.

이스라엘에게는 다른 민족에게는 주어지지 않은 회복에 대한 약속이 주어졌다(단 7:13,14, 사 59:21, 신 12:28, 창 13:15, 욜 3:20, 시 72:5-17, 렘 31:33-37, 신 29:29). 그러나 벌거벗겨지고 나서야, "마른 강"처럼 되고 나서야, 목말라 죽게 되고 나서야 회복될 것이다(3절). 1939년부터 1945년에 있었던 트래블링카, 아우슈비츠 등의 끔찍한 유대인 학살은 앞으로 이스라엘 민족이 당하게 될 대환란의 전초전에 불과한 것이다.

2:6 ○ 그러므로 보라, 내가 가시로 네 길에 울타리를 치고 담을 만들어 그녀로 길을 찾지 못하게 하리라.

7 그녀는 그녀와 연애했던 자들을 따라갈 것이나 그들을 따라잡지 못할 것이요, 그녀는 그들을 찾겠으나 발견하지 못하리라. 그때서야 그녀가 말하기를 "내가 가서 내 첫 남편에게로 돌아가리니, 그때가 지금보다 내게 더 나았음이라." 하리라.

8 이는 내가 그녀에게 곡식과 포도주와 기름을 주었으며 그녀의 은과 금도 여러 배로 늘려 주었다는 것을 그녀가 몰랐기 때문이니, 그들이 그것들을 바알을 위하여 예비하였느니라.

9 그러므로 내가 돌아가서 내 곡식을 그것의 때에, 내 포도주를 그것의 시
기에 제하여 버리고 그녀의 벌거벗음을 가리기 위해 주었던 내 양모와
내 아마를 회수하리라.
10 이제 내가 그녀와 연애했던 자들 앞에서 그녀의 추잡함을 드러내리니 아
무도 그녀를 내 손에서 건져내지 못하리라.
11 내가 또한 그녀의 모든 환희를 그치게 하리니, 그녀의 명절날들과 그녀
의 새달들과 그녀의 안식일들과 그녀의 모든 엄숙한 명절들이라.
12 내가 그녀의 포도나무와 그녀의 무화과나무들을 멸하리니, 그것들에 대
해서 그녀가 말하기를 "이것들은 나와 연애했던 자들이 내게 준 보상이
라." 한 것이라. 내가 그것들로 삼림이 되게 하여 들의 짐승들로 그것들
을 먹게 하리라.
13 그녀가 귀고리와 보석으로 자신을 단장하고 그녀가 연애했던 자들을 따
라가며 나를 잊어버리고 바알들에게 분향했던 바알의 날들에 내가 그녀
를 감찰하리라. 주가 말하노라.

이 구절에서 일반적으로 제시하는 내용은 명백하다. 이스라엘은 남편을 "배반"하고, 연애했던 자들과 "불의의 관계"를 맺었다. 그녀는 남편을 실망시켰고 멸망으로까지 향하게 되었다. 결국은 첫 번째 남편에게 돌아가기를 결심한 것인데 이는 다시 한 번 분명히 간음의 행위는 두 남편을 존재하게 하는 "결혼"임을 보여 준다(롬 7장). 바알(8절)은 성경에서 언급되어진 주요한 거짓 신이다(판 10:6). 히슬롭의 〈두 개의 바빌론〉을 읽어 본 사람이라면 사탄은 자신을 여러 모양으로 가장하고 있다는 사실을 알 수 있다. 즉 바알은 "벨"(Bel)이라는 이름으로(바빌론에서) 제우스라는 이름으로(소아시아에서) 조우브(Jove)라는 이름으로(그리스에서), 쥬피터라는 이름으로(로마에서) 라(Ra)라는 이름으로(이집트에서) 등장한다. 이 이름은 항상 태양이나, 번개에서의 불로 대표되는 남성 신과 연관된다.

『**내가 가시로 네 길에 울타리를 치고**...』(6절). 보통 보호를 위해 만들어진 벽(욥 1:10, 사 5:5)은 좁은 길(민 22:26)이어서 이스라엘이 딴 방향으로 가지 못하게 하고 심판으로 직접 연결되도록 한다. 요한복음 19:18과 예레미야 애가 3:7의 모형은 이를 정확히 설명해 준다. 이스라엘의 양옆에 벽은 가시나무로 된 울타리일 것이다(삼하 23:6). 그래서 이 장면은 연애했던 자를 좇아가 환락에 빠졌다가 그와 더 이상 같이 지낼 수가 없는 여자를 나타낸다. 이 여자는 자신이 가시 울타리로 둘러싸여 있는 미로에 있다는 것을 발견하고 자신에게 이렇게 말한다. 『**내가 가서 내 첫 남편에게로 돌아가리니, 그때가 지금보다 내게 더 나았음이라**』(7절).

이스라엘은 하나님께서 자신에게 주셨던 금, 은, 철, 포도주, 기름을 가지고 마귀에게 제사지냈다(행 7:41과 주석을 볼 것). 주님께 그들의 "첫열매들"(잠 3:9과 주석을 볼 것)로 영광돌리는 대신 마귀의 식탁에서 마귀들의 잔에 참여하였고 마귀들에게 제사지냈다(고전 10:20). 하나님께서 미국에 주셨던 금을 해외로 빼돌림으로 국민들을 파탄에 몰아넣었고 하나님께서 미국에 주셨던 은을 세 번의 전쟁을 치르면서 탕진하였다. 옥수수와 밀은 술을 만드는 데 보내져 방앗간 주인만 떼돈을 벌게 하였다. 이스라엘의 벌거벗음을 가리게 하기 위해 주어졌던 "양모와 아마"(9절)로 자신의 벌거벗음을 가리지 않았다(겔 23:18; 16:36).

『**내가 또한 그녀의 모든 환희를 그치게 하리니, 그녀의 명절날들과**...』(11절). 주님께서 배교한 민족의 종교적인 행위를 지키는 것에 대해 어떻게 말씀하시는가 보라. 『**그녀의 새 달들과 그녀의 안식일들과 그녀의 모든 엄숙한 명절들이라**』(11절). 주님께서는 이 명절들을 "악한 것"(사 1:13)이라고 말씀하셨다. 하나님께서는 소돔 사람들의 종교적인 행위를 받아들이기에 지쳤다고 말씀하셨다(사 1:14). 이스라엘 사람들이 행했던 것과 같은 "집회들을 모으는 것"(사 1:13)은 아주 가증스런 일이었다(잠 6:16과 주석을 볼 것). 사람들은 악한 짓을 할 때면 종교적이 된다(왕상 21:9). 종교적인 행위와 격식을 최우선 순위로 중요시했던 사람들(마 23:33)을 볼 때 종교적 행위를 하면 할수록 더 더러워지고 사악해진다는 사실을 알아야 한다(마 23:27,28). "예복입은 사람"(왕하 10:22)이 나타날 때 조심해야 한다. "십자가 표시"를 할 때(겔 8:14) 조심해야 한다. "수사들"(monks)이 묵주 알을 만지작거리며, 향을 피워 대며, 촛불을 켜고, "거룩한 빵 조가리들"을 가지고 장난할 때(monkey) 조심해야 한다. 당신이 숨을 쉬고 살아 있는 것이 확실한 것만큼 범죄 행위에 연루된 자들이 반드시 있는 것이다. 암흑시대 동안 2백만 명의 그리스도인들을 살해했던 자들이 있는 것처럼 말이다.

『**내가 그것들로 삼림이 되게 하여 들의 짐승들로 그것들을 먹게 하리라**』(12절). 이 구절대로 실현이 되어 이스라엘은 크게 패망하고 사로잡혀 감으로써(왕하 18장) "사자들"이 그 땅으로 되돌아와 그 거민들을 삼켜 버렸다.

『**바알의 날들에 내가 그녀를 감찰하리라**』(13절, 판 2:11,13 참조). 이스라엘은 모든 지역에서 그 지역의 바알(a local Baal)을 섬겼다. 〈킹제임스성경〉에서 "마귀들"(devils)과 "마귀"(Devil)가 다른 것임을 알아야 한다. 유다는 "하나의 마귀"(A devil) [마귀(the Devil)가 아니다]라고 언급되었음에도(요 6:70,71) 불구하고 현대의 성경 번역자들은 "마귀들"(devils)이라는 복수를 받아들이기를 거부한다.

바알이라는 이름["주인"(Master 혹은 Lord)이라는 뜻]은 여러 곳에 붙어 다닌다. 예를 들면 바알프라심(Baal-perazim), 바알스본(Baal-zephon), 바알프올(Baal-peor), 바알브릿(Baal-berith), 바알타말(Baal-tamar), 바알살리사(Baal-shalisha) 등이다. 바알 숭배에는 동물적 본성의 성적 의식(sex functions)을 숭배하는 것이 포함되었다. 이러한 "번식을 위한 의식"은(그렇지 않다고 부르지만) 모든 이교도들(B.C. 3000-100) 사이의 공통적인 의식이었다. 이는 마치 유럽 사람이나 미국인이 "로마카톨릭" 교회가 그리스도의 교회라고 잘못 생각하는 것만큼이나 일반적인 사실이다.

바알은 남신이었다. 아스타롯(Ashtoreth)은 여신이었다. "Baalim"은 바알이 다른 일들에 종사하고 있을 때(왕상 18:27) 고객들을 돌보았던 작은 바알들(little Baals)이었다. 바알 숭배자들은 태양의 날(일요일) 정오에 숭배하고 "하늘의 여왕"(렘 44:17)에게 과자를 굽고 긴 옷을 입으며(막 12:38) 서로를 "아버지"(판 17:10)라고 부른다. 혹시 이러한 사람을 본 적이 있지 않은가?

예루살렘이 에스겔 16:33,34에서 행한 것을 이스라엘은 행하였다(13절). 그녀는 포주의 선전을 통해 들어오는 손님들이 많지 않았기에 요란하게 차려 입고 스스로 길거리로 나갔던 것이다.

2:14 ○ 그러므로 보라, 내가 그녀를 꾀어 광야로 데려가서 그녀에게 위로하여 말하리라.

15 또 내가 거기에서 그녀에게 그녀의 포도원을 주고 아콜 골짜기로 소망의 문을 삼으리니, 그녀가 거기에서 그녀의 젊은 시절처럼, 또한 그녀가 이집트 땅에서 올라오던 날처럼 노래하리라.

16 주가 말하노라. 그 날이 이르리니 너는 나를 이쉬라 부르고, 다시는 나를 바알리라 부르지 아니하리라.

17 내가 그녀의 입에서 바알들의 이름들을 제거하리니 그들이 다시는 그들의 이름으로 기억됨이 없으리라.

18 그 날에는 내가 그들을 위하여 들의 짐승들과 하늘의 새들과 땅에 기는 것들과 언약을 세우며, 또 활과 칼을 꺾어 땅에서 전쟁을 없게 하고 그들로 평안하게 눕게 하리라.

19 또 내가 너를 내게 영원히 정혼시키리니, 정녕, 내가 너를 의와 공의와 자애와 자비들로 내게 정혼시키리라.

20 내가 신실함으로 너를 내게 정혼시킬 것이니 네가 주를 알게 되리라.

21 그 날에 내가 들으리라. 주가 말하노라. 나는 하늘들을 들을 것이요, 그 들은 땅을 들으리라.

22 또 땅은 곡식과 포도주와 기름을 들을 것이요, 그들은 이스르엘을 들으리라.

23 내가 땅에서 나를 위하여 그녀를 심고, 내가 자비를 얻지 못하였던 그녀를 위하여 자비를 베풀리라. 또 내가 내 백성이 아닌 자들에게 말하기를 "너는 내 백성이라." 하리니, 그들이 말하기를 "주는 나의 하나님 **이시니이다." 하리라.**

『**내가 그녀를 꾀어 광야로 데려가서 그녀에게 위로하여 말하리라**』(14절). 15절에서도 말씀하고 있는 것처럼, 이스라엘의 회복은 이집트에서 올라오는 날과 같이 될 것이다. 이것은 문자적으로도 그런데, 즉 그들은 다시 민수기에서 방황했던 그 광야로 들어갈 것이다. 이는 대환란 때에 그들이 들어갈 장소인데, 그들은 여기에서도 고난을 겪게 되겠지만, 그 장소는 기본적으로 환란을 피하기 위해 그들에게 주어진 피난처이다. 하나님께서는 그들에게 과거 만나로 먹이셨듯이 특별한 방법으로 부양하실 것이다(계 12:14). 시편 78편에서는 광야의 여정을 비유로 말씀하신다.

이스라엘은 출애굽기 15장과 민수기 23장 사이에서 경험했던 사건들을 다시 겪으며, 천년왕국이라는 안식의 땅으로 들어갈 준비를 할 것인데, 그러는 가운데서도 "거역한 자들"은 제거될 것이다(겔 20:38).

『**아콜 골짜기로 소망의 문을 삼으리니**』(15절). 아콜 골짜기는 여호수아 7장에서 아이성 전투에서 패한 원인이 되는 아칸과 그의 가족을 돌로 치고 불로 태운 장소이다(수 7:25,26). 그러나 하나님께서는 그 아콜 골짜기로 "소망의 문"을 삼으시겠다고 하신다. 극단적인 멸망, 저주의 모습에서 극단적인 소망의 모습으로 바뀌는 것이다. 오직 그리스도의 재림으로 인해서 말이다.

재림을 말하는 문맥에서 여호수아 때의 사건을 기억하시는 것을 주목하라. 이는 여호수아 때의 전쟁들이 기본적으로 그리스도의 재림 때에 있을 전쟁들을 예표하기 때문이다. 여호수아 자신도 그리스도의 예표였다(군대 대장이라는 의미로). 마찬가지로, 여호수아(수 7:25)와 호세아가 같은 이름이라는 사실을 기억하라(이 사건을 호세아가 기록하고 있다). 여호수아는 저주받을 성을 공격했었다. 예수님도 마찬가지로 저주받은 도시를 공격할 것이다(계 17,18장, 여리코는 바빌론의 모형이다). 대환란 기간은 7년간 지속된다. 여호수아도 성을 일곱 번 돌았다(수 6장).

『**그 날이 이르리니 너는 나를 이쉬라 부르고**』(16절). "이쉬"는 나의 남편이라는 말이다. 즉 이스라엘은 하나님과 혼인을 하게 될 것인데, 19,20절에서도 이 일은 강조되고 있다. 그때 그녀는 의와 공의와 자애와 자비들과 신실함으로 하나님과 정혼하게 된다. 이것은 그 땅의 회복과 관계되는데, 즉 이런 일이 일어날 때 자연은 "중생"하게 될 것이고, 동물들도 "구원"받게 된다는 것이다(사 11:6-9)! ["중생"(regeneration)이라는 말은 성경에서 두 번 나온다. 한 번은 우리의 구원과 관련되어서(딛 3:5) 또 한 번은 예수 그리스도께서 돌아오실 때(롬 8:21,22) 땅의 중생과 관련되어서이다(마 19:28).]

『**내가 그녀의 입에서 바알들의 이름들을 제거하리니**』(17절). "바알"이라는 이름은 "주인"(master)이라는 말이다. 그래서 16절에서 『**다시는 나를 바알리라 부르지 아니하리라.**』는 말씀은, 하나님께서 이스라엘에게 그날에는 단순한 "주인" 이상이 되실 것이라는 말이다(사 54:5). 그러나 "바알"이라는 이름은 이교도의 신, 즉 마귀의 이름이다. 그래서 이 말씀은 하나님을 불경스런 이름으로 부르지 않게 된다는 말이기도 하다.

또한 17절은 이스라엘이 더 이상 바알들을 부르지 않게 된다고 말씀한다.

13절에서 말하고 있는 것처럼, 이스라엘에는 많은 바알들이 있었다. 그러나 그 날에는 어떠한 형태의 바알의 잔재들도 없어질 것이다.

『**활과 칼을 꺾어 땅에서 전쟁을 없게 하고**』(18절). 18절은 자연계의 회복과 세상의 평화를 말하는 구절이다. 이스라엘이 그녀의 남편과 영원히 정혼할 때, 그들은 다시 팔레스타인 땅으로부터 옮겨지지 않을 것이다(암 9:15). 이때가 되면 1,000년 동안의 평화가 있을 것이며, 민족들은 더 이상 "전쟁을 연습"하지 않을 것이다(사 2:4). 그러나 순서를 보라. 이렇게 되기 위해서는 반드시 이스라엘에게서 "바알들의 이름들"이 제거되어야만 한다. 그들은 대환란의 고난 가운데서 광야에 있을 것이며, 그 후에 온전한 회개를 하게 될 것이고(슥 12:11-13:2), 그런 다음에 영광스러운 왕국의 화평이 있게 될 것이다.

『**또 내가 내 백성이 아닌 자들에게 말하기를 "너는 내 백성이라." 하리니**』(23절). 대부분의 사람들은 이 말씀(14-23절의 약속)을 "교회 안에서" 완전히 성취되었다고 해석한다. 그러나 교회를 "내 백성"이라고 말하는 것과는 별도로, 하나님께서는 이스라엘을 "내 백성"이라 하신다.

호세아 3장

3:1 그때 주께서 내게 말씀하시기를 "너는 가서 다른 신들을 찾고 여러 병의
포도주를 즐기는 이스라엘 자손을 향한 주의 사랑에 따라, 자기 친구에
게 사랑받는 간음하는 여인인 한 여인을 사랑하라." 하시기에,
2 내가 나를 위하여 그녀를 은 열다섯 개와 보리 한 호멜과 보리 반 호멜
로 사서
3 그녀에게 말하기를 "너는 많은 날들 동안 나를 위하여 거하고 창녀짓을
하지 말며 다른 남자와 함께하지 말지니라. 나도 너를 위하여 그리하리
라." 하였으니,
4 이는 이스라엘 자손들이 많은 날들 동안 왕도 없고 통치자도 없고 희생
제도 없고 형상도 없고 에봇도 없고 트라빔도 없이 거하다가
5 그후에 이스라엘 자손들이 돌아와서, 주 그들의 하나님**과 그들의 왕 다**
윗을 찾아서, 훗날들에 주와 그의 선하심을 두려워할 것임이라.

우리의 학문을 즐기는 친구들은 또다시 곤경에 빠지게 된다. 이들은 "자기 친구에게 사랑받는 여인"(3:1)이 호세아 1:3의 여인과 다른 여인일 수 있다는 사실은 믿지 못한다. 이 학자들은 그들의 마음속에 이 두 여인은 같은 사람이어야만 한다고 생각하기 때문에 문제가 생긴다. 만일 이 여자가 이미 자기 아내가 되었다면(1:3), 호세아는 무엇 때문에 그녀를 "은 열 다섯 개와 보리 한 호멜과 보리 반 호멜로" 사겠는가?(2절)

여기에 대한 〈강단주석〉의 대답은 호세아는 신부의 부모에게서 아니면 그녀를 없애고자 하는 남편에게서 신부를 산 것이라고 말한다. 그러나 한편으로 호세아는 결코 그렇게 하지 않았다는 것을 주장한다. 전체 이야기는 "남편에게 매우 소중한 여인과 같은 이스라엘의 집에 대한 예언을 말한 것"뿐이라는 것이다. 즉 호세아 3:1-3은 꿈이고 3:4,5은 성취된 역사라고 말한다.

힌들리(J.B. Hindley)와 캠벨 모간(G. Campbell Morgan)은 고멜이 노예로 팔려 가게 되었고 호세아가 그녀를 다시 사왔다는 고대 전설 같은 이론을 채택한다. 그러나 성경에는 이러한 일이 있음직한 것임을 뒷받침해 주는 구절이 단 한 구절도 없고 오히려 이러한 가정을 분명하게 거절하고 금지하는 구절이 있기 때문에(신 24:4) 우리는 캠벨 모간과 그와 같은 부류의 사람들과 맞서서 주님의 편에 서는 것이 나을 듯 싶다.

호세아 3:1의 여인은 고멜이 아니다. "가서"(1절)라는 명령은 두 번째 "가는 것"이고 이것을 첫 번째 갔을 때와(1:2) 혼동해서는 안 된다. 그러나 이 문제에 있어서 성령님을 바로잡기 위해 힌들리 교수는 1절에서 주님께서 말씀하신 처음 세 단어를 "가서 다시 사랑하라"(Go LOVE again)로 번역해야만 한다고 말한다. 그러나 아이삭 리저(Isaac Leeser, 정통 유대인)도 그렇게 번역하지 않았고, 어떤 필사본에서도 그에 해당되는 히브리어 구문을 그런 식으로 번역하지는 않았다. [Heb. : 'od lach. 히브리어로 "다시, 가라 너는"(AGAIN, GO THOU)을 말한다.]

주석가들은 3절에서 당황하게 된다. 만일 여기의 여인이 다시 돌아온 아내라면 이 여자는 "부부의 특권을 부인한" 아내이기에 다시 합하기 전에 징계를 받아야만 한다. 즉 그녀와 남편은 고린도전서 7:3-5에 대항한 것이 되는데, "많은 날들"(4절) 동안 홀로 지냈기 때문이다.

『**너는 가서...자기 친구에게 사랑받는 간음하는 여인인 한 여인을 사랑하라**"』(1절). 여기에서 주님은 간음하는 여인의 친구로서 자신을 나타내신다. 이것은 『**이스라엘 자손을 향한 주의 사랑에 따라**』(1절) 이루어진다. 그 여인과 결혼한 하나님에 관해서는 여기서 전혀 언급이 없다. 이미 "자기 친구에게 사랑받는" 한 여자와 결혼하라고 들은 사람은 호세아였다. 이 구절에서 "가서 자기 남편에게 사랑받는 결혼한 여인을 사랑하라."는 말은 한마디도 없다. 그러나 이렇게 쉬운 영어에도 불구하고 힌들리 같은 사람들은 온 나라를 헤매고 돌아다니며 이 구절에서 "친구" 대신에 "남편"으로 말하려고 애쓰는 것을 발견할 수 있다. 히브리어 "rea"는 성경에서 43번 나오는데 그중 딱 한 번만 "남편"으로 번역되는데(렘 3:20) 전후관계 문맥과 연관해서 "한 여자"가 아닌 "아내"로 되어 있을 때이다.

호세아의 두 번째 아내는 (이에 관한 하나님의 법칙으로 신명기 24:1-4을 살펴보라.) 에스라와 느헤미야에 의해 회복될 때까지의 열왕기하 17:18에 있는 이스라엘을 말하는 것이 아니라, 다니엘의 70째 주가 시작될 때까지의 사도행전 7,18,28장에 있는 이스라엘을 말하는 것이다. 이 두 여인은 각각 위의 언급한 내용과 연관이 있는데 근본주의나 보수주의 학자들은 그들이 늘 그랬던 것처럼 이 본문을 엉망으로 만들어 버렸다. 4절은 명백하게 우리가 살고 있는 현재의 이스라엘을 말한다. 열왕기하 17장에서 느헤미야까지를 말하는 것이 아니다.

호세아가 첩을 사는 데 들었던 비용은 (첩에 대한 말은 재판관기 19:1,2을 보라.) 출애굽기 21:32과 열왕기하 7:1-18을 근거해서 계산하면 약 30세켈 정도이다(사 20:1-3, 민 23:9을 비교해 보라).

알렉산드리아 이단들은 그들의 주특기인 본문 왜곡을 통해 3절의 "너는 많은 날들 동안 나를 위하여 거하고"를 4절의 "이스라엘 자손들이 많은 날들 동안... 거하다가"와 같은 내용으로 적용시킨다. 벌링거마저도 이 함정에 말려들어 이스라엘이 처한 임시 위치가 신실한 아내가 되기를 기다리는 신실한 첩이라고 본다(신 21:13). 그러나 이러한 주장들은 4절을 해석할 때 막혀 버린다. 이스라엘은 이 시대에 신실한 첩이 아니며, 열왕기하 17장과 말라키 사이에도 아니었다. 누군가를 기다리고 있지도 않고, 남편과 거하지도 않았다. 오히려 그녀는 "다른 남자"와 (영적 간음의 의미에서) 25세기 이상을 같이 살아 왔다. 본문은 이스라엘이 "많은 날들" 동안 그녀의 신실한 남편을 기다리고 있는 것을 말하는 것이 아니다. 그녀는 남편에게 순종했어야만 했고(3절) 남편을 배반하지 않고 함께 거했어야 했다. 그러나 고멜이 행했던 것과 똑같이 이스라엘은 행했다.

4절은 단지 이스라엘이 그녀의 남편과 "거하는" 것을 받아들이지 않은 형벌에 대한 언급이다(신 28:64-68). 그녀는 "많은 날들"(3절) 동안 남편과 거하라고 들었으나 그렇게 하지 않았다. 그래서 그녀는 "많은 날들 동안 왕도 없고, 통치자도 없고, 희생제도 없고, 형상도 없고, 에봇도 없고, 트라빔도 없이"(4절) 거하는 것이다.

『이는 이스라엘 자손들이 많은 날들 동안 왕도 없고 통치자도 없고 희생제도 없고 형상도 없고 에봇도 없고 트라빔도 없이 거하다가』(4절).

1. 왕 : 하나님께서는 여코냐를 벌하셨을 때(렘 22:24) 유다의 집으로부터 왕권을 제하셨다. "실로가 올 때까지" 홀이 유다에게서 떠나지 않는다(창 49:10). 이스라엘은 처녀에게서 태어나는 사람이 나타날 때까지는 왕이 없다(렘 22:30). 그러나 다윗에게 하신 언약(삼하 7:16)이 "다윗의 확실한 자비"(행 13:34)라고 언급되므로 다윗은 이스라엘을 영원히 상속받는 데 참여할 것이다(시 89:35). 이는 다윗이 통치했던(눅 1:30-33) 예루살렘에 천년왕국 동안 그리스도께서 왕위에 오르시는 것이며(마 19:28), 다윗이 요한계시록 20장

이후에 왕위에 오르는 것을 말한다. 주 예수 그리스도께서는 더 이상 팔레스타인의 왕위에 계시지 않고 새 예루살렘에 계시기 때문이다(계 21:22).

2. 통치자 : 다윗은 천년왕국 시대의 왕(겔 48:35) 아래에 있는 통치자이다(겔 44:3). 2,575년간 다스렸던 통치자나 왕이 없었으므로 "많은 날들"이라는 표현은 어림잡아 말하는데 아주 적절한 용어이다. 이스라엘은 여코냐 이후 약 600년 후에 왕이 나타났지만(마 27:37) 그 왕을 받아들이지 않았다.

3. 희생제 : 유대인이 율법을 지킬 수 있는 유일한 길은(롬 2:17-23) 성전이나 성막에서 제사드릴 동물을 잡을 필요가 없도록 사는 것이다. 레위기와 신명기를 읽어 본 사람이라면 이것이 불가능하다는 것을 안다. 율법에 대하여 "흠이 없었던" 사카랴와 바울조차도(눅 1:6, 빌 3:6) 속죄일과 유월절을 지키는 데 있어서 피의 제사를 피할 수 없었다. 현대의 유대인들은 이러한 초자연적인 계시를(출애굽기 12,20장) 지키는 데 있어서의 희생제물을 수탉으로 바꿔 버렸다(소크라테스와 정확하게 일치한다!). 그리고는 "이 닭은 죽고 나는 영원히 행복한 삶으로 간다."고 말한다. 이 부분을 알고 있는 어떤 정통 유대인도 하나님께서 친히 주신 하나님의 율법을 지키지 못한다. 하나님의 메시아를 거부했을 때 하나님께서 제사드리라고 말씀하셨던(신 12:11) 하나님께서 선정해 주신 경배를 위한 장소를(삼하 24장) 바꾸어 버렸기 때문이다. 이 부분에서는 기어들어가는 소리로 "반역했을 때는 하나님께서 다른 장소에서도 제사드리는 것을 허락하셨다."(왕상 17,18장)라고 하거나, "아브라함은 여러 곳에서 제사드렸다."(창 12,22장)고 말한다. 그러나 아브라함은 율법 아래 있지 않았고 엘리야는 부당한 경배도 괜찮다는 것을 입증하기 위해서가 아니라 온당한 경배(왕상 18:32)를 회복하도록 보내졌다. 하나님께서 그들에게 하나님의 아들을 보내셨을 때(요 1:29) 그분의 백성에게 그 점에 관해 탓하셨다. 성막의 휘장이 찢어짐으로 하나님께서 "희생제물과 번제들"에 관하여(히 10:5-12) 어떻게 느끼셨는가를 분명히 보여주셨다. 『**더 이상 죄들을 위한 희생제가 남아 있지 아니하고**』(히 10:26,10-12).

4. 형상 : 하나님께서는 유대인들이 소유해야 할 것들뿐만 아니라 없이 지내야 할 것들에 대해서도 말씀하셨다. 처음에 유대인들에게는 형상이 없었지만 그들은 형상들을 소유했다. 그들은 트라빔과는 무관했지만 그들은 트라빔을 소유했다(삼상 19:13). 그래서 그들은 하나님께서 제정하신 그들의 왕과 통치자와 희생제 없이 지내야 할 뿐만 아니라 그들이 만들었던 사탄의 부수물들(행 7:43과 그 주석을 볼 것) 없이 견뎌야 할 것이다. 하나님께서 그들에게 정확한 형상을(히 1:3) 보내셨지만 그들은 그 형상을 거부했기에(고후 4:4,5) 그들은 "많은 날들" 동안 형상없이 지내야만 한다.

5. 에봇 : 이것은 대제사장의 상의에서 발견된다(출 35:27과 그 주석을 볼 것). 여기에는 우림과 툼밈이 있는 흉배가 포함되는데(출 28:30과 그 주석을 볼 것) 사무엘상 30:7에서 다윗이 사용했던 에봇임이 분명하다. 이스라엘이 하나님께서 지명하신(히 1:9) 왕을 영접하지 않고 "그들을 모든 진리로 인도해 줄 수 있고" "다가올 것들을 보여 줄 수 있는" 성령님을(요 16:13) 받아들이지 않고서는 하나님과 관련된 그 어떤 것도 알 수 있는 방법이 없다.

6. 트라빔 : 이것은 가정에서 사용되는 형상과 관련이 있다(판 17:5). 때때로 사람으로 보일 만큼 큰 것도 있다(삼상 19:13).

7. 성경 공부를 많이 한 사람은 각 주제 당 일곱 개의 항목이 대부분이라는 사실을 안다(엡 6:18과 그 주석을 볼 것). 4절과 연관된 일곱 번째 항목은 다음 절에 나오는 "주 그들의 하나님"이다. 에베소서 2:12을 읽어 보면, 구원받지 못한 사람은 소망도 없고 "하나님도 없는," 이 세상에서 혼자라는 사실을 알 수 있다. 이들을 향한 하나님의 진노는 "극에 달하였다"[살전 2:16, 로크만 재단이 출판한 〈확대성경〉(The Amplified Bible)에서처럼 "최종적으로 영원히"(finally and forever)가 아니다. 이스라엘은 "많은 날들" 동안 주 그들의 하나님이 없다. A.D. 70년부터 현재까지 이 민족의 역사가 다른 어떤 설명보다도 분명하다].

『그후에 이스라엘 자손들이 돌아와서, 주 그들의 하나님**과 그들의 왕 다윗**

을 찾아서, 훗날들에 주와 그의 선하심을 두려워할 것임이라』(5절). "그후에"는 히브리서 8:10-12의 "그 날들 이후에"와 같은 말이다. 모든 구절들은 문자적이고, 실제적이고, 눈에 보이는 정치적인 실제 이스라엘의 회복을 나타낸다. 5절의 "그들의 왕 다윗"과 4절의 "왕도 없고"는 대조를 이룬다. 어느 한 단어도 "영적으로 교회에 짜 맞출 수 있는" 근거가 되는 말이 없다. 그럼에도 불구하고 제이미슨, 포셋, 브라운은 "그들의 왕 다윗"이 예수 그리스도(이사야 55:3과 예레미야 30:9에 있는)와 관계가 있다고 주장한다. 따라서 5절을 이스라엘과 유다가 개종하여 그리스도의 몸 안으로 들어온 것으로 생각하는 것이다. 더멜로우도 같은 해석을 하지만 "여기서 다윗은 메시아를 의미하기 때문에 그러한 해석은 충분히 가능하다."고 말함으로써 직접적인 화살을 피한다. 그러나 더멜로우의 말이 불가능한 이유는 메시아에 대한 언급인 『**주 그들의** 하나님』이 같은 절에 이미 언급되어 있기 때문이다. 보수주의자들이 그리스도의 신성에 대해 믿는다면 어떻게 그 관련 구절을 놓칠 수 있겠는가? 이 구절에서의 다윗은 에스겔 34:23,24; 37:22,24의 다윗이다. 그는 "새 달들과 안식일들"이 다시 돌아올 때(골 2:16과 주석을 볼 것) 민족적인 죄(겔 46:12)를 위해 문자적인 제물을 모형으로 드리는 에스겔 45:16의 "통치자"이다.

학자들 중 95%는 "훗날들에"를 사도행전 2장에서 시몬 베드로가 설교했던 내용과(주석을 볼 것) 혼동하기 때문에 다윗과 그리스도의 메시아적 통치와 "믿는 자들의 마음 안에서의 그리스도의 영적인 통치"를 혼동하고 있다.

신영어성경(New English Bible)을 펴낸 자유주의 학자 도드(C.H. Dodd)조차도 히브리어 본문을 고의적으로 거부해 버리지 않았는데 남침례교도들(빌리 그래함을 포함하여)은 눈 하나 깜짝하지 않고 이 내용을 거부한 역본을 추천하고 있다. 에스겔 34:23,24이 똑바로 쳐다보는데도 케네드 테일러(Kenneth Taylor)는 18,19세기에 행하였던 사사로운 해석으로 흉겹게 히브리어 본문을 고쳐 버렸다.

호세아 4장

4:1 **너희 이스라엘 자손들아, 주의 말씀을 들으라. 주께서 그 땅의 거민들과 쟁론하시나니 그 땅에는 진리도 자비도 없고 하나님에 대한 지식도 없음이라.**

2 **그들은 저주하고 거짓말하고 살인하고 도둑질하고, 간음함으로 위법하고 피가 피에 부딪히는도다.**

3 **그러므로 그 땅이 애곡하며 그 안에 거하는 모든 자가 들의 짐승들과 하늘의 새들과 더불어 쇠잔해질 것이요, 정녕, 바다의 고기들도 없어지리라.**

4 **그러나 아무와도 다투지 말고 다른 사람을 책망하지도 말라. 이는 네 백성이 제사장과 다투는 자들과 같기 때문이라.**

5 **그러므로 네가 낮에 쓰러지겠고 선지자도 너와 더불어 밤에 쓰러지리니, 내가 네 어미를 멸하리라.**

4장의 첫 문장을 보면 나머지 14장까지가 어떻게 펼쳐질 것인지 짐작이 된다. 호세아는 이스라엘을 향하여 사역할 준비가 되어 있다. 호세아는 여기에서 부정적인 사역을 시작한다. 한두 번 숨쉴 틈만 제외하고는 끊임없이 비판적이고 불화하며 논쟁을 일으키는 폭탄 같은 말들을 이스라엘 민족에게 퍼붓는다. 14장까지 계속되는 이 설교의 세 가지 포인트는 "...그 땅에는 진리도 자비도 없고 하나님에 대한 지식도 없다."(1절)는 것이다. 이 같은 메시지는 오늘날 대부분의 교회에도 적용되어야 한다. 호세아는 부정적인 설교 사역의 능력을 믿었기에 근처 50마일 내에 풀 한 포기 없을 때까지 뿌리 뽑고 베어내고 폭발시켜 버렸다. 호세아의 설교에 오늘날 "선지자"들의 설교를 비추어 보면 특수부대 요원 앞에 선 훈련병과 같다. 호세아의 설교 내용이 "심장을 상하게" 하든지 "동정심이 갈 정도로 부담을 주는" 내용이든지 간에, 책망하는 데 있어서는 예레미야, 바울, 스테판, 미카야, 그리고 주 예수 그리스도와 함께 앉을 자격이 있다. 호세아는 눈치를 보지 않는 사람이었다.

『**저주하고 거짓말하고 살인하고 도둑질하고, 간음함으로**...』(2절). 호세아는 인권 운동이고, 지역사회의 발전이고, 관계 개선이고, 시민의 권리 같은 것과는 상관이 없는 사람이다. 일단 설교 강단에 올라서면 초콜릿, 아이스크림, 바나나 같은 것은 없다. 이런 것들은 비만하게만 할 뿐이다. 저주, 거짓, 살인, 간음, 이런 것들 앞에서는 의학 용어도 심리 용어도 필요 없다. 성경으로 돌아가면 명확한 답을 얻을 수 있다. 명확한 하나님의 말씀 앞에서는 어떤 교육받은 위선자도 서 있을 수 없다.

『**너희 이스라엘 자손들아, 주의 말씀을 들으라**』(1절). 이 말씀을 피할 길은 없다. 모두 다 들어야 한다. 『**주께서 그 땅의 거민들과 쟁론하시나니**』(1절). 주께서 쟁론하실 때 왕이나 제사장, 목사, 추기경, 교황, 복음전도자, 통치자들을 일으키시지 않고 대신 선지자를 일으키신다(12:10,13). 갈색 피부에 수염을 기른, 지옥과 불과 저주를 외치는 설교자가 갑자기 상원에 나타나서 "미국인 여러분 주의 말씀을 들으시오. 주님께서는 미국과 쟁론하시길 원합니다."라고 외친다면 어떻게 되겠는가? 그는 정신병원으로 끌려갈 것이다.

『**그들은... 위법하고 피가 피에 부딪히는도다**』(2절). 땅의 거민들은 "경계"를 없애버렸다(신 32:8, 행 17:26). 간통으로 피가 피에 부딪히고(레 20:10), 무고한 사람이 살해됨으로 피가 피에 부딪히고(민 35:33), 사기, 횡령 등의 싸움으로 피가 피에 부딪힌다(삼하 14:6,7).

『**그러므로 그 땅이 애곡하며...**』(3절). 한 나라의 농업의 성패와 도덕 수준과의 관계를 살펴보라(대하 7:14, 암 4:7,8, 욜 1:16-20). 성경 본문에 의하면 짐승들과 새고기들이 "쇠잔해"질 뿐만 아니라 해물들도 귀해져서 민물고기 1파운드를 사려면 소고기 1파운드 가격을 지불해야 하는 상황이 온다는 것이다. 신체에 이상이 생기면 "오염" 때문이라고 한다. 그러나 더 심각한 것은 도덕의 오염이다. 이것은 개인, 도시, 국가를 오염시킨다. 각종 환락과 유희를 전하는 TV 전파를 막지 못한다면 쓰레기 버리는 사람이나 집 밖에서 쓰레기 태우는 사람을 나무라는 데 시간을 낭비하지 말라. 저녁 8시에서 11시까지 TV에서 나오는 쓰레기 양은 지난 5년간 태운 쓰레기의 양보다 더 많다는 것을 알아야 한다.

『**그러나 아무와도 다투지 말고 다른 사람을 책망하지도 말라. 이는 네 백성이 제사장과 다투는 자들과 같기 때문이라**』(4절). 여기서 제사장은 9절의 배교한 제사장이 아니다. "제사장과" 다투는 것(4절)은 민족 전체가 신명기 17:12에 주어진 법에 반항하는 것이다. 이러한 행동에 대해 민족 전체가 벌을 받는 것은 당연하다. 『**너는 이스라엘에서 악을 제거할지니라**』(신 17:12). 하나님의 말씀을 존중하는 사람은 〈킹제임스성경〉에 손대지 않는다. 자신들이 하나님보다 더 똑똑하다고 생각하는 근본주의자들은 4절의 정상적인 제사장을 9절의 배교한 제사장과 같이 생각하는 잘못을 범하고 있다.

『**그러므로 네가 낮에 쓰러지겠고 선지자도 너와 더불어 밤에 쓰러지리니, 내가 네 어미를 멸하리라**』(5절). 여기에 언급한 "네 어미"는 1절의 "그 땅의 거민들"인 이스라엘 민족이다. 이 구절은 예레미야 6:4과 15:8과 연관시켜 읽어야만 한다. 거민들은 낮에 쓰러지지만 선지자들은 밤에 쓰러질 것이다. 이는 미래에 그들이 살게 될 곳이 "바깥 흑암"(유 1:13, 마 25:30)이기 때문이다. 이는 마치 눈먼 바예수(행 13:11)가 눈이 멀어 한동안 태양을 보지 못했던 것과 같다. 하나님께서는 태양이 『**선지자들 위로 져서 낮이 그들 위에 어두움이 되리라**』(미 3:6)고 말씀하셨다.

4:6 ○ **내 백성이 지식의 부족으로 멸망하는도다. 네가 지식을 거부하였으므로 나도 또한 너를 거부하리니, 네가 나에게 제사장이 되지 못하리라. 네가 네** 하나님**의 율법을 잊었으니 나도 또한 네 자녀를 잊어버리리라.**
7 그들은 번성할수록 나를 거역하여 범죄하였으니 내가 그들의 영광을 수치로 바꾸리라.
8 그들이 내 백성의 죄를 먹고 그들의 마음을 그들의 죄악에 두는도다.
9 *끝내는* **백성같이, 제사장같이 되리니, 내가 그들의 행위로 그들을 벌하고 그들의 행실에 대해 그들에게 보상하리라.**
10 그들이 먹겠으나 배부르지 아니하겠고 그들이 행음하여도 증가하지 못하리니, 이는 그들이 주께 주의를 기울이는 데서 떠났기 때문이라.
11 음란과 포도주와 새 포도주가 마음을 빼앗느니라.

이스라엘 자손은 "지식의 부족으로"(6절) 멸망하였다. 제사장의 일은 "지식을 지키는"(말 2:7) 것이다. 여기서 잠시 멈추고 지식의 증가는(단 12:4) 종종 하나님을 떠나게 됨을(고전 1:19,21) 살펴보아야 한다.

이스라엘에게는 "하나님에 대한 지식"(1절), 즉 신학이 없었다. 이스라엘에서 신학이 마귀론으로 둔갑한 것이 확실한 것처럼(4:12,13을 보라) 앞으로 몇 년 내에 미국에서도 "과학"과 "신학"의 정체가 마귀론임이 드러날 것이다. 하나님께서 자신을 계시해 주지 않으신다면 "하나님에 대한 지식"을 알 수 있는 방법은 없다. 제아무리 현미경을 들여다 보고 시험관을 뒤져 보아도 하나님을 발견할 수 없다. 인간이 제아무리 노력한다 해도 기록된 말씀(시 119:89,130)과 육신으로 오신 메시아를 떠나서는 하나님을 찾을 수 없다. "하나님의 영광"이나 하나님께서 "손으로 하신 일"(시 19:1-4)은 발견할 수 있을지 몰라도 그 자체가 하나님이라고 생각한다면 큰 오산이다. "과학적인 성취," "과학의 진보," "과학 탐구," "과학의 도약"들로 도서관을 가득 채운다 해도 1611년 〈킹제임스성경〉 안에서 발견할 수 없는 참된 하나님에 관한 것들은 지금까지도 앞으로도 발견할 수 없다.

지식을 지켜야 했던 제사장(말 2:7)이 그 임무를 거부해 버렸을 때(6절) 하나님께서는(삼상 2:12,17의 엘리처럼) 그의 "자녀들"을(6절) 거부하신다는 사실을 주목하라. 홉니와 피니하스가 전쟁에서 죽은 사실은 6절을 잘 설명해 준다. 하나님에 대하여 기록된 계시를 거부하는 오늘날의 제사장들과(렘 23:16) 하나님에 대하여 기록된 계시를 설교하기를 거부한 오늘날의 "선지자들"(렘 23:26)이 모여 NCC, 로마카톨릭, 그리스정교, WCC를 만들었다.

『**그들은 번성할수록 나를 거역하여 범죄하였으니**』(7절). 제사장의 자녀들과 연관하여, 『**내가 그들의 영광을 수치로 바꾸리라**』(7절)고 말씀하신다(삼상 2:33,34).

『**백성같이, 제사장같이**』(9절). [삼상 2:24, 렘 5:31, 특히 말 2:2 참조] 여기에서 하나님께서는 "성직자와 평신도" 사이의 장벽을 제거하셔서 레위 제사장들이 더 이상 다른 사람들과 분리되어 구별됨으로 누리는 특권을 없애시겠다고 경고하신다. 성경을 거부하는 제사장은 술주정뱅이와 하등 다를 바가 없다. 그래서 이러한 "제사장"들에 대하여 주님께서는 『**내가 너희의 씨를 썩게 하고 너희 얼굴에는...똥을 바르리니...**』(말 2:3)라고 말씀하신다.

『**그들이 내 백성의 죄를 먹고 그들의 마음을 그들의 죄악에 두는도다**』(8절). 제사장들은 "죄인들"이 가져오는 음식을 좋아했다(삼상 2:15,16). 그래서 속으로는 더 많은 죄를 짓기를 바랐던 것이다. 그래야 더 많은 제물을 가져오기 때문이다(레 1-9장). 그들의 마음을 "그들"(이스라엘)의 죄악에 둔 것이다. 이런 탐욕스런 마음의 결과는 결코 "배부르지 않게" 되는 것이다(10절). 학개 1:5,6에 묘사된 어리석은 미국인들처럼, 이사야 55:2에 묘사된 어리석은 유럽인들처럼, 그들은 배부름(눅 12:19)과, 넘치는 재원(눅 12:18)이 반드시 "풍요함"을 의미하지는 않는다는 것을 배워야 한다(눅 12:15). 많은 돈도 술도 여자도 음식도 결코 솔로몬의 인생을 만족시켜 주지 못했다.

『**그들이 행음하여도 증가하지 못하리니**』(10절). 사무엘상 2:22-24에서 이 예언을 정확하게 예시한다. 『**이는 그들이 주께 주의를 기울이는 데서 떠났기 때문이라**』(10절). [출애굽기 34:12 참조]

『**음란과 포도주와 새 포도주가 마음을 빼앗느니라**』(11절). 이 구절은 침례교회와 감리교회의 온건한 술꾼들(카톨릭 교회와 성공회의 음주자를 따르는)이 "새 포도주"는 발효된 것이라고 주장하는 근거로 사용된다. 그러나 이것은 커다란 잘못을 범하는 것이다. 이 구절에서는 좋은 것과 나쁜 것들을 비난하고 있는 것이다(3:4의 설명을 볼 것). "새 포도주"는 분명하게 발효되지 않은 포도즙이다. 여러분이 "경건하고, 헌신된" 자들에게서 잘못 배움으로써 마귀에게 속았다면 지금 바로잡을 기회가 왔다. 창세기 40:10-14, 이사야 65:8,

신명기 32:14, 마태복음 26:29을 읽고 마귀를 대항하여 여러분의 분명한 입장을 취하라. 즉시 하라. 머뭇거리는 것은 위험하다. 헌신되고, 경건하며, 보수주의자이고, 구령하며, 전천년을 믿고, 많이 배운 사람이라 할지라도 살아계신 하나님의 말씀을 변질시킨다면(렘 23:35,36) 즉시 그를 대항하여 여러분의 분명한 태도를 견지하라. 주님께서 여러분의 그러한 태도를 축복하실 것이다.

"새 포도주"는 물질적인 부를 상징하기 때문에(느 13:15, 민 18:27, 마 21:33) 틀림없이 "마음을" 빼앗았을 것이다. 그래서 마태복음 21장의 비유에서 하나님의 아들이 새 포도주의 생산과 연관해서 죽임을 당했고 열왕기상 21:1,2에서 같은 동기로 나봇도 죽었다. 신구약 어디에도 새 포도주로 술 취한 사람은 없다[지금 그리스도와 함께 통치하고 있다고 주장하는 자만하고 무지한 자들이(이는 필자가 사용한 말이 아니라 바울이 사용한 용어이다. 롬 11:25) 여느 술주정뱅이들처럼 왕들에게 금지되었던(잠 31:4) 술독으로 들어가는 것을 지켜보는 것은 참으로 이상한 현상이다. 본문에 대한 설명이 이사야 24:7-9에 정확하게 나와 있다.]

4:12 ○ **내 백성이 그들의 나무조각에 자문을 구하고 그들의 막대기가 그들에게 선포하나니, 이는 음행의 영이 그들로 잘못 행하게 하였으며 그들은 그들의** 하나님**의 보호를 떠나 행음하러 갔음이라.**

13 그들이 산들의 정상에서 희생제를 드리며, 작은 산들 위에서와 상수리나무, 버드나무, 느릅나무 아래서 분향하니, 이는 그 그늘이 아름답기 때문이라. 그러므로 너희 딸들은 행음할 것이며, 너희 아내들은 간음하리로다.

14 너희 딸들이 행음하거나 너희 아내들이 간음해도 내가 그들을 벌하지 아니하리니, 이는 그들 자신이 음녀들과 함께 분류되며 창녀들과 함께

희생제를 드림이라. 그러므로 깨닫지 못하는 백성은 패망하리라.

『**음행의 영**』(12절)은 점을 치거나 주술을 행할 때 이용된다(사 40:19, 렘 2:27). 신약의 "미혹하는 영들"(딤전 4:1-4)은 "마귀들의 교리들"과 사촌지간이다. "좋은 일을 하는 마녀들"이든, "해를 끼치지 않는 마술"이든, 진 딕슨(Jean Dixon)이든 이 문제에 있어서 하나님의 심판을 피할 수는 없다(신 18:10-12). 하나님께서 이미 사악하고 마귀적인 것이라고 보여 주신 것들로 아무리 좋고 "긍정적인" 일들을 해도 하나님께서는 그 일들을 용납하지 않으신다. 사람들은 막대기나 널빤지로 미래를 내다보거나 어떤 문제의 해결책을 구할 때 사용하지만 12절에 있는 이 "나뭇조각"에 대하여는 이사야 44:14,17,19에 설명되어 있다. 『**내가 나무 토막에 엎드리겠느냐?**』(사 44:19)

『**그들이 산들의 정상에서 희생제를 드리며... 상수리나무... 아래서**』(13절). 높은 장소를 택하는 것은 노아 때부터 시작되어(창 8:20) 율법을 받기 전까지도 계속된다(창 12:8). 하나님을 향하여 가능하면 가까이 올라가 제사 드리고자 하는 이러한 생각은 성경대로 믿는 사람들이라면 지나친 인간의 사견이라는 사실을 알 수 있다(사 14:13, 요 3:13). 팔레스타인 통치하에서는 이러한 "산당들"이 제거되었어야 했다(왕하 14:4). 경배드리는 장소가(신 16:6,7) 정해졌었기 때문이다(대상 22:1).

나무를 우상 숭배할 때 주로 상수리나무가 등장하므로 이 나무가 첫 번째로 언급되었다. 드루이드교도(druids)들과 독일의 이교도들이 신성시하는 상수리나무들에 대해서는 잘 알려져 있지만 적그리스도(삼하 18:9), 마귀 숭배(사 1:29, 호 4:13), "바산의 황소"(시 22:12, 슥 11:2)와 상수리나무와의 성경적인 연관성에 대하여는 잘 알려져 있지 않다. 마지막 참고 구절은 갈보리를 가리킨다(시 22:1-12). 성경을 성경으로 확인해 볼 때 이는 올바른 해석이며 갈보리의 십자가는 말채나무(dogwood)가 아니라 바로 "상수리나무"인 것이다.

『너희 딸들이 행음하거나 너희 아내들이 간음해도 내가 그들을 벌하지 아니하리니... 그러므로 깨닫지 못하는 백성은 패망하리라』(14절). 분명히 알아야 할 것은 하나님께서는 딸들과 아내들을 벌하시지만 범죄하는 즉시 벌하지 않으신다는 사실이다(전 8:11). 하나님께서는 살만에셀왕을 보내 벌을 받도록(왕하 17장) 기다리게 하셨다. 하나님께서 개인이나 민족을 벌하시는 가장 무서운 방법은 그들의 죄를 짊어지고 계속 가도록 하시는 것이다(렘 6:19). 하나님께서는 히틀러가 영국을 침공하지 못하게 하심으로 결국 미국이 대서양을 건너지 못하게 하셨다. 하나님께서는 영국이 발포어 선언을 취소한 것에 대해 영국을 벌하셨다. 따라서 영국은 최강국의 대열에서 몰락하였다. 유대인을 학살한 것에 대해 하나님께서는 독일을 벌하셨다. 그러나 하나님께서는 미국을 제2차 세계대전에서 이기게 하셨고, 미국을 공식적인 술주정뱅이 나라로 만드셨으며(1933), 자녀를 강제로 사회교육에 참여시켜 획일화를 가져온 나라로 전 세계를 주도하는 국가로 만드셨다. “국민의, 국민에 의한, 국민을 위한” 선택은 이제 없다. 1384년부터 전해진 이 문구를(이 말은 존 위클리프가 성경과 관련하여 처음으로 말한 것이다.) 도용하면서 링컨은 “나는 흑인과 백인 사이의 사회적, 정치적 평등을 이루기 위한 그 어떤 방법도 생각해 보지 않았으며, 지금도 그 생각에는 변함이 없다. 흑인과 백인 사이에는 실제적인 차이점들이 있으며, 앞으로 영원히 두 인종은 사회적으로 정치적으로 평등하게 살 수 없다고 믿는다.”고 말했다(1958년 9월 18일, 일리노이즈, 찰스톤에서). 링컨은 다른 지성인들처럼 인종차별주의자였다. 옥수수가 레몬과 다르다는 것을 알았고, 바나나와 땅콩이 다르고, 개와 쥐가 서로 다르며 교통신호등의 색깔이 한 가지 이상이라는 사실을 알았던 것이다. 교육의 발전과 함께 가버린 미국에서는 학교에서 동성연애를 정당화하고 있고, 아이들에게 추잡한 포르노 기사를 읽히고 색정적인 시구를 읊도록 하고 있다(1974년, 버지니아, 워싱턴). 그런데도 하나님은 아직까지 미국을 내버려 두신다. 이제 정치적으로, 경제적으로, 사회적으로 안정된 미국을 하나님께서는 그 언덕에서 내려가게 하실 것이다.

『**그러므로... 백성은 패망하리라**』(14절). 하나님께서는 민수기 5장의 "제사장"과 함께 있는 이스라엘에서의 간음이나 민수기 5:10-18의 "순결에 관한 서약"을 범한 것에 관해 애를 쓰지 않으신다. 단지 그 민족을 바람 앞에서 전속력으로 항해하는 배처럼 "내버려 두신다"(롬 1:18-28).

4:15 ○ 이스라엘아, 너는 비록 창녀짓을 하여도 유다를 범죄하게 해서는 안 되나니, 너희는 길갈로도 가지 말며 벧아웬으로도 올라가지 말며 주의 살아 계심으로 맹세하지도 말라.

16 이는 이스라엘이 뒷걸음질하는 암송아지처럼 타락함이니, 이제 주께서는 넓은 곳에 있는 어린양처럼 그들을 먹이시리라.

17 에프라임이 우상들과 연합하였으니 그를 내버려 두라.

18 그들의 술은 시고 그들은 끊임없이 행음하였으니, 그녀의 치리자들은 수치와 더불어 사랑하기를 "너희는 줄지니라." 하는도다.

19 바람이 그 날개들로 그녀를 감쌌나니 그들은 그들의 희생제들로 인하여 수치를 당하리라.

유다는 여전히 "하나님과 함께 다스리며 그 성도들과 더불어 신실"하였지만(11:12) 북쪽의 형제들을 따르는 것에 대해 경고를 받는다. 『**유다를 범죄하게 해서는 안 되나니**』(15절). 벧엘, 길갈, 벧아웬은 이스라엘의 배교로 인해 종교적으로 지옥 같은 곳이 된다. (암 4:4에서 아모스의 빈정거리는 권유를 보라.) 길갈은 이스라엘이 하나님 대신 왕을 요구했던 것과 관련이 있다(삼상 7:16; 10:8). 벧엘은 하나님께서 야곱에게 언약하신(창 35:11) 신성한 기억과 연관이 있다. 벧아웬은 벧엘 근처에 있으며 여로보암이 금송아지를 세웠던 곳이다(왕상 12:28-30). 〈강단주석〉은 벧엘이 "벧아웬이 되었다."("하나님의 집"이 "죄악의 집"이 되었다)는 잘못을 범함으로 벧아웬은 이스라엘이 배교하기 천 년 전에 여호수아 7:2과 여호수아 18:12에 있는 도시였다는 성경적 사실을 놓쳐 버렸다. 벧엘이 "왕의 예배당"으로 된 것은 사실이지만 "벧아웬"은 벧엘이 "죄악의 집"으로 이름 붙여지기 오래전에 세워졌다. 〈킹제임스성경〉의 본문이 때로는 교육을 많이 받은 위대한 보수주의 언어학자들의 잘못된 히브리어 지식을 바로잡아 주는 데 큰 역할을 한다.

신성한 것과 관련되었던 장소들이 부흥의 시기가 끝나고 성령님께서 떠나신 뒤에는 종종 아주 지저분한 돼지우리로 변한다. 하나님을 찬양했던 복음주의적 교회들이 곁길로 들어서자마자 죽어 버린 경우는 허다하다. 영적 대각성이 두 번째 일어났던(1820-1940) 뉴잉글랜드의 신앙을 눈 씻고 봐도 찾아볼 수 없다. 성령님이 떠나가신 공백 기간에 직업적인 종교 사기꾼들이 몰려 들어왔다. 교회나 학교 정문에 "이카봇"(삼상 4:21)이라는 말을 써야 한다고 떠드는 영적인 사람은 없다. 인위적으로 갖추는 예의, 어색한 미소, 무슨 공연을 방불케 하는 찬양, 숨막힐듯이 짜여진 예배 순서, 남자다운 기개라고는 찾아볼 수 없는 청년들, 그렇고 그런 설교 이야기들, 이런 것들은 너무도 분명하게 "영광이 떠났다."라는 말씀을 확인시켜 준다.

『**주의 살아 계심으로 맹세하지도 말라**』(15절). "주의 살아 계심으로" 맹세한다 하더라도 거짓말하는 것이다(렘 5:2). 그들은 하나님을 알지 못하며, 하나님에 대해 죽었기 때문이다. 그들은 자신들의 유익을 위해 하나님을 찾으려 하지만 이미 그들에게 "하나님은 죽었다." 하나님은 『**죽은 자들의** 하나님**이 아니요, 산 자들의 하나님**』이시기에(마 22:32). 미국의 그리스도인들이 하는 어떤 "사역" 속에서도 하나님을 발견할 수 없다. 그것을 기대하는 것보다는 차라리 회오리 바람 속에서 휘파람 소리를 듣는 것을 기대하는 편이 더 나을 것이다.

『**이제 주께서는 넓은 곳에 있는 어린 양처럼 그들을 먹이시리라**』(16절). 타락한 이 민족은(16절) 후에 타락한 유다를 위해 길 안내를 한 격이었다(렘 3:6). 본문의 모습은 고집 센 황소, 암소 등을 비탈길 위로 몰고 가는데 고삐가 향하는 데로 가려하지 않아 위로 올라가지 못하고 미끄러지고 넘어지는 모습이다. [킴치(Kimchi)의 주석은 본문과 아무 관련이 없다. 주석의 내용대로 하려면 〈강단주석〉이 했던 것처럼(Vol 13, p.106) 똑같이 〈킹제임스성경〉을 변경시켜야만 했다.] 호세아 14:4은 하나님께서 이 타락한 아기 황소를 치유할 것이라는 약속을 담고 있다.

이사야 5:17을 보면 목자가 초장에서 먹이는 양과 광야에서 길을 잃어(눅 15:4) 먹이를 찾으러 돌아다니는 양과의 차이점을 알 수 있다. 이러한 양에 대해 『**주께서는 넓은 곳에 있는 어린양처럼 그들을 먹이시리라.**』고 말씀하신다. 예표론으로 볼 때 본문이 말하는 것은 세상이다. 선한 목자(겔 34:11-31)가 산에서 잃어버린 양을 찾으러 올 때까지(요 10:11) 이스라엘이 길을 잃은 것을 보여 준다.

『**에프라임이 우상들과 연합하였으니 그를 내버려 두라**』(17절). 무시무시한 문장이 다시 나온다. 하나님께서 어떤 사람을(혹은 어떤 민족을, 로마서 1:24) 포기하실 때 자신의 이성과 본능과 철학과 본래의 지능을 따르게 하신다. 현대인들이 추구하는 해방이란 바로 자신이 저주받는 상황을 원하는 것이다(시 2:1-3). 미국이 학교에서 가르치는 "자유"와 "허용"의 영향으로 젊은 사람들의 혼은 절단할 수 없는 체인으로 갇혀 있게 되었다. 자유는 불법을 저지르라고 허가해 준 것이 아니다. 하나님께서 이스라엘의 남은 자들에게 에프라임과 상대하지 말라고 말씀하실 때(왕상 12:28), 실상 이렇게 말씀하신 것이다. "가라앉는 배를 버리고 즉시 나오라. 곧 가라앉게 된다." "내버려 두라." 그에게 설교하지 말라. 책망하지 말라. 소책자를 주지 말라. 그를 위해 기도하지 말라(요일 5:16). "내버려 두라." 에프라임이 "홀로 되면" 고린도전서 5:5에 의해 형제보다 더 가까운 "친구"를 얻을 것이다!

『**그들의 술은 시고**』(18절). 그들의 수입도 더럽혀질 뿐 아니라 술제사도 더 이상 받아들여지지 않는다(말 1:14). 상한 술이나 온전하지 못한 양은(말 1:8) 하나님께서 이스라엘 민족에게 요구하신 것이 아니다(레 4:3,23,28,32 등).

『**그녀의 치리자들은 수치와 더불어 사랑하기를 "너희는 줄지니라." 하는도다**』(18절). 이스라엘의 치리자들은 자신들의 배를 채우기 위해 타락했다(롬 16:18). "너희는 줄지니라."는 표현(명령형)은 국가 지도자들이 즐겨쓰는 상투적인 표현이 되어 버렸다(잠 23:10과 주석을 보라). 대통령이 인플레를 막고자 할 때 "기름값(세금)을 올리라."(너희는 줄지니라)고 말한다. 또 다른 대통령은 전쟁에 사람들을 내보내서 싸우게 하고자 할 때(베트남의 경우 자기 교회의 권력을 유지하려고) 그는 "'내 조국이 나를 위해 무엇을 해줄 것인가'라고 말하지 말고, '내가 내 조국을 위해 무엇을 할 것인가'라고 말하라."고 연설한다(너희는 줄지니라). 거리에 나가 시위하며 소리지르기를 "소득은 보장하고, 노인연금과 국민의료 혜택을 보장하라."고 말한다(너희는 줄지니라). 예배 드리러 교회에 갔을 때 "십일조는 주님의 것"이라는 딱지들이 붙어 있는 것을 본다면 그날 설교는 모두 "돈을 내라."는 것으로 끝난다(너희는 줄지니라). 받는 것보다 주는 것이 더 복되기 때문에 그 국가는 지옥으로 가더라도 최소한 그들이 복받을 수 있는 결정을 치리자가 하도록 말할 수 있다.

보통 주석가들은 이러한 점에서 성경 본문을 고치고 싶어 안달이다. 특히 성경을 개정했던 케네드 테일러(Kenneth Taylor) 같은 사람은 진짜 살아 있는 성경("Living Bible")을 자신의 생각으로 의역해 놓고 그것이 본문의 진짜 의미라고 말한다. 즉 "우리를 지원하면 수치에 대한 그들의 사랑이 명예에 대한 것보다 더 크다."는 것이다. 그러나 미카 3:5은 이 구절의 의미가 무엇인지 정확하게 말해 준다. 즉 우리와 함께한다면 너는 옳은 것이지만(마 15:5)

그렇지 않다면 너는 사기꾼이라는 것이다(요 11:48). 사람들이 자신의 배를 채우는 일들은 무슨 협력 프로그램이나 선교 프로그램 등 다른 사람과 "공모"하는 형태로 나타난다. 그 중의 하나가 "헬라어 원본" 혹은 "더 정확한 필사본들"에서 번역했다고 하는 "최근의 번역본"이다. 이런 배꼽춤을 추는 사람들은 TV나 영화에서만 볼 수 있는 것은 아니다.

『**바람이 그 날개들로 그녀를 감쌌나니**...』(19절). 이스라엘은 타작마당에서 바람에 날리는(시 1:4, 호 13:3) 쭉정이이다(단 2:35). 『**그들은 그들의 희생제들로 인하여 수치를 당하리라**』(19절). [미 2:5, 사 1:29, 렘 2:26 참조] 많은 주석가들이 이 구절을 이해하기 어렵기 때문에 이것은 호세아에 있는 구절이 아니라 다른 어떤 곳에서 떨어져 나왔다고 주장한다. 이렇게 혼란케 하는 학자들이 알아야 할 것은 잘못된 희생제도 있다는 사실이다(삼상 15:22). 사랑하는 형제들 가운데에도 이런 짓을 하는 자들이 있다(잠 15:8). 이 구절은 호세아에 있는 평범한 구절이다. 이스라엘은 희생제와 술제사를 많이 드리기를 바랐다. 이 제사들은 부를 가져오기 때문이었다(잠 3:9,10). 그러나 이사야가 소돔과 고모라의 치리자들에게 말한 것처럼(사 1:10,11) 하나님께서는 더러운 희생제를("미사"와 같은) 원치 않으신다. 그런 희생제를 드리는("미사"와 같은) 하나님을 저버린 사기꾼들은 하나님의 말씀을 그들의 전통에 의해(막 7:9-13) "폐기"시켜 버리는 것이다. 그래서 한 번만 두드려야 되는 바위를(출 17:6) 그들은 매주마다 두드린다. 모세는 카톨릭 제사장들이 매주 미사를 드리는 것처럼 그 바위를 다루었기 때문에 약속의 땅에 들어가지 못했다.

5장으로 들어가기 전에 잠시 시간을 할애하여 보수주의 학자들과 학식을 갖췄다는 그리스도인들이 살아 계신 하나님의 말씀을 어떻게 망쳐 놓았는지 살펴보도록 하겠다.

1. 노왁(Nowack), 마티(Marti), 오렐리(Orelli), 구테(Guthe)는 성경에서

75군데를 바꾸었는데 이 중에서 단 한 군데도 〈킹제임스성경〉에 없는 호세아에 관한 조명을 비추어 주지 못한다.

2. A.D. 330년부터 New ASV의 필사본이 된 70인역에서는 4절의 본문을 "제사장이 말한 것에 반대하여"라고 바꾸어 놓았다. 5절을 "내가 네 어미를 밤에 비유하였다."로 바꾸고 그리고 나서 19절의 "희생제들"을 "제단들"로 바꾸었다. [강단주석이 말하는 "70인역"은 실제로는 신약성경이 완성된 지 수년이 흐른 후 기록된 오리겐의 헥사플라 5란에 해당되는 것이다. "경건한" 거짓말쟁이들이나 "헌신된" 사기꾼들이 모여 있는 정통주의 체제에서는 이 70인역이 A.T. 로버트슨(Robertson), 메이첸(Machen), 와필드(Warfield), 웨스트(Wuest), 홀트(Hort) 등이 〈킹제임스성경〉의 틀린 부분을 바로잡았다고 속임으로 꼬리를 감추고 있다.]

3. 시리아 역본(Syriac)에서는 5절을 "네 어미가 조용해졌다."로 바꾸고 칼데아 역본(Chaldee)에서는 "내가 너희 회중을 경악케 하겠다."(ditto Raschi)로 바꾸었다.

4. 끔찍한 심판을 말하는 17절의 "그를 내버려 두라."를 〈강단주석〉에서는 "그에게 쉼을 주라."로, New English Bible에서는 "술취하게 하였다."로 Living Bible에서는 "그녀를 가까이 하지 말라."로 변경시켰다.

5. 『**그녀의 치리자들은... "너희는 줄지니라."**』 이 분명한 의미의 구절을 어떻게 그 의미를 흐려놓았는지 보라.

a. "그들은 영광보다 불명예를 좋아했다."(New English Bible)

b. "그들의 치리자들은 수치를 정말로 사랑한다."(NASV)

c. "그들은 그들의 영광보다 수치를 더 사랑한다."(RSV, 1952)

d. "수치에 대한 그들의 사랑이 명예에 대한 것보다 더 크다."(Living Bible)

e. "그녀의 보호자들은 사랑하고, 수치를 사랑한다."(강단주석)

f. "그녀의 치리자들은 정말로 수치를 사랑한다."(ASV, 1901)

g. "참으로 수치를 사랑하라."(더멜로우와 1894의 RV)
h. "이상하게 수치에 매혹된"(머로우).
i. "그들은 그녀의 겉옷의 수치를 사랑한다."(New English Bible 주석)
j. "그녀의 보호자들은 불명예로 매혹되어"(체인)

이상의 헛소리들은 에베소서 3:17,18에서 알 수 있는 차이를 발견하게 한다. 성경 본문을 "지극히 어렵다."고 해서 로마서 1:21,25, 욥기 41:1처럼 말씀에 손을 대는 것에는 근본주의자들이나(밥 존스 3세, C.T. 로버트슨, 윌버 스미스 등) NCC나 로마카톨릭이 다른 점이 전혀 없다는 것이 놀랍지 않은가? 환상적이지 않은가? 성경이 하나님의 말씀이라고 믿는 정직한 사람에게 위의 구절의 무엇이 어렵단 말인가? 왜 야단법석을 떠는가 말이다. 자기 자신이 쓰는 말도 모른단 말인가? 『**그녀의 치리자들은 수치와 더불어 사랑하기를 "너희는 줄지니라." 하는도다.**』 이보다 더 분명한 의미를 어떻게 설명한단 말인가? 미카 3:4,5과 2:5의 관련 구절을 보고도 여전히 "지극히 어렵게" 느껴진다면 그 이유는 바로 자신의 배를 섬기고 있기 때문이다(빌 3:19).

호세아 5장

5:1 오 제사장들아, 너희는 이것을 들으라. 너희 이스라엘 집아, 경청하
라. 오 왕의 집아, 너희는 귀를 기울이라. 심판이 너희를 향해 있나니,
이는 너희가 미스파에 올무가 되었으며 타볼 위에 친 그물이 되었음
이라.
2 내가 그들 모두를 책망하는 자가 되었음에도 불구하고 반역자들이 도
살하는 데 깊이 빠졌도다.
3 나는 에프라임을 알며 이스라엘은 내게서 숨겨지지 못하나니, 오 에프
라임아, 이제 너는 행음하고 이스라엘은 더럽혀졌도다.
4 그들은 그들의 행실이 그들의 하나님께 돌아가도록 계획하지 아니하리
니, 이는 음행의 영이 그들 가운데 있고 그들이 주를 알지 못하였기
때문이라.
5 이스라엘의 교만이 그의 얼굴에 증거가 되나니, 그러므로 이스라엘과
에프라임은 그들의 죄악 가운데 패망할 것이요, 유다도 또한 그들과
더불어 패망하리라.

6 그들이 주를 찾아서 그들의 양떼와 그들의 소떼와 함께 가겠으나 그들이 그를 만나지 못하리니, 주께서 그들로부터 물러나셨음이니라.
7 그들이 주를 거역하여 패역되이 행하였으니, 이는 그들이 타국 아이들을 낳았음이라. 이제 한 달이 그들의 몫과 더불어 그들을 삼키리라.

5장은 제사장들과 이스라엘의 집과 왕을 둘러싼 왕국을 향한 말씀으로 시작된다. 심판이 이들을 향해 있기 때문이다. 『**심판이 너희를 향해 있나니**』(1절). 이스라엘이 황폐해진 데에는 교회-국가 체제로 운영해 온 왕과 제사장에게 책임이 있다(사울은 제사장의 직책도 넘보았다). 서구 사회가 당면하고 있는 국가적인 비극은 제사장과 "왕"으로부터 시작된다. 볼셰비키 혁명(1918)이든, 프랑스 혁명(1789)이든, 히틀러에게 권력을 부여한(1930-1936) 중앙당이든, 베트남에 있었던 미국의 대량학살(1965-1972)이든 이러한 모든 것들은 피흘리며 날뛰는 마피아와 같은 것이다(왕상 18:22-29). 이러한 양상은 교황에게 아부하기 위해 색슨족을 대량 살상한 샤를마뉴에게서도 발견되어지고, 가증한 것들의 어미(계 17:1-9)를 팔레스타인에 앉히기 위해 싸웠던 십자군에게서도 발견된다(1000-1200). 또한 예전부터 암약해 온 "교회-국가" 마피아가 계획하고 저지른 대통령 암살(에이브러햄 링컨) 사건에서도 발견된다. (〈확실한 예언의 말씀, The Sure Word Of Prophecy, 1969〉를 보라.)

『**이는 너희가 미스파에 올무가 되었으며 타볼 위에 친 그물이 되었음이라**』(1절). 종교-정치의 단일 독재체제인 제사장-왕 체제는 사람을 잡는 체제다. 사냥꾼이 사냥감을 잡는 것과 똑같다. 이러한 사냥꾼에 대해서는 예레미야 5:26-29에 잘 나타나 있다. 『**그들은... 사람들을 잡는도다**』(렘 5:26) 미스파는 요단 동쪽 길르앗에 있고 타볼은 요단 서쪽에 있는 산이다.

2절은 스스로 해석한다. 사람들은 반항하고 가버렸다(렘 5:23). 하나님께서 그들 가운데 살인자들을 책망하셨지만(눅 23:19의 바라바를 보라.) 그들은 계속 살인하였다. 이사야 1:5, 호세아 9:15에 보면 이 "반역자들"은 "왕의 집"(1절)에 있는 고관들이다. 유다에서는 여코냐와 시드키야가 좋은 예다(렘 40-48장).

3절도 스스로 해석한다. 하나님께서는 이들의 죄와 사악함을 아셨다. 야훕 지파들("이스라엘")의 앞장을 서 왔던 "에프라임"은 이들 전체의 타락에 책임이 있다.

4절도 스스로 해석한다. 이스라엘은 자신들의 잘못을 고치려 시도하지도 않았다(4절). 최소한 에프라임인들은 재판관기에서 말이라도 똑바로 발음하려고 시도했었다(판 12:6). 『**그들이 주를 알지 못하였기 때문이라**』(4절). 제사장들이 시민들에게 성경을 가르치는 대신에 선거법에 대해서나 이야기하고 오락 프로그램에나 시간을 낭비하고 있다면 "주를 알지도 못하는" 세대가 나올 수밖에 없다. (정치적으로 압력을 가해 프로테스탄트의 세금으로 카톨릭 학교 버스를 운용하게 만들어 미국 어린이들까지 카톨릭 교회를 성경대로 믿는 집단으로 잘못 생각하도록 만드는 "제사장"보다 더 부조리한 것이 있겠는가?) 주를 알지 못했던 이스라엘 세대는 "하나님에 대한 지식이 없었다"(판 2:10). 하나님을 계시할 수 있는 신성한 책임을 맡았지만 배교한 왕들과 어울려 시간을 낭비하였던 것이다(렘 28,38장, 왕상 22:10,12). 유다도 곧바로 이스라엘의 뒤를 따랐기 때문에(왕하 21:1-6에서 므낫세를 보라.) 호세아는 폭탄 같은 메시지를 투하한 것이다. 『**유다도 또한 그들과 더불어 패망하리라**』(5절).

『**이스라엘의 교만이 그의 얼굴에 증거가 되나니**』(5절). 이 구절은 7:9,10과 연관지어 읽어야 한다(잠 21:29의 주석을 보라.) 이스라엘이 희생제로 가져오는 양떼와 소떼는 아무 소용이 없게 된다. 예루살렘으로 가져오는 것이 아니라(대하 13:8-11) 벧엘이나 단으로 가져갔기 때문이다(왕상 12:28,29).

『**주께서 그들로부터 물러나셨음이니라**』(6절). 이스라엘이 흩어지는 것을 비유한 마태복음 13:44과 연관해서 이 구절에 해당하는 것은 숨겨두는 사람이다(다시 숨겨두는 보물이 아니다). 신명기 32:30은 이스라엘의 순간적인 멸망(왕하 17장)과는 거리가 있는 예언이다. 이 구절도 이스라엘의 순간적인 멸망이 아닌 이스라엘이 잠시 보지 못하는(신 31:17) 교회 시대에 적용되어야 한다.

『**이는 그들이 타국 아이들을 낳았음이라**』(7절, 1:2, 2:4 참조). 교회가 세상과 놀아날 때 "타국 아이들"이 회중 가운데 나타나기 시작한다. 이 "아이들"은 사람들이 자신의 형제이고 하나님이 자신의 아버지라고 믿는다. 이들은 부정한 여자(고후 11:3)와 마귀(딤전 5:15) 사이에서 맺어진 더러운 결혼으로 태어난 사생아들이다. 이런 불법적인 관계를 신약에서는 강력하게 금지시키고 있다(고후 6:14-18). 다만 카톨릭과 공산주의자들만이 모를 뿐이다. 순종 말과 당나귀를 교배시키면 새끼를 못 낳는 잡종이 생긴다.

오늘날 미국에서는 그리스도인들을 재생산할 수 있는 그리스도인들을 제외시키고 거대한 조직을 중심으로 생명을 탄생시켜 보려 애쓰지만 거듭나지 못한 채 선한 일에 주력하는 사람들로는 살아 움직이는 그 어떤 것도 재생산할 수 없다. 생명은 생명을 낳지만 불행하게도 생명이 있어 보이는 듯한 이러한 단체들은 잡종만 낳을 뿐이다. 『**이는 그들이 타국 아이들을 낳았음이라.**』

타국 여인들(느 13:26)과 "타국 아이들"(5:7, 스 10:2,10,11,14,17,18,44)은 통합을 비난하기 위해 하나님께서 부르신 사람들에게 혹독한 비평을 면하지 못한다. 2,000년 역사 속에서도 기록된 하나님의 말씀이 보존됨으로 어떤 바보도 "달려가면서 읽을 수 있도록"(합 2:2) 되어 있는데도 누룩 덩어리인 이 "통합"이라는 이상한 마력에 끌려 사회주의자들이든 누구든 "기독교라는 종교로" 하나가 되려고 한다. 성경에서 수없이 경고하는데도 인종통합은 "기독교의 가르침"이라고 고집을 피운다. 이런 면에서 장님을 도랑으로 인도하는 장님들 중에 대단한 공산주의자 마이클 킹 주니어(Michael L. King Jr.)가 있는데 그는 지옥이 얼마나 뜨겁든지 새 예루살렘이 어떻게 생겼든지 그러한 것에는 관심이 없고 현재 이 세상에 관심이 있다고 말했다(이 사탄적인 편견에 대해 마태복음 16:23에서 예수님께서 어떻게 말씀하셨는지 보라). 마이클의 입장을 지지하는 또 다른 성경을 거부하는 "그리스도인들" 중에 찰머스(A. K. Chalmers)가 있는데 "분리된 죄"라고 말했던 역대의 교황들의 말을 인용했다(High Wind At Noon, 1948). 그리고 인종적 분리가 계속된다면 "우리는 길을 잃어버린 것"이라고 말한다. ("우리"란 누구를 말하는 것인가?) 다른 관점에서 분리가 더 이상 진행되지 않음으로 재산과 건경, 돈, 도덕 기준, 교육의 질을 상실한 디트로이트, 애틀랜타, 모빌, 필라델피아에 사는 사람들에게 말해 보라.

그리스도인들을 가장하여 사회주의 쓰레기를 미화시킨 전형적인 사회주의자인 벤자민 메이즈(Benjamin Mays)는 분리에 대하여 "분리를 추진하는 사람이나 분리를 당하는 사람 모두" 손해를 본다고 말한다. 이 말이 사실이라면 신명기 32:8과 사도행전 17:26을 말씀하셨던 전능하신 주 하나님께서는 틀림없이 혼란에 빠지실 것이다. 또 그 내용을 설교하라고 말씀하셨던 호세아와 에스라도 혼란스럽게 하셨을 것이다. 성경 구절이 사람들의 편견에 대하여 지적하면 특히 인종에 대하여 민감하게 반응하는 자들은 칼 막스와 똑같이 하나님을 등지고 성경을 거부하고 그리스도인들을 적대시하게 된다. 그 사람이 구원받았든지 구원받지 못했든지에 상관없이 말이다. 성경적 진리가 인종문제를 다룰 때 하나님께서 말씀하신 것 이상으로 다른 의견을 가져서는 안된다. 마이클 루터 킹 주니어(Michael Luther King, Jr.)는 인종적인 분리가 마귀적인 것인데 이는 하나님 때문에 일어난다고 말하고 인종분리야말로 "용서받을 수 없는 죄"라고 말한다(Strength to Love, 1963). 성경은 이에 대해 무엇이라고 말하는지 출애굽기 8:23; 23:23-25; 34:10-16, 민수기 25:1-5, 신명기 4:14-23; 7:1-11; 18:10-16; 20:16-18; 23:3, 열왕기상 11:1-10, 고린도후서 5:14-21, 로마서 13장; 12:1-4, 사도행전 17장을 읽어 보라!

『**이제 한 달이 그들의 몫과 더불어 그들을 삼키리라**』(7절). 살룸은 한 달 동안 이스라엘을 치리하였다(왕하 15:13). 따라서 이 예언은 B.C. 660년경의 이스라엘 집에(1절) 적용된다고 볼 수 있다. 그 예언은 또 이렇게 말할 수도 있다. "한 달간은 지금처럼 지낼 수 있으나 새 달이 다시 오면 왕관을 벗어야 한다."

5:8 너희는 기브아에서 뿔나팔을 불고 라마에서 나팔을 불라. 벧아웬에서 크게 소리질러 "오 베냐민아, 너를 쫓는다." 하라.

9 에프라임은 질책하는 날에 황폐하게 되리니, 이스라엘 지파들 중에서 반드시 있게 될 일을 내가 알게 하였노라.

10 유다의 고관들은 경계를 옮기는 자들 같았으므로 내가 나의 진노를 그들 위에 물같이 부으리라.

11 에프라임이 압제를 당하고 심판으로 깨어졌으니, 이는 그가 기꺼이 계명을 따라 행했기 때문이라.

12 그러므로 내가 에프라임에게는 좀같이 될 것이요 유다 집에는 부패함같이 되리로다.

13 에프라임이 그의 병을 보고 또 유다가 그의 상처를 보았을 때 에프라임이 앗시리아인에게로 가서 야렙왕에게 사람을 보내었으나 그는 너희를 치유할 수 없었고 너희의 상처를 낫게 할 수도 없었으니,

14 이는 내가 에프라임에게 사자같이, 유다 집에 젊은 사자같이 될 것임이 라. 나, 곧 내가 찢어 갈 것이요 탈취해 갈 것이나 아무도 그를 건져내지 못하리라.

15 ○ 내가 가서 내 자리로 돌아가, 그들이 그들의 범죄를 인정하고 나의 얼굴을 구할 때까지 있으리니, 그들이 고난 중에 있을 때 나를 먼저 찾으리라.

유다에게 "어려운 때가 오고 있다."는 경고를 하는 호세아는 신중하게 두 가지 경고를 한다. 『**유다의 고관들은... 내가 나의 진노를 그들 위에 물같이 부으리라**』(10절), 『**이는 내가... 유다 집에 젊은 사자같이 될 것임이라**』(14절).

예레미야 4:5은 8절을 해석한다. 하나님은 이스라엘을 조롱하며 군대를 모집하여 싸울 준비를 하라고 말씀하시는 것이다. 『**오 베냐민아, 너를 쫓는다.**』(8절)라는 말은 전쟁을 위한 적절한 함성의 표현이다. 베냐민은 열두 지파 가운데 가장 거친 지파이다. 사기를 진작시키기 위해 베냐민은 나머지 열한 지파를 막다른 골목까지 몰아쳐야 했다. 이스라엘에서 나온 가장 사악한 박해자 두 사람은 베냐민 출신이다. 구약에서 자살한 사울과 신약에서 믿는 자들을 박해했던 사울이다. 여기에서 유일한 문제는 베냐민이 아직도 유다에 충성을 다한다는 것이다(왕상 11:36). 천 년간 유다가 베냐민을 대신하였다는 사실을(창 44:33) 베냐민 지파 사람들은 결코 잊지 않았다(대하 15:8).

강단주석은 성경 관주를 무시하여 적들이 베냐민을 "쫓는 것"이라고 주장하며 베냐민은 도망을 가는 것이 좋았다고 주장한다. 그러나 본문은 이스라엘은 싸울 준비가 되어 있다고 말한다. 『**뿔나팔을 불고... 나팔을 불라**』(8절). 아무도 도망가려는 것이 보이지 않는다. 하나님께서는 그들에게 갑옷을 입고 준비하라고 말씀하신다. 전쟁을 맞을 것이기 때문이다(사 10:28-32).

9절은 스스로 해석한다.

『유다의 고관들은 경계를 옮기는 자들 같았으므로...』(10절). 사람들이 정도를 넘게 하지 않으려고 경계가 정해졌다(출 23:31). 경계를 정하시고(시 104:9) 그 범위 안에 사람들을 두신 것은(행 17:26) 그들을 구원하시기 위해서이다(행 17:26,27). 하나님께서는 경계를 정하시고 나서야(출 19:12,13) 사람에게 돌판에 새긴 도덕법을 주셨다. 하나님께서 정하신 경계를 파괴하는 자는 바로 적그리스도이다(사 10:13). 이 적그리스도의 출현을 알리는 선두주자들은 미술[미로(Miro), 클리(Klee), 피카소(Picasso), 폴록(Polock), 클란디스키(Klandisky), 달리(Dali)], 음악[코펠란드(Copeland), 스트라빈스키(Stravinski), 바톡(Bartok), 라벨(Rabel), 신들린 록 음악가들], 정치[록펠러(Rockefeller), 러스크(Rusk), 둘즈(Dulles), 아키즌(Acheson), 캠버(Chambers), 루즈벨트, 닉슨(Nixon), 포드(Ford), 케네디(Kennedy)], 종교(라흐만 재단, 종교통합, NCCC, New AV, 국제역본, UFO 관계자) 등 다방면에서 활동하고 있는데 이들은 수십 년간 인간의 성을 없애고, 인종을 섞고, 어른과 아이의 차이를 없애고, 동서양의 차이를 없애고, 무차별한 통합을 통해 잡종을 만들어내어 아무런 차이가 없는 사회를 만드는 데 공헌했던 자들이다(계 13장).

오늘날 미국 교육의 맹점은 아이들이 각자의 독특한 인종적인 장점이나 특별한 능력들이 있는데도 다른 것을 다르다고 말하지 못하게 교육시킴으로 자신들의 그런 면들을 부인하도록 한다는 데 있다. (잠 15:21과 그 주석을 보라.) 불교는 서로 반대되는 것들을 없애 버린다. 아인슈타인은 모든 절대적인 기준을 없애 버렸다. 미국에서 행해지는 교육을 보면, 검은 것을 희다고 하고, 부유한 것을 가난하다고 하며, 뜨거운 것이 차다고 하고, 천장이 바닥이라고 하며, 천국과 지옥이 같다고 가르친다. (정신병원에 있는 사람들이 말하는 것과 똑같다.) [잠 19:27과 주석을 보라.]

『에프라임이 압제를 당하고... 이는 그가 기꺼이 계명을 따라 행했기 때문이라』(11절). 훌륭한 프로테스탄트처럼 대항하고 거역했어야 했다. 두 번째 계명을 어기라고 명령하는 권위에(롬 13:1-4) 따를 필요가 없었다. 두 번째 계명을 저버리고 십계명의 몇 가지만을 취하여 경배하는 데 도움이 된다고 우상들을 사용한(호 10:5; 13:2) 그 어떤 종교집단이라도 화 있으리라! 어떤 사람이고 우상을 섬기라는 명령을 따르라고 "기꺼이"(11절) 말할 사람은 없다. (습 1:4,5과 주석을 보라.)

12절은 스스로 해석한다. 몇 년간 옷장 안에 넣어둔 좀약처럼 에프라임과 유다를 다루신다. 비바람 치는 들판에 세워진 페인트칠되지 않은 울타리나 썩은 전봇대를 대하듯이 이들을 대하시는 것이다.

『**에프라임이 그의 병을 보고 또 유다가 그의 상처를 보았을 때...**』(13절). 에프라임이 먼저 앗시리아에게 가고(13절), 후에 유다가(왕하 18:14,15) 앗시리아에 가서 마귀의 대리자(사 10:5-19)와 타협하고자 한다. 에프라임은 "야렙"과 접촉했다. 세이스(Sayce) 교수에 의하면 야렙은 사르곤 2세(Sargon II)의 어렸을 때 이름이고(Higher Criticism And The Monument, p.416) 살만에셀왕(왕하 17장)의 뒤를 이은 왕이라고 한다. 그러나 요한계시록 13:18을 믿고 민수기 13:13을 주의깊게 살펴본다면 이 앗시리아 왕이 누구인지는 어렵지 않게 알 수 있다. "야렙"의 히브리어 어원은 "싸움, 경쟁자, 혹은 악마"라는 뜻이다. 이사야 10장과 호세아 13:8은 이 왕의 신분에 대한 모든 의심을 제거한다.

『**그는 너희를 치유할 수 없었고 너희의 상처를 낫게 할 수도 없었으니**』(13절). 이 구절에 대한 완벽한 모습이 신약에 있다(눅 8:43). 구약에서(왕하 16:10) 유다는 이스라엘이 행했던 것처럼 앗시리아에게 도움을 청하러 간다. (호 5:13을 보라. 그리고 존 칼빈이 관련 구절을 거부하고 유다는 앗시리아에게 가지 않았다고 말하는 것을 유의해 보라.) 열왕기하 16장에서 아하스는 제사장에게 앗시리아 제단의 양식을 가져오도록 했다(5:1의 주석을 보라). 앗시리아 왕에게 전쟁을 도와 달라고 갔기 때문이다(왕하 16:8,9). 그래서 이교도들이 사용하는 기구들이 성막의 문에 들어오게 되었는데 이는 다윗이 성령님의 영감을 받아(대상 28:12) 솔로몬에게 준 놋제단을 대신하게 되는 것이었다.

이와 관련된 역사적인 예는 수도 없이 많다. 베트남(1965)과 한국(1951)이 미국에게 "도움"을 요청했고 그 결과는 고아가 500,000명, 사상자가 900,000명이나 되었고 농토는 황폐해졌으며 정치는 독재로 변하였다. 장재석은 미국에 도움을 요청했으나(1970) 창피만 당했다. 미국은 오레온만 한 크기의 국가를 치기 위해 미국 크기의 세 배나 되는 무신론 국가에게 도움을 요청하기도 했다(1938-1945). 그 결과로 20여 개의 적들이 생겼고, 80억 달러에 달하는 빚만 지게 되었다(이 빚은 결코 갚지 못할 것이다). 이로 인한 외교 분쟁이 생기기도 한 것이다. 부러진 갈대를 의지할 때(사 36:6) 거기에는 허무한 결과만이 있을 뿐이다. 어떤 나라든 그 국가의 미래를 CFR, NAACP, UNESCO에 맡기는 즉시 가난, 전쟁, 질병, 고통, 채무와 하나님의 진노를 재촉하게 된다. UN은 1945년 이래 32번의 전쟁을 중재했다. 그러나 한 번도 전쟁을 중지시키거나, 미연에 방지시키거나, 완화시키거나, 억제하지 못했다. 점점 더 전쟁광이 되어가고, 공격적인 조직들이 생기고 역사는 퇴보해 가는 것이다.

14절은 스스로 해석한다. 이것은 유다를 구원하기 위해 오는(렘 30:9) "유다 지파의 사자"(계 5:5)가 아니다. 하나님께서 자신의 상속자들을 공격하시는 것을 말한다. 바빌론의 사자인 느부캇넷살과 같이(렘 50:17; 4:7; 5:6) 마치 먹이를 강탈하는 것처럼 (애 1-5장의 문자적인 성취를 보라.) 공격하는 것이다.

『○ 내가 가서 내 자리로 돌아가, 그들이 그들의 범죄를 인정하고 나의 얼굴을 구할 때까지 있으리니, 그들이 고난 중에 있을 때 나를 먼저 찾으리라』

(15절). 이 구절에서 "먼저"(early)는 어떤 순간의 역사적인 사건과는 상관이 없음을 알아야 한다. 열왕기하 17장에서 추방되었을 전후에도 주를 찾지 않았고 심지어 에스라와 느헤미야에 의해 유대인들이 돌아왔을 때도 주를 찾지 않았다. 불순종과 반역은 계속되었던 것이다(스 9,10장, 느 13장).

이 구절은 "야곱의 고난의 때"인 대환란을 말한다. 호세아 6장에서 이스라엘이 주께로 돌아오는 날을 언급하며 "일곱 체계"가 이를 선명하게 설명해 준다(요한계시록 20장 주석을 보라).

이러한 위대한 기본 진리를 공부하기 전에 덤(Duhm), 버디(Budde), 노왁(Nowack), 마티(Marti), 제이미슨(Jamieson), 포셋(Fausset), 브라운(Brown), 더멜로우(Dummelow), 필립스(J.B. Philips), 케네스 테일러(Kenneth Taylor), 돗(C.H. Dodd), 구트(Guthe), 체인(Cheyne), 킴치(Kimchi), 하퍼(Harper), 아벤 에스라(Aben Ezra), 기븐(Given) 교수, 로크만 재단, 70인역 등이 어떻게 어우러져 돌아가는지 잠시 살펴보겠다.

1. 70인역 - 이는 신약이 완성된 후 200년 후에 쓰여졌다. - 에서는 5절이 "이스라엘의 교만이 그의 얼굴 앞에 나타날 것이다."로 되어 있다.

2. 70인역에서는 11절이 "에프라임이 자신의 악을 극복하고 심판을 밟고 갔다."로 되어 있다.

3. 70인역에서는 "야렙"이 왕이 아니라 도시였다고 했다고 한다.

4. 강단주석에서는 7절의 "달"이 "주의 날"처럼 "한정되지 않은 시간"일 뿐이라고 한다.

5. 강단주석은 "이스라엘의 교만"이 여호와와 관련이 있다고 한다.

6. RV와 더멜로우는 2절의 "책망하는 자가 되었음에도 불구하고"가 "그러나 책망하지 않는다"로 되어야 한다고 말한다.

7. RV와 더멜로우는 7절의 "몫"(portions)이 "들"(fields)이 되어야 한다고 한다.

8. RSV 2절은 전체가 바뀌어져 있다.

9. 8절의 "너를 쫓는다."를 강단주석은 사사로운 해석으로 "떨다"로 바꾸었다(RSV).

10. NASV[이스라엘의 회복을 부인한(살전 2:16) 확대역본을 지지한 사람들에 의해 출판된]는 15절의 "먼저"(early)를 "정직하게"(earnestly)로 바꾸었다. 대환란에 대한 교리가 이들에게는 없기 때문이다(원본과 원어를 강조하는 사람들 아닌가?).

11. NASV에서는 "타국"을 "불법의"로 바꾸었다. 인종들 간의 절대적인 분리를 다루는 참고 구절을 찾지 못하게 된 것이다.

12. Living Bible(케네스 테일러 역본)에서는 2절 전체를 없애 버리고 "그러나 너희가 한 것들을 위해 내가 너희 모두와 함께 지불할 것을 결코 잊지 말아야 한다."고 했다. 이런 내용으로 알려진 히브리어나 헬라어 본문은 없다.

13. 케네스 테일러는 7절의 30일의 기간을 "갑자기"로 바꾸었다.

14. 하나님은 "이스라엘 지파들 중에서" 반드시 있게 될 일을 모르실 텐데 왜냐하면 Living Bible이 이 구절은 "이스라엘에게 말한 이 사실을 들으라."로 바꾸었기 때문이다.

15. New English Version(Dodd 역본)은 2절, 3절, 4절, 5절, 6절, 7절, 8절, 9절, 10절을 모두 고쳤다.

16. 헨더슨(Henderson)은 7절의 "몫"(portions)이 "우상들"이라고 한다.

소위 오늘날의 대제사장들이 해 놓은 결론들이다. 이러한 내용들을 진지하게 받아들인다면 어떻게 되겠는가?

호세아 6장

6:1 오라, 우리가 주께로 돌아가자. 이는 그가 찢으셨으나 우리를 낫게 하실 것이요, 그가 치셨으나 우리를 싸매어 주실 것임이라.
2 이틀 후에 그가 우리를 살리시며, 셋째 날에 그가 우리를 일으키시리니, 우리가 그의 목전에서 살리라.
3 만일 우리가 계속 주를 알고자 하면 그때 우리가 알게 되리라. 그의 나오심은 아침처럼 마련되어 있으며 그는 우리에게 비처럼 오시리니, 땅에 내리는 늦은 비와 이른 비처럼 오시리라.

이 구절은 예수 그리스도의 재림을 나타낸다. "이틀"(2절)은 대환란의 끝을 나타내고, "셋째 날"(2절)은 갈릴리의 카나에서 있었던(요 2장) 혼인잔치를 나타내며 카인이 아벨을 죽인 이래로 일곱 번째 천년의 시작이 된다.

이 "일곱 체계"는 니케아 공회가 열리기 100년 전에 있던 저스틴 마터(Justin Martyr)와 터툴리안(Tertullian)에게 아주 잘 알려졌었는데 니케아 공회에서는 그들의 "신조"에 전천년주의를 빠뜨렸다(〈확실한 예언의 말씀, The

Sure Word Of Prophecy, 1970〉을 보라). 간단히 말하여 하나님의 시간표는 (색깔, 음, 세포, 몸, 우주와 마찬가지로) 일곱 체계에 의해 짜여져 있다. 일곱 날들이 있고(창 2:1,2), 일곱 주가 있고(레 23:15), 일곱 달이 있고(레 23:27), 일곱 해(안식년)가 있으며(출 21:2), 일곱 안식년이 있고(레 25:8), 일곱 시대들이 있고(창 1:1; 1:3; 6-9장, 계 22장), 일곱 천 년이 있다(벧후 3:6-10, 계 21,22장). 근본주의자들이나 보수주의자들이 "날짜를 정하는 것"에 대해 어떻게 생각하든지, 여호와의 증인들이 어떻게 대비하든지 전혀 고려의 대상이 안 된다. 성경에서는 이미 명확하고 간결하게 언급하고 있기 때문이다. 하나님의 달력에 있는 이 "일곱 번째" 날은 요한계시록 20:1의 천년왕국의 날이고(벧후 3:8), 평안의 날이며(사 14:7), 주 예수 그리스도 초림 후 있을 세 번째 날이다.

이 "셋째" 날은(대부분의 주석가들은 이 날을 "일반적인 혹은 상징적인 기간"이나 "부활에 대한 일반적인 언급" 정도로 보고 있다.) 시내 산에서 다시 반복될(판 5:4, 신 33:2) 시내 산에서의(출 19:16) 재림의 셋째 날이다. 올리브 산이 아니다. 올리브 산(슥 14:4)은 하나님의 두 군대가(창 32:1,2, 솔 6:13) "왕의 대로"(민 20:17, 이사야 40:4은 문자적인 구절이다.) 즉 셀라, 페트라, 에돔, 보스라, 시내(합 3:3, 사 63:1, 신 33:2)를 따라 올라온 후 도착하는 장소이다.

호세아 6:1,2의 "셋째 날"은 느헤미야 2장에서 마태복음 20장까지의 69주와는 별도로 기록된 역사의 가장 분명한 시점을 보여 준다.

『**오라, 우리가 주께로 돌아가자**』(1절). 이스라엘은 돌아갈 것이다(사 11:11). 예루살렘이 파괴되고(티투스), 팔레스타인에서 피 흘린 전쟁을 겪고(A.D. 1000-1300) 종교재판의 고문을 당하고(1400-1600) 영국과 카톨릭에 의해 멸시와 박해(신 32장)를 받고(1200-1500), 트래블링카(1941)와 아우슈비츠

(1940)의 가스실의 시련을 겪고, 가자와 골란 고원에서의 전투를 겪고 (1950-1970), 멸망의 아들이 이 민족을 거의 소멸시키려 한 후에(애 2-4장) 이들은 돌아갈 것이다.

『**이는 그가 찢으셨으나 우리를 낫게 하실 것이요, 그가 치셨으나 우리를 싸매어 주실 것임이라**』(1절, 출 15:26과 신 32:39을 보라). 하나님께서는 다시 한 번 문둥병자를 건강한 사람으로 고치실 것이고(출 4:6), 다시 한 번 사탄 숭배자를 목자로 만드실 것이고(출 4:4), 다시 한 번 파라오로부터 자기 백성을 구속하기 위해 물을 피로 만드실 것이다(계 16:5,6). [출애굽기 5-10장의 주석을 보라.]

『**이틀 후에 그가 우리를 살리시며...**』(2절). 이 구절은 온 땅의 주님 옆에 서 있게 될(계 11:4) 재림을 예표하는 모세와 엘리야(말 4:4,5)를 설명하는 마태복음에서의 "엿새 후에"라는 말과 관련이 있다.

칠천 년 체계는 처음 네 부분과(예로 요한계시록 2장의 네 교회를 보라.) 다음 세 부분으로 나뉘어진다(계 3장). 이러한 넷과 셋의 구분은 솔로몬의 헌신의 기도에서도 나타나고, 제자들의 기도(마 6:9-13)에서도 나타난다. "엿새 후에"라는 말과 누가복음 9:28의 "약 팔일째 되는 날"은 정확하게 일곱째 날을 의미한다. 보수적인 히브리어 학자나 헬라어 학자들은 이 사실을 코앞에 두고 비껴간다.

『**셋째 날에 그가 우리를 일으키시리니...**』(2절). 문자적으로 분명하다(사 26:19, 겔 37:12을 보라). 이 구절 전후로 그리스도께서 부활하신다는 참고 구절은 없다. 또 그리스도의 몸 안에서 현재나 이후에 영적으로 회심하게 된다는 참고 구절도 없다. 이 구절은 죽었던 한 민족의 부활(겔 37:1-15)을 나타낸다(계 20:4).

이처럼 확고한 성경적 진리를(딤전 4:13-16을 보라.) 읽을 수 있음에도 불구하고 "보수적인" 〈강단주석〉에서는 다음과 같은 주석을 달아 놓았다.

"구약을 기록한 언어에서 둘이란 숫자는 소수를 나타낸다. 현재 우리가 '적다'라는 의미에서 둘 또는 한 쌍을 말하는 것과 같이 말이다"(Vol.13, p.166).

그럴듯한 말이다. 결과가 무엇인지 아는가? 성경을 거부한 채, 자기 의로 가득 찬 생각을 사람들에게 주입시킴으로 성경적 진리를 발견하지 못하도록 방해하는 것이다. 〈강단주석〉이 위에서 언급한 말은 이렇다.

"나는 전천년주의의 입장을 거부한다. 왜냐하면 다른 많은 훌륭하고 헌신된 사람들의 입장도 이 문제에 있어서는 다르기 때문이다. 이들이 취한 입장을 나도 똑같이 취하는 것이 당연하다고 생각한다. 비록 로마서 11:25에 있는 것처럼 무지하고 자만에 빠졌다 하더라도 이 구절에 해당되는 관련 구절은 스쳐 지나가겠다."

"사랑이 없어서" 이런 말을 하는 것이 아니다. "사랑하는 형제"의 허풍을 과장되게 잘못 전하는 것이 아니다. 비아냥거리며 말하는 것이 아니다. 사실이 그렇기 때문이다. 이것이 "형제를 판단한다."고 생각한다면 이러한 히브리어나 헬라어 장난감들을 가지고 그리스도의 심판석 앞에 설 때까지 기다려 보는 수밖에 없다.

킴치(Kimchi)는 이틀이라는 말이 "비유"이고 "셋째 날에"라는 말이 "비유적이라고" 말한다. 물론이다. 물침례가 모형(비유)인 것처럼(벧전 3:21) 말이다. 이 말이 의미하는 모형은 바로 숫자인 것이다.

라스키(Raschi)는 기이한 발상으로 접근한다. 셋째 날은 세 개의 성전을 나타낸다고 말한다. 솔로몬의 성전과 스룹바벨이 건축한 성전과 메시아에 의해 세워질 성전이라는 것이다. 참으로 성경 교사가 필요한 때이다.

칼빈은 데오도렛(Theodoret)과 더불어 이 구절이 예수 그리스도의 부활에 대한 구절이라고 생각했다. 그리스도는 둘째 날에 부활하지 않으셨다(본문을 보라). 일으켜지게 되는 대상은 "그"가 아니라 "우리"인 것이다. 더군다나 주 예수 그리스도께서는 초림 전이든지 초림 중이든지, 초림 후이든지 결코 하루 만에 "주께로 돌아간" 적이 없다(1절). "돌아가자"라는 말은 방황하고 길을 잃고 타락한 음녀가 돌아간다는 말이다(5장을 보라). 칼빈이 "우리는 그리스도 안에서 이 예언에 대한 확실한 증거를 가지고 있다."라고 말했을 때는 구약성경의 삼분의 이를 거부함으로 자신의 죄를 덮어버리는 결과만 초래했을 뿐이다. 모든 무천년주의자들은 구약성경의 삼분의 이를 거부하게 되는 것이다. 로버트슨 박사(A.T. Robertson)이건, 메이첸(J.G. Machen)이건 성경을 거부하는 것은 성경을 거부하는 것이다. 소경이 소경을 인도하면 둘 다 구덩이에 빠지게 된다.

『**만일 우리가 계속 주를 알고자 하면 그때 우리가 알게 되리라**』(3절). 다니엘의 칠십째 주가 시작되면(한 민족이 "태어나는 날") 유대인들은 신약성경을 비로소 이해하기 시작한다(고후 3:13). 팔레스타인 전역에 걸쳐 숨겨졌던 히브리어 신약성경으로 유대인들은 대환란 기간 동안 매년, 매주 일어나게 될 일들을 자세히 알게 된다. 모세와 엘리야는 새 예루살렘에 있는 "성경학교"에서 2,500-3,000년간 공부한 내용들을 이스라엘에게 계시해 주기 위해 돌아온다. 구원받은 유대인이라면 적그리스도가 활동하기 전에 그 정체를 확실히 안다. 다니엘 10-11장의 정치적인 움직임이 모두 드러나게 되고, 이사야, 예레미야, 요한계시록에 기록된 군대의 움직임도 선명하게 드러나게 되어 유대인들에게 하나님의 말씀에 관한 한 알 수 없는 부분은 없게 된다. 계속해서 주를 알려고 하면(계 12:17; 14:12에 있는 대환란에서의 행위와 믿음에 관한 주석을 보라.) 주를 알게 될 것이고, 더욱이 재림은 비(3절)와 더불어 오게 된다는 사실과 이는 해가 뜨는(3절) 것을 나타낸다는 사실도 알게 된다. NASV와 NIV를 집어 던져 버리고 진지하게 성경을 공부하는 학생들에게 히브리어 학자나 헬라어 학자도 "가장 오래되고 가장 훌륭한 사본"에서 발견할 수 없는 진리에 대한 열쇠를 소개한다.

"비"에 관해서는 다음 구절들을 참조하라. 열왕기상 18:41, 에스라 10:9, 시편 68:9*, 솔로몬의 노래 2:11*, 에스겔 1:28, 요엘 2:23*, 스카랴 10:1, 사무엘하 23:4*, 욥기 29:23, 시편 72:6*, 잠언 16:15 등이다(*표시는 재림과 연관된 분명한 구절들인데, 성경 본문을 믿기만 했다면 밥존스대학에 있는 웨스트코트나 홀트 이단들도 찾아낼 수 있는 구절들이다).

일곱 번째 천 년이 시작되는 날은 태양이 떠오르는 것과 함께 시작된다. 이때 삼 년 반 동안 비가 내리지 않은(약 5:7, 계 11:6) 메마른 땅을 적셔 줄 비가 폭풍처럼 내리면서 아침이 시작된다. 이렇게 성경이 모든 진리를 보여주는데도 정통주의를 자처하는 배교자들은 하나님을 열심히 섬겨 보려는 학생들을 오도하여 성경에 언급된 "깊은 것들"은 "원어"를 숙달하여야만 발견할 수 있다고 생각하도록 만든다.

6:4 ○ 오 에프라임아, 내가 네게 무엇을 하랴? 오 유다야, 내가 네게 무엇을
하랴? 이는 너희의 선함이 아침 구름 같고, 이른 이슬 같이 사라짐이라.
5 그러므로 내가 선지자들로 그들을 베었고 내 입의 말로 그들을 죽였나

니, 네 심판들은 발산하는 빛 같도다.

6 **나는 자비를 원하고 희생제를 원치 아니하나니,** 하나님을 **아는 지식이 번제보다 낫도다.**

7 **그러나 그들은 사람들처럼 언약을 위반했으며 거기서 나를 거역하여 패역되이 행하였도다.**

8 **길르앗은 죄악을 행하는 자들의 성읍이며, 피로 오염되었도다.**

9 **강도떼들이 사람을 기다리는 것같이 제사장들의 무리가 하나 되어 길에서 살인하나니, 그들이 추잡한 짓을 행하는도다.**

10 **내가 이스라엘 집에서 끔찍한 일을 보았나니, 거기에 에프라임의 음행이 있고 이스라엘은 더럽혀져 있도다.**

11 **오 유다야, 그가 또한 너를 위하여 추수를 정해 놓았으니, 내가 내 백성의 사로잡힘을 돌이킨 때라.**

4절에 단락 구분이 시작된다. 장과 절을 나누는 데 있어서 이 표시를 불평하는 사람들도 있는데 이는 새로운 문단이 어디에서 시작되는지 모르기 때문이다. 이러한 경우에는 "침묵이 금이다."

『○ **오 에프라임아... 오 유다야... 이는 너희의 선함이 아침 구름 같고, 이른 이슬 같이 사라짐이라**』(4절, 호 13:3). 이 구절과 앞 절인 3절을 자세히 살펴보고 유사한 점을 주목해 보라. 단락 표시(○)가 없었다면 죽은 정통주의 교수들이 어떻게 난도질을 해 놓았을지 모른다. 3절에는 메시아를 언급하는 좋은 의미에서의 "아침"을 말했는 데 반해 4절에서는 즉시로 배교를 언급하는 나쁜 의미로서 아침을 말한 것이다. 형편없는 "보수주의자들"은 이 두 구절을 섞어 놓고는 문단을 나누는 표시는 별로 중요하지 않다고 주장한다. 성경이 스스로 해석하는 것을 놓쳐 버리는 것이다. [이것이 지나친 비판이라고 여겨진다면, 스코필드 주석 성경을 한 권 사서 요엘 2장을 펴 보라. 성령께서 어떻게 페팅길

(Pettingill), 개벌린(Gaebelin), 멕레인(McLain), 잉글리쉬(English), 월브루드(Walvrood), 윌버 스미스(Wilbur Smith) 등을 혼란스럽게 하셨는지 알 수 있을 것이다.]

유다의 선함은(11:12에서 언급하였다.) 이른 아침 안개가 태양이 떠오르기 전에 증발하듯이 사라질 것이다. 땅 위에 있는 이슬은 아침 해가 중천에 뜨기 전에 사라진다(13:3).

『**그러므로 내가 선지자들로 그들을 베었고 내 입의 말로 그들을 죽였나니...**』(5절). 하나님의 말씀은 "성령의 칼"이다. 하나님의 말씀은 성경적 관점에서 사람들이 썼다고 추천하는 부패한 성서들(ASV, New ASV 등)과는 전혀 관련이 없다. 그렇기 때문에 하나님의 말씀은 사람을 죽일 수 있다(판 3:21,22은 히 4:12의 아주 적절한 예이다). 느부캇넷살이 사람들을 죽이라는 명령을 들었을 때(렘 48:10) 오늘날 그리스도인이 영적으로 가지고 있는(시 149:6) 칼을 가지고 있었다. 우리가 가지고 있는 칼(엡 6:17)은 피가 나오게 한다. 이 칼은 무를 썰거나 옷을 재단하거나 고무인형을 만드는 데 사용하고자 있는 것이 아니다(골 2:8의 주석을 보라). 하나님의 말씀이 "고통당하는 자"들을 축복하고 위로하는 것이 확실한 것처럼 "평안한 자"들을 저주하고 괴롭게 한다(암 6:1; 7:17). 하나님의 말씀은 양날이 있는 칼이어서 함부로 가지고 놀아서는 안 된다. 하나님의 말씀을 가지고 노는 자들은(미국, 유럽의 모든 "인정받는" 학자들을 포함하여) 손과 손목 등에 수없이 많이 상처가 나서 피흘려 죽기 전에 수혈을 받아야 할 것이다(잠 8:9의 주석을 보라).

『**네 심판들은 발산하는 빛 같도다**』(5절). 이 심판들은 유다와 에프라임이 받을 심판이다(습 3:15). 여기에서 "네 심판들"이라고 불려지는 것은 유다와 에프라임이 이 심판들을 향해 가기 때문이다. 밥존스대학의 커스터 박사(Dr.

Custer)는 (로버트슨과 메이첸과 마찬가지로) 부패한 알렉산드리아 계열의 사본들을 동원하여 "하나님을 도와줄" 목적으로 이 구절에서 "네"(THY)를 "나의"(MY)로 고쳤다. 이것이 바로 학자들의 전형적인 방법이다. 근본주의 학자들의 도움 없이는 성령 하나님께서도 문법에 있어서는 어쩌실 수 없단 말인가!?

『**나는 자비를 원하고 희생제를 원치 아니하나니**, 하나님**을 아는 지식이 번제보다 낫도다**』(6절). 이 구절은 주 예수 그리스도께서 복음서에서 말씀하실 때 두 번씩이나 인용하실 정도로 중요한 구절이다. 처음 인용하실 때(마 9:13)는 예수님은 그 당시에 성별(분리)이란 면에 있어서 둘째 가라면 서러워할(마 9:11) 공인된 학자들에게 답변하신 경우이다. 두 번째는(마 12:7) 그들과 구약성경에 관해 말씀하실 때였는데 이때도 역시 히브리 학자들은 성경에 대해 무지하다는 이유로 예수님께 책망받았다. 주님께 두 번씩이나 책망받았던 이 히브리 학자들은 로버트 딕 윌슨(Robert Dick Wilson)보다 더 성경에 기록된 히브리어를 잘 아는 사람들이었다(마 15:3; 21:16; 22:29,45을 보라).

이 구절은 사무엘상 15:22을 변형시킨 것이지만, "하나님께서는 희생제를 원치 아니하신다"(Not sacrifice)라는 부분 때문에 아스트룩(Astruc)과 몇몇 사람들은 레위기의 율법 전체가 다윗 시대 이후에 다시 쓰여졌다고 믿고 있다. (그들은 이러한 주장을 하는 근거로 예레미야 7:22을 들고 있다). 유럽에 있는 "최고의 학자들"에 의해 저질러진 잘못은 그 유명한 "그라프 벨 하우젠 이론"(Graf-Wellhausen Theory)을 끌어내게 되었는데(창 16:13의 주석을 보라.) 브릭스 교수[Briggs, 로체스터 신학교(Rochester Divinity School)]는 이를 가지고 1880-1890년까지 자유주의 캠프를 세우는 데 앞장섰던 사람이다. 종교적인 자유주의자들이 호세아 6:6과 예레미야 7:22을 혼동하는 것은 불합리한 사고 때문이다. [해석성경(The Interpreter's Bible)역시 마찬가지다.] 출애굽기부터 신명기까지 읽어 본 사람이라면 하나님께서 원하시는 것이 외형적으로 드러나는 의식을 준수하는 것뿐만 아니라 "마음의 태도"를 원하신다는 사실을 알 수 있다. 그러나 이 사실을 바리새인들이 몰랐다면 어떻게 성경을 거부한 학자들이 알 수 있겠는가? 호세아 6:6은 어떤 구절을 대체시킨 것이 아니라 비교한 것뿐이다.

『**그러나 그들은 사람들처럼 언약을 위반했으며...**』(7절). 이 구절은 누가복음 11:13처럼 사람이 선하지 않다는 사실을 나타내는 구절이다. 욥기 25:4은 이런 면에서의 분명하고 과학적인 증거를 제시한다. 지금까지 기록된 역사의 증거를 통하여 알 수 있는 사실은 인간이 구제받을 수 없는 낙천주의자라는 것인데 노아의 방주에서 나온 이래로 매 2년의 비율로 전쟁을 치렀으며 자신이 살아남기 위해 동료를 죽인 것을 합법화할 정도로 낙천주의자라는 것이다. [더 자세한 내용은 〈하나님의 나라와 천국, The Sure Word Of Prophecy, 1970〉을 보라.] 『**그러나 그들은 사람들처럼...**』(7절). "사람들"의 특징은 언약을 파기하고 위반하는 것이다(7절). 1500-1900년 사이 800개의 조약이 파기되었다. 누구도 호세아가 말한 이 사실에 토를 달 사람은 없다. "사람들"의 특성 가운데 하나는 화해하지 않는 것이다(딤후 3:3). 출생할 때 "악한" 존재(눅 11:13)로 태어나는 인간은 바로 이런 모습이다. (창 8:21의 주석을 보라.)

『**길르앗...**』(8절). 이 지역은 요단 동쪽이다. 여기에서 하나님께서 언어를 어떻게 사용하셨는가를 알 수 있다. 가장 정확한 문법만이 항상 사용된 것은 아니다. (여기서는 복수 주어에 단수 동사가 사용되었다.) 또 바리새인들이나 위선자들이 주님께 요구한 펀 끝 같은 정확성이 한결같이 유지되었던 것이다(예로 요한을 보라). 성경에서 "길르앗"이라고 불려진 "성읍"은 없다. 이 지역은 요단 동편과 북동편을 가로지르는 산악지역이다. 이 지역과 가장 밀접한 성읍의 이름은 라못-길르앗이다. 이 길르앗이라는 이름으로 불려진 성읍을 추정할 수 있는 곳은 열왕기하 15:29인데, 여기에는 최소한 두 개의 성읍이 언급되었다. 아벨벳마아가(Abel- beth-maachah)와 하솔(Hazor), 케데스(Kedesh)이다. "길르앗"은 "납탈리 온 땅"과 "갈릴리" 지역을 나타내는데도 그 이름이 언급되어 있다.

그러나 여기에서 하나님께서는 전체 지역을 "피로 오염된"(8절) 성읍과 연관시키고 있다. 길르앗의 죄악은 "죄악을 행하는"(8절) 것뿐 아니라 강도(9절), 살인(9절), 추잡한 짓(9절)을 행하는 것이었다. 제사장들은 (으레 했던 것처럼 - 막 15:11을 보라.) 살인자들과 함께 길을 걸었고(행 7:52), 자신을 비호하는 세력들과 어울렸거나 아니면 거룩한 어머니의 믿음을 유지하도록 요구하는 자들과 어울렸을 것이다. 이들은 도덕성을 유지하기 위해 노력하는 것이 아니라 오히려 "추잡한 짓"을 행하였다.

10절은 스스로 해석한다.

『**오 유다야, 그가 또한 너를 위하여 추수를 정해 놓으셨으니, 내가 내 백성의 사로잡힘을 돌이킨 때라**』(11절). 이제 학자들은(더멜로우, 엘리콧, 아담 클라크, 제이미슨, 포셋, 브라운, 〈강단주석〉을 보라.) 무엇인가 발에 걸려 한참 동안 비틀거리다가 이 구절을 설명하려고 한 후에 내린 결론이 이 말은 의미하는 것이 이것이고 아니면 요것이고 아니면 저것일 수도 있다고 한다.

〈킹제임스성경〉에서 "그"(HE)와 "내"(I)가 분리되어 기록되었다는 사실에 아무도 주의를 기울이지 않는다. 그러나 이 사실을 주의해서 읽어 보라. 『**그가 또한... 내가 내 백성의 사로잡힘을 돌이킨 때라**』(11절). 중학생 수준의 영어 실력만 있으면 불분명한 부분을 환하게 알 수 있다. 11절의 "그"(He)는 분명하게 10절에서 언급한 "이스라엘"이다. 유다가 포로로부터 돌아왔을 때(에스라-느헤미야) 거둬들일 추수가 있었다(느 13:1-23). 그 추수는 열왕기하 17장에서 심은 것이었는데 그때에 혼혈의 무리들이 이스라엘 민족을 대신했던 때이다(요 4:9). 이스라엘은 포로로 잡혀가기 전에(왕하 17:16) 이 추수를 정해 놓았고 경작하였다. 그리고 유다가 돌아와서 추수를 거둬들여야만 했던 것이다. 성경에서 분명하게 말하는데도 자신의 생각대로 성경을 바꾸고자 한다면 그 어느 누구라도 인정을 해서는 안 된다.

호세아 7장

7:1 내가 이스라엘을 치유하려 했을 때, 에프라임의 죄악과 사마리아의 악
이 드러났으니, 이는 그들이 거짓을 행하고, 도둑이 안으로 들어오며,
강도떼가 밖에서 약탈함이라.
2 그들은 내가 그들의 모든 악을 기억하고 있음을 그들의 마음속에 생각
하지 않는도다. 이제 그들 자신의 행위가 그들을 에워쌌으며 그들은 내
면전에 있도다.
3 그들은 그들의 악으로 왕을, 그들의 거짓말로 고관들을 기쁘게 하는
도다.
4 그들은 모두가 간음하는 자라, 빵 굽는 자에 의해 달구어진 화덕 같아
서, 그가 반죽한 후에는 *불을* 일으키기를 그치니 반죽이 발효될 때까지
만 하느니라.
5 우리 왕의 날에 고관들은 포도주 병들을 가지고 왕을 병나게 하였으며,
그는 조롱하는 자들과 더불어 그의 손을 펼쳤도다.
6 그들이 엎드리어 기다릴 때에 그들의 마음을 화덕같이 준비하였으니,

그들의 빵 굽는 자는 밤새도록 자고 그것은 아침에 불꽃처럼 타는
도다.
7 그들은 모두 화덕처럼 뜨거워져서 그들의 재판관들을 삼켰으며 그들
의 모든 왕들은 쓰러졌으니, 그들 가운데 나를 부르는 자는 아무도
없도다.
8 에프라임, 그는 백성 가운데서 스스로를 혼합시켰으니, 에프라임은 뒤
집지 않은 과자로다.
9 타국인들이 그의 힘을 삼켰으나 그는 그것을 알지 못하나니, 정녕, 백
발이 그에게 여기저기 생겨도 그는 알지 못하는도다.
10 이스라엘의 교만은 그의 얼굴에 증거가 되는도다. 그들은 이 모든 일을
당하여도 주 그들의 하나님께 **돌이키지 아니하며 그를 찾지도 아니하**
는도다.

7장 대부분은 본문이 명확하고 자명하다. 그런데도 주석가들과 비평가들은 4-9절 사이에서 자신들의 생각을 주입시키려 하는 것을 보면 놀라울 뿐이다. 주석가들이 이런 식으로 해석하려는 데 있어서의 진짜 문제는 바로 죄라는 사실을 알 수 있다(잠 8:9의 주석을 보라). 그럼에도 이 농담하기 좋아하는 친구들은 성경이 하나님의 말씀임을 믿는다고 떠벌린다. 나중에 가서는 이들도 하나님의 말씀이 "마음의 생각들과 의도들을 판별"할 수 있다는 사실을(히 4:12) 깨달을 것이다. 성경에서는 진짜 간음자라고 말하는데(4절), 왜 이 사실을 던져버리는지 모르겠다.

『**내가 이스라엘을 치유하려 했을 때...**』(1절). 주께서는 이스라엘을 회복시키려 하셨음을 볼 수 있다. 여호아하스가 주께 간구했을 때 주께서 그를 들으셨을 때이다(왕하 13:4,5). 그러나 이 일들은 성취되지 않았다. 그 이유는 열왕기하 13:6에서 읽을 수 있다. 『**사마리아에 아세라도 남겨 두었더라.**』 그리고 이 사실은 본문을 설명해 준다. 『**에프라임의 죄악과 사마리아의 악이 드러났으니...**』(1절). 여호아하스의 뒤를 이은 요아스도 죄에서 떠나지 않았다. 『**그가 주의 목전에 악을 행하여 이스라엘로 죄를 짓게 한 느밧의 아들 여로보암의 모든 죄에서 떠나지 아니하고 그대로 행하였더라**』(왕하 13:11). 그래서 본문 2절에서는 『**이제 그들 자신의 행위가 그들을 에워쌌으며 그들은 내 면전에 있도다.**』라고 말한다. 1장부터 5장까지에서 범한 똑같은 죄들이 일일이 열거된다. 강도짓, 거짓말, 간음, 살인(1,3,5절). 『**그들은 내가 그들의 모든 악을 기억하고 있음을 그들의 마음속에 생각하지 않는도다**』(2절).

호세아의 하나님(그리고 모든 선지자들의 하나님)은 여러분이 앉고 서는 것을 아신다(시 139:2). 비밀스런 생각들을 아신다(대상 28:9). 상상과 구상들을 아신다(고후 10:5). 동기와 계획을 아신다(잠 18:1-3). 의도와 진실을 아신다(전 12:14). 여러분이 하는 말을 아신다(마 12:36). 해가 지고 어두워졌을 때 무슨 일을 하는지 아신다(마 10:26). 만일 여러분이 섬기고 있는 "신"이 여러분 인생에 있어서 이러한 면들에 관여하지 못한다면 그러면 여러분이 그 신을 심판해 버리고 다른 길을 찾아보라. 유럽과 미국에서 비틀거리며 흐느적거리는 이러한 "신들"은(출 20:3,4의 주석을 보라.) 앞으로 무슨 일이 일어날 것인가에 대한 사설조차 쓸 수 없다.

『**그들은 그들의 악으로 왕을... 기쁘게 하는도다**』(3절). 그들은 온종일 정욕으로 불타고 있다(벧후 2:14과 창 19-20장 주석을 보라). 빵 굽는 자는 불을 피워 놓고(4절) 잠자러 갔다(6절). 그래서 바닥은 타서 재가 되었고(8절) 위는 그대로 있는 반만 구워진 "과자"가 되었다.

파괴적인 비평에 대하여 말하거나 성경을 주석하는 데 있어서 반만 구워진 해석이라는 말을 하는데 적절한 용어인 것 같다. 한 쪽은 구워졌지만 다른 한 쪽은 설익은 그대로이다. "대다수의 학자들"이 들먹이는 "과학적으로 발견" 되었다고 하는 구절 등은 눈 하나 깜박하지 않고 받아들이면서 자신들이 구원받기까지 한 성경의 모든 다른 구절들, 다른 모든 어휘들은 의심한다. 반만 구워진 것이다.

반죽은 발효된다(4절). 롯은 빵 굽는 데 있어서는 다른 사람보다 나았다(창 19:3). 비록 그가 아침부터 저녁까지 이상한 정욕으로(유 1:7) 불타는 성읍에서 살았지만 말이다. 소돔은 "아침에 불꽃처럼 타는" 곳이었다.

화덕은 모든 재판관들을 태워 버렸다. 그래서 "심판을 행할" 사람이 아무도 없게 되었다(사 59:16). 왕들이 사라지게 되어 "그들 가운데 나를 부르는 자가 아무도" 없게 되었다(7절). 여호아하스는 어려움에 닥쳤을 때 하나님께 부르짖었던 이스라엘의 마지막 왕이었다. 나머지 왕들은(요아스, 여로보암 2세, 사카랴, 살룸, 프카히야, 페카, 호세아) 존 듀이(John Dewey), 앨더스 헉슬리(Aldous Huxley), 클라크 게이블(Clarke Gable), 조지 버나드 쇼(George Bernard Shaw), 칼 막스(Karl Marx), 알버트 아인슈타인(Albert Einstein), 필즈(W.C. Fields), 버트란트 러셀(Bertrand Russel) 같은 사람들처럼 살다 죽었다.

『**우리 왕의 날에 고관들은 포도주 병들을 가지고 왕을 병나게 하였으며...**』(5절)[사 5:11-13 참고]. 왕은 시드키야가 유다에서 행하였던 것처럼(렘 38:5) 손을 뻗쳐 "조롱하는 자들"과 함께했다(5절). "조롱하는 자"가 없어지기 전까지는 싸움은 그치지 않는다(잠 22:10). 그래서 왕도, 고관들도, 민족도 엉망이 되어 버렸다(왕하 17장). "우리 왕의 날에"(5절)가 언급하는 것은 대관식날에 취해 버린 왕을 포함한다(이 구절은 육 개월을 치리한 후 살해당한 살룸을 말하는 것 같다).

에프라임은 뒤섞여졌다(8절). 『**그는 백성 가운데서 스스로를 혼합시켰으니...**』 즉, 에프라임은 공산주의자들이 꿈꾸던 "꿈"을 이루었던 것이다. 이 꿈은 하나님께서 전혀 말씀하시지 않았는데 거짓 선지자가(렘 23:32) 말한 "꿈"이다(렘 23:25). 그것은 악몽일 뿐이다. 이스라엘이 "이방 가운데" 섞였을 때(시 106:35), 그들은 그들의 행위를 배웠다. 동성연애, 수간, 근친상간, 게으름, 거짓말, 절도, 사탄 숭배를 배운 것이다.

한 번은 어떤 사람이 매우 분개하여 "사람은 모두 똑같소. 저기 저 사람이나 당신이나 똑같소."라고 말한 적이 있다. 그러나 그는 나와 같지 않다. 주당 60시간씩 일하고 열심히 그리고 정직하게 일해서 가난을 딛고 일어서려고 애쓰는 사람을 점심값조차 사회복지 지원금으로 해결하려 하는 게으른 사람과 같다고 말하지 말라. 사람이 "동등하게 창조"되었다고 해서 모두 같은 사람으로 여긴다면 다른 점이 무엇이겠는가? 자신의 치부에나 관심있는 사람과 아도니람 저드슨(Adoniram Judson)과는 다르다. 윌리엄 캐리(William Carey)와 정치꾼인 케네디와 록펠러 등과는 다른 것이다.

『**타국인들이 그의 힘을 삼켰으나 그는 그것을 알지 못하나니, 정녕, 백발이 그에게 여기저기 생겨도 그는 알지 못하는도다. 이스라엘의 교만은 그의 얼굴에 증거가 되는도다. 그들은 이 모든 일을 당하여도 주 그들의** 하나님**께 돌이키지 아니하며 그를 찾지도 아니하는도다**』(9,10절). 이 구절은 많은 교훈을 준다. 또 이 구절은 호세아 5:5의 해석이기도 하다. (이 구절에 대한 학자들의 큰 잘못들을 조사해 보라.) 여기에서 에프라임은 반쪽만 구워진 과자와만 연관이 있는 것이 아니라 생을 낭비해 버린 노인과도 비유된다(잠 16:31의 주석을 보라). 바울은 "겨울이 되기 전에 오도록 힘쓰라"(딤후 4:21)고 말했다. 겨울이 되면 풀과 나무뿌리들은 눈으로 덮히게 된다. 매서운 바람이 언 가지들에 휘몰아치게 되고 이제 더 이상 열매는 맺지 못한다. 남들에게 좋은 일을 할 수 있는 기회, 보답할 수 있는 기회, 친지에게 사랑을 베풀 수 있는 기회, 그리스도를 영접할 수 있는 기회, 다른 사람을 하나님께 인도할 수 있는 기회는 사라지게 된다. "겨울이 되기 전에 오도록 힘쓰라." 여기에서 에프라임은 끝까지 반항적이다. 얼굴은 죄들로 주름잡혔고, 어긴 계명들이 각인되어 있다. 흰 머리카락이 나타나기 시작하지만 "의의 길"에 서 있는 자는 아무도 없다(잠 16:31과 주석을 보라). 에프라임은 여전히 자만하고, 완고하고, 반역하고 있으며(삼상 15:23), 무엇보다도 자신의 의로 가득 차 있다. 여러분 주위에서도 사랑하는 사람들을 영원히 땅에 묻어야만 했을 것이다. 여러분은 마치 둑방에 겨우 서 있는 다 쓰러져 가는 나무와도 같다. 가지는 조그만 바람에도 꺾여 떨어질 것 같고 앞으로 영원히 열매로 맺을 수 없는 나무처럼 말이다. 그런데도 예수 그리스도를 영접하는 것을 미루고 있다. **『이 모든 일을 당하여도 주 그들의** 하나님**께 돌이키지 아니하며』**(10절).

미국 남부지방에는 매일 복음을 듣는 사람들이 대부분이다. 이들 중 대부분은 그리스도인 아내도 있고 그리스도인 자녀들도 있다. 이런 환경 가운데 고집을 버리지 않은 채 세월을 낭비한다. 에프라임처럼 악한 습관을 극복할 힘도 없고 의로움을 견지할 힘도 없어져 버린다. 무엇보다도 영적으로 너무나 약해져서 성령님께서 간절히 말씀하시는 것에 더 이상 반응할 수 없게 된다(잠 1:28). **『타국인들이 그의 힘을 삼켰으나 그는 그것을 알지 못하나니』**(9절).

한 번은 필자가 어린 소년이 점점 자라 늙어가는 그림을 그리며 설교를 한 적이 있다. 그 소년은 어머니로부터 사랑받은 귀엽고 깜찍하며 건강한 아이였다. 그림을 그리며 설교한 지 40분이 지났다. 그 소년은 얼굴이 얽고 눈이 째진 마귀로 변하였다. 75살이 되었을 때 그 사랑받던 소년은 괴물 같은 사람이 되었다. 한 노인이 다가왔다. 그 노인은 관심을 가지고 그 그림을 뚫어져라 쳐다보았다. 필자가 이 그림이 어떠냐고 물었을 때 그 노인은 그 그림에 나와 있는 사람이 자신이라고 말했다.

"이 그림에 있는 사람이 어르신이라면 어르신은 구원받을 기회가 있었음에도 아직도 구원받지 못하셨다는 사실을 아셔야 합니다. 이 그림에 있는 사람이 어르신과 같은 사람인 것을 아신다면 왜 구원받지 않으시겠습니까?"라고 필자가 말했다.

필자는 그 노인의 대답을 결코 잊지 못한다. 그 그림을 쳐다보며 그럴 수 없다고 말한 이유는 자신이 그림에 있는 그 사람과 같기 때문이라는 것이다. 바로 에프라임인 것이다.

7:11 ○ 에프라임은 또한 마음 없는 어리석은 비둘기 같으니 그들은 이집트를 부르며 그들은 앗시리아로 가는도다.

12 그들이 갈 때에 내가 내 그물을 그들 위에 쳐서 하늘의 새들처럼 잡아 내리고 그들의 회중이 들었던 바와 같이 내가 그들을 징계하리라.

13 그들에게 화가 있으리라! 이는 그들이 내게서 도망하였음이라. 멸망이 그들에게 있으리라! 이는 그들이 나를 거역하여 범죄하였음이라. 내가 그들을 구속하였는데도 그들은 나를 거역하여 거짓말을 하였도다.

14 그들이 그들의 침상에서 울부짖을 때에도 그들은 전심으로 내게 부르짖지 아니하였도다. 그들은 곡식과 포도주를 위하여 모여서 나를 대적하여 반역하는도다.

15 내가 그들의 팔을 잡아서 힘을 주었으나 그들은 나를 대적하여 악을 꾀하는도다.

16 그들이 돌아오나 지극히 높으신 분**께로 가지 아니하는도다. 그들은 속이는 활과 같으니, 그들의 고관들은 그들의 혀의 사나움으로 인하여 칼에 쓰러지리로다. 이것이 이집트 땅에서 그들의 조롱거리가 되리라.**

에프라임은 "평화의 비둘기"(왕하 15,17장)라는 이름으로 다니는 키신저(Kissinger)처럼 힘있는 동맹국들을 이러저리 찾아다닌다. 하나님만 제외하고 어디로든지 도움의 손길을 뻗친다.

『**그들이 갈 때에...**』(12절). 하나님께서는 새 사냥꾼처럼 그물을 치시고(잠 1:17과 그 주석을 보라) 그들을 징계하신다(12절).

13절은 스스로 해석한다. 특히 후반부는 위대한 교훈을 준다. 에프라임은 (그리스도인처럼) "이집트로부터 불러냄을 받은"(호 13:4) 사실을 알아야만 한다. 에프라임은(그리스도인처럼) 피로 구속받았다(출 12:13). 에프라임은 (그리스도인처럼) 선지자 - 제사장 - 왕(출 40:29과 주석을 보라)에 의해 인도받았다. 에프라임은 그리스도인이 "하나님의 아들"로 불리우는 것처럼 "아들"로 불려졌다(호 11:1). 이런 모형과 실제 사이의 많은 유사한 면들을 고려해 보고 다음의 경고를 읽어 보라. 『**내가 그들을 구속하였는데도 그들은 나를 거역하여 거짓말을 하였도다**』(13절).

어떤 그리스도인은 죄들을 용서하는 것(forgiveness)과 구속(REDEMTION)이 같은 말이라고 주장함으로 하나님께 거짓말한다(골 1:14을 다른 현대 번역본들에서 찾아 〈킹제임스성경〉과 비교해 보라. 이를 주장하는 사람이 구원을 받았건, 못받았건 상관없이 하나님께 거짓말하는 것이다). 어떤 그리스도인은 요셉을 예수 그리스도의 "아버지"라고 말함으로써 자신이 무슨 내과의사인 것처럼 하나님께 거짓말한다(눅 2:33을 다른 번역본들에서 찾아 비교해 보라. 이를 주장하는 사람은 구원을 받았건, 못받았건 하나님께 거짓말하는 것이다). 또 어떤 그리스도인은 예수 그리스도께서 화를 낸 것으로 하나님의 독생자를 죄인 취급함으로 하나님께 거짓말한다(마 5:22을 다른 번역본들과 비교하여 읽어 보라. 이를 주장하는 사람은 구원을 받았건, 못받았건 하나님께 거짓말하는 것이다). (개역한글판성경도 골로새서 1:14에서는 "그의 보혈을 통하여"를 삭제시킴으로, 누가복음 2:33에서는 "요셉과 주의 모친"을 "그 부모가"로 변개시킴으로, 마태복음 5:22에서는 "까닭없이"를 삭제시킴으로 하나님께 거짓말하고 있다. 이 변개된 내용을 주장한다면 구원의 여부와는 상관없이 하나님께 거짓말하는 죄를 짓는 것이다.)

이 세상에서 가장 큰 거짓말을 하는 사람들은 자유주의자들이나 카톨릭이 아니다. 바로 그리스도의 몸 안에 있는 구속받은 하나님의 자녀들이다(딤후 4:1-8). 1940년 이래로 미국에서 일어난 문제는 "믿음의 근본사항들"이나 "신복음주의"가 아니다. 이것들은 실체에 비하면 허수아비에 불과하다. 주요 문제는 최종권위로 무엇을 인정하는가이다. 그 최종권위가 종교개혁을 일으킨 프로테스탄트 성경인가 아니면 홀트(Hort)나 로버트슨(Robertson)을 따라다니다 도랑에 빠져 버린 자만심만 커진 천치들의 주장인가이다(딤전 6:20). 과연 우리 그리스도인들은 하나님의 책을 따를 것인가 아니면 "과학적" 운운하며 형편없는 철학자들의 주장을 따를 것인가? 간단히 말해 하나님을 믿는 것인가 아니면 웨스트코트(Westcott)와 홀트(Hort) 이단을 믿는 것인가?

『**그들은 전심으로 내게 부르짖지 아니하였도다**』(14절). 자신의 결점과 불행, 인플레, 세금, 병원비, 실직, 가정 문제 등으로 『**그들의 침상에서 울부짖을 때에도**』(14절) 외로운 늑대처럼 혼자 한탄하고 있다. 하나님은 없다. 침상에서 내려와서도 먹을 것을 위해, 장사에서 돈을 벌기 위해 헤매며(14절) 자신들을 구속해 준 구속자에게 대적하여 악을 꾀한다(15절).

하나님께서는 상처를 싸매신다는 의미로 팔을 잡으셨다(15절). 하나님께서는 열왕기하 13:16, 사무엘하 22:35의 의미로 그들의 팔에 힘을 주셨다. 그러나 하나님을 대적하여 악을 꾀한다(15절).

그들은 돌아오지만(16절)(10절에서 그들은 돌이키지 않는다.) 문제는 『**지극히** 높으신 분**께로**』(16절) 돌아오지 않는다는 것이다. 그들은 각도를 유지하지 못하고 화살을 날리는 "속이는 활"과 같다. 그들은 목표물을 일직선으로 겨냥할 수 없는 소총 같으며 포신이 낡아 명중시킬 수 없는 포와 같다. 혀는 "칼"이기 때문에(잠 26:22; 25:18) 사람은 혀로부터 구원받아야 한다(욥 5:15). 그들은 "혀의 사나움으로 칼에" 쓰러진다(16절, 시 73:9). 이 구절의 표현을 설명한 45명의 유명한 주석가들이 써 놓은 것들을 읽는다면 하나님께서 주신 본문을 거부하는 데 있어서 뻔뻔함과 거만함이 어떤 것인지 그 증거를 알 수 있다.

『**이것이 이집트 땅에서 그들의 조롱거리가 되리라**』(16절). 이 불길한 예언은 신명기 28:68과 연관이 있고 이것은 이사야 30:1-4에서 성취된다. 호세아 9:3-6은 이집트로 돌아갔고(신 28:68) 흩어졌던 이스라엘 사람들이 하나님의 말씀에 따라 묻힐 것을 예언한다(호 11:5의 명백한 대조를 보라).

그들은 하나님께로 돌아갈 수가 없다. 하나님께 돌아갈 수 없는 똑같은 이유가 미국의 구원받지 못한 중년층에게도 적용된다. 도덕적인 압박, 수십 년간 지속되어 온 습관, 고용된 처지, 존경하는 사람들로부터 받는 비난, 나쁜 친구들과 어울렸던 교제 이런 것들 때문에 하나님께 돌아오지 못한다. "내가 원하는 때면 언제든지 그리스도께로 갈 수 있어."라고 쉽게 생각하는 사람이 있는지 모르겠다. 그러나 그렇게 하기 전에 잠시만 생각해 보라. "오늘밤이 바로 그 밤이야, 예배당 통로를 걸어나가 무릎을 꿇고 그리스도를 영접해야지."라고 결심할 수도 있다. 그러나 그 밤이 오는 동안 잠깐 기다려 보라. 그리고 나서 사탄을 주시해 보라. 여러분이 자백해야만 하는 그런 죄들을 생각나게 할 것이다. 여러분이 포기해야만 하는 죄와 연관된 모든 즐거운 것들을 생각나게 할 것이다. 여러분이 깨뜨려야만 하는 친구 관계, 그리고 여러분이 과거에 "위선자"라고 불렀던 사람들과 같이 있는 것을 여러분의 친구들이 보고 조롱할 것들, 이러한 것들을 생각나게 할 것이다. 여러분이 "돌아올 때" 무슨 일이 일어날지 생각해 보라. 교회로 돌아오고, 성사로, 가족 재단으로, 혹은 가족으로 돌아올 수는 있겠지만 "지극히 높으신 분"에게로 돌아오는 것은 또 다른 문제이다.

"과학적인 성취," "역사적, 문법적" 방법에 의한 성경 해석, "가장 오래되고 가장 훌륭한 필사본," "가능성에 대한 과학적 접근"이라고 하며 떠들어 대는 성경을 발전시킨 자들의 말을 들어 보자.

1. New ASV는 6절에서 누군가의 "분노가 밤새 끓었다."고 한다. 그리고 왕은 5절에서 술 취하지 않았고 고관들만 취한 것이라고 한다. 아무도 "마음이 준비되지" 않았고(6절) 6절에서의 일은 우연히 일어났다고 한다. 그들의 마음이 화덕과 같기 때문이다. 이스라엘은 누구에게도 돌이킨 적이 없다(마귀를 포함해서)고 한다. 단지 방향을 돌렸을 뿐이라고 한다.

2. 케네스 테일러 역본(Kenneth Taylor Version)인 리빙 바이블에서는 이스라엘의 죄들은 드러나지 않았다고 한다(1절). 하나님께서는 그들의 모든 악을 기억하지 않으신다고 한다(2절). 7절에서 언급된 심판들은 없다고 한다. 테일러의 책에서는 하나님께서는 결코 이스라엘을 구속하시지 않으셨다고 한다(13절). 출애굽기에서는 분명하게 그 민족을 과거에 구속시키셨다고 밝히고 있는데도 테일러만은 그 사실을 모르고 있다. 테일러는 "나는 그들을 구속시키기를 원하였다..."고 쓰고 있다. 리빙 바이블에서는 14절에서 아무도 침상에서 울부짖지 않는다고 한다. 그들은 단지 그곳에 누워 잠만 자지 않을 뿐이라고 한다.

3. New English Bible(돗 역본)에는 "그들은 믿음을 지키지 않았다." 등 열여덟 단어를 첨가시켰다. 5절에서는 아무도 왕을 병나게 하지 않았다고 하고 9절에서의 백발은 하얗게 변한 것이라고 한다. "이스라엘의 구속"에 대하여 테일러(리빙 바이블)가 말한 것처럼 자유주의자 C.H. 돗(Dodd)도 역시 이스라엘이 구속받았다는 사실을(13절) 부인하는 것을 알 수 있다. 케네스 테일러가 사사로이 해석하여 만든 리빙 바이블이 출판된 것보다 10년 전에 배교한 자유주의자들에 의해 NEB가 출판된 점을 감안해 본다면 누가 누구를

따라가는 것인지 추측하기가 그리 어렵지 않다.

4. 그러나 영국의 자유주의자들이 〈킹제임스성경〉을 42,000군데나 변개(NEB)시킨 지 8년이 안되서 1952년의 RSV는 이미 13절을 파괴시켜 버렸다. RSV(NCCC)의 내용을 확인하고 밥존스대학이 호세아 7:13의 정확한 본문으로 추천하는 것을 보면 그 본문이 같은 것에 놀라지 않을 수 없다. 존 알 라이스(John R. Rice)와 밥 존스 3세(Bob Jones, III)가 혼잡스런 신미국표준역본(New American Standard Version)을 추천하는 것은 개역표준역본(Revised Standard Version)을 추천한다는 것과 같은 것임을 알 수 있다. "나는 그들을 구속시키고자 하였다." 이것이 자유주의자들과 "근본주의자들"이 취하는 본문인 것이다. 깃털이 같은 이단들은 끼리끼리 모이는 법이다.

5. "히브리어로는 불확실하다."는 핑계로 RSV에서는 16절 전체가 변개되었다. [성경에서 취한 본문이 교수들 - 돌이키나(호 7:16) 지극히 높은 분에게로 돌이키지 않는(벧후 2:20) - 을 다루고 있을 때(벧후 2:19) 본문이 불분명하다거나 틀렸다거나 가짜라는 소리를 하는 것이 놀랍지 않은가? 성경을 다루는 사람이 본문이 자신을 다루고 있을 때 그 본문은 "분명하지 못하거나" "명료하지 못하다."라고 즉시 결정해 버린다. 이사야 29:11을 확인해 보라!]

6. 4절에서만 3가지 이상의 해석이 나온다. 그 본문에 비춰주는 조명이라고는 없다. 바벨 그 자체다. 운취(Wunche)는 New ASV에 있는 본문에 내용을 둔다(6절). 케일(Keil)은 "그들은 그들의 마음을 가져왔다."고 번역한다. 아벤 에스라(Aben Ezra)는 New ASV를 선호하였고 킴치와 라스키(Raschi)는 빵 굽는 자들이 밤새 자고나서 날이 시작될 때에 빵을 태웠다고 한다. 이 사람들 모두 구약의 4분의 3을 설명할 수 없기 때문에 본문이 왜 그런 의미를 나타내는지 물어볼 것조차 없다. 동사의 시제가 어떠하건 어미의 형태가 어떠하건 바벨은 바벨이다.

7. 더멜로우(Dummelow)는 NASV에 있는 대로 6절에서의 그들의 마음(their heart)이 "그들의 분노"(their anger)라고 한다. 이런 타국 "아이들"이

어디서 왔느냐 하면 이집트의 알렉산드리아에서 A.D. 300-500 사이에 태어난 아이들이다(B.C.가 아니다). 1800-1980년 사이에 사람들이 즐겨 애용하는 70인역은 예수 그리스도께서 죽으신 지 100-400년 후에 쓰여진 것이다. 이 "분노"(anger)라는 단어는 보하릭(Bohairic, 아프리카) 사본에서도 발견되고 페쉬타(Peshitta) 사본(후에 카이사랴의 오리겐에 의해 개정된)에서도 발견된다. 마티(Marti), 구테(Guthe), 그라츠(Gratz), 홀톤(Horton), 체인(Cheyne), 오틀리(Oettli), 오렐리(Orelli), 노왁(Nowack), 힛직(Hitzig) 등은 사사로운 견해를 동원하여 이 구절에서만 30군데 정도는 고쳐야 한다고 한다. 그러나 전에도 언급한 바 있지만 이런 부정적인 비판에 반응하여 성경을 고치기 위해 단 5분이라도 낭비하는 정상적인 사람은 없다. 나무를 보면 열매를 알 수 있다(마 7:17,18).

벌링거(Bullinger, 극단적 세대주의자)는 "분노"(anger)가 맞는 말이라고 한다. 히브리어에는 나와 있지도 않는데 말이다. 그러나 6절에 대한 문제는 보기보다 단순하다. 문제는 오리겐(Origen)에서 벌링거(Bullinger)까지(200-1900, A.D.) 히브리어 본문에 있는 "빵 굽는 자"(BAKER)라는 말을 설명할 수 있는 사람이 한 사람도 없는 데 있다. 이럴 때, 본문을 바꿔버리는 것이다. 이것이 1800년 이래 출판된 모든 번역본들 뒤에 숨어 있는 동기와 방법이다. 한마디로 이를 요약하여 말하면 배교라고 할 수 있다. 배교라는 말은 "자유주의자들"에게만 해당되는 말이 아니다.

호세아 8장

8:1 나팔을 네 입에 두라. 그가 주의 집을 대적하여 독수리처럼 오리니, 이
는 그들이 나의 언약을 어겼고, 나의 율법을 범하였음이니라.
2 이스라엘이 내게 부르짖기를 "나의 하나님, **우리가 주를 아나이다." 하**
리라.
3 이스라엘은 선한 것을 내버렸으니 그 원수가 그를 쫓으리라.
4 그들이 왕들을 세웠으나 나로 말미암지 아니하였고, 그들이 고관들을
세웠으나 나는 모르는 바며, 그들이 그들의 은과 금으로 그들에게 우
상들을 만들었으니, 그들이 멸망하게 되리라.

호세아는 잘 진행하고 있다. 예루살렘을 침공한 느부캇넷살은 적그리스도의 대표적인 유형인 "독수리"(EAGLE)로 나타난다(겔 17:1-10). 그래서 앗시리아인(사 10:5-12)도 "독수리"(Eagle, 호 8:1)여야 한다. 앗시리아인과 느부캇넷살은 모두 사탄과 관련되어 있기 때문이다(렘 50:17). 리빙 바이블, New English Bible, RSV(1952)는 독수리(eagle)라는 말을 "vulture"로 대체시켰다. 이것이 무엇을 의미하는지는 분명하게 알 수 있다. 사탄에 의해 조종당하는 사람은 하나님 말씀 가운데 사탄과 관련된 구절을 파괴시킴으로 그 사실을 찾을 수 없게 만든다.

오늘날 학자들이 〈킹제임스성경〉을 공격하는 데 있어서 얼마나 불합리하게 공격하는지를 보려면 RSV, NEB, 리빙 바이블 등과 같은 성서들의 에스겔 1:10, 10:14을 보면 알 수 있다. 여기에서 독수리에 대한 똑같은 말(히브리어로는 "nesher")을 다른 곳에서는 "VULTURE"로 번역해 놓고 여기서는 "eagle"로 번역한 것이다. 그렇다면 이렇게 현저하게 드러나는 성경 변개는 어디에서 왔는가? 그것은 독수리처럼 맑고 푸른 하늘에서 왔다.

『**나팔을 네 입에 두라**』(1절). 5:8에서처럼, 독수리는 오고 있다(렘 4:13, 합 1:6-8). 처음에는 말들을 타고 오지만 두 번째는 문자적으로 날라온다(계 12:4). 『**주의 집을 대적하여**』(1절), 이 예언은 포로로 잡혀가는 이스라엘 위에 심판으로 임하고 유다에 대해서는 예레미야 52장에서 성취되었다.

『**이스라엘이 내게 부르짖기를 "나의** 하나님, **우리가 주를 아나이다." 하리라**』(2절). 이 구절은 독수리가 "두 번째" 올 때를 언급한다(위 내용을 보라). 이스라엘은 재림 시에 히브리서 8:8-12까지는 하나님을 알지 못하기 때문이다. "이스라엘"이라는 말이 배교한 70인역에는 빠져 있다. 야곱 벤 하임(Jacob Ben Chayim)의 마소라 본문(Massoretic text)을 고치기 위해 케니코트(Kennicott)와 디로시(DeRossi)가 사용한 많은 히브리어 필사본들에서도 이 말은 삭제되었다. 제이미슨(Jamieson), 포셋(Fausset), 브라운(Brown)은 이 본문을 믿지 못하기 때문에 "이스라엘"을 영적으로 해석하여[오리겐(Origen)과 어거스틴(Augustine)도 마찬가지] 그리스도의 몸 안에 있는 개인적인 이스라엘인들이라고 말한다. 물론 사실이 아니다.

3절은 스스로 해석한다(6:6; 7:16 설명 참조).

『그들이 왕들을 세웠으나 나로 말미암지 아니하였고... 나는 모르는 바며』(4절). 이 구절은 하나님께서 빈정거리시는 것이 분명하다. 호세아 7:2의 관점에서 볼 때 "나는 모르는 바며"라는 표현은 아모스 3:2처럼 정확하게 표현되어진다. 신명기 7:6은 하나님께서 그 민족을 "알았다."고 했을 때 그것은 개인적인, 친밀한 관계의 의미를 나타내는 것을 보여 준다(마 7:23의 『**나는 너희를 전혀 알지 못하니**』, 갈 4:9 『하나님**께 알려졌는데**』 구절 참조). 하나님은 모든 것을 아신다(대상 28:9). 하나님은 모든 사람을 다 아신다(시 139편, 마 12:36). "나는 모르는 바며"가 의미하는 것은 "너는 그것을 나와 상의하지 않고 행하였고"(5:4; 7:7)이다. 시므리, 오므리, 살룸, 므나헴, 페카(왕상 17장-왕하 17장) 등은 사람이 선출한 왕들이다. 암살과 정치적인 모반에 의해 왕위를 차지한 사람들이다. 왕권의 홀은 유다를 떠나지 않았다(창 49장). 그러므로 아합부터 페카까지의 모든 이스라엘 왕들은 가짜인 것이다(신 17:15). 『**그들이 왕들을 세웠으나**』(4절).

4절은 스스로 해석한다. 하나님은 우상을 섬기는 어떤 민족이라도 멸망시켜 버리실 것이다(출 20:1-4). 그들의 증손들까지 저주하시겠다고 약속하셨다(출 20:5). (왕하 15:13, 왕상 13장을 참조하라.) 여로보암이 만든 두 개의 금송아지들이 주요 관건이 된다.

8:5 ○ 오 사마리아야, 네 송아지가 너를 버렸느니라. 내 분노가 그들을 향
하여 타오르나니 그들이 무죄하게 되기까지는 얼마나 걸리겠느냐?
6 그것은 또한 이스라엘로부터 나온 것이요 장인이 만든 것이라. 그러므
로 그것은 하나님**이 아니니라. 그러나 사마리아의 송아지는 산산이 부**

서지리라.

7 **이는 그들이 바람으로 심었으니 회오리바람으로 거둘 것이기 때문이라. 줄기가 없으니 이삭은 열매를 맺지 못할 것이요, 설령 열매를 맺는다 해도 타국인들이 그것을 삼켜 버리리라.**

8 **이스라엘은 삼킨 바 되었으니 이제 그들은 이방인들 가운데서 기쁨이 없는 그릇같이 되리라.**

9 **그들은 혼자 있는 들나귀인 앗시리아로 갔고, 에프라임은 연애하는 자들을 고용하였도다.**

10 **정녕, 그들이 민족들 가운데서 고용하였을지라도 이제 내가 그들을 모으리니, 그들은 고관들의 왕이 지워 준 짐으로 인하여 다소 슬퍼하리라.**

11 **에프라임이 많은 제단을 만들어 죄를 지었으니 제단들이 그를 범죄하게 하리라.**

12 **내가 그를 위하여 내 율법의 많은 것들을 기록하였으나 그것들이 이상한 것으로 여겨졌도다.**

13 **그들이 내 제물의 희생제들을 위하여 고기로 희생제를 드리고 그것을 먹으나 주는 그것들을 받지 아니하는도다. 이제 그가 그들의 죄악을 기억하고 그들의 죄들을 감찰하리니 그들이 이집트로 돌아가리라.**

14 **이스라엘은 자기를** 지으신 **분을 잊어버리고 신전들을 짓고, 유다는 방벽 친 성읍들을 많이 세웠으나 내가 그의 성읍들 위에 불을 보내리니, 불이 그 궁전들을 삼키리라.**

"사마리아의 송아지"는 벧엘에 있다(왕상 12:28,29). 이스라엘은 금송아지를 기대었고 자신들을 도와줄 것이라고 신뢰했기 때문에(사 31:1, 삼상 4:3) 결국 금송아지는 이스라엘 민족을 버린 것이 되었다. 금송아지는 이스라엘을 거부해 버린 것이다. 금송아지를 처음 만들었을 때(출 32장과 주석을 보라)

이스라엘 민족 3,000명을 죽이는 셈이 되었다. 이번에는 그 숫자의 열 배가 넘는다. 카우보이(cowboys, Baal-boys, Bull-boys)와 관련된 우상 숭배가 열왕기하 17:10,11,12,15,16,17에 잘 나타나 있다. 오늘날 모든 그리스도인들이 이 구절을 잘 알고 있어야 한다. 열왕기하 17장에서 1901년(ASV)부터 1971년(Living Bible)까지의 미국의 역사를 볼 수 있다.

『**내 분노가 그들을 향하여 타오르나니**』(5절). "송아지들에게 입맞추는"(호 13:2) 사마리아에 거주하는 자들에게 하나님께서 분노하신다.

『**그것은 또한 이스라엘로부터 나온 것이요 장인이 만든 것이라. 그러므로 그것은** 하나님**이 아니니라**』(6절). 어떤 구원받지 못한 죄인들은 이런 인생 문제에 있어서의 해답을 "하나님"을 부르는 전투에서 찾을 것이다. 어떤 사람에게는 그 해답이 이웃을 사랑하라는 휴머니즘일 수도 있다. 어떤 사람에게는 "변화"가 될 수 있겠고 "성장," "배움"도 그 해답이 될 수 있겠다. 또 어떤 사람들에게는 마지막 해답으로 "적응," "발전"하는 것일 수 있겠고, "황금률"이라고 단정하거나 윤리를 근간으로 하는 영적인 실체를 파악하는 것이라고 단정하는 사람도 있을 것이다. 그러나 이들 모두가 가지고 있는 한 가지 공통점이 있는데 그것은 모두가 우상들을 섬기고 있다는 것이다. 지금이나 전이나 어떤 개인적인 구세주 그분만이 인류의 문제의 해답이시다. 해답은 그분 자신에게 있다(마 1:21). 알려진 문제이건 아직 드러나지 않은 문제이건 인간의 문제에 대한 하나님의 답변은 주 예수 그리스도께서 새 하늘과 새 땅을 다스리시는 것이다. 위에 언급한 사람들 가운데 이런 답을 제시한 사람은 아무도 없다.

『**그것은** 하나님**이 아니니라**』(6절). 제사장들이 송아지를 기뻐한 후에 백성들이 그 송아지를 슬퍼해도(호 10:5) 그것은 하나님이 아니다.

『**이는 그들이 바람으로 심었으니 회오리바람으로 거둘 것이기 때문이라**』(7절). 이 구절은 앗시리아와 바빌론 군대가 이스라엘과 유다를 쓸어 버렸을 때 열왕기하 18:17과 이사야 5:28에서 영적으로 성취되었다. 그러나 이 구절에서 뒷부분의 회오리바람은 이사야 40:24; 66:15, 나훔 1:3, 예레미야 23:19에서 언급되어지는 재림 때에(욥 38:1과 주석을 보라) 에스겔 1:4에 나타나는 문자 그대로의 회오리바람이다. 항상 심은 것보다는 많이 거두는 법이기에(갈 6:8과 그 설명을 보라.) "바람"을 심어 "회오리바람"으로 거두는 것이다. 즉 잔잔한 미풍이 태풍으로 되돌아온 것이다.

『**이삭은 열매를 맺지 못할 것이요...타국인들이 그것을 삼켜 버리리라**』(7절). 7:9을 재판관기 6:4-6과 비교해 보라.

『**이스라엘은 삼킨 바 되었으니...**』(8절). 똑같은 표현이 유다와 관련되어(애 2:5) 예레미야 51:34에 나온다. 이러한 표현이 사용된 이유는 대환란 때에(계 6:9,10과 주석을 보라.) 적그리스도의 제사장들(Cohenbaal-Cannibaal, 식인종)이 유대인들을 먹기 때문이다(사 6:13, 시 16:4; 14:4). 모든 주석가들과 성경 개역자들은 이 구절들을 놓치고 간다. 성경을 판단하고 있다면 성경 안에 있는 진리를 결코 발견하지 못하는 법이다.

『**그들은 혼자 있는 들나귀인 앗시리아로 갔고, 에프라임은 연애하는 자들을 고용하였도다**』(9절). 호세아 7:11의 설명을 보고 에스겔 16:33과 비교해 보라. 예레미야는 이스라엘을 "암나귀"라고 불렀다(렘 2:24). 그러므로 본문은 이스라엘이 "연애하는 자들"을 찾기 위해(렘 2:14,18) 이집트와 앗시리아로 달려가는 것을 말한다. "들나귀"는 거듭나지 못한 죄인을 묘사한다(출 13:13 주석과 마 21:5-8 주석을 보라). "연애하는 자들"을 찾는 것 대신에 에프라임은 아무 친구도 없는 산에 홀로 있을 것이다(9절). 『**정녕, 그들이 민족**

KJBC

킹제임스성경신학교는 피터 럭크만 박사가 미국 플로리다주 펜사콜라시에 설립한 Pensacola Bible Institute (PBI)에 기반을 두고 있습니다. 미국 Pensacola Bible Institute는 1965년 9월 개강한 이래로 지금까지 미국 내 정통 신학 교육의 요람으로서, 미국 내 유수한 근본주의 침례교 신학교들을 압도하고 성경대로 믿는 그리스도인들의 산실이 되고 있습니다. 자유주의와 현대주의를 배격하는 가운데 정통 교리의 수준 높은 신학 교육은 물론이요, 능력 있는 설교자 양성을 위한 강도 높은 훈련으로도 단연 으뜸입니다. 이처럼 본 신학교도 1991년에 세워진 이래로 이 땅에 바른 성경적 지식을 정착하고 신실한 하나님의 일꾼을 양성하는 데 총력을 기울여 오고 있습니다.

기존 신학교는 하나님의 말씀보다는 교단 신학과 학문으로서의 신학에 중점을 두어 가르치고 있습니다. 또한 편협한 교단 교리에 하나님의 말씀을 억지로 끼워 맞춰 가르치고 있기 때문에 이제는 하나님의 말씀에 근거한 신학을 제대로 가르치는 곳이 절대적으로 필요합니다. 이런 절실한 필요에 의해 본 신학교는 모든 교과 과정을 교단 신학이 아닌 하나님의 말씀으로 채움으로써 하나님의 말씀에 대한 올바른 지식을 터득할 수 있도록 구성하고 있습니다. 이렇게 구성된 모든 교과 과정은 성경 각 책에 대한 깊이 있는 수업과 설교의 실전 연습, 제반 목회 생활에 관한 실제적인 수업들로 이루어져 있으며, 무엇보다도 균형 있고 올바른 성경적 지식으로 무장할 수 있는 많은 수업들이 제공되고 있습니다.

킹제임스성경신학교는 설교자와 목회자, 성경 교사, 선교사를 양성하기 위한 곳으로, 3년의 모든 과정을 착실히 이수한 모든 학생들이 각자 하나님의 부르심에 따라 언제 어디서나 전담 사역자로서 사역할 수 있도록 양육받을 수 있는 국내 유일의 온·오프라인 정통 신학교입니다.

입학요강

	신학사(B.D.)	킹제임스성경신학원 신학석사(Th.M.)
수업연한	3년 (6학기)	2년 (4학기)
자　격	• 거듭난 그리스도인으로서 하나님께 쓰임받기 원하는 사람 • 고등학교 졸업자 및 졸업 예정자 또는 동등 이상의 학력이 인정되는 자(연령 제한 없음)	• 본교를 졸업한 신학사 학위 소지자로서 진리의 지식으로 효과적인 사역을 이루려는 분
선　발	서류전형(입학원서, 구원간증, 자기 소개서), 면접(서류 전형 합격자에게 개별 통보)	
학사일정	오프라인 봄 학기 매년 3월초 가을 학기 9월초 개강(총 16주) 월,화,목,금(오후 6:30 – 9:20) 온 라 인 수시접수 가능(한 학기 총 16주 / 100% 동영상 강의)	한 학기당 16주 과정 (화요일 오후 6:30 – 9:20)
원서교부	킹제임스성경신학교 교무처 / 인터넷 접수	

들 가운데서 고용하였을지라도 이제 내가 그들을 모으리니...』(10절). 유다의 적들과 싸우기 위해 민족들이 고용되었을지라도 하나님께서는 이 민족을 보존하시기 위해 그들을 모으신다(사 7:1-6, 왕하 16:5-15을 보라). 『**그들은 고관들의 왕이 지워 준 짐으로 인하여 다소 슬퍼하리라**』(10절).

알렉산드리아 이단들은 10절의 마지막 부분을 엉망으로 만들어 놓았다. 본문을 그대로 유지한 채로는 무슨 말도 만들어낼 수 없기에 어느 번역본이나 어느 학자나 할 것 없이(근본주의자이건, 자유주의자이건) 뒤섞어 버렸으나 다음 사실을 알 수 있다.

1. 이스라엘은 친구들을 고용하려고 했던 것에 대해 슬퍼할 것이다. (이스라엘은 미국이 제2차 세계대전 이후 경험했던 것을 앞으로 경험할 것이다.) 그리스도인들은 하나님과 하나님의 말씀에 대해 무익한 사람들로부터 "친구"를 고용하지 않는다.

2. 이스라엘은 민족들이 단합할 때 민족들로부터 분리되어 나와서 하나가 될 것이다. 이 예언이 이사야 11:1과 신명기 32:36로 뛰어넘을 것을 의미하는 것이다.

3. "고관들의 왕이 지워준 짐"(10절)은 앗시리아가 이스라엘에게 거둬들인 세금일 수도 있다(사 10:5-13). "고관들의 왕"이라는 표현이 나오기 때문에 가능하다. "고관들의 왕"은 이 민족에게 "슬픔"을 가져온다. 그의 "짐"과 관련되기 때문이다(슥 12:10). "다소"(little)라는 말은 이 구절에 강도(intensity)보다는 시간의 어떤 기간을 언급하는 것 같다. 이 사실을 적용해 볼 때 "이스라엘을 모으는 것"(10절)은 대환란까지는(겔 20:23; 34:13, 미 2:12, 습 3:19, 사 43:5 등) 일어나지 않는다는 사실을(마 24:31) 기억해야 한다.

11절은 스스로 해석한다(10:1,2).

『**내 율법의 많은 것들**』(12절). 여기에서 율법이 구약 전체를 말하는 것이라면(요 15:25; 10:34을 보라.) 예수 그리스도의 재림에 대하여는 500가지 사실이 포함된다. A.D. 1000년까지 밝혀지지 않는 과학적 사실들이 20가지나 되고 현재까지 밝혀지지 않는 과학적 사실도 열 개가 넘는다. 『**그것들이 이상한 것으로 여겨졌도다**』(12절). 학자들이 성경을 이해할 수 없을 때마다 "비유적"인 것, "불분명한" 것, "묵시적인" 것으로 처리해 버린다. 참으로 이상하지 않은가?(사 29:11을 보라!)

자유주의자들은 율법이 비도덕적인 것(민 31:17)과 잔인한 것(민 25:4)을 가르친다고 말한다. 무천년주의자들(로버트슨, 메이첸, 워필드, 핫지)은 신명기에 언급된 이스라엘에 대한 약속들이 영적인 것이라고 말한다. 후천년주의자들[매튜 헨리(Matthew Henry), 칼 마르크스(Karl Marx), 아담 클라크(Adam Clarke), 엥겔스(Engels), 어거스틴(Augustine), 트로츠키(Trotsky), 찰스 다윈(Charles Darwin)]은 창세기 1:1에서부터 말라키 4장까지의 모든 경륜이 배교로 끝난다는 사실을 부인한다. 로마카톨릭은 출애굽기 20장을 왜곡시켜 두 번째 계명을 제거해 버림으로써 말라키의 천년왕국에서 드려지는 예물을 바알을 숭배하는 자신들의 독신자 제사장들에게 바치게 한다. 보수주의 그룹에 속하는 성경 번역자들[스코필드 편집 이사회, E.S. 잉글리쉬(English), 맥레인(MaLain), 윌버 스미스(Wilbur Smith), 쿨버트슨(Culbertson)]은 마귀를 위해 사탄을 "악어"라고 부르고(욥 41:1과 주석을 보라.) 주의 군대를(욜 2:11) 마귀의 군대라고 부른다. "권위역본"으로서 출판한다고 하는 것이 진짜 권위역본(AV) 본문을 500군데나 변경시켜 버렸다.

『**그들이 내 제물의 희생제들을 위하여 고기로 희생제를 드리고 그것을 먹으나 주는 그것들을 받지 아니하는도다**』(13절). 이사야 1:11-13, 잠언 1:26은 예레미야 14:10,11과 함께 이 구절을 설명한다. 그들은 일시적인 제사를 계속 지낸다. 그러나 이 제사는 카톨릭 교도들이 장난삼아 드리는 성사와는 비교할 수 없다. 『...**그들의 죄들을 감찰하리니**』(13절). 하나님께서는 어떤 사람을 반문하여(혹은 어떤 민족) 하나님께 행하였던 것들을 되갚아 주신다(사 10:3, 렘 50:27, 미 7:4 참조).

『**그들이 이집트로 돌아가리라**』(13절). 흩어졌던 이스라엘 민족 모두가 앗시리아와 시리아로 간 것은 아니다. 그들 중 얼마는 예레미야 42,43장에서 흩어지기 전에 이집트로 갔다(호 9:6, 신 28:68을 보라).

『**이스라엘은 자기를** 지으신 분**을 잊어버리고 신전들을 짓고**...』(14절). 사람은 하나님을 위한 일을 하면서도 하나님을 잊어버릴 수 있다. 베드로가 상황파악을 못하고 있을 때(눅 9:33) 기껏 생각해 낸 것이 건물 부속물을 짓는 것이었다(마 17:4). 하나님께 바칠 "하나님의 집"을 짓고 있는 동안에 하나님을 망각한다고 상상해 보라. 알다시피 있을 수 있는 일이다. 내키지 않는 마음으로 돈을 빌려 땅을 임대하고 그러는 중에 부인들은 교회 카펫 색깔에 대해 말다툼하고 집사들은 뾰족탑 가격에 대해 소리를 높이고, 페인트공과 배관공은 술 취해 돌아다니고, 전기 가설자는 무슨 이유에서 일을 지연시키고 판자가 떨어진 일로 고소당하고, 선불 받은 하청업자는 나오지 않고 그야말로 질은 안개속이다.

하나님께서 성전 하나에 대한 양식을 주셨는데도(대상 28:12), 이스라엘은 유다와 마찬가지로 곳곳에 작은 "신전들"을 세웠다(렘 7:4). 헛간을 지어놓고 "성전"이라고 부르거나(렘 7:4) "하나님의 집"이라고 부르는 것은 하나님과 무관한 것이다(암 7:13과 주석을 보라). 하나님께서 교회 건물 위에 "이카봇"(영광이 이스라엘에서 떠났다.)이라고 쓰셨다면 그것은 더 이상 하나님의 집이 아니라 "강도들의 소굴"(마 21:13)인 것이다. 스테판이 산헤드린에서 부흥회를 열었을 때(행 7:48) 호세아 8:14로 돌아가 열성적으로 온 힘을 다해 생명을 다해 설교함으로 군중을 흥분하게 만들었다(행 7:54).

14절의 나머지 부분의 내용은 명료하다. 유다와 이스라엘은 둘 다 심판에 처하게 된다. 그것은 궁들과 "신전들"을 태우는 문자적인 불이다(대하 36:19, 렘 39:8).

호세아 9장

9:1 오 이스라엘아, 너는 다른 백성처럼 기쁨으로 즐거워하지 말라. 이는
네가 네 하나님으로부터 떠나 행음하였으며 네가 모든 타작마당에서
보상을 사랑하였음이라.
2 타작마당과 포도즙틀이 그들을 기르지 못할 것이며, 이스라엘 안에서
새 포도주도 동이 날 것이라.
3 그들은 주의 땅에 거하지 못하리니, 에프라임은 이집트로 돌이킬 것이
며 그들이 앗시리아에서 불결한 것들을 먹으리라.
4 그들은 주께 포도주 제물을 드리지도 못하며 그에게 기쁨이 되지도 못
할 것이라. 그들의 희생제들은 그들에게 애곡하는 자들의 빵과 같아서
그것을 먹는 자는 모두 더럽혀질 것이니, 이는 그들의 혼을 위한 그들
의 빵이 주의 집으로 들어오지 못할 것임이니라.
5 너희는 엄숙한 날과 주의 명절의 날에 무엇을 하려느냐?
6 보라, 그들이 멸망으로 인하여 갔느니라. 이집트는 그들을 모으고 멤피
스는 그들을 묻으리라. 그들의 은을 위한 기쁜 곳, 그곳들은 엉겅퀴가

차지할 것이요, 그들의 장막 안에는 가시나무들이 있으리라.
7 **감찰의 날들이 오고 보응의 날들이 오나니 이스라엘이 그것을 알리라.**
선지자는 어리석고 영적인 사람은 미쳤나니, 이는 네 죄악이 많고 증
오는 크기 때문이라.
8 **에프라임의 파수꾼은 내** 하나님**과 함께하였으나, 선지자는 그의 모든**
길에서 새 잡는 자의 덫 같으며 그의 하나님**의 집에서 증오를 품었**
도다.

1절에서는 이사야 9:3에 있는 소위 "실수"에 대하여 설명하고 있는데 이 실수는 〈킹제임스성경〉에 있는 이사야 10:22과 이사야 26:15에서 또한 명확하게 설명하고 있다. "증대케 하신 민족"(increased nation, 사 9:3; 26:15을 볼 것)은 다니엘의 칠십째 주 중반 전에 증대되었다. 그래서 그 민족이 "번성"하였을 때(사 9:3), 번성한 것과 "즐거움"은 연관이 없다(〈킹제임스성경〉에 있는 정확한 종교개혁 히브리어 본문 이사야 9:3을 볼 것). 메시아가 땅에 발을 디딜 때 이 즐거움은 비로소 있는 것이다(사 26:16-19을 볼 것). New ASV 같은 "성서들"(bibles)을 읽을 때보다 좀 더 진지하게 성경을 읽는다면 이사야 9:3의 시제가 콜론(:)까지는 현재완료시제(행위가 종결되었음)이고 콜론 이후의 시제는 현재시제임을 알 수 있을 것이다. 〈킹제임스성경〉에 나와 있는 콜론을 웨스트코트와 홀트 이단들은 무시하므로 이들의 그럴듯해 보이는 주석에 대해서는 기대를 하지 말아야 할 것이다. 자유주의 역본(NEB, RSV, 기타)들과 마찬가지로 New ASV에서도 이사야 9:3의 정확한 본문인 "그 즐거움은 늘리지 아니하셨도다."에서 "NOT"을 제거시켰다. (근본주의자들 안에서도 이런 불신을 볼 수 있다). (개역한글판성경에서도 마찬가지로 그 "즐거움을 더하게 하셨으므로"로 되어 있다.)

1-2절은 스스로 해석한다. 3절 또한 기록된 의미대로 명확한 내용이다. 세

장소가 언급되는데 "주의 땅"(팔레스타인)과 앗시리아, 그리고 이집트이다(이 세 지역과 연관되어 천년왕국에서의 약속에 대해서는 이사야 19:24,25을 참고할 것).

『**그들의 희생제들은 그들에게 애곡하는 자들의 빵과 같아서... 그들의 혼을 위한 그들의 빵이 주의 집으로 들어오지 못할 것임이니라**』(4절). 이스라엘이 죽은 사람의 집에서 빵을 먹었다면 그 "애곡하는 자들의 빵"은 더렵혀진 빵이었다(본문을 볼 것). 이스라엘은 이 점에 있어서 완전히 죽어 버린 것이다. 아무도 이 빵으로 "주의 집" 안에서 제사드릴 수 없었다. 왜냐하면 그 빵은 더렵혀졌기 때문에(말 1:7) 받아들여질 수 없었다. 여기에서 "혼"이란 말은 레위기 22:11의 의미로 사용되었다(창 2:7의 주석을 볼 것). (구약에서 혼은 사람을 나타내기도 한다.)

『**엄숙한 날과 주의 명절**』(5절). 이것은 유월절을 말하는 것이 아니기 때문에(비록 "주의 명절," "엄숙한 날"이라고 불려지지만) 오순절(첫열매들, 레 23:17)이나 장막절(레 23:34)을 살펴보아야 한다. 그런데 이 둘 중에서 장막절은 재림과 연관이 있다(마 17:4). 호세아 8:1에서는 나팔을 부는 것을 언급하고 있다. 더군다나 "엄숙한 날"은 같은 달에 있는 속죄일(레 23:27)이다. 당시의 이스라엘은 어떻게 장막절을 지킬 것인가? 지키지 못할 것이다. 최소한 자신들의 법에 따라서는 지킬 수 없다. 이 시기에 유대인 남자들은 예루살렘에 나타나야 한다(신 16:16). 여로보암이 송아지들을 세웠기 때문에 이스라엘에 있는 남자들은 포로로 잡혀가기 전에는 예루살렘으로 내려가지 않았다.

6절은 의미하는 바가 명확하다. 죽은 몸들이 아프리카로 모아져 부패한 알렉산드리아 학교 근처에 있는 아프리카에 묻혔다. 이곳은 알렉산드리아 이단의 대제사장(오리겐)이 부패한 사본들을 부패시켰던 곳인데 이 사본들은 A.T. 로버트슨(Robertson), 윌리암 컬버트슨(William Culbertson), J.G. 메이첸(Machen)이 추천한다. 이 부패한 지옥 같은 곳에서 하나님께서 “그분의 자녀들”(출 4:23)과 그분의 아들(마 2:15)을 아프리카로부터 불러내실 때 그곳에 버리셨던 부패한 대문자 필사본들과 함께 부패한 파피루스들이 발견되었다.

엉겅퀴와 가시나무들(6절)은 자라나서 그들이 은을 묻었던 곳과 장막을 세웠던 곳, 집을 지었던 곳들을 덮을 것이다.

『**선지자는 어리석고 영적인 사람은 미쳤나니, 이는 네 죄악이 많고 증오는 크기 때문이라**』(7절). 이 구절이 의미하는 것은 명확하다. 사람들은 진짜 선지자를 어리석은 사람으로 본다(행 2:13, 마 27:39, 고후 11:16, 고전 3:18을 볼 것). 영적인 사람을 미친 사람으로 본다(행 26:24, 고후 5:13을 볼 것). 통치자들은 하나님 말씀을 증오하였고 죄악이 많았기 때문에(7절) 하나님의 선지자들을 미워하였고(마 23:34) 미친 사람들로 몰아세웠던 것이다(마 23:31). 이런 보편적인 진리가 성경에 명확하게 제시되었기 때문에 우리는 “인정받은 학자들”이 한 구절을 상세히 설명할 때면 왜 그렇게 난도질을 하는지 그 이유를 알 수 있다.

『**에프라임의 파수꾼은 내** 하나님**과 함께하였으나**...』(8절). 이 구절을 살펴보면 종교개혁 본문이 얼마나 세심하게 정확한 의미를 내포하고 있는지 동사들의 배열(과거시제 was와 현재시제 is)을 통하여 알 수 있다. [함께하였으나(was), 선지자는 그의 모든 길에서 새 잡는 자의 덫 같으며(is)] 에스겔과 같은 파수꾼들(겔 33:2-4)은 다가오는 심판을 경고하는 충성스런 사람들이었다. 마치 충성스런 독일산 셰퍼드가 침입자가 접근하는 것을 알리는 것과 같았다(겔 32:7). 이러한 충성스런 개들이 짖지 못하는 벙어리 개들로 변해 버렸다(사 56:10). 더 이상 짖을 줄을 모른다. 이들은 교회통합을 목표로 한 사회주의자들이 되어 "하나님의 세계" 만들기 운동을 통해 마귀와 더 이상 싸우지 않고 사이좋게 지내려고 한다(렘 38:4). 이들은 "기브아의 날들처럼 스스로를 심히 부패케" 하였다(9절). 이는 첩들을 두지 않았어도(판 19:1-12) 동성연애를 했음을 보여 준다(판 19:12-22). 그러므로 이들은 도덕적으로 타락한 변태주의자, 종교적 간음자들에게 "권리"와 "자유"를 부여하기 위해 "시민권리" 투쟁을 벌였던 것이다. 이들은(베냐민 지파처럼) 일 안하고 놀 수 있는 권리, 불평할 수 있는 권리, 죄와 더불어 살 수 있는 권리, 하나님의 도덕적인 가르침에 대해 반항할 수 있는 권리를 지키기 위해 목숨을 내걸고 싸울 준비가 되었던 것이다.

9:9 그들이 기브아의 날들처럼 스스로를 심히 부패케 하였으므로 그가 그들의 죄악을 기억하시고 그들의 죄들을 감찰하시리라.

10 내가 광야에서의 포도처럼 이스라엘을 만났으며 내가 무화과나무에서 처음 익은 첫열매같이 너희 조상들을 보았도다. 그러나 그들이 바알프올로 가서 그 수치에다 자기 몸을 구별하여 드렸으니, 그들의 가증함은 그들이 사랑했던 것과 같이 되었도다.

11 에프라임으로 말하면, 그들의 영광은 태어날 때부터, 태에 있을 때부터, 잉태되었을 때부터 새처럼 날아가리라.

12 그들이 그들의 자손들을 기를지라도 내가 그들을 죽게 하리니, 한 사람도 남지 않을 것이라. 정녕, 내가 그들에게서 떠나는 때 그들에게는 또한 화가 있으리라!

13 에프라임은 아름다운 곳에 심겨져 있어 마치 내가 투로를 본 것 같으나, 에프라임은 그의 자녀들을 살인자에게로 데리고 나오리라.

14 오 주여, 그들에게 주옵소서. 주께서는 무엇을 주시려나이까? 유산하는

태와 젖이 마른 가슴들을 그들에게 주옵소서.

15 그들의 모든 악이 길갈에 있으므로 내가 그들을 미워하였으며, 그들의
행실이 악하므로 내 집에서 그들을 쫓아낼 것이요 내가 더 이상 그들
을 사랑하지 아니하리라. 그들의 모든 고관들은 반역자들이니라.
16 에프라임은 얻어맞았고 그 뿌리는 말랐으며 그들은 열매를 맺지 못하
리니, 정녕, 그들이 낸다 해도 나는 그들의 태의 사랑하는 열매까지도
죽이리라.
17 내 하나님**께서는 그들을 내버리시리니, 이는 그들이 그에게 경청하지**
아니하였기 때문이라. 그들이 민족들 가운데서 유랑하는 자가 되리라.

하나님께서 출애굽기부터 여호수아까지 구약 역사를 회상하신다. 이스라엘은 누가 어떻게 생각하든지 관계 없이 광야에서 포도를 먹었다(신 32:14). 『**무화과나무에서 처음 익은 첫열매**』 또한 이스라엘 민족을 상징한다(10절). 바알프올은 시편 106:28, 민수기 25:3에 나타나는 종교적인 부도덕을 말하고 있다. 선지자들이 이스라엘과 유다를 하나님께 범죄하도록 했으므로(렘 23:9-12) 바알 숭배는 근본적으로 이스라엘로부터 결코 멈추지 않았다고 말할 수 있다. 함족 여인들이(왕상 3:1) 히브리인들과 결혼함으로써(느 13:26) 근친상간이나 수간 등의 부도덕한 의식들을 저질렀다(레 20:13-16). 신명기 32:10은 한 민족이 하나님을 기쁘시게 하고 하나님께 열매를 맺는 것을 발견하실 때 하나님께서 기뻐하시는 것을 묘사한다. 신 포도(호 4:1)와 썩은 무화과나무(렘 24장)는 나중에 나타난다.

에프라임의 『**영광은 태어날 때부터, 태에 있을 때부터, 잉태되었을 때부터 새처럼 날아가리라**』(11절). 즉 영광은 떠나갈 것이다(삼상 4:22). 처음에는 해산을 못하게 되고(태어날 때), 다음에는 임신을 못하게 되고(태에 있을 때), 다음에는 잉태를 못하게 된다(본문). 이스라엘에게 영광이 떠나가는 순서는 더 이상 출생이 없고, 그런 다음 겨우 사산이나 유산을 하게 되고, 그 다음에는 아예 임신조차 못하게 되는 것이다. 이것은 또한 오늘날 열매는 맺지 못하고 잎만 달린(마 21:19, 계 3:17) 교회들(자유주의든, 보수주의든)에 대해서도 마찬가지이다. 처음에는 회심하는 것을 볼 수 없게 되고(출생), 다음에는 죄에 무뎌지는 것을 보게 되며(임신), 급기야는 어느 누구도 영적인 것으로 감동을 받지 못하게 된다(수태). 갈수록 심각해진다.

『**그들이 그들의 자손들을 기를지라도 내가 그들을 죽게 하리니…**』(12절). 이미 태어난 아이들은 죽어 가고 있다. 『**정녕, 내가 그들에게서 떠나는 때 그들에게는 또한 화가 있으리라!**』(12절) 안전벨트를 매라. 예수님께서 성전에서 나오셔서(마 24:1) 마태복음 23:39 때까지는 돌아오지 않으신다고 경고하실 때 그리고 하나님께서 떠나셨을 때, “부사령관”(눅 4:6)이 권한을 위임받았다! 그 “부사령관”은 살인자다(요 8:44).

에프라임이 유업으로 아름다운 나라를 받았다 하더라도(수 16:1-10을 볼 것) 그는 『**그의 자녀들을 살인자에게로 데리고 나오리라**』(13절). 이 구절은 역사적으로 성취되었다. 600만 명이라고 하는 이스라엘인들이 폴란드와 독일의 집단 수용소에서 “죽임당하기 위해” 태어났던 것이다. 하나님께서 『**내가 그들에게서 떠나는 때 그들에게는 또한 화가 있으리라!**』고 말씀하셨을 때 “비유적으로” 말씀하지 않으신 것이다.

14절은 너무 분명해서 자유주의 신학자들이 믿지 못하기에 다른 길을 모색한다. 유산하는 것과 젖이 마른 가슴은 “비유적인” 표현이거나 아니면 영양실조나 다른 생물학적 문제에 결부된 것이라고 말한다. 호세아가 “주께서는 무엇을 주시려나이까?” 하고 물었을 때 그 대답으로 하나님께서는[하나님께서는 아이를 주실 수도 있고(창 30:2), 허락하지 않을 수도 있다(삼상 1:5).] “나는 그들을 유산시킬 것이다.”라고 말씀하신 것이다. 이와 같은 모습의 하나님은 "아버지 되신 하나님, 인류의 형제애, 여성해방"을 꿈꾸는 새로운 "현대인"의 체질에 맞지 않는다. 이와 같은 모습의 하나님은 아모스 4:4, 말라키 2:10의 하나님으로 현대인의 관점에서는 낯설게만 보여진다. 어떤 "현대인"도 – 공산주의자든, 카톨릭 독재자든, 자본주의 맹신자든, 사회주의자든, 모슬렘 교도든, 인종통합주의자이든, 뱀을 주고 먹을 것 대신 돌들을 주는(겔 14:1-8을 볼 것) 하나님을 받아들일 수 없다. 그래서 "현대인"은 법적인 "아들"로서(출 4:23을 볼 것) 이스라엘 민족을 향해 말씀하신 예수님의 말씀을(마 23:9) 자신의 입장에서 취하고 "하나님의 자녀들"(마 23:8,9을 도용했다.)을 이교도로 만들어 버렸다. 그런 다음 당당하게 호세아 9:14의 하나님을 과거 역사에서 행하신 하나님으로 밀어붙여 이제는 하나님의 "자녀들"을 경책하지 않으신다고 말한다. 그러나 지금까지 살펴보았듯이 주 하나님께서는 사람들이 지은 죄에 대한 책임을 떠맡으시고(고후 5:21), 그들의 짐을 지시고(벧전 2:24) 물질적으로 축복하시고(고후 9:8) 영적으로 축복하시는(엡 1:3) 것만 아니라, 죽음, 질병, 기근, 파괴, 통한, 유산, 박해, 거짓 교리(살후 2:11, 겔 14:1-8), 악(애 3:38, 욥 2:10)을 퍼부으시는 데도 결코 주저하지 않으신다. 거룩한 성경 안에서 계시된 성경적인 하나님을 막을 수 없다고 해서 이런 사실을 부인하면 안 된다. 하나님께서 자신을 계시하시는 사실을 거부한다면 "하나님께서는 그런 일을 하실 분이 아니야."라고 거짓말해야 한다. 그렇지 않으면 하나님은 신문이나 잡지, 교황청, 라디오, TV, NCC에서 묘사하는 산타클로스가 아니라는 사실을 받아들여야만 한다. 『하나님**, 곧 우리** 주 예수 그리스도**의** 아버지』(엡 1:3)께서는 자신을 무능한 바보로 취급하는 휴머니스트, 사회주의자, 과학자, 종교인, 교육자, "사랑"을 외치는 자를 "갈게 찢으시는 데"(시 50:22) 주저하지 않으신다. 하나님 위에 무엇인가가 있다면 그것이 무엇이든지 그것은 우상이다(출 20:3의 주석을 볼 것).

하나님도 미워하실 때는 미워하신다(15절). 『**내가 그들을 미워하였으며**...

내가 더 이상 그들을 사랑하지 아니하리라.』 하나님은 에서를 "철저하게"(시 139:22) 미워하셨다(말 1:3, 롬 9:13). 마찬가지로 최종권위 문제를 혼란시킴으로 그리스도의 몸을 찢기게 하기 위해 35가지의 사악한 역본들을 뿌리고 다니므로 "형제 간에 불화를 일으키는"(잠 6:19) 그리스도인을 미워하신다.

이 문제에 대해서는 신중하게 시간을 갖고 생각해 보아야 한다. 미워한다는 말과 두려워한다는 말은 성경에서 "건전한 교리"(딤후 4:3을 볼 것)를 다루는 내용에서 100구절 이상 나온다. 그렇기 때문에 성경에서 사용되는 이 두 단어는 오늘날 근본주의자들이 가장 많이 거부하는 단어가 되었다(잠 1:7의 주석을 볼 것). 모세오경의 권위를 떨어뜨리기 위해 그라프 벨 하우젠 이론(Graf-Wellhausen theory)을 들먹이는 못된 자유주의자들이 자신에게 해당되는 "두려워하라"(fear)는 말이 나올 때는 움츠러들듯이 스코필드 편집이사회(Scofield Board of Editors)도 "fear"라는 말이 나올 때면 겁쟁이가 된다. 하나님께서 미국에 있는 "양의 털을 쓴 늑대들"(눅 16:15을 볼 것)에 대해 말씀하실 때는 "미워한다"(hate)라는 말을 사용하셔야 하는데 미국 언론 매체는 이 말에 기겁을 하고 심지어 방송용어에서도 제외시킨다. 그리스도인들이 새로운 역본들, 비성경적인 번역 방법들, 여기에 사용된 필사본들, 출판하고자 하는 숨은 의도, 이 역본들은 떠벌리는 거짓 광고, 이것들이 그리스도의 몸에 끼칠 해악 등을 미워할 수 없다면 결코 "경건하다"고 볼 수 없다. 하나님의 진리를 대적하는 반역자일 뿐이다.

『**그들의 모든 악이 길갈에 있으므로 내가 그들을 미워하였으며...**』(15절). 하나님은 그들의 행위들만 미워한 것이 아니었다. 하나님은 그들을 미워하셨다(요 3:36을 볼 것). 어떤 "신"이 "UFO"(아니면 4차원)가 있는 "외계"로부터 왔는데 죄도 미워하지 않고 한 나라를 지옥으로 끌고 가는 더러운 종교 사기꾼들을 미워하지 않는다면 그 신은 하나님이 아니다. 마귀인 것이다.

제단들은 모두 길갈에 있다(12:11). 길갈은 이스라엘이 처음 약속의 땅으로 들어갔을 때 유월절과 할례가 지켜지던 곳이었다. 이곳은 주의 군대 대장(수 5:10,13)으로서 주의 천사가 여호수아에게 나타났던 곳이다. 그러나 15절에서 말하는 길갈은 사무엘상 11:15과 사무엘상 13:8,12에서 언급된 장소이다. "국민의, 국민에 의한, 국민을 위한" 첫 번째 왕이 선출된 곳이 길갈이었다. 이스라엘은 이교도들과 같은 군대 체계를 갖추기 위해 이 왕을 선출했다(삼상 8:5,20). 더욱이 길갈은 "왕"이(암 5:5을 볼 것) 제사장의 직분을 겸한 장소였다. 이곳에서 사울이 자신의 생명을 내놓아야 할 죄를 짓고(삼상 15:12-21), 후에 왕관을 다윗에게 빼앗겼다. (암 5:5은 이 장소에서의 똑같은 심판을 선고한다.)

16절은 11절, 14절과 거의 같다. 이 구절을 통해 그리스도인에게 적용시킬 영적 적용은 분명한 것이다. 뿌리가 말라 버린(마 13:6) 나무는 좋은 열매(마 7:18)를 낼 수 없다. 『**두 번 죽어 뿌리까지 뽑힌**』(유 1:12) 나무는 실제적인 어떤 열매도 맺을 수 없다. 이스라엘은 무화과나무이고 "자기에게 열매는 내는"(10:1) "헛된 포도나무"이다(10:1). 17절은 문자적으로 열왕기상 17장부터 에스라(그리고 느헤미야)까지 성취되었다. 그리고 다시 A.D. 70년부터 A.D. 1948년까지 성취되었다.

호세아 10장

10:1 이스라엘은 헛된 포도나무라, 그가 자기에게 열매를 내는도다. 그의
열매가 많을수록 그는 제단의 수를 늘렸으며, 그의 땅이 좋을수록 그
들은 형상들을 좋게 만들었도다.
2 그들의 마음은 나뉘었고 이제 그들에게서 잘못이 발견되리니, 주께서
그들의 제단들을 부수실 것이요 그들의 형상들을 헐으시리라.
3 이는 이제 그들이 말하기를 "우리가 주를 두려워하지 아니하였으므로
우리에게는 왕이 없도다. 그러므로 왕이 우리에게 무엇을 해주리요?"
할 것임이라.
4 그들은 언약을 세우는 데 거짓되이 맹세하며 말하였으므로 심판이 밭
고랑에 독초처럼 솟아나는도다.
5 사마리아의 거민들은 벧아웬의 송아지들로 인하여 두려워하리라. 그
백성이 그것을 슬퍼할 것이요, 또 그것을 즐거워하던 그 제사장들도
슬퍼하리니, 이는 그 영광이 그것으로부터 떠났음이라.
6 그것이 또한 앗시리아로 옮겨져 야렙왕에게 선물로 주어지리니, 에

프라임은 수치를 받을 것이요 이스라엘은 자신의 계획을 부끄러워하리라.

7 사마리아로 말하면, 그녀의 왕은 물 위에 거품처럼 끊어졌으며,

8 또한 이스라엘의 죄, 곧 아웬의 산당들이 파괴될 것이니 가시와 엉겅퀴가 그들의 제단들 위에 솟아날 것이요, 그러면 그들이 산들에게 말하기를 "우리를 덮으라." 하겠고, 작은 산들에게 말하기를 "우리 위에 무너지라." 하리라.

호세아는 계속해서 제사장들과 왕족과 이들을 추종하는 사람들을 혹독하게 몰아붙인다(호 5:1). 15구절을 설교한다면 그 중 13구절이 부정적인 내용이다. 족히 80%가 넘는 부분이다. 오늘날 "근사한" 그리스도인 회중들이 그런 설교를 듣고 앉아 있다고 생각해 보라.

『**이스라엘은 헛된 포도나무라**』(1절). 열매를 맺는데 지속적으로 맺지 못한다. 참 포도나무(요 15:1-5)가 아니기 때문이다. 그것은 분명히 신명기 32:33의 포도나무이다. 열매를 보면 알 수 있기 때문이다(약 3:12). "리빙바이블"(Living Bibles), "표준성경"(Standard Bibles) 그리고 성령님의 양날 달린 칼(엡 6:17 주석 참조)을 들 수조차 없는 어린애들을 위한 "굳 뉴스"(Good Newses) 같은 것들을 가지고 부흥이나 사역, 개혁을 기대하거나 능력있고 성숙한 그리스도인으로 성장시킬 수 없다. 오늘날 그리스도인 신앙은 뿌리 없이(계 22:16) 열매를 모방하는 방법을 배우는 것이라고 보아야 한다. 거대한 사업 계호기에 따라 주간 단위로 컴퓨터가 돌아가며 동력을 움직이므로 회심자로 포장된 "그리스도인들"을 양산하는 방법을 배우는 것이다.

이 말이 너무 가혹하다고 한다면 잠시 기초적인 산수 계산을 해 보자. 매주 미국에서 침례교회를 통하여(오순절 교회나 교파에 상관없이 합하자) 보고되는 회심자의 숫자를 합산해 보면 매달 "구원받는" 사람들은 최소한 50,000명이다. 이 비율로 이십 년 동안(1950–1970) 합산해 보면 지역 교회를 통하여 공식적으로 그리스도의 몸에 더해진 거듭난 사람들은 백만 명이 되어야만 한다. 그런데 그리스도가 자신의 가정에 계시다고 말하면서 침례에 순종하지 않는 사람들까지 계산하면(최소한 4배는 될 것이다) 1950년 이래 미국에서 구원받은 사람들로 드러나는 숫자는 450만이 되어야만 한다.

모두 다 어디 있는가?

그들의 열매는 어디 있는가?(요 15:1–5)

성령님이 그들 안에 계신다면 성령의 열매는 어디 있는가? (갈 5:22 주석을 참조하라.)

『**그가 자기에게 열매를 내는도다**』(1절). 하나님께서는 이런 나무를 키우지 않으신다. 하나님은 이런 것을 받아들이지 않으신다. 열매를 맺고자 하는 동기가 잘못되었다. 열매를 맺는 데 채택된 방법도 틀렸다. 이스라엘 안에서 그런 나무가 맺는 열매는 우상 숭배라는 썩은 열매이다(렘 24:2). 하나님을 경배하는 것과 성령님께서 하시는 일을 경배하는 것은 한 걸음 차이이다. 또 거기에서 성령님을 통해 여러분이 한 일을 경배하는 것과는 한 걸음 차이다. 또 거기에서 하나님을 경배하는 것 대신 여러분이 한 일을 경배하는 것과는 반 걸음 차이밖에 안 된다.

『**그들의 마음은 나뉘었고...**』(2절). 두 마음을 품은 사람은 두 생각을 가진 사람이다(약 1:8). 이 사람은 결정하질 못한다(행 4:27). 자신이 나뉘어졌기 때문이다(행 3:13). 마음이 나뉘어진 사람은 애정이 나뉘어진다(마 6:24). 그래서 재물을 섬기는 자는 자기 자신을 섬기는 자이다. 처녀 출생을 부인하는 악한 성경 거부자들인 자유주의자들처럼 이들은 하나님의 종들이 아니다(롬 16:18). 그들은 자기들의 배를 섬기는 자들이다(빌 3:19 주석 참조).

『**이는 이제 그들이 말하기를...**』(3절). 왕들이 모두 사라지고 하나님께서 제단들을 모두 부수시고 형상들을 헐으셨을 때 그 원인이 "주를 두려워하지" 않는 것임을 최소한 깨달았을 것이다(잠 1:7 주석 참조). 이들은 "왕이 우리에게 무엇을 해주리요?"라고 말한다. 이것은 "우리가 하나님을 두려워하지 않는데 왕이 있어본들 무슨 의미가 있겠는가? 왕을 세워야 한다는 생각은 잊어버려라. 왕이 우리를 위해 무엇을 할 수 있을 것인가? 우리는 스스로 해 오지 않았는가!"라는 의미이다.

『**그들은 언약을 세우는 데 거짓되이 맹세하며 말하였으므로**』(4절, 호 8:1 주석 참조). "언약을 어기는 자들"은 마지막 시대에 나타나는 특징 중의 하나이다(성경 자체보다는 히브리어 학자가 더 잘 알 것이라 생각하며 그들의 말을 들음으로 디모데후서 3장과 히브리서 1:2; 8:8을 혼동하지 말라). 심판은 밭고랑에 독초처럼 솟아난다. 거짓이 심겨지면 거짓을 거두기 때문이다(딤후 3:13). 잡초를 없애고자 한다면 이 구절을 필히 이해하여야 한다. "잡초처럼 자란다"는 말은 곡식보다 더 잘 자란다는 말이다. "밭고랑"에 있는 물이 잡초를 더 빨리 자라게 한다. "언약을 어기는 자들"에 대하여 많은 경고를 하셨다. 신명기 31:20, 여호수아 23:16, 재판관기 2:20, 열왕기상 11:11, 시편 44:17, 잠언 2:17, 이사야 24:5, 예레미야 34:18, 에스겔 17:16, 다니엘 11:22,28,30,32.

『**영광이 그것**(IT)**으로부터 떠났음이라**』(5절). "그것"은 벧엘 근처에 있는 벧아웬의 금송아지이다(5절). 이 송아지는 앗시리아로 옮겨져 왕에게 주어지는데 이 왕은 이스라엘이 아첨했던 왕이다(호 5:13 참조). 이 송아지가 옮겨졌을 때 "그것"을 즐거워했던 제사장들은 "그것"을 슬퍼하게 되는데 영광이 "그것"으로부터 떠났기 때문이다(5절).

주 예수 그리스도께서 올리브 산으로 오실 때(슥 14:1-10 참조) 사람들은

"그것"으로 슬퍼하게 되는데 "그것"은 교육, 종교, 철학, 과학, 휴머니즘, 심리학, 사회주의, 독재, 카톨릭, 힌두교, 불교, 도교, 유교, 사탄 숭배, 마귀 숭배, UN, UNESCO, HEW, CFR, 마호메트교 등이다.

"그것"은 하나님이 아니다(호 8:6).

『**이스라엘은 자신의 계획을 부끄러워하리라**』(6절). 즉 이 민족은 하나님과 상의하지 않고(왕하 17:9-15) 스스로 결정하였다(판 20:8, 렘 38:14). 열왕기상 12:26에서 두 송아지들을 만들어 놓은 여로보암에게도 이 말은 해당될 것이다.

7절은 학자들이 어떻게 생각하든 상관없이 스스로 해석한다. 시시껄렁한 RSV는 7절을 "수면 위의 조각(CHIP)처럼"이라고 말한다. 밥존스대학의 교수진들도 마찬가지이다. "신복음주의"에 대해 방어한다고 하면서도 7절을 "수면 위의 막대기(STICK)처럼"이라고 말함으로 배도한 자유주의자들과 같은 입장을 취하고 있는 것이다(그리고 나서 이 근본주의자들이 "분리"에 대해 말하고 있는 모습을 상상해 보라. 우습지 않은가?). 히브리어 본문에는 "거품"(foam, "getseph")으로 되어 있다. 그러나 이 말을 정확하게 번역하는 데 있어서 히브리어 원어사전보다 더 위대한 권위가 있음은 물론이다. 막대기(STICK) 같은 자들은 알렉산드리아 친구들로서(오리겐, 클레멘트, 필로, 유세비우스) 바티칸사본과 시내사본에서 복사하여 70인역을 만든 자들이다. 배도한 이들이 히브리어를 헬라어로 "조각"(splinter)에 해당하는 "suqklasnos"로 번역하였다. 그러나 마가복음 9:18과 유다서 1:13을 주의 깊게 살펴본다면 알렉산드리아에서 가르치는 헬라어 문법을 기준으로 하여 히브리어 사전을 만들었던 자들의 오류를 발견할 수 있는데 그것은 거품(foam)에 해당하는 말은 항상 "화"(anger)나, "격노"(rage)와 연관되어 사용된다는 점을 모른다는 것이다. 마가복음 9:18과 유다서 1:13을 자세히 살펴보라. "요동하는 바다"와 같은 악인들은(사 57:20,21) 조각(chips)이나 막대기(sticks)를 – RSV, NASV – 솟구쳐내게 하지 못한다. "진흙과 오물"을 솟구쳐내게 한다(사 57:20).

〈킹제임스성경〉에 있는 "거품"(FOAM)이라는 말은 히브리어 본문을 통해 섭리적으로 보존해 오신 "하나님의 참된 진리"이다. 밥 존스 3세 등이 추천하는 교회통합용 성경(NASV) 본문은 칼 막스의 자본론이 하나님의 진리가 아닌 것처럼 더 이상 진리라는 말을 쓸 수 없음은 물론이다.

이제 여기서 성령님께서 어떻게 이중 예언을 다루시는가를 알게 된다. 역사적으로 B.C. 720년의 야렙왕을 건너뛰어 적그리스도를 다루신다. 『**그러면 그들이 산들에게 말하기를 "우리를 덮으라." 하겠고, 작은 산들에게 말하기를 "우리 위에 무너지라." 하리라**』(8절). 성경을 주의깊게 읽는다면 재림에 관한 두 관련 구절을 놓칠 수 없다. 누가복음 23:30과 요한계시록 6:16이다. 8절의 세미콜론은 두 기간으로 나뉘어진다. B.C. 720에서 A.D. 1948까지와 대환란 기간이다. 주목해야 할 점은 모든 사람의 입에 오르내리는 강단주석은 이 구절을 해석하는 데 있어서 관련 구절을 단 한 구절도 제시하지 못했다는 것이다. 7절에 대한 해석으로 트렌트 공회에서(1546) 성경적인 분리가 이루어졌다. 이 부분에 대해서는 심지어 어떤 로마 교황도 강단주석이 해석한 것보다 더 악하게 "사사로이 해석"하지 않았다. 강단주석을 썼던 "경건한 보수주의자들"은 재림에 관한 성경적 사실을 지극히 혐오하여(딤후 4:4) 재림에 관한 구절을 해석할 때면 한 구절도 언급하지 못한다.

더멜로우(Dummelow), 로버트슨(Robertson), 메이첸(Machen), 데이비스(Davis), 와필드(Warfield), 엘리코트(Ellicott), 샌데이(Sanday), 라이트풋(Lightfoot), 노웩(Nowack) 등은 전천년주의만 나오면 머리부터 내밀지만 자신의 머리로 가려 다른 사람이 볼 수 없게 만들어 버렸다. 실상 1884년 이래로 보수주의 학자들이 행한 주요 업적이란 성경에서 진리를 발견할 수 없도록 만든 것이다.

『**또한 이스라엘의 죄, 곧 아웬의 산당들이…**』(8절). 여기에서 이스라엘의 죄는 금송아지를 말한다. "아웬"(Aven)은 5절의 "벧아웬"(Beth-aven)을 언급하는 것 같다. 아니면 벧아웬이 위치한 지역을 언급할 수도 있다. 모든 경우에 벧아웬(Beth-aven)은 벧엘(Bethel)의 근교(Suburb)를 가리키고 그 근교를 "아웬"(Aven)이라고 불렀다. 이는 미국에서도 30,000명이 넘는 도시에 똑같이 적용될 수 있는데 학자들은 이를 모르고 고심하고 있다. 자신을 위주로 생각하는 사람들에게 있어서 〈킹제임스성경〉은 언제나 골칫거리로 남아 있게 된다.

10:9 오 이스라엘아, 네가 기브아의 날들로부터 죄를 지었도다. 그들은 거기에 섰으며, 죄악의 자손들에게 대항한 기브아에서의 전쟁은 그들을 따라잡지 못하였느니라.

10 내가 그들을 징계해야 한다는 것이 내 마음에 있나니, 그들이 두 고랑 사이에 그들의 몸을 묶을 때 백성들이 그들을 대적하여 모이리라.

11 에프라임은 길들인 암소 같아서 곡식 밟기를 좋아하나 내가 그 고운 목에 *멍에를* 가로질렀으니 에프라임으로 타게 하리라. 유다는 쟁기질을 하고 야곱은 그의 흙덩어리들을 깨게 되리라.

12 너희 자신에게 의로 심고 자비로 거두라. 너희 묵은 땅을 파 일구라. 이는 지금이 주를 찾을 때임이니, 그가 오셔서 너희에게 의를 비처럼 내리실 때까지라.

13 너희가 악을 갈고 죄악을 거두었으며 너희가 거짓말의 열매를 먹었나니, 이는 네 용사가 많으므로 네가 네 길을 신뢰하였기 때문이라.

14 그러므로 네 백성 가운데 소동이 일어나며 네 모든 요새들이 훼손되어 마치 전쟁의 날에 살만이 벧아벨을 훼손했던 것과 같으리니, 어미가 자기 자식 위에서 산산조각났도다.

15 너희의 큰 악으로 인하여 벧엘이 너희에게 그렇게 하리니, 하루 아침에 이스라엘 왕이 완전히 끊어지리라.

『**기브아**』(Gibeah)는 9절에서 두 번 언급된다(판 19장 참조). 『**그들은 거기에 섰으며**』(9절). 열 지파를 두 번이나 연달아 패배시켰다(판 20장). 게다가 "죄악의 자손들에게 대항한 기브아에서의 전쟁은 그들을 따라잡지 못하였다"(9절). 이 죄악의 자손들을 결코 제거하지 못했다(판 1:21 참조). "여부스"에서 행해졌던 음란한 남자 동성연애인 남색(sodomites)은 베냐민 자손 가운데 행해졌으며 다윗의 왕국과 솔로몬의 왕국에서도 행해졌고(왕상 11:1,5,8) 왕국이 분열되었을 때도(왕상 12장) 행해졌다. 그러다가 열왕기상 15:12에 있는 대로 "종교"로까지 되어 버린 남색을 근절시켰을 때 북쪽으로 옮겨갔다. 남색은 유다뿐 아니라(왕상 22:46) 여로보암의 반란으로 이루어진 이스라엘에서도 환영받지 못했다. 왕을 우상화하던 자들과 함께 이 남색하는 자들은 더 많은 젊은이들을 타락시켜 더 많은 남성 동성연애자들을 만들었다. 이는 인종통합을 가르치는 사회주의 운동을 하는 자들에서도 찾아볼 수 있다.

『**그들이 두 고랑 사이에 그들의 몸을 묶을 때**』(10절). 이 구절에서 "그들"("그들"을 징계해야... "그들"을 대적하여)은 유다와 에프라임이다(11절). 이들은 두 밭고랑 사이에 묶여 있다(10절). 호세아 12:11과 10:4은 밭고랑에 있는 것이 무엇인지 보여 준다. 우상을 위한 제단과 솟아오르는 심판이다. 유다와 에프라임은 "우상"이라는 같은 줄에 묶여 있는 것이다. 같은 고랑을 갈고 있는 같은 멍에 아래 놓여 있는 두 마리 암소와 같다(11절). 누군가의 말처럼 "아주 지긋지긋한 일"을 하고 있는 것이다. 『**악인의 쟁기질은 죄니라**』(잠 21:4 주석 참조).

에프라임은 "길들인 암소"와 같다(11절). 그러나 잘못 길들여진 암소다.

『**곡식 밟기를 좋아하나**』(11절). 왜냐하면 그렇게 해야만 먹을 수 있기 때문이다(고전 9:9,10 참조). 에프라임은 밭을 가는 것보다는 먹는 것에 더 관심이 있다(오늘날 대부분의 설교자들처럼, 미 3:5). 밭을 가는 것은 힘든 일이다(12절). 특히 일구어 본 적이 없는 땅은 더 그렇다(12절). 에프라임이 일구었던 유일한 땅은 잘못된 땅이었다(13절). "악을" 갈았던 것이다. 그래서 유일하게 거둬들인 것은 "회오리바람"(호 8:7)이었다.

『**내가 그 고운 목에** *멍에를* **가로질렀으니**』(11절). 주께서는 에프라임의 목에 멍에(앗사리아 왕)를 씌우셨다. 에프라임은 누군가를 태우기 위해 안장이 놓여질 것이라는 의미에서 "타게"(to ride) 될 것이다. 『**에프라임으로 타게 하리라**』(I will make Ephraim to ride). 이 표현에 유의해야 한다. 자전거는 누군가를 타게 하기 위해(to ride) 만들어진다. 자동차는 운전하게 하기 위해(to drive) 만들어진다. 이 점에서 헛갈리는 학자들은 우습다 못해 가련해진다. 자신이 사용하는 영어의 두 글자로 된 "To"의 용법도 제대로 파악하지 못하면서 누구에게 히브리어, 헬라어를 가르치겠다고?

수염이 다 자랄 때까지 여리코에 머물러 있어야 할 것이다(삼하 10:5).

『**야곱은 그의 흙덩어리들을 깨게 되리라**』(11절). 여기에서 야곱은 그의 아들(유다)과 손자(에프라임)를 대표한다. 즉 이 민족 전체는 밭으로 일을 하러 나갈 것이다(마 13:38). 이들은 "의"(rjghteousness)로 심기 전에(12절) 무엇인가 갈아야 할 것이 있다.

12절 후반부는 재림에 관한 구절이다. 이 구절은 호세아 6:3과 연관이 있다. "의의 비"와 문자적인 "비"와의 연관에 대해서는 다시 한 번 유념할 필요가 있다. 『**의에 굶주리고 목마른**』(마 5:6) 환란 시대 성도들은 둘 다 취할 것이기 때문이다. 절대 무오한 성경은 그 정교함에 있어서 스위스 시계나 독일의 렌조를 훨씬 능가한다.

13절은 스스로 해석한다. 육신의 무기를 신뢰하면(렘 17:5) 재앙이 따른다(삼상 17:11). 이것이 이스라엘 왕들에게 군대를 계수하지 말라고(삼하 24:2) 말씀하신 이유이다. 계수하라고 명령하실 때만 계수하면 되는 것이다(민 1-3장). "우리는 하나님을 신뢰한다"(In God we trust)는 말은 더 이상 한 나라의 모토가 아니다. 계몽주의를 신뢰하고, 월 스트리트의 은행가들을 신뢰하고, 뉴스 매체를 신뢰하고, UN을 신뢰하고, 일방적인 군비 축소를 신뢰하고, 하나님도 성경도 필요 없다고 공공연히 떠들어 대며 국가 간의 화해만 있으면 된다고 하는 데탕트를 신뢰하기 때문이다. "우리는 번영을 신뢰한다"(In welfare we trust) 아니면 "우리는 플레이보이를 즐긴다"(In playboy we rejoice) 정도가 더 솔직한 표현일 것이다.

『**그러므로 네 백성 가운데 소동이 일어나며**』(14절). 한 나라가 망하는 데는 외세의 침입보다 항상 우선하는 것이 있는데 그것은 혁명이나 정부에 대한 불만 같은 내부적인 요소이다(출 15:24 주석 참조).

『**마치 전쟁의 날에 살만이 벧아벨을 훼손했던 것과 같으리니**...』(14절). 학자들은 돌기둥도 찾아보고, 오벨리스크(obelisks), 오스트라카(ostraka), 기념비, 렉시콘(Lexicons), 주석(commentaries) 등을 뒤적여 새로운 뉴스거리를 찾아보려 하지만 실패한다. "드다"나 "유다"(행 5:36,37) 그리고 실로암 망루(눅 13:4)와 같은 "사실"은 세밀한 부분이어서 찾아내기가 쉽지 않다. 그래서 살만도 놓쳐 버리는 것이다. 이 살만과 가장 분명하고 정확하게 일치하는 사람은 "살만에셀"(왕하 17:3)이다. 앗시리아가 이스라엘을 정복하기까지 최소한 30번의 전쟁이 있었다. 그리고 이스라엘은 열 개 이상의 성읍들을 치리했었다. 벧아벨은 그 성읍들 중의 하나이다.

『**어미가 자기 자식 위에서 산산조각났도다**』(14절, 호 13:16, 시 137:9 참조). 옛날이나 지금이나 공통된 비극은 전쟁에서 찾아볼 수 있다. 현대의 전쟁에서 여자들이 옛날의 전쟁에 비해 더 많이 죽는다고는 하나 비극은 마찬가지이다. 옛날의 전쟁은 (징키스칸과 티무르는 다른 경우였지만) 주로 적의 군대를 전장에서 패배시키는 것이 관심사였다. 앗시리아인들은 어떤 성읍이 항복하지 않으면 남자, 여자, 어린아이 가릴 것 없이 모조리 죽였다. 그리고 남자 포로들을 화형시킨 것으로 알려져 있다. 인간은 이런 잔인함과 더불어 존재해 왔다. 제1차 세계대전 때는 코를 총검으로 베어 그 구멍을 톱밥으로 채워 넣기도 했다. 또 부상자들의 귀를 도려내어 모으기도 했었다. 제2차 세계대전 때는 아직 살아 있는 사람의 입을 소총 개머리판으로 쳐서 금이빨을 뽑기도 했고 포로들을 거세하기도 했다. "인간"은 모든 것을 측정하는 데 기준이 된다고 한다. 성경적인 의미로 보자면 어떤 동물이 얼마나 점잖은지 보고 싶다면 그 동물을 인간과 비교해 보라는 것이다(욥 35:11). 대부분의 동물들은 인간과 비교했을 때 매우 선하다는 것을 알 수 있을 것이다(롬 1:21–25).

『**하루 아침에 이스라엘 왕이 완전히 끊어지리라**』(15절, 7절, 시 30:5 참조). 여기에서 "왕"은 호세아일 것이다. 예언의 내용은 하루가 지나기 전에 자신의 통치를 끝마칠 것이라는 것이다. 24시간이 걸릴지도 않을 것이고 심지어 12시간이 지나지도 않아서 그는 왕권을 포기하게 되고, 포로가 되어, 묶여서, 감옥에 갇혀 옮겨지게 되는데 그 시간은 아침식사가 소화되는 데 걸리는 시간쯤일 것이다.

호세아서는 어렵다. 문맥적으로 뚜렷하게 알 수 있는 부분은 12절이다. 우리가 실제적으로 "주를 찾아야 할 때"는 다음과 같다.

1. 그리스도인이 하나님께서 베풀어 주신 축복에 감사하지 않을 때
2. 하나님에 대한 사랑이 부족할 때

3. 가족에 대한 의무를 무시할 때
4. 쾌락이나 돈을 좋아하기 시작할 때
5. 자기를 부인하지 않거나 어떤 매력에 끌리게 될 때
6. 할 일을 억지로 하거나 아니면 전혀 하지 않을 때
7. 잃어버린 자들에게 무관심할 때

10장을 마치면서 틀린 부분을 바로잡아야 하는 시간이 되었다. 이 부분은 아픈 부분이지만(그러나 필요악이다.) 1800년 이후로 하나님 말씀 외에 또 다른 성경을 추천한다는 것이 얼마나 어리석은 것인가를 성경대로 믿는 사람들에게 보여 주기 위해 필요하다.

1. NASV(시작부터 가장 부패되었다!)에는 이스라엘은 전혀 헛된 포도나무(empty vine)가 아니라고 한다. "풍성한 포도나무"(luxuriant vine, 1절)라고 한다. 왜 그런가? NCCC의 성경인 Revised Standard Version(1952)에 그렇게 되어 있기 때문이다.

1절에 나오는 제단(alters)은 제단이 아니라 기둥(pillars)이라고 되어 있다. 왜 그런가? NCCC 성경인 RSV(1952)를 읽어 보라. 그러면 커스터 박사(Dr. Custer)가 자신은 "계속해서 이 신뢰할 만한 역본을 추천할 것이다."라고 공개적으로 말한 사실을 이해할 수 있다.

4절에 독초(hemlock)라는 말이 없다. 로크만 재단(Lockman Foundation)은 "유독한 잡초"(poisonous weeds)라고 되어 있는 NCCC 성경(RSV, 1952)의 본문을 받아들이기 때문이다.

9절의 후반부는 의문표시(question mark)로 되어 있다. 부패한 1952년의 RSV와 맞추기 위해서이다. (이에 대해 밥 존스 3세가 "정통주의의 요새"라고 말한 것을 상상해 보라!)

11절의 "야곱은 그의 흙덩어리들을 깨게 되리라(break his clods)"를 "야곱은 스스로 써레질을 해야만 한다(Jacob must HARROW for himself)"로

바꾸었다. RSV에 그렇게 되었기 때문이다. 밥 존스와 펜사콜라 기독대학(Pensacola Christian College)의 교수들은 이 성경을 추천해야만 한다. (성경의 절대 권위에 흠집을 내놓고 용서를 빌지 않고서는 서 있을 곳이 없다. 그렇지 않은가?)

2. 리빙 바이블(Living Bible : Kenneth Taylor)은 4절의 "거짓되이 맹세하며"를 "지킬 의향이 없는 약속을 하고"(making promises they don't intend to keep)로 약화시켰다. 6절에서 "야렙"은 아예 떨어져 나갔고 7절에서는 앞에서 살펴보았던 "나무 조각"(chip of wood)이 솟구쳐오른다. 케네스 테일러는 장님(70인역의 저자)을 쫓아가다 구덩이에 빠져 버렸다. 9절은 New English Bible, RSV, New American Standard와 맞추기 위해 의문부호를 집어넣었다. 깃털이 같은 새들은 끼리끼리 만난다.

"유다"와 "야곱"도 날려버렸다. 이 두 단어는 현존하는 모든 히브리어 사본의 호세아서에 기록된 단어들이다. 15절의 "벧엘"도 날아간 지 오래다. 한 성읍이 그 거민들을 멸망시킬 수 있다는(겔 22:7,9,10,12) 단순한 생각을 파악할 수 있었던 개역본이 한 권도 없었기 때문이다(1700–1960). 『**벧엘이 너희에게 그렇게 하리니**』(14절). 이것이 성경 본문이다. ASV(1901)처럼 난외에 써 넣은 썩어 빠진 본문이나 NASV의 본문은 결코 성경이 아니다. 모르면 그냥 넘어가야 할 곳에 괜히 아는 체하다가 치욕만 당하는 것이 난외에 기록된 본문(margin)인 것을 알아야 한다.

제이미슨(Jamieson), 포셋(Fausset), 브라운(Brown)조차 벧엘이 이스라엘의 심판과 관련이 있음을 알아내지 못했다. RV(1884)에 의해 ASV(1901)가 나오고 여기에서 RSV(1952)가 나오고 여기에서 NASV(1969)가 나오고 NASV에서 케네스 테일러의 리빙 바이블이 나왔다.

3. 노웍(Nowak), 마티(Marti), 구테(Guthe), 하퍼(Harper), 오렐리(Orelli),

체인(Cheyne)은 아주 힘을 들여서 세상에서 가장 위대한 책을 찢어 놓았다. [그런데도 벌을 받지 않는 것은 "근본사항들"(fundamentals)을 믿는다고 중얼거리기 때문이다.] 1절의 "헛된"(empty)보다는 "풍성한"(luxuriant)을 원한다. "제단"(altars)보다는 "기둥"(pillars)을 원하고, 2절의 "나뉘었고"(divided)를 "거짓되고"(is false)로, "부수실 것이요" 대신에 "목을 부러뜨릴 것이요"로, 5절의 "두려워하리라"(fear) 대신에 "걱정하게 되리라"(be anxious)로 되기를 바란다. 이들은 아마도 하나님 대신에 홀트(Hort)를, 새 예루살렘 대신에 로버트슨(Robertson)을, 성령으로 채워지는 것 대신에 기독교 교육의 교훈들을 원할 것이다.

호세아 11장

11:1 이스라엘이 아이였을 때 내가 그를 사랑하여 내 아들을 이집트에서 불러내었도다.

2 *선지자들이* **그들을 부를수록 그들은 그들에게서 멀어져서 바알들에게 희생제를 드리며 새긴 형상들에게 분향하였도다.**

3 또한 내가 에프라임에게 그들의 팔을 잡고서 걷도록 가르쳤으나, 그들은 내가 그들을 고친 것을 몰랐도다.

4 내가 사람의 줄, 사랑의 줄로 그들을 이끌었고, 내가 그들에게 그들의 턱에서 멍에를 벗기는 자들 같았으며, 내가 그들에게 음식을 두었노라.

성령님께서는 계속해서 출애굽에 대해 강조하신다(호 11:1; 12:9,13; 13:4). 소선지서에서 꾸준히 언급되는 내용은 바로 구출에 관한 것이다(암 2:10; 3:1; 9:7, 미 6:4; 7:15, 학 2:5 참조). 이 구출은 이집트로부터 구출된 것이기 때문에 안전이나 도움을 위해 이집트로 다시 들어가려는 시도는 모두 사탄적이다

(렘 42,43장에서 예레미야가 겪었던 고난을 참조). 성경을 진지하게 공부하고자 하는 사람이라면 한 가지 분명한 사실을 확고히 견지해야 하는데 그것은 1800년 이후로 출판된 모든 성경은 이집트의 알렉산드리아에서 나왔다는 것이다. "인정받은" 학위를 인정해 주는 모든 인정받은 근본주의 학자들은 이 아프리카의 이집트 성경을 추천해 왔는데 이것은 최종권위가 되는 1611년 〈킹제임스성경〉을 대체하고자 만들어진 성경이다. 이스라엘은 "이집트"로 돌아가려고 한다(호 8:13; 9:3 참조). 그러나 그들은 안전을 위해 통치자를 찾기 위해 이집트로 돌이키지 못한다(호 11:5).

『**아이였을 때... 내 아들을 이집트에서 불러내었도다**』(1절). 이 구절에서 출애굽기 4:23과 더불어 결정적인 교리를 발견할 수 있다. 현대의 랍비 선생님들이 "주의 고난받는 종"(사 49-53장)과 이스라엘 민족을 혼동하고 있는데 그 이유는 이스라엘이 집합적인 단위로서 예수 그리스도께 주어졌던 "나의 아들"(MY SON)이라는 똑같은 이름을 받은 사실을 모르기 때문이다(출 4:23, 마 2:15). 이집트는 성경에서 가장 지옥 같은 장소들 가운데 하나이기 때문에(바빌론이나 로마보다는 겨우 나은 곳이지만) 하나님께서는 자기 "아들들" 가운데 누구라도 결코 거기에 있기를 원치 않으셨다(마 2:15, 엡 2:1-3 참조). 도움받을 것이 없나 해서 "이집트로 내려간" 그리스도인 학자들은(렘 42:14) 이들이 내려가기 전에 예레미야 36장에서 이집트로 내려갔을 뿐만 아니라(렘 42:15,16) "하나님께서 입김으로 불어넣으신 최초의" 원본을 잘라내 버린 학자들과(렘 36:23) 똑같다.

『**내 아들**』(my son)이라는 표현에 관해 많은 성경들(NRSV, RSV, LB 등)은 요한복음 3:16에서 주 예수 그리스도의 신성에 흠집을 내었는데 그것은 헬라어 형용사(monogenes)를 복합어로 번역하기를 거부했기 때문이다. 이 독단적인 편견으로(타락한 성품의 고집과 더불어) 번역자들은 "낳다"라는 뜻의 "BEGOTTEN"을 생략했는데 그 결과는 환상적이 되어 버렸다. 내용을 변개시킨 번역자들은 그들이 변개시킨 것 때문에 모순된 내용을 읽어야만 하는 것이다. 즉 그들의 변개시킨 책에서 수없이 많은 "하나님의 아들들"을 발견할 수 있는 것이다. 유일한 독생자(ONLY BEGOTTON SON)가 아니라 유일한 아들(ONLY SON)이 맞는 말이라면(요 3:16) 어떤 헬라어 본문을 어느 누가 번역했던 상관없이 거짓말이 되어 버린다. 하나님은 확실하게 그의 "유일한 아들"(only son)을 결코 주지 않으셨다. 왜냐하면 욥기 38:7에서 하나님께서는 아담 전에 있었던 "아들들"(sons)이 있었기 때문이다. 또 홍수 이전에 창세기 6장에서 하나님께는 "아들들"(sons)이 있었다. 또 침례인 요한의 고조 할머니가 태어나기 전에 하나님께는 "첫태생 아들"(firstborn son)이 있었다(출 4:23). 그리고 지금 여러분이 이 페이지를 읽고 있는 동안 하나님께는 수십만의 아들들이 있다(히 2:13).

그러므로 병적인 어리석음으로 인해 "Living" Bible(요 3:16 참조) 같은 것들을 쏟아내는 것은 단순히 신앙에 위배된다든지, 비성경적이라든지 하는 말에 멈추지 않고 지각없는 어리석음을 드러내는 것이다. 예수 그리스도가 하나님의 "유일한 아들"(only son, RV, RSV, NEB, Good News, Living Bible 등)이라고 생각할 정도로 성경이 어리석게 기록되었다면 아무도 성경을 믿지 않을 것이다. 그리스도는 하나님의 "독생자"(only BEGOTTEN)였다. 왜냐하면 예수 그리스도는 하나님께서 낳으신 첫 번째 아들(the first Son)이었기 때문이다(시 2:7). 천사들과 이스라엘은 낳지 않으셨다(not BEGOTTON). 심지어 구원받은 "하나님의 아들들"(Sons of God, 요 1:12)조차도 실제적인 출생으로 낳지 않으셨다. 이제껏 살았던 단 한 사람만이 하나님으로부터 실제적으로 육신적으로 태어나셨다. 그래서 요한복음 3:16 안에 담겨진 진리를 가려 버리는 많은 "성서들"은 아무 능력없는 번역서일 뿐 아니라 즉흥적인 희극대본인 것이다.

『*선지자들이* **그들을 부를수록 그들은 그들에게서 멀어져서...**』(As they called THEM, so they went from THEM)(2절). 날씨를 예상하기 위해서 서적을 들여다 볼 필요는 없다. 홍수와 태풍이 있기 전에는 경고가 있다. 이 구절은 "현재 주어진 본문"만으로는 명확한 의미를 알기 힘들다고 변명할 수 있는 본문이다. 지금까지 마태복음, 창세기, 출애굽기, 사도행전, 잠언, 요한계시록, 욥기를 한 구절 한 구절 공부했다면(각 주석 참조) 확실하게 알 수 있는 것이 있을 것이다. 해 아래 새 것은 없다. 병적으로 자부심이 강한 보수주의자들이 성경 본문에 대해 불평하는 것은 성경을 제거하려는 시도일 뿐이다.

시리아 역본과 70인역은 성령님을 도와 드리고자 즉시로 두 번째 "them"(2절)을 "ME"로 번역하였다. 알렉산드리아 이단이 말할 때는(70인역은 이집트에서 오리겐에 의해 씌여졌다) RSV, NRSV, NEB은 들어야만 한다. 이 세 성경은 히브리어 본문을 변경시켜 아프리카의 죽 한 그릇과 바꿔 버렸다.

첫 번째의 "THEY"(2절)는 하나님께서 이스라엘을 부르는 데 사용하시곤 했던 누군가와 연관이 있다(1절 참조). 두 번째의 "THEY"는 1절에서 하나님께서 부르셨을 때 거부했던 이스라엘을 언급한다. 두 번째의 "THEM"은 원래의 "불렀던 사람들"을 언급한다. "과학적인 연구," "더 오래되고 더 훌륭한 필사본들," "필사본 검증," "그리스도인 교육가들," "경건한 바보들" 모두가 합쳐도 알지 못한 내용을 1611년 성경은 이렇게 알려 준다. 즉 "내가 나의 선지자들을 통해" 이스라엘을 불렀다(스 9:11, 마 23:30,31, 렘 35:15, 단 9:6, 암 2:11, 렘 25:4; 29:19, 슥 1:4,6 참조). 그리고 나의 선지자들이 이스라엘을 즉시 불렀을 때 그들은 등을 돌렸고 "그들에게서 멀어졌다"(went from them, 행 7:52; 28:25, 롬 11:3, 살전 2:15, 계 16:6 참조). 즉 그들은 선지자들에게 귀를 막아 버렸고 마귀에게 사로잡힌 왕(왕상 13장)과 동성연애하는 제사장들(9:9 주석 참조)의 "계명을 따라 행하였다"(호 5:11).

이번에는 강단 주석(The Pulpit Commentary)은 바르게 보았다. 그러나 제롬(Jerome), 아벤 에스라(Aben Ezra), 아이히호른(Eichhorn)은 첫 번째 "they"(2절)를 거짓 선지자들과 우상들로 보았다. RSV와 English Bible은 히브리어 본문("they")을 "I"로 고쳐 2절을 짜 맞추었다. 만일 성경 본문이 이 바보들이 가장하는 것처럼 진짜로 "썩었다면" 출판된 어느 성경이라도 단 한 페이지를 마 놓고 볼 수 없다. 1611년 AV의 "현재 본문의 상태"는 전혀 결점이 없다. 그래서 "순수한" 본문을 찾는 누구라도 온전하게 이해할 수 있다. 2절의 두 번째 절은 스스로 해석한다.

아버지가 자식에게 걸음마를 가르치듯이 하나님은 에프라임에게 걷는 법을 가르치신다. 『**그들의 팔을 잡고서 걷도록 가르쳤으나...**』(3절). 어린아이는 걷는 법을 배워야만 한다(요일 1:6,7, 골 1:10; 4:5, 엡 4:1; 5:2 참조. "walk"를 우리말로는 "행하다"로 하였다).

『**내가 그들을 고친 것을 몰랐도다**』(3절). 이스라엘은 이집트에서 아팠었다(출 15:26 주석 참조). 하나님께서 모세에게 주셨던 최초의 표적들 중 하나는 아픈 민족을 치유하기 위해 하나님께서 그를 보내신다는 사실을 알려 주기 위함이었다(출 4:6 주석 참조).

『**내가 사람의 줄, 사랑의 줄로 그들을 이끌었고...**』(4절). 의(righteousness)의 끈으로 묶이는 것은 곧 자유를 의미하고(『**그들의 턱에서 멍에를 벗기는 자들 같았으며**』), 하나님께 둘러싸이는 것은 생명을 의미하는 것을 알아야 한다(『**그들에게 음식을 두었노라**』). 이러한 자유와 생명과 미국, 프랑스, 러시아에서 혁명적으로 부르짖는 행복에 대해 생각해 보라. 현대 공산주의 용어가 된 "자유"는 혁명을 위한 용어로, 하나님과 인간 사이의 관계를 끊어 버리는(시 2:3) 용어로 되어 버렸다. 현대 즐겨 사용하는 "해방"(Liberation)이라는 말은 "죄에 대해 자유"롭다는 것을 뜻한다. 그러나 성경에서는(요 8:36)

하나님께 순종하는 자유(갈 5:13)를 말한다. 죄에 묶여 있는 사람은(요 8:34) 하나님께 순종하는 데 자유롭지 못하다(롬 6:20). 하나님께 묶여 있는 사람은 (골 3:14) 방종을 자유라고 여기지 않는다(갈 5:13). 아무리 어원을 뒤적거려 야단법석을 떨어도 죄인들이 죄를 사랑해도 된다는 것을 정당화시켜 주지 못한다. 현대의 교육받은 사람이라면 실제보다 더 많은 돈, 땅, 여자, 술이 자신에게 주어져야 한다고 설명하는 데 있어서 말이 막혀 변명하지 못하는 사람은 없다.

11:5 ○ 그가 이집트 땅으로 돌이키지 못할 것이요 앗시리아인이 그의 왕이 되리니, 이는 그들이 돌아오기를 거절하였음이라.

6 칼이 그의 성읍들에 거하여 그의 빗장들을 소멸하고 그들을 삼키리니, 이는 그들 자신의 계략들 때문이라.

7 내 백성이 나에게서 물러서는 경향이 있도다. 비록 그들이 지극히 높으신 분을 **불렀으나 그분을 높이는 자는 아무도 없도다.**

8 에프라임아, 내가 어찌 너를 포기하겠느냐? 이스라엘아, 내가 어찌 너를 내어주겠느냐? 내가 어찌 너를 아드마같이 만들겠느냐? 내가 어찌 너를 스보임같이 두겠느냐? 내 마음이 내 안에서 돌아서서, 내 마음의 돌이킴이 모두 불붙는도다.

9 내가 내 분노의 맹렬함을 행사하지 아니하며 내가 돌이켜 에프라임을 멸하지 아니하리니, 이는 내가 사람이 아니요 하나님**이며, 네 가운데 계신** 거룩한 분**임이라. 내가 성읍으로 들어가지 아니하리라.**

10 그들이 주를 따라가리니 그가 사자같이 포효할 것이요, 그가 포효할 때면 그 자손들이 서쪽에서부터 떨 것이라.

11 그들은 이집트에서 나온 새처럼 떨 것이요, 앗시리아 땅에서 나온 비둘기처럼 떨리라. 내가 그들을 그들의 집에 두리라. 주가 말하노라.

12 에프라임은 거짓말로, 이스라엘 집은 기만으로 나를 에워싸나, 유다는 여전히 하나님**과 함께 다스리며 그 성도들과 더불어 신실하도다.**

5절은 호세아 9:3; 8:13과 모순인 것처럼 보이지만 본문이 다르다. 여기에서 말하는 "돌이킨다"(return)라는 말은 에프라임이 앗시리아 왕의 공격으로부터 구원 요청을 위해 이집트로 돌아간다는 내용이다(호 7:11, 사 31:3 참조).

5절과 호세아 9:3의 차이를 알지 못하는 "인정받는 학자들"은 진리를 발견하는 데 있어서 과녁을 맞추지 못하고 주위만 맴돈다. 페이퍼(Pheiffer)는 "이집트에서 다시 노예가 되지 않았다"고 말한다(위클리프 성경 주석, p.184). 힌들리(Hindley)는 RSV와 리빙 바이블을 인용한다. 이 두 성경은 히브리어 본문을 무시하고 새로운 본문을 만들어 거짓말시키므로 11:5과 9:3을 짜맞추었다. 전형적인 수법이다. 70인역이 8:1에서 어떻게 그 짓을 했는지 기억하는가? 오리겐이 마태복음 19:18에서 어떻게 그 짓을 했는지 기억하는가? NASV가 이사야 9:3에서 어떻게 그 짓을 했는지 기억하는가? 미키 마우스가 Bugs Bunny와 Sylvester가 Flintstones에 살았을 때 어떻게 그 짓을 했는지 기억하는가? 장소는 다를지라도 모두 같은 방법이 동원되었던 것이다. 리빙 바이블이나 RSV와 같은 내용을 언급한 히브리 본문은 없다!

잠시 공격을 멈추고 〈킹제임스성경〉으로 돌아가보자(행 17:22 주석 참조).

1. 이스라엘이 첫 번째 노예생활 때 이집트의 왕은 앗시리아인이었다(출 1:8 주석 참조).

2. 이집트나 이사야 10:5-10의 "앗시리아인"이 그들의 통치자가 될 것인데 이는 이스라엘이 요구했던(삼상 8:5) 자를 받아들일 것인데(슥 11:15) 그 자가 "자기 이름으로" 오는 자이기 때문이다.

3. 하나님께서 『**앗시리아인이 그의 왕이 되리니**』(5절)라고 말씀하셨을 때

이 앗시리아인을 "이집트의 홀"(슥 10:11)과 연관시키셨다. 적그리스도는 이스라엘과 앗시리아를 통치할 것이기 때문에(사 27:12,13) 유대인들이 이집트로 도망할 것인가 말 것인가 하는 문제는(렘 44장 참조) 중요하지 않다. "앗시리아 왕"은 두 곳에서 그들의 왕이 될 것이다.

6절은 호세아 10:6에 대한 언급이다. 이스라엘은 그 가지가 다 없어져 버린 나무와 같다. 이에 대한 비유는 요한복음 15:6과 에스겔 15장에 나타나 있다. 이 나무는 호세아 14:6에서 회복된다.

성장해야 할 나무의 연한 가지가 휘어지듯이 하나님의 백성들은 "타락"(backsliding)으로 물러서기를(7절) 좋아한다(렘 3:12 참조). 『**비록 그들이 지극히** 높으신 분**을 불렀으나**』(7절) 그것은 아무 소용이 없었다(7절이 어떻게 2절을 해석하는가를 보라). 디모데후서 3:1-6의 라오디케아 시대의 그리스도인들처럼 이들은 "모양"은 있지만 능력은 없다. 무엇인가를 "높일 때" 그것을 들어올리게 된다. 자신을 높였던 에프라임(호 13:1)은 낮아지게 된다(눅 14:11).

대환란 동안 "앗시리아인"은 "자신을 높인다"(살후 2:4). "자고하지 않도록" 하기 위해(고후 12:1-7) 바울은 "사탄의 사자"(고후 12:7)를 견뎌야 했다. 모든 이름 위에 높인 그 이름은(빌 2:10 주석 참조) "주의 모든 이름 위에" 높인(시 138:2) 하나님의 말씀 바로 다음 위치에 놓인다. 그러므로 낮이 지나면 밤이 오는 것이 순리인 것처럼 하나님을 높이는 것과 말씀은 나누어 생각할 수 없다. 어떤 학자도 하나님의 말씀(하나님의 책에서 볼 수 있는 기록된 단어들)을 높이지 않고 자신이 "주 예수 그리스도"를 높이는 데 참여하고 있다고 주장한다면 거짓말하는 것이다(롬 13:9, 갈 3:1). 하나님의 말씀을 바꾸는 데 인생을 낭비하고 있는 사람은 결코 하나님을 영화롭게 할 수 없다.

『내가 어찌 너를 포기하겠느냐? ...내가 어찌 너를 아드마같이 만들겠느냐?』

(8절) 여기에서 하나님의 간절한 마음이 호세아를 통해 전달되는 것을 알 수 있다. 이 시점으로부터 755년이 지난 뒤에 누가복음 19:41에서도 그 하나님의 마음을 읽을 수 있다. 『**그러므로** 하나님**의 선하심과 준엄하심을 보라**』(롬 11:22). 하나님은 사람들을 사랑하시고 그들 때문에 우신다(요 11:35,36). 하나님은 어머니처럼 사랑하시고(사 66:13) 아버지처럼 사랑하신다(시 103:13). 하나님은 자신을 두려워하는 자들을 가엾게 여기신다(시 103:13). 하나님께서는 방황한 자들을 두 팔을 벌려 기꺼이 환영하신다(눅 15:20). 하나님의 큰 사랑은 세상이 줄 수 없었던 또 앞으로도 줄 수 없는 큰 것을 주셨다(엡 2:4 주석 참조). "하나님의 선하심"(롬 11:22)은 죄인을 회개하도록 인도하며 이에 대해 죄인이 저항하여 거부할 때 하나님은 비통해 하시고(창 6:6), 마음이 불로 타는 것 같으시고(호 11:8), 슬퍼하시고(사 48:18), 가엾게 여기신다(신 32:36).

『**내가 어찌 너를 포기하겠느냐?**』(8절) 그러나 여기서 주의할 것이 있다. 비통해 하시고, 슬퍼하시고 동정하시는 하나님의 마음에 대해 돌이키지 않고 오히려 하나님을 모독하고, 멸시하고 무시해 버린다면 그러한 죄인들에 대한 하나님의 마음은 진노로(요 3:36), 원수 갚음으로(히 10:30), 조롱으로(잠 1:26 주석 참조) 공포로(신 32:20-25, 애 1-4장) 바뀌어진다.

이것이 거룩한 성경에 계시된 거룩한 하나님이시다.

하나님은 사람이 아니시다(9절). 그러나 하나님은 사람의 줄로 이끄신다(4절).

이것이 "현대인"이 생각할 수 없는 하나님이다. "현대인"은 생각할 수 없는 하나님이다. "현대인"은 자신이 하는 일과 생활에서의 기쁨이 방해받지 않는 한도 내에서 하나님을 섬긴다. 하나님께서 자신들이 범하는 죄를 벌하신다는 사실을 참을 수 없어 한다. 그러나 성경에 나오는 하나님은 이 일을 하신다. 매번 그 일을 수행하신다(민 16:49). 심지어는 3,700년이 지난 후에도 그 일을 수행하신다. (이스라엘과 이삭의 관계를 오늘날 아라비아인들과 유대인들의 관계로 비추어 보라.)

8절에서 하나님의 마음은 연민으로 불타고 있다(창 37:35). 호세아 13:6에서 고문과 살인과 대량학살이 일어나는 동안 하나님은 호세아 13:14에서 구원과 부활을 이루신다. 『**내 마음의 돌이킴이 모두 불붙는도다**』(8절). 하나님께서는 자신의 거룩함이라는 성품이(하나님의 핵심적인 성품이다) 연민이라는 성품과(역시 하나님의 핵심적인 성품이다) 충돌될 때 "계획"을 바꾸실 수 있다(출 32:14 참조). 성경에 나와 있는 하나님이 피조물인 인간처럼 약해 빠져서 무슨 결정을 하는 데 주저주저한다면 참된 하나님이 아니다. 어떤 사람들은 누군가가 하나님을 만들어 놓고 그 하나님에게 인간의 속성을 부여했다고 생각한다. 그래야 이해할 수 있기 때문이다. 오늘날 학자들이 생각하는 하나님의 자격 기준은 어떠한 인간적인 느낌이나 감정이 없는 신이어야 할 것이다. 즉 시작도 끝도 없이 영구적으로 움직이는 전자장의 운동 같은 것 말이다. 이것이 바로 적그리스도가 위대한 신의 개념으로 공경하게 될 "군대의 신"(단 11:38)인 것이다.

거룩한 성경의 거룩한 하나님은 인간에게 만들어진 것들을 통해(롬 1:20) 신격의 본성까지도 보여 주셨다(롬 1:20). 인간 자체는 원래의 창조로부터 타락하고, 퇴보하는 존재다(창 3:22). 그러나 거룩한 성경에 제시된 거룩한 하나님은 죄가 없으시다(요일 3:5, 히 4:15). 이것이 하나님과 "타락한 인간" 사이의 간격인데 죄없는 사람만이(히 2:14) 이 간격에 다리를 놓을 수 있다. 그 외에 추종하는 종교, 신봉하는 철학, 연구하고 있는 과학, 신념하는 이데올로기, 체험한 신비스런 경험, 이 모든 것은 이 간격을 이어주지 못하고 곧바로 불못으로 끌고 갈 뿐이다(잠 14:12 주석 참조). 하나님은 선하시고(본문), 하나님은 엄하시다(호 13:16). 이 사실을 의심하는 자에게 하나님은 비도덕적이든지 아니면 오로지 사랑만 있는 분이다. 결국은 하나님도, 천국도, 의도, 순결함도, 새 예루살렘도, 영생도 모르는 것이다. 노먼 빈센트 필의 모습의 신을 창조하는 데는 돈 한 푼 안드는 것이다.

『**내가 내 분노의 맹렬함을 행사하지 아니하며...**』(9절). 하나님께서는 아드마와 스보임에서 한 것처럼 에프라임에게 행사하지 않으실 것이다(8절). 아드마와 스보임은 소돔과 고모라와 함께 멸망당한 두 성읍이다(신 29:23). 『**내가 돌이켜 에프라임을 멸하지 아니하리니**』(9절). 그러나 하나님께서는 멸하셨다(호 13:3,7,8,13,16 참조)! 이것이 무신론자나 불가지론자를 벽에 몰아붙이는 결과가 되었다(언젠가 멍텅구리 하나가 책 하나를 펴냈는데 그것은 1500개의 "성경 속에서의 모순들"이라는 것이었다. 그 가운데 호세아 11:9과 13:7,8이 모순된다고 말했다).

그러나 본문이 명백하게 말하는 것은 "나는 그들을 완전히 멸망시키지 않을 것이다. 남는 자들을 구원하겠다"이다. 11절을 주의해 보라. 『**내가 그들을 그들의 집에 두리라.**』 호세아 14:5은 더욱 분명해진다. 이스라엘은 『**백합같이 자라겠고 그의 뿌리들은 레바논같이 박힐 것이니라.**』

가장 중요한 사실은 이 구절은 그리스도인이 알아야 한다는 것이다. 왜냐하면 궁극적인 이스라엘의 회복(영적으로, 정치적으로)은 성경에서 알 수 있는 가장 명쾌한 성경적 교리들 가운데 하나이기 때문이다(암 9:15 주석 참조). 신약 성경에서 "건전한 교리"(딤전 6:3)를 말하거나 "건전한 교리를 견디지 못한다"는(딤후 4:3) 말을 할 때 주로 펜사콜라 크리스찬 학교들(Pensacola Christian Schools), 하일스-앤더슨 대학(Hyles-Anderson College), 밥존스대학(Bob Jones University)에서 추천하는 New American Standard "Bible"을 펴낸 로크만 재단(Lockman Foundation)을 말한다. 이 재단은 이스라엘의 회복과 관련된(롬 11장) 신약의 건전한 교리를 거부할 뿐만 아니라 데살로니가전서 2:16의 그들 자신의 헬라어 본문도 신중하게 오역하여 하나님과 이스라엘과는 그 관계가 완전히 끝났다고 생각하게 한다. 건전한 교리를 교묘하게 거부하는 데 있어서는 가드너 테드 암스트롱(Gardner Ted Armstrong), 아돌프 히틀러(Adolph Hitler)나 로크만 재단(Lockman Foundation)이나 다를 것이 없다. 하나님은 이스라엘과 관계가 끝나지 않았다. 하나님은 그 나라를 회복하실 것이다. 홀트(Hort)와 로버트슨(Robertson) 이단이 이 사실을 부인하고 있는 동안 라킨(Larkin)과 무디(Moody)는 그 사실을 가르쳤다.

『**내가 성읍으로 들어가지 아니하리라**』(9절). 파괴자로서(창 19:1) 그들 가운데 계셨지만(9절) 떠나실 수도 있었다(출 33:3).

『**그들이 주를 따라가리니 그가 사자같이 포효할 것이요... 서쪽에서부터 떨 것이라**』(10절). 이름있는 주석가들 가운데 아무도 대환란 후에 있는 환란 성도의 휴거를 믿지 않기 때문에(마 24:30 참조) 그리고 마태복음 24:31이 예루살렘에서 있을(눅 1:30-33) 문자적인 그리스도의 천 년 통치 전에 일어나는 사건이라고 생각한 사람이 아무도 없었기 때문에 그들의 주석을 중단시키고 이 부분을 살펴보겠다.

1. 스카랴 8:7은 이사야 42:13, 요엘 3:16, 아모스 1:2과 함께 이 부분을 알 수 있는데 도움이 된다. 대환란 끝에 유다 지파의 사자는 그의 백성을 구원하기 위해 나타난다. 그 사자가 울부짖을 때(사 42:13) "다른 사자들"(욥 4:10, 겔 19:6; 38:13, 벧전 5:8, 나 2:11)은 고랑에 머리를 처박힌다.

2. 이 "포효"는 "환란 후에 즉시"(마 24:29) 이루어지며 또 "큰 나팔 소리"(마 24:31)가 가까이에서 나는데, 이는 이스라엘을 "사방에서"(마 24:31) 모은다는 신호이다. 이 때에 유대인들은 동쪽으로(앗시리아와 바빌론), 또 서쪽으로(이집트) 흩어질 뿐만 아니라 "서쪽으로부터 떨 것이다"(10절). 이 때에 이들은 서쪽(사 43:5)과 북쪽(사 43:6)에 있는 "바다의 섬들"(사 11:11)로부터 돌아온다. 즉 이들은 영국, 노르웨이, 스웨덴, 아일랜드, 말타, 시실리, 스페인,

러시아, 미국, 카리브 해, 중국, 일본, 동인도제도, 하와이, 멕시코, 남미, 독일, 상아 해안(Ivory Coast) 등의 "땅 끝들로부터"(사 43:6) 돌아온다.

확고한 진리를 제시하는 〈킹제임스성경〉의 본문을 가지고도 강단주석에서는(Vol.13, p.336) 모든 참고 구절을 간단하게 건너뛴다. 이것은 학자들의 전형적인 수법이다(호 10:7 참조). 더멜로우(Dummelow)와 페퍼(Pfieffer)는 "서쪽"은 이집트라고(p.554) 주장하고 힌들리(Hindley), 제이미슨(Jamieson), 포셋(Fausset), 브라운(Brown)은 언제 이러한 일들이 일어날 것인지의 언급을 거부함으로 주석을 포기한다. 전천년주의를 표방하는 벌링거를 따르는 윌리암(Williams)은 비록 성경적인 견해를 제시하지는 못해도 올바른 본문을 제대로 설정함으로 바르게 해석한다.

이 구절은 분명하게 아모스 9:4, 이사야 11:11에서 언급한 이스라엘의 회복이다. "주를 따라" 가는 것은(10절) 호세아 5:11과 유사하다. 즉 그들은 후에 하나님의 인도를 따를 것이다.

하나님께서는 선지서 안에 있는 예언들이 연대기순으로 되어 있다고 한 번이라도 암시한 바가 결코 없다(렘 34:1; 35:1 참조). 이와 마찬가지로 세 권의 대선지서도 모두 연대기와 상관없이 기록되었다(단 10:1; 11:1). 이것은 호세아가 말했을 때 유다는 하나님과 더불어 통치하고 있었다는 것을 의미한다(12절). 로크만 재단이 호세아서의 사실성(truthfullness)에 대해 생각하는 것은 성경대로 믿는 사람들이 생각하는 것과 같지 않다. 그것은 조지 버나드 쇼(George Bernard Shaw)가 요한계시록에 대해서 생각하는 것과 같다. 결국 하나님께서는 호세아가 거짓말이라고 생각하는 학자와 단 5분간이라도 시간을 낭비하라고 말씀하시지 않는다. 로크만 재단이 예언과 연대기와의 관계를 전혀 이해하지 못할 정도로 어리석다면(예언이 항상 연대기순으로 기록된 것은 아니다) 호세아를 가르쳐서는 안 된다. 성경을 개정하려고 해서도 안 되며 하나님께서 버리신 그 책을 "성경"이라고 불러서도 안 된다. NASV의 이 본문은 1900년에 취해졌는데(강단주석, Vol.13, p.336) 이전의 본문을 대체시키기에는 그 기반이 너무 취약하였다. 그 기반이라는 것은 "다른 사람들은 2절의 마지막 부분을 다르게 이해한다"는 것이었다. 이 결과가 무엇인지 아는가? 이들은 골로새서 1:14, 누가복음 2:33을 "다르게" 이해하는 것이다(이 부분의 NASV를 참조하라).

종교개혁 본문인 마소라 히브리어 본문은(12절) "im-El"("하나님과 함께" : with God) 그리고 "im-qadoshim"("성도들과 더불어" : with the saints)로 되어 있다. 마지막 단어(히브리어 - "ne'eman")는 그 어원이 "AMAN" 동사인데 그 의미는 "머무르다"(stay), "지지하다"(support), "~에 대하여 진실되다, 또는 신실하다"(to be true or faithful to)이며 "안정"(stability), "견고"(firmness), "거짓에 대하여 진실함"(truth in contrast to falsehood)도 같은 어원이다. 그래서 NASV를 읽다 보면(12절) 번역자 가운데 누군가는 12절을 믿지 않는 사람이었고 그 사람은 아마도 "최초의 원본"이나 "근본적인 사항들"을 믿는다고 말하는 사람이었을 것이라는 사실을 알 수 있다. 이들은 전능하신 하나님의 말씀에 대항하여 자신들이 생각하기에 옳은 말(word)을 취하였던 것이다.

전형적이고 일반적인 수법이다.

이 구절은 수정만큼이나 선명하다. 이 예언이 있을 때에 에프라임은 거짓말들로 하나님을 에워쌌지만 유다는 여전히 신실했다. 그러나 곧바로 호세아 12:2이 나오기 때문에(기록된 본문에) 로크만 재단(NASV)은 그들이 읽고 있는 본문을 믿을 수가 없었다. 그래서 불행하게도 성경 본문에 손을 댔던 것이다.

호세아 12장

12:1 에프라임은 바람을 먹으며 동풍을 따라가는도다. 그는 날마다 거짓말
과 황폐함을 늘리는도다. 그들은 앗시리아인들과 더불어 언약을 맺고,
기름은 이집트로 옮겨지는도다.
2 주께서 또한 유다와 논쟁하시고 야곱을 그의 행위대로 벌하실 것이며,
그의 행실대로 그에게 보응하시리라.

2절에서 로크만 재단은 폭격을 당한다. 이들은 기록된 에언들은 연대기순으로 되었어야만 한다고 생각한다. 이런 무모한 생각을 어떻게 하게 되었는지 모르겠다. 이들은 두 구절에서 어떤 것 다음에 다른 어떤 것이 나오면 같은 시대의 문맥이어야 한다고 생각한다. 더 큰 실수를 저지르는 것이다. 이사야 61:2에서는 콤마 하나가 2,000년 사이를 나눈다. 창세기 49:11에서는 콜론 하나가 2,000년 사이를 나눈다. 이사야 40:2,3에서는 절 하나가 2,000년 사이를 나눈다. 어떤 학자가 자신은 성경을 개정하고 하나님을 고칠 수 있을 정도로 똑똑하다고 생각한다면 자신이 성경에서 읽는 것을 기억할 만큼 감각이 뛰어나야 한다고 추정해야 한다. 그렇지 않은가?

『**에프라임은 바람을 먹으며**...』(1절). 바람이나 재를(시 102:9) 먹는다는 것으로 볼 때 매우 지친 것이다. 이것은 보수주의 학자들을 언급했을 때 그들의 특성을 나타내는 "허풍"(hot air)이기도 하다. 이것은 요나서 4:8과 출애굽기 10:13의 "동풍"이다(1절). 이 바람은 일사병을 몰고 왔고 메뚜기를 몰고 왔다. 이것들은 바로 "더 새로운 역본들"에 대한 좋은 친구들인 것이다. 이 구절은 명백하다. 이스라엘은 함족과 장사를 하여 올리브기름을 이집트에 내려 보냈다(1절).

『**주께서 또한 유다와 논쟁하시고**...』(2절). 서론에서 살펴보았듯이 호세아가 예언한 기간은 50년 이상이다. 이 50년 동안(여로보암 2세부터 히스키야까지) 유다는 여러 번 이리 붙었다 저리 붙었다를 반복하였다. 웃시야 때도 그랬고(2절), 아하스(대하 28장) 때도 그랬다. 히스키야 때에는(왕하 18장) 호세아 11:12처럼 되었고 열왕기하 15장에서 요담도 이 구절이 적용될 수 있다. 그래서 알 수 있는 것은 호세아가 예언할 당시 호세아의 예언의 내용은 유다의 상황에 달려 있었다. 열왕기와 역대기를 읽어 본 사람이라면 이런 사실은 자명한 일임을 알 수 있다. 로크만 재단은 열왕기와 역대기를 읽어 보았는지 모르겠다. 읽어 보지 않았다면 성경을 번역해서는 안 되고 읽어 보았다면 누구라도 한 번에 알 수 있는 그런 명백한 사실들을 놓칠 수는 없을 것이다.

『**야곱을 그의 행위대로 벌하실 것이며**...』(2절). 이 예언은 웃시야에게 해당되었으며(대하 26장), 아하스에게도 해당되었고(왕하 16장), 그들의 백성에게도 해당되었다. 이것이 예언이다(FORE-telling). 계속해서 잘못 번역하는 "발설하는 것이나 앞에서 말하는 것"(FORTH-telling)이 아니다.

12:3 ○ 그는 태에서 그의 형의 발뒤꿈치를 잡았고, 또 자기 힘으로 하나님
과 힘을 겨루었도다.
4 정녕, 그가 천사와 힘을 겨루어 이겼고, 그가 울며 그에게 간구하였으
며, 그가 벧엘에서 천사를 만났고, 거기에서 그가 우리와 말하였으니,
5 곧 만군의 주 하나님**이시요, 주는 그의 기념이니라.**
6 그러므로 너는 네 하나님**께로 돌이켜서 자비와 공의를 지키며 네** 하나
님**을 끊임없이 기다리라.**

이 구절은 유다를 대표하는 야곱을 다루고 있다. 야곱은 "그의 형의 발꿈치를 잡았고," "하나님과 힘을" 겨루었다(3절, 창세기 32:24 주석 참조). 그는 기도에 매달렸고(4절) "그에게 간구하였다"(4절). 천사는 야곱을 벧엘에서 발견했고 "거기에서 그가 우리와(with us) 말하였다!"

『**곧 만군의 주** 하나님**이시요, 주는 그의 기념이니라**』(5절). 3-5절의 "그"(he)는 하나님이 아니라 야곱이다. "그는...그의 형의 발뒤꿈치를 잡았고," "자기 힘으로 (그는) 하나님과 겨루었도다," "그가 천사와 힘을 겨루어," "그가 울며," "그가 벧엘에서 천사를 만났고," 그리고 "그가 우리와 말하였으니." 모두 야곱을 말한 것이다. 이 모두가 야곱을 지칭한 말이라면 4절의 "우리"(us)는 직접적으로 신격(Godhead)을 말한다(창 1:26 주석 참조). 모든 새로운 성경들은 - 특히 린치버그에서 교수들의 추천을 받는 NASV는 - 그리스도의 신성을 공격하는 데 있어서 "아리안"과 같은 입장이므로 NASV는 4절에서 "he"를 세 번이나 대문자 "He"로 바꾸었다. "He"를 하나님으로 만든 결과 정작 하나님인 "us"는 누군지도 모르게 되었다. 그래서 NASV를 보면 "그리고 거기에서 하나님이 우리에게 말씀하셨다"(And there He spoke with us)로 되어 있어 "He"는 대문자 "H"로 되어 있지만 신격을 나타내는 "us"는 대문자로 되어 있지 않다. 이십 세기의 "자격있는 학자들"이 성경 역본들을 통

해 해 놓은 일이 무슨 일인지 상상할 수 있을 것이다. 허튼 짓인 것이다. 신격의 신성에 관한 부분을 제거하기 위해 로크만 재단은 야곱이 천사의 호의를 구했다고 하는 동화를 썼다. ["그는 울면서 그(천사)의 호의를 구했다." : He wept and sought His favor.] 그래서 천사를 신격화했고, 야곱은 "그 천사"(Him)를 벧엘에서 보았으며 그 천사는 "우리"(us) – 소문자 'u' – 즉 누군지도 모르는 상대에게 이야기한 것이다. "우리"가 하나님이 아니라면 누구란 말인가? 야곱은 천사와 홀로 있었다는 사실을 기억하는가?

이것이 오늘날 "근본주의" 학자들의 특성이므로 문서로 작성해 놓을 필요를 느낄 정도이다. 그들이 〈킹제임스성경〉의 권위를 집어 던진 결과 이 알렉산드리아 이단들은 그리스도의 신성(행 4:27), 그리스도의 승천(눅 24:51), 처녀 탄생(눅 2:33), 피(골 1:14), 신격(여기의 본문)을 파괴시키는 데 결코 주저하지 않음으로 하나님의 말씀을 "기독교 교육"으로 바꾸어 놓는 데 애를 썼던 것이다. 그 결과 아무 쓸모없는 하나님에 대한 불신만 가중시키는 종이 조각으로 전락하고 만다. NASV를 발행한 "근본주의자들"은 NEB, RSV, NRSV, "Living" Bible에 있는 "하나님께서 그와 말씀하셨다"(God spoke of Him)를 받아들이지 못하므로 이 구절에서 "us"를 남겨 두어야만 했다. 그러나 "us"가 신격과 연관된다는 점에 이르러서는 어쩔줄을 몰라 마침내 희한한 말을 하나 만들어내었는데 "그 천사는 우리와 말하였다"(THE ANGEL spoke with us)고 하였다. 여기서 우리는 야곱이어야만 하고 신격은 신성을 나타낼 수 없다.

지금까지 본 것이 "원문을 복원"하겠다고 하는 자들의 전형적인 수법이다.

"선지자들의 미친 짓"(벧후 2:16, NASV)을 막기 위해 성령님은 4절 바로 다음에 즉시로 신격에 해당하는 세 개의 이름을 주셨다. 이것은 3절과 4절에서 "he"가 야곱이라는 사실을 바꾸지 않고서 하신 것이다. 자세히 보라. 『**곧 만군의 주**(1) 하나님(2)**이시요, 주**(3)**는 그의**(야곱의) **기념이니라.**』

이 "고풍"의 언어로 단순하게 쓰여진 절대 무오한 AV(1611)를 받아들이기에 부족함이 있는가? 이것이 "이십 세기의" "살아 있는 언어"로 출판된 쓰레기보다 못하다는 말인가? 4절의 "우리"(us)는 5절에 그 이름이 나와 있다. 성경보다 무엇이 더 필요한가?

『**그러므로 너는 네** 하나님**께로 돌이켜서...**』(6절). 이 장면에 등장하는 주요 네 인물을 살펴보자. 야곱, 주의 천사, 신격의 하나님, 그리고 유다이다. 유다의 하나님은 야곱의 하나님(2절)이어야만 하고 이 하나님은 벧엘에서 야곱에게 나타나셨다(창 28:10 주석 참조). 그리고 이 하나님은 삼위일체의 하나님(만군의 주, 하나님, 주)이시다. [이사야 26:4(주, 주, 여호와), 신명기 6:4(주, 하나님, 주) 참조하라.]

12:7 ○ 그는 상인이요, 그의 손에는 속임수의 저울이 있으며, 그는 압제를 사랑하는도다.
8 에프라임이 말하기를 "그러나 나는 부자가 되었도다. 내가 재물을 얻었으니 그들이 나의 모든 수고 가운데서 죄가 된 어떤 불의도 내 안에서 발견하지 못하리라." 하였도다.
9 이집트 땅에서부터 주 너의 하나님**인 나는 엄숙한 명절의 날들과 같이 여전히 너를 성막에 거하게 하리라.**
10 내가 또한 선지자들을 통하여 말하였고 내가 환상들을 많이 늘렸으며, 선지자들의 사역을 통해서 비유를 사용했노라.
11 길르앗에 죄악이 있느냐? 그들은 실로 헛되도다. 그들은 길갈에서 수송아지로 희생제를 드리며, 정녕 그들의 제단은 밭고랑에 있는 돌무더기 같도다.
12 야곱은 시리아 지방으로 도망하였고 이스라엘은 아내를 위하여 섬겼으니, 그가 아내를 위하여 양을 쳤도다.

13 주께서는 한 선지자를 시켜서 이스라엘을 이집트에서 데리고 나오셨으니, 한 선지자로 인하여 그가 보존되었도다.

14 에프라임이 지독하게 주를 분노케 하였으므로 주께서 그의 피를 그에게 남겨 놓으실 것이요, 그의 주께서는 그의 책망을 그에게로 돌리시리라.

야곱은 목동에서(12절 참조) 상인으로 바뀌었다(창 4:12 주석 참조).

『**에프라임이 말하기를 "그러나 나는 부자가 되었도다. 내가 재물을 얻었으니..." 하였도다**』(8절). 유다와 마찬가지로 에프라임도 "부정한 이익"을 자랑하였는데 저울 눈금에 손을 댄 것이다(7절). "속이는 저울"(잠 16:11 주석 참조)은 실제보다 더 가볍게 저울을 맞추는 것이다. 『**그들이 나의 모든 수고 가운데서 죄가 된 어떤 불의도 내 안에서 발견하지 못하리라**』(8절). 에프라임은 자신의 행위들을 감추었다. 아무도 자신의 "책들"을 정밀조사해서 환불을 요구하지 못하도록 하기 위해서다. 주로 면밀한 바리새인들처럼(요 18:28 참조) 사업을 위장해갔다. 지켜야 될 모든 법과 규정들을 지키는 데 세심했던 것처럼 확인해야 할 모든 사항을 점검했다. 이러한 사람들은 여전히 산재해 있다. 욥처럼(욥 31장 주석 참조) 그들은 그들의 행위를 정당화시켰다. 욥은 이들에 비해 행위나 동기에 있어서 더 좋은 상태에 있었다.

9절에서 예언은 갑자기 새로운 내용으로 전환되어(연속성에 대한 법칙을 깨뜨리고) 하나님은 "이집트 땅에서부터" 그들의 주임을 상기시킨다.

『**엄숙한 명절의 날들과 같이 여전히 너를 성막에 거하게 하리라**』(9절, 호 9:5 주석 참조). 이 구절은 첫 번째로 에스라 3:4에서 부분적으로 성취되지만 적은 무리만이 지키므로 호세아 12:9의 실제 성취는 아니다. 육신 안에서 "우리와 함께 장막에 거하시는" 분은(요 1:14) 앞으로 30년 이내의 9-10월에(속죄일) 그 민족 전체를 회복시킬 의향이 있으신 것이다. 변형산에서 예수님께서 변모되신 것은 이 명절을 예표한다(마 17:1–6 주석 참조).

재림의 위대한 교리를 다시 대하게 되었다. 10절에서 이 부분을 설명한다. 『**내가 또한 선지자들을 통하여 말하였고... 선지자들의 사역을 통해서 비유를 사용했노라.**』 이 구절은 주요 주석가들을 의도적으로 불분명하게 혼미 속에 빠뜨렸으며 윌리엄즈(Williams, 전천년주의자)조차도 이 말에 대한 이유를 몰랐다. (윌리엄즈는 1884년의 RV의 12장을 추천하기도 했는데 이 성경은 웨스트코트와 홀트 이단이 처음으로 배도한 성경이기도 하다.) 그렇기 때문에 윌리엄즈(Williams)가 엘리코트(Elicott), 모울튼(Moulton), 샌데이(Sanday), 웨스트코트(Westcott), 홀트(Hort), 필립 샤프(Philip Schaff)의 뒤를 쫓아가면서 수많은 진리를 놓친 데 대해 그리 놀랄 필요는 없다.

자신을 정당화시키려는 에프라임의 시도에(8절) 즉시로 9절, 10절에서 하나님께서 말씀하신다. 이스라엘 민족의 죄들을 위한 속죄일(레 23:27) 다음에 장막절이 온다는 사실을 생각할 때 이 사실은 의미심장하다. 하나님께서는 실제로 이렇게 말씀하신다. "너희들이 지었던 죗값을 지불하고 나서 아무도 몰랐던 것에 대해 앉아 이야기해 보자." 그런 후 주님은 재림과 연관된 장막절을 적절하게 해석하신다. 이것이 비유들이다.

선지자들은 재림을 설명하는 데 일곱 가지 비유를 들었다.

1. 태양 : 시편 19편, 말라키 4장, 통치하러 오시는 메시아를 예표한다.
2. 달 : 솔로몬의 노래 6:10, "아침"이 올 때까지(마 13:43) 이 시대에 증거하는 그리스도의 몸을 예표한다.
3. 밤의 파수꾼 : 이사야 21:11,12, B.C. 4년부터 그리스도의 재림까지.
4. 별들 : 다니엘 12:3, 이 시대와 환란 시대에서 그리스도를 증거하는 증인들을 나타낸다.

5. 안식 : 창세기 2:1, 안식의 천 년 전에 있을 여섯 천 년을 암시한다(사 14:7, 벧후 3:8).
6. 다섯째 날에 나타난 생명 : 창세기 1:20, 시간의 분류가 4기간 다음에 3기간으로 나뉘어진다는 것을 보여 준다(벧후 3:8, 계 20:1-6).
7. 이스라엘의 명절들 : 레위기 23:25, 그리스도의 죽음, 장사, 부활, 오순절에 성령께서 오심, 대환란, 재림을 보여 준다.

하나님께서는 자신의 비밀들을 "자기의 종들인 선지자들"(계 10:7)에게 계시하시므로 모든 그리스도인은(계 19:10) "일어날 일들"(요 16:13)을 아는 것에 대해 선지자처럼 되어야 한다. 이 일들을 알 수 없게 하는 것은 알렉산드리아 이단들이 해 놓은 파괴적인 일이다.

『**길르앗에 죄악이 있느냐? ...길갈에서 수송아지로... 밭고랑에 있는...**』(11절). 그들의 재단들은 독초처럼(호 10:4) 밭고랑에 늘어서 있다. 이런 빈정거리는 표현에 따르면 재단에 더러운 쓰레기 더미가 하나씩 있다(11절). 길갈과 길르앗에서 희생제로 드린 수송아지들은 "헛된" 것이었다(11절). 하나님께서 인정하시지도, 받아들이지도 않으셨기 때문이다(사 1:11).

시제(tense)를 잘못 읽음으로(늘상 그렇지만) 강단주석은 11절의 "돌무더기"(heaps)가 파괴된 제단들이라고 말한다. 그러나 호세아가 사역하는 동안 아무도 어떤 것을 파괴하지 않았다. 모든 것이 미래에 일어날 일이다. 호세아는 구약에서 길(way)을 설명하는 것을 바울이 신약에서 아테네 성읍을 보았던 것처럼(행 17:16 주석 참조) 설명하고 있다. 길르앗은 호세아 6:8에서 언급된 "죄악의 성읍"이고 길갈에 대해서는 호세아 4:15과 9:15에서 살펴보았다.

『**야곱은 시리아 지방으로 도망하였고...**』(12절). 하나님께서는 4절의 이야기를 다시 연결시켜 언급하시며 현재 야곱과 에프라임의 영적 상태를 말씀하신다. 『**이스라엘은 아내를 위하여 섬겼으니, 그가 아내를 위하여 양을 쳤도다**』(12절). 위대한 족장들은 모두 목자였다. 아벨, 아브라함, 이삭, 야곱, 요셉, 모세 모두 목자였다. 그리스도처럼 이들은 "양을 쳤다"(요 10:14). 모세는 양 무리를 돌보는 동안 이방인 신부를 아내로 맞았다(출 2:21 주석 참조). 그리스도(신 18:18)는 그의 아버지의 양 무리를 돌보는 동안(슥 11:11-13) 이방인 신부를(엡 5장) 얻을 것이다. 하나님께서는 야곱의 역사를 타락한 이스라엘인들에게 말씀하실 때 두 가지 사실을 마음에 두셨다.

1. 하나님께서 야곱을 타락한 상태에서(창 31:13 주석 참조) 이스라엘이 포로로 잡혀가는 바로 그곳으로 되돌려 보내셨다. 하나님께서 그를 되돌려 보내셨을 때 벧엘로 보내신 것이다. 이곳은 야곱이 처음으로 주의 천사를 만났던 곳이다(4절 주석 참조).

2. 하나님께서는 그의 백성을 회복시키시는 데 왕이나 제사장이나 장군을 사용하지 않으시고 선지자들을 사용하신다. 『**주께서는 한 선지자를 시켜서 이스라엘을 이집트에서 데리고 나오셨으니**』(13절). 요한계시록 11,12장에서 이스라엘 민족을 주 예수 그리스도(선지자)께로 되돌려 보낼 부흥을 발화시킬 사람은 엘리야와 모세이다(선지자들).

바로 이 이유 때문에 "좋은 일"을 해 보려는 휴머니스트들, 인종을 하나로 만들려는 공산주의자, 복지를 부르짖는 사회주의자들이 자신들의 지도자들을 "선지자들"로 부르고 싶어한다. 자신들이 실제로는 죽은 나무임에도 무슨 돌격대인 것처럼 행세하고 싶어한다. 이러한 "선지자들"이 남겨 놓은 입증된 사실들을 통해서 볼 때 성경의 선지자와의 "신뢰성의 차이"가 너무 커서 신문기사에 게재된 사실을 믿는 사람들만이 이 차이를 무시할 수 있다.

하나님께서 부르신 선지자는 신구약에서 하나님의 은혜에 의한 구원의 복음을 전하는 것을 제외하고 어떤 폭동도 부추기지 않았다.

하나님께서 부르신 선지자는 공적이나 개인적으로 신구약에서 다른 인종간의 결혼을 추천하거나 아프리카인들에게 "시민의 권리"를 주장하게 하지 않았다.

하나님께서 부르신 선지자는 신구약에서 역사상 어느 민족, 어느 시기에도 교육이나 과학이 어떤 문제를 풀 수 있다고 희망을 주지 않았다.

하나님께서 부르신 선지자는 신구약에서 성경에 나와 있는 기록된 계시를 존중했으며 다른 어떤 종교에 대해서는 참지 않았다.

하나님께서 부르신 선지자는 신구약에서 상황이 어떠하든지 간에 정부를 정복하는 것을 옹호하지 않았다.

모든 하나님께서 부르신 선지자는 신구약에서 자신의 시민 권리들을 포기했으며 사형 제도에 순복했다(행 25:11).

하나님께서 부르신 모든 선지자는 자신이 살았던 세상 제도를 비난했으며 전체적으로 인류에 대해 부정적인 용어로만 말하였다.

『**에프라임이... 주를 분노케 하였으므로**』(14절). 이 구절은 스스로 해석한다. 하나님은 무지한 피에 대하여(왕상 21장) 용서하지 않으실 것이고 민수기 32:33에 따라 "그의 주께서는 그의 책망을 그에게로 돌리실 것이다."

평범한 언어로 평범한 죄인들에게 쓰여진 평범한 진리를 살펴보았는데 이 진리를 어떻게 비평가들이 혼미스럽게 만들어 무정부 상태를 만들었는지 살펴보자.

1. NASV(1969) : RSV와 NEB를 모방하여 3절에서 "자기 힘으로"(by his strength)를 "그가 성숙함으로"(in his maturity)로 바꾸었다. 이것은 NCCC와 3절을 "그가 장년이 되어"(IN HIS MANHOOD)로 번역한 영국의 자유주의자들에게 아부한 격이다. New ASV(NIV처럼)는 교회연합운동과 타협을 한 것이다. 이 성경은 하나님에 대하여도, 그리스도에 대하여도, 하

나님의 말씀에 대하여도 종교개혁에 대하여도 진실하지 않다. 9절에서 "성막"(tabernacles)이라는 말을 교묘히 없애 버렸는데 이는 그리스도의 재림에 관한 관련 구절을 없앨 목적에서이다. 로크만 재단은 히브리어 단어 "ohel"을 취하여 – 이들은 구약성경 전체를 통하여 "장막"(tent)으로 번역하였다 – 그것을 "장막"(tent)이라고 불렀는데 모세의 성막을 언급할 때도 솔로몬의 성전(대하 24:6 참조)을 언급할 때 "tent"로 썼다. Tabernacle을 "tent"로만 보는 것에 대한 한계는 레위기 23:34에 대한 관련 구절을 없앨 뿐 아니라 성경 전반에 걸쳐 우스꽝스러운 모습을 보여 준다. New ASV의 다음과 같은 본문을 보라. "정직한 자의 장막은 번성하리라"(The TENT of the upright shall flourish). 장막이 번성하는 것을 본 적이 있는가? 구름이 성막(Tabernacle)문에 선 것이 아니라 장막(TENT) 문에 선 것이 된다. 여호수아는 장막(TENT)을 떠나지 않는 것이 된다. 그리고 성막의 모든 자재들이 단지 장막을 위한 것이 된다. 이러한 "일관성 있게" 해석했다는 자부심으로 "일관성"에 관해 AV를 몰아 세웠는데 그 결과는 스스로 문제에 빠져 헤어나오지 못하게 되었다. 밥존스대학의 교수진이 에스겔 41:1을 "tent"로 봄으로 걸려 넘어지는 것을 보라. 여기에서는 성전(TEMPLE)을 나타낸다(6절 참조). 로크만 재단은 이것을 알았다. 그래서 1절에서 "OHEL"을 TENT로 번역하는 대신에 "경건하고, 헌신되고, 훌륭한 번역자"들만이 할 수 있는 일을 했다. 그들이 이 본문에서 일곱 단어를 지워 버린 것이다. 즉 그들은 불경스럽고, 구원받지 못한, 성경을 배격하는 자유주의자들이 하는 짓을 정확하게 똑같이 해 낸 것이다.

에스겔 41:1에서 히브리어 "OHEL"은 AV(1611)에는 성막(TABERNACLE)으로 되어 있는데 정확한 말이다. 하나님의 장막에 대한 문맥의 "ohel"은 성막(TABERNACLE)이어야 한다(출 31,33,36,39장, 민 9,11,13,17장 등 참조). 17세기의 번역자들은(AV 1611) 이 진리를 직감적으로 파악하여 시편 15:1; 19:4; 27:6, 잠 14:11 등에 대해 정확하게 번역하였다. New ASV는(부패한 두 쌍둥이 형제 – RSV, NEB처럼) 이 부분이 비어 있다. 이 구절들에서 "tent"

로 생각하기에는 그 의미가 너무 어울리지 않기 때문이다.

2. Old ASV(1901) : New ASV를 배교로 이끄는데 공헌한 old ASV는 3절에 "그가 장년이 되어"(in his manhood)를 삽입시켜 RSV(1952)가 "보수주의"와 손을 잡도록 하였다. 또 보수주의를 대표하는 ASV(1901)와 현대주의를 대표하는 RSV, NEB에서 같은 말을 찾아볼 수 있는데 그것은 12절에서의 "아람 땅"(land of ARAM)이다.

3. 리빙 바이블(케네스 테일러 역본) : 이스라엘은 바람을 먹지 않는다(1절). 바람은 좇아간다. 이스라엘은 기름을 이집트로 보내지 않았다(1절). 야곱은 3절에서 누구의 발뒤꿈치도 잡지 않았다. 4절에서 삼위일체의 하나님은 제거되었다. 성경을 이해하는 데 있어서 중요한 열쇠인 "비유"(SIMILITUDES)를 "비유"(parables)로 바꾸었다. 14절에서는 "피"를 제거하였는데, 이것은 C.H. 도드(Dodd)가 신약에서 그리스도의 죽음을 언급하고 있는 주요 구절에서 피를 제거시킨 것과 꼭 같다(NEB).

4. 테일러(Taylor)는 하퍼(Harper)의 본문을(1920년 전의) 받아들여 이스라엘은 "열풍을 좇았다"(hunting the sirocco)고 했다. 구테(Guthe), 마티(Marti), 노웩(Nowack)은 3절을 "다투었다"(contended)로 바꾸기를 원했다. 심마쿠스(Symmachus), 아퀼라(Aquilla), 데오도티안(Theodotian)은 "우리"(us)가 "him"으로 되어야만 한다고 주장했다.

5. 만지면 부서지는 70인역 : 그리스도께서 부활하신 후 200년이 지난 다음 쓰여진 이 책은 에프라임은 "악한 영"(evil spirit, 1절)으로, 8절은 "그가 지은 죄들로 인해 그에 대한 그의 수고가 쓸모없이 드러날 것이다."로 되어야 한다고 한다. 그리고 10절에서 하나님이 "묘사되었다"(REPRESENTED)고 한

다. 알렉산드리아 이단의 속성을 잘 알고 있다면 자연스럽게 알 수 있듯이 4절의 삼위일체를 나타내는 "우리"(us)를 "그"(HIM)로 바꾸어 삼위일체를 나타내는 관련 구절을 제거하였다.

호세아 13장

13:1 에프라임이 떨며 말할 때 그가 이스라엘 가운데서 자신을 높였으나, 그
가 바알로 범죄할 때 그는 죽었느니라.
2 이제 그들이 더욱더 죄를 짓고 자기들을 위하여 그들의 은으로 형상들
을 부어 만들고 자기들의 고안대로 우상들을 만들었으니, 그 모두가 장
인들이 만든 것이라. 그들이 그것들에 대해 말하기를 "희생제를 드리는
자들은 송아지들에게 입맞출지니라." 하는도다.
3 그러므로 그들은 아침 구름과 같고 사라지는 이른 이슬 같으며, 타작마
당에서 회오리바람에 날리는 쭉정이 같고 굴뚝에서 나는 연기 같으리라.
4 그러나 나는 이집트 땅에서부터 주 너의 하나님**이라. 너는 나 외에 어떤**
신도 알지 말지니라. 이는 나 외에는 구원자가 없음이니라.

어리석은 허술함이 발견되는 NIV나 New ASV 또 비슷하게 배교한 "성서들"과는 달리 〈킹제임스성경〉 본문이 의미하는 것은 명백하다. "에프라임"(여기에서는 야곱의 열두 지파를 나타낸다. 호 12:13,14의 문맥 참조)이 작았을 때, 그는 말하면서 떨었다. 이것은 호세아 12:4에서의 문자적인 야곱과 솔로몬에게 대항하여 말했던(왕상 11:28,40) 그리고 나중에 "이스라엘 가운데서 높여졌던"(왕상 12:25; 11:31) 여로보암을 볼 때 문자적으로 사실이다. 이 구절에 쓰인 "이스라엘"과 "바알"은 모두 "이스라엘이나 바알과의 관계를 나타내는" 상징적인 표현이다. 에프라임이(열 지파 혹은 열두 지파) 하나님을 두려워했을 때 조심스럽게 말하였고 심판을 통과해야만 했을 때 떨었다(신 17:12,13; 24:17, 출 20:20, 신 4:10; 5:29; 17:19). 여기에 언급된 마지막 참고 구절은 솔로몬이나 여로보암 같은 왕에게 주어진 명령이라는 사실을 알아야 한다. 더욱이 이것은 형을 선고할 때 법정에서의 왕과 연관이 있다는 사실을 알아야 한다(왕상 13:4). 더 나아가 마음이 자만해질 때 위험에 처해지는(신 17:20) "마음"의 문제라는 것을 알아야 한다. 즉 자신을 높이는 일이다. 하나님께서는 왕을 높이시는 분이다(왕상 4:29). 솔로몬이 떨면서 말했을 때(왕상 3:7) 자신을 올바른 방법으로 높였다. 그러나 바알로 범죄했을 때(왕상 11:4-7) 그는 죽었다. 여로보암이 신하였을 때(왕상 11:26) 그는 주의하며 말했고 어떻게 말해야 할지를 주의했으므로 바른 방법으로 자신을 높일 수 있었다(왕상 11:31). 그러나 바알로 범죄했을 때(왕상 12:28-32) 그는 죽었다.

『**이제 그들이 더욱더 죄를 짓고... 그들의 은으로 형상들을 부어 만들고 자기들의 고안대로 우상들을 만들었으니, 그 모두가 장인들이 만든 것이라. 그들이 그것들에 대해 말하기를 "희생제를 드리는 자들은 송아지들에게 입맞출지니라." 하는도다**』(2절). 히브리어나 갈대어 원어사전, 타검(Targums, 아람어 구약성경), 아람어 본문 그리고 자신의 무지를 감추려고 하거나 성경적인 믿음의 결핍을 가리기 위해 동원된 모든 잡동사니들로부터 조명을 받아 보려거나, 빛을 발산해 보고자 이리저리 헤매는 주석가들이 죽음의 입맞춤(마 26:49, 삼하 15:5)에 관한 관련 구절을 잃어버렸다.

1. 장인들(craftman)은 사도행전 19:24-35의 장인들로서 지구에 도착하는

외계의 존재들을 숭배하는 사람들이다.

2. 이 장인들은 요한계시록 17,18장의 사람들로서 국제 연합과 음행하던 로마카톨릭이라는 매춘부의 멸망(계 18:9)을 슬퍼하는 사람들이다.

3. 이 장인들은 열 개의 연방으로 된 적그리스도(단 8:25)의 왕국이 적그리스도의 형상을 높이기 위해(계 13:14) 지지했던 대상이다.

4. 사람들은 복종의 행위로서(시 2:12) 이 형상에게 입맞추어야만 한다(삼하 15:1-5).

5. 이들은 짐승에게 입맞춘다. 이 "짐승"은(계 13:15) 현대어로 표현하자면 앗시리아의 왕이다(사 10:5).

자, 이상 언급한 내용의 엘리자베스 시대의 영어를 주시해 보라. 예언에 대해, 우상에 대해, 외계에 대해 그리고 지금까지 존재했던 어떤 히브리어나 헬라어 학자가 쓸 수 없었던 평범한 표현에 대한 조명이 놀랍지 않은가? 이 관련 구절을 발견하기 위해서는 어떤 고등학교 교육도 필요하지 않다. 이는 흔한 곳에서 발견할 수 있는 〈킹제임스성경〉 안에 있다(눅 10:21).

이 문맥과 연관되어 적그리스도를 언급하는 데 있어서(7,8절의 주석 참조) 어떤 전천년주의 헬라어 학자나 히브리어 학자도 관련 구절을 찾아내지 못했다. 차라리 기관차를 에베레스트 산까지 끌고 올라가는 것이 쉬울 것이다. 이 성경적 진리를 찾아내고 설명하는 데 있어서는 "과학적인 발견들"이나 "더 훌륭하고 더 오래된 필사본들"과는 전혀 관련이 없다. 1611년 이래로 어떤 관련된 종잇조각 하나라도 발견하지 못한 것과 같다. 고대 문헌을 해석하는 데 공헌을 했다고 하는 지난 300년간의 "고고학적인" 발견들로 이 성경적 진리에 관한 한 전혀 얻은 것이 없다. 이 부분에 관한 한 고고학자들은 손이 뒤로 묶인 채 귀와 입이 틀어 막혀져 있어야 했다.

이상의 교훈을 마음속 깊이 새겨야 한다. "숨겨진 의미"나 하나님의 "더 깊은 진리"를 이해하는데 있어서 여러 가지 도움을 줄 만한 것들이 있겠지만 다음 두 가지는 결코 의존해서는 안 된다 : 히브리어와 헬라어 실력이다. 성경의 많은 부분을 이해하는 데 있어서 고등교육이 도움이 될 수 있다. 어떤 구절을 이해하는 데 고등학교 교육이 요구될 수도 있다. 그러나 지금까지 다른 내용을 이해하는 데는 성경대로 믿는 교사가 중학교 정도의 영어 실력을 가진 학생을 지도한다면 모두 이해할 수 있다.

오늘날 문제의 핵심은 지극히 간단한 것이다. 인도하는 자가 앞을 보지 못하는 것이다. 그래서 똑같이 보지 못하는 사람들을 잘못 인도하고 자신들을 "권위를 인정받은" 사람들로 인정하게 하고 교육을 믿음과 실행에 있어서 "최종 잣대"로 여기게 만드는 것이다. 이 앞 못 보는 안내자들이 교육이라는 도구를 사용해 생계를 유지하며 결국 자신의 배를 섬기는 사실을(롬 16:18, 빌 3:19) 고려해 볼 때, 이들이 하나님 대신 교육을 숭배하고, 성령님 대신 학위를 바라보며, 거룩한 성경 대신 "신뢰할 만한 번역본"을 읽는다는 사실에 그리 놀랄 필요는 없다.

『**그러므로 그들은 아침 구름과 같고 사라지는 이른 이슬 같으며, 타작마당에서 회오리바람에 날리는 쭉정이 같고 굴뚝에서 나는 연기 같으리라**』(3절). 이 모든 것은 명확하다(욥 7:6 주석 참조). 구름, 이슬, 쭉정이, 연기는 바람이 불면 움직이는(엡 4:14) 가볍고 불안정한 물질들이다. 우상이 하나님을 대신하고, 부패한 "번역본들"과 기독교 학위가 하나님 위에 군림한다면 성경을 배우는 학생은 사람이 만든 교묘한 술책과 온갖 교리의 풍조에 밀려 다니게 된다.

그들은 콧구멍 속에 있는 연기이고(3절), 보기도 전에 증발해 버리는 이슬이며(3절), 비없은 구름이고(벧후 2:17), 아무짝에도 쓸모없는 쭉정이이다(단 2:35). 『**그러나 나는... 주 너의** 하나님**이라... 나 외에는 구원자가 없음이니라**』(4절). 여기서 말씀하시는 분은 여호와시다[**주**(LORD)]. 여기에서 여호와의 증인들은 출구가 없는 막다른 골목으로 들어간다. 여호와["**주**"(LORD)] 외에 구원자가 없다면 예수 그리스도는 여호와가 되어야만 한다. 그렇지 않으면 예수 그리스도는 아무도 구원할 수 없다(마 1:21). 이제 무슨 말인지 알겠는가? 이사야 45:21에서도 같은 내용이 반복된다. 예수 그리스도와 여호와를 분리시키려는 그 어떤 허튼 수작도(New ASV에서 요 1:18, 딤전 3:16 참조) 사탄에게서 온 것이다. 주(LORD) 외에는 구원자가 없다. 주 예수 그리스도는 바로 그 구원자이다.

3절과 4절은 스스로 해석한다.

13:5 ○ 나는 광야의 지극히 메마른 땅에서 너를 알았노라.
6 그들의 초장에 따라 그들이 배불렀으니, 그들이 배불렀으므로 마음이 교만해져 나를 잊었느니라.
7 그러므로 나는 그들에게 사자같이 될 것이요, 길가의 표범같이 나는 그들을 주시하리라.
8 나는 새끼들을 잃은 암곰처럼 그들을 만날 것이요, 그들의 심장의 꺼풀을 찢고 거기에서 내가 그들을 사자처럼 먹어 치울 것이니, 들짐승이 그들을 찢으리라.

이 구절 모두는 요한계시록 13장을 가리키고 있다. 제이미슨, 포셋, 힌들리, 페이퍼, 킴치, 라스키, 아벤 에스라, 제롬, 칼빈, 로버트슨, 체인, 케일, 델리취, 게세니우스, 더멜로우, 기븐 교수는 정확한 관련 구절을 제시하는 데 실패했다.

『**그들의 초장에 따라 그들이 배불렀으니, 그들이 배불렀으므로 마음이 교만해져 나를 잊었느니라**』(6절). 이스라엘은 5절에서 하나님을 생각했어야 했다. 마실 물이 없고(출 15:24) 먹을 빵이 없어(출 16:8 주석 참조) 고생할 때를 생각했어야 했다. 그러나 "젖과 꿀이 흐르는 땅"(신 31:20)으로 무사히 들어왔을 때 이스라엘은 하나님께서 하지 말라고 말씀하신 것(신 31:6)을 정확하게 행하였다. 자신의 번영을 위해 영광을 취했고, 자신을 신뢰했으며, 스스로 위로하였고(호 12:8 참조), 현대의 진화론자들처럼 적당한 비와 풍작을 주는 "대자연"(mother nature)과 "과학적 방법"을 신뢰하였다(행 14:17 주석 참조). 『**그들이 배불렀으므로... 나를 잊었느니라**』(6절). 대학 교육을 제외하고 사람의 마음으로부터(롬 1:28), 생각으로부터(시 139:2), 하나님을 제거시킬 수 있는 것은 없다. 하나님께서 비와 생명과 구름, 강, 산, 나무, 인생, 폭풍, 눈을 주관하신다는 사실을 잊어버리게 만드는 세상적인 대학 교육이든, 홀트 박사나 A.T. 로버트슨 박사 등의 광란의 헛소리로 권위역의 85%를 벗어나서 무슨 사실을 설명하는 기독교 대학 교육이든 모두 똑같이 썩은 음식이다. 『**나를 잊었느니라.**』

『**그러므로 나는 그들에게 사자같이 될 것이요... 표범같이... 암곰처럼... 들짐승이...**』(7,8절). 〈킹제임스성경〉 안에 있는 자신들의 믿음을 집어 던져 버리고 "축자적으로 영감받은 최초의 원본"을 믿는다고 하는 "경건한" 근본주의, 보수주의 학자들을 제외하고는 성경으로 큰 혼란을 일으키는 사람은 없다. 여기의 네 짐승은 욥기 40:15, 요한계시록 13:2, 다니엘 7:4–6에 나오는 짐승이다. 성경을 거부하는 바보만이 이 관련 구절을 놓친다.

13:9 ○ 오 이스라엘아, 네가 네 자신을 멸망시켰도다. 그러나 너의 도움은 내게 있느니라.

10 내가 네 왕이 되리니, 네 모든 성읍들에서 너를 구원해 줄 다른 이가 어디 있으며, 네가 말하기를 "왕과 고관들을 내게 주소서."라고 했던

네 재판관들이 어디 있느냐?

11 내가 나의 분노로 네게 왕을 주었고 나의 진노로 그를 폐하였도다.

12 에프라임의 죄악이 묶여 있고 그의 죄는 감추어져 있도다.

13 진통하는 여인의 슬픔이 그에게 임하리라. 그는 현명하지 못한 아들이니, 이는 그가 아이들을 낳는 자리에 오래 머물러서는 안 되기 때문이라.

14 내가 그들을 음부의 권세로부터 속량하며 내가 그들을 사망으로부터 구속하리니, 오 사망아, 내가 네 재앙이 될 것이요, 오 음부야, 내가 네 멸망이 되리라. 돌이키는 것이 내 목전에서 숨겨지리라.

자기 파멸은(9절) 공통으로 겪는 인생의 한 과정이다. 당면하고 있는 대부분의 문제들은 그 문제를 해결하고자 만들어냈던 "많은 고안들" 때문이다. 역사를 연구해 본 사람이라면 (그리고 그 결과를 가지고 있는 사람은) 국가 몰락의 원인은 항상 내부에 있었다는 사실을 안다. 때로는 이 문제는 군사력이 갖추어지지 않은 것과 같이 아주 기본적인 문제일 수도 있고 국가를 혼란에 빠뜨려 정치적으로 아주 약하게 만들 수도 있다. 때로는 작은 문제가 원인이 될 수도 있고 때로는 큰 문제가 원인이 될 수도 있다. 로마는 하루 만에 무너지지 않았었다. 영국은 하루 밤새 히피족에게 약이나 파는 파산된 국가가 되지 않았었다. 독일은 영국과 러시아의 군사력으로 인해 세계적 강대국이 되기를 멈추지 않았었다. 스페인은 영국 해군 때문에 세계 제15위의 강대국으로 떨어지지 않았었다.

로마가 미개인으로 떨어지기 오래전에(A.D. 300-700) 로마 정부 안에 있던 자신의 미개인들이 몰락을 향해 박차를 가하고 있었다. 기본스(Gibbons)가 한 여인에게 자신의 역사의 캡슐(the capsule of his history)은 "바닥이 떨어져 나갔다."고 말하였다. 사실을 말한 것이다. 그 바닥은 내부로부터 썩었던 것이다. 고트족, 반달족, 서고트족, 롬바르드족, 훈족이 로마 군사력의 두 배를 가지고도 할 수 없었던 일을 로마는 부패한 정치인들, 관능적인 호색꾼들, 동성연애 지도자들, 변태적인 통치자들, 타락한 구경꾼들, 이해가 안가는 세금들, 거부당한 성경, 제국의 지나친 확장 등으로 망치고 말았다. 영국은 유대인을 배반하였다(1918). 러시아와 동맹을 맺었다(1941). 이 세상에서 가장 위대한 책(자신의 책이다)을 버렸다. 이런 사실들이 대영제국을 망쳐 버렸다. 비틀즈, 공산주의자들, 마녀들이 로마카톨릭 교회에게 캔터베리 감독을 넘겨주기 훨씬 전의 일이었다. 독일의 문제는 프랑스나 영국이나 러시아가 아니었다. 이 세 나라는 눈 감고도 상대할 수 있었다. 문제는 유대인을 멸절시키려고 하는 셈족을 지극히 싫어하는 선동자를 따른 것이다. 예배 장소에서 동성연애를 받아들인 것이다. 전통 원문을 전격적으로 거부해 버린 것이다.

전능하신 하나님의 권위에 도덕적으로만 반응한다면 결코 물질적인 상태와 영적인 상태를 구별할 수 없다. 이 규칙에 벗어나면서도 번영을 누리는 것은 – 전 8:12; 9:2, 욥 20:5-7 – 순간이다.

『**내가 네 왕이 되리니…**』(10절). 10절에서의 왕은 육신을 입은 마귀이다. 스카랴 11:17의 "우상 목자"이고 이에 대한 예표가 사울이었다(삼상 8:10-18). 이 왕은 다니엘 11:37의 왕이다. 『**네 모든 성읍들에서 너를 구원해 줄 다른 이가 어디 있으며…**』(10절). 아무 데도 없다(신 32:36). "기름부음을 받은" 사내 아이(계 12:5)는 죽었다(애 4:20). 그들을 구원해 줄 수 있었던 유일한 왕은 상수리나무에 못박혔다(요 19:18).

『**네가 말하기를 "왕과 고관들을 내게 주소서."라고 했던 네 재판관들이 어디 있느냐?**』(10절) 재림에 대한 예언만 나오면 로크만 재단과 밥존스대학은 교회협의회와 세계교회협의회에서 사용하는 본문을 추천한다. "지금 너의 왕이 어디 있느냐?" New ASV와 Old ASV(1901) 이 둘은 이 점에 있어서 파이크 감독(Bishop Pike), 웨이글 학장(Dean Weigle), 달버그(Dahlberg), 사크만 감독(Bishop Sockman), 포티트(Poteat), 유진 카슨 블레이크(Eugene Carson Blake), 카가와(Kagawa)를 따른다. 이 "성경들"은 - AV(1611)은 제외 - 밥존스대학, 무디신학교, 달라스대학교 등에서 추천하는데 항상 교회연합운동과 동일하다는 사실을 잊어서는 안 된다. 웨스트코트와 홀트의 본문은 모든 기독교 대학의 모든 히브리어, 헬라어 교수들을 조종한다. New ASV는 New RSV와 똑같은 헬라어 본문이다. 10절을 변개시킨 이 책은 모든 배교한 보수주의자, 자유주의자를 다 받아들여 재림의 문맥인 7-10절을 교묘하게 덮어 버린다. "지금 너의 왕이 어디 있느냐?" 이 본문은 예수 그리스도께서 죽으신 지 200년 후에 북아프리카 카이사랴에서 쓰여진 70인역에서 가져왔다. 알렉산드리아 이단은 아프리카 이단이기 때문에 예수회나 로마카톨릭 교회의 공식 본문을 쉽게 받아들인다는 사실을 예상하기란 어려운 일이 아니다.

『**네가 말하기를 "왕과 고관들을 내게 주소서."라고 했던 네 재판관들이 어디 있느냐?**』(10절) 10절의 첫 부분을 변개시켜 마귀들이 그곳에 벌떼처럼 모여들게 한 다음, 이제는 정신적 이상이 보이는 자들과 함께 모여 10절의 나머지 부분을 어떻게 손을 댈 것인지 두리번거리기 시작한다(잠 18:1,2의 "경건한 해석"에 대한 주석 참조). 킴치는 일곱 단어를 제거해야만 설명할 수 있었다. 케네스 테일러(리빙 바이블)는 이 절의 제목을 바꾼 뒤 네 단어를 첨가시켰다. RSV는 두 개의 다른 히브리어 단어를 같은 방법으로 해석하였다("재판관"이라는 말을 제거하기 위해서다). 돗슨(NEB) "재판관들"(judges)을 "통치자들"(rulers)로 잘못 번역하였다. 구테(Guthe)와 마티(Marti)는 "너를 구원해 줄"(that may save thee)을 "네게 정의를 가져다 줄"(that they may furnish thee justice)로 바꾸었다. 더멜로우는 해석하기를 포기했다.

문제는 지극히 간단한 데서 시작되었다. "내가 왕이 되리니"(I WILL BE THY KING)에 해당하는 히브리어는 "ehi malaka"로 문자적으로는 "나, 네 왕"(I, THY KING)이다. 그러나 똑같은 히브리어로 "어디에, 네 왕"(Where, thy king?)으로 번역되어질 수도 있다.

10절의 두 번째 부분은 스스로 해석하라. 이스라엘은 재판관들에게 왕을 보내줄 것을 요구했다. 벌링거는 호세아 10:3을 잊어버리고는 호세아가 감옥에 있다고 말하고(10절) 그렇기 때문에 "너의 왕이 어디 있느냐?"가 옳다고 설명한다. 그러나 모든 설명은 여기에서 물거품이 되고 만다. 호세아가 감옥에 갇힌 후(왕하 17장) 이스라엘은 왕을 요구하지 않았기 때문이다. 호세아 10:3을 기억하는가? 그래서 신화를 다루듯이 하는 성경 해석은 결국 미신으로 끝난다. 하나님께서는 분노하셔서 한 왕을 그들에게 주셨다(11절). 이 왕은 의심의 여지없이 주의 진노로 폐위되었던(11절) 사울이다. 갑자기 전으로 거슬러 올라가 사울을 언급하는 것이 이상하게 여겨진다면 사울은 이스라엘의 첫 번째 왕(다윗 전의)이었다는 사실과 "왕을 내게 주소서."라고 말했던 사람들에 의해 선택되었다는 사실을 잊어서는 안 된다. 사울은 적그리스도의 예표이기 때문에(기름부음 받고 일을 했다!) 10절은 11절과 연결되고 이 두 구절은 마귀 대신에 하나님께서 이스라엘의 왕이 되셔야만 하는 때를 나타낸다. (〈킹제임스성경〉의 10절을 읽어 보라.) 그러므로 〈킹제임스성경〉의 본문만이 모순이 없다. 11절의 왕이 살룸이라거나 호세아라거나 하는 허튼 소리에 대해서는 신경 쓰지 말라.

이런 사실에도 불구하고 학자들은 계속해서 고집 피우며 11절에서는 실제로 왕을 가리키는 것이 아니라 전체적인 왕의 계보를 나타내는 것이라고 말한다.

『**에프라임의 죄악이 묶여 있고 그의 죄는 감추어져 있도다**』(12절). 이 구절에 대한 훌륭한 설명은 욥기 14:17과 신명기 32:20이다. 이 두 구절은 대환란의 관련 구절이다(〈피터 럭크만의 주석서 욥기〉 서문 참조). 의심이 간다면 다음 구절을 살펴 보라. 『**진통하는 여인의 슬픔이 그에게 임하리라**』(13절). 이 구절이 전체 문맥을 다니엘의 70째 주와 연결시킨다. 이 구절을 가지고도 너무나 "경건한" 보수주의 복음주의자들이 진리를 발견하지 못한다면 부활이 언급되는 14절을 보여 주면 되는데 이는 다니엘의 70째 주의 시작(고전 15:50-54, 살전 4:14-18)과 끝(계 19장, 마 24:29)을 나타낸다.

서론에서 언급했듯이 호세아는 선지자이다. 호세아 13:1-4을 과거의 역사로 취급하려 한다면 여러분의 발전기를 점검해 보아야 한다. 벨트가 벗겨져 있을 것이다.

『그는 현명하지 못한 아들이니, 이는 그가 아이들을 낳는 자리에 오래 머물러서는 안 되기 때문이라』(13절). 윌리엄즈(전천년주의), 벌링거(전천년주의), 제이미슨, 포셋, 브라운(전천년주의), 헨리(후천년주의), 더멜로우(후천년주의), 제롬(무천년주의), 돗(무천년주의) 등 어떤 성경 해석가도 시작할 때부터 〈킹제임스성경〉을 믿지 않기 때문에 13절을 해석한다는 것은 불가능하다.

이 구절에 대해서는 열왕기하 19:3(적그리스도의 산헤립), 예레미야 30:6(7절에서 대환란 기간인 "야곱의 고난의 때"와 관련되어 말한 것임), 이사야 13:8(6절과 9절 앞뒤로 "주의 날"이 있음)에서 더욱 명확히 계시해 주고 7,8,10,11절에서도 관련되어 설명한다. 이상 언급한 내용은 정확한 내용이다. 이 모두가 재림을 가리킨다. 그러나 가엾은 강단주석에서는 이 구절에 관한 관련 구절을 한 구절도 언급하지 못하고 전형적인 수법으로 "광범위한 연구," "자격을 갖춘 권위들," "도움이 된 엄청난 어쩌구 저쩌구"를 떠들어 댄다. 또 다음과 같은 말을 하지 않을 수 없게 된다. "깃털이 같은 새들은..."

페이퍼(Pfeiffer, 위클리프 주석)는 13절의 "아들"이 "현명하지 못한" 이유가 곧바로 태에서 나오지 못하고 태 안에 너무 오랫동안 머물러 있었기 때문이라고 말한다(지혜는 옛날에도 필요했었나 보다). 부패한 70인역에서는 "너의 현명한 아들은 멸망의 길에 서지 않을 것이다."라고 한다. 케네스 테일러는 눈먼 페어페[기븐(Given) 교수의 강단 주석을 따랐다. 1920]의 인도를 따랐는데 "태에서 저항하는"(resisting in the womb)이라고 하였다. 그래서 밥존스대학의 교수진들은(Biblical Viewpoint에서 썼다) NEB와 RSV에서 동일하게 발견되는 이 사사로운 해석을 받아들여야만 한다. 이들이 추천하는 것은 "태가 열려지므로 그가 연기해야 하는 때가 아니다."(it is not the time that he should delay at the opening of the womb : New ASV)를 받아들이라는 것이다.

진리의 주체이자 보존자이신 성령님께서 오류없이 보존하신 전능하신 하나님의 절대 무오한 본문으로 돌아가 보자. 지금까지 구원을 받았건, 그렇지 못하건 간에 글을 썼던 사람들을 제외하고 그 말씀에 주의를 기울여 보자(사 8:20).

1. 이스라엘은 여자이면서 동시에 아들이다. 출애굽기 4:22과 호세아 2:14을 주목하여 보라.

2. 그리스도의 몸은 아들들로 구성된(요 1:12) 여자이다(엡 5장).

그러므로 13절의 비유는 정확하다. 그래서 어머니 태에서 나오려고 애쓰는 "아들"과 그의 어머니를 "분리하여" 생각할 수 없다. 이러한 해석을 후천년주의와 무천년주의를 옹호하는 사람들은 "아둔한" 문자적인 해석이라고 한다. 그러나 끝까지 자기 고집을 꺾지 않는 후천년주의자나 무천년주의자보다 더 "아둔하거나" "우직한" 사람은 없다.

1. 한 남자가 산고를 경험하고 있다("진통하는 여인의 고통이 그에게 임하리라.") 이 남자는 여자가 아니다. 이스라엘은 남자이기도 하고(호 12:2), 여자이기도 하기에(호 2:14-17) 이 구절은 절대적으로 비유이다(하나님께서는 정작 비유가 아닌 많은 구절들을 비유로 만드는 악당들을 알고 계신다).

2. 『**아이들을 낳는 자리에**』(13절). 이 구절을 이스라엘이 어느 한 날에 민족으로 태어날 때를 언급한다(사 66:7). 대환란 기간 동안에(렘 4:31, 사

13:8), 태어날(렘 49:24; 50:43; 30:6) 예루살렘(사 65:18, 계 11:8)이고 태어난 다음 영적으로는 "소돔과 이집트"라고 불리운다.

3. 현명하지 못한 아들은 다니엘의 칠십째 주 중간 후에(단 11:33) 예루살렘에 머무르는 이스라엘인들이다. 왜냐하면 이 때에는 언덕을 향해서 가라고 했고(마 24:20) 뒤를 보지 말라고 했기 때문이다(눅 21:21).

10절이나 13절을 고쳐야 할 필요는 전혀 없다. 이 두 구절 중에 역사적으로 적용하여 얻을 것이 하나도 없다. 13절을 뜯어고쳐 환각에 혹사당한 알렉산드리아 이단 - 제롬, 오리겐, 유세비우스, 어거스틴, 킴치, 로크만 재단, C.H. 도드, 케네스 테일러 - 이나 지옥만을 내세워 자신들도 "성경적인" 학자인 체하는 성경을 거부하는 배교자들과 발을 맞춰야 할 이유가 전혀 없다.

본문을 포함한 서른 다섯 개의 장(chapter)에서 어머니의 태에서 나오지 못하는 아이에 대한 관련 구절은 단 한 구절도 없다.

호세아에 있는 어떤 장에서도 500구절 이내에 태가 열려지는 때에 연기되어지는 아이에 대한 관련 구절은 한 구절도 없다(밥 존스 3세가 추천하는 어리석은 New ASV를 보라).

〈킹제임스성경〉의 본문은 견고하다. 지금까지 살았던 가장 위대한 히브리어 학자나 헬라어 학자가 가장 명쾌하게 해석한 것보다 더 명확하다. 냄새나는 쓰레기 더미 같은 International Version이나 New ASV를 참조하느니 차라리 에서와 함께 사슴 사냥이나 하는 것이 낫다(히 12:16).

『**내가 그들을 음부의 권세로부터 속량하며...**』(14절). 바울은 이 구절을 그리스도의 몸에 대한 구절들로 보여 주었다(호 2:23 주석 참조). 부패하지 않고 승리를 얻는 죽은 그리스도인들(고전 15:53)과 사망의 쏘는 것을 벗어나는 살아 있는 그리스도인들(고전 15:55)에 대해 이 구절을 언급하고 적용하였다. 이 구절은 신약의 첫 번째 부활을 설명하는 데 가장 위대한 구절 가운데 하나이므로 근본주의자들(New ASV)과 자유주의자들(New RSV)은 복수할 태세로 이 구절로 다가간다.

New ASV는 "스올"(Sheol)을 번역하기를 거부했다. "네 재앙"(thy plagues)을 "네 가시"(your THORNS)로 바꾸었고 "내가 네 멸망이 되리라"를 "너의 쏘는 것이 어디 있느냐?"로 바꾸었다. 그런 다음 "회개가... 숨겨지리라" 부분에 대해 국가교회협의회의 본문인 RSV의 본문으로 대체시켰는데 RSV 본문인 "연민이 내 눈으로부터 숨겨지느니라"(Compassion is hid from my eyes)를 약간만 바꾸어서 "연민이 내 시야로부터 숨겨지리라"(Compassion WILL be hidden from My SIGHT)로 기록하였다. 이것은 다음과 같은 내용이다. "우리는 당신을 따라가야만 하는데 우리는 당신을 좋아하지는 않는다." 아니면 "모퉁이를 돌아가는 고양이"나 "손수건을 떨어뜨리듯이" 천천히 하라는 것이다. 아이들의 장난이다. 원인을 제공하는 데 있어서는 모두가 똑같다. 케네스 테일러는 이 구절에 대해 새로운 구절을 하나 만들어 구원을 의심하는 물음표를 달았다. "내가 속량받을 것인가?"(Shall I ransom...?) 총체적으로 부패한 RSV의 로마서 8:33을 뒤져 봐도 똑같다. 테일러 역본에 따르면 이스라엘은 속량받지도 못하고 구속받지도 못한다(Amplified New Testament의 살전 2:16 참조). 하나님께서(케네스 테일러에 따르면) "나는 가엾게 여기지 않을 것이다."(13절)라고 말씀하셨기 때문이다.

테일러가 이렇게 한 이유는 〈킹제임스성경〉의 15절에 있는 문단 표시를 없애 버리고 14절과 15절을 같은 문맥으로 보았기 때문이다. 테일러가 이 부분에 대해 신중했더라면 바울이 이 구절을 인용했던 것처럼(고전 15:55) 이 구절을 다시 쓸 때 의문 부호를 없애고 긍정적으로 인용했을 것이다.

『**내가... 속량하며**』(14절). 이 구절에 대해 의문을 품을 것이 없다. 하나님께서는 이스라엘을 속량하시겠다고 말씀하셨고 이 말씀을 이루셨다(사 43:3). 이 말은 사실이어서 회복된 이스라엘인들을 "속량받은 자들"(사 51:10), "주의 속량받은 자들"(사 35:10)이라고 부른다. 만일 "다른 어떤 사람들"이 (캠벨주의자들이 자신의 적들을 거명하는 데 얼마나 겁을 먹는지 아는가?) 속량 받는 것에 대해 의심스럽다고 생각한다면 번역하는 일을 그만두고 정직한 일을 하라.

『**내가 그들을... 구속하리니**』(14절). 하나님께서는 이들을 구속하셨다(시 74:2; 77:15, 사 43:1; 44:23; 48:20, 미 4:10). 이들은 죽음으로부터 구속되었다. 대환란 끝의 살아 있는 성도들의 휴거가 있기 때문이다. 이에 대한 예표는 엘리야다(마 17:3과 그 주석 참조). 또 이들은 죽은 성도들의 휴거가 있기 때문에 무덤으로부터 속량된다. 이에 대한 예표는 모세다(계 11:8과 그 주석 참조). 이것이 문자적이고 성경적이고 예언적인 진리이다.

『**돌이키는 것이 내 목전에서 숨겨지리라**』(14절). 주요 주석가들이 이 구절에 대해 언급한 내용을 살펴본다면 이 구절에서의 "돌이키는 것"(repentance)라는 말이 "연민"(compassion)으로 바꿔져 있거나 아니면 이스라엘이 미래에 회개하는 것 또는 조건적인 회개에 적용시킨다는 것을 발견할 수 있다.

이 구절에서 다루고 있는 것은 죽음과 음부이다. 주의해서 살펴보라. 『**음부의... 사망... 오 사망아... 오 음부야...**』(14절). 하나님께서 직접적으로 사망과 음부를 언급하시는데 왜 하나님께서 이스라엘에게 말씀하신다고 말하는지 모르겠다. 다시 살펴보라. 『**오 사망아, 내가 네 재앙이 될 것이요, 오 음부야, 내가 네 멸망이 되리라**』(14절).

도대체 어떤 "학식"을 겸비한 이단들을 따르기에 여기에서의 "돌이키는 것"(repentance)라는 말이 하나님께서 이스라엘에게 말씀하시는 것과 관련이 있다고 생각하는가? 참으로 이상한 일이다. 문단 표시로 분리되어 있는 14절과 15절을 하나로 만들어 14절의 사분의 일이 그 구절에서 나와 있지도 않은 어느 누군가를 가리킨다는 것을 믿어야만 하게 만들었다. "박학 다식"한 학자들이다.

『**돌이키는 것이 내 목전에서 숨겨지리라**』(14절). 하나님께서는 사망과 음부에게 예언으로 내린 심판을 철회하지 않으신다. 본문을 보라. 이 내용 외에 다르게 생각하는 것이 어떻게 가능한가? 사망과 지옥은 불못에 들어가는 준비가 되어 있다(계 20:14). 또 음부는 그 안에 사람들을 계속 머물게 할 수 없다(계 20:12). 하나님께서는 사망, 죄, 지옥, 음부에 내린 심판을 철회하는 것에 대해 고려하지 않으실 것이다. 이 구절 전체에서 다루는 대상은 이스라엘이 아니다. 하나님께서 사망과 음부를 다루고 계신다.

13:15 ○ **그가 비록 그의 형제들 가운데서 열매를 많이 맺는다 할지라도 동풍이 올 것이요 주의 바람이 광야로부터 오리라. 그러면 그의 물 근원은 마를 것이요 그의 샘은 말라 버리리니, 그가 모든 아름다운 기명들이 있는 보물창고를 약탈해 가리라.**

16 사마리아는 황폐하게 되리라. 이는 그녀가 그녀의 하나님**을 대적하여 반역하였음이니, 그들은 칼에 쓰러질 것이며 그들의 아기들은 내던져져 산산조각날 것이요 그들의 아이를 밴 여자들은 찢겨지리라.**

왜 그렇게 많은 친구들이 14절에 물음표를 달아야 했는지를 15절이 설명해 준다. 문단 표시를 간단히 짓밟아 버리고 1611년의 번역자들보다 더 똑똑한 듯이 행세를 한 것이다. 이런 짓을 함으로 우스운 문제가 생겨난 것이다. 〈킹제임스성경〉의 문단 표시를 바꾸는 것이 교리적인 문제에 악영향을 끼친다면(15절) 권위역성경의 장과 절의 표시를 혼잡하게 하는 "헌신된 그리스도인 학자들"의 의견을 조금이라도 받아들여서는 안 된다.

15절은 스스로 해석한다. 에프라임에 대한 심판의 내용은 곡식들이 시들고 황폐하게 되고 물은 말라 버리는 것이다. 『**그가 비록... 열매를 많이 맺는다**

할지라도』 이 표현은 순수한 빈정거림이다. RSV와 리빙바이블과 NEB는 이 점을 놓쳤다. 에프라임이라는 말의 의미가 "열매를 맺는, 다산하는"이라는 뜻이기 때문이다(창 41:25과 그 주석 참조).

『**그가 모든 아름다운 기명들이 있는 보물창고를 약탈해 가리라**』(15절). 동풍으로 의인화된 이 내용의 주체는 앗시리아의 왕이다(합 1:9, 사 27:8 참조).

『**사마리아는 황폐하게 되리라**』(16절). 이것은 열왕기하 17장에서 이렇게 된다. 16절의 나머지 부분은 스스로 해석한다.

이미 파괴적인 비평들에 대해서는 많이 살펴보았으므로 허튼 소리에 대해 살펴보는 것을 그만두고 여기에서 우리 선지자가 한 말을 살펴보는 것을 마친다.

호세아 14장

14:1 오 이스라엘아, 주 너의 하나님께로 돌아오라. 이는 네가 네 죄악으로
인하여 쓰러졌음이라.
2 너희는 말씀을 가지고 주께로 돌아가서 그에게 말씀드리기를 "모든 불
의를 제거하시고 우리를 너그러이 받아 주소서. 우리가 우리의 입술로
송아지들의 제사를 드리리이다.
3 앗수르는 우리를 구원하지 아니하며, 우리는 말들을 타지도 아니하고
우리 손으로 만든 것에게 더 이상 '너희는 우리의 신들이라.'고 말하지
아니하리니, 이는 아비 없는 자가 주 안에서 자비를 얻기 때문이니이
다." 하라.

1절은 별다른 설명이 없어도 명확하다. 이스라엘에 대한 명령은 "돌아오라"는 것이다(신 30:4,5 참조). 이들은 1948년 이후로 돌아올 것이다(호 6:1,2 참조).

『**모든 불의를 제거하시고 우리를 너그러이 받아 주소서**』(2절). 주께서는 이들의 불의를 제거하실 것이다(렘 50:20). 이것이 신구약에서 끊임없이 다루어지는 내용이다(롬 11:26). 이 구절은 초림 때 예수 그리스도의 속죄를 언급하는 것도 아니고 교회 시대 때(롬 11:27) 구원받는 어떤 유대인과 연관되어 언급한 것도 아니다. 이 약속이 나타날 때마다(렘 31:34) 다니엘의 칠십째 주의 끝을 언급하는 것이다(렘 16:18). 〈킹제임스성경〉의 이사야 40:3의 문단 표시 하나를 무시해 버린 결과 후천년주의, 무천년주의 이단들은 로크만 재단이 데살로니가전서 2:16에서(Amplified Version) 말했던 것처럼 불경스런 교리를 가르칠 수밖에 없다. 하나님과 이스라엘과의 관계는 끝나지 않았다. 히브리서 8:8-11에서 언급한 "새 언약"은 빌레몬서나 에스라 3장과 관련이 없듯이 사도행전이나 로마서 1-8장과는 전혀 관련이 없다. 다니엘은 "죄들을 종결시키며," "영원한 의를 가져오는" 칠십째 주에 대해 말했다(단 9:24). 다니엘은 십자가 이후 2,000년 이후에 일어날 일에 대해 말하고 있는 것이다. 갈보리에서 이스라엘에 대한 죄들이 종결되지 않았다. 에스겔 40-48장에 명확하게 나와 있다. "영원한 의"가 이미 다니엘의 백성에게 왔다고 생각한다면(단 9:24, "네 백성") 아직도 꿈 속에 있는 것이다.

『**우리가 우리의 입술로 송아지들의 제사를 드리리이다**』(2절). 금송아지에 입을 맞추거나(호 13:2), 송아지에게 제사하는 것 대신에 회복된 이 민족은 히브리서 13:15에 언급된 감사의 희생제사를(시 107:22) 드릴 것이다. 이 관련 구절을 찾아내고서(히 13:15) NASV의 번역자들은 유치한 번역을 하였는데 이 본문에 "열매"(Fruit)라는 말을 끼워 넣은 것이다. (A.D. 180-250년 사이에 쓰여진 〈칠십인역〉과 정확하게 일치한다.) 이 말이 유일하게 나타나는 본문은 밥존스대학에서 추천하는 부패한 알렉산드리아(시내 사본과 바티칸 사본) 본문이다. 부활한 지 300년이 지난 뒤 쓰여진, 그리스도인이 생긴 후에 나타난 〈칠십인역〉에서는 "열매"(Fruit)로 되어 있다. 그러나 히브리어 "PAR"는 어린 황소(young BULL)라는 말이다.

부모의 죄를 자식이 이어받을 수 있기에(마 23:30,31 참조) 밥 존스, 무디, 달라스, 휘튼, 풀러 신학교 등이 "최초의 원문"을 고치는 것을 추천함으로(이것이 계속해서 거짓말할 수 있는 방법이다.) 히브리서의 저자가 헬라어로 된 <칠십인역>을 읽었다고 생각하게 하는 것에 대해 놀라지 않는다(성경대로 믿는 사람들 지침서 <필사본의 증거>의 「신화적인 칠십인역」 부분을 읽으라). 그래서 이집트의 알렉산드리아에 있는 세계에서 가장 이상한 대학교는 1,800년간 기독교 교육을 통해 성경을 배격하고 부패시키는 데 앞장서고 그 일을 계속해서 할 수 있었다. 알렉산드리아 이단 앞에서는 모자를 벗어야만 한다. 1,800년간 500,000명의 그리스도인을 부패시킬 수 있고, 매 10년마다 50,000명의 사역자들에게서 성경적인 권위를 빼앗아 버릴 수 있는 사람은 참으로 "굉장한" 일을 하는 것이다.

『**앗수르는 우리를 구원하지 아니하며, 우리는 말들을 타지도 아니하고**』(3절). 벨사살과 다윈은 자신들이 만든 것을 신이라고 했다. 『**이는 아비 없는 자가 주 안에서 자비를 얻기 때문이니이다**』(3절). 이스라엘은 모든 것을 다 버리고 살아 계신 하나님을 찾을 것이다(사 48:16, 약 1:17, 시 50:7, 사 45:12). "아버지 없는" 성도는 없다(요 14:16). 그 하나님이 1611년의 권위역 성경에서 말한 대로 참되고 살아 계시다면 말이다(사 43:11).

14:4 ○ 내가 그들의 타락을 치유할 것이요 내가 그들을 마음껏 사랑하리니, 이는 내 분노가 그로부터 돌이켜졌음이니라.
5 내가 이스라엘에게 이슬과 같이 되리니, 그는 백합같이 자라겠고 그의 뿌리들은 레바논같이 박힐 것이니라.
6 그의 가지들은 퍼질 것이요 그의 아름다움은 올리브 나무 같을 것이요 그의 냄새는 레바논같이 되리라.

7 그의 그늘 아래 거하는 자들은 돌아올 것이며, 그들이 곡식같이 되살아 나고 포도나무같이 자라리니, 그 향기는 레바논의 포도주같이 되리라.
8 에프라임은 말하기를 "내가 우상들과 더 이상 무슨 상관이 있으리요?" 하리라. 내가 그를 듣고 그를 주시하였으니, 나는 푸른 전나무 같도다. 나에게서 네 열매가 얻어지는도다.
9 누가 현명하여 이런 일들을 깨닫겠느냐? 누가 총명하여 그것들을 알겠느냐? 주의 길들은 올바르니 의인이 그 안에서 행하리라. 그러나 범죄 자들은 그 길에서 넘어지리로다.

호세아는 그의 강좌를 마치려 한다. 마지막 여섯 구절(이전과의 변화를 보여준다)은 긍정적인 내용이고 최종적으로 회복되는 것에 대한 언급이며 다른 지파를 인도하던 에프라임을(8절) 상징으로 이스라엘을 축복하는 것을 말한다.

4절은 스스로 해석한다. 이스라엘은 "백합같이"(마 6:28) 자랄 것이고, 레바논의 나무처럼 "그의 뿌리들이 박힐 것이다." 레바논 나무의 향기는(6절) 하나님께서 맡으시는 향기가 될 것이다(창 8:21). "이방인의 시대"가 끝나가는 시점에서 이스라엘이 다시 접붙여질 때(롬 11:23) 이스라엘의 아름다움은 "올리브 나무" 같을 것이다(6절).

유대인은 올리브 나무 그늘 아래로 돌아올 것이다(6절). 이들은 곡식처럼 다시 살아날 것이고 포도나무처럼 성장할 것이다(왕상 4:25). 하나님께서 축복하시고 농부처럼 이들을 돌보실 것이다(사 5:1). 모든 구절들은 요한계시록 20:1-5, 이사야 11:1-15, 아모스 9:15을 가리킨다. 이 구절에 있는 단어 하나의 의미로 파악하지 못하기 때문에 〈강단주석〉에서는(기븐 교수) 전체 구절이 말하는 것이 언제, 누구에게, 어떻게, 어디서, 왜 일어날 것인지를 전혀 고려하지 않고 해석하였다. 오리겐, 킴치, 케일, 제롬, 어거스틴, 칼빈, 그리고 나머지 알렉산드리아의 이단의 대제사장들을 미신적으로 숭앙함으로 성경적인 진리를 제거하게 되었고 신약에서 이 예언이 성취되는 구절을 단 한 구절도 제시할 수 없게 된 것이다. 누가복음 1:30-33과 로마서 1:25-30을 정면에다 들이대면 이 "자격있는 보수주의자"는 사임을 하고 마귀와 내통할 것이다.

『**에프라임은 말하기를 "내가 우상들과 더 이상 무슨 상관이 있으리요?" 하리라**』(8절, 호 14:3 참조). 그 땅에서 더러운 영이 떠나고 하나님의 형상이 다윗의 왕관과 함께하는데(슥 13:1,2) 무슨 마리아상이니, 요셉상, 크리스토퍼상, 바알상, 스누피상, 주피터상, 프란시스상, 다이아나상, 성 안토니상, 프랑켄슈타인상 등이 필요하겠는가?

『**내가 그를 듣고**...』(8절). 하나님은 에프라임을 들으셨고 "그를 주시하셨다"(8절). 틀림없이 들으셨고 주시하셨다. 호세아 13:7을 보라. 매복한 베트콩이 정찰하는 미군 병사를 주시하듯이 하나님께서 이들을 주시하신다.

『**나는 푸른 전나무 같도다**』(8절). 여기에서 주님은 자신을 푸른 나무에 비유한다. 또 하나님은 자신을 요한복음 15장에서 포도나무에 비유하신 사실을 기억할 것이다. 『**나에게서 네 열매가 얻어지는도다**』(8절). 실제 열매이다(호 10:1과 그 주석 참조). 성령의 열매는(갈 5:22) 하나님으로부터 온다. 고도의 판매수단을 동원해서도 계속적으로 동기를 부여해서도, 방문 계획을 기획해도, 정선된 용어로 전달을 해도, 정치 수단을 동원해도 빚을 짊어져서도 성령의 열매는 거둘 수 없다. 『**나에게서 네 열매가 얻어지는도다**』(8절). 이 시대에 이스라엘이 거둔 열매는 잎사귀밖에 없다(마 21:19). 이 시대 이전에 이스라엘이 거두었던 열매는 썩은 열매밖에 없었다(마 7:19,20). 여기 천년왕국에서(4절-8절) 이스라엘이 거둘 열매는 생명의 창조주로부터 얻을 열매이다.

『**누가 현명하여 이런 일들을 깨닫겠느냐? 누가 총명하여 그것들을 알겠느**

냐?』(9절)

물론 이 세상의 통치자들이 아니다(고전 2:8).

지혜로운 자, 좋은 가문에서 태어난 자, 권력 있는 자는 더더군다나 아니다(고전 1:26).

"학식 있는 자"나 지혜롭고 슬기로운 자도 아니다(눅 10:21, 사 28:9).

그리고 무엇보다도 자신이 정규 교육을 이십오 년간이나 받았다고 해서 하나님의 말씀을 "지켰던"(계 3:8) 유일한 교회가 펴낸 성경을 집어 던져도 된다고 생각했던 그 어떤 교육받은 바보도 아니다. 예수님께서 "기뻐하셨다."고 기록된 유일한 때는 누가복음 10:21이다. 예수님께서 이런 분위기에 젖으신 것은 한 가지 추측을 할 수 있다. 두 가지가 아니다(잠 8:9 주석 참조).

『**주의 길들은 올바르니 의인이 그 안에서 행하리라**』(9절, 잠 8:8,9 참조). 『**그러나 범죄자들은 그 길에서 넘어지리로다**』(9절). 이들은 자신들이 무엇에 걸려 넘어지는지도 모르는 체(마 21:44) 같은 "길들"에서 넘어질 것이다(신 30:19,20). 어떤 사람은 닭고기를 좋아하나 어떤 사람은 싫어한다(잠 27:7과 그 주석 참조). 어떤 사람은 칠리 소스를 좋아하나 어떤 사람은 생각만 해도 신트림이 올라온다. 하나님의 말씀은 "정직하게 행하는 자에게 유익이" 된다(미 2:7). 문제가 있다면(요 8:43) 그 문제는 헬라어나 칼데아어, 시리아어, 히브리어, 콥트어가 부족한 것이 아니다. 문제는 『**사실 그대로** 하나님**의 말씀으로 받았음이니, 이 말씀이 믿는 너희 가운데서도 효과적으로 역사하느니라.**』(살전 2:13)고 말씀하신 진리의 성경을 어떻게 믿을 수 있는가 하는 것이다.

호세아는 끝났다. 하나님께서 호세아에게 말하라고 하신(계 21:5) 방법 그대로 하나님의 진리를 선포했다. AV 본문이 건재해서 서 있는 한 불분명한 것은 없다. 입증된 오류 없이 전능하신 하나님의 최종적이고, 절대적이고, 절대 무오한 권위는 안전하게 받아들여질 것이다.

요 엘

요엘은 3장, 73절, 2,033 단어로 이루어져 있다. 이 책의 최소한 삼분의 일은 아마겟돈 전쟁과 민족들의 심판이 일어날 다가오는 주의 군대(계 19:10-17과 그 주석 참조)를 다룬다.

벌링거에 따르면 요엘은 B.C. 488년에서 477년까지 예언한다. 더멜로우는 이 예언의 시기를 바빌론 포로 후로 보고 있는 나벤바우어(Knabenbauer), 숄츠(Scholz), 메르크스(Merx)의 의견에 동의한다. 몇몇 주석가들은 요엘이 요아스 통치 때에(B.C. 837-801) 예언했다는 증거를 제시한다. 예언의 시기에 대한 많은 근거들이 제시되지만 이 모두는 책 안에 있는 증거들이어서 - 요엘서에는 시기에 대한 언급이 없다. - 읽는 구절을 어떻게 해석하느냐에 따라 시기에 대한 근거들이 달라진다. 나벤바우어, 숄츠, 메르크스, 더멜로우 등이 예언의 시기를 바빌론 포로 후로 잡고 있는 이론적 근거는 "그리스인"(욜 3:6)이라는 말이 알렉산더 대왕 때까지 최소한 아닥세르세스왕 때까지는 갑자기 나타날 수 없기 때문이라는 것이다.

B.C. 598-488년 후로 시기를 보는 의견들은 예루살렘과 유다의 멸망이 언

급되었고(회복과 함께 – 욜 3:1 참조) 그 멸망이 임박했다는 가정으로 한계에 부딪힌다. 그러나 이런 식의 결론은 너무 자포자기식이다. 이 기간 후에 기록된 것으로 받아들이는 벌링거는 100년을 옮겨와 B.C. 488-477년으로 예언의 시기를 잡는다. 벌링거의 체계에서는(Companion Bibe, 120-124페이지의 부록 86 참조) 예루살렘이 멸망된 것이 B.C. 598년이 아니라 B.C. 498년이기 때문이다.

아마도 이 책에 관한 가장 특이한 사실은 요엘이 예루살렘에 있는 어떤 왕도 언급하지 않았다는 사실일 것이다. 만일 제사장 여호야다가 왕의 일을 담당했다면(대하 24장) 왕들이 언급되지 않은 이유가 설명이 되고 이 책에서 제사장들과 관련된 구절을 설명하는 데(엘 1:13; 2:17) 도움이 된다. 요엘은 또한 이스라엘에 대한 어떠한 언급도 회피했다. 이런 이유로 대부분의 학자들은 이스라엘이 훨씬 오래전에 포로로 잡혀갔다고 믿는다. 그러나 여기에는 함정이 있다. 이스라엘이 포로로 잡혀갔다면 산헤립이 유다를 위협했을 것이다(히스기야의 통치 시대를 보라). 요엘에는 시리아인도, 앗시리아인도, 칼데아인도 나오지 않는다. 내부적인 증거들을 고려해 볼 때(시삭왕의 침공과 같은 절박한 상황을 포함하여 – 왕상 14:25 참조) 요엘이 유다에게 예언한 적합한 시기는 B.C. 885-865년이다(벌링거의 달력에는 이 시기가 B.C. 785-765년으로 되어 있을 것이다).

예언의 시기와 상관없이 분명한 것은 요엘이 예루살렘을 향해 남쪽에 있는 지파들인 유다와 베냐민에게 말씀을 전파했다는 사실이다. 이 책에 대한 특색은 기간이 불확실한 것이 아니다. 가장 뚜렷한 특색은 근본주의자들, 은사주의자들, 자유주의자들, 보수주의자들이 요엘 2장을 자신의 편으로 끌어들인다는 것이다.

가엾은 더멜로우는 요엘 2장이 문자적인 메뚜기들을 다루며 메뚜기 재앙이라고 말한다. 벌링거와 스코필드는 2장의 내용이 문자적인 군대라는 사실(메뚜기들로 상징된)을 알 수 있었다. 그러나 성령님께서 "주의 군대"(욜 2:4-11과 그 주석 참조)라고 부르신 그 군대를 마귀의 군대("북쪽의 군대")라고 불렀다. 〈강단주석〉은 메뚜기떼 재앙이 그 책을 기록할 때 일어났던 사건이라고 말하고 메뚜기에 관하여 작은 글자로 세 페이지나 기록하였다. 헹스텐버그(Hengstenberg)는 "메뚜기떼"가 이스라엘의 영적인 적이라고 말한다. 포셋과 제이미슨과 브라운은 2장의 "메뚜기들"이 단지 식물을 손상시켰다고 말한다(욜 2:8과 주석 참조). 윌리암스는 주의 군대를 선도하는 적그리스도라고 말한다(William's Commentary, 645페이지). New Bible 주석에는 메뚜기들로 시작하여 은유로 달려가다가 시리아는 아니라고 결정하고 마침내는 메뚜기가 "초자연적"이지 않는 한 자연적인 어떤 것이라고 쐐기를 박는다. 디어 박사(Dr. Deere, 위클리프 성경 주석)는 2장이 "무엇과도 견줄 수 없는 우아한 시적인 표현"이라고 단정지어 상징(symbol)과 상징적인 것(the thing symbolized)을 혼동시켰다. 또 사실이 아닌데도 메뚜기가 군대처럼 보여지는 것이라고 하고 군대처럼 움직이는 것이라고 말했다. 이와 같은 경우에 부득이하게 잿더미 대학을 우수하게 졸업한 욥 박사의 조언을 듣지 않을 수 없다. 『**그러나 너희 모두는... 내가 너희 가운데 현명한 자를 하나도 찾을 수 없음이라**』(욥 17:10).

요엘이라는 말의 의미는 "여호와는 하나님이시다"라는 뜻이다. 성경에는 열세 명의 다른 요엘이 있다. 이 책에서 요엘은 요아스 통치 기간에 예언하였든지 아니면 웃시야(B.C. 800-760) 때에 예언하였다.

요엘은 이 책 대부분에서 부정적인 것으로 보여진다. 73절 가운데 20구절 정도만이 "긍정적인" 것으로 인정해 줄 수 있다. 학자들은 모든 요엘의 예언을 그 당시의 역사적 사건의 언급으로 받아들임으로 무덤을 파는 실수를 범한다. 다윗의 생애에서 손과 발이 찔려 본 적이 없는데도 다윗은 자신의 손과 발이 찔렸다고 말한다(시 22:16). 이사야 53:1-10까지의 내용을 유다의 누군가가 당한 것이어서 이사야와 이 사건을 과거 시제로 기록했다고 생각한다면 진짜 바보임에 틀림없다. 요엘이 포문을 열었을 때(욜 1:2) 영감받은 독수리 같은 눈으로 바라본 것은 다니엘의 칠십째 주의 마지막 삼 년간이다. 18-20절을 B.C. 880-440년으로 거슬러 올라가 맞추려고 하는 모든 시도들은 어리석은 짓들이다. 비록 느부캇넷살이 이 부분에 대해 성취를 한 것이라 하더라도(호 8:1과 그 주석 참조) 느부캇넷살은 비를 멈추게 하지도 않았고(18-20절), B.C. 598년에 그가 침공했을 때 주의 날이(15절) 일어나지도 않았다. 성경을 혼잡하게 한 모든 사람들은 요엘 2:2,10,11,28,32; 3:1,2,11,12,13,14,15,16,20,21을 설명할 수 있는 길이 없다.

요엘을 시작하는 데 있어서 마음을 열고 귀를 기울일 것이다(마 13:9). 요엘이 하나님 말씀인 권위역본에서 말하는 것을 믿을 것이다. 여기에서 말하는 요엘을 믿게 되어 보수주의 학자들의 진영에서 벗어나 문둥병자로 내몰리더라도 이 사실조차 감사함으로 받아들일 것이다. 끝까지 학자들과는 상관없이 요엘이 말하는 것을 경청할 것이다.

선지자 요엘을 만나러 가자!

요엘 1장

1:1 프두엘의 아들 요엘에게 임한 주의 말씀이라.
2 너희 노인들아, 이것을 들으라. 너희 모든 땅의 거민들아, 귀를 기울이
라. 이런 일이 너희 날들에나 너희 조상의 날들에라도 있었느냐?
3 너희는 너희 자손들에게 이것을 말하고, 너희 자손으로 그들의 자손들에
게 말하게 하며, 또 그들의 자손은 다른 후대에 말하게 하라.
4 모충이 남긴 것을 메뚜기가 먹고, 메뚜기가 남긴 것을 자벌레가 먹고, 자
벌레가 남긴 것을 풀쐐기가 먹었도다.
5 너희 술 취한 자들아, 깨어서 울라. 포도주를 마시는 너희 모든 자들아,
새 포도주로 인하여 울부짖으라. 이는 그 포도주가 너희 입에서 끊어졌
음이라.
6 한 민족이 내 땅에 올라왔으니, 강하고 헤아릴 수 없으며, 그의 이는 사
자의 이요, 그는 큰 사자의 어금니를 가졌도다.
7 그가 내 포도나무를 황폐시켰고 내 무화과나무 껍질을 벗겼도다. 그가
그것을 깨끗이 벗겨서 버리니, 그 가지들이 하얗게 되었도다.

"요엘"은 "여호와는 하나님이시다"라는 뜻이다. 요엘은 프두엘("하나님의 신실하심," "경건한 성실함")의 아들이다. 요엘은 미래에 대한 예언으로 시작한다. 4,11,12,17,18,19,20절과 관련되는 사건들을 느부캇넷살이 왔을 때나 여호야다나 요아스 시대에 한 번도 일어나지 않았다.

『**이런 일이 너희 날들에나 너희 조상의 날들에라도 있었느냐?**』(2절) 이에 함축된 대답은 "No"이다. 요엘이 묘사한 상황들이 너무 끔찍해서 아무도 그의 말을 귀담아 듣지 않는다. 그런 상황을 본 적도 없고 그가 예언하던 시대의 앞에도 그런 일은 없었다. 『**한 민족이 내 땅에 올라왔으니, 강하고 헤아릴 수 없으며...**』(6절). 이 구절을 역사적으로 보아 느부캇넷살과 바빌론인들에게 적용시킬 수 있겠지만(렘 49:17; 50:17 참조) 느부캇넷살이 침공하기 전에 곤충들의 재앙은 없었다(렘 52장, 왕하 25장 참조). 만일 이 구절들이 침공을 언급한 것이라면(벌링거의 연대기를 보라), 2절과 3절은 기록되어야 할 이유가 없다. 왜냐하면 살만에셀과 산헤립이 북쪽의 열 지파를 쓸어버렸고(호 13:16; 11:10; 2:12 참조), 기근, 흉작, 적의 군대로 모두 쓸어버렸기 때문이다. 요엘이 단순하게 바라본 것은 A.D. 2000년 그 이후였다.

『**너희는 너희 자손들에게 이것을 말하고, 너희 자손으로...**』(3절). 이 구절과 시편 72편에 있는 위대한 "비유"를 비교해 보아야만 한다(시 72:4). 출애굽기 3장부터 사무엘상까지의 역사적인 사건들은 20세기 후반에 실제로 일어날 사건들에 대한 예행연습이다(계 11,12장과 그 주석 참조).

『**모충이... 메뚜기가... 자벌레가... 풀쐐기가...**』(4절). 이 네 동물들은 요엘 2:25에서 언급되는데 『**나의 큰 군대**』(my great ARMY)라고 불린다.

여기에서 주석가들의 95%가 2:1-11 "군대"는 메뚜기들을 비유적으로 묘사한 것이라고 가정하고 나머지 5%는(전천년주의자들) 비록 그것이 문자적인 군대라 하더라도 그것은 반드시 문자적인 메뚜기떼여야 한다고 가정한다(욜 2:11). 요엘 2:25에서 그 메뚜기들은 『**나의 큰 군대**』(MY great army)라고 말했기 때문이다(여기에 대해서는 2장에서 더 언급할 것이다).

모충(palmerworm)은 히브리어로 "gazam"인데 설치동물, 무는 동물이라는 뜻이다. 메뚜기(locust)는 히브리어로 "arbeh"인데 모세가 메뚜기 재앙을 내렸을 때(출 10장)의 그 메뚜기라는 말이다. 자벌레(cankerworm)는 히브리어로 "yeleq"인데 나훔에 세 번 언급되고 "핥는 것"이라는 뜻이다. 풀쐐기(caterpillar)는 히브리어로 "chasil"인데 줄기의 꽃이나 싹을 잘라 게걸스럽게 먹는 동물을 뜻한다. 라스키는 이 모두를 메뚜기의 네 종류라고 말했고 제롬, 씨릴(Cyril), 데오도렛(Theodoret)은 이들은 앗시리아인들, 바빌로니아인들, 혹은 칼데아인들 혹은 메데인들, 페르시아인들, 마케도니아인들 혹은 살만에셀, 안티옥 사람, 산헤립이라고 말했다. 아이들이 그림책에 색칠하고 있다. 드디어 예쁜 그림이 만들어진 것 같다.

한 사람의 주석가도 해석하는 데 성경을 참조하지 않음으로 요한계시록 9:2,3이 본래의 위치에서 벗어나게 된다는 사실에 그다지 놀라지 않는다. 스코필드 편집 이사진은 최소한 한 번은 요엘 1,2장의 예언을 올바른 때에 두었다. 이 예언들이 "끝나는 때"(end time)와 관련이 있다는 사실을 알았기 때문이다(p.930의 난외주 참조). 그러나 요한계시록 9장의 "메뚜기떼"들이 풀을 먹는 문자적인 메뚜기떼들이 아니기 때문에(계 9:4 참조) 더 이상 진행되지 못한다. 스코필드는 요한계시록 9:8에서 관련 구절로 요엘 1:6을 들었다. 요엘 1:6의 사자의 이(LION's teeth)를 요한계시록 9:8의 메뚜기떼들과 연관시켰기 때문이다. 그러나 스코필드 성경의 요엘 1장을 살펴보면 요한계시록 9장의 메뚜기떼에 대한 어떠한 언급도 없음을 발견하게 된다.

자, 이제 기초를 다져야 하겠다. 대환란 기간 중에는(계 11:6을 참조) 모세가(출 10:13) 이집트에 재앙을 몰고 왔던 것(시 78:46)과 똑같은 형태로 문자적인 곤충 떼가 있을 것이다. 그 땅에서 사람이 많이 죽은 후에(출 10:4과 그 주석 참조) 요한계시록 9장의 마귀가 부리는 "메뚜기 떼"가 그 땅으로 이가 사자의 이와 같은 한 민족(욜 1:6)으로서 올 것이다. 그러나 뒤따르는 군대는 (2장) 그 민족의 군대도 아니고 캐나다 공군도 아니다.

이스라엘이 헐벗게 되리라는 예언은 신명기 28:38-40에 기록되어 있고 6절의 "민족"은 모세에 의해 신명기 28:49-52에 예언되어 있다(호 2:12; 10:8; 4:3, 욜 1:10 참조).

4절은 알렉산드리아 이단이 그리스도의 몸을 장악하고 난 후(1880-1884) 그리스도의 몸에 무슨 일이 일어났는가에 대한 좋은 설교 본문이다. 보수주의자들이 "뛰어나게 믿음을 방어하는 자들"로서 "현대주의와 싸우거나" "믿음에 대한 기준"을 세우고 있는 동안 알렉산드리아 이단은 이들을(메이첸, 그린, 샤프, 로버트슨, 케일, 델리취, 모울튼, 웨스트 등) 이용한 것이다. 또 교회사에 해당되기도 한다. 불순한 무리들이 교회를 휘젓고 난 다음(A.D. 200-500), 배교가 판을 쳤다(500-800). 배교가 끝나갈 무렵(800-1000) 교황이 나타나 그나마 남는 부면을 황무지로 만들어 버렸고(1000-1500) 불신앙의 시대까지 온 것이다(1500-1900). 같은 방법으로 오리겐과 유세비우스가 콘스탄틴에게 가짜 "성서들"을 보낸 후 그나마 남겨진 것들을 웨스트코트와 홀트 이단이 주워서 5,688군데나 고쳤는데 이것을 로버트슨, 샤프 등 미국에 있는 이단들이 주워 손을 보아 New ASV만 남을 때까지 도끼질을 해 댔는데 이것이 밥 존스 3세와 펜사콜라 기독대학에 의해 사용되고 있다.

배교는 하나님 말씀에 대한 충성과는 전혀 상관이 없다.

자신이 성경을 고칠 수 있을 정도로 똑똑하다고 생각하는 사람은 자신에게 충성을 다하는 것이다.

5절은 스스로 해석한다. 흉년이 들었을 때 밀주뿐 아니라 포도주스가 어떻게 끊기는가를 다시 한 번 주목해 보라(호 4:11).

1:8 ○ 자기의 젊은 시절의 남편을 위하여 굵은 베옷으로 동인 한 처녀같이 애곡하라.

9 음식제사와 술붓는 제사가 주의 전에서 끊어졌고, 제사장들, 곧 주의 일꾼들이 슬퍼하는도다.

10 밭은 황폐하고 땅은 슬퍼하는도다. 이는 곡식이 황폐하였으며 새 포도주가 말랐고 기름이 떨어졌음이로다.

11 오 너희 농부들아, 너희는 부끄러워하라. 오 너희 포도원 일꾼들아, 밀과 보리를 위하여 울부짖으라. 이는 밭의 수확이 다 없어졌음이니라.

12 포도나무는 말랐고 무화과나무는 쇠잔해졌으며 석류나무와 또 종려나무와 사과나무와 밭의 모든 나무들조차 시들었으니, 이는 기쁨이 사람들의 아들들에게서 말라 버렸음이니라.

13 너희 제사장들아, 너희 자신을 동이고 애곡하라. 너희 제단의 일꾼들아, 울부짖으라. 너희 내 하나님**의 일꾼들아, 너희는 와서 굵은 베옷을 입고 온 밤을 누울지니, 이는 음식제사와 술붓는 제사가 너희** 하나님**의 전으로부터 금하여졌음이니라.**

여기에서 성경에 표시되어 있는 문단 표시의 신비함에 다시 한번 주의를 기울여야 한다(행 20:36 주석 참조). 이 문단 표시는 "진리의 말씀을 올바로 나누는" 것을 가능하게 하는데 모든 주석가들이 이것을 하찮게 여기므로 스스로 진리에서 멀어지는 일을 초래하였다(호 2:11,12의 주석 참조).

『**한 처녀같이 애곡하라**』(8절). 우리가 알기로는 이스라엘은 간음한 아내로 묘사되어(호세아 참조) 나중에 그녀의 남편과 화해하는 것으로 알고 있다. 그러나 여기에서 언급된 대환란 중의 남는 자들은 처녀와 관련되어 있다(렘 31:4, 왕하 19:21 참조). 어찌된 일인가?

성경을 성경으로 풀면 해결되지 못할 문제가 거의 없다. 그리스도의 신부는 "순결한 처녀"이다(고후 11:1-3). 그러나 동시에 이 순결한 처녀는 결혼한 아내이기도 하다(엡 5:32). 여기에서 몸이 영적으로 연합되는 것과(엡 5:30 참조) 영적인 몸을 구성하는(고전 12:1-13) 구성원들이 그리스도와 함께(고후 12:1-5) 영원히 있게 되는(살전 4:17) 실제 결혼(계 19:4-9)과의 차이점을 알 수 있다. 대환란 동안 구원받는 이스라엘의 남는 자들은 "처녀... 이스라엘의 딸"(사 23:12; 37:22; 62:5)로 불리지만 회복될 때는(호 1,2장) 화해한 아내로 묘사된다(사 54:5).

8절의 젊은 여인은 결혼을 위해 약혼을 했지만 약혼자를 잃은 여인이다. **『음식제사와 술붓는 제사가 주의 전에서 끊어졌고, 제사장들, 곧 주의 일꾼들이 슬퍼하는도다』**(9절). "제사장들"과 "일꾼들"(9절)은 성전에서 음식제사와 술붓는 제사로 인한 수입이 없어짐으로 슬퍼한다(레 2,23장, 출 29장, 민 15장 참조). 물가는 폭등하고, 농사는 흉작이며 비는 내리지 않고, 메뚜기떼들은 몰려오고, 무화과나무와 포도나무는 열매가 없다(7절). 그래서 제사장들은 술취한 자들과(5절) 포도원 일꾼들과(11절) 함께 울부짖는다.

『밭은 황폐하고... 곡식이 황폐하였으며... 기름이 떨어졌음이로다』(10절). 미국의 경우 정부의 실책으로 기근이 왔고 이스라엘의 경우 범죄함으로 기근이 왔다. 정부의 실책뿐 아니라 범죄로 인하여 미국은 심판을 피할 길이 없다. 2년 만에 고깃값은 파운드 당 98센트에서 1.60달러로 올랐다. 농민은 고깃값으로 고작 파운드 당 26-35센트만을 받을 뿐이다. 세계적으로 공인받은 거짓말쟁이는 뉴스 매체인데 "작년 이맘때 2.58%의 물가지수와 비교해 볼 때 지난달의 물가지수는 1.15%에 그쳤다."라고 발표하였다. 어떤 어리석은 사람도 이 말을 곧이듣지 않는다. 삼 년 만에 기름, 과자, 우유, 빵, 과일, 주스, 고기, 치즈, 채소는 100%나 올랐고 초콜릿은 십 년 만에 500% 올랐다는 사실은 모르는 사람이 없다. 맥주와 위스키만이 안정세를 유지할 뿐이다.

일 년에 물가가 30% 올랐다는 것은 매달 2.5%씩 3년간(1971-1973) 계속 올랐다는 것이다. 어떤 기간에는 마요네즈, 화장지, 잼 등이 한 달에 30%까지 오르기도 했다(1975년). 주부들이 "도매물가지수"가 무엇인지 이해할 정도다. 소매물가지수가 연달마다 30%에서 50%로 오른 것이다.

곡식과 새 포도주가 바닥이 난 것은(10절) 술을 만들기 때문이다(11절). 미국이 치안 유지한답시고 쓸데없이 부어 버린 기름이 1억 배럴이나 된다.

12절은 레위기 26:20의 예언이다. 가축과 포도원을 돌보았던 사람들은(11절) 1975년에 일어났던 때와 비교해 볼 때 더 형편없었다. 가축을 쏴 죽이고(1975년) 온두라스에 있는 로마카톨릭 교회에 보냈다는 사실을(1974년) 감안하더라도 말이다. "울부짖다"(HOWL, 5,11절)는 말을 주목하라. 호세아 7:14에서도 사용된 말이다(히브리어로 "yalal"-얄랄). New ASV에서는 이 말을 모두 "wail"로 번역을 하였는데 이사야 52:5에서는 "howl"로 번역하였다["일관성 있게" 번역되어야 한다고 울부짖는(howl) 늑대의 또 다른 소리를 듣는 것이다]. 헬라어와 히브리어를 공부한 학생이라면 신구약에서 "wailing"이 의미하는 것은 "가슴을 치며 애곡하는"(계 1:7 참조) 것이라는 사실을 안다. New ASV는 NCCC가 사용하는 RSV와 맞추기 위해 "wail"을 스무 군데 정도 오역하였다. 예레미야 48:20,31,39 등을 보라.

보수주의자들이 자유주의 입장을 지지한다는 것은(1880-1920) 이들은 RSV가 출판되기 전에 RSV가 채택한 본문을 수용한다는 사실을 결코 잊어서는 안 된다. 이 사실에 있어서는 근본주의자들도 마찬가지이다. 이들이 자유주의 입장을 옹호할 때(1940-1980) RSV를 수용했던 것이다. 대부분의 그리스도인은 밥 존스 3세와 근본주의자들이 신뢰할 만한 번역본으로 NASV(1969)를 추천하는 것에 대해 3,000군데 정도로 확인해 보지 않고 받아들이는데 이 성서들이야말로 이집트 알렉산드리아로부터 흘러 들어온(A.D. 330-350) 이단 발행문인 것이다.

석류나무, 사과나무, 무화과나무(12절)가 열매를 맺지 못하게 된다는 것은 이스라엘이 곡식으로 만든 빵이 없어짐과 더불어 자연적인 치료책이 없어진다는 것이다. 그런데 이 기근에 대한 요엘의 예언 한가운데 부분에서 『**나무가 그 열매를 맺으며 무화과나무와 포도나무가 그것들의 힘을 내기 때문이라.**』(욜 2:22), 『**타작마당들은 밀로 가득 차고 독들은 포도주와 기름으로 넘쳐나리라.**』(욜 2:24)는 약속을 받게 된다. 서로 상충되는 이 두 구절을 받아들이기 위해서는 정치적인 국가로서의 이스라엘의 문자적 회복을 믿어야만 한다. 이 문제에 관한 한 오리겐으로부터 더멜로우까지 거의 90%에 해당하는 구약 주석가들을 무시해버려야 한다. A.D. 200-1940년까지 후천년주의나 무천년주의 입장을 견지해 온 주석가들은 눈 하나 깜짝하지 않고 구약의 사분의 삼을 거부했던 것이다.

1:14 ○ 너희는 금식을 거룩케 하고 엄숙한 집회를 소집하며 장로들과 그 땅의 모든 거민들을 주 너희 하나님의 **전으로 모아 주께 부르짖으라.**

15 슬프도다, 그 날이여! 이는 주의 날이 가까웠으며 전능하신 분**으로부터 오는 멸망처럼 그 날이 올 것임이라.**

16 음식이 우리의 목전에서 끊어진 것이 아니냐? 정녕, 기쁨과 즐거움이 우리 하나님의 **전으로부터 끊어지지 않았느냐?**

17 씨가 그들의 흙덩이 아래서 썩었고 창고가 황량해졌으며 곳간이 부서졌으니, 이는 곡식이 시들었기 때문이라.

18 짐승들이 어찌 신음하는지! 소떼가 어찌할 바를 모르니, 이는 그들에게

초장이 없음이라. 정녕, 양떼도 황폐케 되었도다.
19 오 주여, 내가 주께 부르짖으리니, 이는 불이 광야의 초장들을 삼켰고
화염이 들의 모든 나무를 태웠음이니이다.
20 들의 짐승들도 또한 주께 부르짖으오니, 이는 강물들이 말랐고 불이 광
야의 초장들을 삼켰음이니이다.

14절의 "엄숙한 집회"는 3대 명절 중 하나가 될 수 있다(신 16:16). 그런데 호세아 9:5; 12:9에서 살펴보았듯이 이 구절은 "주의 날"(15절)을 예고하는 장막절과 연관이 있다.

14절에서 알 수 있는 것은 그리스도인 개인이나 한 국가나 한 교회가 가뭄(9절)과 같은 역경을 극복하기 위해 취할 수 있는 집회는 기도모임이라는 사실이다(욜 2:15,16 참조). 국가적으로 무슨 조사단을 결성하고 UN의 무슨 기구를 동원하고 무당을 불러 푸닥거리를 하는 것은 근본적인 문제 해결과는 전혀 무관한 것이다.

『**슬프도다, 그 날이여! 이는 주의 날이 가까웠으며...**』(15절). 이 구절에 대해서는 전천년주의 입장에 있는 주석가들만이 해석을 할 수 있다. 나머지 95%에 해당하는 주석가들은 마태복음 3:2과 마가복음 1:15에서와 마찬가지로 "가까웠다"는 말을 바꾸어야만 한다.

자유주의자들은 "주의 날"(The Day of the LORD)을 "A DAY of the Lord"로 수십 군데 바꿔 놓아 막연한 말로 바꾸었다. New ASV(1969)에서는 주의 날을 "시적인"(poetic) 형태로 수십 군데 바꾸어 주요한 교리를 나타내는 구절로 볼 수 없도록 하였다. [1884년의 RV와 1901년의 ASV는 아주 미묘한 책략으로 배교를 주도했는데 이 미묘한 책략을 통하여 성경의 권위를 제거할 수 있었다. 대부분의 그리스도인은 19세기에 유행한 독일의 합리주의자들에 대해 별 관심이 없었는데 이것은 다윈의 이론을 성경해석에 적용하여 시적으로 비유하여 해석하는(poetic Imagery) 방법이다. 이 방법이 편리한 것은 성경에서 이성으로 믿기 어려운 부분에 대해서는 사실로 받아들이기를 거부하고 시적인 표현이라는 식으로 수용하면 그만이라는 것이다. 선지서 전체를 통하여 이 방법을 채택한 것이 New ASV이다. 『**악한 사귐은 좋은 행실을 부패시키느니라**』(고전 15:33).]

후천년주의자들과 무천년주의자들 사이에서 이 "주의 날"은 미래에 해당한다고 믿는데 이 "주의 날"이 베드로후서 3:10에서 언급하는 그 "날"이 된다고 말한다. 이 "말"은 베드로후서 2:9과 연결된다고 하고 곧바로 데살로니가전서 5:2로 달려간다. 모두 뒤범벅으로 만들어 놓고 마태복음 25:31과 그리스도의 심판석(고후 5:10)을 섞어 버린다.

"주의 날"이 안고 있는 문제는(New ASV에서 데살로니가후서 2:1,2이 어떻게 변개되었는지 살펴보라.) 너무 긴 기간을 포함한다는 것이다. 주께는 하루가 천 년같기 때문에(벧후 3:8) 주의 날의 "날"은 재림부터(살전 5:2) 백보좌 심판(벧후 2:9)까지를 언급할 수 있다. 더욱이 주의 날은 다니엘의 칠십째 주와 겹쳐지는데 이에 대한 명백한 구절은 이사야 13:9, 예레미야 46:10,21, 에스겔 30장, 아모스 5장 등이다. 더 엄청난 것은 주의 날을 설명하는 표현은 재림을 예표하는 역사적인 사건도 언급할 수 있다는 것이다(겔 30:3,10,11을 보라). 선지자들이 지속적으로 사용한 표현은 "그 날에는"(IN THAT DAY)이라는 표현인데 이 표현은 산헤립과 느부캇넷살의 침공, 예수 그리스도의 재림, 대환란의 심판, 아마겟돈 전쟁, 예수 그리스도의 천 년간 통치, 이스라엘의 회심, 초림에서도 사용된다.

대부분의 주석가들은 요엘 2장에 언급된 "가까웠다"는 말을 요엘이 살아있을 당시에 닥칠 문자적인 메뚜기 재앙으로 본다. 그러면서 이것이 백보좌 심판을 예견하는 비유라고도 생각하는 것이다.

요엘 2장에 나오는 모든 것은 요한계시록 19:11-16에 나오는 재림 때의 군대들을 묘사한다. 그리고 그 문맥에서 언급되는 "가까웠다"는 말은 실제로

"가까웠다"는 말이다. 대환란 때에 요한계시록 22장이 "가까이" 온 것처럼, 유대인들이 부활하신 메시아를 받아들이기만 했다면 초림 때에 마태복음 3:2, 마가복음 1:15이 "가까이" 임했을 것처럼 말이다(이에 대해 사도행전 7장과 주석 참조). "가까웠다"고 언급되었던 모든 것은 연기되었고 연기된 이 모든 것은 두 번째 기회가 성취될 때까지 여전히 "가까운" 것이다. 마태복음 17:11,12과 요한복음 1:21을 말라키 4:5과 누가복음 1:17과 비교해 보라. 성경을 해석하는 데 있어서는 히브리어, 콥트어, 시리아어, 헬라어를 제쳐두고 영어를 영어(1611)로 비교하는 것이 항상 생산적이라는 사실을 알아야 한다.

16절부터 20절은 다니엘의 칠십째 주의 마지막 주와 달을 묘사한다. 2장 1절의 불에 대한 심판이 따른다. 『**불이... 삼켰고.... 태웠음이니이다... 불이... 삼켰음이니이다**』(19,20절, 겔 20:46-49, 사 24:3-6 참조).

이 때에 팔레스타인은 3년 반 동안 가뭄을 겪었다(계 11:6과 그 주석 참조). 그리고 지구는 태양쪽으로 이동하여 태양이 땅도 태우고 사람도 태웠다(계 16:9). 14절에 언급된 땅은 팔레스타인 땅이다(왕상 17:7; 18:45 참조). 팔레스타인 땅은 모세가 사역하는 기간 중의 이집트와 상황이 같을 것이다(출 6-10장). 씨는 밭에서 썩고(17절) 곳간이 부숴졌고 곡식을 나르는 엘리베이터는 멈추어 버렸다(17절). 말과 소들은 푸른 초장이 없어 신음하며 죽어간다(계 8:7). 팔레스타인의 강들은 유프라테스강이 말라 버린 것처럼(계 16:12) 말라 버렸다(20절).

전천년주의자 벌링거를 추종하는 윌리암스는 19,20절의 불과 화염이 단지 메뚜기를 "비유"한 것이라고 말한다. 요한계시록 9:2-8의 메뚜기가 아니라면 나무를 태울 수 있는(19절) "메뚜기" 좀 보았으면 좋겠다.

신약이 완성되기 전에 단 한 장도 쓰여지지 않았던 망상 속의 〈칠십인역〉은 유다의 "입"에서(1:5) 술이 아니라 "즐거움과 기쁨"을 제거해 버렸다. 15절에서는 주의 날이 문제를 크게 만들었고 18절에 7단어를 첨부시켰다.

상식을 초월한 New ASV(펜사콜라와 린치버그에서는 "신뢰할 만하다"는 평을 받는다)는 4절에서 모충, 풀쐐기, 자벌레를 제거시켰고, 고대 라틴어로 로마카톨릭에서 사용하는 말인 "LIBATION"(술로 신에게 제사지내는 것)을 "술 붓는 제사"(drink offering)와 대체시켰다(9절). 씨는 "썩는 것"이 아니라 (17절) "시들은 것"(shrivel)이라고 하고 곡식은 "시들은 것"이 아니라 "말라 버렸다"(dried up)고 한다.

자유분방한 RSV(1952)의 17절은 BJU에서 사용하는 쌍둥이 자매인 New ASV와 같다. 6절의 큰 사자를 암사자(lioness)로 바꾸었는데 NIV도 마찬가지다. New ASV와 New RSV가 보조를 맞추기 위해 4절의 세 곤충을 제거시켜 버렸다. 깃털이 같은 메뚜기들은 함께 곡식을 좀 먹는다.

케네스 테일러가 사사로이 주석한 리빙바이블에서는 "주의 날"을 엉망으로 만들어 놓았고(15절) 2장에서 곤충으로서의 메뚜기들을 받아들이도록 하기 위해 6절에서 "한 민족" 대신 "메뚜기"로 대체시켰다. 이런 것을 사사로운 해석이라고 하는데 이 부분에 있어서 로마카톨릭의 콜럼버스 기사단과 테일러의 리빙바이블은 필적을 겨룰 만하다고 하겠다. 테일러는 2장에서 주의 군대를 제거시키고 곤충으로 대체시켜 요엘 2:4에서 "TINY"라는 말을 첨가시켜 "작은 말들"(tiny horses)이라고 하였다! 여기에서 배꼽이 제자리에 있는지 확인해 봐야겠다. 불도 없고 "화염"도 없다(19,20절). "너희 하나님의 전"(13절)을 교묘히 제거하였다. "성서"를 번역하는 것이 아니라 종교 소설을 쓰고 있는 것이다.

여전히 유치원 동창생들로부터 편지가 오는데(오렐리, 노웩, 마티) 2절의 "노인들"은 "건초더미의 말"(hay horse)로 12절의 "시들었으니"를 "부끄러운"(ashamed)으로 되어야 한다고 말한다. 또 『**밀과 보리를 위하여**』(11절) 『**석류나무**』(12절), 『**사과나무**』(12절), 『**노인들**』(2절), 『**너희는 너희 자손들에게 이것을 말하고**』(3절) 등등은 성경에는 없어야 된다고 한다. 노웩, 마티, 오렐리도 "성경에는" 없다. 이들은 소설책이나 도색잡지나 요리책 "안에" 있어야 한다.

더멜로우는 4절에 나오는 곤충들이 모두 메뚜기라고 주장하고(New ASV를 보라) 5절의 "새 포도주"는 "달콤한 포도주"(sweet wine)로 되어야 하고 씨는 "시든다"(shrivels)로 되어야 한다고 주장한다(17절, New ASV 참조). 그리고 15절의 "주의 날"은 단지 여호와께서 이스라엘에게 승리를 주셨을 때의 "대중적인 생각"일 뿐이라고 주장한다.

왜 페퍼(위클리프 성경주석), 케일, 클라크, 푸시, 헨리, 제이미슨, 포셋, 브라운, 체인, R.A. 코울(뉴바이블 주석), 엘리콧, New English Bible과 더불어 시간을 낭비하는가? 왜 성경의 보물을 캐는데 진흙 덩어리, 돌덩어리 밭을 400에이커나 쟁기질하는가? 이런 집단들에 의해 자행된 파괴적인 비평으로 이미 그리스도의 몸은 만신창이가 되어 버렸다. 성경의 권위를 끌어내려 놓은 이들은 두 개의 집단으로 나눌 수 있는데 하나는 자유주의 입장을 견지하여 배도한 구원받지 못한 집단과 구원받았으면서도 보수주의라는 명칭을 걸고 배교해 버린 집단이다. 이들은 가르쳐 준 대로만 믿는 집단이다. 이들을 얽어매는 사도직의 계승이라고 주장하는 질긴 사슬보다도 더 끊어지지 않는 사슬이 있는데 그것은 오리겐부터 시작되어 누군가가 인쇄하는 성경의 마지막 "역본"에서 드러나는 파괴적인 비평이다. 이들을 강력하게 결합하게 하는 접착제가 있는데 그것은 구원을 이루신 분이 보존하여 넘겨주신 성경을 혐오하는 본성이다.

요엘 2장

2:1 너희는 시온에서 나팔을 불고 내 거룩한 산에서 경고의 소리를 내어 그
땅의 모든 거민들로 떨게 하라. 이는 주의 날이 오며 그 날이 가까움이라.
2 흑암과 암영의 날, 구름과 짙은 어두움의 날이 산들 위에 펼쳐진 아침
같으니, 많고 강한 사람들이라. 이 같은 일은 전에도 없었고, 또 이후,
곧 많은 세대들의 연수에까지도 다시 없으리라.
3 불이 그들 앞에서 삼키며 그들 뒤에서는 화염이 불타는도다. 그 땅은 그
들 앞에서는 에덴의 동산 같으나 그들 뒤에는 황량한 광야 같으니, 정
녕, 어떤 것도 그들을 피하지 못하리라.
4 그들의 모양은 말들의 모양 같고 그들은 마치 기병들처럼 달리리로다.
5 그들이 뛰는 것은 산꼭대기들에 있는 병거들의 소리 같고, 그루터기를
삼키는 불꽃 소리와도 같으며, 전열에 배치된 강한 백성 같으리라.
6 그들의 얼굴 앞에서 백성은 심하게 아픔을 당할 것이며 모든 얼굴들은
새까맣게 되리라.
7 그들은 용사들같이 달릴 것이며 그들은 전사들같이 성벽을 기어오를 것

이요, 그들은 각기 자기의 길로 행군할 것이나 그들은 그 대열을 흩뜨리
지 아니하리라.
8 한 사람이 다른 사람을 밀치지도 않을 것이며, 그들은 각기 자기 길로
걸으리라. 그들은 칼 위에 쓰러져도 상처를 입지 아니하리라.
9 그들은 성읍 안에서 이리저리 달릴 것이며, 그들은 성벽 위를 달릴 것이
요 집들 위를 기어오르며 그들은 도둑처럼 창문들을 통해 안으로 들어
가리라.
10 땅이 그들 앞에서 흔들리며 하늘들이 떨고 해와 달이 어두워지며 별들이
그들의 빛을 거두리라.
11 주께서 그의 군대 앞에서 그의 음성을 발하시리니, 이는 그의 진영이 매
우 크고 그의 말씀을 실행하는 분은 강하심이라. 주의 날이 위대하고 심
히 두려우니 누가 그것을 견뎌 낼 수 있으리요?

1장에서는 학자들이 하나님 말씀을 집어 던져 버림으로 얼마나 처절하게 성령님과 싸우는지를 보았다. 여기서는 성령님께서 요한계시록 19장의 군대를 소집하고 명령하시는 것에 대해 초인적인 힘으로 저항한다. 윌리암스와 스코필드는 적그리스도를 주의 군대에 섞어 버리고 더멜로우나 테일러는 여태껏 네 종류의 메뚜기 떼에서 벗어나지 못한다. 〈강단 주석〉에서는 메뚜기 머리 모양과 말머리 모양이 비슷하다고 역설한다.

『**너희는 시온에서 나팔을 불고…**』(1절). 전능하신 하나님께서 파수꾼에게 언제 나팔을 불라고 말씀하셨는가?(민 10장을 보라). 메뚜기가 나타날 때였는가?

『**내 거룩한 산에서 경고의 소리를 내어…**』(1절). 경고의 소리를 내라? 메뚜기들 때문에? 경고의 소리를 내는 것에 대해 민수기 10:5,6을 읽어 보라. 하나님께서는 메뚜기들로 인해 경고의 나팔을 낭비하신 적이 없다.

『**이는 주의 날이 오며**...』(1절). 느부캇넷살, 여호야다, 요아스, 살만에셀, 알렉산더 대왕 시절에는 오지 않았다.

『**흑암과 암영의 날, 구름과 짙은 어두움의 날이 산들 위에 펼쳐진 아침 같으니**...』(2절). "아침"? 말라키 4:1-4을 읽어 보았는가? 마태복음 13:43을 읽어 보았는가? 마가복음 13:35을 읽어 보았는가? 시편 19:4,5을 읽어 보았는가? 솔로몬의 노래 6:10을 읽어 보았는가? 사무엘하 23:4을 읽어 보았는가? 출애굽기 19:16을 읽어 보았는가? 어떻게 전천년주의 근본주의자들을 포함하여 100%의 주석가들이 마지막 구절을 놓칠 수 있는가?

『**많고 강한 사람들이라. 이 같은 일은 전에도 없었고, 또 이후, 곧 많은 세대들의 연수에까지도 다시 없으리라**』(2절). 사람들이 주장하기를 잠언 30:25에 『**개미들은... 백성들이나...**』고 기록되어 있어 메뚜기들도 "사람들"이 될 수 있다고 한다. 그러면 『**이 같은 일은 전에도 없었고...**』는 어떻게 되는 것인가? "이 같은 일"은 모세와 파라오 때에 분명히 있었다(출 10:13을 보라).

『**불이 그들 앞에서 삼키며 그들 뒤에서는 화염이 불타는도다**』(3절). 메뚜기가 아니라 불이다. 메뚜기를 불태우는 불인 것이다. 『**그 땅은 그들 앞에서는 에덴의 동산 같으나 그들 뒤에는 황량한 광야 같으니**』(3절). 만일 이것이 진짜 초자연적인 군대라면(이것은 초자연적인 군대다) 파괴하는 지역은 팔레스타인의 불타는 땅(욜 1:18-20)보다도 더 넓은 지역이다(암 1-3장).

『**그들의 모양은 말들의 모양 같고**...』(4절). 어떻게 모든 주석가들이 요한계시록 19:11-17의 말들을 놓쳐 버릴 수 있는가? 스코필드는 관련 구절을 발견했지만(930페이지 난외주 참조) 문맥을 둘로 나누어(욜 2:10-11) 자신이 언급했던 요한계시록 19:11-16의 말들로부터 4절의 말들을 분리시켰다.

『**그들은 마치 기병들처럼 달리리로다**』(4절). 어떻게 100%의 주석가들이 열왕기상 2:11, 솔로몬의 노래 6:12,13, 하박국 3:8을 놓쳐 버릴 수 있는가? "인정받은 권위들"을 가진 분들은 무얼하고 계시는가? 어떻게 보수주의자들은 한마디도 설명하지 못하면서 줄곧 말씀에 정통하다고 자랑만하고 있는가? 그 정통하다는 말을 의심해 봐야 하지 않겠는가?

『**산꼭대기들에 있는 병거들의 소리 같고...**』(5절). 정확하다. 이 병거들은 열왕기하 6:17에서 볼 수 있다. 이 병거들은 솔로몬의 노래에 등장하고 이 병거들 가운데 하나를 타고 엘리야는 영광 속으로 올라갔다(왕하 2:11). 그래도 메뚜기들이라고 생각하는가?

『**전열에 배치된 강한 백성 같으리라**』(5절). 어떻게 성경을 믿는다고 하면서 스카랴 14:1-3과 이사야 31장의 관련 구절을 놓칠 수 있는가? 주께서 지휘하시는 하나님의 군대는 싸우기 위해 내려오는데 말을 타고 내려온다. 그리고 "불꽃 소리"(5절)와 같은 소리를 내는데 이는 불병거와 불말들을 타고 있기 때문이다(왕하 2:11). 메뚜기라고 생각하는가?

『**모든 얼굴들은 새까맣게 되리라**』(6절). 원자폭탄의 폭발로 피부가 떨어져 나가고 몸이 썩어 버리기 때문이다(슥 14:12과 주석 참조). 『**그들은 용사들 같이 달릴 것이며... 그들은 각기 자기의 길로 행군할 것이나 그들은 그 대열을 흩뜨리지 아니하리라**』(7절). 이 군대가 다윗의 군대와 어떻게 흡사한지 보라(대상 12:22). 다윗은 주의 천사의 예표이다(삼상 25:28, 삼하 14:17). 또 이 군대가 여호수아의 군대와 어떻게 흡사한지 보라(수 6:5). 여호수아의 군대는 곧바로 저주받은 도시를 공격하였다(계 17장, 수 6:18). 『**그들은 각기 자기 길로 걸으리라**』(8절). 지금까지 살아오는 동안 "자기 길로" 똑바로 걷는 "메뚜기"를 본 일이 있는가?

『**그들은 칼 위에 쓰러져도 상처를 입지 아니하리라**』(8절). 아직까지 "메뚜기"라고 우기는 멍청이들이 있다. 이사야 33:4에서 이 문맥을 설명하지 않는가? 칼 위에 쓰러져 상처 입는 메뚜기를 본 적이 있는가? 아니 그런 비슷한 소리라도 들어 본 적이 있는가? (여기에서도 역시 "학문적으로는..." 운운하면서 빠져나가리라는 것을 알고 있다. 선지자들은 모든 묵시적인 사실을 묘사하는 데 있어서 비유적으로, 시적으로 표현했다고 말하는 것이다. 우리도 그런 학교는 다녀봤다.)

『**그들은 도둑처럼 창문들을 통해 안으로 들어가리라**』(9절). "권위를 인정받은" 학자들은 이 구절을 마태복음 24:43, 요한계시록 16:15, 데살로니가전서 5:2과 상관없이 읽어 버린다. 성경을 진지하게 연구한다고 하는 학자님들이 어떻게 9절과 상관되는 신약에서의 중요한 세 구절을 모두 놓쳐 버릴 수 있단 말인가? 이 세 구절이 요엘이 사역하던 당시의 메뚜기에 관련된 구절인가? 이 구절들이 북방으로부터 예루살렘을 공격하는 적그리스도를 가리키는 것인가? 성경을 암시적으로, 진지하게 공부하려면 NIV이나 New ASV를 봐야 한다고 말하는 교육받은 원숭이들을 어떻게 설명해야 되겠는가? 자신을 스스로 속이는 가엾는 원숭이들은 어느 성경에서든 "도둑처럼"이라는 말에 대한 성경적 진리를 결코 찾지 못한다.

『**땅이... 흔들리며... 해와 달이 어두워지며 별들이 그들의 빛을 거두리라**』(10절). 사도행전, 요한계시록, 이사야를 읽었다면 이 구절을 놓칠 수가 없다. 이것은 아마겟돈 전쟁 전에 일어날 사건과 함께 예수 그리스도의 재림을 말한다(계 19장, 행 2장, 사 9장, 욜 2:30,31).

『주께서 그의 군대 앞에서 그의 음성을 발하시리니…』(11절). 이 구절에 오면 넝마들로 수북이 쌓인 쓰레기 더미를 보게 된다. 도로가 잘 포장되어 있는데도 차가 움직이지 않아 오일 팬을 살펴보다가 유니버설 조인트를 만져보기도 하고, 변속장치를 뜯어보기도 한다. 만일 1절부터 11절까지의 내용이 아마겟돈에서 주의 군대를 이루게 될 이 시대의 구원받은 그리스도인들을 언급하는 것이라면 근본주의자들은 1-11절을 문자적으로 믿지 못한다. 그래서 성경을 믿지 못하면 또 다른 성경을 발명해 내는 것이다! 스코필드는 〈킹제임스성경〉의 문단 표시를 지워 버리고 문장 가운데에 한 단락을 만들었다. 11절은 하나의 문장인 것이다.

여기에서 다시 〈킹제임스성경〉을 혐오하여 그리스도의 몸을 제거시키려고 하는 음모를 펴는 거듭난 근본주의 이단을 볼 수 있다(호 12:4과 그 주석 참조). 이들이 "자유주의자"라는 말은 아니다. 그러나 〈킹제임스성경〉을 말뚝에 박아 놓는 한 거짓말쟁이가 될 수밖에 없다는 사실을 말하는 것이다. 스코필드는 10절까지는 침공하는 군대가 묘사된 것이고, "11절에서"(at verse 11) 여호와의 군대가 나타난다고 말한다(931페이지 각주 참조). 또다시 틀렸다. 스코필드 성경에서 요엘 2장을 시작하면서 "북방으로부터 침공하는 군대"라고 말했다. 또다시 틀렸다. 스코필드도 4,5,6,7,8,9,10절에 대한 관련 구절을 제시하는 것을 거부해 버린 것이다. 3절에서 그나마 한 구절을 제시했는데 이것마저도 재림과는 무관한 것이다. 11절에 가서 한 구절을 제시했을 뿐이다. 일곱 구절을 건너뛴 것이다. 어떻게 진지한 성경 공부에서 일곱 구절을 건너뛸 수 있는지 궁금하다.

요엘 2:1-11의 "군대"는 그리스도의 몸(솔 6:13)과 대환란에서 나온(계 7:14; 19:14) 재판관기 5:10의 흰 나귀 탄 자들로 이루어져 있다. 이 말을 믿지 못한다면 하나님의 군대(합 3:15)에서 말을 타고 피를 통과해 갈 때(시 68:23)에야 믿게 될 것이다. 그때까지 1880년 이후로 출판된 성경을 통해서는 결코 이 관련 구절을 알 수 없다.

요엘 2:1-11은 예수 그리스도처럼 된(요일 3:1-3, 빌 3:21, 롬 8:29) 구원받은 사람들의 영광스럽게 변모된 몸으로 예수 그리스도와 함께 이 땅으로 돌아와 마포자루로 쓸어버린다.

2:12 ○ 주가 말하노라. 그러므로 이제라도 너희는 너희의 마음을 다하여 금식하고, 울며 애통하며 내게로 돌이키라.

13 너희 옷을 찢지 말고 너희 마음을 찢으며 주 너희 하나님**께로 돌이키라. 이는 그가 은혜로우시고 자비로우시며 노하기를 더디하시고 매우 인자하시며 재앙에서 스스로 돌이키심이라.**

14 그가 돌아오셔서 마음을 돌리시며 그의 뒤에 복을 남겨 두시어 주 너희 하나님**께 음식제사와 술붓는 제사를 드리게 하실지 누가 알겠느냐?**

주께서는 또다시 유다에게 주께로 "돌이키라"고 명령하신다(12,13절). 회개는 마음으로부터 나오는 것이다("너희는 마음을 다하여," "너희 마음을 찢으며"). 그 다음의 금식과 애통해 하는 것은 외형적으로 보여지기 위한 것이 아니라(마 6:16-18 참조) 참된 것이다. 하나님께 드리는 희생제들은 상하고 참회하는 마음이기 때문이다(시 51:17). 주께서는 형식이 아니라 마음의 밭을 갈기를 원하신다(호 10:12). "너희의 마음을" 찢기를 원하신다. 12절에서 명령하신 금식은 스가랴 7:5,6에서 볼 수 있는 그런 성질의 금식이 아니다. 참된 금식은 먹고 마시는 것에 있어서 어떤 규정을 세워 놓고 하는 것과는 엄청난 차이가 있다(롬 14:1-10). 이런 금식은 인간의 의지력을 자랑하게 된다(골 2:23과 그 주석 참조). 죄에 대한 비통함 때문에 금식을 하는 것이다(왕상 21:27).

『이는 그가 은혜로우시고 자비로우시며 노하기를 더디하시고 매우 인자하시며 재앙에서 스스로 돌이키심이라』(13절). 요엘은 모세가 알았던 것을(출 34:7) 알았다. 요엘은 므낫세(대하 33:19)와 요나(욘 2,3장)가 알았던 것을 알았다. 주께서는 "오래 참으시어 아무도 멸망하지 않고 다 회개에" 이르기를 원하신다(벧후 3:9, 겔 18:32). 진노 가운데서도 자비를 기억하신다(합 3:2, 호 11:8,9과 주석 참조).

『그의 뒤에 복을 남겨 두시어 주 너희 하나님**께 음식제사와 술붓는 제사를 드리게 하실지 누가 알겠느냐?』**(14절) 이 제사들은 요엘 1:13에서 곡식을 거두지 못함으로 금하여졌다. 하나님께서는 심판에 마음을 바꾸셔서 얼마간의 곡식을 남겨 두심으로 성전에서 드리는 제사가 다시 시작되도록 하신다는 생각을 할 수 있다. "그가 돌아오셔서." 재림이 있기까지(계 19:11)의 시간 간격은 알려지지 않았다(마 24:48). 환란 중간에 주께서 이스라엘에게 나타나시는 사실은(혹은 최소한 장막절이 있기 6개월 전에 나타나심) 99%의 전천년주의 학자들이 간과한 예언적 교리이다(겔 1:1–6; 10:1–6, 행 9:5–7, 단 10:4–9 참조). 학자에 전전긍긍한다면 많은 부분을 볼 수 없게 된다.

2:15 ○ 시온에서 나팔을 불어 금식을 거룩케 하고 엄숙한 집회를 소집하며
16 백성을 모으고 회중을 거룩케 하며 장로들을 소집하고 아이들과 젖먹이들을 모으라. 신랑으로 그의 방에서 나오게 하며 신부도 그녀의 골방에서 나오게 하라.
17 제사장들과 주의 일꾼들로 현관과 제단 사이에서 울며 말하게 하기를 "오 주여, 주의 백성을 아껴 두시고 주의 유업을 욕되게 내주지 마시어 이방들로 그들을 다스리지 못하게 하소서. 어찌하여 그들이 백성 가운데서 말하기를 '그들의 하나님**이 어디 있느냐?' 해야 하리이까?" 하게 하라.**

『○ **시온에서 나팔을 불어...**』(15절, 2:1과 호 12:9 참조).

비록 구약 선지자들에게 그리스도의 몸은 계시되지 않았지만 본문을 통하여 신약 교회를 예표하는 일곱 가지를 알 수 있다. 이 모두는 신약 교회에서 발견되는 용어들이고 바울의 교리에 적용할 수 있다.

1. 『**백성을 모으고**』(16절) : 신약 교회는 불러낸 사람들을 "모으는" "에클레시아"이다.

2. 『**회중을 거룩케 하며**』(16절) : 지역 교회는 어떤 목적을 가지고 모인 사람들의 모임인 회중이다.

3. 『**장로들을 소집하고**』(16절) : 양무리를 감독하는 감독자에게 준 신약의 이름이다(벧전 5:1, 행 20:17, 딤전 5:17).

4. 『**아이들... 모으라**』(16절) : 그리스도인은 하나님의 아들들이고 "하나님의 자녀들"로 불려진다(롬 8:16, 엡 5:1).

5. 『**신부도 그녀의 골방에서 나오게 하라**』(16절) : 신부는 "어린양의 아내"(계 21:9)에 대한 신약의 이름이다(요 3:29).

6. 『**제사장들과**』(17절) : 신약에서 모든 하나님의 자녀는 "영적인 제물들"(벧전 2:5)을 드리기 위해 선택된 제사장이다(벧전 2:9).

7. 『**주의 일꾼들로**』(17절) : 이 일꾼들은 디모데, 아폴로, 게바, 바울을 가리킨다(고전 4:1; 3:5 참조).

이 본문은 "느부캇넷살"이 오기 전(계 13장)에 있을 그리스도의 몸에 영적으로 적용될 수 있다는 사실에는 의심의 여지가 없다. 구약을 살펴보고 있지만 교회를 위한 기도와 전혀 무관하지 않다는 사실을 알 수 있다. "오 주여, 주의 백성을 아껴 두시고 주의 유업을 욕되게 내주지 마시어 러시아, 중국, UN이 그들을 다스리지 못하게 하소서!"(17절). "그들의 하나님이 어디 있느냐?" 이 말은 중국 공산주의자들이 "인민에 의해" 그리스도인들을 투옥시키면서 조롱하는 말이었다. 이들은 고문을 하면서 기도하는 그리스도인들에게 즉시 기적이 일어나 응답되기를 요구하였고 바리새인들이 십자가에서 그리스도를 향해 조롱했듯이(마 27:40,41) 이들을 조롱하였다.

때때로 이들의 기도는 응답되었다. 1950년 중국에서 한 고문하던 사람이 자신의 눈이 멀도록 기도해 보라고 비웃었다. 기도하자 즉시 눈이 멀었고 한 시간이 지나지 않아 멍청해졌다. 곧이어 그 고문하던 자는 회심했고, 자신과 함께 그리스도인들을 고문했던 동료들에 의해서 살해되었다. 콧구멍에 젓가락을 쑤셔 넣어 죽였던 것이다.

위대한 "성모 교회 시대"에 재미있는 기록을 볼 수 있다(폴 부쉬의 〈폭스의 순교사〉). 어린 순교자가 말뚝에 묶여 불태워지게 되었다. 불꽃과 연기가 일어나고 잠시 조용해졌다. 이 순교자는 로마카톨릭 사제들을 보고 한바탕 웃어젖히며 말했다. "너희 교황 조무래기들아, 나를 보라. 너희들은 항상 기적을 보는 것이다. 나는 아무런 고통도 없고, 나를 태우는 이 불꽃은 침대 곁에 있는 장미 냄새 같도다!"

유다를 다스리는 "이방들"(17절)과 1-11절의 "군대"와 혼돈해서는 안 된다. 1-11절의 군대는 이방 군대가 아니라 "주의 군대"이다(11절). 하나님께서 기록하신 대로 믿기만 하면 알 수 있다. 본문에서의 이방들은 요엘 1:6의 "민족"이며 그 민족에 대해 본문에서 언급하고 있는 것이다.

2:18 ○ 그때에 주께서 그의 땅을 위해 질투하시며 그의 백성을 불쌍히 여기시리니,

19 정녕, 주께서 응답하여 자기 백성에게 말씀하시리로다. 보라, 내가 너희에게 곡식과 포도주와 기름을 보내 주리니 너희가 그것들로 만족하리라. 또 내가 너희를 다시는 이방 가운데서 욕되게 하지 않을 것이며

20 내가 북방 군대를 너희로부터 멀리 옮겨 황폐한 불모지로 그를 쫓아낼 것이니, 그의 얼굴은 동쪽 바다를 향하고 그의 뒤는 먼 바다를 향하리라. 그의 악취가 올라올 것이요 그의 나쁜 냄새가 올라오리니, 이는 그가 큰 일들을 행하였음이니라.

21 ○ 오 땅이여, 두려워 말라. 즐거워하고 기뻐하라. 이는 주께서 큰 일들을 행하실 것임이라.

22 너희 들의 짐승들아, 무서워 말라. 이는 광야의 초장들이 솟아나며 나무가 그 열매를 맺으며 무화과나무와 포도나무가 그것들의 힘을 내기 때문이라.

23 너희 시온의 자녀들아, 그때에 즐거워하고 주 너희 하나님**을 기뻐하라. 이는 그가 이른 비를 너희에게 적절히 주셨으며, 또 그가 너희를 위하여 비를 내려 주시되 이른 비와 늦은 비를 첫째 달에 내리게 하실 것임이라.**

24 타작마당들은 밀로 가득 차고 독들은 포도주와 기름으로 넘쳐나리라.

25 내가 너희 가운데 보냈던 나의 큰 군대인 메뚜기와 자벌레와 풀쐐기와 모충이 먹었던 연수를 내가 너희에게 갚아 주리니,

26 너희는 풍족히 먹고 만족할 것이며 너희를 경이롭게 다루셨던 주 너희 하나님**의 이름을 찬양하리라. 내 백성이 결코 수치를 당하지 아니하리라.**

27 또 너희는 내가 이스라엘 가운데 있다는 것과 내가 주 너희 하나님**이며 다른 이가 없다는 것을 알리니, 내 백성이 결코 수치를 당하지 아니하리라.**

『**내가 북방 군대를 너희로부터 멀리 옮겨...**』(20절). 이 군대는 에스겔 39장의 적그리스도의 군대인데 스코필드와 E.S. 잉글리쉬는 주의 군대를 적그리스도의 군대라고 요엘 2:1-11에서 말했다. 3절부터 9절까지의 내용이 그리스도인들을 묘사한 것이라고 믿는 사람은 아무도 없다. 초자연적인 것을 거부하고 알렉산드리아 이단을 지지하는 성경을 거부하는 근본주의 집단의 대표적인 예를 보는 것이다. 25절과 20절을 연결시켜 보면 "주의 군대"는 메뚜기들이었다는 사실을 믿게 될 것이다. 성경을 거부하여 양심이 제 기능을 발하지 못하면 딴소리를 하는 것이다. 문단 표시 부호가 요엘 2:12; 2:18; 2:21에 각각 있어서 자신이 성령님보다 더 똑똑하다고 여기지 않는 한 세 군대를 혼동할 수 없게 되어 있다. 〈킹제임스성경〉 번역자들을 걸고넘어지지 말라. 번역자들은 이렇게 뚜렷하게 구분되는 것인지 충분히 알지 못했을 것이다. 그들은 미사일 추적 장치보다 더 정확하고 똑바로 "인도" 받았던 것이다. 메뚜기와 자벌레와 풀쐐기와 모충들이(메뚜기들의 종류가 아니라) 수년에 걸쳐(25절) 먹었던 것을 알아야 한다.

『**연수를 내가 너희에게 갚아 주리니...**』(25절). 요엘 2:1-11의 "주의 군대"는 24시간 내에(1,2,11절) 모든 일을 끝내 버린다. 그리고 어떤 군대도 (메뚜기든, 주의 군대든) 20절의 "북방의 군대"가 아니었다. 20절의 군대는 살해되어 묻히게 된다(겔 39장 참조). 요엘 2:1-11의 어떤 "메뚜기"도 상처를 입지 않는다. 그런데도 어떻게 같다고 말할 수 있는가? 그래도 메뚜기라고 말하겠는가?

『**주께서 그의 땅을 위해 질투하시며...**』(18절, 신 32:43 참조). 이것은 성경에서 그렇게 많이 언급되었던 그 땅과 그 백성의 문자적인 회복을 말한다(사 60:18,21, 렘 24:6,8, 말 3:12, 겔 39:16 등).

19절은 스스로 해석한다.

『**내가 북방 군대를... 황폐한 불모지로 그를 쫓아낼 것이니, 그의 얼굴은 동쪽 바다를 향하고 그의 뒤는 먼 바다를 향하리라**』(20절). 이 군대는 UN으로 조직되어 팔레스타인 땅에서 모두 죽게 되어(겔 39:4,11-16) 시체가 썩어 악취가 나게 될(20절) 운명이다. 이들은 "주의 군대"가 아니며 더군다나 "메뚜기들"도 아니다. 예레미야 1:14,15은 이 공격을 미리 말해 주는 그림자이고 느부캇넷살이 요엘 2:20의 운명을 피했을지라도 적그리스도는 결코 피하지 못한다(계 19:18-21).

21절, 22절은 스스로 해석한다.

『이는 그가 이른 비를 너희에게 적절히 주셨으며, 또 그가 너희를 위하여 비를 내려 주시되 이른 비와 늦은 비를 첫째 달에 내리게 하실 것임이라』(23절). 이 구절은 알지 못하는 방언을 지껄이는 순복음 은사주의 집단이 가장 많이 이용하는 중요한 구절이다. 가엾게도 성경을 거부해 버리는 "근본주의자들"은 사도행전 2장의 오순절이 "이른 비"였다고 요엘 2:28을 들먹거리며 주장하고 있다. 그리고 아주사(Azusa) 스트리트 미션 운동(1910-1920), 토페카(Topeca), 켄사스(Kansas)에서 일어난 운동(1920-1935) 등이 데이브 윌커슨(Dave Wilkerson), 팻 분(Pat Boone), 빌 고타드(Bill Gothard), 캐드린 쿨만(Kathryn Kuhlman), 지미 스와거트(Jimmy Swaggert) 등에 의해 주도된 "늦은 비"(1940-1980)가 되었다고 주장한다.

이 괴로운 교리를 수용하기 위해서는 요엘 2장 후반부는 모두 비유로 받아들여야 한다. 성경에서 말하는 "이른 비와 늦은 비"는 1900년의 간격을 두고 내리지 않았다. 아니 일곱 달의 간격도 없었다. 이른 비와 늦은 비는 "첫달에" 함께 내린 것이다. 또 이 구절은 28절의 "부어지는 영"과는 전혀 관련이 없다. 이 구절은 그간 가뭄으로 메말랐던 팔레스타인 땅을 "적셔 주는" 비이고, 곡식을 자라게 해주는 비일 뿐이다(22,24절). 더욱이 이 구절은 교회나 그리스도인과는 전혀 관련이 없다. 그 대신 주께서는 "이스라엘 가운데" 계신 것이다.

어떻게 은사주의자들이 요엘 2장 마지막 문단까지 엉망으로 만들어 놓고 그것을 신학으로 수용할 수 있는지 이해할 수 없다. 28절에 다시 단락을 뚜렷하게 구분짓는 문단 표시 부호가 있어서 어떤 바보라도 23절이 28절의 관련 구절이라고 생각하지 못하도록 하고 있다. 그러나 오리겐 이래로 씸(Thieme)까지 어떤 근본주의자도 이 문단 표시 부호를 인정하지 않았기에 400,000명의 성경을 거부하는 그리스도인들은 초교파적으로 가르치기를 23절의 관련 구절은 28절이라고 한다. 틀렸다. 한 구절은 먼지 위에 내리는 진짜 비를 말하는 것이고 다른 구절은 이스라엘뿐만 아니라 모든 육체에 부어지는 성령을 말하는 것이다(행 2:17의 주석 참조). 불신이라는 작은 불씨 하나가 어떻게 커다란 산을 태울 수 있는지를 보는 것이다.

24절은 스스로 해석한다. 두 배로 내리는 비로 인해(23절) 대풍작이 되었고 "메뚜기들"이 수년간 먹었던(25절) 곡식은 모두 회복이 되었다.

『**너희는 풍족히 먹고 만족할 것이며 너희를 경이롭게 다루셨던 주 너희** 하나님**의 이름을 찬양하리라. 내 백성이 결코 수치를 당하지 아니하리라**』(26절). 여기에서 말하는 "내 백성"(시 14:4; 28:9; 78:52; 78:62, 렘 12:14; 30:22, 사 65:19; 63:8, 암 8:2, 미 6:5 등등에서처럼)은 결코 교회나 "오순절 교파"나 "그리스도인"이나 "은사주의 동지들"이나 진리를 거부하고 왜곡시키는 그 어떤 불순한 무리들이 아니다. 이 사람들은 이스라엘 사람들이다. 이들은 이스라엘 땅에 살고 있고, 풍성한 비의 결과로 자란 곡식들을 먹고 있다. 본문에 못을 박아 버리고 "이른 비와 늦은 비"는 각각 A.D. 33년의 오순절과 1900-1980년의 "오순절"이라고 우기는 것은 돼먹지 않은 소리다. 한 술 더 떠서 "오순절은 교파가 아니라 체험이다."라고 말한다. 맞다. 육신으로 나서 성경을 거부하는 거짓말쟁이들의 체험일 뿐이다. 성경에서 말하는 오순절은 유대인의 명절이다(레 23:16). 열두 명의 유대인 사도들(행 1:26)이 체험한

한 오순절(행 2:1-3)을 제외하고는 6,000년간에 걸쳐 오순절에 "체험을 했다"는 기록은 없다. 사도행전에서 서른 번의 오순절이 있었지만(A.D. 33-61년) 그 중 스물아홉 번은 유럽, 소아시아, 아프리카, 팔레스타인에 있는 그리스도인에게는 아무런 관련이 없었다. 사기꾼이 아니라면 "오순절"을 "체험"이라고 말할 수 없다. 누구라도 "체험"으로 속을 수 있다(왕상 13:18 참조).

『**또 너희는 내가 이스라엘 가운데 있다는 것과 내가 주 너희** 하나님**이며... 내 백성이 결코 수치를 당하지 아니하리라**』(27절). 에스겔 39:28과 정확하게 맞는다. "오순절 그리스도인"을 눈을 씻고 찾아봐도 없고 계속되는 내용은 사도행전 2장의 오순절에서의 성취가 아니다(행 2장과 그 주석 참조).

2:28 ○ 그후에, 내가 내 영을 모든 육체 위에 부으리라. 그러면 너희 아들들과 너희 딸들이 예언할 것이요, 너희 노인들은 꿈들을 꿀 것이며, 너희 청년들은 환상을 보리라.

29 또 그 날들에는 내가 남종들과 여종들 위에도 내 영을 부어 주리라.

30 내가 하늘들과 땅에 이적들을 보이리니 피와 불과 연기 기둥들이라.

31 주의 위대하고 두려운 날이 오기 전에 해가 흑암으로, 달이 피로 변하리라.

32 그러나 누구든지 주의 이름을 부르는 자는 구해 냄을 받으리니, 이는 주께서 말씀하신 대로 시온 산과 예루살렘에 구해 냄이 있을 것이요, 남은 자를 주께서 부르실 것임이라.

여기가 살인이 벌어졌던 장면이다. 시몬 베드로가 사도행전 2장에서 이 본문을 인용했기 때문에 방언을 말하는 모든 은사주의자들은 사도행전 2:16이 요엘의 성취라고 여긴다. 본문을 해석하기 전에 다시 한 번 하나님과 그의 말씀이 이 문제에 있어서 절대 무오한 권위임을 인식시켜 주어야겠다. 본문이 무엇을 "가르치는지" 생각하지 말고 우선은 무엇을 "말하는지" 찾아보아야 한다(은사주의자들은 이 문제를 전혀 신경 쓰지 않기에 지적하는 것이다).

1. 성령은 오순절 때 "모든 육체 위에"(28절) 부어지지 않았다. 성령은 교회 시대에 한 번도 "모든 육체 위에 부어진" 적이 없다(골 2:13과 그 주석 참조).

2. 요엘은 본문 전후로 삼십 구절 내에서("알지 못하는"이나 "다른") "방언들"에 대해 전혀 언급하지 않았다.

3. 본문에 언급된 "이적들"(30절)이 오순절 때 하나도 일어나지 않았고 그 후로 1,940년 동안 한 번도 그런 이적은 일어나지 않았다.

4. 요엘에서 말하는 "구해 냄"은 갈보리나 골고다를 가리키는 것이 아니라 (32절) "아이들을 낳는" 자리인 시온 산 위의 예루살렘을 가리키는 것이다.

이것이 성령께서 스스로 직접적이고, 평범하고, 명료하게 사실을 말씀하시는 것이다. 그런데도 그리스도를 모독하고, 사적으로 해석하여 오순절은 요엘 2:28-32의 성취라고 가르침으로 하나님을 가장 모독하고 불경스럽게 만드는 것이다.

"그렇다면 사도행전 2:16,17은 무엇을 의미하는가?"라고 말할 것이다.

이것이 바로 문제점이다. 성경에서 말하는 것을(what is says) 믿으려 하기보다는 그것이 무엇을 의미하는지(means)를 찾아내려고 애쓰는 것이다.

성경에서 말하는 것을 그대로 받아들이지 않는다면 그것이 무엇을 의미하는 것인가를 생각하게 만든다. [대표적인 예로 BJU에서 속이기 좋아하는 교수진들이 베드로후서 3:4-6은 노아의 홍수를 말하는 것이라고 가르치는데 이는 단순히 "이론"으로서 "간격 이론"(Gap Theory, 창 1:2)라는 성경적 "교리"를 제안하고자 하는 목적에서이다. 전형적이다. 이들은 베드로후서 3:4-6이 말하는 것을 믿지 않는 것부터 시작한다. 단지 이것으로 무언가를 "가르치거나" "의미한다"는 것을 제시하고자 하는 것뿐이다.]

자, 이제 하나님께서 요엘의 예언에 대한 시점에 관해서 살펴보자. 『**그 날들에는... 부어 주리라.**』(29절)에서 "그 날들에는"(IN THOSE DAYS)을 주의하라. 이것은 『**내가 유다와 예루살렘의 사로잡힌 자를 다시 데려올 그 날들과...**』(욜 3:1)의 "그 날들"(IN THOSE DAYS)과 연결된다. 이 두 문맥은 모두 재림(욜 2:30,31) 뒤에 이어지는 민족들의 심판(욜 3:1,2)인 것을 주목하라(슥 12:10, 사 54:13, 겔 39:29 참고). 『**그후에, 내가... 부으리라.**』(28절)의 『**그후에**』(AFTERWARD)는 『**그 날들 이후에...**』(히 8:10)와 연결되며 이들은 『**마지막 날들에...**』(행 2:17)와 일치한다.

고개를 조금만 돌려도 성경을 왜곡시키는 유령들을 만나게 되는데 99%의 주석가들은 성경을 해석하는 데 있어서 유령을 만드는 것이다. 그 중 하나가 재림에 관한 부분인데 사도행전 1-7장에서 재림이 희미하지만 즉시 다가오다가 교회 시대 끝으로 연기되었다. 이 사실을 받아들이지 못한 달라스, 휘튼, 프린스톤, 콜럼비아, 포트워트, 비올라, 하일스-앤더슨, 펜사콜라기독대학의 교수진들은 "마지막 날들"이 초림과 더불어 시작되었고(행 2장과 히 1:2에 이 표현이 나오기 때문에) 그후로는 계속되어 디모데후서 3:1에 있는 표현은 별다른 의미가 없다고 생각한다.

사도행전 2:16에서 시몬 베드로가 "이것은... 말씀하신 바니"라고 말한 것은 "이것은 요엘이 말한 것의 성취니"라고 말하지 않은 것이다. 즉 요엘이 말한 내용이(행 2:17-20) 곧 가까운 미래에 성취될 것이라는 것을 말한다. 이 가까운 미래가 성취될 시점은 사도행전 7장에서 2,000년+α로 옮겨졌다. 이 시점이 연기되었다는 것("연기 이론")은 단순한 이론이 아니라 신구약을 통해 몸의 부활이나 동정녀 탄생보다 더 많이 지지받는 성경적 사실이다. 이 성경적 교리를 "이론"이라 부르는 사람들에게도 "이론"으로 남을 뿐이다. 이 교리가 사실이 아니라면 구약의 사분의 삼은 거짓인 것이다. 그렇게 되면 히브리서는 중국 요리책보다 더 이해하기 어려운 책이 된다.

성령이 『**그 날들에는**』(29절) 이스라엘의 집 위에 부어지는데 이 때는 대환란 기간과 겹쳐진다. 30,31절의 기적들이 다니엘의 70째 주가 끝나는 마지막 여섯 달 안에 있게 되므로(계 16장과 그 주석 참조) 분명하다. 28절의 『**모든 육체**』는 같은 절의 『**너희 아들들과 너희 딸들**』과 세미콜론으로 구분된다. 이 세미콜론을 무시해 버리면(100%의 히브리어 학자들이 무시해 버리는 것처럼) 천년왕국에서 유대인들이 예언하도록 만드는 것이며 이렇게 되면 스가랴 13:1-5에 의해 유대인들을 이단으로 만들어 버린다. 그렇기 때문에 〈킹제임스성경〉을 볼 때 문단표시 부호뿐만 아니라 구두점까지도 세심하게 보아야 한다. 29절의 『**남종들과 여종들**』은(민 11:29 참조) 유대인 남종들과 여종들이다.

28,29절의 "영"(spirit)이 사도행전 2장에서는 "영"(Spirit)으로 바뀐 것을 주목하라. 이 현저할 만한 우연의 일치는 대환란 때에 성령님께서 일하시는 것과 교회 시대 일하시는 것이 다르다는 것을 보여 준다(골 2:13과 그 주석 참조). 〈킹제임스성경〉의 본문을 무시하는 자들보다 〈킹제임스성경〉을 인정하는 학생들은 더 깊은 것들을 알 수 있다. (계 11:11; 14:13에서 용어가 어떻게 사용되었는지 보라.)

『**내가 하늘들과 땅에 이적들을 보이리니 피와 불과 연기 기둥들이라**』(30절, 눅 21:11 참조). 31절에서 보는 해와 달에 영향을 끼치는(계 16:8; 6:12, 말 3:10) 현상들은 이사야 24:4-7,19,20에 기록된 바와 같이 중력과 공전 궤도에 이상이 생김으로써 일어날 것이다.

이런 일들은 오순절에도 일어나지 않았다. 신구약 어디에도 발견되지 않는다. 그런데도 사사로운 사견으로 성경을 왜곡시키는 불경스런 은사주의자들은 자신들의 감정만 앞세우므로 겉으로 드러나는 무신론자와 하등 다를 것이 없게 된다. 신경 계통에 이상이 오고 목소리 통제가 되지 않으면 새롭게 회심한 사람들에게 사도행전 2:17-20은 요엘 2:29,30이 성취된 것이라고 가르치게 된다.

『**주의 위대하고 두려운 날**』(31절)은 항상 재림의 문맥에서 사용되고 여기에 따르는 사건들은 결코 일어나지 않은 일들이다. 『**그러나 누구든지 주의 이름을 부르는 자는 구해 냄을 받으리니, 이는 주께서 말씀하신 대로 시온 산과 예루살렘에 구해 냄이 있을 것이요...**』(32절). 『**진영 밖에 있는**』(히 13:13) 갈보리가 아니다. 『**성문 밖에**』(히 13:12) 있는 골고다가 아니다. 따라서 요엘 2장을 영적으로 해석하여 복음에 맞추거나 사도행전 2장에 연결시키려는 시도는 마귀가 간섭한 비평이고 성령님의 권위를 거슬러서 사사로이 해석하는 것이다. "남은 자"(32절)들은 한 민족의 십분의 일이다(사 6:13). 이 안에는 한 명의 그리스도인도 이방인도 없다.

『**그때에는 시온에 남겨 둔 자와 예루살렘에 남아 있는 자, 곧 예루살렘에 사는 자들 가운데 기록된 모든 자들까지도 거룩하다고 칭함을 받으리니 곧 주께서 심판의 영과 불타는 영으로 시온의 딸들의 더러움을 씻어 내시며, 그 가운데서 예루살렘의 피를 정결케 하실 때라**』(사 4:3,4). 요엘 2장 앞뒤로 10장을 뒤져 봐도 이방인을 위한 "하나님의 은혜의 복음"은 없다. 따라서 사도행전 2장에 근거하여 신학 체계를 세운 사람은 성경을 부인하는 마귀에게 홀린 것이다. 이런 영들은 디모데전서 4:1-3에서는 "미혹하는 영들"이라고 불렀고 이들은 성경 교리를 가르치는 것이 아니라 "마귀들의 교리들"을 가르친다(딤전 4:1-4). 이런 마귀들의 조종을 받는 사람이 그리스도인이든, 현대주의자이든, 자유주의자이든, 근본주의자이든, 보수주의자이든 간에 가장 악한 무신론자나 교황들이 하나님의 말씀을 파괴시키는 것과 똑같은 해로운 짓을 하는 것이다.

요엘 3장

3:1 보라. 내가 유다와 예루살렘의 사로잡힌 자를 다시 데려올 그 날들과 그
때에
2 내가 또한 모든 민족들을 모아 그들을 여호사밧 골짜기 아래로 데려와서
거기서 그들과 더불어 내 백성과 내 유업 이스라엘을 위하여 변호하리
라. 그들이 이스라엘을 민족들 가운데 흩뜨리고 나의 땅을 나누었고,
3 그들은 또 내 백성을 놓고 제비뽑았으며, 한 소년을 주고 창녀를 얻었고,
그들이 마실 포도주를 위해 소녀를 팔았도다.
4 정녕, 오 투로와 시돈과 팔레스타인의 모든 지경아, 너희가 나와 무슨 상
관이 있느냐? 너희가 내게 보복하겠느냐? 만일 너희가 내게 보복하면 내
가 너희의 보복을 신속하고 빠르게 너희 머리 위로 돌리리라.
5 이는 너희가 내 은과 내 금을 가져갔고 나의 훌륭하고 아름다운 것들을
너희 신전들로 가져갔으며,
6 또한 유다 자손과 예루살렘 자손을 너희가 그리스인들에게 팔아서 그들
의 경계로부터 멀리 옮겼음이니라.

7 보라, 너희가 그들을 팔았던 곳에서 내가 그들을 불러내고 너희 보복을 너희 머리 위로 돌릴 것이며,
8 또 내가 너희 아들들과 딸들을 유다 자손의 손에 팔 것이요, 그러면 그들은 멀리 있는 백성, 사베인들에게 그들을 팔리니, 이는 주가 그것을 말하였음이라.

요엘은 계속 과녁을 맞히고 있다. 재림과 그에 따른 사건들을 다루고 있다.

1절은 스스로 해석한다(욥 42:10과 주석 참조).

『**내가 또한 모든 민족들을 모아...**』(2절, 슥 14:1-4, 습 3:8 참조). 『**여호사밧 골짜기 아래로 데려와서...**』(2절).

이곳은 "브라카" 골짜기라고 불린다(대하 20:26). 그러나 성경을 거부하므로 마지막 장을 수라장으로 만들어 놓은 보수주의자들에게는 "비유적 표현"일 수밖에 없다. 그 골짜기는 예루살렘과 올리브 산(키드론) 사이에 위치한다. 강단주석은 "여호사밧 골짜기를 문자적인 의미에서 이해하는 것이든 그렇지 않든 거의 문제시되지 않는다..."고 말함으로 스카랴 14:1-12을 문자적으로 취하지 못하게 만든다. 그러나 그것은 커다란 문제를 야기시킨다. 보수주의자들이 별문제 없다고 말하는 어떤 것을 성경대로 믿는 사람들이 바라볼 때는 문제가 있는 것으로 보아야만 좋을 것이다. "여호사밧"이라는 말은 "여호와가 심판하셨다."를 의미한다. 마태복음 25:31이 그 관련 구절이다. 강단주석을 펀드는 더멜로우는 그것이 "이상적인(ideal) 골짜기"라고 말한다. 맞다. 분명히 그렇다. 예수 그리스도께서 올리브 산에 내려오신 후에 민족들을 심판하는 것에 대해서는 "이상적"이다.

『**그들은 또 내 백성을 놓고 제비뽑았으며... 그들이 마실 포도주를 위해...**』

(3절). 그러므로 여기에서 심판의 기준은 이방인들이 유대인들에 대해 어떻게 대하였는가이다(마 25:32-42). 아무리 역사적인 사실, 고대 번역본들, 필사본 증거, 학자들의 추측, "대체시킨 본문" 등을 뒤섞어 놓더라도 요엘 3:2,3,12이 마태복음 25장을 언급한다는 사실을 지워 버릴 수는 없다. 강단주석은 불쌍하고 비참하리만큼 구절들을 잘못 해석하였기에(특히 요엘 3:12 참조) 어떤 그리스도인도 진지하게 받아들여서는 안 된다. 어떤 주석가가 자신의 그 어떤 평판으로 속이든지 말이다.

『**그들이 이스라엘을 민족들 가운데 흩뜨리고 나의 땅을 나누었고**』(2절). 이것은 이스라엘이 A.D. 70-1948년까지 민족적으로 흩어진 역사에 대한 위대한 관련 구절이다. 요엘이 예언한 것은 "민족들"(복수) 가운데 흩어지는 것이지 바빌론 포로로 잡혀가는 것이 아니다. 『**나의 땅을 나누었고**』(2절). 팔레스타인은 성경의 저자에 의하면 하나님의 땅이다. 그 땅의 주인은 우주를 창조하셨고 그 땅에 발붙인 모든 사람의 주인이시다(행 7:5). "나의 땅"이라는 말은 단번에 영원히 "개인의 소유화," "자치적 소유," "공동 소유"라는 말을 정리해 버린다. 팔레스타인 땅은 UN에 의해 나뉘어지는 공동재산이 아니다(단 11:39 참조). 팔레스타인은 하나님의 땅이다. 하나님께서 저당권을 갖고 계시고 원하시는 사람에게 양도하실 수 있다. 그 팔레스타인 땅은 야곱의 열두 아들들에게(채광권도 함께) "양도되었다"(창 12:1-3; 13:14-18; 22:17; 15:8 참조).

『**그들은... 제비뽑았으며**』(3절). 유대인들은 노예로 팔렸고 주인들은 누가 유대인들을 데려갈 것인지 알아보기 위해 주사위를 던졌다. 주피터와 아폴로에게 "처녀 놀음"(vestal virgin)이나 했던 헬라인과 로마 "수녀들"에게 현금을 지불하지 않고 간통자들은 화대로 소년 노예를 주었다(창 38:15,16과 그 주석 참조). 싸구려 술을 먹기 위해(잠 20:1과 그 주석 참조) 소녀 노예와 술 한 병을 바꾸었다.

『**정녕, 오 투로와 시돈과... 너희가 나와 무슨 상관이 있느냐?**』(4절) 두 사람이 동의하지 않고서는 함께 걸을 수 없기에(암 3:3과 그 주석 참조) 필리스티아 온 지경은 상속받는 데 있어서 1인치도 상관이 없다. 그래서 화염 방사기가(욜 2:3 참조) 시내 산에서 요단으로 올라가기 전에(합 3:3과 그 주석 참조) 먼저 다마스커스, 투로와 시돈을 쓸어 버리는 것이다. 『**너희가 내게 보복하겠느냐? 만일 너희가 내게 보복하면 내가 너희의 보복을 신속하고 빠르게 너희 머리 위로 돌리리라**』(4절). 알렉산더 대왕은 13,000명의 투로인을 노예로 팔았고, 아탁세르세스는 40,000명의 시돈 거민들을 노예로 팔았다. 『**또 내가 너희 아들들과 딸들을 유다 자손의 손에 팔 것이요...**』(8절). 유대인을 흩어버릴 수 없고(말 3:6과 주석) 유대인으로부터 도망할 수 없다(창 4:12과 그 주석 참조).

『**내 은과 내 금을... 나의 훌륭하고 아름다운 것들을**』(5절). 하나님은 모든 물질의 주인이시다(롬 11:36, 행 14:17 참조). 전능하신 주 하나님께서는 한 번이라도 자신의 소유권을 상실해 본 적이 없다(단 5:23, 겔 16:15-20, 호 2:8). 성경에서는 미국이 부요하게 된 것은 생활수준, 인본주의, 교육기관, 과학기술개발, 외교 정책, 사회 안전기구 설립, 복지 정책, 정부의 형태, 지적 능력과는 무관하다고 말한다. 즉 세상에서 가르치는 교육과 성경에서 가르치는 교육 사이에는 서로 간의 "불신감"이 있는 것이다. 하나님께서는 이스라엘 백성뿐 아니라 이스라엘이 좋아했던 은과 금과 곡식들도 하나님의 것이라고 말씀하신다(5절). 『**또한 유다 자손과 예루살렘 자손을 너희가 그리스인들에게 팔아서...**』(6절). 여기에서 과거시제로 쓰인 것은 어떤 것과도 상관이 없다. 이 때의 그리스는 민족으로 여겨지지도 않았다. 과거시제로 말하면서(이사야가 이사야 53장에서 말하는 것처럼) 요엘은 세 번 노예에 대해 언급하고 있는 것이다. 첫 번째는 B.C. 590-585년의 느부캇넷살 때이고, 두 번째는 A.D. 70년의 티투스 때이고, 세 번째는 앞으로 일어날 요한계시록 11:1,2의 멸망의 아들 때이다. 필리스티아와 페니키아인들의 아들들과 딸들은(4절) 궁극적으로 유대인들에게 팔릴 것이며(8절), 이들은 남쪽 아라비아에 있는 아라비아인들에게 다시 팔릴 것이다(8절의 사베인들).

3:9 **○ 너희는 이것을 이방인들 가운데 선포하라. 전쟁을 예비하며 용사들을 깨우고 모든 전사들로 가까이 오게 하며 그들로 올라오게 하라.**

10 **너희 보습을 쳐서 칼을 만들고 너희 낫을 쳐서 창을 만들라. 약한 자로 '나는 강하다.'라고 말하게 하라.**

11 **너희 모든 이방들아, 모여서 오라. 다 함께 주위에 모이라. 오 주여, 주의 용사들로 그곳으로 내려오게 하소서.**

12 **이방으로 깨어서 여호사밧 골짜기로 올라오게 하라. 이는 내가 거기에 앉아서 주위의 모든 이방을 다 심판할 것임이로다.**

13 **너희는 낫을 대라. 이는 곡식이 익었음이라. 너희는 와서 밟으라. 이는 포도즙틀이 가득 차고 독들이 넘쳐남이니, 그들의 죄악이 크기 때문이라.**

14 **결단의 골짜기에 많은 무리들이 있으니, 이는 주의 날이 결단의 골짜기에 가까움이라.**

15 **해와 달이 어두워지고 별들이 그들의 빛을 거두리라.**

16 **또 주께서 시온에서 포효하시고 예루살렘에서 그의 음성을 내시리라. 또 하늘들과 땅이 진동하리라. 그러나 주는 그의 백성의 소망과 이스라엘 자손의 힘이 되시리라.**

17 **그러므로 너희는 내가 나의 거룩한 산 시온에 거하는 주 너희** 하나님**임을 알게 되리니, 그때에 예루살렘은 거룩하게 될 것이요 다시는 타국인들이 그곳을 통과하지 못하리라.**

이 본문은 너무나 분명하다. 본문은 마지막 심판이 아니다(후천년주의, 무천년주의자들이 쓴 어떤 책이든 살펴보라). 본문은 "하나님의 나라"에 대항하는 "사탄의 군대"가 아니다(후천년, 무천년주의자들이 쓴 주석을 보라). 본문은 "교회의 최종적인 승리를 시적으로 표현한 것"이 아니다. 본문은 아마겟돈 전쟁과 이어지는 민족들의 심판을 다루는 것이다.

『**전쟁을 예비하며... 너희 보습을 쳐서 칼을 만들고 너희 낫을 쳐서 창을 만들라**』(9,10절). 이 구절이 역으로 인용된 것을 보아 왔다(사 2:4). 이 구절은 뉴욕에 있는 UN빌딩 옆에 새겨져 있다. 자신들의 "모토"로 〈킹제임스성경〉에 있는 이사야 2:4을 선택한 집단에 의해 삼십 년 내에 서른네 번의 전쟁이 일어났다는 사실을 어떻게 생각하는가?

『**약한 자로 '나는 강하다.'라고 말하게 하라**』(10절). 하나님께서 비아냥거리시는 것이다. 『**그들이 "서라, 서라." 하고 외쳐도 뒤돌아보는 자가 아무도 없으리라**』(나 2:8). 주님의 유머 감각은 아주 풍자적이다(말 3:15과 그 주석 참조). 이렇게 말씀하시는 것이다. "좋다. 너희 모든 약골들아, 스스로에게 만족하고 스스로에게 말하라. 스스로 확신을 갖고 나는 찰스 아틀라스 아니면 폴 앤더슨이라고 확신하라. 적극적으로 사고하라. '나는 모든 것이 옳다. 나는 강하다.'라고 말하라. 그리고 전쟁에 임했을 때 외치라. '서라, 서라. 잠깐만 기다려라. 서라.' 그렇게 하라. 그러면 반대쪽으로 도망가서 구경도 못할 것이다." 『**뒤돌아보는 자가 아무도 없으리라**』(나 2:8).

『**너희 모든 이방들아, 모여서 오라. 다 함께 주위에 모이라**』(11절, 습 3:8, 마 13:30 참조). NCCC(New RSV)처럼 로크만 재단(New ASV)도 본문에 과민한 반응을 보여 혹시 여기에서 말하는 "이방들"이 유럽인, 미국인, 아프리카인, 아시아인을 말하는 것이 아닐까 하여(사실이다) 용어를 부드럽게 "민족들"(nations)로 바꾸었다. New ASV에서 이런 식의 "더 나은" 본문들을 발견할 수 있는데(알란드와 메츠거를 인용하며) 완곡한 본문을 "듣기에 좋고" 부드럽게 만들어 "저주가 드러나지 않게" 하였다.

『**오 주여, 주의 용사들로 그곳으로 내려오게 하소서**』(11절). 바로 요엘 2장의 "주의 군대"이다. 창세기 32:2에서 예표된 두 군대가 내려온다. 재판관기 5장의 군대와 솔로몬의 노래 6:13의 군대이다. 내려오는 것이다.

요엘 2:1–11에 대해 성경에서 말하는 결론에 도달함으로 스코필드 이사진, 로크만 재단, NCCC, RCCC, 19세기, 20세기 "역본들"과 어떤 허황된 소리로 "인정받는" 100% 학자들을 물리쳐 버렸다.

〈강단주석〉(기븐)은 거의 심장마비가 걸려 제트 엔진을 단 토끼처럼 잽싸게 제롬과 카톨릭의 벌게이트로 뛰어가 주의 "용사들"을 이스라엘의 적들로 바꿔 버렸다(Vol 13. p.50). 부패한 RSV(1952)는 너무 민감하게 반응하여 "주여, 주의 전사들을 데리고 오소서."라고 하였다. New ASV도 비슷하게 RSV를 따랐다("주의 용사들을 데리고 오소서").

아마겟돈 전쟁에서 많은 무리들이 둘 있다(14절). 하나는 북방의 군대이고(겔 38–39장) 하나는 "동방의 왕들"(계 16:12)이다. "결단의 골짜기"에서(14절) 이들은 양들과 염소들로 나뉘어진다(마 25:31–45과 그 주석 참조).

『**주께서... 그의 음성을 내시리라**』(16절). 요엘 2:11에서 그의 군대 앞에서 음성을 발하시는 그 하나님이시다. 주의 용사들로 구성되어(욜 3:11) "결단의 골짜기"(욜 3:14)로 내려오는 그 군대다(욜 2:11). 두 구절은 같은 문맥이다. "주의 군대"라고 불리는 적그리스도의 "북방의 군대"도 아니고 요엘 2:25에 있는 "나의 큰 군대"라고 불리는 곤충과도 무관하다. 곤충 군대는 보내졌다(sent, 욜 2:25). 그 군대는 하늘로부터(계 19:11–16) 내려오지 않고 므깃도 골짜기에서 싸울 흰 말 탄 자(계 19:11)가 인도하지 않는다.

"유다 지파의 사자"(계 5:5)는 16절에서 포효한다(렘 25:30, 암 1:2, 호 11:10, 욥 37:4 참조). 『**시온 산과 예루살렘**』(욜 2:32)에서 포효하신다. New

English Bible과 NCCC의 New RSV와 맞추기 위해 요엘 2:32의 본문을 변경하여 번역한 성경 배교자들이 주장하는 사실과는 다르다.

요엘 2:1-11의 군대는 그리스도의 몸과 "이스라엘의 병거들과 기병인" 구약 성도들이다. 에녹은 어떤 책도 기록하지 않았지만 이 사실을 정확하게 예언하였다(유 1:14).

R.A. 코올은 이 구절이 의미하는 바가 "분명하지 않으며," 아마도 하나님께서 이방들을 함정으로 몰아가는 것일 것이라고 말한다. 또다시 틀렸다. 하나님께서 "내려오게"(계 19:11-16) 하실 군대에는 "이방들"이 없다. 이들은 세마포로 입혀져 있다(계 19:8-10). 코앞에 있는 13절을("너희는 낫을 대라.") 주석가들은 요한계시록 14:14-16에 올바로 연결시키지 못한다. 킴치와 아벤 에스라는 관련 구절을 찾았지만 〈강단주석〉에서 기븐 박사는 모든 관련 구절들은 요한계시록 20장에 있는 구원받지 못하고 죽은 사람들이 받는 마지막 심판에 연결시켰다. 요엘 2:11과 13절은 요한계시록 20:11-15과는 무관하다. 이 구절은 요한계시록 14:14; 19:11-16과 관계가 있다.

『**이는 내가 거기에 앉아서 주위의 모든 이방을 다 심판할 것임이로다**』(12절). 또다시 예루살렘에 있는 키드론 골짜기에 대한 묘사이다. 이 심판이 일어날 때(마 25:31-45) 주께서는 예루살렘에서 다윗의 보좌에 앉아 계신다. 재림을 이해한다면 심판과 멸망의 장소로 네 장소가 나뉘어진다는 사실을 알 수 있다. 첫 번째 공격이 시작되는 장소는 투로와 시돈을 거쳐 다마스커스로부터 팔레스타인 해안으로 내려오는 지역이다. 또 하나는 올리브 산으로부터 서쪽으로 가서 여호사밧 골짜기를 넘어 예루살렘에 이르는 길이고, 또 므깃도 골짜기에서 이스르엘을 거쳐 요단에 이르는 길이다.

『**이는 포도즙틀이 가득 차고**』(13절, 요한계시록 14:14-16과 그 주석을 이사야 63:1-8과 비교하여 살펴보라). 요한계시록 14:15,19과 이사야 2:4에서 같은 순서로 기록되었음을 살펴보라. 『**독들이 넘쳐남이니**』(13절, 욜 2:24 참조). "독들"(fats)에 대한 현대 영어는 "vats"이다(독일어 "v"가 "f"로 발음되는 것을 알 것이다). 포도의 피가(신 32:32-35) 포도즙틀에서 짜내어져 말고삐까지 차게 된다(계 14:17-20). 주 예수 그리스도께서 2억의 군대를 짓밟아(사 63:1-8) 죽음에 이르게 하신다(시 68:23). "결단의 골짜기"는 싸움이 벌어지는 므깃도 골짜기이고 "여호사밧 골짜기"는 심판이 벌어지는 골짜기이다. 많은 무리들이 두 무리가 있는 것이다(14절).

『**그러나 주는 그의 백성의 소망과 이스라엘 자손의 힘이 되시리라**』(16절). 그래서 구해 냄이 시온 산에서 있게 되는 것이다. 1946, 1952, 1973년의 자유주의, 현대주의 성경들과 보조를 맞추기 위해 본문을 변경시킨 배교한 New ASV나 NIV의 본문과는 다르다.

『**그러므로 너희는 내가 나의 거룩한 산 시온에 거하는 주 너희** 하나님**임을 알게 되리니, 그때에 예루살렘은 거룩하게 될 것이요**』(17절). 이 곳은 대환란 기간 동안(계 11:8) "소돔과 이집트"라고 불린다. 멸망의 아들이 성전의 자비석에 앉아 통치하기 때문이다(살후 2:2-12). 그러나 여전히 "거룩한 도성"(계 11:2)이다. 그곳은 "위대한 왕의 도성"(마 5:35)이기 때문이다. 그러나 "위대한 왕"은 인간의 몸을 입고 사탄과 연합하는 "끝없이 깊은 구렁의 천사"로 육화된 존재가 아니다. "위대한 왕"은 "만왕의 왕, 또 만주의 주"(계 19:16)이다. [ASV(1901)에서 주(LORD)와 여호와, 주(Lord)와 여호와 사이의 관련 구절을 없애려 노력한 흔적을 찾아보라.]

17절은 스가랴 14:21, 요한계시록 21:27, 나훔 1:15, 이사야 35:8에서 온전히 설명된다. 물론 하나님께서 육신으로 나타나셨던 유대인 메시아가 통치한다는 내용은 셀 수 없이 많다.

3:18 ○ 그 날에 산들이 새 포도주를 떨어뜨릴 것이며 작은 산들에는 젖이
흐를 것이요, 유다의 모든 강들에는 물이 흐를 것이며 주의 집에서 샘
이 흘러나와 싯팀 골짜기에 물을 대리라.
19 이집트는 황폐한 곳이 되고 에돔은 황폐한 광야가 되리니, 이는 그들이 유
다 자손에게 폭력을 써서 그들의 땅에서 무죄한 피를 흘렸기 때문이라.
20 그러나 유다는 영원히 거할 것이요 예루살렘은 대대로 거하리라.
21 나는 내가 깨끗게 하지 않았던 그들의 피를 깨끗게 하리니, 이는 주가
시온에 거함이라.

모든 것이 명백하다. 주께서는 "거룩한 산" 시온에 거하신다(17절). 교회나 "하나님의 나라"에 거하시는 것이 아니다. 이스라엘을 지상에서 없애 버리기 위해 개혁자들이나 카톨릭이 만들어 놓은 유약한 기구에 거하시는 것이 아니다. 18절의 "유다"의 물과 강들에 대하여 스카랴 14:8에서 설명한다. 재림 때에(슥 14:4) 시온 산은 지질학적으로 변화가 있을 것이다. (이 문자적이고 실제적인 변화를 〈강단주석〉에서는 "비유"라고 부른다.) 에스겔 47:1-12에서는 이 문제를 쉽게 설명한다. 즉 사해는 재림 후에 정화되어 아무 문제없이 예루살렘에서 싯팀으로 맑은 물이 흐른다. 모압과 이스라엘의 경계에 물이 흐르는 것이다(민 25:1, 미 6:5).

『**이집트는 황폐한 곳이 되고 에돔은 황폐한 광야가 되리니**』(19절, 옵 1:9-18절과 그 주석 참조). 『**...이는 그들이 유다 자손에게 폭력을 써서 그들의 땅에서 무죄한 피를 흘렸기 때문이라**』(19절). 예루살렘 근처에 있는 이방들에 대한 심판은 두 가지로 취해진다(에돔과 이집트, 슥 14:1-14과 그 주석 참조). 타국인들은 천년왕국 기간에 더 이상 예루살렘을 "통과"하지 못한다(17절). 이들은 경배만을 목적으로 올 것이기 때문이다(사 2:1-5). 에디오피아 내시(행 8:27)와 시바 여왕(대하 9:1,2)이 왔던 것처럼 말이다.

더멜로우는 싯팀이 성경에서 말하는 역사적인 도시가 아니라고 한다. 그리고 나서 18절의 "샘"(foundation)은 "주의 임재하심을 나타내는 상징"이라고 한다. 자기 생각을 기록했을 뿐이다.

『**그러나 유다는 영원히 거할 것이요 예루살렘은 대대로 거하리라**』(20절, 레 26:4-13, 암 9:15 참조). 칼빈, 루터, 멜란히톤, 교황 레오는 물론이고 이 구절이 문자적이고, 물질적이고, 정치적인 유대인의 회복에 대한 구절이라고(눅 1:30-34, 롬 11:25 참조) 믿지 못하기에 이 마지막 두 구절을 대할 때면 지금까지 알려진 온갖 거짓말들이 동원되어 아수라장을 만든다.

『**나는 내가 깨끗게 하지 않았던 그들의 피를 깨끗게 하리니, 이는 주가 시온에 거함이라**』(21절). 이 구절이 로마서 11:26,27, 히브리서 8:8-12을 자세히 설명해 주기 때문에 보수주의자들, 근본주의자들, 자유주의자들, 카톨릭 교도들, 무신론자들은 지옥불과 같은 격노함으로 이 구절을 공격한다. 린치버그와 밥존스대학(시카고 대학, 콜게이트, 로체스터, 유니온 신학원에서 같은 헬라어 본문을 사용한다.)에서 추천하는 New ASV에서는 하나님은 이스라엘을 깨끗하게 하지 않으셨고 단지 그들의 피에 대해 "보복하셨을" 뿐이라고 했다(New ASV, 욜 3:21). 킴치(1880)와 케일(1890)은 성령님께서 하신 말씀을 비방하였는데 본문의 에돔과 이집트는 비유적인 것이고 본문의 예루살렘과 시온도 비유적이고 샘과 불들도 비유적이어야 한다고 가르쳤다.

하나님의 은혜로 이스라엘이 민족적으로 회복하는 것은 거룩한 성경이 가르치는 중요한 교리 가운데 하나이다(롬 11:25-30, 히 8:10-14). 하나님께서는 이들을 용서해 주실 뿐만 아니라(렘 33:8) 이들이 민족으로서 기념할 것을 요구하신다(겔 41-44장). 이것은 고린도전서 11:26에 주어진 그리스도인이 기념해야 하는 내용이 아니다. 이 "건전한 교리"를 깨닫기를 거부하는 로크만 재단의 배교한 학자들을 주목하라. 디모데후서 4:1-4에 나오는 신사들이다.

형편없는 New ASV를 흉내 내어 리빙 바이블도 "나는 내 백성의 피를 보복하리라."고 썼다. 하나님께서는 이스라엘을 용서하시거나 회복시키지 않고 그렇게 하실 수 있다. 어떻게 이것이 이루어졌는지 보았는가? 전문적인 거짓말쟁이는 말하고 있는 주제와 아무런 상관없는 다른 진리를 언급하면서 정작 말하고 있는 주제에 대한 진리를 피해갈 수 있는 사람이다. 하나님께서 이스라엘을 보복하시겠다는 사실을 모를 사람이 어디 있는가? 그러나 무엇 때문에 하나님께서 이스라엘을 용서하시고 깨끗하게 하시는가? 아무 이유도 없다. 하나는 부정적인 심판의 내용이고, 다른 하나는 긍정적인 축복의 내용이다. 가장 파괴적인 비평가들은 항상 "긍정적인" 것에 관해서만 계속 되뇌이는 사람들이다. 1800년 이후로 사람이 만든 "성서" 가운데 요엘 3:21을 긍정적으로 말하는 것은 없다.

RSV는 "나는 죄를 깨끗하게 하지 아니하리라."고 말함으로 하나님께서 하신 일을 망쳐 놓았다. 하나님께서 완성하신 구속(롬 3:22)은 죄들을 깨끗하게 하는 것이다(롬 3:25,26, 히 10:17). 그래서 "죄들을 제거하실 수" 있는 것이다(히 10:4). 하나님께서는 갈보리 전에는 "죄들을 깨끗하게" 하실 수 없다(출 34:7). 정신 이상이 있는 사람만이 11,12,13,14,15,16,17,18,19,20,21절이 B.C.를 언급하는 것이라고 생각한다. 이 모든 본문은 1970년 이후이다.

요엘은 이스라엘의 마지막 회복에 관해 언급하며 짧은 예언을 마친다. 요엘은 아마겟돈 전쟁, 민족들의 심판에 관련된 거의 모든 사건을 다루었다. 이스라엘과 유다는 단지 "보복당하는" 것만이 아니라(현대의 "성서"로 둔갑한 휴지조각들을 보라) 용서받고, 깨끗하게 되어 영원히 회복된다. 같은 주제에 대하여 아모스는 무엇이라고 말하는지 살펴볼 것이다.

아 모 스

아모스는 "짐을 지우다"라는 의미이다. 아모스의 첫 두 장을 읽어 보면 아모스가 청중들에게 지게 하는 "짐을"(렘 23:36,38) 볼 수 있다.

아모스는 "트코아"(암 1:1)라는 유다의 조그만 도시의 목동이다. 이곳은 예루살렘으로부터 12마일 떨어져 있고, 베들레헴에서 남동쪽으로 약 6마일 떨어져 있다. 아모스는 유다 출신이지만 여로보암 2세가(암 1:1) 이끄는 북쪽의 열 지파에게 예언하기 위해 부르심을 받았다. 아모스는 호세아와 동시대 사람이다. 그리고 자신보다 먼저 예언한 요엘의 에언을 아모스 1:2에서 인용한다. 아모스서는 사도행전에서 두 번 인용된다(행 7:42,43; 15:16,17).

벌링거는 아모스가 예언한 기간을 단 삼 년으로(B.C. 689-687) 제한시키는 반면 대부분의 주석가들은 최소한 삼십 년간 줄곧 예언한 것으로 본다. 물론 이것은 이들의 날짜 체계가 벌링거가 "여호야킴의 네 번째 해"에 대해 해석한 것과 다르기 때문이다. 표준연대표에 의하면 아모스는 B.C. 782-763년이 아니면 B.C. 782-755년에 예언하였다. 절대적으로 정확한 시기를 알 수 없기 때문에 1절의 "유다의 웃시야왕의 때요, 이스라엘의 요아스왕의 아들

여로보암의 때"라는 근거에 의해 B.C. 783-753년을 가장 가능성 있는 사역의 시기로 계산할 수 있다.

J. 브라이트, Y. 카우프만, C. 쿨이 아모스서를 비평하는 것은 아모스는 결코 선지자로 여겨서는 안 된다는 것이다(암 7:14,15 참조). C.F. 휫틀리, J. 린드블롬은 하나님께서 주신 모든 희생제물들을 없애 버리려 했다고 생각한다. G.P. 하이야트와 J.W. 로빈슨은 하나님께서 아모스서에 나타나신 것만큼도 아모스가 알지 못했다고 생각한다.

아모스서를 반대하는 주된 이유는 아모스 9:8-15로 압축되는데 이 구절이 이스라엘 민족이 (영원히) 회복되는 내용을 다루고 있기 때문이다. 어거스틴(A.D. 400)부터 A.T. 로버트슨(A.D. 1940)까지 모든 후천년주의, 무천년주의자들은 이 구절에서 잘못된 곳이 어디 없는가 하고 찾는데 이는 이 구절에서 무엇을 가르치고 있는 것인가를 찾으려 하기 전에 주관적인 편견으로 이 구절을 거부하기 때문이다. 이 구절이 무엇을 말하는지 믿기 전까지는 이 구절이 무엇을 가르치는지 결코 알 수 없다.

아모스는 선지자이기 때문에 다른 선지자들과 마찬가지로 미래의 일을 말한다(창 20:7과 그 주석 참조). 아모스는 선지자이다. 하나님께서는 선지자인 아모스에게 일들을 보여 주신다(암 3:7). 아모스는 결코 사람의 얼굴을 겁내지 않는다(암 7:16,17). 차라리 날개 없는 나비를 두려워했을 것이다. 아모스서에는 New ASV 번역자들과 같은 현대의 성경을 거부하는 "근본주의자들"의 희망을 산산조각낼 강력한 구절이 10구절이 있다. 그 폭탄은 다음과 같은 것이다. 아모스 3:3,7; 4:3; 5:8,25,26; 6:12, 8:11; 9:11,12.

거의 전체가 지독하게 부패된 New ASV(많은 기독 대학들에서 추천받고 있는)는 RSV와 NCCC의 New RSV와 맞추기 위해 9장 전체를 "시적인 형태"로 바꾸어야만 했다. 이를 이해할 수 있는 것은 후천년주의, 무천년주의자들이 로크만 재단과 뒤얽혀 명성, 돈, 사회적 평판 등 기득권을 차지하고 있기 때문이다. 그래서 이들은 전천년주의에 대한 강력한 입장을 견지할 수가 없다.

아모스서는 9장, 146절, 4,216단어(KJV)로 이루어져 있다. 1611년 〈킹제임스성경〉에 있는 아모스 본문은 하나님께서 영예롭게 하신 본문이며, 입증된 오류 없이 하나님께서 보존하신 절대 무오한 본문이다. 기초를 깨끗이 하라. 아모스가 이리로 온다! 왕의 제사장을 모욕하고, 진리가 전파되는데 걸림돌이 되었다면(암 7:14-17) 이 메시지를 들어야 한다.

아모스 1장

1:1 유다의 웃시야왕의 때요, 이스라엘의 요아스왕의 아들 여로보암의 때 지
진이 나기 이 년 전에 트코아의 목동들 가운데 있었던 아모스의 말씀들
로, 그가 이스라엘에 관하여 본 것이라.
2 그가 말하였도다. 주께서 시온에서부터 포효하시며 예루살렘에서부터 그
의 음성을 내시리니 목자들의 처소들은 애통하며 칼멜 산 꼭대기는 마
르리라.
3 주가 이같이 말하노라. 다마스커스의 서너 가지 죄과들로 인해 내가 그
벌을 돌이키지 아니하리니 이는 그들이 철로 된 타작 기계로 길르앗을
타작하였음이라.
4 그러나 내가 하사엘의 집에 불을 보낼 것이요, 그 불이 벤하닷의 궁전들
을 삼키리라.
5 또한 내가 다마스커스의 빗장을 부수고 아웬 평지로부터 그 거민을 끊
을 것이요, 에덴의 집으로부터 홀을 잡은 자를 끊으리라. 또 시리아 백
성이 킬로 사로잡혀가리라. 주가 말하노라.

요엘과 호세아는 “주의 말씀”으로 시작했다. 아모스는 “아모스의 말씀들”(1절)로 시작한다. 이것은 마치 누군가가 우리를 위해 아모스가 사역했던 내용을 기록하여 보존한 것처럼 보인다. 2절은 『**그가 말하였도다.**』로 시작된다. 기록자가 아모스로부터 기록 내용을 전달받는 것처럼 말이다. 성경에 있어서 이런 표현이 “하나님께서 호흡을 불어넣으신”(벧후 1:21) 정상적인 방법이라는 사실을 알아야 한다(렘 36장). 그리고 현대의 배교한 “근본주의자들”이 “하나님께서 호흡을 불어넣으셨다.”는 것을(딤후 3:16) 믿는다고 했을 때 그것은 단지 “최초의 원본”만을 언급한다는 사실도 알아야 한다. 디모데후서 3:16에서 말하는 성경은 “모든 성경”이다. 디모데후서 3장에서는 “최초의 원본”들만 말하는 것이 아니다.

『**지진이 나기 이 년 전에...**』(1절). 이 지진을 열왕기나, 역대기나, 세속사의 기록에는 한정시킬 수 없다. 그렇기 때문에 학자들은 이 사실에 대해 즉시 입을 다물어 버린다. 왜 이 사건을 다니엘의 칠십째 주에 있는 요한계시록 11:13에 정확하게 연결시킬 생각을 하지 못했는지 놀랍기만 하다. 웃시야는 문둥병이 걸린 왕이었다(대하 26:19). 그리고 문둥병은(레 13,14장) 대환란 때에(계 16:2) 있을 그 질병이다(출 15:26). 이에 대한 명백한 예표로 시리아인 나아만을 들 수 있다(왕하 5장).

1절과 2절의 내용은 『**주께서 시온에서부터 포효**』하실 것이라는 것이다. 이에 대해서는 고릴라들을 조용히 시킬 때 요엘 3:16에서 충분히 살펴보았다. 아모스에서는(암 1:3-13) 뚜렷하게 재림을 볼 수 있는데 이 재림은 팔레스타인의 해변을 따라 진행된다(욜 3:4). [하나님의 말씀을 폐기시켜 그 말씀이 영향력을 잃어버리게 만들기 좋아하는 학자들이 있는데 이들이 빠질 수밖에 없는 함정은 하나님 말씀을 역사적인 과거 사실로만 제한시킴으로 미래에 대해 언급하는 진리를 놓쳐버리는 것이다(욜 2장, 호 1:4 주석 참조).] 1장에서 아모스가 예언하는 내용이 살만에셀과 산헤립에 의해 성취되었다고 생각한다면 창세기로부터 다시 "통독"하는 것이 더 나을 것이다.

『주가 이같이 말하노라. 다마스커스의 서너 가지 죄과들로 인해...』(3절).

재림 때에 심판이 임할 많은 장소들을 보여 준다. 그 심판의 순서는 다음과 같다.

1. 시리아의 "다마스커스"(갈릴리 북동쪽, 3절).
2. "가자"(팔레스타인에 있는 필리스티아 평지) 아스돗과 아스클론(6절).
3. "투로"(팔레스타인 북쪽에 있는 페니키아 해변, 9절).
4. "에돔"(사해 남쪽), "테만과 보스라"(12절).
5. 랍바를 포함하여 "암몬"(요단 동쪽, 사해 북쪽, 13절).
6. 키리욧을 포함하여(666과 렘 48:41을 계 9:11의 주석과 비교, 암 2:2), "모압"(요단 동쪽, 사해 맞은편, 암 2:1).
7. "유다"(암 2:4).
8. "이스라엘"(암 2:6).

이름값도 못하는 보수주의자들은 스코필드(1909)와 라킨(1929)이 밝혀낸 것 이상은 알지 못한다. 이에 대해 궁색한 변명으로 "하나님께서는 오늘날 새로운 어떤 것도 계시하시지 않는다."라고 말한다. 칼빈이나 에왈드가 놓쳐 버렸던 많은 사실들을 하나님께서는 라킨과 스코필드에게 보여 주셨다는 사실도 모를만치 어리석은 이들은 스카랴 14:4에서 걸려 넘어지는데 주께서 올리브 산에 발을 딛는 것과 아마겟돈의 전쟁이 동시에 일어나는데 두 사건이 일어나는 서로 다른 장소에 대해 생각조차 하려 하지 않는다. 이 두 장소는 서로 사십 마일 이상 떨어져 있다. 이것으로 부족하다면 주님께서 오시는 장면을 살펴보라. 시내 산과 파란 산에서 오시는데 이 산들은 올리브 산에서 남쪽으로 약 300마일 떨어져 있다(합 3:1-3 주석 참조). 이들 보수주의자들은 "교리를 가르치는 일에 수고"(딤전 5:17)하기보다, 하나님의 말씀을 "공부"(딤후 2:15) 하기보다, 스코필드와 라킨에게 매달려 자신들이 어리석어 발견할 수 없는 사실들을 비난이나 한다. 이들이 아무것도 발견할 수 없는 것은 〈킹제임스성경〉을 "최초의 원본" 운운하면서 믿지 못하기 때문이다. 이것이 20세기 "학자들"의 실체이다.

스카랴 9장과 아모스를 연결시켜 보면 심판은 다음과 같다.

1. 다마스커스(슥 9:1)
2. 투로와 시돈(슥 9:2)
3. 가자와 아스글론(슥 9:5)
4. 모압에 대한 심판(렘 48장)
5. 에돔에 대한 심판(오바댜의 주제)
6. 암몬(겔 25장)
7. 이스라엘과 유다는 아모스, 호세아, 요엘 등 전체에서 다루어진다.

이 사실에 대한 "학자적인" 견해는 다음과 같다. 즉 이 예언들은 어떤 순서에 따라 기록된 것이 아니라 임의대로 예언된 것이며, 이 예언들은 과거에 서로 다른 시기에 걸쳐 성취되었다는 것이다. 하나님의 말씀을 다루는 데 있어서 이렇게 어리석거나 부주의해서는 안 될 것이다. "화염 방사기"(욜 2:5,6)는 온 땅을 휘젓고 다닌다(사 30:30,33). 재림은 심판이 이루어진 뒤에 있게 되는데 그 심판은 이집트, 우스, 아스글론, 에크론, 아스돗, 에돔, 모압, 암몬, 투로, 시돈, 드단, 테만, 부스(지금까지 겨우 "함족"만 언급했을 뿐이다.), 엘람, 메데-페르시아, 바빌론(렘 25:15 참조), 『**땅 모든 거민들**』(렘 25:29,30)에게 임할 것이다. 주께서 포효하실 때(렘 25:31, 욥 37:1-4) 『**주의 살육**』(렘 25:33)이 바빌론부터 로마까지, 아라랏 산부터 에디오피아까지 온 땅에 임할 것이다. 더욱이 주의 군대가 오기 전에(욜 2:1-10) 『**지상에 있는 세상의 모든**

왕국들』(렘 25:26)이 UFO가 "죽음의 그림자"를 만들어내듯이(사 9:2, 시 34:19, 렘 13:16, 암 5:8) 이사야 28:21,22,29의 말씀이 이루어질 것이다.

이 구절들을 놓고 잠시 기도하라. "원문 비평에 정통"하다고 하는 교육받은 바보들과 내리막길을 브레이크도 없이 내려가기 전에 성경을 읽고 기도해 보라. 도와줄 것이다. 서른다섯 명의 구원받은 히브리어 학자들이 18세기 동안 이 구절을 비평하며 연구했음에도 찾을 수 없었던 것을 어린아이(눅 10:21)는 찾을 수 있다. 평범한 영어밖에 모른다 하더라도 데살로니가전서 2:13의 태도를 가진다면 말이다. 믿지 못하겠거든 시도해 보라.

아모스가 말하는 것은 예수 그리스도께서 올리브 산에 발을 딛기 전에(슥 14:4) 그리스도께서 "청소"를 하신다는 것이다. 한 경로는 시내에서 위로 올라와 에돔, 모압과 암몬을 거쳐 유다에 이르는 길이고 다른 경로는 다마스커스로부터 투로와 시돈을 거쳐 내려와 이스라엘과 필리스티아에 이르는 길이다. 그러므로 "아마겟돈"은 쉽게 생각할 것이 아니다. 아마겟돈 전쟁은 칼멜 산과 므깃도로부터(슥 12:11) 시내 산과 보스라에 이르기까지(합 3:1-14) 전 지역을 포함하는 것이고 이 넓은 지역과 연관되어 요한계시록 14:20이 설명된다.

더멜로우, 모티어(Motyer, New Bible 주석), 벌링거, 윌리암스, 제이미슨, 포셋, 브라운, 엘리콧, 헨리, 아담 클라크, 아놀드 슐츠(Whcliffe Bible 주석), 〈강단주석〉의 주석가들에게 고의적으로 혼미하게 하셨던 내용들은 아무런 교육도 받지 않는 평범한 사람들에게 보여 주셨는데 이들은 하나님께서 기록하신 문맥에서 말씀하시는 의도대로 믿는 사람들이다.

1:6 ○ 주가 이같이 말하노라. 가자의 서너 가지 죄과들로 인해 내가 그 벌을 돌이키지 아니하리니 이는 그들이 포로 전체를 사로잡아 에돔에 넘겼음이라.

7 그러나 내가 가자의 성벽에 불을 보낼 것이요, 그 불이 그 궁전들을 삼키리라.

8 내가 아스돗으로부터 그 거민을 끊을 것이요, 아스글론으로부터 홀을 잡은 자를 끊으리라. 또 내가 에크론을 대적하여 내 손을 돌리리니 그리하면 필리스티아인들의 남은 자가 멸망하리라. 주 하나님이 말하노라.

9 ○ 주가 이같이 말하노라. 투로의 서너 가지 죄과들로 인해 내가 그 벌을 돌이키지 아니하리니 이는 그들이 포로 전체를 에돔에 넘겼으며 형제의 언약을 기억하지 아니하였음이라.

10 그러나 내가 투로의 성벽에 불을 보낼 것이요, 그 불이 그 궁전들을 삼키리라.

1장을 주석하는 데 있어서 성경 구절을 성경 구절로 설명하기에 앞서 데살로니가후서 2:8; 1:8과 연결되는 독특한 표현에 대해 살펴보자. 『**내가... 불을 보낼 것이요**』라는 표현인데 이 표현은 주석가들이 비유적으로 받아들이지 않으면 역사적인 과거 사실로 받아들인다. 성경을 기록하시고, 보존하신 성령님은 어떻게 보시는지 살펴보자. 성령님은 비유적인 성취나 은유적으로 해석하려는 경향에 대해 쐐기를 박기 위해 말라키 4:1과 마태복음 3:11을 기록하고 보존하셨다. 비유적, 은유적으로 해석하는 자들은 재림에 관한 구절인 이사야 40:1-6이 침례인 요한에 의해 유형으로만(type) 성취되었다는 사실을 모른다(계 11:1-6, 마 19:1-7과 그 주석 참조).

아모스 1:4 『**그러나 내가... 불을 보낼 것이요**』
아모스 1:7 『**그러나 내가... 불을 보낼 것이요**』
아모스 1:10 『**그러나 내가... 불을 보낼 것이요**』
아모스 1:12 『**그러나 내가... 불을 보낼 것이요**』
아모스 1:14 『**그러나 내가... 불을 붙일 것이요**』

이사야 30,33,66장을 읽어 보라. 그것이 과거 역사에 관한 구절인가? 좋다. 그것이 과거 역사에 대한 구절이라고 주장한다면 이번에는 에스겔 30,39장을 읽어 보라. 이번에는 문맥을 주목하라. 역시 과거 사실을 말하는 것인가? 아직도 학교 교육을 통해 성경학자가 배출된다고 확신한다면 문맥에 주의하여 시편 11,18,50,68,83편을 읽어 보라. 그리고 어떻게 100%의 로체스터, 콜게이트, 프린스턴, 유니언, 하버드, 예일, 시카고, 컬럼비아, 서든 캘리포니아 대학 교수들이 이 점을 놓칠 수 있었는지 한번 설명해 보라.

1:11 ○ 주가 이같이 말하노라. 에돔의 서너 가지 죄과들로 인해 내가 그 벌을 돌이키지 아니하리니 이는 그가 칼로 그의 형제를 쫓았고 모든 연민을 버렸으며 항상 그의 분노를 터뜨렸고 그의 진노를 영원히 간직하였음이라.

12 그러나 내가 테만에 불을 보낼 것이요, 그 불이 보스라의 궁전들을 삼키리라.

13 ○ 주가 이같이 말하노라. 암몬 자손의 서너 가지 죄과들로 인해 내가 그 벌을 돌이키지 아니하리니 이는 그들이 그들의 경계를 넓히려고 길르앗의 아이 밴 여인들의 배를 갈랐음이라.

14 그러나 내가 랍바의 성벽에 불을 붙일 것이요, 그 불이 전쟁의 날에 외침과 회오리바람의 날에 폭풍과 더불어 그 궁전들을 삼키리라.

15 그러면 그들의 왕은 사로잡혀가리니 그와 그의 고관들이 함께 가리라. 주가 말하노라.

3절로 돌아가서 『**서너 가지...로 인해**』(For three...and for Four)라는 예언적 표현을 살펴보자(암 1:3,6,9,11,13). 하나님께서 일곱으로 나누시고 평범한 방법은 "넷"과 "셋"으로 나누시는 것이다(창 1:20 주석 참조).

잠언 30:15,18,21에는 아모스 1:3에 사용된 같은 히브리어 표현이 있는데 어느 학자이건 간에 그 표현은 "여러 가지 많은"의 의미라고 말할 것이다. 이것은 다음과 같이 말하는 것과 같다. "열"은 "일반적인 혹은 전체적인 것"을 의미하고, "100"은 "상당한 양"에 대한 "대체적인 숫자"라는 것이다. 즉 해석한다고 하는 것이 자신이 말하면서도 무슨 말을 하고 있는지 모르는 것이다.

셋과 넷은 일곱이다. 일곱은 계산을 말하는 모든 성경의 기준에서 볼 때 예언이 완성된 것, 시간이 다 다른 것을 나타낸다(계 1:11; 20:1-6 주석 참조). 성령님께서는 빈번하게 두 번째 숫자를 언급하는 데 있어서 첫 번째 언급한 숫자와 합하여 어떤 의미를 나타내시고자 하였다. "열둘 중에 하나"(요 6:70)에서 "하나"는 전체 가운데 한 부분이다. 그런데 이 "하나"를 전체와 합하면 13이 된다. 이는 요한복음 13:13에서(영어로 13단어) 직접적으로 유다 이스카리옷(영어로 13철자)이 언급된다. 본문에서 언급되는 "넷"이라는 숫자가 "세 가지 죄과들"(3절)에 한 가지 죄과를 더한 의미가 있지만 이 "넷"이 셋과 합하면 완전한 심판이 되는 일곱이 된다(레 26:18, 욥 33:14 참조). 말살시키고자 한 것에 대한 벌은 "돌이켜졌다"(3절). 여기에 해당되는 죄과는 하나님의 백성을 박해한 것이 아니라(욘 3:1-10 참조) 계속 공통으로 언급하고 있는 죄과는 이스라엘 자손을 살해하고, 매매하고, 협박하는 것이다.

『**철로 된 타작 기계로 길르앗을 타작하였음이라**』(3절, 왕하 13:7 참조). 다윗은 암몬 자손에게 이같이 하였다(삼하 12:31). 이것은 그리스도께서 그분의 "UFO"를 타고 오실 때(요한계시록 14:4을 에스겔 10장과 비교) 아마겟돈에서 행하실 예표다(사 28:27). "벤하닷"(Ben-hadad)은 "태양신의 아들"이라는 뜻의 이름이다. 이 이름은 일본 제국과 님롯 등에 적용되었던 것처럼 시리아와 앗시리아의 여러 왕들에게 적용된다.

『**다마스커스의 빗장을 부수고...**』(5절). 잠가졌던 대문의 빗장이 산산이 부서져 적들이 들어온다는 내용이다. 이 일은 발생되었고 앗시리아인은 이사야 10:9에서 이를 자랑한다.

『**아웬 평지로부터... 에덴의 집으로부터**』(5절). "아웬"은 호세아 5:8의 표현과 유사하고 "불법"이라는 의미이다. 다마스커스 가까이에 있는 골짜기이다. 이 구절에서 "에덴"은(창 2:8 주석 참조) 다마스커스 가까이 있는 벧에덴(Betheden)이라 불려지는 작은 마을로 여겨진다. "킬"(5절)은 시리아인들의 본고장으로(암 9:7), 카스피해와 흑해 사이에 있는 그루지아 지역이다(벌링거는 "아웬"을 이스라엘에서 금송아지가 경배받던 벧아웬으로 생각하는 큰 잘못을 저질렀다). 아모스 1:3-5의 심판의 대상은 이스라엘이 아니라 시리아이다.

『**이는 그들이 포로 전체를 사로잡아 에돔에 넘겼음이라**』(6절, 렘 13:19, 대하 28:18). 역사적으로 역대기하 21:16,17은 본문에 대하여 맛만 보여 준 것에 불과하다. 이보다 훨씬 더 엄청난 사건이 오바댜에 예언된 내용이다.

『**내가 아스돗으로부터 그 거민을 끊을 것이요...**』(8절). 사무엘하 5,6장에서 주의 궤가 해를 끼친다. 이는 미래에 또다시 있을 재앙의 예표로 대열 앞서 날라갔던 이 궤는 같은 지역을 다시 횡단할 것이다(민 10:35). ("히브리어"에 관한 학위 따위로 짜증나게 만들지 말라. 밥 존스, 비올라, 필스베리, 피드몬트에 있는 교수진들은 망원경을 동원하여도 위의 사실을 발견해 낼 수 없다.) 그 "거민"은 민중을 언급하는 것 이상일 수 있다. 적그리스도(슥 9:6)나 "열왕들"(단 2:44, 계 17:12) 가운데 하나에 관한 언급일 수 있다.

가자에 있는 거민들과 마찬가지로(6절) 투로의 거민들이 지은 죄도(9절) 유대인을 팔아 버린 것인데 그것도 유대인이 증오하는 혼혈족인 에돔족에게 팔아 버린 것이다. "죄과"에 대한 모든 경우를 주목해 보면(3,6,9,11,13절) 모두 선택된 백성에 대한 것이다. 이방 나라들이 모두 음행, 우상 숭배의 죄를 범하지만 여기에서 말하는 "죄과"는 이것이 아니다. 일일이 열거한 죄과들은 독일, 러시아, 영국이 저질렀던 그리고 미래의 미국이 저지를 죄과들이다. 바로 마태복음 25:31-45에 언급된 죄과들인 것이다.

『**형제의 언약을 기억하지 아니하였음이라**』(9절, 삼하 5:11, 왕상 5:1 참조). 에돔과 암몬은 각각에 대한 심판을 받는다. 첫 번째로 본문의 내용이 수행된 것은 민수기 20:14로 볼 수 있겠지만 의심할 여지없이 마지막으로 본문이 언급하는 부분은 유대인들이 적그리스도를 피해 셀라 페트라로 도망할 때 이들이 유대인을 다루는 부분이다(옵 1:10,11과 그 주석 참조). 테만에 내려진 불이(12절) 불못으로(사 34:8-10) 불타게 된다. 이곳이 천년왕국 기간에 죄인들이 몸채 던져지는 곳이다(마 10:28). 미국의 기독대학들에서는 이 사실이 미신으로 받아들여지고 있다. 기독교 학위 때문에 이 사실이 의심스럽다면 그 학위를 내던져 버리라. 특히 "근본주의"에 관련된 학위이면 더욱 그렇다. 가장 사악한 학위 때문인데, 이들은 자신들이 믿지도 않는 사실을 믿는다고 말한다.

『**암몬 자손의 서너 가지 죄과들로 인해**』(13절). 시리아인들은 아이 밴 여인들에게 폭력을 행사했다(왕하 8:12). 현대 사고방식으로는 이런 폭력들은 너무 잔인하고 난폭한 것이라고 여겨진다. 그러나 1900-1970년대의 역사가 "폭력의 세기"(The Violent Century)라고 불렀음을 잊지 말아야 한다. 폭력이 넘치던 때는 18세기나 19세기 혹은 B.C. 6세기에서 8세기가 아니다. 1918년부터 1970년까지 일어났던 일들을 연구해 보면 이 사이에 나타났던 엄청난 고문, 식인, 집단 살인(러시아와 중국), 집단수용소(러시아와 독일) 등에 관한 사실들로 기절하게 될 것이다. 국제연맹하에 스무 나라와 국제연합하의 25개 국가는 모두 "평화를 만들기" 위해 만든 국제기구였다. 아이 밴 여자의 배를 가르는 것, 조개껍데기로 무릎을 내리치는 것(러시아), 침으로 사정없이 찌르는 것(게슈타포), 쥐와 같이 있도록 가둬 버리는 것(베트남) 등 인간은 항상 "악을 행하기에 현명한" 쪽으로 발전해 왔다(렘 9:3).

1. 하나님께서 주신 본문을 뜯어고친 곳은 너무나 많다. 펜사콜라 기독대학에서 추천하는 New ASV는 총체적으로 썩어 버려 열네 구절에 스물다섯 군데 이상 바꾸었다. 어떤 성경들은 9절에 "솔로몬의 죄수들"을 집어넣기도 하고, 어떤 성경들은 아예 11절을 새로 발명해내기도 한다. 이런 큰 잘못 외에도 "리빙" 바이블은 14절에서 "회오리바람"과 "폭풍"를 간단하게 제거시켜 요한계시록 11:1과 에스겔 1:4과 연관시키지 못하도록 하였다.

홀트, 뉴만, 로버트슨, 맥래이(MacRae), 메이첸, 그 밖의 이단 조직원들이 추천하는 전형적인 알렉산드리아 학파의 실체를 보는 것이다.

2. 타락한 알렉산드리아 계열을 그대로 따르는 New ASV는 14절에서 "회오리바람"을 제거하고 11절에 "그의 동정을 억누르다"(stifies his compassion)라는 내용을 삽입시켰고, 〈칠십인역〉은 바로 그 본문을 "땅 위의 어머니"(the mother upon the earth)로 고쳤다. 1절의 "그가... 본 것이라."라는 말은 너무 명백한 표현인데도 1절 이후 1장 전체를 시적인 형태로 고쳐 본문을 문자적으로 받아들일 수 없게 만들었다.

3. RSV는 New ASV보다 조금은 근본주의 입장을 취했다고 말할 수 있는 것이 14절에서 "회오리바람"을 그대로 남겨 두었기 때문이다. 11절에서도 New ASV보다 조금은 더 신뢰할 만하다. 그렇다고 해서 예언에 관한 내용을 그대로 간직한 것은 아니다. 2절에서 미래시제를 현재시제로 고침으로 예언의 내용을 묵살하였다.

4. 제이미슨, 포셋, 브라운은 14절의 "폭풍," "회오리바람"을 문자적으로 취급해서는 안 되고 "비유적"으로 보아야 한다고 한다.

5. "회오리바람"은 주께서 비유로 말씀하시는 것이다(모티어, 뉴바이블 주석).

6. RV(1881-1884)는 5절의 "평지"를 "골짜기"로 바꾸었고 New ASV, Old ASV, RSV, New RSV도 마찬가지이다. 광신자들은 이단에 충성을 바친다.

7. 테일러(Living Bible)는 "회오리바람"이 실제로는 전쟁터에서 "외치는 소리들"이라고 말함으로 위에 언급한 사람들과 더불어 성경을 사사로이 해석한다는 사실을 입증한다. "회오리바람"은 결코 "외치는 소리들"이 아니다. 테일러는 또 2절의 미래시제를 과거시제로 고침으로 1장 전체에서 재림의 내용을 없앴다. 과연 살아 있는(living) 바이블이다. 모래사장 위의 죽은 고등어를 보고도 살아 있다고 말할 사람들이다.

아모스 2장

2:1 주가 이같이 말하노라. 모압의 서너 가지 죄과들로 인해 내가 그 벌을 돌
이키지 아니하리니, 이는 그가 에돔 왕의 뼈들을 불살라 석회로 만들었
음이라.
2 그러나 내가 모압에 불을 보낼 것이요, 그 불이 키리옷의 궁전들을 삼키
리라. 모압은 소동과 외침과 나팔 소리와 더불어 죽으리라.
3 내가 그 가운데로부터 재판관을 끊을 것이요, 그와 함께 그 모든 고관들
을 죽이리라. 주가 말하노라.
4 ○ 주가 이같이 말하노라. 유다의 서너 가지 죄과들로 인해 내가 그 벌을
돌이키지 아니하리니 이는 그들이 주의 율법을 멸시하였고 그의 계명들
을 지키지 아니하였으며 또 그들의 거짓말들이 그들로 잘못하게 하였음
이니 그들의 조상들이 행하였던 것을 따랐음이라.
5 그러나 내가 유다에 불을 보낼 것이요, 그 불이 예루살렘의 궁전들을 삼
키리라.
6 ○ 주가 이같이 말하노라. 이스라엘의 서너 가지 죄과들로 인해 내가 그

벌을 돌이키지 아니하리니 이는 그들이 은을 받고 의로운 자를 팔았으며 신 한 켤레에 가난한 자를 팔았고

7 가난한 자의 머리에 있는 땅의 티끌을 탐내어 온유한 자의 길을 굽게 하였으며 어떤 사람과 그의 아버지가 같은 여자에게 들어가고자 하여 나의 거룩한 이름을 더럽히며

8 또 그들이 모든 제단 옆에서 저당 잡힌 옷 위에 누우며 그들의 신전에서 죄인들의 포도주를 마시기 때문이라.

본문은 이스라엘의 심판에 대한 내용이다. 1장에서는 이방들에 대한 심판에 대한 내용이고 본문은 이스라엘의 심판을 다룸으로 자연스럽게 이방과 이스라엘을 분류한다(암 9:7 참조).

1절은 열왕기하 3:27에 있는 유사한 내용의 구절과 연결시킬 수 있다. 모압 왕은 자기 아들을 번제물로 바쳤다. 그 후에 그는 적들 가운데 하나를 태워 가루로 만들었을 것이다(왕하 3:8 참조). 에돔 왕은 이때에 이스라엘과 동맹을 맺었기 때문이다. 그래서 주께서는 유대인을 박해한 에돔을 심판하기도 하시지만(암 1:11), 모압을 심판하기도 하시는데 이는 유대인과 동맹을 맺었던 에돔을 모압이 공격했기 때문이다. 『**이스라엘을 지키시는 그는**』(시 121:4) 졸지도 않으시고 주무시지도 않으신다!

『**그 불이 키리옷의 궁전들을 삼키리라. 모압은 소동과 외침과 나팔 소리와 더불어 죽으리라**』(2절). 이 구절은 예레미야 48:24,41에서 말하고 있는 멸망의 아들(크리옷)이 어디에서 나왔는지를 언급하고 있는 구절이다(이스카리옷은 "크리옷의 사람"이란 뜻이다). 유다는 시리아 출신의 모압의 피가 섞인 혼혈 유대인이었다(라킨의 다니엘 11:13 "북쪽 왕"에 대한 설명 참조). 유다는 "땅 밖에서" 온(came from "outside the land") 유일한 제자다.

3절의 『**내가 그 가운데로부터 재판관을 끊을 것이요**』에서 『**재판관**』은 직접적으로 사람을 언급하는 것이다. 모압 땅을 말하는 것이 아니다. 『**그와 함께 그 모든 고관들**』도 사람을 언급하는 것이다(사 10:5). 아모스는 다니엘의 70째 주와 연관 있는 부분을 결코 놓치지 않았다.

『**유다의 서너 가지 죄과들로 인해...**』(4절). 유다는 그 땅에 침투한 종교 지도자들(렘 23:14)의 거짓말을 따르면서 "계명을 좇아" 행하였다(호 11:2과 그 주석 참조). 입으로는 "하나님께서 호흡을 불어넣으신" 무엇인가를 믿는다고 말하면서(렘 23:16) 최초의 원본에서(렘 36:23) 하나님의 말씀을 삭제시켰다. 『**이는 그들이 주의 율법을 멸시하였고...**』(4절, 잠 13:13과 그 주석 참조). 이들은 주의 상은 "멸시할 만하다"(말 1:7과 그 주석 참조)고 말했다. 이들은 만나를 대했던 것과 똑같이(민 21:5) 살아 계신 하나님의 살아 계신 말씀들(신 8:3)을 대하였다. 유대인들은 살아 있는 말씀을 버렸고, 생명수를(렘 2:13) 버렸고, 살아 있는 빵(요 6:57)을 버렸고, 살아 있는 성경인 〈킹제임스 성경〉(1611)을 버렸다. 이들은 거짓된 말씀들(렘 23:32)을 만들었고, 악취나는 물통들(벧후 2:17)을 만들었고 곰팡이 난 빵(마 13:33)을 만들었고 생명력 없는 "성서들"을 만들었다.

『**이스라엘의 서너 가지 죄과들로 인해...**』(6절). 하나님께서는 유다의 궁전들에서 "알려지셨더라도" 유다에게 불을 보내시고(암 2:5) 이스라엘은 피하지 못할 것이다. 이스라엘의 죄들이 일일이 나열된다. 아모스가 이 죄들을 지적했을 때 한 손은 금송아지 위에 놓고 한 손은 허공을 가르며 벧아웬 거리에서 외쳤을 것이다.

『**이는 그들이 은을 받고 의로운 자를 팔았으며 신 한 켤레에 가난한 자를 팔았고**』(6절). 이들은 은으로 재판관을 매수하여(신 16:19) 의로운 사람을 불리하게 만들었다. 이들은 권리 증서로서 던져진 신을 주워(룻 4:7, 시 60:8) 가난한 사람의 재산을 빼앗았다. 주님께서 마태복음 23:14에서 하셨듯이 바울이 디도서 1:12에 했듯이 아모스는 혹독하게 말한다. "너희는 돈에 눈이 멀어 땅문서라면 사족을 못 쓰고 가난한 자의 머리 위에 있는 먼지까지도 탐내어 쫓아 내려가고(7절) 혀를 날름거리면서 비듬 증서라도 있기만 하다면 갈취하려고 혈안이 되었도다." 이러한 빈정거림을 받아들이지 못하는 기력없는 주석가들은 다음과 같은 결론을 낸다. "도망가고 있는 가난한 자들은 머리에 티끌을 뒤집어쓰고 신음하고 있고 이들을 압제하는 자들은 이들을 주저하지 않고 학대한다."

더멜로우는 "그들은 바로 그 티끌을 꺼리고 있다."고 말하고 벌링거는 마귀에게 굴복하여 "그들은 먼지 속에서 가난한 자들의 머리를 짓밟고 있다."는 식으로 읽히도록 구절을 변경시켰다. 하나님께서 빈정거리는 내용을 이해하지 못함으로 성경적 사실을 놓쳐 버리는 경우가 많다(암 4:4, 말 3:15 참조). 성경에서 하나님 자신을 계시하는 부분에 있어서 성경을 거부함으로 이 부분을 놓쳐 버리는 것이다. 하낵(Harnack)은 누군가가 가난한 사람을 때리는 것이라고 했고 보우어(Bewer)는 누군가를 가루로 만들려는 것이라고 했고 노웩은 누군가를 짓밟는 것이라고 했고 조지 스미스는 "가루로 만들려는" 것 대신에 "짓밟으려는" 것이라고 생각한다. 이 구절은 전혀 이런 종류의 의미로 쓰이지 않았다. 주께서는 아모스 2:7에서 비웃으시는 것이다.

7절의 나머지 부분은 스스로 해석한다(레 18:21; 20:3 참조).

『또 그들이 모든 제단 옆에서 저당 잡힌 옷 위에 누우며...』(8절, 신 24:12, 출 22:26 참조. 이 옷들을 가난한 사람들이 자기 전에 돌려 줘야 한다.)

『모든 제단 옆에서』(8절). 이는 예루살렘에 있는 진짜 제단이 버려졌음을 나타낸다(왕상 13:1-6은 이 때를 가리킨다).

『**그들의 신전에서 죄인들의 포도주를 마시기 때문이라**』(8절). 모든 주석에서 "죄인들"을 가난한 사람들의 돈을 사기 쳐서 빼앗는 부자들이라고 잘못 설명하는데 테일러 또한 이 만장일치의 해석을 수용하였다(〈리빙 바이블, Living Bible〉). 이 소선지서를 공부하면서 〈리빙 바이블〉을 읽어 보면 100년 전부터 있어 온 잘못들과 배교들의 절정이 〈리빙 바이블〉임을 깨닫게 될 것이다. 테일러는 1880년 RV 위원회가 저질렀던 잘못들을 어김없이 반복하여 저질렀다.

『**죄인들의 포도주**』(8절)는 신명기 32:32,33과 시편 16:4의 포도주로 "마귀들의 식탁"에서(고전 10:21) 마귀들에게 바치던 것이다. "그들의 신전"에 대해 언급한 주석가가 아무도 없다는 사실은 자유주의자들, 보수주의자들, 근본주의자들이 마귀의 의지대로 조종받았다는 것을 보여 준다. 여기에서 테일러는 너무나 힘차게 페달을 밟아 체인이 벗겨지게 되는데 "그들의 신전"에서 말하는 거짓 신은 실제로는 하나님의 성전을 언급하는 것이라고 말한다. (누군가가 테일러에게 이 때에 이스라엘은 성전이 없었고 하나님의 성전으로 오지도 않았고, 진짜 성전과 겨루기 위해 하나님을 위한 성전을 짓지도 않았다는 사실을 가르쳐 줘야겠다. 왕상 13장 참조.)

웨스트코트와 홀트 이단들이 추천하는 총체적으로 부패한 ASV는 안간힘을 써서 본문을 다시 썼는데 본문이 말하는 포도주는 "정제되었던 종류의" 포도주라고 한다. 이런 말은 히브리어 사본 어디에도 없다. 마소라 본문은 〈킹제임스성경〉 본문과 같은데 여기에서 말하는 것은 다니엘의 칠십째 주에 마귀를 숭배하는 것임을 말하고 있다. New RSV와 마찬가지로 New ASV도 이 사실을 고의로 흐려 놓았는데 이 가엾은 두 고집쟁이들은 (1884년 RV와 같이) 의도적으로 전능하신 하나님의 권위를 집어 던져 버린 것이다. 신국제역(New International Version)이나 New ASV에서 저질렀던 20,000군데의 잘못 가운데 "우연하거나" "의도적이지 않은" 것은 하나도 없다.

2:9 ○ 그러나 내가 그들 앞에서 아모리인을 멸하였나니 그의 키는 백향목들
의 키와 같고 그는 상수리나무들같이 강하나 내가 위로부터 그의 열매
와 아래로부터 그의 뿌리들을 멸하였도다.
10 또한 내가 너희를 이집트 땅에서 불러내어 사십 년 동안 광야를 통해 인
도하여 아모리인의 땅을 차지하게 하였도다.
11 또 내가 너희 아들들 가운데서 선지자들을 너희 청년들 가운데서 나실인
들을 일으켰도다. 오 너희 이스라엘 자손들아, 과연 그렇지 아니하냐? 주
가 말하노라.
12 그러나 너희가 나실인들에게 포도주를 주어 마시게 하였으며 선지자들
에게 명하여 말하기를 "예언하지 말라." 하였느니라.
13 보라, 곡식단을 가득 실은 수레가 눌림같이 내가 너희 아래서 눌림을 받
는도다.
14 그러므로 도피하는 자가 급히 망할 것이요, 강한 자도 자기 힘을 낼 수
없으며 용사도 자신을 구할 수 없으리라.
15 활을 다루는 자도 설 수 없겠고 발이 빠른 자도 자신을 구할 수 없을 것
이며 말을 타는 자도 자신을 구해 낼 수 없으리라.
16 용사 중에 용기 있는 자도 그 날에는 벗은 채로 도망하리라. 주가 말하
노라.

마귀들에게(시 16:4) 피의 제사(신 32:32-34)를 바친 후에 즉각적으로 나타나는 "거인들"(9절)을 주목하라. 피의 제사는 상수리나무(호 4:13)와 나무 조각에 자문을 구하는 것(호 4:12)과 "음행"(호 4:12)과 연관이 있다. 이는 전 세계를 하나로 묶고 온 인류를 같은 형제로 만드는데 그래서 한 아버지를 두게 될 결정적인 역할을 할 공산주의 카톨릭이다(계 13,17장과 그 주석 참조). 거인들은 되돌아 올 것이다(이를 단지 견해 차이라고 여기는 것은 망상을 하거나 정신 질환을 안고 있는 것이다).

『그는 상수리나무들같이 강하나』(9절, 창 35:4을 비교).

『위로부터 그의 열매와 아래로부터 그의 뿌리들을…』(9절).

사탄과 그 "통치자들"은(사 10:10) 나무들과 연관이 있다(겔 31:4-9 참조). 사탄을 "백향목"에 묘사한 것처럼(겔 31:3) 적그리스도를 "푸른 월계수"(시 37:35)로 묘사한다(창 2:9 주석 참조).

10절은 스스로 해석한다(민 21:21-25, 수 24:8; 7:7, 신 1:20 참조).

『또 내가 너희 아들들 가운데서 선지자들을 너희 청년들 가운데서 나실인들을 일으켰도다』(11절). 사실이 그렇다. 민수기 6:1-10에 따라 사무엘, 삼손, 침례인 요한은 성별되었다. 나실인을 통해 이스라엘이 세상으로부터 성별되어야 하는 근본적인 모습을 보여 준다. 또 나실인을 통해 이스라엘이 어디를 가든지 "다른 민족들과 같지 않다."는 사실을 늘 생각나게 해준다(출 19:5과 주석 참조). 일반 유대인은 머리를 목까지 기를 수 있는 데(턱수염과 함께 - 레 19:27 참조) 비해 나실인은 여자처럼 허리 중간까지 기를 수 있다(민 6:1-10). 적그리스도가 그리스도의 거룩함을 모방하는 것처럼(계 13장) 압살롬은 나실인의 성결을 모방하였다(삼하 14:26 참조).

『그러나 너희가 나실인들에게 포도주를 주어 마시게 하였으며 선지자들에게 명하여 말하기를 "예언하지 말라." 하였느니라』(12절). 이에 대한 완벽한 예가 아모스 7:12,13에 있다. 소아시아의 도시들에서 바울의 설교를 견딜 수 없었던 것 이상으로(행 13:50) 이 땅에서는 예레미야의 예언(렘 38:4)을 "참을 수 없었다." 참된 진리, 유일한 진리, 전체적으로 볼 때 진리임이 분명한 상품이 진열되면 늘 불태워졌다. 설령 그 상품이 분배되어진다 하더라도 그

상품을 쌓아 놓기 위해 결코 북새통을 이루며 가져가지 않는다. 인류 역사상 단 한 번도 민족, 종교, 죽음 이후의 삶, 진화, 도덕, 권위 등에 대한 진리가 다수에 의해 받아들여졌던 경우는 없다. 구원받은 사람이건, 그렇지 않은 사람이건 간에 말이다.

이들은 나실인들을 술 취하게 만들어 예언자들의 입을 막아 버렸다. 이렇게 함으로써 이들은 국가적으로 영적으로 파탄에 빠지게 되었다. 마치 면도칼로 목을 말쑥하게 밀듯이 말이다.

『**보라... 내가 너희 아래서 눌림을 받는도다**』(13절). 어떤 주석가도 이 구절의 짝을 이루는 이사야 1:13,14을 점검하지 않았다. 그 대신에 히브리어 철자를 찾아 뛰어다니고 히브리어 문법을 찾아 헐떡인다. 이들에게 있어서 이 지구상에 어떤 권위도 없고 다만 구원받지 못한 유대인이 믿는 원어사전(lexicon)만이 이들에게 권위가 될 뿐이다.

ASV는 "나는 네 대신에 너를 누르리라."고 했고 RSV는 "나는 너를 누르리라." New English Bible은 "나는 짐 아래에서 신음한다." 〈리빙바이블〉은 "나는 너로 신음하게 하리라." 또 다른 것들은 "나는 너의 자리를 내리 누르리라." "나는 그것을 협소하게 하리라." 각양각색이다.

〈킹제임스성경〉 본문이 지금까지 살아 왔던 가장 총명하고, "헌신되고, 경건하고, 인정받고 자격있는 권위를 가진" 사람들보다 월등히 뛰어나기 때문에 절대 무오한 진리로서 "내가 너희 아래서 눌림을 받는도다."를 받아들여야만 한다. 에서의 형제들이 "팥죽"으로 생각했던 잡다한 추측들은 즉시 잊어버리라. 주님은 짐을 나르기에 지치신 것이다. 그런 단순한 의미이다. 주께서는 어미 독수리처럼 이스라엘을 나르셨다(신 32:11). 800년간 아버지로서 간호하셨다. 이제는 너무나 무거운 짐을 나른 나머지 거의 부숴진 수레와 같은 심정이다. 다시 하나님의 빈정거리심이 너무도 명백하여 어떤 학자도 하나님께서 이렇게 말씀하시는 것의 의미를 깨닫지 못한다. 하나님의 말씀은 새로운 것을 추구하고 과학적인 것을 추구하는 근본주의 학자들이 뜯어고친 구절을 때려 눕힌다.

14절은 스스로 해석한다. 빠르게, 강력하게, 이스라엘은 추월당하고, 정복당하고, 잡혀갈 것이다(왕하 17장). 『**활을 다루는 자도 설 수 없겠고... 말을 타는 자도 자신을 구해 낼 수 없으리라**』(15절). 이스라엘에게 예언되었던 이 심판들은 B.C. 720년을 뛰어넘어 "그날"에(16절) 임할 것이다. 이 때는 빠른 자, 강한 자, 용사들이 벌거벗은 채 도망할 것이다(슥 14:12).

아모스 3장

3:1 내가 이집트 땅에서 인도하여 낸 전체 족속, 오 이스라엘 자손들아, 주가
너희를 거슬러 말씀하신 이 말씀을 들으라. 말씀하시기를
2 "땅의 모든 족속 중에서 내가 너희만을 알았으니 그러므로 너희 모든 죄
악으로 인해 내가 너희를 벌하리라.
3 두 사람이 동의하지 않고 함께 걸을 수 있겠느냐?
4 사자가 먹이가 없는데도 숲속에서 포효하겠느냐? 젊은 사자가 잡은 것이
없는데도 그의 굴에서 소리지르겠느냐?
5 새가 그를 잡으려는 덫이 없는 곳에서 올무에 걸려 땅 위에 떨어질 수
있느냐? 사람이 잡은 것이 전혀 없는데도 땅에서 올무를 집어 올리겠
느냐?
6 성읍에서 나팔을 부는데 백성이 무서워하지 않겠느냐? 주께서 행하신 일
이 아니고서야 성읍에 재앙이 있겠느냐?
7 실로 주 하나님은 선지자들인 그의 종들에게 그의 비밀을 나타내지 않고
서는 아무것도 행치 아니하느니라.

8 사자가 포효하는데 누가 두려워하지 않겠느냐? 주 하나님**이 말하였으니
누가 예언하지 않겠느냐?" 하시니라.**

1절은 스스로 해석한다(호 12:9; 13:4 참조).

『**땅의 모든 족속 중에서 내가 너희만을 알았으니**』(2절). 어떻게 이 구절이 마태복음 7:23과 조화를 이루는지 살펴보라. 두 구절 모두에서 하나님께서는 다른 "족속들"도 알고 계시고, 구원받지 않은 자들도 알고 계시지만 양쪽 모두에서 개인적으로 주님과 친밀한 관계에 대해서는 부정하신다. 하나님은 모든 것을 알고 계신다(대상 28:9). 또 모든 사람을 알고 계신다(마 10:3). 그러나 어떤 사람이나 어느 민족이 하나님과의 친밀한 교제권에 서 있지 않으면 하나님께서는 그 사람이나 그 민족을 아는 지식을 부인하실 것이다. 그리스도는 그의 양무리를 알고 계신다(요 10:14). 그러나 예수님은 "불법을 행하는 자들"은 모르신다(마 7:23). 그러나 『**오직 만물이 우리가 회계해야 하는 그분의 눈 앞에 벌거벗은 채로 명백히 드러나게 되느니라.**』(히 4:13)고 하신다. 마찬가지로 거룩함이 없이는 아무도 하나님을 보지 못한다(히 12:14). 그러나 모든 인간은 거룩하건 불결하건 간에(계 20:11-15) 확실하게 하나님을 볼 것이다(빌 2:11). [앞의 경우는 대환란 끝에 있을 휴거를 언급한다(히 12:14). 그러나 이 구절들이 새국제역(New International Version), New ASV에서 변개되어 구원받은 설교자들도 이 교리를 정확한 위치에 놓지 못한다. 건전한 교리를 거부하는 것은 현재의 보수주의 학자들의 특징이라는 사실을 결코 잊어서는 안 된다(딤후 4:1-6).]

성경에서 "알다"라는 말이 어떻게 사용되었는지 시편 1:6; 144:3, 출애굽기 19:5, 신명기 4:20을 보라.

『**두 사람이 동의하지 않고 함께 걸을 수 있겠느냐?**』(3절) 이 구절은 잠언

13:13; 18:1, 롬 1:25, 골 2:8 등과 비슷한 구절이다. 하나님 말씀이 있는 곳에 가시나무가 등장하는데 "훌륭하고, 경건하고, 헌신되고, 자격있는" 알렉산드리아 이단들이 어떻게 본문을 날조했는지 살펴보자.

1. New ASV : "약속을 결정하지 않고서는...?" 많은 사람들이 만나기 전이나 출발한 후에도 약속을 결정하지 않고서 같이 걷는다. 이런 본문은 성경이 아닌 책에 있더라도 우습고 어리석은 내용일 수밖에 없다.

2. 총체적으로 타락한 RSV : "약속을 결정하지 않고서는...?" New ASV와 똑같지 않은가? 근본주의 대학에서 추천한 New ASV를 번역한 번역자들은 New ASV가 나오기 15년 전에 쓰여진 자유주의의 RSV 본문을 간단히 베낀 것이다. New ASV와 RSV가 "같이 걸어가고" 있는 것을 보았을 것이다. 이 둘은 "동의"를 했기 때문이다. 이 둘은 배교에 대하여 "약속을 하였다."

3. 리빙바이블(Living Bible) : "어떻게 우리가 함께 걸을 수 있겠는가?" 쉽다. 성경을 무시해 버리라. 그러면 좋게 지낼 수 있을 것이다.

4. New English Bible : "그들이 동의하지 않았다면..." 많은 사람들이 무엇인가를 시작했을 때 동의하지 않았어도 함께 걸을 수 있고 〈킹제임스성경〉을 제거하자는 데 있어서 모두 동의한 후에 잘 지낸다. 근본주의자나 보수주의자 가운데 어떤 일을 시작했을 때 NCC나 자유주의자들과 동의하는 사람은 없다. 이들이 샤프나 A.T. 로버트슨이나 홀트의 파괴적인 비평을 받아들인 후에야 함께 여행하는 데 동의할 뿐이다.

5. 〈칠십인역〉 : "만일 그들이 서로를 모른다면...?" 이런 일은 세계에서 하루에 삼만 번도 더 일어난다. 많은 사람들이 서로 모르는데도 같이 걷는다. 서로 알게 되더라도 종종 함께 걷는 것을 멈춘다. 본문은 허튼소리이다.

이렇게 요란한 비평들로 모두가 한결같이 우겨대는 것은 이 구절이 통합이나 교회 통합에 반대하는 내용으로 고린도후서 6:18 다음으로 성경에서 찾을 수 있는 강력한 구절이기 때문이다. BJU는 자신들이 성별되었다고 주장하지만 성경에 관한 부분에서 이 세상에 나와 있는 "성서들"과 자유주의 "성서"와 사이좋게 걸어가고 있는 것을 보면 유니온 신학원만큼이나 배교한 것임을 알 수 있다. New ASV와 RSV는 신약 부분에 있어서 똑같은 헬라어 사본에서 나온 본문이다. 전형적인 배교의 형태이다.

그러나 『**두 사람이 동의하지 않고 함께 걸을 수 있겠느냐?**』(3절) 그럴 수 없다.

하나님께서는 마귀의 식탁에서(암 2:8) "신들"과 노닥거리는 그런 민족과 같이 걸으실 수 없다. 하나님께서는 자신의 더러운 걸레(사 64:6)로 자신을 의롭게 하려 하는 마귀의 자식들(요 8:40-44)과는 함께 걸으실 수 없다. 하나님께서는 성령을 따라가지 않고(갈 5:22) 육신을 좇아 걸어가는(고후 7:1) 그리스도인(롬 8:10-13)과는 함께 걸으실 수 없다("교제"의 의미에서). 이 문맥에서 하나님께서 물으시는 모든 질문(4절에서 두 개, 5절에서 두 개, 6절에서 두 개)에는 "No"라는 반응이 요구된다.

구원받은 여자와 구원받지 못한 남자가 함께 가정을 이룰 수 있는가?(고후 6:14). 그럴 수 없다. 백인이 자신의 음악과 도덕을 유지하면서 아프리카인과 같이 걸을 수 있는가? 없다. 성경대로 믿는 그리스도인이 성경을 왜곡시키는 "근본주의자"와 함께 걸을 수 있는가? 없다. 사랑하고, 기도해 주고, 구령하는 것을 도와줄 수는 있지만 "걷는다"는 것은 다른 문제이다. 『**그분이 빛 가운데 계신 것같이 우리도 빛 가운데 행하면**』(요일 1:7). 하나님의 말씀은 "빛"이시다(시 119:105). 그 빛 안에는 어두움이 없다(요일 1:5). 그래서 존경하고 사랑하는 "헌신되고, 경건하고, 훌륭한" 분들이 어느 때고, 어느 장소에서, 어느 부분이든 이 말씀에 등을 돌리게 되면 우리는 홀로 걸을 수밖에 없다. 두 사람이 동의하지 않고서는 함께 걸을 수 없기 때문이다.

이렇게 말하는 사람이 있다. "우리는 종교적인 장벽을 무너뜨린 것입니다. 그녀는 돈을 숭배했지만, 나는 그렇지 않습니다." "함께 걷고 있는 두 동물"

이 들로 나갔다. 거기에는 노새 두 마리가 멍에를 지고 쟁기를 갈고 있었다. 암컷이 그 모습을 보고 말했다. "얼마나 조화로운 모습입니까? 서로 다투지도 않잖아요?" 수컷이 대답했다. "글쎄. 우리도 그럴 수 있겠지. 한 가지 말만 한다면..."

성경대로 믿는 사람이 얻을 수 있는 교훈은 명백하다. 동의하지 않는 사람들과 함께 걸어갈 수 없다. 마귀와 동행한다면 어떤 문제점도 야기되지 않을 것이다. 성경대로 믿는 그리스도인이 A.T. 로버트슨, 브룩스 메츠거, 알란드, 네슬, 웨스트, 씸과 같은 성경을 파괴시키는 이단들과 연합하려는 것은 살쾡이를 불도그와 묶어 놓고 하나가 되라는 것과 마찬가지다. 하나가 될 수 없다. 서로 다른 말을 하기 때문이다.

『**사자가 먹이가 없는데도 숲속에서 포효하겠느냐?**』(4절) 그렇지 않다. 사자는 먹이를 공격하기 전에 겁주기 위해 포효한다(4절). 그리고 먹이를 잡았다면(4절) 그 신호로 울부짖는다. 그러나 사자들은 울부짖는 소리를 들으려고 포효하지는 않는다.

『**새가... 떨어질 수 있느냐? 사람이... 집어 올리겠느냐?**』(5절) 아니다. 올무가 없는데 새가 잡힐 수 없다. 덫에 걸려든 것이 없는데 사냥꾼이 덫을 땅에서 들어 올리지 않는다. 사냥감이 걸릴 때까지 그곳에 놓아둔다.

『**성읍에서 나팔을 부는데 백성이 무서워하지 않겠느냐?**』(6절) 양치기 소년이 외치지 않는 한 백성은 두려워한다. 설령 장난으로 나팔을 분다 하더라도 마치 공습경보를 듣는 것처럼 머리카락이 쭈뼛 설 것이다.

『**주께서 행하신 일이 아니고서야 성읍에 재앙이 있겠느냐?**』(6절) 주님은 "선과 악"의 궁극적인 주체이시다(욥 2:10). 하나님은 죄인들에게 임할 악을 허락하신다(애 3:38). 악이 다가오는 것을 알고 계시고 그 악을 멈추지 않으실 수 있다(렘 26:13,19). 아무리 훌륭한 "신"을 주조하여 만들고, 새기고, 각을 떠서 만들어도 비참한 삶의 문제를 변화시켜 주지 못한다. 지금 하나님께서는 살인, 강간, 오해, 놀음, 죽음, 굶주림, 고문, 강탈, 불구, 질병, 파산, 무능력, 전쟁, 죄, 자연적 재앙(눅 13:1-3)을 허락하신다. 그리스도를 거부하는 바보가 있다면 선택할 길은 두 가지밖에 없다. 이러한 일을 허락할 만한 어떤 하나님도 있을 수 없다고 생각하는 무신론자가 되든지 위에 나열된 것 같은 모든 부정적인 것들은 사람의 무지 때문에 나타나는 것이므로 교육과 과학을 통해 위에 언급된 모든 것들을 극복해 나갈 수 있다고 생각하는 자유주의자가 되는 것이다. 후자의 자유주의 "신학"을 믿는다면 반쯤 미쳐야만 정상이다. "과학"이나 "교육"은(이 둘을 섞어 놓았어도) 카인이 아벨의 머리를 박살낸 이후로 어떤 한 가지의 문제도 해결할 수 없었기 때문이다.

『**실로 주 하나님은 선지자들인 그의 종들에게 그의 비밀을 나타내지 않고서는 아무것도 행치 아니하느니라**』(7절). 이 구절에 의하면 바울은 선지자의 범주에 들어간다(엡 3:1-6). 주 예수 그리스도는 분명한 선지자이다(행 7:37, 요 9:17). 종족 간의 전쟁, 폭동, 사회적 혁명, 도덕 수준을 낮추는 것, 민중을 혼란케 하는 것 등을 "선지자적 통찰력," "선지자의 환상"으로 착각하고 있는 가짜들은(창 20:7과 그 주석 참조) 진짜 선지자들과 경쟁 대상이 안 되는데, 유리한 입장에 설 수밖에 없는 진짜 선지자들은(왕상 14:5) 100번 예언하면 100번 모두 맞는다(왕상 13:2).

일반적인 믿음(일반 신학교에서 가르치는 기준의 신학을 언급한다)과 대조적으로 주님께서는 성경대로 믿는 사람들에게(신 29:29) 많은 부분을 계시하는데(고전 2:11,12) 이 부분은 헬라어나 히브리어 어휘만 있으면(단 2:28) 성경을 "해석"할 수 있을 만큼(눅 24:45) 자신들이 똑똑하다고 생각하는(사 28:9) 근본주의 친구들에게는 고의적으로 감추신 부분이다(눅 10:21). 성경과 관련된 이주 분명한 사실은 언어 교육은 어떤 구원받은 죄인에게 어떤 성경 해석도 해줄 수 없다는 것이다.

모든 선지자들의 아들들은 엘리야가 휴거되는 날을 알고 있었다(이에 대해 잠시 생각해 보라). 바울과 베드로는 몇 주일 안에 일어날 일들을 알고 있었다. 그리스도께서는 한 시간 안에 일어날 일을 알고 계셨다. 성령님께서는 400,000명의 그리스도인들이 한순간에 동시에 휴거된다는 사실을 계시하신다. 그러나 이 사실은 주님께서 이 일이 발생하기 전 30분에 계시하시는 것과 같다. 주님은 종종 사람들에 대해(창 19:25) 장난도 하신다(창 17:17–19).

『**사자가 포효하는데 누가 두려워하지 않겠느냐?**』(8절) 두려워하지 않을 사람은 아무도 없다(잠 1:7과 그 주석 참조). 『주 **하나님이 말하였으니 누가 예언하지 않겠느냐?**』 민수기 24:1–4에서 예언해야만 했다. 사울도 예언해야만 했다(삼상 19:24). 하나님께서 말씀하셔서 마음이 뜨겁게 될 때(눅 24:32) 입을 다물고 있을 수 없는 것이다(고후 4:13).

3:9 ○ 아스돗에 있는 궁전들과 이집트 땅에 있는 궁전들에 공표하여 말하기
를 "너희는 사마리아의 산들 위에 모여 그 가운데 있는 큰 소요와 그 가
운데 있는 압제당하는 자들을 보라." 하라.
10 이는 자기들의 궁전에서 폭력과 강탈을 쌓는 자들이 옳은 일을 행할 줄
모르기 때문이니라. 주가 말하노라.
11 그러므로 주 하나님**이 이같이 말하노라. 대적이 땅 여기저기에 있으리니**
그가 너로부터 네 힘을 꺾을 것이요, 네 궁전들은 약탈을 당하리라.
12 주가 이같이 말하노라. 목자가 사자의 입에서 두 다리나 귀 한 조각을
건져내는 것같이 사마리아에 거하는 이스라엘 자손들은 침상 모퉁이에
서 다마스커스에 거하는 그들은 침상에서 건져냄을 받으리라.

13 **만군의** 하나님, 주 **하나님이 말하노라. 너희는 듣고 야곱의 집에 증거하기를**
14 **"내가 이스라엘의 죄과들을 그에게 감찰하는 날에 내가 벧엘의 제단들도 감찰할 것이니 제단의 뿔들은 꺾여 땅에 떨어지리라." 하라.**
15 **또 내가 여름궁과 함께 겨울궁을 치리니, 그러면 상아궁들이 파손될 것이요, 큰 궁들이 종말을 고하리라. 주가 말하노라.**

아스돗과 이집트는 이스라엘 안에서 행해지는 압제와 폭력을 증거하기 위해 소환된다. 하나님께서 이런 일로 이스라엘을 심판하시려 할 때 이방들은 이스라엘보다 더 악하지 않다 하더라도 조심해야 한다. 그렇지 않으면 똑같은 심판의 대열에 서기 때문이다(사 10:12).

["아스돗"은 "아스돗에 있는 사생아"와 관련된(암 1:8, 슥 9:6) 특별한 경고의 말이다. 그래서 이 경고의 단어는 RSV에서 재빨리 제거되었는데 여기에 대한 허가를 신약이 완성된 지 200년 후에나 쓰여진 "70인역"에게 받아냈다.]

이집트와 아스돗은 사마리아 산들 위에 모여 이스라엘 가운데 있는 큰 소요를 보게 된다(9절). 이들은 "자기들의 궁전에서 폭력과 강탈을" 쌓는다(10절, 잠 10:2 참조). 폭력과 강탈을 통해 얻어진 물건들은 한 남자의 가족이 제2차 세계대전 때 밀주 운영을 했던 케네디가처럼 될 때까지 벽과 들보를 향해 부르짖기만 할 것이다(합 2:11 참조).

11절은 스스로 해석한다. 직접적인 대적은 열왕기하 17장의 앗시리아인으로 가까운 미래에 있을 대적은 죄의 사람이다.

『목자가 사자의 입에서 두 다리나 귀 한 조각을 건져내는 것같이... 이스라엘 자손들은... 건져냄을 받으리라』(12절). 불에서 꺼낸 나무같이(슥 3:2) 아직 먹히지 않고(사 6:13) 남아 있는 이스라엘의 전체는 불과 몇 조각 안 된다. 사마리아와 다마스커스에서 건져냄을 받지 못한(12절) 사람들은 그들의 침상에서 살해된다(12절). 이들은 상아 침상(6:4)과 침대에 누워 "시온에 평안히" 있는 자들이다(6:1). 따라서 이들은 이스보셋이 살해당했던 것처럼(삼하 4:4-8) 살해당할 것이다.

13절은 스스로 해석한다.

『**내가 벧엘의 제단들도 감찰할 것이니**』(14절). 이곳은 여로보암이 금송아지를 세웠던 곳이다. 『**제단의 뿔들은 꺾여 땅에 떨어지리라**』(14절). 아모스는 평이하게 재림에 대해 말하고 있다. 여로보암이 처음 세웠던 제단은 이미 꺾여졌다. 그 제단은 아모스가 설교하기 전인 열왕기상 13장에서 땅에 떨어졌다. 그 제단이 비록 다시 세워졌다 하더라도 열왕기하 23:15에서 요시아 때에 완전히 뒤엎어졌다. 14절의 "감찰하는 날"은 요시아가 통치하던 때가 될 수 없다. 왜냐하면 요시아가 여로보암의 제단을 발견하기 전에 이스라엘은 이미 포로로 잡혀갔기 때문이다. "벧엘의 제단들"(14절)은 나타날 것이고 이 때에 금송아지들도 거기에 있을 것이다.

15절은 내용이 명확하다(시 45:8, 렘 36:22, 왕상 22:39 참조).

아모스 3:3에서 이미 "교묘한 수선공"들이 한 일을 살펴보았다. 나머지 부분에 대해서 간략하게 살펴보겠다.

1. 조작된 70인역 - 오리겐(185-254) 이전에는 이 지구상 어디에도 없었던 이 책은 "아스돗" 대신 "앗시리아인들"로 바꾸었다(9절). 히브리어로는 "아스돗"으로 되어 있고 구약 전체에서 이 단어로 되어 있는데도 말이다. 10절의 "그들은 옳은 일을 행할 줄 모른다."를 "그녀는 무엇인지를 몰랐다."로 대체시켰다. 11절은 "오 투로야 네 땅은 황폐하게 되리라."고 고쳤는데 이런 내용

이 있는 히브리어 사본은 없다. 13절에 "오 너희 제사장들은 들으라"를 덧붙였다. (위선자들이 신약에서 표준원문 대신 바티칸사본과 시내사본으로 교체시켜 놓고 "더 짧은 본문은 더 우수하다."라고 말하는 원문비평가들을 생각해 보라. 그런데도 구약에서 너무 많이 첨가시켜 스스로도 구분하지 못할 지경이다.)

2. RSV(1952)는 5절의 마소라 본문을 변경시켜 "덫이 올라 오라."로 읽게 하였다. 그리고 나서 고대어로 된 〈칠십인역〉 본문인 "앗시리아인"(A.D. 330년부터)을 채택하였는데, 이 때는 교회가 그 본문을 거부한 후였다. 그리고 아무도 침대나 침상에서 끌어 내려지지 않았다(12절). 대조적으로 이스라엘은 "침상 모퉁이와 함께 구출될" 것이다.

3. 부패한 New ASV는 2절 전체의 판단력을 없애 버려 "너희는 나를 갖기만 했으며"(You only have ME...)라고 읽는데 갖다(have)에 해당하는 단어가 히브리어에는 없다. "Me"는 히브리어에서 직접 목적어가 아니며 접미사 "I"는 "알다"의 동사 형태이다.

New ASV는 5절에서 "덫"에 대하여 반성경적인 본문을 채택하였는데 이는 NCCC의 RSV에서도 발견된다(깃털이 같은 새들은 끼리끼리 덫에 걸린다). 이스라엘의 아들들은 "침대 모퉁이와 함께 붙잡힌다."로 되어 있는데 이는 가능하면 자유주의의 RSV와 가깝게 맞추기 위해서다. RSV는 New ASV가 갈 길을 안내한다.

4. 더멜로우는 1884년의 엉터리 RV로 3,5,9,12절을 고친다.

5. 게세니우스, 웨왈드, 케일, 그 밖의 다른 "훌륭한 분들"은 3:13이 버젓이 있는데도 본문을 상관하지 않는다. 호프만과 하낵(Harnack)도 마찬가지다. 마티와 오텔리로 고치기를 원한다. 마티는 10,12절에 대한 부분이 "주석"에 해당한다고 생각한다. 구테(Guthe)와 노웩은 4,5,8,10절에 대한 부분이 주석이라고 생각한다. 마티, 하낵, 구테, 보우어는 3,4,5,6,7,8,9,10,11,12,13절을 다시 바꾸어 쓰고자 한다. 마귀가 하고자 했던 짓이다.

케네스 테일러는 성경을 파괴시키는 펜으로 한 번 휘갈김으로 예언들에 관한 모든 계시들을 닫아버렸다. "무엇보다도 나는 선지자들을 통하여 너에게 경고한다"(11절). "하나님 말씀에 충성되고," "본문에 충실하다"고 하는 이 본문이 한 짓은 유다 이스카리옷이 17달러 50센트에 그리스도를 팔아 버린 것과 같다. 지금까지 잃어버렸거나 발견되었던 어떤 히브리어 사본에도 이런 말은 없다.

아모스 4장

4:1 사마리아 산에 있는 너희 바산의 암소들아, 이 말을 들으라. 너희는 가난
한 자들을 압제하며, 궁핍한 자들을 짓밟고, 그들의 주인들에게 말하기
를 "술을 가져다 우리로 마시게 하라."고 하는도다.
2 주 하나님께서 그의 거룩함으로 맹세하셨으니, 보라, 그 날들이 너희에게
임할 것이요, 그가 너희를 갈고리로 너희 후손을 낚시로 끌어가리라.
3 너희가 파손된 곳들로 나갈 것이요, 모든 암소가 자기 앞에 있는 그곳으
로 나가리니 너희가 그들을 궁전으로 던지리라. 주가 말하노라.
4 ○ 벧엘로 와서 범죄하며 길갈에서 죄를 더하고 매일 아침 너희 희생제물
을 가져오며 삼 년 후에 너희 십일조를 가져오고
5 누룩과 함께 감사의 희생제물을 드리며 자원하는 제물을 선포하고 공표
하라. 오 너희 이스라엘 자손들아, 이것이 너희가 좋아하는 것임이라. 주
하나님이 말하노라.

아모스는 청중들을 짐승들로 여기고 설교한다(너희 바산의 암소들아, 이 말을 들으라). 바울과(딛 1:12), 주님도 똑같이 하신 적이 있다(마 23:33). 사실 성경에서 성령으로 충만했던 많은 설교자들은 설교하는 데 있어서 아돌프 히틀러처럼 난폭하고 격렬하였다. 그들은 마치 다른 주파수로 방송하는 것 같았다.

『**바산의 암소들**』(1절)은 하나님의 아들을 죽인 "그 암소와 동족"이다(시 22:12의 문맥 참조). 황소는 수컷이고 암소는 암컷일 뿐이다. 이 장면은 사도행전 13:50에 나오는 "경건한 부인들"이 남편들에게 "술을 가져다 우리로 마시게 하라"고 요청하는 모습이다. 이세벨처럼 이들은 부동산 권리 증서, 어음 할인, 조건부 증서, 복리 이자 등 많은 부를 가지고 있다. 바산은 요단 남쪽에 있는 길르앗의 북쪽에 위치한 비옥한 목장 지대이다.

『주 **하나님께서... 너희를 갈고리로 너희 후손을 낚시로 끌어가리라**』(2절, 겔 29:4, 욥 41:1,2, 렘 16:16). 갈고리는 코를 통해 입술 위나 아래를 꿰고 있으므로 가장 고집센 동물이라도 줄을 당기고 있는 사람 쪽으로 향하게 되어 있다.

『**너희가 파손된 곳들로 나갈 것이요, 모든 암소가 자기 앞에 있는 그곳으로 나가리니 너희가 그들을 궁전으로 던지리라. 주가 말하노라**』(3절). 이곳이 소위 〈킹제임스성경〉에 있는 "틀린 본문" 가운데 좋은 예가 되는 곳이다.

벌링거는 단순히 "궁전으로"로 번역하기를 거부하고 이곳은 확인 불가능한 어떤 곳이라고 말한다. New ASV와 그 쌍둥이 자매(RSV)도 이 제안을 받아들여 번역하기를 거부한다. 그런데도 근본주의자들은 〈킹제임스성경, 1611〉이 "baptizo"를 번역하지 않은 것에 대해 불평을 늘어 놓는다! 테일러("Living" Bible)는 한술 더 떠 그 구절에 있는 일곱 단어들마저도 번역하기를 거부한다.

『**너희가... 나갈 것이요**』(3절). 여기에서 "너희"는 산산이 파손된 성벽을(대하 36:19) 통과하게 될 여자들이다("너희... 암소들아," 1절). 『**모든 암소가 자기 앞에 있는 그곳으로 나가리니**』(3절). 여자들은 계속 소로 언급되고 있다. 이들은 이들 앞에 있는 파손된 곳으로 곧바로 통과해 나갈 것이다. 사마리아에 있는 도시들의 벽들은 철저하게 파괴될 것이고(렘 26:18), 그 도시를 나가기 위해 돌아나갈 필요가 없게 될 것이다. 침대나 침상에서 곧장 적에게 나갈 수 있다(3:12).

『**너희가 그들을... 던지리라**』(3절). "그들"에 대해서는 이미 2절에서 언급되었다("너희 후손들" – 큰 갈고리들은 남자들과 여자들에게 해당되고 낚시는 어린 자녀들에게 해당된다). 『**너희가 그들을 궁전으로 던지리라**』(3절). 이 부분은 히스키야의 자손들에게 정확하게 일어났던 일이다(사 39:7). 그리고 같은 말이 쓰여졌는데도[사 39:7, "왕궁"(palace)] 도대체 무슨 근거로 본문을 혼잡하게 하는 것인가?

『○ **벧엘로 와서 범죄하며**』(4절). 오, 주님 그렇게 말씀하셔서는 안 됩니다. 오, 하나님 죄인들에게 범죄하라고 명령하시다니요! 오, 저런. 몇몇 "최초의 히브리어 본문"에는 발견할 수 없지 않습니까? 우리가 읽기 원하는 방식대로 읽어야 하지 않습니까? 그렇지 않고 이 단어들을 그대로 놔둬야 한다면 (ASV, New ASV, RSV, New RSV는 모두 이 부분의 〈킹제임스성경〉을 베꼈다.) 이 구절을 지나쳐 버리든지 아니면 이 구절이 사악하게 보이지 않도록 최소한 "재배열"해야 하지 않을까요?

1. 제이미슨(Jamieson), 포셋, 브라운은 4절에서 하나님께서 단지 "그들을 포기하셨다"고 말한다. 그렇지 않다. 하나님께서는 명령하신 것이다. 히브리어에는 명령법으로 되어 있다. 단지 "그들을 포기"하신 것이 아니라, 하나님

께서는 그들에게 그들이 발견할 수 있는 가장 짧은 지옥으로 향하는 지름길을 취하라고 말씀하셨다.

2. New Bible 주석에서는 하나님께서 말씀하신 것을 설명하지 않음으로 슬쩍 이 구절을 넘어가고 있다. 성당이 많아지는 것은 형식주의의 신호라는 말을 듣는다. 하나님의 빈정거림에 대해 어찌할 바를 모른다. 예수님께서 바리새인들에게 살인하는 데 있어서 그들의 조상들의 "분량을 채우라."고 명령하셨을 때 예수님께서는 "컵들을 채우는 것이 악을 행하는 것의 모형"이었다는 것을 의미하셨다고 생각하는가? 왜 명령형으로 말씀하셨는가?

3. 윌리암스는 이 구절이 나를 경배하기 위해서가 아니라 나에게 범죄하기 위해 "벧엘로 가라"고 말함으로 열기를 식히고자 한다.

4. 사악한 70인역은 그들이 벧엘로 가서 범죄했다고 한다. 물론 그랬다. 그러나 하나님께서 이들에게 그렇게 하라고 명령하신 것은 무슨 관계가 있는가?

도량이 넓은 케네스 테일러("Living" Bible)조차 이 말을 받아들이지 못했다. 이 말은 분명하게 하나님께서 빈정대시면서(눅 16:9) 명령하시는 것이다. 5절을 통해 분명하게 알 수 있는 것은 달라스 신학원 같은 곳의 히브리어 학자 같은 사람들만이 본문을 뒤섞어 버릴 수 있다는 사실이다. 『**오 너희 이스라엘 자손들아, 이것이 너희가 좋아하는 것임이라**』(5절). 하나님께서 누룩 있는 희생제물을 좋아하셨다는 말이 아니다. 범죄하고 죄를 더하는 것을 좋아하셨다는 말이 아니다. 하나님께서는 이스라엘이 좋아하는 것을 아신다는 말이다. 이스라엘은 죄를 좋아했다. 하나님께서는 이들을 받아서(마 25:36도 같은 내용이다.) 아모스를 통해 조롱하시는 것이다. 아모스는 길거리 모퉁이에서서 "회개하라, 심판이 가까이 왔다."고 외치는 것 대신에(12절에서 이같이 했다.) 사람들을 불러 "경배"하게 하였다.

"좋습니다, 여러분. 이번 주일에는 하나님의 집을 걸어 잠그고 골프나 치고 TV나 봅시다. 오늘 저녁에는 지하 맥주집에서 모임이 있습니다. 모두 다 참석하셔서 흥겨운 시간을 가지십시오!"

"이것이 너희가 좋아하는 것임이라. 오 너희 미국의 자손아!"

이 부분에 대해 잘못을 저지르면 안 된다. 4절에서 조롱하시는 것은 마태복음 23:15에서만큼이나 신랄하고 부정적이다. 하나님은 "근사한 그리스도인"이 아니다. 유약한 기독교 학교에서 양산된(1950-1980) "그리스도의 부드러운 영" 같은 것은 거의 없으시다. 하나님은 현대의 "그리스도인"에 대해 거친 친구에 해당한다. "걷는 데" 있어서(암 3:3) 동의하는 것이 조건이라면 미국에 있는 90%의 그리스도인들은 구원받은 지 두 달 후부터는 홀로 걸어야 한다.

『**누룩과 함께 감사의 희생제물을 드리며…**』(5절). 더욱더 조롱하신다. 누룩이 어떤 제사에는(레 23:17) 사용되었지만 이 사실은 본문과는 전혀 관련이 없다.

이스라엘 자손들은 누룩을 좋아했다. 100%의 주석가들이 레위기 7:13을 언급하면서 100%의 잘못을 저질렀는데 이는 하나님의 말씀을 액면 그대로 받아들이기를 거부한 결과이다. "원어를 숙달"하는 것에 온 신경이 곤두 선 이들은 어떤 언어든지 읽고 이해할 수 있는 능력을 상실하였다. 전형적인 모습이다. 『**감사의 희생제물**』은 누룩과 함께 드리지 않았다. 레위기 7:12에서 감사함으로 드리는 제물은 "누룩 없는 과자"와 함께 드리라고 말하기 때문이다. "누룩 있는 빵"(레 7:13)은 "감사의 희생제물과 함께" 드려졌다. 유대인들은 주된 제사에 따른 보조 제사로서 주된 제사에 금지되었던 누룩을 보조 제사로 드렸을 뿐이다. 『**오 너희 이스라엘 자손들아, 이것이 너희가 좋아하는 것임이라**』(5절). 한 가지 재미있는 사실은 이 부분에 있어서 어떤 히브리어 학자도 그들 자신의 히브리어 본문이나 〈칠십인역〉 본문이나 영어 본문이나 어떤 다른 본문이라도 읽을 줄 모른다는 것이다.

제이미슨, 포셋, 브라운은 "동물 제물로 드리는 화목제"와 "음식 제사"에 대해 레위기 2장에서 통달했다는 사실을 주목해야 한다. 그러나 이런 제사들과 레위기 7:7-13과는 아무런 관련이 없는데도 연관시키려 하고 있다. 더멜로우가(누룩에 관한) 몇몇 학위들을 인정하는 것은 자신이 그 대열에 동참하고 있다는 것을 나타내기 위해서이다. 1700년 이후로 그런 식으로 해석된 성경을 반이라도 믿은 주요한 히브리어 학자나 헬라어 학자는 없었다. 케네스 테일러는 이 구절을 "너의 본래의 형식들"(your proper forms)이라고 해석한다. 감사의 희생제물을 누룩과 함께 드리는 본래의 형식 같은 것은 없다. 즉 성경을 거부하고, 성경을 부인하고 하나님을 두려워하지 않는 "그리스도인"을 제외하고는 어느 누구도 그렇게 받아들이지 않는다.

『**삼 년 후에 너희 십일조를 가져오고**』(4절). 더멜로우는 즉시로 본문을 "아침에... 셋째 날"로 고친다. 이 고친 내용은 밥존스대학과 달라스 신학원에서 추천하는 알렉산드리아의 〈칠십인역〉에서 발견된다. 유대인들은 본문에 대한 율법을 문자 그대로 지켰다(민 28:3,11,26과 신 14:28; 26:12 참조). 이것 때문에 주석가들은 다음 절인 5절도 "문자 그대로" 따라야 한다고 생각하게 되었다. 알렉산드리아 이단들은 스스로의 잔꾀에 넘어가 한 번 성령 하나님께서 열거하신 내용에 대해서는 반드시 일관되어야 한다고 여긴다(잠 30:24-33 참조). 그래서 일정한 형식에서 벗어나는 것은 "부패한 본문"이라고 생각하는 것이다(잠 11:30과 그 주석 참조).

5절과 같은 "문자 그대로의 율법"은 없다. 그래서 모타이어(Motyer)가 말한 "형식주의"(formalism)는 여기에서는 예수회 제사장이 성경강연회에 있는 것만큼이나 관련이 없다. 5절 전체에서 말하는 감각을 무시함으로 쉽게 속아 넘어가는 주석가들은 『**자원하는 제물을 선포하고 공표하라.**』(5절)는 말을 모르게 된다. 언제 이스라엘이 이런 것을 하라고 명령을 받았던가? 몇 장 몇 절에 있는 내용인가? 공개적으로 선포하고 공표하는 것은 마태복음 6:2 등 몇 군데 있지만 율법에 따른 것은 아니었다. 테일러는 추측하여 "어떻게 너희가 모든 곳에서 그것을 자랑하는가?"라고 바꿔 썼다. 이 구절은 이런 의미다. 이스라엘은 건축 헌금으로 얼마나 많은 액수를 내었는가를 자랑하기 좋아했다. 얼마나 많은 교회를 만들었는가를 자랑하기 좋아했다. 얼마나 "믿음에 의한 작정"으로 "선교 헌금"을 했는가를 자랑하기 좋아했다. 이들은 누룩을 좋아했다. 이들은 유대인, 모압인, 암몬인, 사마리아인뿐만 아니라 바빌로니아인, 필리스티아인, 헬라인, 앗시리아인들이 받아들였던 "성경들"을 좋아했을 것이다.

4:6 ○ 또 내가 너희 모든 성읍들에서 너희의 이를 깨끗한 채 놔 두었고 너희 모든 처소에서 빵이 부족하게 하였으나 너희가 내게로 돌아오지 아니하였느니라. 주가 말하노라.

7 또 추수가 아직 삼 개월이나 남았을 때 내가 너희에게 비를 멈추게 하였노라. 내가 한 성읍에는 비가 내리게 하였고 다른 성읍에는 비가 내리지 못하게 하였더니, 어떤 땅에는 비가 내렸고 비가 내리지 않은 땅은 말랐느니라.

8 그리하여 두세 성읍이 물을 마시기 위해 방황하다가 한 성읍으로 갔으나 그들이 만족하지 못하였도다. 그러나 너희는 내게 돌아오지 아니하였도다. 주가 말하노라.

9 내가 돌풍과 흰가루병으로 너희를 쳤으며 너희 동산들과 포도원들과 무화과나무들과 올리브 나무들이 번성할 때 모충으로 그것들을 먹게 했으나 너희는 내게로 돌아오지 아니하였도다. 주가 말하노라.

10 내가 이집트에서 했던 대로 너희 가운데 전염병을 보냈으며 너희 청년들을 내가 칼로 살해하였고 너희 말들을 빼앗아 갔으며 내가 너희 진영의 악취로 너희 코를 찌르게 하였으나 너희는 내게로 돌아오지 아니하였도다. 주가 말하노라.

11 하나님이 소돔과 고모라를 멸망시키셨듯이 내가 너희 중에 몇을 멸망시
켰으니 너희가 불타는 데서 꺼낸 나무조각같이 되었으나 너희는 내게로
돌아오지 아니하였도다. 주가 말하노라.
12 그러므로 오 이스라엘아, 내가 너에게 이같이 행하리라. 내가 너에게 이
것을 행하리니 오 이스라엘아, 네 하나님을 만날 준비를 하라.
13 보라, 이는 산들을 짓고 바람을 창조하며 인간에게 자기 생각이 무엇인
가를 선포하는 분, 아침을 어둡게 하며 땅의 높은 곳들을 밟는 분, 만군
의 하나님인 주가 그의 이름임이라.

이 구절은 교회사를 통해서 모든 주요 설교자, 복음 전도자, 개혁가, 선교사, 성경 교사들이 설교했던 잘 알려진 구절이다. 본문은 구절 구절이 확연한 내용이다. 하나님께서는 이스라엘을 다루시는 데 있어서 점점을 하신다. 이스라엘은 하나님으로부터 축복을 받았다(왕상 4:25). 그리고 하나님께서는 이스라엘에게 주신 선하신 약속들을 이루어 주셨다(수 22:1-4). 그후에 이스라엘은 배교하였다. "하나님의 선하심"(롬 2:4)을 받아들이지 않자 하나님의 준엄하심(롬 11:22)으로 대하신다. 본문에 열거된 내용들을 통해 하나님께서는 이스라엘이 악한 길에서(롬 2:4) 돌이키기를 바라신다. 이스라엘을 가혹하고 처참하게 다루시는 것은 하나님께서 "악"을 주관하신다는 사실을 분명하게 보여 준다(암 3:6). 그 뒤에 일어나는 일도 하나님께서 주관하신 결과이다. 온 우주 만물을 창조하신 절대 주권을 가진 하나님께서는 기근을 보내실 수 있고(6절), 비를 멈추게 하실 수 있고(7절), 샘들을 끊어 버리실 수 있고(8절), 곰팡이와 벌레들을 보내실 수 있고(9절), 흑사병과 같은 전염병과 재앙을 보내실 수 있고(10절), 전쟁에서 패하게 하실 수 있고(10절), 도시들을 파괴시킬 수도 있고(11절), 땅을 오염시켜 숨을 쉬기 위해서는 가스 마스크를 써야 할 정도로 만드실 수 있다(10절). 이와 같은 좋은 예들을 열왕기하 7:13; 6:25에서 볼 수 있고 이런 모든 일들은 신명기 28:22,23,27,60; 29:23에서 자세하

게 예언되었다. 이러한 심판들은 "경건의 능력은 부인"하면서 "경건의 모양"을 유지하며(딤후 3:5) "교회 놀이" 하는 자연적인 결과들이다. 이러한 일들은 권면을 위한 교훈(고전 10:11)이 되고 그리스도의 몸이 알아야 할 교훈(롬 15:4)이 된다. 이런 것은 "기록된 내용을 해석"하는 데 있어서 동원되는 히브리어나 헬라어 지식을 통해서는 결코 배울 수 없다(단 5:25). 하룻강아지들이 〈킹제임스성경〉의 수염을 건드리는 일은 없어야 할 것이다. 좋은 장소에서 잘 갖추어진 형식에 따라 오르간, 피아노, 강단, 성가대를 동원하여 좋은 의자에 앉아 "경배"를 드린다 하더라도 마음은 온통 골프 클럽, 야구 경기장, "투나잇 쇼," 드라마, 수입 액수 등에 가 있다면 아무런 의미가 없는 것이다. 어떤 국가든, 교회든, 개인이든 간에 전능하신 하나님께 사기칠 수는 없다(갈 6:7). 하나님께서는 마음을 아시고 "인간에서 자기 생각이 무엇인가를 선포하는 분"(13절)이시기 때문에 〈킹제임스성경〉을 18세기, 19세기, 20세기에 양산된 어리석고 하나님을 모독하고 전혀 비성경적인 "역본들"과 대체시키려 했던 그 어느 누구의 수고에 대해 축복하실 의도는 추호도 없으시다. 교회사를 돌이켜 보면 1700년 이래로 〈킹제임스성경〉을 제외한 다른 어떤 영어 성경과 연관되거나 기인되는 영적 부흥은 단 한 번도 없었다. 성령 하나님께서는 그런 역본들을 추천하고, 팔고, 사고, 사용하고, 가르치거나 설교하는 사람이 주의 기도(Lord's Prayer)에 대해 말하는 한 결코 사용하지 않으셨다.

이교도들은 공상하기를 좋아한다. 또 나름대로의 선을 정해 놓고 거기에 "동참하는" 사람을 좋아한다. 이것은 과거, 현재, 미래의 실제 역사와 전혀 무관하다. 하나님께서는 실재를 주관하신다(대상 28:9). 하나님께서는 무엇을 생각하고 있는지를 아신다. 의도하는 바가 무엇인지를 아신다. 시작하려는 동기가 무엇인지를 아신다. "같은 운명으로 남기 위해"(딤전 2:14) 아담이 영적으로 죽은 이래로 인간은 단 한 번이라도 하나님에 대해 얼렁뚱땅 넘어가 본 적이 없다. 사람이 있든 없든 하나님은 하나님이시다. 그러나 하나님 없는 인간은 아무것도 아니다. 전혀 아무것도 아니다. 어떤 것이 아무리 중요해도 하나님과 무관한 것이라면 그것은 쓸모없는 것이다. 그러나 어떤 것이든 하나님과 관련이 있다면 그것은 중요한 것이다.

더러운 걸레(사 64:6)로 옷입혀진 구원받지 못한 사람은 하나님을 만날 준비가 되어 있지 않다. 이런 사람은 어느 때라도 하나님을 만날 준비가 되어 있지 않다. 하나님은 거룩하시고(딤전 6:16), 인간은 불결하기 때문이다(욥 14:1,4 주석 참조). 이 시대에 죄인이 하나님을 만날 "준비"를 할 수 있는 유일한 길은 백보좌에서 예수 그리스도를 만나기 전에(계 20:11) 십자가에서 예수 그리스도를 만나는 것이다. 이 시대에 하나님께서 받아들이시는 사람들의 유일한 "준비"는 예수 그리스도의 피의 속죄를 믿는 것이다(롬 5:6–10). 이것을 떠난 회개, 믿음, 침례, 성사, 종교, 황금률, 계명, 도덕적 삶, 높은 윤리의식(빌 3:4–7), 은사주의가 말하는 은사(마 7:22) "다른 사람과 나누는 것" 등은 회교 수도사가 사교춤을 추는 것만큼이나 관련이 없다.

하나님께서 영과 혼을(골 2:10–13) 하나님의 죄 없는 아들(롬 8:8–10)의 죄 없는 몸(고전 12:13) 안으로 넣어주시지 않았다면 아직 하나님을 만날 준비가 되지 않은 것이다. 영적으로 다시 태어나지 않았다면 그 어떤 것을 준비해도 하나님을 만날 준비는 안 된 것이다.

『보라, 이는 산들을 짓고 바람을 창조하며 인간에게 자기 생각이 무엇인가를 선포하는 분...』(13절). 다윈과 공산주의자들이 자연에게 의미를 부여한다고 해서 하나님의 명성이 훼손되는 것은 결코 아니다. 다윈의 이론은 단지 창세기 1–3장을 공격하는 것이 아니라 하나님께서 우주 만물을 창조하신 창조의 능력을 인간의 과학적 물질주의로 대체시키고자 한 종교적 믿음이었다. 찰스 다윈[그리고 리엘(Lyell), 팔리(Paley), 헉슬리(Huedly), 헤켈(Haeckel) 그리고 그 밖의 "유인원들"]을 괴롭힌 것은 하나님께서 "인간에게 자기 생각이 무엇인가를 선포"하시는 것이었다. 하나님의 말씀은 철학에 대해(골 2:8), 과학에 대해(딤전 6:20), 훌륭한 비평을 한다(히 4:12). 모든 사람은 "그분의 눈 앞에 벌거벗은 채로 명백히 드러나게" 되기 때문에(히 4:13) 철학과 과학에 대한 비평에 별 신경을 쓰지 않으신다(사 10:7, 겔 38:10 참조).

『**아침을 어둡게 하며**』(13절). 하나님께서는 이집트에서도 어둡게 하셨고(출 10:21-23), 대환란에서도(계 6:12) 다시 어둡게 하실 것이다.

『**땅의 높은 곳들을 밟는 분**』(13절, 신 32:13; 33:29 등 참조).

여기에서 시간을 내어 성경 역사에 있어서 지옥을 위해 만들어졌을 정도로 현저하게 부패한 사본을 보게 될 텐데 그 사본의 출처를 추측하는 데는 별로 어렵지 않다. 배교한 근본주의자들이 알렉산드리아에서 A.D. 200-250년경에 구약을 헬라어로 번역한 〈칠십인역〉이다. 〈칠십인역〉의 아모스 4:13을 보면 무엇이 "진짜"인지 구별할 수 있다. 그래서 〈칠십인역〉을 "우리의 성경," "사도의 성경," "주의 성경," "초기 그리스도인의 성경," 그와 "무슨 무슨 성경"이라고 추천하는 근본주의자들을 간단하게 별 어려움 없이 제쳐 놓을 수 있다.

아모스 4:13에서(13절을 주의하라.) 이 사본을 쓴 가엾은 이단은 존 R. 라이스, 윌버 스미스, A.T. 로버트슨, 루벤, 올슨, 메이첸, 아처 베니거, 와필드, 밥 존스 3세, 그외 "다수의 경량급 바람잡이들"에 의해 추천받는데 이렇게 썼다. "나는 천둥을 힘 있게 하고 바람을 창조하며 사람들에게 그의 그리스도(His CHRIST)를 선언하는 그로다."

저런, 저런!

지난 주 쓰레기통에서 발견된 썩은 계란 같군.

〈칠십인역〉은 다른 17권의 책에서 언급한 바와 같이 신약이 완성된 뒤 100년 후에 쓰여졌다. "그의 그리스도"는 사도행전 4:26, 누가복음 2:26에서 직접적으로 표절한 것이다. 이 같은 짓은 가엾은 이단자 말시온 같은 자들에 의해 행해졌다. 여기에서 "생각"에 해당되는 히브리어 단어(SEACH)는

"maschiach"로 될 수가 없다. 그 똑같은 단어("maschiach")는 시편 2:2에서 "그리스도"(Christ)로 잘못 번역되었는데 시편 28:8에서는 기름부음 받은 것으로 올바로 번역되었다. "SEACH"(히브리어)는 "생각"에 해당하는 말이고 이 말은 히브리어를 배우는 1학년 학생들로 "기름부음 받은"(히브리어로는 "maschiach")이라는 말로 잘못 옮길 가능성이 전혀 없는 말이다. B.C. 400년부터 B.C. 4년까지 구약에서 "생각"이 들어갈 자리에 "그리스도"로 번역한 사람은 없다. 이것이 사람들에게 〈칠십인역〉이 그리스도 이전에 있었던 것이라고 생각하게 하고자 구약을 다시 썼던 A.D. 200-500년경에 사악한 집단이 벌인 사기극이다. 주님께서 이 모든 일을 모르시리라 생각하는가?

아모스 5장

**5:1 오 이스라엘 집아, 너희는 내가 너희를 대적하여 택한 이 말, 곧 애가를
들어 보라.**
**2 처녀 이스라엘이 쓰러졌으니 그녀가 다시는 일어나지 못하리라. 그녀가
자기 땅에서 버려졌으니 그녀를 일으켜 세울 자가 없도다.**
**3 주 하나님이 이같이 말하노니 이스라엘 집에 천 명이 나갔던 성읍은 백
명만 남고 백 명이 나갔던 성읍은 열 명만 남으리라.**

1절의 애가는 2절의 내용이다. 『**처녀 이스라엘이 쓰러졌으니 그녀가 다시는 일어나지 못하리라. 그녀가 자기 땅에서 버려졌으니 그녀를 일으켜 세울 자가 없도다.**』 애가는(겔 19:1; 27:2) 죽은 사람을 위해서 울부짖는 장송곡이다(애 1:15; 2:14 참조). 여기에서는 이스라엘이 자기 땅 위에 죽어 엎드러지지만 아무도 일으키지 않는다는 예언이다. 주께서는 이스라엘이 전쟁할 때 이스라엘 군대에서 십분의 일을(사 6:13) 모으실 것이다. 100명 가운데 10명이 남고 1,000명 가운데 100명이 남는다. (이것은 신명기 28:7, 레위기 26:8의 약

속의 내용과 정반대이다.) 앗시리아인들이 침략해 올 때 이스라엘은 90%의 사상자를 낼 것이다.

5:4 ○ 주가 이스라엘 집에 이같이 말하노니 너희는 나를 찾으라. 그리하면 너희가 살리라.

5 그러나 벧엘을 찾지 말고 길갈로도 들어가지 말며 브엘세바로도 지나가지 말지니 이는 길갈이 반드시 사로잡혀갈 것이며 벧엘은 아무것도 남지 아니할 것임이라.

6 주를 찾으라. 그리하면 너희가 살리라. 그렇지 아니하면 그가 요셉의 집에 불같이 일어나 삼키리니 그리하면 벧엘에서 그것을 끌 자가 아무도 없으리라.

7 공의를 쑥으로 바꾸고 땅에다 의를 버려 둔 너희는

8 일곱 별과 오리온을 만들고 죽음의 그림자를 아침으로 바꾸며 낮을 밤으로 어둡게 만들며 바다의 물들을 불러 지면에다 붓는 그를 찾으라. 주가 그의 이름이니

9 곧 강한 자들을 대적하사 패망한 자들에게 힘을 주시는 분이라. 그러므로 패망했던 자들이 요새를 치려고 오리라.

4절은 스스로 해석한다. 구하시는 분은 "벧엘"이 아니라 벧엘의 하나님(창 35:7의 엘벧엘)이시다.

『**그러나 벧엘을 찾지 말고... 벧엘은 아무것도 남지 아니할 것임이라**』(5절). 하나님은 더 이상 "하나님의 집"에 계시지 않는다(7:13을 보라). "하나님의 집"이 "왕의 예배당"으로 되었기 때문이다. "하나님의 집들"(렘 7:14 참조)은 하나님께서는 그곳에 거하기를 거부하셨을 때 돌, 시멘트, 나무, 빚더미로 쌓이게 되었다(행 7:48). [『**그렇지 아니하면 그가 요셉의 집에 불같이 일어나 삼키리니 그리하면 벧엘에서 그것을 끌 자가 아무도 없으리라**』(6절).]

미국에는 오십 년 동안 "강도들의 소굴"(마 21:13)로 된 "하나님의 집"들이 많이 있다. 말하자면 이런 많은 "교회들"은 근본주의 설교자들이 목회하여 그리스도인 회중들이 있었는데 이 교회에 정치, 가정 싸움, 불순한 저의, 계산상의 오해, 주일 학교에서 행해지는 배교한 공부, 출석수를 속이는 거짓말, 점진적인 기만, 그리고 건전한 교리를 혐오하는 것 등이 들어와 성령님을 멀리 내쫓았는데 항공 우편으로도 만나보지 못할 정도로 멀리 내쫓았다. 담배를 빨아 대는 집사들, 연금이 나오기만을 기다리는 배 나온 목사들, 연합 선교의 명목하에 나약해지기만 한 젊은이들, 강단에서 "너는 줄지니라"(호 4:18)를 외치면서 전문적으로 동기를 유발시킬 수 있는 재주꾼들, 집사들이나 채무자들을 위협하는 거만스런 여자들 등이 수많은 "하나님의 집"이 계속되는 것을 멈추게 하였다. 그래서 제2차 세계대전이 끝나기 오래전에 이카봇의 제일침례교회가 되어 버렸다. 죽은 근본주의보다 더 죽은 상태에 있는 것은 없다.

여기 펜사콜라에 한 "교회"가 있는데 종종 그리스도인 유명 인사들을 초청하여 자신이 그 모임의 주인이라는 것을 자랑한다. 그렇지만 그 "교회"는 8년간 한 번도 "하나님의 집"이었던 적이 없다. 이 교회 건물을 사들이기 삼십 년 전에 이미 성령님의 인도하심에서 벗어나 버린 이 교회의 주인들은 겉모습만 매끈하고 돈이나 긁어모으며 땅 투기나 일삼는 냉담한 자들로서 전문적인 "왕국 건설자들"이다. 써치 라이트를 아무리 비추어 봐도 그 "벧엘"에서 성령님을 찾아볼 수 없다. 이런 번드르르하고 교양 있고, 교육받은 집단 뒤에 죽음의 천사의 가면이 도사리고 있는데 아무 능력 없는 찬양, 능력 없는 설교, 능력 없는 사역, 능력 없는 "증거" 위에 하나님의 저주가 내려지는 것이다. 인간에게 "자기 생각"이 무엇인가를 선포하는 분(4:13) 앞에서 "술래잡기" 할 수는 없다(갈 6:12).

『브엘세바로도 지나가지 말지니 이는 길갈이 반드시 사로잡혀갈 것이며…』(5절). 인간에게 자기 "생각"이 무엇인지 선포하실 수 있다고 말씀하셨던 주께서 사마리아 사람들의 마음을 미리 읽으시고 이렇게 말씀하신다. "너희가 길갈을 통해 브엘세바까지 파괴시키고 이집트로 도피하려고 생각한다면, 한 가지를 더 생각해야 한다." 길갈과 브엘세바는 포위당할 것이다. 유다 남쪽이나 유다 주위를 통해 도망칠 수는 없을 것이다. ["요셉의 집"(6절)은 지도자로서의 에프라임(호 11:3)과 므낫세의 형제 지파를 강조한다.]

7절은 스스로 해석한다. (계 8:11의 "쑥"을 보라.)

『일곱 별과 오리온을 만들고… 주가 그의 이름이니』(8절). 쓰레기 더미 주위에서 150페이지 가량의 혹평을 가하고 나서 학자들은 "별자리들"에서 "광택나는" 것에 이르는 모든 것을 들고 나온다. 히브리어 학자들의 의견에 대해 시간을 낭비하기에 앞서 이 구절에 관해 살펴보아야 하는 세 가지 사실이 있다. 그 첫 번째는 문맥이다. **『낮을 밤으로 어둡게 만들며…』**(8절)의 구절과 베드로후서 3:5과 연관되는 "바닷물을 불러"(8절)의 두 구절이 어떻게 어울어지는가를 살펴보자. 이 구절은 밥 존스, 샌프란시스코, 달라스신학교, 무디신학원의 죽은 정통주의 배교자들이 노아의 홍수라고 언급하는 구절이다. 베드로후서 3:4을 믿는다면 이러한 신학교의 교수진들이 마귀에게 속았다는 사실을 알 수 있다. (벧후 3:6은 문자적으로 창 1:2과 연결되고 이 두 구절은 본문의 구절과 연결된다.)

두 번째로 살펴보아야 할 사실은 "일곱 별"이 "태양"과 같은 항성만을 언급하는 것이 아니라 일곱 천사들(계 1:20; 9:1)을 말하는 것일 수도 있다는 것이다. 그리고 마지막으로 일곱 별과 "오리온"(히브리어로는 Kesil)에 대한 언급을 통해 욥기 26:13을 연결시켜야 한다는 것이다. 벌링거에 따르면 오리온은 "히미"(strength)를 의미한다고 한다. 벌링거는 히브리어 어원을 추적하여 이 말이 갖는 의미는 "영광스런 존재"(Glorious One)라고 한다. 그래서 왜 근본주의나 보수주의 학자들이 주님을 마귀라고 부를 수 있을 뿐만 아니라(욥 2:11과 그 주석 참조) 마귀를 주라고 부를 수도 있는지 알게 되었다. "오리온"(히브리어 Kesil)은 "어리석게 되다"(To REFOOLISH)의 의미이다. 오리온은 아라비아 사람들에 따르면 "바보"(THE FOOL)라는 의미이다. 벌링거가 가지고 있는 "힘"이 자신을 "우쭐하게" 만들어 "어리석게"(시 85:8) 만들어 버렸다. 벌링거는 천상의 형태로서의 사탄을 "다가오는 통치자"(the Coming Prince)로 설명했을 때(Companion Bibel의 Appendix 12를 보라) 예표론을 너무 확장시킨 나머지 자신의 고무줄이 끊어져 버렸다. 오리온은 님롯을 상징한다(창 10:8). 이것은 "반역하는"이라는 말의 히브리어 "marad"에서 온 마르둑(Marduk)의 변형이다. 님롯은 시리아인들과 아랍인들 사이에서 "힘센 자"(the mighty one)라 불리고 북쪽 방향이 아니라 남쪽에서 나타난다(시 75:6과 겔 1:4 참조).

"일곱 별"(히브리어로 "kimah")은 플레아데스(욥 9:9)를 언급할 수도 있고 아니면 옛날 사람들이 "별들"이라고 여겼던 일곱 행성을 언급할 수도 있다. 옛날 사람들은 지구에 가까이 있는 별들은 금성, 화성, 목성, 토성, 해왕성, 수성, 명왕성이라고 생각했다. 천왕성은 1781년까지 발견되지 않았다. 명왕성(궤도에서 가장 멀리 떨어져 있는 행성)은 매 주기 247.7년마다 해왕성보다 태양에 4,600,000,000마일 더 가까이 떨어져 있다는 사실을 알았다. 명왕성은 매 주기 250년마다 태양에서 2,761,000,000마일 내에 들어온다. 어떤 천체학자들은 명왕성이 해왕성에서 나왔다고 생각한다. 목성에서 나왔다고 생각하는 사람들도 있다. 그러나 무엇인가 행성들의 목록에 잘못이 있다. 옛날부터 이 일곱은 잘 알려져 있으나 여덟 번째는 새로 출현하는 것 같기 때문이다(계 17:8과 그 주석 참조). 아모스 9:6에서 아모스 5:8의 내용을 반복하고 있다는 사실을 다시 주목하라. 이번에는 "하늘에 그의 층들을 짓고"라는 내용과 함께 기록된다. 이 우주에 있는 세 개의 층(예표로서 창 6:16과 성막과 성전을 보라.)은 창세기 1장에서 만들어졌다.

하나님께서는 이 태양계의 창조자이시고, 하늘의 군상들을 만드셨고 그것들을 "징조"(창 1:14)로 나타내시기 때문에 하나님을 찾아야 된다는 말씀을 대하게 된다. 점성학(astrology)에 관한 성경적 체계가 있는 것이다(창 29:32과 주석 참조). 이것은 벌링거의 체계가 아니다. 힘센 사냥꾼인 오리온은 잠언에서 수십 차례 "악한 사람"으로 언급된 자신만만한 "바보"이다.

『곧 강한 자들을 대적하사 패망한 자들에게 힘을 주시는 분이라. 그러므로 패망했던 자들이 요새를 치려고 오리라』(9절, 슥 12:8과 그 주석 참조). 하나님께서는 불모지에서 열매 맺게 하시는 것을 좋아하시고(삼상 1,2장), 거지가 부자가 되게 하시는 것을 좋아하시고(삼상 2:8), 억압받은 자가 권력을 얻게 하시는 것을 좋아하신다(창 41:14). 어떤 민족이 하나님을 찾으면(4,6,8절) 사상자가 거의 없고(3절), 오히려 자신들을 패망시키려는 자들을 패망시킬 것이다(욜 3:8).

5:10 그들은 성문에서 책망하는 자를 미워하며 그들은 정직하게 말하는 자를 증오하는도다.

11 그러므로 너희가 가난한 자를 밟음같이 그에게서 밀을 세로 거두는도다. 너희가 깎은 돌로 집들을 지었으나 너희는 거기서 살지 못하리라. 너희가 아름다운 포도원들을 만들었으나 너희는 그 포도주를 마시지 못하리라.

12 내가 너희의 여러 가지 죄과들과 무거운 죄들을 아나니 그들이 의인을 괴롭히고 뇌물을 받으며 성문에서 가난한 자들을 그들의 올바른 길로부터 벗어나게 하는도다.

13 그러므로 총명한 자가 그 때에 침묵을 지키리니 이는 악한 때임이라.

14 **너희는 살기 위해 선을 구하고 악을 구하지 말라. 그러면 주, 만군의** 하나님**이 너희가 말했던 대로 너희와 함께 있으리라.**

15 **악을 미워하고 선을 사랑하며 성문에서 공의를 세우라. 만군의 주** 하나님**이 혹시 요셉의 남은 자에게 은혜를 베푸시리라.**

16 **그러므로** 주, **만군의** 하나님, 주**가 이같이 말하노라. 모든 거리에 통곡이 있으리니, 그들이 모든 대로에서 말하기를 "슬프도다, 슬프도다." 하고 농부를 불러 애도하게 하며 애곡을 잘하는 자들을 불러 곡하게 할 것이라.**

17 **온 포도원에 통곡이 있으리니 이는 내가 너를 통과할 것임이라. 주가 말하노라.**

18 **주의 날을 바라는 너희에게 화로다! 그것이 너희에게 어떤 결말이 되겠느냐? 주의 날은 어두움이지 빛이 아니니라.**

19 **마치 사람이 사자를 피했다가 곰을 만나거나 집에 들어가 손을 벽에 기대었다가 뱀에게 물린 것과 같도다.**

20 **주의 날이 어둡게 되지 않겠으며 빛이 없게 되지 않겠느냐? 너무 어두워 그 안에 밝음이 없지 않겠느냐?**

『**그들은 성문에서 책망하는 자를 미워하며 그들은 정직하게 말하는 자를 증오하는도다**』(10절). 아모스는 이스라엘의 지도자들을 고발한 고발장으로 돌아간다. 죄를 공공연하게 지적하는 설교자들은 부정적으로 받아들여 결코 사랑받거나 환영받지 못했다. 이것은 앞으로도 마찬가지일 것이다. 현대의 그리스도인은 로마카톨릭과 은사주의 운동에 대하여 성경적으로 공격하는 대열의 일선에 결코 서 보질 못했다. 존 R. 라이스는 "죄를 지적하는 설교를 하는 설교자들"에 대하여 허풍을 떨지만 〈킹제임스성경〉을 공격하는 데 일생을 보낸 보수주의자들이 성경을 배격하는 죄에 대하여 설교하는 것에 대하여서는 그의 일생 동안 결코 격려해 주지 못했다. 음란에 대한 책망을 찬성하는 그리스도인이 웨스트코트와 홀트 이단에 대한 책망에는 동의하지 않을 것이다. 신정통주의나 신복음주의에 대한 설교에 "아멘"으로 응답하는 그리스도인이 나쁜 기질이나 악한 습관에 대해 말하기 시작하면 투덜거릴 것이다. 간음과 살인자를 책망하는 설교를 듣기 좋아하면서도 자신들의 질투, 게으름, 정치 관여, 과식에 대해 지적하면 한밤중에 골프 코스를 내려오듯이 서서히 "하나님의 집"에서 내려가는 것이다.

『**그러므로 너희가 가난한 자를 밟음같이**...』(11절). 이들은 "포도를 밟는 것" 대신 가난한 사람들을 짓밟아 죽음으로 내몰았다(암 4:4의 빈정거리심). 『**너희가... 밀을 세로 거두는도다**』(11절). 돈이 없어 세금을 내지 못하는 가난한 사람들은 곡식으로 세금을 내야 했다. 압제자들은 밀을 터무니없는 가격으로 사들여 깎은 돌로 집을 짓고(11절), "아름다운 포도원들"을(11절) 경작할 수 있었다. 이것이 억지 해석이라고 생각한다면 목축업자들에게서 소고기를 파운드 당 25센트에서 50센트를 주고 사들인 후, 일반인들에게 파운드 당 1.5달러나 1.8달러에 파는 미국 정부를 주목해 보라(1970년).

『**내가 너희의 여러 가지 죄과들과 무거운 죄들을 아나니**...』(12절, 왕하 19:27 참조). 하나님께서는 자신의 구좌를 가지고 계신다(계 20:12). 이 구좌는 변동 사항이 있을 때마다 새롭게 갱신된다. 부를 얻기 위해 훔치고, 속이고, 죽이는 사람들은(잠 21:6과 그 주석 참조) 자신들이 한 "일"에 대한 열매에 대해 기뻐하지 못할 것이다. 『**너희는 거기서 살지 못하리라... 너희는 그 포도주를 마시지 못하리라**』(11절).

『**성문에서 가난한 자들을 그들의 올바른 길로부터 벗어나게 하는도다**』(12절, 욥 36:6과 그 주석 참조). 『**그러므로 총명한 자가 그 때에 침묵을 지키리니 이는 악한 때임이라**』(13절). 이에 대한 설명으로는 역대기하 25:16을 보고, 유다에 있는 선지자들을 어떻게 다루었는지에 대해 열왕기하 23:17-21을 보라.

하나님께서 자신의 선지자들에게 침묵을 지키고 진실을 말하지 말라고 말씀하셨을 때는 무엇인가를 저지른 것이다(잠 14:34과 그 주석 참조).

『**선을 구하고... 악을 미워하고 선을 사랑하며**』(14,15절). 전능하신 하나님은 독단적이시다. 절대적인 두 가지를 제시하시고 그것에 대하여 교육받은 사람들에게 생각해 보라고 하지 않으셨다. "선택의 여지"도 없고 "재고의 가치"도 없다. 하나님의 기준을 윤리에 근거하여 다시 평가해 보라는 여지도 없다. 아무것도 없다. 악을 미워하고 선을 사랑하라고 명령하신다. 악을 추구하지 말고 선을 구하라고 명령하실 뿐이다. 선과 악에 대해 다르게 교육받지 않은 한 선과 악에 대한 지식이 사람들에게는 있다(창 3:5). 사람은 멍청하게 태어나는 것이 아니다. 악을 선이라고 부르고 선을 악이라고 부르는 것은(사 5:20) 학교 교육을 받았기 때문이다.

16절과 17절은 스스로 해석한다. 주께서 통과하실 때(17절) 눈물을 흘리며, 통곡하고(17절) 이를 갈 것이다(출 12:30 주석 참조).

『**주의 날을 바라는 너희에게 화로다!**』(18절) 이 구절은 성경에서 무천년주의와 후천년주의 학자들에게 가장 크게 타격을 입히는 구절이다. 이들은 그리스도의 몸에 사탄의 가르침으로 감염시켰는데 "주의 날"은 초림과 더불어 시작되었다고 가르치거나 이에 대한 모든 것이 정죄되기 전까지는 시작되지 않는다고 한다. 배교한 많은 복음주의자들, 보수주의자들이 이 날을 밝히려는 노력을 포기하고(구약성경에서 200군데 이상 기록되었는데도) 이 날은 "주의 한 날"(a Day of the Lord)로 부르기로 결정하였다.

이 배교자들이 문맥의 내용을 읽게 될 때("어두움," "너무 어두워," "빛이 아니니라," "그 안에 밝음이 없지 않겠느냐?" 18,20절). 소스라치게 놀라게 되리라는 사실은 쉽게 이해할 수 있다. 긍정적 사고방식을 주장하는 자들은 자신들이 좋아하지 않는 어떤 것은 모두 거부해 버리는 습관에 일생 동안 길들여져 있다. 본문에서 말하는 "주의 날"은 요엘 1,2장에서 언급하는 재난을 설명한다. 주의 날은 천년왕국이 아니고 분명하게 "오순절"에 시작되지 않았다. 주의 날은 다니엘의 칠십째 주의 마지막 삼 년 반을 다루고 있다. 이 모든 사실은 너무도 분명하기 때문에 구약을 읽는 데 있어서 마음으로 믿을 준비가 되어 있는 사람이라면(교육에 세뇌된 머리 대신에) 어떻게 무천년주의, 후천년주의 학자들이 "성경적인 신학"으로 기독교계에 발판을 딛고 서 있을 수 있는지 의아스럽게 생각될 것이다. 어떻게 특이하게 생긴 동물이 한 무리에 속해 떼지어 다닐 수 있는가?

이런 반점 있는 염소들은 하나님을 믿는 믿음이 아니라 "교육받은 인증서"를 가지고 한 무리에 들어오게 되었다. 이들은 하나님 말씀에 충실해서가 아니라 그들 비평 등의 학자적 위치가 기반이 되어 그리스도인들의 지도자들로 받아들여졌다.

자, "주의 날"에 관하여 알아보자. 미국의 이단을 선동하는 주모자들 － A.T. 로버트슨, 메이첸, 와필드 － 은 이 주의 날이 무엇인지 알지도 못하면서 성경을 연구하는 데 반 세기 이상의 시간을 보냈다. 이들은 한데 모여 베드로후서 3:10을 데살로니가전서 5:2과 본문(암 5:18)을 통합해 버린 다음 요엘 2:1과 베드로후서 2:9을 약간 뒤섞어 〈Thompson Chain Reference Bible〉을 만들었는데 이는 어거스틴, 제롬, 교황들이 가르쳤던 것과 똑같은 후천년주의, 무천년주의의 일반적 심판과 일반적 부활을 지지하고 있다.

그러나 아모스가 말한 "주의 날"은 『**사자... 곰... 뱀**』(19절)의 날이다. 이 날은 "사자... 표범... 곰"과 "들짐승"의 날이다(호 13:7,8). 백보좌 심판에서는 빛 외에는 아무것도 없다(계 20:11). 이 주의 날은(19,20절) 어둡게 되는 날이고 빛이 없게 되는 날이며 심지어 "너무 어두워 그 안에 밝음이" 없는 날이다(20절). 이 날은 초림의 때가 아니다. 이 날은 백보좌 심판이 아니다. 이 날은 그리스도의 심판석이 행해지는 때가 아니다(부패한 ASV, New ASV, RSV, New RSV에서는 그리스도를 "하나님"으로 바꿔 버렸다). 이 날은 더 이상 메시아와 관련된 날이 아니다. 500명의 히브리어, 헬라어 학자들은 이 날이 메시아와 관련된 날이라고 한다. 이런 주장은 500마리의 새우떼가 고래 한 마리를 공격하는 것처럼 전혀 진지하게 성경을 공부하는 사람들에게 영향을 주지 못한다.

『**주의 날**』은 환란 중간(다니엘의 70째 주)에서 백보좌 심판까지의 기간이다(벧후 2:9). 어떤 학자라도 영어 본문(English Text, 〈킹제임스성경〉 본문)에서 읽는 것을 믿지 못한다면 주의 날에 대한 예언적 의미를 이 기간에 올바로 놓을 수 있는 방법은 없다. 히브리어나 헬라어에 대한 지식으로 주의 날을 정확한 위치에 놓을 수 있었다는 기록은 한 건도 없다. 헬라어나 히브리어를 알았던 사람들은 스코필드와 다비, 펨버, 라킨을 따를 수밖에 없는데 이들은 주의 날에 대한 진리를 영어 본문에서 처음으로 깨달았다. 읽고 있는 내용을 믿을 수만 있다면 누구든지 깨달을 수 있다. 속지 말아야 한다. 루이스 스페리 차퍼(Lewis Sperry Chafer)가 사람들에게 자기가 알고 있는 지식을 얻으려면 히브리어와 헬라어에 대한 지식을 알아야 한다고 주장하기(조직신학을 보라) 훨씬 전부터 히브리어와 헬라어 알파벳도 모르는 사람들이 이미 알고 있었다.

5:21 ○ 나는 너희의 명절들을 미워하고 멸시하노라. 나는 너희의 엄숙한 집회들에서 냄새를 맡지 아니하리라.
22 비록 너희가 나에게 번제와 너희의 음식제사를 바친다 해도 내가 그것들을 받지 아니하고 너희 살진 짐승들의 화목제도 인정치 않겠노라.
23 너는 내 앞에서 네 노래들의 소음을 치우라. 이는 내가 네 비올의 가락

도 듣지 않을 것임이라.

24 그러나 공의는 물같이, 의는 큰 시내같이 흐를지니라.

25 오 이스라엘 집아, 너희가 광야에서 사십 년 동안 내게 희생제들과 제물들을 드렸더냐?

26 오히려 너희는 너희의 형상들인 몰록과 키운의 장막을 지녔은즉, 이는 너희가 너희를 위하여 만든 너희 신의 별이라.

27 그러므로 내가 너희를 다마스커스 너머로 사로잡혀가게 하리라. 그의 이름이 만군의 하나님**인 주가 말하노라.**

이 본문은 중요한 구절이다. 부패한 〈칠십인역〉을 만들었던 부패한 사람들이 본문을 부패시켰는데 신약성경이 완성되어 아시아, 아프리카, 유럽에 전파된 지 100년 후에 사도행전 7:42,43의 본문을 〈칠십인역〉에 역순으로 써 넣었던 것이다(행 7:42과 주석 참조).

21-24절은 부연설명할 것이 거의 없다. 성경 자체에 의해 설명이 된다(레 1:4, 사 1:10-15; 48:18, 말 1:10). "악인의 희생제는 주께 가증한 것이나"(잠 15:8과 그 주석 참조) "공의와 의"(24절)는 시끄러운 노래들과(23절), 현악합주단과(23절), "성사들"과(22절), "대미사들"(21절)로 인해 곁길로 비껴가고 이에 대한 주님의 반응은 "나는 미워하노라"(21절)이다. 부드럽고, 세련되고, 교양 있는 잘 훈련된 "높은 수준의 종교 행위"와 더불어 영과 진리 안에서 경배드릴 수 없다.

『너희가… 내게 희생제들과 제물들을 드렸더냐? 오히려 너희는 너희의 형상들인 몰록과 키운의 장막을 지녔은즉, 이는 너희가 너희를 위하여 만든 너희 신의 별이라』(25,26절). 이 부분에 대해서는 사도행전 7:42,43 주석에서 충분히 다루었다. 그래서 여기에서는 많은 시간을 할애하지 않기로 하겠다. 다만 앞에서 언급한 "훌륭하고 경건한 사람들"이 진짜 밀주 위스키를 먹이기 위해 술 공장을 설치하고 있다는 것만 말해도 충분할 것 같다.

1. 그리스도를 거부하는 NCCC의 자유주의자들의 충고에 따라 밥존스대학의 교수진들은 New ASV를 추천한다. RSV에서 발견되는 "식쿠스... 키운"(*Sikkuth... Kiyyun*)의 본문을 New ASV도 따르고 있다. RSV에서는 이 단어들의 철자가 "삭쿠스... 카이완"(*Sakkuth... Kaiwan*)으로 되어 있다. "삭쿠스"(*Sakkuth*)는 시리아의 전쟁의 신이었다. 아드람멜렉으로 불렸고(왕하 17:31) 토성을 대표하기도 했다. 이것이 "카이완"(*Kaiwan*)으로 불려진다는 이론이다. 아놀드 슐츠는(위클리프 성경 주석) "삭쿠스"(*Sakkuth*)와 동일시한다는 것은 불가능하다고 말한다. 거의 모든 "그리스도인" 학교에서 지지를 받고 있는 로크만 재단은 New ASV가 RSV와 같지 않다고 생각할 정도만큼만 철자를 고쳤다. 그러나 이런 뒷 배경에 너무나 익숙해져 있기 때문에 단일 분이라도 속지 않는다.

2. Old ASV와 New ASV와는 다른데 고유명사를 그대로 표기하는 것을 거부했기 때문이다. 그래서 "너희 왕(KING)의 장막과 너희 형상들의 사당"(26절)이라고 썼다. 케네스 테일러는 RSV 본문을 따르고 더멜로우와 모타이어(New Bible 주석)도 마찬가지이다.

3. 무시, 코닉(Konig), 거닝(Gunning), 보이트겐(Baeutgen), 그라프(Graf), 스멘드(Smend), 스테이드(Stade) – 위에 언급된 주류밀매업자들을 보라 – 와 이왈드는 "너희 왕이 사당과 너희 형상들의 기초(pedestal)"라는 말을 더 좋아한다.

"어떻게 어떻게 생각하는 훌륭한 사람들"이 많지만 이런 완고한 자들이 생각하는 것은 무시하고 하나님께서 말씀하신 것을 알아내는 것이 우리의 할 일이기 때문에 모든 밀매업자들이 동원시킨 밀주 기구들을 박살내고 "달콤하게 내려가"(솔 7:9) 새 포도주를 준비한 그 책으로 향할 것이다.

구약에서는 몰록과 키운이고 신약에서는 몰록과 렘판이다. A.D. 150년부터 550년 사이에 〈칠십인역〉을 썼던 교활하고 거짓말 잘하는 서기관들은 신약 구절을 놓고(행 7:42,43) 사도행전 본문과 맞추기 위하여 히브리어 본문을 뜯어고친 것이다. 이 사실을 증명하는 데는 아무런 문제점이 없다. 이 사실은 중력의 법칙만큼이나 확실한 것이다. 이 지구상에 존재하는 아모스 본문에 대한 〈칠십인역〉은 누가가 사도행전을 기록한 지 100년 뒤에 기록된 것이다.

새로운 성서들은 "덮개"(a covering or a booth)를 의미하는 히브리어 "식쿠스(*Sikkuth*)"를 번역하기를 거부함으로 이상한 본문으로 남게 되었다. 새로운 성서들에서는 이 말이 나오는 레위기 23:24, 신명기 16:13,16, 역대기하 8:13, 에스라 3:4, 이사야 4:6 심지어 현재 공부하고 있는 아모스 9:11에서 아무런 문제점이 없음을 주목해 보라. New ASV는 일관성 없이 번역을 하였는데 아모스 9:11에서는 "BOOTH"로 번역하였으나 아모스 5:26에서는 번역하지 않았다.

자, 식쿠스(*Sikkuth*)에 관해 (*Sakkuth*이든, *Saccath*이든, *Sikkoth*이든, *Siccuth*이든, *Succuth*이든) New ASV가 창세기부터 요한계시록까지 말한 "시리아인의 전쟁 신"에 관한 언급은 없다.

또 〈칠십인역〉에서는 "렘판"이라는 말을 쓰지 않았다. 그것은 토성에 대한 이집트어라는 사실을 알기 때문이다(제이미슨, 포셋, 브라운을 보라. p.796). 〈칠십인역〉은 이것을 헬라어 본문의 사도행전 7:43에서 베꼈다. 이스라엘에게 주어진(그리스에게 주어진 것이 아니라) "하나님의 말씀들"(oracles of God)의 권위를 무효화시키기 위해서다. "렘판(Ramphan)의 별"은 이스라엘이 "하늘의 군상"(행 7:42)을 섬기도록 내버려졌을 때 이스라엘이 채택한 "다윗의 별"이다. "다윗의 별"은 더 이상 다윗의 별이 아니다. 이것은 토성을 대표하는 별이다. 토성과 목성과의 관계는 (히슬롭의 〈두 개의 바빌론〉을 보라.) 일치되는 점들이 많아서 쌍둥이 형제로 보일 정도이다(행 14:13과 그 주석 참조).

광야에는 두 개의 장막이 있었다(민 16:24,27과 출 33:7,10,11 참조). 첫 번째 장막은 열왕기상 11:7의 "신"을 상징하는 것이었다(행 7:43의 주석 참조). 유대인들은 광야를 통과하면서 두 가지 것을 날랐는데 여호수아가 그들에게 경고할 때(수 24:19-22) 포기하지 않았던 것이다. 그들은 거짓 신의 장막과 거짓 신의 별을 날랐다. 그 장막은 거짓 신의 두 형상을 위해 만들어졌고 그 장막은 "별"과 관련이 있다. "별"이 베드로후서 2:4이나 고린도후서 11:14의 천사들 가운데 하나를 언급한 것이라면 거짓 신을 말하기 때문이다. 천사들은 "나타나는 것"이다(창 16:7과 그 주석 참조). 그러므로 세워진 장막은(마 17:4 참조) 어떤 영적 존재가 나타나는 것을 나타내고(요 1:14 참조) 이스라엘에 대한 그 존재의 상징은 6을 나타내는(계 13:18 참조) "별"이었다.

25절은 빈정거리시며 물으신다. 『**오 이스라엘 집아, 너희가... 내게 희생제들...을 드렸더냐?**』(25절) 여기에 함축된 대답은 "아니다. 너희는 드리지 않았다."이다. 그들이 행했던 것은 26절에 설명되어 있다. 다시 한 번 알 수 있는 사실은 그릇된 마음의 태도로(말 1:7,12) 드리는 희생제물들을 결코 받지 않으신다는 것이다.

『**그러므로 내가 너희를 다마스커스 너머로 사로잡혀가게 하리라...**』(27절, 행 7:43과 그 주석 참조). 다시 말하지만 스테판은 〈칠십인역〉을 인용하지 않았다. 여기에서 히브리어 본문을 왜곡시키려 했던 멍청이들은 다음 구절을 잊어버렸다. 26절을 스테판과 연결시키고 "다마스커스"라고 말한 27절을 잊어버린 것이다. 그러나 스테판은 "바빌론"이라고 말했다. (이를 통하여 어느 시대에 살았던 교수들이나 A.D. 200-400년 사이에 살았던 사람들이나 A.D. 1800-1980년에 살았던 사람들이나 똑같이 미숙하고 부주의하고 진리에 대해 불충하다는 것을 알 수 있다.) 이스라엘은 바빌론 너머로 잡혀갔다. 바빌론은 다마스커스 너머에 있기 대문이다(왕하 17:6 참조). [주님께서는 성경 구절을 인용하시든지 인용하지 않으시든지 항상 옳으시다. 어떤 학자가 주님께서 인용하셨어야 했다고 생각하든지 인용하신 것을 "잊으셨다고" 생각하든지 주님께서는 항상 옳으시다.]

아모스 5장을 통하여 볼 때 〈킹제임스성경〉 본문은 절대로 명료하다. 귀나 즐겁게 하는 아테네인들(행 17:21)만이 무언가 얻을 것이 없나 하고 "인정받는 권위들"을 따라다니며 시간만 낭비할 뿐이다.

아모스 6장

6:1 시온에 평안히 있는 자들과 사마리아의 산을 신뢰하는 자들, 곧 이스라엘 집이 따르는 민족들의 우두머리라 불리는 자들에게 화로다.

2 너희는 칼네로 건너가서 보라. 너희는 거기서부터 큰 성읍 하맛으로 가서 필리스티아인들의 가드로 내려가라. 그들이 이 왕국들보다 나으냐? 아니면 그들의 변경이 너희의 변경보다 더 크냐?

3 너희는 악한 날을 멀리 두고 폭력의 자리를 가까이 오게 하며

4 상아 침상들 위에 누우며 그들의 평상들 위에서 기지개를 펴며 양무리에서는 어린양들을, 우리 가운데서는 송아지들을 취하여 먹으며

5 비올 소리에 맞춰 노래부르고 다윗처럼 스스로 악기를 만들며

6 대접으로 포도주를 마시고 귀한 향유를 자기들에게 부으면서도 요셉의 고난으로 인해 슬퍼하지 아니하는도다.

이 구절은 "높은 생활 수준"으로 "은혜로운 삶"을 사는 안일한 사람들(겔 16:49)을 지적한다.

『시온에 평안히 있는 자들과... 화로다』(1절). 지붕 위에 있던 다윗처럼 이들은 "은혜로운 삶"을 즐기기 위해 시간을 잘못 사용하고 있다. 7절에 있는 문단 표시 기호를 통해 주석가들에게 1절부터 6절이 이스라엘이 아닌 유다에게 적용되는 구절임을 경고한다. 그러나 어떤 그리스도인 "학자"이건 〈킹제임스성경, 1611〉을 존중하는 것을 보지 못했을 것이다. 자신들이 존중받도록 애쓰기 때문이다. 그 결과 1절은 ASV, New ASV, RSV, New RSV, 죽은 의역성경, New English와 진리를 왜곡시키는 현대의 모든 배교한 책들에서 변개되었다.

가드와(2절), 다윗과(5절), "요셉의 고난으로 슬퍼하지 아니하는"(6절) "게으름뱅이들"을 언급함으로 아모스는 이스라엘의 사로잡혀갈 것에 대한 예언을 한 다음(5:27) 유다에 대해서는 나쁜 문제를 예언하는 것을 보여 준다. 6장의 문단표시 부호(7절)를 통해 이스라엘이 사로잡혀갈 것을 다시 한 번 반복한다.

『사마리아의 산을 신뢰하는 자들』(1절)은 시온 산(유다)에 평안이 있는 자들을 가리킨다. 이들은 앗시리아인들이 홍수처럼 몰려올 때 북쪽에 만들어 놓았던 요새가(에프라임 산) 자신들을 지켜주리라 신뢰했었다. 그러나 앗시리아인들이 몰려왔을 때 시온 산은 깨끗하게 되었다(왕하 19장). 1절에서 "이스라엘 집"은 "민족들의 우두머리"(1절)에게 도움을 구하기 위해 다가오는 것으로 주어진다. 그리고 2절에서 "그들이 이 왕국들 - 필리스티아인들과 시리아인들 - 보다 나으냐?"라는 질문을 듣게 된다. 그러므로 이 예언에서 다루어지는 것은 유다이고 유다의 변경과(2절), 칼데, 하맛, 가드의 변경이 비교되어진다. 이들이 쓰러졌다면 유다도 쓰러질 수 있다(왕하 18:34). 유다의 지도자들은 민수기 24:20, 창세기 49:10, 출애굽기 19:5에서 "민족들의 우두머리"라고 불려졌다. 그리고 이스라엘인들은 솔로몬 시대 전후로 이들에게 "공의와 의"(5:24)를 구하면서 다가갔다. 유다에 있는 민족들의 우두머리는 필리스티아인이나 시리아인들의 변경보다 크지 않았다. 이 둘은 앗시리아에게 패망하였다.

『**너희는 악한 날을 멀리 두고...**』(3절). 이 날은 아모스 5:17,18의 날이다. "시온에 평안히 있는" 자들(1절)이 처할 문제들은 무기한 연기되었다(겔 11:3 참조). 이들은 오늘날 미국에서 볼 수 있는 긍정적인 면을 취하였다. "우리 국민들은 항상 장애물들을 극복해 왔다. 인간의 영은 패배할 줄 모른다. 우리는 단지 우리 자신 안에 있는 믿음에 의해서 제한받을 뿐이다. 우리는 계속 극복해 나갈 것이다." 그래서 이들은 길거리에서 개처럼 살해되었다. 여자들은 강탈당하고 아이들은 노예로 팔렸다(애 1-4장). 성경의 예언을 집어 던질 만한 "강력한 긍정적 사고방식" 같은 것은 없다.

『**폭력의 자리를 가까이 오게 하며**』(3절). 이 구절은 적그리스도와 관련된 교리로 적용할 수 있는 구절이다(계 2:13 참조). "불의의 보좌"(시 94:20)도 같은 관련 구절이다. 이 두 구절이 사탄에 관계된 내용을 계시하기 때문에 근본주의자들과 보수주의자들은(자유주의자들과 현대주의자들과 협력하여) 즉시로 허튼소리를 조작해 내고 있다.

1. 총체적으로 부패한 New ASV를 거의 모든 그리스도인 학자들이 추천하는데 3절에 물음표를 만들어 넣었다. 이것은 쌍둥이 자매인 NCCC의 RSV와 똑같다. (New English Bible이나 케네스 테일러의 죽은 의역성경조차도 이 구절을 이렇게 심하게 변개시키지는 않았다.)

2. 제이미슨, 포셋, 브라운은 이 말들을 "폭력의 압제"로 바꾸었다.

3. 더멜로우는 이 구절을 열거하지 않았지만 "그들은 그들 가운데에 폭력을 앉혔다."라고 설명하였다.

4. Old ASV는 여백에 "자리"(SEAT)는 "앉는 것"(sitting)으로 되어야 한다고 말함으로 본문을 부패시켰음을 확인시킨다. 노웩은 전체를 바꾸어 "노예

채찍 가까이 가져간다"로 하였다.

5. 알렉산드리아의 엉터리 〈칠십인역〉 - 시내사본과 바티칸사본(웨스트코트와 홀트 이단이 〈킹제임스성경〉을 고치기 위해 사용한) - 은 "거짓 안식일들을 채택하는"으로 썼는데 이런 본문은 전혀 존재하지 않는다.

6. 위클리프 성경 주석(슐츠)은 이 절의 두 번째 구절에 대한 언급을 회피하였다.

그러나 "폭력의 자리"(3절)에 대한 역사적인 문맥은 예레미야 52:9,10에서 볼 수 있는데 성경에서 가장 선명한 적그리스도의 유형 중의 하나가 하맛에서 "우두머리 사람"을 판결한다. 그 판결에 대한 "폭력"은(렘 52:10) 의심의 여지가 없다. 성경은 어떤 히브리어 학자의 제안이나 "가능한 해답"을 제시받지 않고도 스스로 해석한다.

『**상아 침상들**』은 먹기 위한 것이다(4절, 3:15 참조). 이 침상들은(에 1:6 참조) 상아틀로 되어 있다. 『**다윗처럼 스스로 악기를 만들며**』(5절) 이 구절은 다윗이 죄를 지었다는 것을 의미하는 것이 아니라(대상 16:42; 23:5 참조) 다윗은 하나님을 찬양하려고 음악을 만들었다. 다윗은 대부분 음악을 만들 때 누워서 양고기나 송아지 고기를(4절) 먹지 않았다. 이와 대조적인 모습을 보기 위해서는 "내 주는 강한 성이요," "환난과 핍박 중에도," "십자가 군병되어서," "구주가 영혼 구하려"와 같은 찬송가들의 가사를 읽어야만 한다. 그리고 나서 이 찬송가들을 부르고 있는 회중들의 태도를 보라. Guy Lombardo 오케스트라나 Led Zeppelin 단원의 "병사들"(엡 6:10-18과 주석 참조)처럼 보이거나 행동할 것이다.

『**요셉의 고난으로 인해 슬퍼하지 아니하는도다**』(6절). 시온에 평안히 있는 자들은(1절) 유다에 있는 자들이고 북쪽의 지파들에게 일어난 일을 슬퍼하지 않는다(호 6,7장 참조). "요셉"은 에프라임 밑에서 고개를 쳐들고 있었던 북쪽의 열 지파를 나타낸다(호 5:5,9,13 참조).

6:7 ○ 그러므로 이제 그들은 사로잡혀가는 자 중에 첫째로 사로잡혀갈 것이며 기지개를 폈던 자들의 연회도 그치리라.

8 주 만군의 하나님**이 말하노라. 주** 하나님**이 스스로 맹세하기를 '나는 야곱의 탁월함을 증오하며 그의 궁전들을 미워하느니라. 그러므로 내가 그 성읍을 그 안에 있는 모든 것과 함께 넘겨주리라.' 하였노라.**

9 한 집에 열 사람이 남는다 해도 그들이 죽으리라.

10 사람의 삼촌이 그를 취할 것이요, 그를 태우는 자가 그 집에서 뼈들을 가지고 나오기 위해 그 집 곁에 있는 사람에게 말하기를 "너와 함께한 자가 아직 있느냐?" 할 것이요, 그가 "없다."고 말하리라. 그러면 그 사람이 말하기를 "말하지 말라. 이는 우리가 주의 이름을 일컬을 수 없음이니라." 하리니

11 이는, 보라, 주가 명하노니 그가 큰 집을 쳐서 훼파할 것이요, 작은 집을 쳐서 틈이 갈라지게 할 것임이니라.

주님께서는 계속해서 유다가 포로로 잡혀갈 것을 말씀하신다(위를 보라). 『**첫째로 사로잡혀갈 것이며**』(7절)가 말하는 것은 이 민족의 우두머리 지도자들이고 이스라엘이 들었던 사실들이 유다에게 사실로 밝혀진다(렘 52장, 대하 36장 참조). 『**기지개를 폈던 자들**』(7절)은 4절에서 유다의 장로들과 같은 기지개를 폈던 자들에게 적용될 것이다. 『**그의 궁전들**』(8절)과 『**그 성읍**』은 "사마리아 산"이 아니라 예루살렘을 말한다. 주석가들이 1절에서 올바른 번역을 거부했기 때문에 혼동되고 있다. 더멜로우는 이 두 표현을 설명하지 못했고 위클리프 성경 주석은 New Bible 주석과 마찬가지로 "그 성읍"이라는 말이 8절에 없는 듯이 설명하였다. 그러나 제이미슨, 포셋, 브라운은 "그 성읍"이 "시온과 사마리아를 한데 묶어 놓는" 표현이라고 주장함으로 면죄부를 받아보려 했으나 사실은 틀리다.

『**한 집에 열 사람이 남는다 해도 그들이 죽으리라**』(9절). 여기에 관련된 구절은 시온에서의 유다에 관한 심판을 들 수 있다(렘 24:10; 44:13, 겔 6:11, 시 73:3,4). 주석가들이 혼동하는 것은(예로 위클리프 성경 주석 참조) 이 구절들을 예레미야 애가 2,3,4장과 연결시키지 못하기 때문이다. 시체들은 "조용히 내다 버려질 것"이라고 한다(암 8:3). 즉 "임종 기도"나 "축복" 같은 것은 없다. 시체에 대한 기원 같은 것은 없다. 『**이는 우리가 주의 이름을 일컬을 수 없음이니라**』(10절).

집 안에 있는 "열 사람"이 모두 죽는다. 세계적인 재앙 때문인데(겔 5:12,17 참조) 대환란 기간에는 문둥병이 있을 것이다(계 16:2과 그 주석 참조). 시체들은 흑사병이 있었을 때처럼 태워질 것이다. 시체가 전염병을 확산시키기 때문이다(레 13-15장). 남게 되는 유일한 사람은 전염된 집 바깥에 있는 사람이다(레 14:34-45). 그래서 이 사람은 『**그 집 곁에**』 있게 된다. 이 홀로 살아남은 자는 『**너와 함께한 자가 아직 있느냐?**』라는 소리를 듣게 되고 『**없다... 말하지 말라. 이는 우리가 주의 이름을 일컬을 수 없음이니라.**』고 대답할 것이다. 이 살아남은 자가 "없다"고 말할 때 이 대답에 대한 즉각적인 반응은 "하나님의 자비가 임하시길!" "성자들이여, 우리를 보호하소서!" "어쩌면, 이런 일이!" 아니면 "하나님께서 형제를 위로하시기 바랍니다."와 같은 것일 것이다. 시체를 옮기는 사람들 앞에서 살아남은 자는 "말하지 말라."고 말한다. 『**그가 "없다."고 말하리라.**』에서의 "그"는 "그 사람이 말하기를"의 "그"이다(10절).

『**이는, 보라, 주가 명하노니 그가... 훼파할 것이요**』(11절). 즉, 하나님께서는 느부캇넷살에게 "집을 깨끗하게" 하라고 명령하실 것이고 느부캇넷살은 그렇게 한다(대하 36장).

6:12 ○ 말들이 바위 위에서 달릴 수 있겠느냐? 사람이 거기서 소들로 밭을 갈겠느냐? 이는 너희가 공의를 쓸개로 바꾸었고 의의 열매를 독초로 바꾸었음이라.

13 너희가 아무것도 아닌 것을 기뻐하며 말하기를 "우리가 우리 자신의 힘으로 우리에게 뿔들을 취하지 아니하였느냐?" 하는도다.

14 그러나 보라, 주 만군의 하나님**이 말하노라. 오 이스라엘 집아, 내가 너희를 대적하여 한 민족을 일으키리니 그들이 헤맛 입구에서부터 광야의 강까지 너희를 괴롭히리라.**

근본주의자들(New ASV)과 자유주의자들(New RSV)은 이 구절을 보고 소스라치게 놀란다. 자유주의자들은 12절을 혹평하며 이 땅에서나 천국에서 이와 같은 구절을 알아보지 못하게 만든다. 보수주의자들은 13절을 혹평하여 "원본"을 가진 사람들조차 그 "빛"의 밝기를 알지 못하게 만든다.

케네스 테일러와 New English Bible은 12절을 RSV에서 베껴썼다. 문제의 요지는 누군가가 "소들로 바다를 갈게" 하고자 한다는 것이다. 부패한 〈칠십인역〉(A.D. 330)은 "그들은 암말들을 보고 울지 못하게 할 것이다."라고 썼다. 12절은 13절로 숫자를 고치고 나서 15절을 합하여 만들어낸 것이다.

더멜로우는 소가 바다를 갈았다고 한다. 모타이어(Motyer, New Bible 주석), 하넥, 노웩, 더멜로우가 하는 대로 따라서 하였다. 슐츠 박사는(위클리프 성경 주석) 옳은 AV 본문과 틀린 RSV 본문 사이에서 갈등하다가 12절의 두 번째 질문에 대한 주석을 빼버렸다. Old ASV는 14절의 "광야"를 번역하기를 거부하였다. 그래서 RSV로 이와 똑같이 할 자유를 얻은 것이다. "강"에 대한 히브리어("nachal")는 부패한 ASV(1901)와 부패한 ASV(1973)에서 "시내"(brook)로 오역되었다. 그외 다른 부분에서는(판 4:7, 전 1:7, 왕하 24:7, 겔 47:5,6,7,9 등등) 같은 말을 "강"으로 번역하였다. 총체적으로 부패되었고, 일관성 없고, 진리를 대변하는 데 있어서 기형적인 형태를 가진 책이다.

『**뿔들**』은 어느 고대 언어에서나 권력을 상징한다(렘 48:25, 시 75:10 참조). 그래서 13절에서 쓰인 이 용어는 이스라엘의 집이 자신의 권력을 자랑했음을 알 수 있다(고후 10:12). "뿔들"은 하나님 자신을 배제한 우주에서의 강력한 군대, 강력한 정치력, 강력한 종교적인 능력을 예표한다. 이것은 황소머리를 하고 갈라진 발을 가진(창 3:14과 그 주석 참조) 날아 다니는 뿔 달린 뱀(창 3:1과 그 주석 참조)이 다섯 번째 그룹(계 4:7과 그 주석 참조)과 같다는 것을 상징한다.

12절은 호세아 10:4과 관련시켜야 한다. 말들이 바위 위에서 경주를 할 수 없고 보습으로 화강암을 팔 수 없다. 이스라엘은 불가능한 일을 하고자 했다. 그 결과로 그들은 『**공의를 쓸개로 바꾸었고 의의 열매를 독초로**』 바꾸었다(12절). 그들의 마음은 바위처럼 단단하여(욥 41:24) 쟁기질할 수 없다(마 13:20). 좋은 열매로 자랄 수가 없는 것이다(마 4:20). 『**그러나… 오 이스라엘 집아, 내가 너희를 대적하여 한 민족을 일으키리니…**』(14절, 출 7:3에서 파라오에 대한 주석 참조). 『**그들이 헤맛 입구에서부터 광야의 강까지 너희를 괴롭히리라**』(14절, 왕상 8:65과 왕하 14:25의 같은 표현으로 볼 때 Hemath은 "Hamath"과 같음을 알 수 있다). 『**광야의 강까지**』(14절). 구렁으로부터 분출된 썩은 냄새가 나는 두 성경이 있다. 그것은 1901년의 ASV와 1952년의 RSV인데, 이 두 성경은 본문을 "아라비아의 시내"(brook of the Arabah)로 대체시켰다.

나일 강을(왕상 8:65 참조) "아라비아의 시내"로 격하시킨 것을 통해 다시

한 번 학자들의 의중을 파헤칠 수 있다. 하나님의 말씀을 보통의 이야기로 무미건조하게 만들어 버리고자 하는 것이다. 대단한 일이다.

『**광야의 강까지**』(14절)는 이스라엘과 함께 (6:1에서 살펴본 것처럼) "목" 뿐만 아니라 발목, 발가락까지도 심판받을 것을 나타낸다.

아모스 7장

7:1 주 하나님께서 내게 보이신 것이 이와 같도다. 보라, 나중 자란 것이 움돋
기 시작할 때에 그가 황충들을 지으셨으니, 보라, 그것은 왕이 풀을 벤
후에 자란 나중 것이라.
2 그 황충들이 땅의 풀들을 다 먹었을 때 내가 말씀드리기를 "오 주 하나님
이여, 내가 주께 간구하오니 용서하소서. 야곱이 미약하오니 그가 누구
를 의지하여 일어나리이까?" 하니
3 주께서 이로 인하여 마음을 돌이키시기를 "주가 말하노니, 이 일이 일어
나지 아니하리라." 하셨도다.
4 ○ 주 하나님께서 내게 보이신 것이 이와 같으니, 보라, 주 하나님께서 불로
싸우도록 부르셨으니 그 불이 큰 깊음을 삼켰으며 그 일부를 먹었도다.
5 그때 내가 말씀드리기를 "오 주 하나님이여, 내가 주께 간구하오니 그치
소서. 야곱이 미약하오니 그가 누구를 의지하여 일어나리이까?" 하니
6 주께서 이로 인하여 마음을 돌이키시기를 "주 하나님이 말하노니 이 일도
일어나지 아니하리라." 하셨도다.

**7 ○ 그가 내게 보이신 것이 이와 같으니, 보라, 주께서 다림줄로 만든 벽
위에서 손에 다림줄을 가지고 서 계셨도다.**
**8 주께서 내게 말씀하시기를 "아모스야, 네가 무엇을 보느냐?" 하시기에
내가 말씀드리기를 "다림줄이니이다." 하였더니 주께서 말씀하시기를
"보라, 내가 내 백성 이스라엘 가운데 다림줄을 둘 것이요, 내가 다시는
그들을 지나가지 않으리라.**
**9 이삭의 산당들이 황량하게 되고 이스라엘의 성소들이 황폐케 되리니 내
가 여로보암의 집을 대적하여 칼을 가지고 일어나리라." 하셨도다.**

세 가지 설교 내용이 아모스에게 주어진다. 첫 번째는 황충이 땅을 먹어 치우는 것이고(2절), 두 번째로는 불이 『**큰 깊음**』을 삼키는 것이며(4절), 세 번째는 벽에 있는 다림줄이다(7절). 모세에게 주셨던 예증들이(출 4장과 그 주석 참조) 믿음을 조명해 주었듯이 아모스에게 주신 이 예증들을 통하여 위대한 진리들을 말씀하신다.

이 진리들을 설명하기 전에 알아야 될 사항은 100%의 주석가들이 『**큰 깊음을 삼켰으며**』라는 구절을 읽을 때면 독특한 공포에 싸이게 된다는 것이다. 〈피터 럭크만의 주석서 창세기〉를 읽어 보았다면 성경에서 하늘들 위에 있는(사 27:1-3, 시 148:4 참조) 물을 언급할 때 무엇이 일어날 것인지 알고 있다. 그래서 이 부분은 성경을 공격하는 가장 파괴적인 비평이 가해지는 부분이다(욥 41:1과 주석 참조).

따라서 『**그 불이 큰 깊음을 삼켰으며**』를 만나면 모든 보수주의, 자유주의, 카톨릭, 무신론자, 근본주의 학자 집단은 "갈퀴로 나뭇잎들을 긁어 모으기" 시작하고 "나무를 흔들어 대기" 시작한다.

1. 그것은 "큰 깊음"(great deep)의 한 부분이 아니라 이스라엘의 땅이었다(land of ISRAEL)! (Old ASV, New ASV, "Living" Bible, 위클리프 성경

주석, 극단적 세대주의자 벌링거).

2. 그것은 "큰 깊음"이 아니라 이스라엘에 있는 강들이었다("Living" Bible 위클리프 성경 주석, 윌리암스).

3. 그것은 "큰 깊음"이 아니라 이스라엘의 남는 자였다(제이미슨, 포셋, 브라운).

4. 그것은 "큰 깊음"이 아니라 "할당된 부분"이었다(푸시). 아니면 "농장"이었다(힛직). 아니면 "경작된 땅"이었다(마티). 아니면...?

그것은 큰 깊음이었다. 이 구절에 모두 걸려 넘어졌는데 믿기지 않겠지만 자유주의자 C.H. 돗(New English Bible)만이 서 있었다. 돗은 "깊음"이 창세기 1:2의 "큰 심연"(great abyss)이라는 것을 알았다. 그리고 4절의 "일부"(part)가 원래의 창조 때에 있었던 심연의 한 부분이라는 사실로 알았다. 그 구절이 이런 의미다. 물론 돗은 베드로후서 3:5,6을 창세기 1:2과 더불어 올바른 위치에 놓지 못했다. 창세기 1장이 문자적인 역사라고 믿지도 않았다. 이런 불신에도 불구하고 전천년주의 보수주의자들이라고 하는 제이미슨, 포셋, 브라운 등이 망쳐 놓는 그 구절만큼 잘못되게 만들지는 않는다. 참으로 이상한 일이 아닌가?

제이미슨, 포셋, 브라운은 불을 이스라엘에 있는 식물들의 뿌리가 연결된 "깊음"에 적용시키고 요한계시록 17:15이 아모스 7:4의 "큰 깊음"이라고 잘못 생각하도록 조장하고 있다. 원래의 영어 본문으로 돌아가 "인정된 학자"들 집단이 300년간 저질로 놓은 전문적인 거짓말을 바로잡아야 한다.

1. "황충들"(부패한 ASV, New ASV, RSV, New RSV에 있는 것처럼 "메뚜기들"이 아니다)은 이스라엘이 먹을 것이 아무것도 없을 때까지 땅의 모든 것을 먹어 치울 수 있었다. 비록 주께서 "마음을 돌이키셨다." 하더라도(3절) 이 일은 미래에 일어날 것이다(재림을 다루고 있는 요한계시록 6:6과 특히 시

편 72:6을 살펴보라). 전천년주의자이고 근본주의자인 찰스 파인버그(Charles Feinberg, 탈봇신학원)를 포함하여 100%의 학자들은 이 예언적인 관련 구절을 놓쳐 버렸다. 황충들이 "메뚜기들"이어야 한다는 생각은 – 1800년 이래로 출판된 사기적인 "성경"들을 보라 – 그 말(히브리어로 "gob")이 "메뚜기들" 일 수도 있다는 어처구니없는 생각에서였다. 또다시 틀렸다. 그 말은 "황충"이 될 수 있다. 또 그 말이 황충이라는 말이다.

『**이 일이 일어나지 아니하리라.**』(3절)는 말은 단지 아모스가 살아 있을 동안에 하나님께서는 이스라엘을 완전히 아사시키지 않을 것이라는 것을 나타낸다. "나중 자란 것"은 왕이 "사자의 몫"을 취하고 난 후에(『**...왕이 풀을 벤 후에**』) 사람들이 먹을 수 있는 마지막 수확이다. 『**왕이 풀을 벤 후에**』 그 나머지가 얼마나 되는지에 대해서는 사무엘상 8:10–18, 열왕기상 4:22,23을 보라.

『**야곱이 미약하오니 그가 누구를 의지하여 일어나리이까?**』(2절) 이 질문을 아모스는 두 번 한다(2절, 5절). 세 번째에(8절) 주께서 말씀하실 때 "네가 무엇을 보느냐?"라는 대답을 듣게 된다. 열왕기상 17장의 사건들이 일어날 때 아무도 야곱을 "일으키지" 못할 것이다.

2. 4절의 『**불**』은 아모스가 설교할 때 그 깊음을 삼키지 않았다. 이 일은 이사야 66:22, 요한계시록 20:11–13에서 분명하게 일어날 것이다. 요한계시록 21:1,2에서는 더 이상 "바다"가 없다. 큰 깊음들이 사라져 버렸기 때문이다(벧후 3:5–12). 주님께서 『**이 일도 일어나지 아니하리라.**』(6절)고 다시 말씀하실 때는 A.D. 3000년을 말씀하시는 것이 아니라 B.C. 783–722년을 가리키는 것이다.

3. 다림줄에 대한 예언에 이어 곧바로 『**내가 다시는 그들을 지나가지 않으리라.**』(8절)는 말씀으로 이어진다. 이스라엘이 스스로 불러일으킨 심판이 다

가올 때 더 이상 하나님은 이스라엘을 “지나가지” 않으신 것이다. 심판은 다가온다(9절). 아모스 8:1,2의 “여름 과일 환상”과 이 다림줄 환상이 조화를 이루는 면을 살펴보라. 그러므로 미래의 사건에 대한(대환란과 새 하늘들)이 두 예화는 7:2과 7:4에서 발견되고 7:8,9과 8:1-3에서는 이스라엘이 학살당하고 포로로 잡혀가는 가까운 미래를 말한다. 8:3은 이스라엘뿐만 아니라 유다에게도 해당되는 말씀이다(호 12:2과 그 주석 참조).

측량추는 아직도 벽돌공들이나 목수들이 사용하고 있다. 그 이치는 간단하다. 위에서부터 일을 시작하지 않는다면 수직으로 똑바로 건물을 올릴 수 없다. 측량추가 달린 줄을 아래에서 위로 던져 놓고 건물을 지으려고 하는 것은 미사에 참여하고 황금률을 지킴으로 천국에 도달하려는 것과 같다. 모든 종교는 땅에서 시작하여 하늘에 오르려고 한다(불교, 도교, 유교, 힌두교, 모하메드교, 카톨릭, 유대교, 그리고 “기독교”). 성경에서 언급하는 구원만이 위에서부터 아래로 내려온 유일한 “종교”이다(출 24:10과 그 주석 참조). 다른 모든 종교들은 다림줄을 위로 집어 던지면서 진창속에서 뒹구는 것이다.

『**보라, 내가 내 백성 이스라엘 가운데 다림줄을 둘 것이요**』(8절). 구원은 하나님의 보좌에서 시작되어 아래로 내려온다(출 24:10과 그 주석 참조). 이 순서를 뒤바꾸어 땅에서 하늘로 도달하려 한다면(요 10:1) 도둑이나 강도가 되어(요 10:1) 강제로 천국에서 쫓겨날 것이다(마 22:13). 그렇게 되지 않기를 바란다.

하나님께서 이스라엘 가운데 두셨던 가장 위대한 “다림줄”은 죄가 없는 사람(요 15:20-24)이었다. 그 다림줄이 나타났을 때(말 3:3) 인간의 “선함”(요 15:22)에 관한 문제는 영원히 해결되었다. 그 다림줄을 가지고도 부족하다면 스스로가 죄가 없어야 한다(히 4:15).

9절은 스스로 해석한다.

아모스가 벧엘에 있는 사람들에게 환상들을 보여 주자마자 황금 송아지들을 섬기는 대제사장 우두머리가 나타난다.

7:10 ○ 그때 벧엘의 제사장 아마샤가 이스라엘의 여로보암왕에게 사람을 보
내어 말하기를 "아모스가 이스라엘 집 가운데서 왕을 대적하여 음모를
꾸몄으니 이 땅이 그의 모든 말들을 견딜 수 없나이다." 하였으니
11 이는 아모스가 이같이 말하기를 "여로보암은 칼에 죽을 것이요, 이스라
엘은 반드시 그들의 본토에서 사로잡혀가게 되리라."고 하기 때문이라.
12 아마샤가 또한 아모스에게 말하기를 "오 너 선견자여, 가라. 너는 유다
땅으로 도피하여 거기에서 빵을 먹고 거기에서 예언하되
13 벧엘에서는 더 이상 예언하지 말라. 이는 그곳이 왕의 예배당이요, 그곳
이 왕의 궁정임이라." 하니라.

이 본문은 아주 전형적인 것으로 "제사장"에 의하면 아모스는 하나님께서 부르신 설교자가 아니다. 아모스는 "왕을 대적하는"(10절) 사람이다. 아모스는 "그 백성"을 사랑하지 않는다(행 21:28과 그 주석 참조). 『**이 땅이 그의 모든 말들을 견딜 수 없나이다**』(10절, 렘 38:4). 아모스는 부정적이다(11절). 그러므로 그의 직분은 박탈당해야 하고(13절) 사역은 중지되어야 한다(12절). 그러한 부정적이고 비평적인 태도의 사역은 용납되지 않기 때문이다. "이 어렵고 힘든 때에 동료들 안에서 믿음을 소유하기 위해 얼마나 애써야 하고 인간 본연의 궁극적인 선을 믿기가 얼마나 힘든가, 이런 정신은 과거에 그렇게 많이 지배했던 것이다. 우리가 믿기로는 아무리 현대의 삶이 복잡하다 하더라도 정복하기에 불가능하게 보이는 목표들이 정복될 것이고, 불가능한 꿈과 계획들이 실현될 것이다. 문제의 핵심은 "이 땅이 그의 모든 말들을 견딜 수 없다"(10절)는 것이다. 소련의 핀케비치(Pinkevitch) 교수가 말했듯이

(1950년대 전에) "세상은 그 책에 대해 거의 받아들이지 못한다. 그 책이 가버리든지 세상이 가버려야만 한다"("미친 세상이여 안녕!"). 하늘과 땅이 없어져도 "그의 모든 말들"(10절)은 없어지지 않을 것이다(마 24:35). 결과적으로 『**그의 모든 말들**』(행 20:27과 그 주석 참조)이 위에 언급한 그런 내용과는 관계가 없다고 설교하고 가르친다. 그리스도인들이 하는 사역은 세상 안으로 들어와 찌꺼기들에게(고전 4:3), 서툰 언변과(고후 11:6), 하찮은 언변(고후 10:10)으로 다가가야 하기 때문이라고 한다.

아모스가 말한 "말들"[WORDS, 배교한 근본주의자들이 하나님 말씀을 "메시지"에 국한시키기 위해 조장하는 "말씀"(word)이 아니다.]은 부정적이다. 『**죽을 것이요... 반드시... 사로잡혀가게 되리라**』(11절). 아모스는 지옥을 부르짖고 문제를 일으키는 "미치광이"이다. 아모스는 집에 돌아가지 않으면 하루도 살 수 없다는 경고를 받는다. 『**거기에서 빵을 먹고 거기에서 예언하되**』(12절). 여기에 남아 있게 되면 빵을 먹지 못하게 된다는 협박이다. 설교하는 동기가 배를 위한 것이라면(롬 16:18) 그 "신"이 움츠러들기 전에 떠나는 것이 좋을 것이다.

더 이상 아모스나 미카야, 침례인 요한, 예레미야 같은 선지자를 굴복시킬 수는 없다. 독수리의 눈을 갖고 사자의 마음을 가진 이런 고릴라 같은 선지자들은 왕 앞에서조차도(왕상 22장, 막 6장, 렘 38:15) 결코 굴복하지 않는다. 아모스가 미카야처럼(왕상 22:27) "고생의 빵"을 먹어야 한다면 아모스는 먹을 것이다. 아모스에게는 주와 함께 감옥에서 먹는 맛없는 검은 빵 한 조각이 "왕의 예배당"(13절)에서 벧엘의 제사장과 함께 먹는 초콜릿 케이크보다 훨씬 더 맛있을 것이다.

늘 설교자를 굶기려 한다. 거리 설교는 단합프로그램(bond program)을 헤친다. 이 때문에 사람들은 필자의 수입을 줄여 버렸다. "거리 설교가 교회의 수입에 방해"되기 때문이다. 1968년 주일 아침이었다. 건물 안에 있는 500명의 사람들이 헌금을 했는데 25달러였다. 염소들은 설교자를 제거하기 위해 헌금을 하지 않았다. 계속 놔두면 단합프로그램이 깨져버리기 때문이다. 그날 드리는 헌금은 염소들이 계약한 단합프로그램을 위한 일에 대해 차액을 지불하기 위한 헌금이어서 양들은 돈을 내지 않았다. 결국 이 일은 법정으로 갔고 재판관은 염소들을 모두 몰아내었다. 그 단합프로그램에 대한 돈은 다른 돈에서 충당되었다. 이 일이 진행되어 결론을 맺기까지 필자는 한 끼도 굶지 않았다. 양들을 먹이면 양들이 먹여 줄 것이다. 염소들은 내몰아 버리라.

『**벧엘에서는 더 이상 예언하지 말라**』(13절). 왜 못하게 하는가? 벧엘은 "하나님의 집"이 아닌가?(창 35:9 주석 참조). 왜 하나님께서 부르신 선지자를 하나님께서 전파하라고 하신 내용을 말했다고 해서 하나님의 집에서 쫓아내려고 하는가?

그 결과가 어떻게 되었는지 아는가? 이십육 세기 동안 인간의 본성은 변하지 않았다.

하나님께서는 아모스가 말했던 사실을(11절) 다른 어떤 누구에게도 결코 말씀하지 않으셨다는 것을 당연시 여긴다. 이렇게 생각함으로 "인정받은 권위"로 부정적인 말을 하는 사역자들은 배척하게 된다. 간단하지 않은가? 하나님께서는 사람들을 지옥에 보내지 않는다고 가정해 보라(지옥에 보내신다). 하나님께서는 아이들과 여자들을 죽이지 않으실 것이라고 가정해 보라(죽이신다). 하나님께서는 한 민족을 "예배 드리는 수단으로" 형상들을 사용했다고 해서 굶겨 죽이지 않으실 것이라고 가정해 보라(그렇게 하셨다). 하나님께서는 인간 본성에 대해 부정적으로 말씀하시지 않는다고 가정해 보라(부정적으로 말씀하셨다). 하나님께서는 나쁜 기질, 성급함, 간음, 자위행위, 동성연애, 혼전 관계, 거짓말, 게으름, 욕설, 음담패설, 간통, 시기에 대해 심판하지 않으실 것이라고 가정해 보라(심판하실 것이다). 그러면 양심에 거리낌 없이 이 세상에서 성경대로 설교하는 설교자들을 없애 버릴 수 있다. 하나님께는 부정적인 것은 없다고 확신하면 독재 그룹들(공산주의, 파시즘, 카톨릭, 복지부

등은 모두 같은 조직이다.) 중 하나가 만들게 될 국제사회주의의 길을 예비해 놓은 것이다. 이 조직은 비성경적인 체제로 사람들을 맞추기 위해 사람들이 하기 싫어하는 부정적인 일들을 행할 것이다.

신구약 어디를 보아도 세상에 대해, 인간 본성에 대해, 종교조직에 대해, 국제사회주의의 미래에 대해 부정적으로 말하지 않은 하나님의 위대한 사람은 없다(습 3:8, 계 13:1－8, 마 13:40과 그 주석 참조).

『**이는 그곳이 왕의 예배당이요, 그곳이 왕의 궁정임이라**』(13절). 아모스를 제거하려는 이유는 아모스가 부르심을 받은 것이나, 아모스의 하나님이나, 아모스의 사역이나 그가 전한 메시지의 진실이나 그가 헌신한 것과는 전혀 상관이 없다. 아모스가 전한 메시지가 정치적으로 전혀 이롭지 못한 이유 때문이다. 이것은 헤롤드 오켄가(Herold Okenga), 빌리 그래함(Billy Graham), 듀크 맥콜(Duke McCall, 루이스빌리신학원)이 인종차별에 대해 전국으로 방송되는 토의에서(1950) 왜 사도행전 17:26 전체를 인용하기를 거부했는지 그 이유를 설명해 준다. 그 내용은 정치적으로 전혀 이롭지 않은 내용이다. 그래서 모든 사람들은 (자유주의자들과 현대주의자들을 포함하여) 사도행전 17:26의 콤마 다음 내용을 끊어 버렸다. 1940년까지 FCC는 "왕의 예배당"이고 "왕의 궁정"이 되었었다. 그래서 모르드캐 햄(Mordecai Ham)이나 빌리 선데이(Billy Sunday) 등이 했던 사역들을 다시는 결코 들어보지 못하는 것이다

1890년까지 "하나님의 집들"이 있었다. 그 하나님의 집들을 파괴시키는 "하나님의 집들"이 이 나라 곳곳에 나타났다. 1933년 후에도 수백 개의 하나님의 집들을 파괴하는 무리들이 나타났고 1960년까지 다음과 같은 기반 위에서 약 4,000개의 "벧엘들"을 축출해 낼 수 있다.

1. 강단에 선 설교자들이 공개적으로 동정녀 탄생과 몸의 부활에 대한 교리를 부인한다.

2. 강단에 선 설교자들이 공개적으로 동성 연애, 인종통합, 동성 결혼을 지지한다.

3. 강단에 선 설교자들은 일생 동안 하루도 문자적인 천국과 문자적인 지옥을 결코 믿지 않는다.

4. 강단에 선 설교자들은 외국 정부에 돈을 주기 위해 자금을 모으는 일에 헌신한다.

5. 강단에 선 설교자들은 C.W. 버포(Burpo), 마이클 루터 킹 주니어(Michael Luther King Jr), 지미 스와거트(Jimmy Swaggert)만큼이나 설교로 부르신 것과는 거리가 멀다(호세아 서두 참조).

7:14 ○ 그러자 아모스가 대답하여 아마샤에게 말하기를 "나는 선지자도 아니요, 선지자의 아들도 아니라. 다만 나는 목동이요, 뽕나무 열매를 거두는 자였노라.

15 내가 양떼를 따라가는데 주께서 나를 취하셔서 주께서 내게 말씀하시기를 '가서 내 백성 이스라엘에게 예언하라.' 하셨느니라.

16 ○ 그러므로 이제 너는 주의 말씀을 들으라. '네가 말하기를 이스라엘을 대적하여 예언하지 말며 이삭의 집을 대적하여 네 말을 떨어뜨리지 말라 하는도다.

17 그러므로 주가 이같이 말하노라. 네 아내는 성읍에서 창녀가 될 것이요, 네 아들들과 딸들은 칼에 쓰러지리라. 네 땅은 줄을 재어 나뉠 것이요, 너는 오염된 땅에서 죽을 것이며 이스라엘은 반드시 자기 땅에서 사로잡혀갈 것이라.'"하니라.

아모스는 괴로울 정도로 몰아붙인다. 아모스의 대답은 무례하고, 공격적이고, 심히 거칠다. "인간에 대한 사랑" 같은 것은 찾아볼 수 없고 "사람을 그리스도께로 인도하는 다정한 분위기" 같은 것도 없다. 아모스의 반격은 뻔뻔스런 협박이고, 마치 바울이 디도서 1:13에서 언급했던 것과 같은 내용이다.

『**나는 선지자도 아니요**』(14절). 필자를 비난하지 말라. 필자의 사역에서 결점을 찾았다면 가서 전능하신 하나님을 보고 비난하라. 왜냐하면 『**내가 양떼를 따라가는데 주께서 나를**』 취하셨기 때문이다(15절). 『**선지자의 아들도 아니라**』(14절). 그러므로 모태신앙이니 하는 허튼소리는 집어 치우라. 아모스는 열왕기하 2:3; 4:1에 있는 "학교들"을 졸업하지 않았다. 아모스는 "인정받은" 사람도 아니고 "인가"와는 거리가 멀고 "권위," "자격"과는 관련이 없다. 거짓말이나 하고, 배교하고, 육신적인 냄새가 나고, 정치적 색깔이 농후한 말들과 아모스와는 관계가 없다. 이런 말들은 하나님께 도전하는 죄인들이 그들의 창조주의 범위에서 벗어나고자(시 2:3) 발버둥 치며 만들어낸 말들이다.

『**다만 나는 목동이요, 뽕나무 열매를 거두는 자였노라**』(14절). 그러므로 필자와 시비걸려고 하지 말라. 필자의 직업을 바꾼 그분에게 가서 싸움을 걸으라. 『**주께서 내게 말씀하시기를 '가서 내 백성 이스라엘에게 예언하라.' 하셨느니라**』(15절). 아모스는 자신의 죄가 없음을 입증한다. 하나님께서 그를 부르셨고, 사역에 넣어 주셨다. 무엇을 말해야 할 것과 어떻게 말해야 되는지를 말씀해 주셨다. 만일 아마샤가 이를 받아들이지 않는다면 그가 할 일은 가서 자신의 아들들을 땅에 묻는 일이다(17절), 이것이 어떻게 다정다감한 것이 될 수 있겠는가?

아울러서 명심해야 될 사항은 하나님의 선지자들은 설탕 막대들이 아니라는 것이다. 하나님의 선지자들은 이 땅의 소금이다. 선지자들이 드러난 상처에 닿으면 그곳에서는 불이 붙는다. 이스라엘은 드러난 상처였다(사 1:3-12). 미하엘 루터 킹 주니어나 칼릴 깁란(Kahlil Gibran)이나 에드가 케이스(Edgar Cayce)를 미카야나 아모스와 같은 선지자 대열에 참여시키려 하는 것은(느

13:25을 잊지 말라.) 호와드 코젤(Howard Cosell)과 조니 카슨(Johnny Carson)을 피츠버그의 철강업자들과 나란히 세우려 하는 것과 같다.

『○ **그러므로 이제 너는 주의 말씀을 들으라**』(16절). 아모스는 자신이 부름 받았음을 정당화시키는 것에 만족하지 않는다(14,15절). 아모스는 자신의 부르심에서 해야 할 의무들을 결코 잊지 않는다. 아모스는 부정적인 내용을 전달해야 한다(삼상 3:11-14 참조). 누가 무엇을 생각하든지, 누가 무엇을 말하든지 누가 무엇을 행하든지 그런 것은 전혀 문제가 되지 않는다. 아모스는 전달한다.『**네 아내는 성읍에서 창녀가 될 것이요, 네 아들들과 딸들은 칼에 쓰러지리라. 네 땅은 줄을 재어 나뉠 것이요, 너는 오염된 땅에서 죽을 것이며**』(17절).

어떤 성격인지 알겠는가?

이보다 더 정확하게 지적해 주기를 바라는가?

알다시피, 아모스는 누구나와 보조를 맞출 줄 아는 모범적인 그리스도인(1950-1980)이 아니다. "그리스도를 우리의 구세주로 받아들였다면 신뢰를 가지고 하나님은 우리의 아버지시며, 우리는 어쩌구 저쩌구" 하는 그리스도인들과 아모스는 다르다. 아모스는『**네 아내는... 네 아들들과 딸들은... 네 땅은... 너는**』(17절)이라고 말한다. 그의 메시지에는 수그러드는 면이 없다. "친구들을 얻고 사람들에게 좋은 영향을 주기 위해" 유유자적하는 경향도 없다. 하고자 하는 일에 방해받지 않기 위해 "나도 옳고, 너도 옳고" 하는 거짓말도 없다. "그리스도의 다정한 분위기" 같은 것도 없다. 아모스가 전달한 내용은 지옥에서 느끼는 섬뜩함이다. 아모스는 느슨한 것을 결코 용납하지 않는다. 아모스는 자신과 말하고 있는 사람의 죽음을 예언하고 그의 자녀들이 죽게 될 것을 예언하고, 그의 아내가 간음할 것을 예언한다. 이런 비방과 "명예 훼손"이 충분하지 않았기에 다음과 같이 추가한다.『**이스라엘은 반드시 자기 땅에서 사로잡혀갈 것이라**』(17절). 이것은 처음에 언급한 내용이었다.

왕의 제사장과 맞부딪쳐(10절) 거칠고, "불손하고, 은혜스럽지 못한 말들"로 "허풍"을 떤 아모스는 도살당할 짐승 앞에 서 있는 도살자와 같을 만큼 "자비로운" 것이다. 아모스는 더러운 일을 하라고 부름받았다. 아모스는 그 일을 행하였다. 만일 아모스는 주위에 "깨끗한" 친구들이 있었다면(높은 곳에 앉아 "믿음을 수호"한다고 떠들어 대는) 마치 치와와 새끼가 뒷골목에서 200마리의 사나운 들쥐들과 싸운 뒤 상처를 입고 돌아온 맹견을 바라보듯이 그렇게 아모스를 쳐다보았을 것이다.

ASV, New ASV, RSV, New RSV, "Living" Bible, New English Bible이 본문을 고친 내용은 언급할 만한 가치가 없다. 더멜로우, 파인버그(Feinberg), 모타이어(Motyer), 제이미슨, 노웩, 하낵, 포셋, 마티, 브라운, 클라크, 힛직, 헨리 슐츠(Schultz)가 언급한 주석도 마찬가지이다. 어떤 주석가도 본문을 한 사람이 살았던 시대의 일시적인 역사적 실재로 적용시키지 않았고 또 왜 그렇게 해야 하는지 그 이유를 모른다. 위에 언급한 사람 가운데 뽕나무에 올라가 열매를 따올 정도로 아모스가 걸었던 길을 걸어간 사람은 없다. 그 열매는 녹색을 띤 노란 "무화과"(fig)이지 "뽕나무 열매"(mulberry)가 아니었다. (이 경우에 웨스트코트와 홀트의 이단들이 남긴 "과학적인 연구"와 이들에게 몸을 바친 1800-1900년의 추종자들을 기웃거린다면 많은 시간을 낭비하게 된다.)

아모스 8장

8:1 주 하나님께서 **내게 보이신 것이 이와 같도다. 여름 과일 한 광주리를**
보라.
2 **그가 말씀하시기를 "아모스야, 네가 무엇을 보느냐?" 하시기에 내가 말**
씀드리기를 "여름 과일 한 광주리니이다." 하였더니 주께서 내게 말씀하
셨도다. 내 백성 이스라엘에게 끝이 왔도다. 내가 다시는 그들을 지나가
지 않으리라.
3 **그 날에는 성전의 노래들이 애곡이 될 것이니라.** 주 하나님이 **말하노라.**
모든 곳에 많은 시체들이 있으리니 사람들이 그것들을 조용히 내어 버
리리라.

모든 것이 명백하다. "여름 과일"은 예레미야 8:20과 연결된다. 2절의 "끝"은 7:8과 연결된다. 주의할 것은 2절이다. 『**내가 다시는 그들을 지나가지 않으리라**』(2절). 7:8과 다른 점은 아모스 8:2은 북쪽 열 지파의 심판 그 이상을 언급한다는 것이다. 3절에서 『**그 날에는 성전의 노래들이 애곡이 될 것이니**

라.』라고 하였기 때문이다. 3절의 후반부(『**사람들이 그것들을 조용히 내어 버리리라.**』)는 6:10에서 이미 살펴본 내용에 대한 주석이다.

8:4 ○ 오 궁핍한 자를 삼키며 그 땅의 가난한 자를 망하게 하는 너희야, 이 말을 들으라.

5 *너희는* **말하기를 "언제 새 달이 지나서 우리가 곡식을 팔 수 있을까? 언제 안식일이 지나서 우리가 밀을 내놓되 에바를 작게 하고 세켈을 크게 하여 저울을 거짓으로 속일 수 있을까?**

6 그리하여 우리가 은으로 가난한 자를 사며 신 한 켤레로 궁핍한 자를 사고 참으로 밀 찌꺼기를 팔 수 있을까?" 하는도다.

7 주는 야곱의 탁월함으로 맹세하기를 "실로 내가 그들의 일들 중 어떤 것도 결코 잊지 아니하리라." 하였느니라.

8 이로 인하여 그 땅이 떨지 않겠으며 그 안에 거하는 모든 사람이 애통해 하지 않겠느냐? 그 땅이 전부 홍수처럼 일어날 것이며 또 그 땅이 이집트의 홍수에 의한 것처럼 버려지고 잠기리라.

9 주 하나님이 **말하노라. 그 날에는 내가 정오에 해를 지게 하며 대낮에 땅을 어둡게 하리라.**

10 또 내가 너희의 명절들을 애통으로 너희의 모든 노래들을 애가로 변하게 하리라. 또 내가 모든 허리들에 굵은 베옷을 가져올 것이요, 모든 머리들로 대머리가 되게 하며 또 내가 그 날을 외아들로 인한 애통으로 그 끝을 쓰라린 날로 만들리라.

이 구절은 상업주의에 대해 자본주의 제도의 병폐에 대해 하나님께서 심판하시는 내용을 다룬다. 모든 내용이 명백하며 부가설명이 별로 필요 없다. 그 땅의 가난한 자들은 돈이 없고 남겨진 땅이 없어서(6절) 망하고(4절) 죽는다. 장사꾼들은 안식일을 고려하지 않는다(5절). 그들의 관심은 "어떻게 하면 돈을 벌 수 있을까?"(5절)에 있기 때문이다. 게다가 이들은 저울추를 조작하여 고객을 속인다(5절, 잠 20:23과 그 주석 참조). 이들은 자신들의 형제들을 가난하게 만들어(레 25:39) 돈이나 맨발을 가릴 신발 한 켤레를 주고 노예로 사버린다(6절). 『**밀 찌꺼기**』(6절)는 밀알맹이를 빼낸 나머지 왕겨와 찌꺼기를 말한다.

미국에는 "우익"(right-wingers)에 속한 사람들이 있다. 이들은 헌법과 헌법 개정 10개조(the Bill of Rights)를 대단하게 말한다. 이들이 잊지 말아야 할 사실이 있다. 미국이 위대하게 된 것은 자본주의 제도를 채택해서가 아니다. 우익에 속한 책들에서 미국이 위대하게 된 것과 자본주의와의 관계를 계속 반복하여 말하는데 이것은 잘못이다. 미국이 재정적으로 물질적으로 풍요로운 것은 처음부터 하나님을 공개적으로 인정하고 개인적으로 그분의 책을 읽고 믿었기 때문이다. 이것이 사라졌을 때(1945-1970) 미국은 더 이상 위대해지지 않고 유럽과 아시아에서 웃음거리가 되었다. "자유 기업"이라든지 "정부의 통제를 억제"하는 것 등이 미국이 잃어버렸던 자존심과 힘을 되찾아 주지 못한다. 상업(commerce) 그 자체로서는 성경적 신앙에 위배되는 큰 적이다. "C"로 시작되는 다른 말들처럼 - 카톨릭(Catholicism), 공산주의(Communism), 은사주의(Charismaticism) - 말이다. 상업 그 자체는 성경과 관련이 없다. 안식일, 영혼의 고귀함, 거리 설교, 억압받는 자들, 불행한 자들과는 무관한다. 하나님과는 결코 관련이 없다. 예수 그리스도는 돈에 팔렸다. 그리고 돈을 사랑하는 것이 모든 악의 "뿌리"(the root)이다(딤전 6:10). - 부패한 New ASV에서 보는 것처럼 "a root"가 아니다. - 오늘날에는 돈을 사랑하는 실체가 출판업계에서도 발견된다. 칼 막스나 모택동에 대한 책들을 펴내는 숨은 동기는 돈 때문이다. 록 펠러와 마피아가 운영되는 숨은 동기와 똑같다. "공산주의"(체제로서)는 돈을 사랑하는데 자신의 수중에 돈이 없는 어떤 얼간이에 의해 시작되었다. 그 사랑이 현재 세상에서 볼 수 있는 "모든 악의 뿌리"이다. ASV, RV, New ASV, RSV, New RSV, New English Bible, TEV, 현대인을 위한 기쁜 소식, 기타 "성서"에 관한 저급한 만화책들이 출판되는 것은 모두 돈을 사랑하기 때문이다. 현대 교육 체계들이 복잡하게 나눠지는 것도 돈을 사랑하기 때문이다. 대중 매체가 이렇게 혼란스럽고 동물처럼 되어가는 것도 돈을 사랑하기 때문이다. 현재의 세계 체제에서 아모스 8:5,6에서 발견되는 모습은 거대한 상업의 신 뒤에 있는 사상들이다. 많은 그리스도인 부모들이 아들이나 딸을 이 제도에 희생시키고 있는데 이것은 카톨릭을 믿는 부모가 그 자식을 수도원에서 후드를 두르고 검은 바알 제사장 옷을 입고 있는 자들에게 넘겨주는 것과 거의 흡사하다.

아모스는 내리막길을 사정없이 내려가며 분노를 터뜨린다.

『**주는 야곱의 탁월함으로 맹세하기를...**』(7절). 아모스 6:8에서 그 관련 구절은 시편 47:4이고 "궁전들"은 시편 48:3의 궁전과 연결된다. 하나님께서 "야곱의 탁월함"으로 맹세하실 때는 하나님께서 예루살렘에 있는 시온 산(왕상 9:3)을 선택하신 것으로 맹세하시는 것이지, 벧엘에 있는 어떤 금송아지 성전으로 맹세하는 것이 아니다. 주의해서 보아야 할 사항은 이 예언이 유다를 포함시켜야만 한다는 것이다. 북쪽 지파들에 대해서 단의 "하나님"만이 언급되었기 때문이다(14절). "브엘세바의 방식"(14절)은 유다가 "야곱의 탁월함"(7절)에 관한 심판에 포함된다는 것을 보여 준다.

『**이로 인하여 그 땅이 떨지 않겠으며 그 안에 거하는 모든 사람이 애통해하지 않겠느냐?**』(8절) 아모스 9:5에서 이 구절은 반복된다. 이 두 구절은 재림에 대한 관련 구절이다. 『**그 날에는 내가 정오에 해를 지게 하며 대낮에 땅을 어둡게 하리라.**』(9절)에 포함되는 예언을 일식이나 월식 등에 제한시킬 수 없고(위클리프 성경 주석을 보라) 또 단지 다가오는 고난의 "상징"으로만 받아들일 수도 없다(제이미슨, 포셋, 브라운). [모타이어는 이 일식을 B.C. 763년에 있었던 지진과 연결시키지만 태양이 정오에 내려가는 것을(9절) "비유적 표현"이라고 부른다. 더멜로우는 그 일식이 강력하게 "상상 속에서 감동받은 것"이어야만 한다고 말한다.]

『**그 날**』(9절)을 과거 역사에 대한 언급으로 만들려는 모든 시도들이 실패로 끝나는 것을 주목해 보라. 알다시피 일식이든 아니든, 지진이든 아니든, B.C. 763년은 이스라엘이 포로로 잡혀갔던 날이 아니었다. 오히려 이와는 대조적으로 그 땅이 사로잡혀간 것은 그 후로 삼십팔 년 내지 사십 년 후에 일어났다. 이를 통해 우리가 알 수 있는 것은 죽은 고고학자들이 죽은 사람들을 데리고 해 놓은 죽은 일들의 결과로 얻은 죽은 연구들로 살아 있는 말씀에 그들 나름의 "빛"을 가져오고자 시도한 것이 시체 썩는 냄새만 풍긴다는 것이다(출 15:1-15과 주석 참조). 이것은 10절의 『**외아들로 인한 애통으로**』라는 표현과 연결된다. 이 두 문맥은 모두 재림에 관한 구절이다. 더욱이 그 다음에 따르는 문맥은(암 8:11,12) 명백하게 A.D. 1900년 이후에 일어날 사건들에 대한 구절이어서 성경을 거부하는 근본주의자들만이 이 사실에 대한 진리를 거부하는 데 있어서 후천년주의 현대주의자들과 손잡을 수 있는 것이다. 비록 이사야 3:24(이스라엘이 아니라 유다) 예레미야 6:26(이스라엘이 아니라 유다)이 다니엘의 칠십째 주라는 엄청난 드라마의 서곡에 불과하지만 이 두 구절 중 어느 구절도 "그 날"(9절)에 대한 위대한 성취 구절인 아모스 8:7-10을 대신할 수 없다.

대환란 때 태양빛은 이집트에서 일어났던 것과 같이(출 10:22,23) "타격을 입게" 된다(계 6:12). 땅은 모세가 사역할 때 이집트 땅에서 일어났던 것처럼(계 16:10) "맑은 날"에 어둡게 된다. 여기에서 예언된 것처럼(8절) 지진이 일어날 것이다(계 16:18). 땅은 문자적인 홍수로(계 12:15) 이집트에서 나일강이 범람하는 것처럼(겔 29장) 범람할 것이다(단 9:26). 남는 자들은(마 24:16) 생명을 부지하기 위해 도망할 것이다(계 12:6).

『모든 허리들에 굵은 베옷을 가져올 것이요, 모든 머리들로 대머리가 되게 하며』(10절). 이것은 삼베옷을 입을 때와(왕하 6:30, 왕상 21:27 참조) 슬퍼할 때 머리를 미는 것(신 21:12, 욥 1:20)에 대한 동양의 관습을 말한다.

8:11 ○ 주 **하나님이 말하노니, 보라, 그 날들이 오리라. 내가 그 땅에 기근을 보내리니 빵의 기근도 아니요, 물로 인한 갈증도 아니라 오직 주의 말씀들을 듣지 못하는 기근이니라.**

12 사람들이 바다에서 바다까지, 북쪽에서 동쪽까지 방황할 것이요, 사람들이 주의 말씀을 찾으려고 이리저리 달릴 것이나 그것을 찾지 못하리라.

13 그 날에는 아름다운 처녀들과 청년들이 갈증으로 인하여 기진하리라.

14 사마리아의 죄로 맹세하고 말하기를 "오 단이여, 네 신이 살아 있도다." 하며 "브엘세바의 방식은 살아 있도다." 하는 자들, 그들은 쓰러져서 결코 다시 일어나지 못하리라.

여기서 우리는 핵발전소와 같은 강력한 구절을 만나게 되었다. 본문은 잠언 18:1,2; 8:8,9, 골로새서 2:8,23, 마태복음 23:14,15, 이사야 19:12, 로마서 1:18,21,25, 요한복음 18:36과 같은 구절들과 함께 성경에서 원자 분쇄기에 해당한다. 이 구절들이 하나님께서 명령하신 절대 무오하고 유일무이한 진리라는 사실을 확신하지 못하면 이 구절들에 대하여 주석을 쓰거나 설교를 할 수 없다.

전형적인 방법으로 더멜로우가 이 구절을 어떻게 다루었는지 보자. 본문은 실제로 그들이 찾고 있는 주의 말씀이 아니었다. 본문은 "어려움에서 인도받기 위한" 말이었다. 다른 쓰레기를 살펴보자. 본문은 그들이 찾고 있는 "종교적인 세부 사항"이었다(제이미슨, 포셋, 브라운). 또 다른 무더기를 뒤져 보

자. 본문은 "그들이 오랜 동안 무시했었던" 말씀들일 뿐이다(위클리프 성경 주석). 더 찾아볼까? 그들은 "영적 만족"을 찾고 있는 것이다. 쓰레기 더미 하나만 더 뒤져 보자. 본문은 그들이 찾고 있는 주(LORD)의 말씀이 아니었다. 그것은 "여호와"의 말씀이었다(New ASV, 어떤 판이든지 똑같은 잠꼬대를 한다).

그렇다면 무엇을 취해야 하는가?

역사적으로 유일하게 한 교회만이 하나님의 말씀을 지켰다(계 3:8). 그 교회는 이십 세기의 교회가 아니었다. 그 교회는 사도 교회가 아니었다. 다니엘이 마지막 때에 많은 사람들이 "이리저리" 달릴 것이라고 말하는 것을 들어보지 못했는가?(단 12:4) 왜 학자들은 이 예언을 12절과 연결시키지 못했는가? 『**사람들이 주의 말씀을 찾으려고 이리저리 달릴 것이나**』 두 본문이 서로 연결되지 않는가? 다니엘 12장의 본문에서 지식이 증가한다고 하지 않았는가? 바울이 예언하기를 "마지막 날들"에는 『**항상 배우나 진리의 지식에는 결코 이를 수 없느니라.**』(딤후 3:7)고 하였는데 바로 다니엘 12장의 그 무리들이 아닌가? 왜 갑자기 11,12절이 B.C. 760-720년 사이에 팔레스타인에만 해당되는 언급이라고 결론을 내리는가? 아니, 그들 스스로가 이 세상에서 "주의 말씀들"을 제거하는 데 참여하고 있는 것이 아닌가?(11절) 그리스도께서 주의 말씀들을 "말들"(WORDS)로 언급하지 않으셨는가?(요 15:7, 잠 30:6과 엡 6:17과 그 주석 참조.)

알다시피 여기에서 말하는 "그 땅"(THE LAND)은 유다와 이스라엘 땅만 언급하는 것이 아니다. "기근"(11절)은 이사야 29:10, 미카 3:7, 시편 74:9에서 말하는 것으로 2천5백 년 전의 팔레스타인 땅 외에도 많은 곳을 말한다. 오늘날 주의 말씀들이 어디에 있는가? 문제는 여기에 있는 것이다. "축자적 영감"이든 아니든 상관없이 로버트 섬너는 주의 말씀들이 없다. "완전한 영감"이든 아니든 상관없이 밥 존스 3세는 주의 말씀들이 없다. 커스터 박사가 〈Faith Magazine〉(BJU 출판)에 자신은 "성경의 완전 영감"을 수호하기 위해 죽을 각오가 되어 있다고 썼는데 그가 의미하는 "성경"은 말콤 엑스보다 도 못한 것이다. 커스터가 믿는 것은 주의 말씀들이 기록되었을 때(아무도 살아서 본 사람이 없지만) 최초의 원본들이 (아무도 가지고 있지 않다.) 영감받았다는 것이다(비록 이 사실을 확인하기 위해 소유하지 못했음에도 불구하고). 이것이 커스터가 믿는 것이다. 그가 "성경"이라고 말할 때 그것은 더 이상 자신이 가지고 있거나 여러분이 가지고 있거나 아니면 누군가가 가지고 있는 어떤 책을 말하는 것이 아니다. 목성에 있는 머리가 세 개 달린 괴물을 말하고 있는 것이다. 이 사실을 믿지 못하겠거든 커스터를 궁지에 몰아붙여 "주의 말씀들"을 보여 달라고 졸라 보라. 어떤 웨스트코트와 홀트 이단들도 "주의 말씀들"에 다가가지 못했다(11절).

이 문제에 대해 더 이상의 언급을 삼가겠다. 이 문제들은 〈필사본 증거, The Christian's Handbook of Manuscript Evidence, 1970〉 1장과 2장에서 다루었다. 밥 존스 3세나 테네시 템플 교수들이 "하나님께서 호흡을 불어넣으신 성경," "하나님께서 호흡을 불어넣으신 책"을 말할 때 몇몇 번역본을 인용하여(ASV, International Version, New ASV, AV, Amplified Bible, 기타) 자신들이 확신하고 있는 것은 "최초의 원본"이 영감받았고 그 외에는 아무것도 아니라는 것을 단순히 의미하는 것이 아니다. 이런 인간이 만든 교리는 어떤 성경에서도 발견되지 않는다. "최초의 원본"이 영감받았다고 말하든지 "최초의 원본만이 절대 무오하다."고 가르치는 성경은 없다. 이것은 비성경적인 공상이다. 존 R. 라이스나 아처 웨니거(Archer Weniger)는 이 사실을 교묘히 피할 줄 아는 사람들이다. "성경 어디에도 번역이 영감받았다는 말은 없다."고 말함으로 간단하게 어려운 난관을 교묘히 빠져나가려 한다. 성경에서 번역이라는 말뿐만 아니라 "최초의 어쩌구"라는 말도 없다.

『내가 그 땅에 기근을 보내리니... 주의 말씀들을 듣지 못하는 기근이니라』 (11절). 자, 그 기근은 여기에 있다. 그 기근을 초래한 자들은 RV 위원회

(1884)와 ASV 위원회(1901)의 보수주의자들이다. “그리스도인” 대학교, “보수주의”신학원, “성경”신학원이라는 말들이 엄청나게 증가하고 있다. 올바른 영어성경과 New ASV(International Version) 사이에는 32,000군데의 차이가 있다. NCCC에서 추천하는(RSV, 1952) 책과는 5,000군데 이상 차이가 있다. “주의 말씀들”을 찾을 수가 없다. 신학원 교수들을 따른다면(이들이 무엇이라고 말하든지 상관없이) 엄청난 이단들 – 디즈만(Deismann), 로버트슨(Robertson), 사우터(Souter), 밀리간(Milligan), 모울튼(Moulton), 웨스트코트(Westcott), 네슬(Nestle), 메츠거(Metzger), 알란드(Aland), 홀트(Hort), 트렌치(Trench), 데이비스(Davis), 드라이버(Driver), 메이첸(Machen), 케일(Keil), 델리취(Delitzsch), 게세니우스(Gesenius)–을 따른다면 주의 말씀들을 찾지 못한다.

사역을 준비하는 학생에게 있어서 “옳게 보이나” 그 끝은 죽음인 길이 바로 이런 길이다(잠 14:12).

『**사람들이 바다에서 바다까지... 방황할 것이요**』(12절). 이스라엘의 경우 갈릴리에서 지중해까지 그리고 갈릴리 바다에서 사해까지이다.

『**북쪽에서 동쪽까지**』(12절). 북쪽에서 동쪽까지는, 이스라엘의 경우 투로와 시돈에서 바빌론까지이다. 미국의 경우 캐나다에서 멕시코까지, 메인(Maine)에서 로스앤젤레스(Los Angeles)까지이다. 유럽의 경우 라플란드(Lapland)에서 지브롤터(Gibraltar)까지 그리고 벨파스트(Belfast)에서 이스탄불(Istanbul)까지이다. 아시아의 경우 시베리아(Siberia)에서 메카(Mecca)까지 그리고 몽골(Mongolia)에서 라바울(Rabaul)까지이다. 아프리카의 경우 카이로(Cairo)에서 희망봉(Cape Hope)까지 그리고 골드 코스트(Gold Coast)에서 아바시니아(Abyssinia)까지이다.

『**사람들이 주의 말씀을 찾으려고 이리저리 달릴 것이나 그것을 찾지 못하리라**』(12절)! 왜 그런가!

1. 공산주의와 연대한 로마카톨릭 교회가 〈킹제임스성경〉의 출판과 보급을 금지시킬 것이다.

2. 근본주의 학자들과 보수주의 기독 대학들이 사역을 준비하는 학생들이 졸업도 하기 전에 〈킹제임스성경〉에 대한 믿음을 파괴시켜 버릴 것이다.

이것이 손으로 벽에 쓴 글이다(1976-1990). 벨사살이 틀림없이 살해되듯이(단 5:30) 이 사실도 실현될 것이다.

필자가 이 글을 쓰고 있는 동안 몇몇 Bible Belt(신앙심이 두터운 지역, 무신론자들과 불가지론자들에 의하면 몇몇 Bible Belt들이 있다)에 있는 그리스도인들이 "주의 말씀들"(11절)을 들으려고 25마일에서 35마일 걸리는 여행을 떠나려 하고 있다. 오늘날 거듭난 그리스도인은 주일학교에 매주 참석하고 교회 출석을 50년 지속한 뒤에도 어떤 사람을 그리스도께로 인도하기 위해 성경을 펼칠 줄을 모른다. 과장하여 말하는 것이 아니다. 필자 주위에 있는 사람들 가운데 구원받은 지 40년이 지났는데도 결혼, 이혼, 성별, 직업, 학교, 돈 버는 것, 자녀양육, 스포츠, 정치, 외무, 이단, 예언 등에 관해 성경 구절 다섯 구절을 펴지 못하는 사람들이 있다. 이 사람들이 교회로 무엇인가를 들고 오지만 그것은 "주의 말씀들"이 아니다(11절). 진짜 성경대로 믿고 성경대로 설교하는 교회에서 이십 세기의 일반적인 "그리스도인"이 냉정을 되찾으려면 아스피린과 아나신이 필요하다는 강의를 듣는다는 것은 충격이다. "주의 말씀들"(11절)은 순수하고(시 12:6), 능력 있고(렘 23:29), 보존되고(시 12:6,7), 영원하다(시 119:89). 그러나 그 말씀들은 그 말씀들이 말하는 내용을 액면 그대로 받아들이는 사람에게만 효과적으로 역사한다(살전 2:13). 초림 당시 교육받고, 정통을 자랑하는 선생들은 그 말씀들로부터 아무것도 얻지 못했다(막 7:7).

『그 날에는 아름다운 처녀들과 청년들이 갈증으로 인하여 기진하리라』(13절).

이 구절을 즉시 세 가지로 적용해 볼 수 있다. 이스라엘이 타락하기 직전에 살았던 B.C. 760-720년경의 젊은이들과 대환란에서(마 25:1-4) 살게 되는 요한계시록 14장의 동정들, 그리고 산사태를 맞은 병들은 양처럼 방황하는 미국의 젊은이들이다. 이 세대에 있어서 가장 중요하고 필요로 하는 것은 너무나 명백하여 어떤 사람도 놓칠 수 없는데 그것은 절대적으로 신뢰할 만한 권위에 대한 필요이다. 그리스도인 젊은이들을 가르치는 데 비용을 지불하는 98퍼센트의 사람들이 이 요소를 잊고 있다. 마치 노아 시대에 배를 놓쳐 버린 것과 같다. "아름다운 처녀들"과 "청년들"은 생선이 필요할 때 뱀을 얻고, 빵이 필요할 때 돌을 얻고, 알이 필요할 때 전갈을 얻음으로(눅 11:11,12) 인해 갈증으로 기진한다.

순수함이 절대적으로 필요한 관점에서 볼 때 우리 젊은이들은 어니스트 헤밍웨이의 장서에서 볼 수 있는 "순수한" 그런 "성서들"을 건네받고 있다. 진리가 절대로 필요한 관점에서 볼 때 우리 젊은이들은 빌라도를 그리스도인 학자쯤으로 믿게 되어 있다. 빌라도는 『**진리가 무엇이냐?**』(요 18:38)라고 물어 보고 대답도 듣지 않고 가버렸던 것이다! 그리스도께서는 『**아버지의 말씀은 진리니이다.**』(요 17:17)라고 말씀하셨다. 하나님의 말씀이 없다면 진리는 없는 것이다. 능력이 절대적으로 필요한 관점에서 볼 때 우리 젊은이들은 새 한 마리도 키울 수 없는 종교적 쓰레기를 먹고 있다. 변하지 않는 기준이 절대로 필요한 관점에서 볼 때 우리 젊은이들은 구원을 책임질 수 있는 거룩한 성경보다는 파괴적인 비평을 일삼는 갈팡질팡하는 견해들이 더 권위가 있다고 믿도록 종용되고 있다.

『**사마리아의 죄로 맹세하고 말하기를 "오 단이여, 네 신이 살아 있도다**』(14절). 이 구절은 이스라엘이 우상을 섬기는 것에 대한 구절이다(왕상 12:27-30 참조). 『**브엘세바의 방식은 살아 있도다**』(14절). 이 구절은 유다가 우상을 섬기는 것에 대한 구절이다.

벌링거는(Companion Bible) 브엘세바가 여로보암이 세운 두 곳 가운데 하나(왕상 12장)라고 말하는데, 엉터리 같은 주석이다. 여로보암이 세운 곳은 단과 벧엘이었지(왕상 12장) 단과 브엘세바가 아니었다. 브엘세바는 유다 남쪽에 있다. 그곳에서 시므온 지파가 유다 안에서 유업을 받았다(수 19:2 참조). 역대기하 34:6에서 시므온은 므낫세와 에프라임과 함께 북쪽으로 이동하였다. 그러나 브엘세바 성읍은 유다의 남쪽 경계로 그대로 남아 있었다(왕상 4:25). 단은 사마리아에서 볼 때 이스라엘에 대한 남쪽 경계이다.

그러나 벌링거만 길을 잘못 든 것은 아니다. 제이미슨, 포셋, 브라운은 이 문맥에서 "브엘세바"를 쳐서 없애 버리고 주석조차 하지 않는다. 대신에 "방식"(14절)은 다른 어떤 것과 아무 연관이 없는 것처럼 읽게 되어 있다. 즉 그것은 단지 "경배하는 양식이나 방법" 정도라고 한다. 그러나 본문에서는 "브엘세바의 방식은 살아 있도다."라고 한다. 한 전천년주의자는 벧엘에서 송아지를 옮겨 브엘세바에 가져다 놓았고(벌링거) 또 다른 전천년주의자는 브엘세바라는 말이 본문에 없는 것처럼 가장하였다. 오늘날 "근본주의"에서 저지르는 전형적인 수법이다.

노웩은 환상적으로 이 구절을 해석한다. "방식"이 의미하는 것은 "사랑하는 사람"(The DARLING)이라고 한다. 모타이어(New Bible Commentary)는 케네스 테일러(Dead Bible)가 이 구절 전체를 빼 버리고 "방식"과 "살아 있도다."를 뺀 사실을 두둔하고 나섰다. 더멜로우는 한 걸음 더 나아가(3절과 8절에서 단어들을 고친 후에) 아모스가 기록한 것은 아마도 "브엘세바의 신성한 삶에 의하여"였을 것이라고 말한다. 그러나 아모스는 이렇게 썼어야 했다. "고집이 센 물 구멍 가까이에서 귀여움을 덤벙대는 물고기에 의해." (아모스가 썼다고 하는 것을 자신이 쓰지 않는다면 무슨 말인들 주장하지 못하겠는가!)

절대 무오한 권위를 가진 절대 진리(〈킹제임스성경, 1611〉)로 돌아가 보자.

1. 유다의 배교한 제사장들은 브엘세바에서 거짓 신들에게 분향하였다(왕하 23:8 참조).

2. 브엘세바에서 거룩한 지파는 시므온 지파였다. 이 지파에 대해 야곱은 이렇게 말한다. 『**그들의 분노가 저주를 받으리니... 오 내 혼아, 너는 그들의 비밀에 들어오지 말며 그들의 모임에 참여하지 말지어다. 내 명예야, 너는 그들과 결합하지 말지어다**』(창 49:7,6).

그러므로 아모스는 이스라엘의 집(북쪽)과 유다의 집(남쪽) 모두에게 예언한다. 요한계시록 3:1은 『**방식은 살아 있도다.**』(14절)라는 표현에 대한 주석이 된다. 종교는 성행하고 거짓 가르침은 계속되지만 생명이 없다(호 8:6과 그 주석 참조). 단에 있는 금송아지로 맹세한 사람들이나 "경배드리는 방법"에 있어서 "끊이지 않고 계승"했다고 자랑한 사람들은 『**쓰러져서 결코 다시 일어나지 못하리라**』(14절). 멍청한 RSV는 "사마리아의 아시마로 맹세한 사람들"이라고 썼다. 〈칠십인역〉은 "방식"을 "너의 하나님"으로 바꾸었다. ASV(1901)는 "방식"을 "방법"으로 바꾸었다. 노웩, 마티, 하낵, 케일, 힛직, 구테, 오렐리는 변화무쌍 인테리어 상을 받을 수 있을 만큼 충분하게 많은 곳을 건드렸다.

아모스 9장

9:1 내가 보니 주께서 제단 위에 서서 말씀하셨도다. 문인방을 쳐서 기둥들
이 흔들리게 하고 그들 모두의 머리를 자르라. 그리하면 내가 그 마지막
사람들을 칼로 살육하리라. 그들 가운데서 도망치는 자는 도망치지 못
할 것이요, 그들 가운데서 도피하는 자는 구제되지 못하리라.
2 그들이 지옥으로 파고 들어간다 할지라도 내 손이 거기서 그들을 끌어
낼 것이요, 그들이 하늘까지 올라간다 할지라도 내가 거기서 그들을 끌
어내릴 것이라.
3 그들이 칼멜 산 꼭대기에 숨을지라도 내가 거기서 그들을 찾아 꺼낼 것
이요, 그들이 내 눈을 피해 바다 밑에 숨을지라도 내가 거기서 뱀에게
명하리니 뱀이 그들을 물 것이며
4 그들이 그들의 원수들 앞에서 사로잡혀간다 할지라도 거기서 내가 칼에
게 명하리니 칼이 그들을 살해할 것이라. 또 내가 그들 위에 내 눈을 고
정시키리니 재앙을 위함이요, 복을 위함이 아니니라.
5 만군의 주 하나님은 땅을 만지는 이니 그러면 땅이 녹을 것이요, 그 안에

거하는 모든 것은 애통해 할 것이며 또 땅이 홍수같이 완전히 일어나 잠기리니 이집트의 홍수로 인한 것처럼 되리라.

6 하늘에 그의 층들을 짓고 땅에 그의 군대로 기초를 세운 이가 그니, 바다의 물들을 불러 지면에다 붓는 이, 그의 이름은 주라.

7 오 이스라엘 자손들아, 너희가 내게 에디오피아인들의 자손들 같지 아니하냐? 주가 말하노라. 내가 이스라엘을 이집트 땅에서 필리스티아인들을 캅톨에서 시리아인들을 킬에서 인도하여 내지 아니하였느냐?

8 보라, 주 하나님의 눈이 죄 많은 왕국 위에 있으니 내가 그것을 지면에서 멸하리라. 그러나 야곱의 집은 내가 완전히 멸하지 아니하리라. 주가 말하노라.

9 이는 보라, 내가 명령할 것임이라. 곡식을 체로 치듯이 내가 모든 민족들 가운데 이스라엘 집을 체질할 것이나, 가장 작은 알곡도 땅에 떨어지지 아니하리라.

10 내 백성 가운데서 말하기를 "재앙이 우리를 따라잡지도 막지도 못하리라." 하는 모든 죄인들은 칼에 죽으리라.

아모스의 예언이 B.C. 720년 이스라엘이 포로로 잡혀간 것으로 끝나지 않는다는 사실을 성령께서 다시 한 번 확인해 주신다. 대부분의 보수주의 학자들[무신론자들과 이신론자(Deists)들을 포함하여]은 사람들에게 이 "역사적"인 이론을 믿게 하고 싶어하지만 성경 본문 자체로서는 그들이 믿는 것처럼 이런 이론은 받아들이지 않는다. 9절에 언급되어 있는 내용을 주의하여 살펴보라. 『**내가 모든 민족들 가운데 이스라엘 집을 체질할 것이나...**』 또 2절도 살펴보라. 『**그들이 하늘까지 올라간다 할지라도...**』

이 구절들은 찰스 파인버그(Charles Feinberg)가 나훔 2:4을 다루는 것과 같은 과장된 방법을 동원해서는 올바로 파악할 수 없다. 가르치는 위치에 있는 그리스도인들이 〈킹제임스성경〉에 대해 경멸하는 태도를 갖는 것은 그들의 선배들인 알렉산드리아 이단의 제사장들에게서 배운 것이다. 이 제사장들도 마찬가지로 〈킹제임스성경〉을 경멸하는 것을 자신들의 선배들로부터 세뇌당했는데 이들은 거짓 사도들로서(고후 11:10–14) 알렉산드리아 이단의 초대 대제사장(오리겐)으로부터 최초의 근본주의자들까지 퍼져 있는데 알려진 이름만 나열해 보라. 300명은 된다.

전에 언급했듯이 아모스는 이스라엘과 유다 모두에게 예언한다. 『**이스라엘을 이집트 땅에서...**』(7절). 『**내 백성 가운데서... 모든 죄인들은...**』(10절). 『**야곱의 집은 내가 완전히 멸하지 아니하리라**』(8절). 아모스의 예언을 해석하는데 있어서 (북쪽 지파인) 이스라엘에게만 제한시키려는 시도는 모두 수포로 돌아갈 것이다. 주석가들은 11절과 9절을 잘못 적용하고 나서(다음 단락인) 11절을 엉망으로 만든다.

『**내가 보니 주께서 제단 위에 서서...**』(1절). 100%의 주석가들은 이 구절에서 모두 실수를 하는데 여기에서의 "제단"은 아모스가 태어나기 수년 전에 하나님께서 파괴시켜 버린(왕상 13장) 벧엘에 있는 제단이라는 것이다. 오직 〈칠십인역〉을 쓴 사람들만이 여기에 대한 진리를 파악할 수 있었는데, 껍데기만 정통주의를 찾는 배교자들이 한 가지의 진리를 알았다고 해서 거기에서 멈추는 것이 아니라 도리어 그것을 이용하여 성경의 모든 구절을 바꿔 버리는 것이다. 그래서 〈칠십인역〉은 이 구절을 "자비석을 쳐서"로 기록하였다. 1절에서 치다라는 말은("문인방을 쳐서") 어떤 제단과도 상관없다는 사실을 알아야 한다. 이 말은 성전과 관련이 있다. 열왕기상 12–13장을 읽어 보면 단과 벧엘 어디에도 "성전"에 관한 구절은 찾아볼 수 없다. 이 구절은 유다를 언급한 구절이다. 시기에 관하여 의문이 남는다면 모레셋인 미카가 말했던 것을 살펴보라. 미카는 성전이 함락될 것을 말했는데 그때는 북쪽의 지파들이 여전히 그들의 땅에 거할 때였다. 열왕기하 18:9을 예레미야 26:18, 미카 1:2과 비교해 보라. 미카는 히스키야의 통치 전에 예언하였고, 이스라엘이 포로로 잡혀가는 것은 히스기야 치리 "제 육년" 후까지는 일어나지 않았다(왕하 18:10). 아모스는 9:1을 예언하였다. 미카가 짐들을 유다의 장로들에게 얹혀 놓은 후였다.

『**문인방을 쳐서 기둥들이 흔들리게 하고 그들 모두의 머리를 자르라**』(1절). 윌리암스와 더멜로우는 RV(1884) 본문을 따라야만 한다고 말한다. 전체적으로 부패한 ASV(그리고 New ASV)는 "위에"(UPON, 히브리어로 "al")를 "옆에"(BESIDE)로 바꾸어 NCCC의 RSV와 New RSV와 맞추었다. 근본주의자들이나 자유주의자들이 이런 생각을 하게 된 것은 주님께서는 제단 위에 서 계실 수 없으셨다는 것이다. 왜 못하셨는가? 제단 위 불 가운데서 주님은 오셔서 그 가운데로 가셨다(판 13:20). 〈킹제임스성경〉은 몽상적인 비평은 하지 않는다.

한 단어를 바꾸는 것에 만족하지 않고 ASV와 New ASV는 계속 RSV와 New RSV를 따라가 "기둥들"(POSTS)을 "문지방"(threshold)으로 바꾸었다(1절). (전에 언급한 바와 같이 New ASV에서 발견되는 부패한 본문 32,000곳 가운데 최소 5,000군데는 NCCC "성서"에서 베껴온 것이다.)

아모스가 성전에 있는 문들 꼭대기를 기둥들이(왕상 7:21) 흔들릴 정도로 강하게 치라고 명령했던 것 같다. 이 기둥들의 문자적인 "머리들"이 떨어져 나간 것이다(왕하 25:13). 여기의 머리는 기둥머리(chapiter)이기 때문이다(왕상 7:16-19 참조). 이 구절은 직접적으로 유다와 예루살렘에 관련된 구절이다. 고집세고, 사람을 추종하고, 사람을 기쁘게 하고, 성경을 부인하는 정통주의자들만이 이 구절을 열왕기상 13장에 적용시킬 수 있다. 모두가 똑같다.

『**그리하면 내가 그 마지막 사람들을 칼로 살육하리라**』(1절). 그래서 솔로몬의 "기둥들"에서 일어났던 일들은 『**내 백성**』(10절)에게도 역시 일어날 것이다. 사실 목을 베는 것은 다니엘의 칠십째 주 동안(계 6:9-12과 그 주석 참조) 실행될 사형집행 방법이(계 20:4) 될 것이다.

『**그들이 지옥으로 파고 들어간다 할지라도**』(2절). 지옥은 밑에 있다는 사실을 보여 준다(마 12:40, 욘 2:1,2). 지옥은 밑에 있다. 현명한 사람들은 New Scofield Bible에서 고린도후서 12:1,2과 마찬가지로 본문에 대한 아둔한 내용을 내팽개쳐 버린다. 나침반, 닻, 해상지도를 손에 쥐고 있는 사람들은 선장과 더불어서 "상대적인 방향" 같은 것은 없다는 사실을 잘 알고 있다. 절대적인 기준을 상대화시키지 않는다면 말이다. 다림줄은 이미 내려졌다(암 7:7과 주석 참조).

『**그들이 하늘까지 올라간다 할지라도**』(2절). 깊은 바다로 뛰어드는 것이나(롬 10:5-9), 우주여행을 떠나는 것이나(신 30:12), "달 여행 우주선" 같은 것은 아무 수확이 없을 것이라는 것을 보여 준다. 바알을 숭배하는 수도승들이 인류 최후 핵전쟁으로 야기될 인류 멸종에서 인류를 이 땅으로부터 구하기 위해 미신적인 공상을 하고 있다. 화성, 목성, 금성(아니면 그 너머라도)에 도착했다면 우주 전체의 폭발이 있을 때(계 20:11) 다 타 버릴 것이다(벧후 3:8-14).

『**그들이 갈멜 산 꼭대기에 숨을지라도**』(3절). 여기에서 갈멜은 하늘과 연관이 있다. (솔 7:5,6을 보라. 휴거 후 신랑과 신부에 적용이 된다.) 지옥은 "바다 밑"(3절)과 연관이 있다. 여기에서 "뱀"(3절)은 욥기 41장의 리비아단이다. 이 부분에 대해서는 욥기 주석서에서 충분히 다루었다. 그러므로 New Bible Commentary에서 말하는 것처럼 뱀이 "당대의 이교도를 이끄는 신비적인 괴물"이라는 내용을 받아들일 만큼 어리석은 그리스도인은 없다.

그 뱀은 아모스와 "동시대"에 있었던 존재가 아니다. 그 "뱀"은 "옛 뱀"(계 12:9)이다.

『그들이 그들의 원수들 앞에서 사로잡혀간다 할지라도 거기서 내가 칼에게 명하리니 칼이 그들을 살해할 것이라...』(4절). 이 모든 내용이 신명기 28장과 레위기 26장에 언급된 전체 민족에 대한 (북쪽 지파들만 말하는 것이 아니라) 끔찍한 협박과 조화를 이루는지 살펴보라. 하나님께서 그분의 눈을 "복을 위함이 아니라 재앙을" 위해 한 민족에게, 교회에, 학교에 어떤 사람에 고정시킬 때(4절) 그때는 이미 스스로 해결할 수 있는 정도를 벗어난 심각한 지경에 이른 것이다. 건강을 유지하고 있든지, 재산이 얼마나 많든지, 가족이 얼마나 화목하든지, 신실한 친구들이 얼마나 많든지, 얼마나 안정되고 좋은 직업을 가지고 있는지는 별개의 문제다.

『땅의 더 낮은 부분들』(시 63:9)은 지옥이 있는 곳으로(신 32:22) 사람들의 발 밑에 있다(시 71:20). 그곳에는 더 낮은 지옥이 있고 가장 낮은 지옥이 있다(시 86:13). 보수주의 학자들에게 발 밑에 있는(마 12:40) 문자적인 지옥과 문자적인 문들과 빗장들과(욘 2:6) 열쇠들(계 1:18)은 더 이상 중요하지가 않다. 로마카톨릭에서 지옥의 "문들"이(마 16:18) "권세"라고 가르치는 것과 같다. 로크만 재단이 펴낸 New ASV도 이 사실을 지지한다. 다윗은 지옥으로 내려간다 해도 하나님의 임재로부터 피할 수 없다고 말했다(시 139:8). 이스라엘은 "밭에 숨겨질" 것이다(마 13:44). 그러나 이들은 곡식의 체로 쳐서(9절) 가장 작은 알곡도 땅에 떨어지지 않을 것이다(9절). 그 체로 "치는 자"는 사탄이다(눅 22:31).

『만군의 주 하나님』(5절)은 이스라엘을 잡으려는 사냥꾼들과 어부들을 보내실 분인데(렘 16:16) 남는 자가 가엾을 정도로 적게 남을 때까지(애 4:16-19) 그렇게 하실 것이어서 히틀러가 유대인을 학살했을 때를 생각한다면 오히려 그때가 더 행복할 정도가 될 것이다. 히틀러는 단지 오백만 명 내지 육백만 명의 유대인들만 제거했을 뿐이다(이보다 더 작은 수치였다는 통계 자료도 나와 있다). 그러나 멸망의 아들이 유대인들을 죽이려고 지나갈 때면(유대인을 잡아먹기도 한다. 이사야 6:13!) 1,500만 명의 유대인 중 살아남는 자는 5천 명을 넘기지 못할 것이다. 『**내 백성 가운데서 말하기를 "재앙이 우리를 따라잡지도 막지도 못하리라." 하는 모든 죄인들은 칼에 죽으리라**』(10절). 대환란 기간에 이스라엘에 대한 최후의 심판을 묘사하는 데 있어서 주님은 8:8과 9:5을 반복하신다.

『**하늘에 그의 층들을 짓고...**』(6절). 하늘이 세 개의 층으로 되어 있다는 사실은(고후 12:1-4) 방주도 세 개의 층으로 되어 있고(창 6:16) 성전도 세 개의 층으로 되어 있다는 사실로도(겔 42:6) 알 수 있다. 『**땅에 그의 군대로 기초를 세운 이가...**』(6절). 마우러(Maurer)는 이 말을 즉시로 모타이어, 슐츠, ASV, New ASV, RSV, New RSV를 따라 "둥근 천장"(vault)으로 바꾸었다

『**그의 군대**』(6절). 히브리어 "aguddah"는 "god"와 "gadud"와 같은 부류에 속한다. 이 단어는 결코 "무리"(bard)와 같은 종류에는 언급되지 않는다. 생명체의 그룹에도 쓰이지 않는다. 땅 위에서, 또 하늘의 천장에서도, 땅 위의 푸른 하늘에서도 이 말이 무리의 종류로 언급된 적이 한 번도 없다. 또 미신적인 발상에서도, 멍청한 생각을 가진 사람 가운데서도 그런 뜻으로 언급한 사람은 없다. 입체적인 "무리"(bard)나 "하늘"(arch)에 대한 히브리어는 "chebel, aboth" 아니면 "esur"(아니면 "elammin" 아니면 "ellamoth")이다. "둥근 천장"(vault)이라는 말은 캠프파이어 하는 여자 애들이 만든 말인데, 독일의 이성론자들(rationalists, 1700-1900)로부터 왔다. 이들은 창세기 1장을 고대 신화로 받아들이는 자들로 하늘이 땅 위에 있는 입체적인 둥근 천장(VAULT)이라고 가르쳤다(철학이나 과학에 대한 책을 보라). 이 문제는 창세기 1:1-6에서 누가 진짜로 미신적인지, 그들이 말하고자 하는 말이 무엇인지에 대하여 충분히 다루었다. 그러나 알다시피 "그의 군대"(6절)가 삽입되어

만들어진 "층들"(stories)로부터 갑작스런 변화가 생기자 100%의 보수주의 학자들은 〈킹제임스성경〉 번역자들이 "현대에 이룩해 놓은 여러 가지 자료들"의 도움을 받지 못해 "어쩔 수 없이 잘못 인도되었다."고 주장해야만 했다(잠 30:6과 그 주석 참조).

그러나 하나님의 "군대"(troop)는 땅에 있는 하나님의 "군대"(host)이다. 하나님께서는 하늘에도 군대가 있다(단 4:35). 구약에서 잘 언급되는 하나님의 이름은 『**만군의** 하나님』(the God of Hosts, 암 3:13; 4:13; 5:14). 『**만군의 주**』(the Lord of hosts, 말 1:6,8,10,11,13, 슥 8:1,3,6,9,11), 『**만군의** 주 **하나님**』(the Lord God of hosts, 사 22:5)이다. 사도행전 7:42에서 언급된 하늘의 군상(the host of Heaven, 대하 33:5)은 한 군대이고 또 다른 군대는 "땅에 있는 군대"(본문)이다. 이 군대는 하나님의 창조물들로 구성되어 있다. 이 군대는 시편 147,148편의 광대한 영역을 포함할 뿐만 아니라 대환란 때 이 땅에 오게 될 요엘 2장의 문자적인 "군대들"(TROOPS)과 과거에 유다를 치기 위해(사 10:6; 13:4; 19:2; 31:4 등 참조) 하나님께서 소집한 이방인 군대들의 군대도 포함된다. 이 땅의 왕국들(다음에 나오는 구절들 참조 9:7-9)은 "땅 위에 있는" 하나님의 군대이고 이 군대는 하나님께서 사용하고자 하실 때 이용된다(렘 5:15; 1:10 참조).

『**바다의 물들을 불러**』(6절). 이 구절은 창세기 1:2과 똑같다. 『**지면에다 붓는...**』(6절) 이 구절은 창세기 6,7장에 있는 내용과 같다.

『**오 이스라엘 자손들아, 너희가 내게 에디오피아인들의 자손들 같지 아니하냐?**』(7절) 여기에서 다시 한 번 전능하신 하나님께서 자신이 "인종차별주의자"라는 사실을 드러내심을 살펴보라. 필리스티아인들, 이집트인들, 에디오피아인들은 모두 흑인이다(창 10장과 그 주석 참조). 심지어 시리아인들도 님롯(흑인 계통)이 바벨탑을 세운 메소포타미아 남쪽 출신이다. 하나님께서 자신의 백성들을 가장 비천한 것과 연관시켜 말씀하실 때는 함족 혈통의 세 민족들을 언급하신다. 이유는 간단하다. 하나님께서는 이스라엘에 대하여 하신 것처럼 아프리카인들에 대하여 행하셨다. 최소한 다른 민족들에 대하여 잠정적으로 노예에서 풀려난 사실만 하더라도 그렇다. 그러나 시리아인들이 길로 사로잡혀갔어야 했던 것처럼(왕하 16:9) 필리스티아인들이 사로잡혀갔어야 했던 것처럼(겔 25:16) 유대인들은 이집트에서 나온 뒤로 사로잡혀갈 것이다(7절). "자유롭게" 해줄 수 있는 하나님께서는 "노예"로 삼으실 수 있다(신 28:68 참조, "캅톨"에 대해서는 창세기 10:14과 그 주석 참조. 렘 47:4과 사 14:29은 본문에 대한 훌륭한 주석이다).

하나님께서는 "야곱의 집은 완전히 멸하지" 않을 것이다(8절). 그래서 남은 자들이 에스라, 느헤미야, 스룹바벨(스 1-4장) 때에 돌아온다. 그러나 9절과 10절은 첫 번째 사로잡혀갔을 때 이후의 일이다. A.D. 70-1990년의 민족의 대이산이 실행되었고, 독일, 영국, 스페인, 프랑스, 러시아, 중국 그리고 (궁극적으로는) 미국도 이스라엘을 멸절시키기 위해 단합한다.

9:11 ○ 그 날에 내가 무너진 다윗의 장막을 일으키고 그 틈을 막으리라. 또 내가 그의 파괴된 것들을 일으켜 옛날처럼 세우리니

12 그들이 에돔의 남은 자와 나의 이름으로 불려지는 모든 이방의 남은 자를 차지하리라. 이 일을 행하는 주가 말하노라.

13 주가 말하노라. 보라, 그 날들이 이르리니 밭 가는 자가 추수꾼을 앞서며 포도를 밟는 자가 씨 뿌리는 자를 앞서리라. 산들은 단 포도주를 떨어뜨릴 것이요, 모든 작은 산들은 녹으리라.

14 내가 내 백성 이스라엘의 사로잡힌 자를 다시 데려오리니 그들이 황폐한 성읍들을 세워 그곳에 거주할 것이요, 또 그들이 포도원들을 만들어 그 포도주를 마시겠고 그들은 또한 정원들을 만들어 그 열매를 먹으리라.

15 내가 그들을 그들의 땅에다 심으리니 그들이 다시는 내가 그들에게 주었던 그들의 땅에서 뽑히지 아니하리라. 주 너의 하나님**이 말하노라.**

이 구절은 후천년주의 주석가들과 무천년주의 주석가들(칼빈, 벌콥, 클라크, 헨리, 더멜로우, 샤프, 메이첸, 와필드, 모타이어, 하낵, 힛직, 노웩 등)의 입을 다물게 만든다. 이 구절은 (쉬운 영어로) 실제의 이스라엘이 문자적으로, 정치적으로 영원한 토대 위에서 언젠가 팔레스타인으로 돌아올 것과 문자적인 도시들이 재건되고 그 도시 안에서 영원히 살게 될 것을 언급하고 있기 때문이다(15절). 위클리프 성경 주석은(이번에는) 목표고지를 무사히 탈환하였고 물론 윌리암스와 벌링거(전천년주의자들인)는 이 구절에 대해 별다른 문제점을 느끼지 않는다.

『**무너진 다윗의 장막**』(11절). 이에 대하여 야고보는 사도행전 15:16,17에서 언급하였다(주석 참조). 이것은 다윗의 집뿐만 아니라(이는 영원한 것이었다. 삼하 7:16을 보라.) 다윗이 궤를 위하여 세웠던 장막(삼하 6:17)도 말한다. 이 장막 이후에 성전이 되었다(왕상 1-7장). 이 문자적인 성전이 1900년 후에 다시 두 번째로 재건될 것이라는 사실은 성경에서 너무 선명하게 보여주는데(살후 2:4과 계 11:1-3 참조) 단지 "자격 없는 권위"를 가진 자들만이 이 구절을(겔 40-44장 참조) 놓치고 만다. 이에 대하여 쟁점이 되고 있는 것은 그것이 다윗의 "오두막집"인가 아니면 다윗의 "집안"을 말하는 것인가, 아니면 "장막"인가 하는 것인데 이 모든 것은 성전이 대환란 후에 다시 재건될 것이라는 분명한 진리를 넘겨 버리려는 겁먹은 주석가들이 저질러 놓은 핑계거리들에 불과하다. 문자적인 성전은 재림 후에 다시 재건될 것이다. 이 성전에 대해 성경은 솔로몬의 성전보다 더 자세히(겔 40-44장) 묘사하고 있다.

신비적인 미신에 근거한 이교도 학문을 유지시키는 데 있어서 알렉산드리아에 있는 그리스도인 교수진은 사도행전 15:17의 내용을 아모스 9:12에 그대로 써 넣었다(이렇게 할 수 있는 것은 아주 쉬운 일이다. 모든 〈칠십인역〉의 필사본들은 누가가 사도행전 15장을 기록한 지 200년이 훨씬 지난 후에나 기록되었기 때문이다). "이 모든 일을 행하시는 주"라는 말은 사도행전 15:17에서 표절한 것인데, 야고보는 너무 멍청해서 유대교에 관해 논의하는 공식적인 모임에서(행 15:1-6 참조) 아프리카의 헬라어 성경을 인용하고 있다고 생각하도록 만드는 것이다. 전형적인 "동시대의 이교도 신앙"이다. 이십 세기의 달라스 신학원(그리고 그 다음으로 기독교계를 인도하는 열 개의 신학원들) 교수진들을 함정에 빠뜨리기 위해 알렉산드리아 이단 등은 아모스 9:12에서 "에돔의 남은 자와... 차지하리라."를 빼먹었다. 사도행전 15:17에서 아모스 9:12의 내용을 훔친 거짓말쟁이들이 사도행전 15:17에서 야고보가 에돔에 관해 말하는 것을 발견하지 못했기 때문이다. 그래도 "인정받는 그리스도인 학자"들을 편드는 멍청이들이 있다.

『**에돔의 남은 자**』(12절). 오바댜 전체의 주제이다. 게다가 야곱과 에서가 서로 증오하는 것은(말 1:2) 성경에서 말하는 주요 주제 가운데 하나이다(롬 9:13). 에서의 국가는 예언의 역사 가운데서 너무 잔인하여 그리스도께서 지상에서 통치하시는 동안인 1,000년간 불못이 된다(사 34:6-10).

『**나의 이름으로 불려지는 모든 이방**』(12절). 모든 이방인들은 에서가 했던 것처럼 야곱을 박해하였다. 대환란으로부터 남게 되는 민족들과(마 25:34 참조) 천년왕국에서 일어나는 민족들은 하나님의 이름으로 불려지게 된다. 육신으로 나타나신 하나님께서(딤전 3:16) 이 땅 위에 계셔서 선도하는 위치에 있는 이스라엘과 함께(사 54:3, 슥 14:16) 민족들을 통치하실 것이기 때문이다(계 20:1-4, 학 2:8,9). 교회를 부르는 것과 관련하여 말할 때(행 15:16), 바울이 알았던 것처럼(롬 9:26), 이중적인 적용이 있다는 사실을 주목하라. 이 이중적인 적용은 이 시대에는 "그의 이름을 위하여"(행 15:14, 롬 9:26) 불러냄을 받은 이방인들 그룹과 천년왕국에서(행 15:17) "나의 이름으로"(암 9:12) 불릴 미래의 그룹에 적용된다. 그러므로 두 번 "불려지는" 이방인들이 있다. 한 번은 이 시대이고 또 한 번은 천년왕국에서이다(사 2장). 이 두 번째는 대환란 시대에서 시작되는데 이 때는 144,000명의 유대인들이 이방인들에게 복음을 전파하기 위해 부름을 받아 사역할 때이다.

『**주가 말하노라. 보라, 그 날들이 이르리니 밭 가는 자가 추수꾼을 앞서며...**』(13절). 이 구절부터 시작되는 물질적인 풍요로움에 대하여는 구약성경에서 100구절 이상 발견된다. 곳곳에서 팔레스타인 땅이 실재로 회복되는 것을 다루고 있다. 이와 같은 구절들은 1700-1980년의 무천년, 후천년주의 주석가들에서는 한 번도 언급되지 않는다. 요엘 2:23,24이 문자적인 비, 밀, 포도주, 기름인 것처럼 아모스 9:13도 실제적인 포도주, 포도원, 정원, 포도, 산들을 말한다. 이 사실을 믿지 못한다면 그 이유는 성경을 해석하는 데 있어서 첫 번째 원칙을 무시해 버림으로 영적인 배교자가 되어 버렸기 때문이다. 그 첫 번째 원칙은 문자적으로 받아들이기가 절대적으로 불가능한 경우를 제외하고는 성경의 모든 구절은 문자적으로 취하여야 한다는 것이다. 이스라엘이 회복된다는 사실을 믿지 않음으로(예로 로크만 재단을 들 수 있는데, 〈확대역본〉 데살로니가전서 2:16 참조) 이런 구절들을 숨겨진 동기로 해석한 결과 배교만이 남게 된 것이다. 이렇게 영적으로 배교한 많은 사람들이 "훌륭하고, 경건하고, 헌신된 사람들"이라고 불려졌다고 해서(존 R. 라이스) 성령께서 지적하시는 "무지"와 "자만"에 대한(롬 11:25) 성경적 책임을 모면한 것은 아니다.

『**산들은 단 포도주를 떨어뜨릴 것이요, 모든 작은 산들은 녹으리라**』(13절). "과장법"(hyperbole)일 수 있다. 그러나 그 과장은 요엘 3:18; 2:24, 이사야 55:12; 30:23; 60:4, 에스겔 34:26; 36:29, 신명기 28:10과 같은 과장법이다.

어거스틴에서 간디에 이르기까지 전 기간을 걸쳐 멍청한 "왕국 건설자들"이 요엘 3:18과 호세아 14:4과 같은 내용의 150구절을 대할 때 다음과 같은 헛소리를 해 왔다.

1. 이런 전체 구절은 복음의 진리를 표현하는 "시적인 표현"(비유적 표현)이다(New Bible Commentary).

2. 하나님의 이름으로 명명된 민족들은 천년왕국과는 무관하다(더멜로우).

3. 아름답게 묘사된 구절들은 복음이 있는 교회에 대한 축복을 말한다(매튜 헨리).

4. 이스라엘과는 상관이 없다. "운명"에 있어서 "변화"가 있을 뿐이다(마티, 더멜로우, 하낵 등등).

이들에 비할 때 존 하삼은 제1차 세계대전 후 영국 의회 앞에 섰을 때 훨씬 뛰어난 식견을 보여 주었다. 맥도날드와 다른 사람들이 밸푸어 선언(Balfour Declaration)을 취하하겠다고 결정한 후에 이 청교도 노인 존 하삼은 신명기 32:43과 아모스 9:15을 하원에서 읽었다. 바이츠만 박사(멘체스터의 화학 교수)가 가까운 재앙에서 영국을 구한 후에 L. 조지와 밸푸어는 유대 민족을 위해 해야 될 일에 대하여 의견의 일치를 보았다. 그들이 이끌어 낸 선언은 팔레스타인을 이스라엘에게 주는 것이었다. 그러나 영국 사람들은 이 약속을 저버렸다. 얼굴에 눈물을 흘리면서 이 늙은 청교도 존 하삼은 일어나 다음과 같이 말하였다. "신사 여러분, 여러분과 저는 알고 있습니다. 팔레스타인은 유대인 민족에게 속한 것입니다. 하나님의 이 위대하고 영광스런 책을 유산으로 물려받은 여러분이나 여러분의 조상들은 아브라함의 아들로서 이삭에게 주어진 약속들을(갈 4:22-31) 의심하지 않았습니다. 하나님께서 약속하신 견지에서 바라볼 때 우리들의 군사 지도자들이(Allenby) 유대인의 고향인 이 땅에 대한 음모를 계획하여 이 땅을 잘못 사용한다면 심판날에 우리는 무엇을 하고 무엇을 말할 것입니까?"

이들은 공습당했고(1940) 마법에 걸렸으며(1960) 파산당했다(1970).

제1차 세계대전은 유대인을 위한 땅을 마련해 주었다. 제2차 세계대전은 그 땅을 위한 유대인들을 마련하여 주었다. 이 두 가지 목적을 방해하는 실체는 절대 무오한 진리의 권위에 반대하는 것이었다. 영국이 "가게 하지" 않았을 때 하나님께서는 독일 공군을 파송하셔서 "사역"하게 하심으로 영국이 승복하게 만드셨다. 유대인들이 제1차 세계대전 후에 유럽에서 떠나는 것을 거절할 때(자신들을 자신의 고향으로 돌려보내겠다는 하나님을 신뢰하기를 거절했을 때) 하나님께서는 아이흐만, 보만, 히틀러를 파송하셨고 이들이 "사역"을 마쳤을 때 유대인들은 자진하여 돌아갔다. 요즈음 나오는 〈유대인, 하나님 그리고 역사〉(The Jew, God and History)와 같은 분별없는 책들에 의해 단 일 분간이라도 속지 말라. 이 책들은 모두 유대인 공산주의자들이 쓴 것인데 하나님께서 유대인을 선택하신 목적이 휴머니즘과 형제애라고 생각하도록 결론짓는다. 이러한 종류의 책들은 이스라엘이 살아남은 것에 대하여 이스라엘 종족의 우수성을 인정하지만 문제의 본질은 말라기 3:6의 실현으로 이 민족은 소멸되지 않고 최후의 민족으로 남게 된다는 약속에 의해서이다. 하나님 자신에 속한 영광을 하나님으로부터 훔치기 전에 천둥과 번개가 치는 산등성이를 먼저 올라갔다 와야 할 것이다.

『**내가 내 백성 이스라엘의 사로잡힌 자를 다시 데려오리니**』(14절). 전체를 통하여 이중적 성취가 적용됨을 주목하라. 한 번은 에스라, 느헤미야 때이고 또 한 번은 현대 이스라엘의 독립 때이다. 『**그들이 황폐한 성읍들을 세워 그곳에 거주할 것이요**』(14절) 이중적 성취이다. 한 번은 B.C. 530-440년이고 또 한 번은 A.D. 1918-2000년이다.

『**그들이 다시는 내가 그들에게 주었던 그들의 땅에서 뽑히지 아니하리라. 주 너의** 하나님**이 말하노라**』(15절). 이 말은 최종적이고 절대적이다. 상대적

(혹은 조건적)인 것과는 전혀 무관하다. (렘 31:40, 삼하 7:10, 겔 36:8-15, 슥 8:6-8과 비교해 보라.) 유대인들이 두 번째 돌아오는 때(1918-1948)는 거기에 머무르기 위해 돌아온다. “민족적인 회심”과는 전혀 관계가 없다. 성경에서는 한 번도 유대인들이 돌아오기 전에 회심한다고 한 적이 없다. 유대인들은 강제로 그 땅에 돌아올 것이라고 했다(겔 20:34, 렘 30:7-14; 16:16). 돌아온 후에 반역으로부터 정결케 되고(호 2:14, 겔 20:38) 그런 다음에 회심할 것이다(롬 11:26-28, 겔 36:25-28, 히 8:8-10). 즉 오늘날 보게 되는 세대는(마 24:34) “무화과 나뭇잎 세대”로서 예수 그리스도의 재림을 보게 될 것이다(마 24:33).

이 주석을 거부하고 쓰레기 더미로 대체시킨 반대자들은 케네스 테일러(Dead Bible), C.H. 돗(New English Bible), New ASV(로크만 재단), 그리고 미국 곳곳에 있는 시기심 많은 신학원 교수진들이다. 이들이 양산해 놓은 것은 반대를 위한 의견들과 어리숙한 사람들을 속이기 위한 것들뿐이다. 어떤 사람도 AV 번역자들을 바로잡아 준다고 하면서 그 결과가 더 좋았던 적도, 심지어 같은 수준이었던 적도 없었다. 진짜로 믿는 사람이라면 지난 300년간 이룩해 놓은 “과학적인 업적”들과 “헌신된 학자”들이 이룩해 놓은 업적들은 한 사람의 머리에서 만들어진 하찮은 일 정도에 불과하다는 것을 알 수 있다.

아모스는 견딜 수 없고 참을 수 없는 무거운 “짐들”로 시작하여(1,2,3장 참조). 이중적인 “88가지”의 확신에 찬 승리로 짐들을 벗어 버린다. 이스라엘 민족은 자신들의 물질적인 땅에서 영원히 민족적으로 회복한다. 물질적인 축복이 따르는 것이다.

오 바 댜

오바댜는 구약에서 가장 짧은 책이다. 오바댜는 "주의 종" 혹은 "주를 경배하는 자" 혹은 "여호와를 섬김"이라는 뜻이다. 〈킹제임스성경〉에서는 오바댜가 소선지서의 네 번째에 있다. 이것이 히브리 정경의 순서이기 때문이다. 부패한 70인역에서는 오바댜를 소선지서의 다섯 번째 위치에 두었는데 현대의 편집자들이(1880년 이후 모든 성경 변개자들) 70인역에 있는 순서를 〈킹제임스성경〉의 순서와 맞추기 위해 변경시켰다. 제롬은 오바댜를 호세아, 요엘, 아모스와 같은 동시대 인물로 취급한다. 이는 예레미야가 예언할 때 자신보다 앞선 선지자에게서 예언의 내용을 빌어왔다는(렘 49:7-10 참조) 이론을 지지할 뿐이다. 이 그라프-벨하우젠(Graf-Wellhausen) 이론과 같은 유형의 엉터리 이론에 의하면 오바댜는 예레미야가 오바댜 5,6,8절을 인용하기 전에 먼저 예언을 했어야만 했다. 예거(Jaeger), 모러(Maurer), 제이미슨(Jamieson), 포셋(Fausset), 브라운(Brown)은 근거없는 추측을 동원하여 오바댜를 예레미야 전에 위치시키고 에돔의 고난을(10-16절) 역대기하 12,21,25장이나 열왕기하 24장에서 일어났던 사건으로 간주한다. 여기에서는 이집트인들, 필리스티아인들,

아라비아인들이 유대인들을 박해할 때 에돔인들이 유대인들을 이용했다는 생각이다. 대부분의 학자들이 추측하는 것은 역대기하 25:14의 사건에 대하여 오바댜에서 에돔인들이 유대인들을 복수한다는 것이다.

우리는 오바댜를 예루살렘 파괴 바로 다음에 위치시킬 것이다(약 B.C. 587-580년). 예레미야와 오바댜가 무슨 "자료"를 보고 같은 것을 말했는지는 신경쓰지 않을 것이다. 성경은 초자연적인 책이다. 하나님께서 원하신다면 두 사람에게 같은 메시지를 주실 수 있다. 한 사람이 다른 사람의 메시지를 인용하게 하실 수도 있다. 두 사람이 한 문서에서 인용하게 하실 수도 있다. 두 사람이 다른 사람의 입으로 말한 메시지를 인용하게 하실 수도 있다. 그렇다고 해서 예언을 나타내는 진리가 손상을 입는 것은 전혀 아니다. 『**모든 성경은** 하나님**의 영감으로 주어진 것으로**』(딤후 3:16). 학자들이 주제넘게 생각하여 고안해 낸 고등비평으로 만들어진 것이 아니다.

오바댜와 예레미야가 때때로 짝을 이룬다면 그것은 마태복음과 마가복음이 서로 짝을 이루는 것과 같다. 이사야와 아모스가 때때로 짝을 이룬다면 그것은 유다와 시몬 베드로가 같은 말을 한 것과 같다.

그러나 예언의 근거가 어디이고 예언한 시기가 역사적으로 언제이고 하는 모든 헛소리들은 말하고자 하는 초점을 빗나가게 만든다. 오바댜는 간간이 재림과 천년왕국에 대하여 말하고 있기 때문이다. 15,17,18,21절은 노아의 방주와 관계 없는 것만큼이나 아하스, 아마샤, 요아스, 필리스티아인들, 느부캇네살, 바빌론 포로와는 전혀 관련이 없다. 유다가 포로로 잡혀갈 때 에돔이 유다에게 행하였던 일들은 재림 때에 유다가 갚을 것이다. 유다가 바빌론에 끌려간 이래로 그 일에 대하여 갚은 적이 없기 때문이다. 시편 137:7과 예레미야 애가 4:21,22은 요한계시록 11:1-4에서 일어나게 될 멸망과 욥의 나라 우스(욥 1:1과 그 주석 참조)에서 있게 될 이스라엘의 미래 상황에 관한 분명한 내용이다.

이 사실을 마음에 두고 과거 사실을 기록한 역사로서의 오바다뿐만 아니라 미리 쓰여진 역사로서의 오바댜에 접근할 것이다. 이사야 34장에서 에돔에 관한 구절들이 오리겐 이래로 모든 주석가들이 비유적으로 영적으로 왜곡시켰음을 잊지 말아야 한다. 모든 무신론자, 영지주의자, 근본주의자, 카톨릭, 보수주의자, 자유주의자, 이신론자들은 이사야 34:11-14에 대해 주석을 쓰면서 "비유적인 표현"(IMAGERY)이라는 말을 붙여 놓았다. 그러나 이사야 34:16에는 분명한 경고가 있는데 이사야 34:6-15이 오바댜가 다루고 있는 에돔이 처한 천년왕국 때의 상황을 다루고 있다는 것이다.

오바댜 1장

1:1 오바댜의 환상이라. 주 하나님께서 에돔에 관하여 이같이 말씀하시나니
우리가 주로부터 온 한 소식을 들은 것이며, 한 대사가 이방 가운데 보
냄을 받아 "너희는 일어나라. 우리가 그녀를 대적하여 일어나 싸우자."
하는 것이라.
2 보라, 내가 너를 이방 가운데 작게 만들었더니 네가 크게 멸시를 받는
도다.
3 ○ 네 마음의 교만이 너를 속였도다. 바위틈에 거하는 네가 네 처소가 높으
므로 마음속으로 말하기를 "누가 나를 땅으로 끌어내리겠는가?" 하는도다.
4 비록 네가 독수리처럼 네 자신을 높이고 별들 가운데 네 둥지를 틀지라
도 거기서 내가 너를 끌어내리리라. 주가 말하노라.
5 만일 도둑들이 네게 오고 강도들이 밤에 네게 온다면 (네가 어찌 그리
끊어졌는고!) 그들이 충분할 때까지 도둑질을 하지 않겠느냐? 포도 거두
는 자들이 네게 온다면 그들이 포도를 조금은 남겨 두지 않겠느냐?
6 에서의 물건들이 어찌 그리 탐색되었는고! 그의 감추어진 것들이 어찌

그리 찾아내어졌는고!
7 너의 동맹자들 모두가 너를 변경에까지 데려왔으며 너와 화평을 누렸던
자들이 너를 속이고 너를 쳐서 이겼도다. 네 빵을 먹는 자들이 네게 상
처를 남겼으니 거기에는 명철이 있는 자가 아무도 없도다.
8 주가 말하노라. 내가 그 날에 에돔에서 현명한 자들을, 에서의 산에서 명
철을 멸하지 아니하겠느냐?
9 오 테만아, 네 용사들은 놀라게 될 것이요, 에서의 산에 있는 모든 자는
끝까지 살육을 당하여 끊어지리라.

역사적으로 1절은 느부캇넷살이 B.C. 587년에 공격한 후에 돌아올 것을 말한다. 예레미야에 의하면 느부캇넷살은 돌아와서 에돔을 통과하여 이집트로 내려갔고(렘 43:10-13) 에돔을 사로잡았기 때문이다(렘 49:22). 그래서 『**주로부터 온 한 소식**』(1절)은 예레미야 49:7에 있는 예레미야의 입을 통하여 온 것이다. 그 당시에는 "소식들이 날아다녔다"(렘 40:15 참조).

『**보라, 내가 너를 이방 가운데 작게 만들었더니...**』(2절). 그래서 에돔은 이스라엘의 역사가 진행되는 동안 결코 세 번째 등급의 서열에도 서 보지 못했다. 그 땅을 에서가 차지한 때로부터(호리인들 이후, 창 36:20 참조) 그리스도의 때까지 에돔 민족은 유다나 이스라엘, 이집트, 시리아, 앗시리아, 필리스티아 등 어느 민족도 정복하지 못했다. 어떤 면에서 에돔은 로마를 상징한다. 비록 로마가 한 번은 세계를 통치했지만 말이다. ["로마"(Rome)에 대한 히브리어는 에돔에 대한 말과 똑같다. 달렛(daleth) 다음에 바우(vau)가 삽입되었을 뿐이다. "에서"는 모든 경우에 있어서 자신의 장자 상속권을 팔아 버린(히 12:16 참조) 남자 매춘부를 상징한다. 정치 세계에서 명성을 얻기 위해 신앙을 팔아 버린 카톨릭 교회와 똑같다(계 17:18). 로마는 종교적인 강압, 정치적인 사기, 미신, 협잡, 타협, 비겁한 행위 등으로 그 힘을 겨우 유지하고 있었다. 이탈리아 자체는 종교개혁 이후 힘에 있어서 세 번째 등급에도 든 적이 없다. 그리고 앞으로 그 힘은 종교적인 영역(10에이커의 바티칸)에 달려 있다. 이방 "민족들"이 가지고 있는 힘이 아니다(2절).]

3절의 내용은 분명하다. 에돔은 독선적이고, 스스로 만족하고(8절), 자신의 동료들에 의해 속아 넘어간(7절) 사람에 비유된다. 그런데도 안전하다고 생각하다가(3절) 더러움 가운데서 뺀어버린다(4절). 바위로 된 도시(페트라, 왕하 14:7)는 "바위틈"(3절)으로 이루어져 있다. 말씀 전체를 통해 이 나라는 사람으로 의인화되었다(6,7절, 9절에서는 테만). 진짜 "비유적인 표현"(imegery)이 있는 곳이 있다.(4절, 별들 가운데서 둥지를 틀고 있는 독수리). 좀더 자세히 관찰해 보면 미국 국기에 별들이 있고, 로마와 미국 정부는 모두 국가의 상징으로 독수리를 사용하고 있다는 사실을 알게 될 것이다.

『**네 처소가 높으므로**』(3절). "높은 처소"는 언덕에 위치한 에돔에 대한 언급 그 이상일 것이다.

5절에서 말하는 것은 도둑들과 이삭줍는 자들이 모든 것을 다 가져가지는 않는다는 것이다. 그러나 하나님께서 에돔을 다룰 때면 그들은 숨겨진 값어치 있는 것들을 포함하여(6절) 모든 것을 잃게 될 것이다. 에돔이 동맹으로 삼고자 했던 지파들이 에돔을 배신한다(7절). 에돔이 그 자신의 형제를 배신했기 때문이다(민 20:20,21). 회의 탁자에 앉아서(잠 23:6-8 참조) 함께 먹고 있는 자들이 등 뒤에서 에돔을 찌를 것이다. 『**네 빵을 먹는 자들이 네게 상처를 남겼으니**』(7절).

욥기를 읽어 보았다면 왜 "현명한 자들"과 "명철"이 에돔과 더불어 기록되었는지 알 것이다(8절). 모세가 이집트를 나오기 수년 전에 엘리후가 고난, 죄, 사탄, 구원에 대한 위대한 드라마를 묘사했던 곳이 바로 이곳이기 때문이다(〈피터 럭크만의 주석서 욥기〉 참조). 9절은 스스로 해석한다.

1:10 ○ 네 형제 야곱을 대적한 네 폭력으로 인하여 수치가 너를 덮으리니 네
가 영원히 끊어지리라.
11 네가 저쪽 편에 섰던 날, 곧 타국인들이 그의 군대를 사로잡아가고 외
국인들이 그의 성문으로 들어가서 예루살렘을 놓고 제비를 뽑았던 그
날에 너도 그들 중에 하나 같았느니라.
12 그러나 너는 네 형제의 날, 곧 그가 타국인이 되던 날에 방관하지 말았
어야 했고 너는 유다 자손이 멸망하던 날에 그들을 기뻐하지도 말았어
야 했으며 고난의 날에 너는 오만하게 말하지도 말았어야 했느니라.
13 내 백성의 재난의 날에 너는 내 백성의 성문으로 들어가지 말았어야 했
고 정녕, 너는 내 백성의 재난의 날에 그들의 고통을 방관하지도 말았
어야 했으며 그들의 재난의 날에 그들의 재물에 손을 대지도 말았어야
했고
14 너는 네거리에 서서 그의 도피하는 자들을 차단하지도 말았어야 했으
며 너는 고난의 날에 그의 남아 있었던 자들을 넘겨주지도 말았어야
했느니라.
15 주의 날이 모든 이방 위에 가까우니 네가 행했던 대로 네게 행해지리
라. 네 보응이 네 자신의 머리로 돌아가리라.
16 너희가 내 거룩한 산 위에서 마신 것같이 모든 이방도 끊임없이 마시리
니 정녕, 그들이 마시고 삼켜서 마치 그들이 없었던 것처럼 되리라.

이 내용들은 예레미야 52장에서 예레미야가 기록하지 않았지만 일어났던 일들을 하나님께서 목격하신 것을 기록한 것이다(암 8:7 참조). 그 날에(B.C. 586년) 에돔인들은 바울처럼(행 8:1) 느부캇넷살과 함께 "저쪽편에"(11절)

서 있었다. 에돔인들은 예루살렘의 거민들을 죽이고 노예로 삼는 것을 묵인하였다. 『**너도 그들 중에 하나 같았느니라**』(11절). 더군다나 에돔인들은 느부갓넷살이 학살하는 것을 기뻐하여(12절) 고난의 날에 오만하게 말하였다(12절). (비슷한 반응에 대하여 죽음의 수용소에서 독일인들이 유대인들을 다루었을 때 우크라이나 사람들의 반응에 대하여 읽어 보아야만 할 것이다.) 에돔인 자신들은 포위 공격이 끝난 뒤에 예루살렘으로 들어가 말뚝에 묶인 죄수들과, 겁탈당한 여자들과 굶주린 아이들을 보고 즐거워하였다(애 5:10-12 참조). 『**너는 내 백성의 재난의 날에 그들의 고통을 방관하지도 말았어야 했으며**』(13절). 이것도 모자라 에돔인들은 "그들의 재물에 손을" 대었고(13절) 파괴당한 도시를 약탈하였다.

그러나 에돔인들이 하나님의 백성을 경멸한 것은 여기에서 끝나지 않는다. 에돔인들은 이집트로 가는 해변길(Via Maris)을 막아 버렸다. 유대 광야에서 아라바에 이르는 통로와, 벧아라바 근처에 있는 요단의 네 거리와 페트라에 이르는 광야 길들을 막아 버렸다. 이런 장소들에서 그들은 유대인들을 죽였거나 고난의 날에 남아 있었던 자들을 넘겨주었다(14절).

이 죄악에 대한 결실에 대하여 다음과 같이 기록하고 있다. 『**네가 행했던 대로 네게 행해지리라. 네 보응이 네 자신의 머리로 돌아가리라**』(15절).

예레미야 49장에서는 앞으로 멸망하게 될 에돔(그리고 모압)에 대하여 말하는데 이 때는 주 예수 그리스도께서 시내 산으로부터 올리브 산에 이르는 길인 세일 산과 파란 산을 넘으실 때 일어날 것이다(암 1,2장과 그 주석 참조).

『**주의 날이 모든 이방 위에 가까우니... 너희가... 마신 것같이 모든 이방도 끊임없이 마시리니... 마치 그들이 없었던 것처럼 되리라**』(15,16절). 이 구절들에 사용된 모든 용어는 예레미야가 식탁 주위에서 들었던 컵에 대한 말과 비슷하다(렘 25:16-26). 이 "진노의 잔"(시 75:8)은 이방들에게 보응으로써 부어질 것이다. 느부갓넷살이 살육을 저지른 것에 이어 이방들은 시온에서 마셨던 것이다(16절).

1:17 ○ **그러나 시온 산 위에 구원이 있으리니 거룩함이 있을 것이요, 야곱의 집은 그들의 소유를 차지하리라.**

18 야곱의 집은 불이 되고 요셉의 집은 불꽃이 되며 에서의 집은 그루터기가 되리라. 그들이 그들에게 불을 붙여 그들을 삼키리니 에서의 집에는 남는 것이 없으리라. 이는 주가 그것을 말하였음이라.

19 남쪽 사람들이 에서의 산을, 평지의 사람들이 필리스티아인들을 차지할 것이며 또 그들이 에프라임의 들과 사마리아의 들을 차지할 것이요, 베냐민은 길르앗을 차지하리라.

20 이스라엘 자손 중에서 사로잡혀간 이 군대는 카나안인들의 소유를 사르밧까지 차지할 것이며 예루살렘의 사로잡힌 자, 곧 스파랏에 있는 자는 남쪽 성읍들을 차지하리라.

21 구원자들이 시온 산에 올라와 에서의 산을 심판할 것이요, 그 왕국은 주의 것이 되리로다.

모든 것이 명백하다. 이 구절에서 어떤 것도 과거의 역사와 연결되는 것은 없다. 이 구절들을 B.C. 500-1000년에 억지로 구겨 넣으려고 시도하는 것은 날개 부러진 참새가 보잉기를 따라 잡으려 하는 것처럼 가엾은 일이다. "구원"(DELIVERANCE, 17절)은 요엘이 말했던 것처럼(욜 2:32) "시온 산" 위에 있을 것이다. 야곱의 집은 "그들의 소유를 차지"할 것이다. 그들의 소유는 땅, 성전, 보좌, 산, 성읍, 구세주이다. 『**야곱의 집은 불이 되고 요셉의 집은 불꽃이**』 될 것이다(18절). 유다는 "오른편과 왼편에 에워싼 모든 백성들을 삼킬" 것이기 때문이다(슥 12:6). 『**에서의 집은 그루터기가 되리라. 그들이 그들에게 불을 붙여 그들을 삼키리니 에서의 집에는 남는 것이 없으리라...**』(18절).

이 구절 가운데 성취된 것은 지금까지 아무것도 없다(1978년). 로빈슨(Robinson)이 이 구절에 대해 주석을 써 놓았는데 그 내용은 미니스커트가 그리스도인에게 어울리지 않는 것보다 더 그리스도인에게 적합하지 않은 것이다. 타고 있는 "불"과 "불꽃"은 백보좌 심판에서(단 7:9) 심판하는 구원받은 그리스도인들(고전 6:2)이라는 것이다. 로빈슨 크루소가 무인도에서 인구조사할 일이다. 그런데도 이 점에 있어서 "다수의 인정받는 토끼들"은 뒷다리를 움츠리고 있다.

1. 왕국(21절)은 주의 것이 되지 않을 것이다. : 케네스 테일러의 "Dead Bible"
2. 19절과 20절이 히브리어 본문에서는 "어느 정도는 부패"되었을 것이다(로빈슨).
3. 어떤 "구원자들"로 나타내지 않을 것이다(21절) : 70인역
4. 시온 산에서 구원이 없을 것이다(17절) : ASV(1901).
5. 시온 산에서 구원이 없을 것이다(17절) : NASV
6. 시온 산에서는 구원이 없다(17절) : RSV
7. 시온 산에서는 구원이 없다(17절) : New Internatonal Version
8. 시온 산에서는 구원이 없다(17절) : New RSV 주석
9. 본문은(20절) "심지어 더 불분명하다"(New English Bible 주석)
10. "평지"(plain, 19절)는 "낮은 땅들"(low lands)이어야 한다(마티, 노웩, 오렐리).
11. "거룩함이 있을 것이요"(17절)는 "거룩해야 한다."로 되어야 한다(ASV, RSV).

"인정받는 학자" 집단은 불결한 이단이 되어 이런 짓들을 계속적으로 하고 있다. 모든 "자격있는 권위자들," "인정받은 학자들," 자유주의 신학자들, "헌신된 근본주의자들," 카톨릭 박사들, "믿음의 수호자들," "경건한 사람들"은

저녁까지, 밤중까지, 자정까지, 새벽까지 이 짓들을 하고 있다.

"자신의 동료들에게 선한 일을 행하는 것"이 거룩한 하나님의 순수한 말씀을 사궁창의 쓰레기로 만들어 버리는 것이라고 생각하는 카톨릭이나 자유주의자는 없다. "무오하게 영감받은 원본"을 자랑하는 "근본주의자들"도 마찬가지 생각을 한다.

〈킹제임스성경〉은 모든 것이 분명하다. 야곱의 집은 유다이다(18절). 요셉의 집은 이스라엘이다(겔 37:16 참조). 이들은 재림 때 전체 에돔 땅을 통치할 것이다. 유다의 남쪽에 있는 유다의 유대인들은 세일과 파란을 차지할 것이다(합 3:3 참조). 유다의 서쪽 지방에 거주하는 유다의 유대인들(수 15:45-47 참조)은 가자, 아스돗, 에크론, 가자(습 2:4), 아스클론(필리스티아 평지)을 차지할 것이다. 유다 북쪽에 살고 있는 유대인들은(수 15:54-60 참조) 사마리아의 남쪽 끝과 에프라임을 차지할 것이다. 베냐민은 에스겔 48:23에 예언된 것처럼 요단을 가로질러 "길르앗"을 차지할 것이다. 이스라엘의 열왕기 기간에(B.C. 1000-587) "길르앗"은 모압과 암몬의 일부 지역도 포함되었다. 천년왕국 때에 베냐민의 몫은 사해를 넘어(서쪽에서 동쪽) 200마일이나 곧장 간다(겔 48장 참조). 남쪽의 "길르앗"을 가로지르는 것이다.

『**이스라엘 자손 중에서 사로잡혀간 이 군대**』(20절)는 북쪽 지파들을 말한다. 『**예루살렘의 사로잡힌 자**』(20절)는 남쪽 지파들을 말한다. 이스라엘은 엘리야의 성읍인 사르밧까지(왕상 17:9 참조) 카나안인들의 소유를 완전히 차지할 것이다. 유다의 유대인들은 스팔에서 돌아올 것이다(창 10:30 참조). 이는 "동쪽의 산"(바빌론 너머)까지 그리고 소아시아 북서쪽에 있는 지역까지에 대해 이중으로 해당되는 말이다.

『**구원자들이 시온 산에 올라와 에서의 산을 심판할 것이요**』(21절). 이 구절을 한 번 읽어 보면 이 구절이 전천년주의, 무천년주의, 후천년주의의 "인정받은 자유주의, 보수주의 학자들"에게는 통할 수 없다고 말할 것이다. "구원자들"(saviours)에 대해서는 무엇인가 조치를 취해야만 할 것 같다. 어떤 멍청이라도 그리스도인(Christian)이 독일어로 "Christ"라는 것을 안다. 독일어를 모른다면 영어로 요한일서 3:1-4을 읽어 보았을 것이다. 그렇지 못하다면 헬라어로 빌립보서 3:21을 읽어 보았을 것이다. 그렇지도 못하다면 스페인어나 불어로 로마서 8:29을 읽어 보았을 것이다. 그렇지도 못하다면 중국어로 마태복음 22:30을 읽어 보려 했을 것이다. 히브리어 구약성경 오바댜 1:21의 본문은 어떤 멍청이라도 (히브리어를 가르치는 히브리어 학자라도) 놓쳐서는 안 되는 마지막 실마리가 된다. 구원자들이라는 히브리어 단어는 메시아("yasha"로부터 온)에 대한 말이다. 이 말은 이사야 19,43,45,49,60,63장, 예레미야 4,8,17,23장, 시편 18,33,80편 등등에서 "구원받은"(saved), 혹은 "구원자"(saviour)로 번역되었다. 일관성 없이 번역한 New ASV(RSV와 New RSV와 함께)는 모든 곳에서 이 말을 "save" 혹은 "saved," 혹은 "savior"로 번역하였다. 그러나 이 곳만은 제외시켰다. 그리고 관련 구절을 재판관기 5:10과 요한계시록 20:2-4로 다루었다.

참호를 너무도 견고하게 구축해 놓았기 때문에 이런 성경을 왜곡시키고, 성경을 부패시키고, 성경을 미워하는 거짓말쟁이들(근본주의자들이 단연 으뜸이다.)의 "게걸스러운 입"을 막을 방법이 없다. 거룩함과는 거리가 먼 70인역(A.D. 330-350년에 쓰여졌다.)은 New ASV가 17절에서 "구원"을 삭제시킨 것처럼 본문에서 히브리어 단어("moshi'im")를 삭제시켰다. 제이미슨, 포셋, 브라운은 이 "구원자들"(saviours)이 재판관기에서 볼 수 있는 것 같은 단순한 "재판관들"(judges)이라고 말한다. 아니다. 더멜로우는 이 "구원자들"이 열왕기상하에서 볼 수 있는 "군주들"(monarchs)이라고 말한다. 아니다. 〈확대 역본〉과 "Dead Bible"(케네스 테일러)은 이 "saviours"를 "deliverers"로 바꾸어 "구원자들"(saviours)이 재판관기 3장에 나오는 "구원자들"(deliverers)과 같은 정도로 생각하게 만든다. New English Bible과 RSV는 모든 히브리어 본문은 간단하게 물리치고 오리겐과 유세비우스가 손댄 부패한 알렉산드리아 계열을 따른다.

New Bible Commentary는 "하나님의 백성들"이 야곱, 요셉, 베냐민으로 대치되었으므로 요한계시록 11:15은 19세기 전에 성취되었다고 설명한다. (역사책을 다시 써야겠다.) 허버트 리빙스톤(Herbert Livingstone, Asbury Theological Seminary)은 70인역에는 "구원받은 사람들"로 되어 있다고 말한다. 그러나 필자가 가지고 있는 70인역 사본은 헬라어와 영어 대역인데 "그리고 도망한 그들"로 되어 있다. 헬라어나 영어 두 본문이 모두 틀리기 때문에 이런 것들을 양산하는 모든 계통의 학위들을 쓰레기통에 넣어야 한다.

『**그 왕국은 주의 것이 되리로다**』(21절). "이 세상의 나라들"(표준원문에는 복수로 되어 있다.)이 "우리 주와 그의 그리스도의 왕국들"이(계 11:15) 될 때만이 그 왕국은 주의 것이 된다. 그러므로 본문에서 말씀하시는 "구원자들"은 서른세 살의 남자들, 주 예수 그리스도의 형상과 일치된 남자들이다(요일 3:1-4, 롬 8:29, 빌 3:21 참조). 이들은 지금까지 보아 왔던 가장 이상한 "재판관들"(judges), "구원자들"(deliverers), "군주들"(monarchs)일 것이다(부패한 현대의 아무 "성서"나 펴서 보라). 이들은 구원자들(saviours)이라 불릴 것이며, 온전한 성도가 "그때 너와 함께 앉아 식사하는 모든 사람 앞에서 네가 존경을 받으리라."(눅 14:10)는 말을 듣는 것과 똑같다. 인간은 하나님만을 경배해야 한다. 그러나 주의 천사가 나올 때 경의를 표했다는 사실은 여호수아 5:14과 재판관기 13:20에서 분명하게 알 수 있다.

요 나

예수님께서 악하고 음란한 세대에게 주시는 유일한 표적은 선지자 요나의 표적이었다(마 12:39,40).

육신으로 나타나신 하나님이신 영광의 주님에 의해 주어진 그와 같은 선언은 하나님과 영적 진리에 관해 무엇을 배우고자 하는 사람들에게는 결코 가볍게 여겨져서는 안 될 것이다. 구약에는 예수님께서 언급하실 수도 있었던 표적과 기적들이 20여 가지나 되지만 그분께서 자신의 죽음, 장사지냄, 그리고 부활을 말씀하셨을 때 - 바울에 의하면 바로 이것이 복음이라고 한다(고전 15:1-6) - 그분은 요나만을 언급하신 것이다. 그렇다면 요나서의 역사성(실제성)에 대해 온갖 신학자들이 "연합전선"을 구축하고 반기를 드는 것은 어쩜인가?

시므온이라고 하는 성령 충만한 유대인 한 사람이 18,19세기의 "지성인" 그룹이 요나서에 대해 반기를 들고 일어설 것을 잘 예언한 바 있다(눅 2:25,26). 시므온은 예수 그리스도께서는 "비방받을 표적을 위해" 세워졌다

(눅 2:34)고 예언했는데 이 세상에서 가장 비방받는 표적이 있다면 그것은 다름 아닌 "선지자 요나의 표적"인 것이다(마 12:39,40). 요나의 표적에 대한 비방의 극히 일부분은 다음과 같다.

- 요나는 실제로 죽지 않았다.
- 요나는 꿈을 꾸고 있었던 것이다.
- 요나서는 하나님께서 모든 인간의 아버지 되심과 모든 인간은 형제임을 입증하기 위해 꾸며진 이야기 책이다.
- 고래는 사람을 삼킬 수가 없다.
- 요나를 삼킨 물고기는 고래가 아니라 상어였다.
- 그리스도께서는 유대인들의 신화 중 하나를 택하여 미신적인 사람들의 수준에 맞춰 말씀하신 것뿐이다(등등).

근본주의자이든 자유주의자이든 간에 이 지구상에 살았던 학자 치고 요나서를 공격하지 않은 사람은 거의 없다.

- 하르트, 레스, 팔머, 크래머는 요나서가 알레고리라고 말했다.
- 아이콘 뮬러와 어거스틴은 요나서가 전설이라고 말했다.
- 바우어, 프리드리히, 그리고 엔포즈빙거는 요나서가 신화라고 말했다.
- 에발트, 크노벨, 드웻트, 폴러스 및 파로는 요나서가 우화라고 말했다.

이처럼 소경을 인도하는 소경들이 이들을 구덩이에 빠뜨려 버린다. 더멜로우라는 학자는 요나서는 실제적인 사건이 아니고 전체가 비유이며 〈해석자 성경〉(Interpreter'es Bible)은 요나서는 대단한 이야기이며 영적 통찰력과 아름다움이 가득하지만 그것은 꿈이지 사실은 아니었다고 주장한다[그렇게 되면 예수 그리스도께서는 거짓말을 하셨다는 말이 된다. 요나서가 거짓말이고 그것을 인용한 분도 거짓말쟁이라면 이들 학자들이 주장하는 "하나님이 모든 인류의 아버지 되심"(fatherhood of God)이라는 주장도 거짓말이 될 것이다]. 한마디로 말해 요나서가 거짓말이라면 그리스도께서는 거짓말쟁이가 되시는 것이다(마 12:40). 예수 그리스도께서는 어떤 사람이 꾼 꿈을 가지고 자신의 육체적인 부활을 입증하려고 하신 적이 없다.

요나는 스불룬에 있는 가드헤펠 출신이며 여로보암 II세의 통치기간 동안에 살았다(왕하14:25–27). 그는 갈릴리 출신으로 요한복음 7:52은 그리스도 당시의 영적 지도자들이 구약성경에 얼마나 무지했던가를 잘 보여 준다. 이들 영적 지도자들은 오늘날의 기독교 지도자들보다는(마 27:47과 주석 참조) 덜 무지하긴 했어도 이들은 시편 22:30,31의 거듭남과 마태복음 12:40의 메시아의 표적과 요한복음 2:19의 표적을 놓쳐 버렸다. 갈릴리로부터 온 선지자(막 6:1–6)께서는 자신을 갈릴리 출신의 선지자 요나로서 제시하였다(마 12:40). 이처럼 요나는 그리스도께서 자신의 유형으로 삼으신 특별한 선지자인 것이다.

요나는 유대 민족이 아닌 이방인들에게 말씀을 전파하도록 부름을 받았다. 그는 스스로의 자서전을 쓰도록 위임받았고 그 자서전에서 자신을 3인칭으로 기술한 것은 예수 그리스도께서도 자주 사용하신 기법이었다(요 3:16; 17:3; 5:20,23,25). 모세 역시 자기 자신에 관해서 기록하여야만 했고(민12:3,7), 그 일은 때로는 매우 당혹스러웠을 것이다(출 4:25과 그 주석을 참조하라).

요나서를 예언이 아닌 단지 이야기의 서술로만 보려는 학자들의 억지에도 불구하고 우리는 요나서에서 세 가지의 예언적 진리를 분명히 지적할 수 있다.

1. 요나서는 대환란 기간 중 왕국복음(마 10장)을 전파하도록 부르심을 받게 될 유대인 전도자들의 미래 사역에 대한 예언이다(행 9:15과 그 주석을 참조할 것).

2. 요나서는 주 예수 그리스도의 죽음, 장사됨 그리고 부활하심을 묘사하고 있다.

3. 요나서는 불순종하는 하나님의 자녀의 삶, 행동, 그리고 징계 및 회복에 대한 영적인 교훈을 준다.

이 세상의 신은 요나서를 모방해서 여러 가지 이교도 신화들을 만들어냈다.

– 페르세우스에 의해 바다괴물로부터 구조되는 "안도로메다"

– 선원들에 의해 물속에 던져진 후 돌고래에 의해 바닷가로 인도된 음악가 "아리온"

– 바다괴물의 배 속에 삼일 낮과 밤을 지낸 "헤르쿨레스" 등등

이 모든 이교도들의 모조품들은 (오늘날 불순종의 자녀들 안에서 역사하는 그 자에 의해 시도된 것은 물론이다.) 요나가 죽은 후 200–400년까지는 기록되지 않았으므로 이들 신화들이 어디서부터 나왔는가는 불을 보듯 뻔하다고 하겠다. 줄리안과 포르피리는 요나와 고래 이야기는 과학적으로 볼 때 엉터리라고 주장했지만 실상은 어떠한가?(오늘날의 과학자들도 그들처럼 어리석기는 마찬가지이다.)

–리노딘 티피쿠스에 따르면 고대 상어 안에서 2m짜리 사람의 뼈가 발견되었다고 한다.

–고래 전문가인 찰스 벨 에머슨에 따르면 흰긴수염고래는(Sulphur bottom whale) 길이가 30m에 무게가 147톤이나 나가며 25,000m^{2}의 공간을 갖고 있다고 한다. 향유고래(sperm whale)는 죽기 전에 배 속의 물질을 뿜어낸다고 한다(욘 2:10을 볼 것). 프린스터 리뷰 1927년 10월호에 따르면 어떤 사람이 고래 배 속에 (성경을 거부하는 사람들은 고래를 거부하고 "큰 물고기"라 한다.) 들어간 후 비록 의식을 잃긴 했지만 이틀 후에 산 채로 발견되었다고 한다. 1881년 8월 25일 제임스 바트렛이라고 하는 조타수가 포경선에서 죽은 고래의 위를 잘라내고서 비록 창백한 상태이긴 했어도 사람의 시체가 그대로 있는 것을 발견했다. 화씨 104도의 온도를 유지하고 있던 그 고래의 위에서는 그 사람의 시체 주위로 살아 있는 물고기들이 헤엄을 치고 있었는데 그 중 어떤 것은 2m 가까이 되는 것도 있었다고 한다.

예수 그리스도에 따르면(마 12:40) 요나는 죽었었다. 그런데도 Century Bible은 "성경 주석가가 상어들에게 삼켰다가 산 채로 토해내진 선원들의

의심스러운 이야기를 수집하여 요나서를 입증하려는 것은 모욕적인 일이 아닐 수 없다."라고 말하고 있다. 고래 전문가들에 의해 기록된 실제 사건들에 관해 의심스러운 것은 하나도 없다. 우리는 오히려 "마태복음 12:40을 근거로 요나의 이야기가 실제로 있었던 사건이라고 단정짓는 우를 범해서는 안 된다."라는 따위의 주석을 의심스러워 한다. 그렇다면 마태가 거짓말쟁이이고 시바의 여왕도 실제 인물이 아니라는 말인가?(마 12:42) 믿지 않으려면 무슨 짓은 못하는가?

요나서의 기록 연대는 학자들에 따라 의견이 분분하다. 다만 요나가 살아 있을 당시 니느웨는 큰 도시였으므로(왕하 14-16장, 욘 3:3) B.C. 630년 이후로 연대를 잡는 것은 명백한 잘못이라고 할 수 있다. 요나는 B.C. 793-753년 사이에 말씀을 전파했다. 따라서 그의 생애 동안 그가 요나서를 기록하도록 임무를 부여받았다고 보지 말아야 할 이유가 없다.

요나서는 4장 48절로 되어 있으며 "요나"는 "비둘기"를 의미한다.

[하나님의 말씀인 성경을 다루는 데 있어 우리가 잊지 말아야 할 것은 우리가 읽고 있는 〈한글킹제임스성경〉은 왈덴스, 알비겐스, 프로테스탄트 및 침례교도와 분리주의자 순교자들이 제작하고 보존하여 우리에게까지 전수된 보존된 원문에서 나왔다는 것이다. 이 원문들은 피로 얼룩진 역사를 갖고 있다. 이들 그리스도인들은 하나님을 모독하는 로마카톨릭 원문과 하나님을 드높이는 마틴 루터의 프로테스탄트 원문의 차이점을 잘 알고 있었다. 이 본문은 웨스트코트와 홀트 일당의 사악한 공격에도 불구하고(필립샤프, A.T. 로버트슨 및 프린스턴, 예일, 하버드, 하일즈-앤더슨, 시카고, 웨스트민스터, 달라스, 스프링필드, 밥 존스 대학 등의 교수진들은 이 두 배교자들의 추종자들이 되고 말았다.) 한글 성경 가운데 〈한글킹제임스성경〉을 제외한 모든 성서들은 로마카톨릭 원문에서 나온 것들이다. 따라서 우리는 〈한글킹제임스성경〉을 우리의 믿음, 교리, 실행, 및 신학에 있어서의 최종 권위로 삼는 데 주저하지 않을 것이다. - 역자 주]

요나 1장

1:1 주의 말씀이 아밋태의 아들 요나에게 임하여 말씀하시기를
2 "너는 일어나 저 큰 성읍 니느웨로 가서 그 성읍에 외치라. 이는 그들의 죄악이 내 앞에 닿았음이라." 하셨으나
3 요나는 주의 면전에서 타시스로 도망하기 위하여 일어나서 욥파로 내려가 타시스로 가는 배를 만났더라. 그리하여 그가 주의 면전에서 피하여 그들과 함께 타시스로 가려고 뱃삯을 지불하고 배에 탔더라.

"비둘기"라는 뜻을 갖고 있는 요나는 아밋태의 아들이며(아밋태는 "진리" 혹은 "진리를 말하는"의 뜻임) 어쩌면 이 사실 때문에 학자들이 요나서를 대할 때 강한 적대감을 표시하는지도 모른다. 비둘기는 성령의 예표이며(마 3:16), 따라서 "진리를 말씀하시는 성령"은 신화, 알레고리 혹은 전설을 말씀하실 리가 없다. 특히 신약의 복음, 즉 주 예수 그리스도의 죽음, 장사되심, 부활에 관해(고전 15:1-5, 마 12:39,40) 말씀하실 때는 더더욱 그러하다. 요나는 스불룬에 있는 가드헤펠 성읍 출신이다(왕하 14:25, 수 19:10,13).

『**너는 일어나 저 큰 성읍 니느웨로 가서**』(2절). 이 임무는 요나의 입장에서는 받아들이기 불가능한 것이다. 니느웨는 당시 세계 최강국의 수도였으며 그 나라는 요나의 조국과 백성을 쓸어버리려고 마음먹고 있었다. 니느웨를 수도로 한 앗시리아는 열왕기하 17장에 나와 있듯이 모든 이스라엘을 포로로 잡아갔다. 요나가 부르심을 받은 것은 열왕기하 14장 때였다. 만약 요나의 설교로 니느웨 사람들이 "회개"하여 하나님과 올바른 관계가 되면 그들은 곧바로 이스라엘을 공격할 것이었다. 요나는 이스라엘이 죄악 가운데 있음을 알았고 하나님께서 앗시리아를 들어 치실 것을 알았으므로 이번 부르심은 요나로서는 받아들일 수 없는 것이었다. 당시 이스라엘의 왕은 요아스의 아들 여로보암으로 이 왕은 주의 목전에 악을 행하고 있었다(왕하 14:24). 하나님께서는 요나에게 요나 자신과 조국의 멸망을 확증하는 그 임무를 요구하고 계신 것이다. 만약 당신이 그러한 임무를 수행하도록 부르심을 받았다면 어떻게 하겠는가? 이와 같은 상황을 이해한다면 당시 요나의 행동을 이해할 수 있을 것이다. 우리는 요나를 배교한 설교자의 전형으로 정죄하려는 설교자들을 자주 보아왔다. 그러나 어쩌면 부르심에 "순종"하는 현대의 설교자들의 동기보다 요나가 부르심을 "거절한" 동기가 더 나은지도 모른다. 순수하지 못한 동기에서 사역하는 사람들이 이 시대에 얼마나 많은가는 세상이 다 알고 있다. 진리는 픽션보다 더 이상한 모습으로 나타나는 법이다.

『**이는 그들의 죄악이 내 앞에 달았음이라**』(2절). 아모리인들(창 15:16), 이집트인들(창 15:14), 소돔 사람들(창 18:20,21) 그리고 오늘날의 미국인들, 독일인들, 프랑스인들, 일본인, 베트남인, 캄보디아인, 한국인들의 죄악도 마찬가지이다. 이 세상의 그 어떤 나라도 우상을 제거하지 않는다(행 17:30). 이 세상의 그 어떤 나라도 타락한 사회를 바로잡지 않는다. 이 세상의 그 어떤 나라도 왕이신 그리스도 없이 "왕국"을 이 땅에 세우려는 허황된 꿈을 버리지 않는다. 따라서 이 세상 나라들은 왕이 오셔야만 "천국"이 수립된다고 말씀하시는 하나님을 거짓말쟁이로 만들어 버리는 것이다(롬 3:4).

『**요나는 주의 면전에서 타시스로 도망하기 위하여 일어나서 욥파로 내려가 타시스로 가는 배를 만났더라**…』(3절). 시편 139:1-9에 따르면 주의 임재를 피한다는 것은 매우 힘들다. 하나님으로부터 피한다고 하는 것은 돌고래보다 더 수영을 잘해 보려는 것과 다를 바가 없다. 어떤 소녀가 침대에 뛰어올라 머리를 베개로 감싸고서 "이제 하나님은 나를 못 보실 거야"라고 말했다고 한다. 내 아이는 방 한가운데 서서 눈을 손으로 가리고서 "아빠, 날 볼 수 없지. 나는 숨었거든"이라고 종종 말하곤 했다. 사탄이 미국의 고등학생들에게 가르쳐 준 가장 커다란 농담은 하나님은 그들이 어두운 곳에 숨어 있으면 못 보신다는 것이다(예를 들면 사탄은 화장실, 샤워 룸, 창고, 자동차 뒷좌석, 그 밖의 컴컴한 곳에서 무슨 짓을 하든 괜찮다는 생각으로 학생들을 세뇌시켜 버린 것이다). 『**만물이 …그분의 눈 앞에 벌거벗은 채로 명백히 드러나게 되느니라**』(히 4:13). 요나는 주께서 오직 "그분의 거룩한 성전"에만 계신다고 착각했다(합 2:20). '설마 지중해 바닷속에까지 하나님께서 계실까?'라고 생각했겠지만 그것은 실로 커다란 착각이었음이 판명되었다.

배교한 설교자가 어떻게 "부르심"을 저버리게 되는지 그 과정을 잘 살펴보면 먼저 그는 욥파로 내려갔다(3절). 그 다음 그는 배로 내려갔고 그 다음 그는 배 밑층으로 내려갔다(5절). 그것도 부족해서 그는 드러누워 잠을 잤다.

1:4 ○ 그러나 주께서 큰 바람을 바다로 보내셨더니 바다에 큰 폭풍이 일어나서 배가 거의 부서지게 된지라.

5 그때 뱃사람들은 두려워서 각자 자기 신에게 부르짖고 배에 있는 물건들을 바다에 던져 그들의 배를 가볍게 하더라. 그러나 요나는 배 밑층으로 내려가서 누워 곧 잠이 들었더라.

6 그러므로 선장이 그에게 가서 그에게 말하기를 "오 잠자는 자여, 어찌된 일인가? 일어나 네 하나님께 구하라. 혹시 하나님께서 우리를 생각하시어 우리로 멸망하지 않게 하실까 하노라." 하더라.

7 또 그들이 각자 자기 동료에게 말하기를 "오라, 우리가 제비를 뽑아 누구의 탓으로 이런 재앙이 우리에게 닥쳤는지 알아보자." 하고 그들이 제비를 뽑으니 그 제비가 요나에게 떨어졌더라.

8 그러자 그들이 그에게 말하기를 "우리가 네게 청하노니 누구의 탓으로 이런 재앙이 우리에게 닥쳤는지 우리에게 말하라. 네 직업이 무엇이냐? 너는 어디에서 왔느냐? 네 나라는 어디며, 너는 어느 백성에게 속한 자냐?" 하니

9 그가 그들에게 말하기를 "나는 히브리인이요, 나는 주, 곧 하늘의 하나님을 두려워하노니 그는 바다와 육지를 만드신 분이라." 하였더라.

10 그러자 그 사람들이 심히 놀라며 그에게 말하기를 "네가 어찌하여 이렇게 행하였느냐?" 하였으니 이는 요나가 그들에게 말함으로 그 사람들은 그가 주의 면전에서 도망하는 것임을 알았음이라.

우리가 하나님의 뜻에서부터 벗어날 때 우리는 스스로의 삯을 지불한다(3절). 죄의 삯은 사망이고, 그래서 요나도 삯을 지불하고 배를 탔으며 곧이어 사망에 이르렀다. 요나는 하나님의 뜻에서 벗어나기 위해 어찌나 급히 서둘렀든지 정기 여객선을 기다릴 틈도 없었다. 그는 타시스로 가는 배를 보고는 정신없이 승선한 것이다. 사실 그 배의 여객이라고는 요나밖에 없었다. 나머지는 전부 선원들 뿐이었다(5절).

이 배는 화물수송선이었으며(5절에서 배에 있는 물건들을 바다에 던졌다는 말이 이 사실을 보여 준다.) 요나는 이 배에 아무런 볼 일이 없었다. 배는 욥파(욥파는 오늘날 텔아비브 근처의 사파항구임)에서부터 스페인으로 가는 화물선이었다. 4절에 나오는 바다는 지중해이다. 요나는 서에서 동으로 가도록 부르심을 받았지만 그는 동에서 서로 떠나고 있다. 우리는 이 사실 하나만으로도 선지자의 완고한 반역의 마음을 읽을 수 있다. "나는 이방인에게 말씀을 전파하지 않겠다. 더군다나 내 설교로 그들이 회개할 가능성이 있는 경우에는 더더욱 그렇다." 아마 이 한 생각이 요나의 머리를 꽉 채우고 있었을 것이다. 요나는 하나님께서 앗시리아를 도구로 사용하셔서 이스라엘을 심판하실 것을 알았고(왕하 14:25) 그래서 그는 니느웨의 죄들로 인해(나 2:8-13) 앗시리아가 망하면 이스라엘은 살아남을 수 있을 것이라고 논리를 전개했던 것이다(그의 논리가 옳았음은 4:11에서 증명되었다). 조국의 대적이 "올바르게 될" 기회를 가져다 줄 이유가 무엇인가? 그래서 요나는 도망을 치는 것이다.

『○ **그러나 주께서 큰 바람을 바다로 보내셨더니 바다에 큰 폭풍이 일어나서 배가 거의 부서지게 된지라**』(4절). 불순종은 항상 파도를 일으킨다. 죄는 거친 바다이다. 자연의 법칙과 하나님은 인간의 반역에 대해 반대 입장을 보인다. 하나님의 "바다"들은 잘못된 방향으로 나아가고 있는 배 한 척에만 덮치는 것이 아니다. 『**한 명의 죄인이 많은 선을 파괴시키느니라**』(전 9:18). 마찬가지로 교회 안에 있는 한 명의 배교자가 "배를 뒤흔들어" 결국 침몰시킨다. 거짓말로 배를 침몰시키느니 차라리 진리로 "배를 뒤흔드는 것"이 더 나을 것이다. 반면 한 명의 좋은 설교자가 배에 타고 있다면(행 27:9-44) 전체 회중을 구원으로 이끈다.

『**그때 뱃사람들은 두려워서**』(5절). 뱃사람들과 달리 요나는 무서워하지 않았다. 선원들이 기도하고 있는 동안 요나는 자고 있었다(행 12:6의 베드로를 보라). 그가 어찌나 곤히 자고 있었는지(5절에는 누워 곧 잠이 들었다고 했다.) 알렉산드리아 학자들은 오리겐의 70인역에서 "그리고 그가 코를 골았더라."라는 말을 받아들여 그들이 본문에 첨가시켰다. 그들은 선장이 코고는 소리를 듣고 배 밑으로 내려갔을 것이라고 짐작했던 것 같다. 하나님께서 금지하신 범죄를(잠 30:6) 저지른 이들 학자들은 6절을 "어찌된 일인가?"를 "어째서 너는 코를 고느냐?"로 변개시켜 버렸다.

『**각자 자기 신에게 부르짖고**』(5절). 이 배에는 이집트, 페니키아, 크레테, 사이프러스, 그리스, 팔레스타인, 그리고 아프리카로부터 많은 상인들이 상품을 싣고 있었다. 모든 이교도들은 늘 종교적이므로(항상 그래왔고 지금도 여전하다. 한국에서는 돼지머리에다 절도 한다.) 각자 자신들의 종교에 따라 각자의 신들을 찾고 있었던 것이다. 바알의 추종자들처럼(왕상 18:26-28) 그들은 난리법석을 떨었지만 그 누구도 응답을 받지 못했다(이런 짓은 고장난 전화기로 국제 전화 걸기나 마찬가지다).

존 웨슬리 그랜트라고 하는 흑인 목사는 이렇게 주석을 했다. "주님께서는 저 배교한 설교자이며, 선지자이며, 교사이며, 교육자인 요나를 굽어보시면서 '저 설교자는 이 배에 더 이상 머물러서는 안 되겠군.' 하시면서 사방으로부터 바람을 부르시고 '북풍아, 너는 남쪽으로 불거라.' '남풍아, 너는 북쪽으로 불거라.' '서풍아, 너는 동쪽으로 불거라.' '동풍아, 너는 서쪽으로 불거라.'라고 명하셨다." 결국 큰 폭풍이 일어나고 만 것이다.

『**오 잠자는 자여, 어찌된 일인가?**』(6절) 여기서 요나는 겟세마네 동산에서의 베드로와 같다. 어느 곳에나 잠에 취해 하나님의 메시지를 놓치는 사람이 있는 법이다.

『**일어나 네** 하나님**께 구하라**』(6절). "우리는 모든 신들을 동원해 보았지만 공중 권세의 통치자(엡 2:2)를 아직 통제하지 못하고 있다. 그러니 네가 섬기는 신께 구하라." 선원들은 이렇게 말했을 것이다. 앞서 말한 대로 70인역의 오역자들은 어째서 선장이 요나에게로 갔는지를 이해할 수 없었고 그래서 앞서 언급한 대로 성경에다 자신들의 주장을 덧붙였다. 물건 더미 위에서 잠을 자고 있는 요나를 물건을 바다에 내던지던 사람들이 못 보았을 리가 있겠는가? 짐은 배 밑에 싣게 마련이고 요나는 그곳에서 자고 있었던 것이다.

더군다나 여객선이 아닌 화물선에 승선한 승객들은 왜 그래야 하는지 그 사정을 설명해야만 했을 것이다. 요나는 자기가 주의 임재를 떠나 도피하는 중이라고 말했었다(10절). 다만 요나는 그 주님은 "바다와 육지를 만드신 분"(9절)이라는 사실을 말하지 않았을 뿐이다. 배교자들은 예수 그리스도께서 "육신으로 나타나신 하나님"(딤전 3:16)이심을 밝히지 않는 한 그럭저럭 살아남는다. 아마 그래서 현대의 근본주의자들이라는 사람들이 교회협의회가 추천하는 자유주의자들의 "성서"들에 일치하도록 디모데전서 3:16을 변개시키도록 내버려둔 것인지도 모르겠다. 요나는 곧이어 침례를 받게 된다.

『**우리가 제비를 뽑아 누구의 탓으로 이런 재앙이 우리에게 닥쳤는지 알아보자**』(7절). 그들은 제비를 뽑았고 그 제비는 요나에게 떨어졌다(7절). 하나님께서만이 모든 "우연한 일들"의 최종 선택자이시다(행 1:26을 볼 것). 왜냐하면 제비는 마음대로 뽑으나 그 일의 결과는 주께 있기 때문이다(잠 16:33). 요나의 도피생활은 끝났다. 하나님의 손은 스불룬의 가드헤펠로부터 지중해 한 가운데의 배까지 뻗쳤고 하나님의 손가락은 40-50명의 사람 중 한 사람을 끄집어내셨다. "바로 너 때문이다." 나는 배교한 그리스도인들이 자신의 신앙을 버리고, 간증도 버리고, 댄스홀로, 포르노 영화관으로 돌아갔다가 가장 비기독교적인 상황에서 그들이 믿는 사람으로 발각되는 것을 많이 보았다 [나는 내가 만난 사람 중 가장 위대한 구령자인 한 젊은이를 기억한다. 그는 10년 동안이나 하나님께서 사역에 부르시는 것을 저항하다가 (그리고 세 번에 걸쳐 고의로 예배시 잘못된 결정을 지지하고서는) 결국 맥줏집으로, 스탠드바로, 디스코텍으로, 해변으로 돌아가 버렸다. 그러나 그는 그 어디에서도 쉼을 얻을 수 없었다. 왜냐하면 거듭나지 못한 여자들은 그를 전염병자 대하듯이 하였고 구원받지 못한 남자들도 그와 얘기를 시작하면 5분도 못 되어서 하늘 나라, 지옥, 혹은 하나님에 대해 논쟁을 하게 된다는 사실을 발견하였기 때문이다.

『**잠자는 자**』(6절)는 갑자기 주목의 대상이 되었다(고전 15:34). 하나님에 의해 조성된 섭리적 환경에 놓이게 된 요나는 2절부터 당시까지의 상황을 총점검해야 할 처지에 놓였다.

1. 왜 하나님께서는 우리 모두를 죽이시려 하는가?(8절)
2. 네(요나) 직업이 무엇이냐?(8절)
3. 너는 어디에서 왔느냐?(8절)
4. 너의 본적은 어디냐?(8절)
5. 너는 어느 백성에게 속한 자냐?(8절)

이 질문은 마치 베드로를 현장 심문한 여인(마 26:69,71)을 연상케 한다. 현대로 치자면 닉슨이 언론의 공격을 받고 있는 것 같기도 하다.

사람이 한번 구원받으면 그는 성도로 살아야지 다른 도리가 없다. 당신의 백성은 하나님의 백성이며(룻 1:16), 당신의 본적은 하늘이며(빌 3:20), 당신은 지옥의 구덩이로부터 나왔으며(사 51:1), 당신이 현재 살고 있는 것은 그리스도 자신이 당신 안에서 살고 계신 것이다(갈 2:20). 우리는 하나님께서 왜 죄인을 죽이시는가를 알고 있으며(롬 6:23), 왜 그리스도인들을 죽이시는가(롬 8:13)도 알고 있다. 이러한 사실들을 숨기고는 있을 수가 없다. 이교도들은 곧바로 당신이 누구인지 알게 될 것이기 때문이다. 하나님께서는 사냥터에서 사냥개가 떨어진 메추라기를 추적하듯이 당신을 추적하셔서 "망신"을 주실 것이다.

『**네가 어찌하여 이렇게 행하였느냐?**』(10절) 이제까지는 요나의 도피에 대해 아무도 문제 삼지 않았었다. 선원들은 요나가 그의 "신"의 임재를 피해 도망치고 있었다는 사실을 알고 있었지만 그들은 모든 이교도들처럼 요나가 도망친 것은 그의 "신"이 그에게 화가 나서 그가 도망치지 않으면 죽을 것이기 때문이라고 생각했다. 오늘날도 아프리카의 모든 마귀 숭배자들은 동일한 사고 방식을 갖고 있다. 당신은 "신"에게 복종하고 그의 요구를 이행하던가 아니면 도망쳐서 그 "신"이 화가 나서 당신과 당신의 농사나 아이들을 파괴시키지 못하도록 해야만 하는 것이다. RSV는 이 구절에서의 본문 부호를 없애버렸다. 하지만 히브리어의 "Mah"는 이 문장이 의문문임을 분명히 보여 주고 있다.

1:11 ○ 그때 그들이 그에게 말하기를 "우리가 너에게 어떻게 하여야 바다가 우리에게 잠잠하겠느냐?" 하였으니 이는 바다가 계속 움직여 사나워졌음이라.

12 그가 그들에게 대답하기를 "나를 들어 바다에 던지라. 그리하면 바다가 너희에게 잠잠해지리라. 이는 나로 인하여 이 큰 폭풍이 너희에게 임한 것을 내가 알기 때문이라." 하였더라.

13 그럼에도 그 사람들은 배를 육지에 대려고 애써 노를 저었으나 그렇게 할 수가 없었으니 이는 바다가 계속 움직여 그들에게 사나워졌음이라.

14 그러므로 그들이 주께 부르짖어 말하기를 "오 주여, 우리가 주께 간구하고, 우리가 주께 간구하오니 이 사람의 생명으로 인하여 우리를 멸하지 마시며, 무죄한 피를 우리에게 돌리지 마소서. 이는 오 주여, 주께서는 주께서 기뻐하시는 대로 행하셨음이니이다." 하고

15 그들이 요나를 들어 바다 속으로 던지니 바다가 그 사나움에서 그쳤더라.

16 그러자 그 사람들이 주를 심히 두려워하며 주께 희생제를 드리고 서원을 하였더라.

도망친 선지자를 갖고 있는 교회에 화가 있을지어다! 하나님께서 부르신 자로서 사역을 포기한 자가 교회 안에 있음으로 인해 교회가 동요하는 경우는 실로 허다하다. 교회 안에는 그런 사람들이 늘 있게 마련이다. 모든 교회는 그들이 "사역자"라는 사실을 회중은 전혀 모르는 가운데 그 회중을 "사역"하도록 부르심받았다고 생각하는 그런 사람들을 1-5명 정도 갖고 있다. 이들은 소심하고 비겁한 "교회운영자"들로 뒤에서 교회 일을 조정하려 할 뿐 직접 "강단"에서 설교하는 사역은 거부한다. 설교 사역은 회중들의 직접적인 판단 대상이 되기 때문이다. 이들은 늘상 강단 뒤에서 움츠리고 있다가 목사나 설교자를 통제하려 든다. 이런 사람들이 타고 있는 한 교회는 올바른 항해를 해 나갈 수 없다. 나는 종종 이 문제에 대해 깊은 생각과 함께 기도하곤 했다. "사역에 부르심을 받고도 그 사역에 임하지는 않으면서 뒤에서 사역자들을 조종하고 통제하려는 이런 자들을 감염시킨 종교성 바이러스는 도대체 무엇인가?" "뒷전에 눌러 앉아 그리스도의 몸을 섬기는 사역자들을 조종하고 회중들과 경건하게 악수나 하며 재직회에서 발언수위를 높이는 자들이 걸린 질병은 실로 치유가 불가능한 것인가?" 이 문제를 심각히 생각해 보면 볼수록 미국의 모든 교회는 100명 당 1명 꼴로 설교자로 부르심을 받았으나 이 세상에서의 생활안정을 포기할 수 없다는 이유로 그 부르심을 거부한 자들이 있다는 사실이 분명해진다. 이들은 자신의 불순종을 "속죄"라도 하려는 듯이 교회 안의 모든 봉사를 도맡아 하기 마련이고 사람들이 보기에는 성령의 능력과 충만함으로 그런 일을 수행하는 것처럼 보인다. 그러나 그 교회의 설교자가 질투, 게으름, 사기, 진지하지 못함, 수군거림, 불평 등에 관해 강력한 설교라도 하는 경우 이 "성령 충만하신 양반"은 사탄의 대사가 되어 그 설교자를 제거하려고 든다. 선교사, 설교자, 교사, 혹은 복음 전도자로 부르심을 받았으나 이를 거부하고 "이 따위 짓"을 일삼는 자들이야말로 종교개혁 원문에 근거한 〈킹제임스성경〉에 대한 젊은 신학생들의 믿음을 파괴하는 기독교 대학의 교수진을 제외하고는 주님의 몸 된 교회에 있어 가장 커다란 저주임에 틀림없다.

요나를 배에 태운 교회나 신학교는 지속적인 항해가 불가능하다.

『**우리가 너에게 어떻게 하여야**...?』(11절) 이 구절은 이교도들이 오늘날의 자유주의자나 세상 사람들보다 하나님에 대해 더 잘 알고 있음을 보여 주는 구절이다(행 28:4). 이 배의 선원들은 이교도들인데도 하나님께서는 화를 내시며, 인간들을 심판하시고, 이생의 삶에 있어 사람들에게 형벌을 내리시며, 한 사람의 죄들로 인해(삼하 21:2-8) 민족 전체 혹은 그룹을 심판하신다는 사실을(수 7:1,25) 알고 있었다. 자, 이쯤 되면 버클리 대학 교수들이나 "과학자들" 그리고 러시아 과학 아카데미 회원들은 히틀러나 니콜라스 황제의 경우에 있어서도 하나님의 심판이 있을 수 있었음을 인정해야 할 것이다. 그런데도 이들은 칼 마르크스나 찰스 다윈을 추종했던 민족에게 그런 일이 일어날 수 있다는 생각을 전혀 못하고 있다.

『**나를 들어 바다에 던지라. 그리하면 바다가 너희에게 잠잠해지리라. 이는 나로 인하여 이 큰 폭풍이 너희에게 임한 것을 내가 알기 때문이라**』(12절). 요나의 최후의 결심은 자신이 죽음으로써 배에 탄 사람들을 구원하려는 것이었다. 이 점에 있어서는 그는 예수 그리스도의 예표의 자격을 갖춘 셈이다. 그럼에도 불구하고 이 예표는 계속되지 못한다. 왜냐하면 요나는 다른 선원들의 죄 때문이 아니라 자기 자신의 죄책으로 인해 물 속에 빠지고 있기 때문이다. 웨슬리 그랜트의 말대로 "그는 자살을 하고 싶었다. 그렇지만 그는 다른 누구가 자신을 죽여 주기를 원했다."고 할 수 있다. 이 구절에 대한 성령님의 해석은 요나 2:5, 마태복음 12:40에 나와 있다. 이 구절들과 욥기 41:1,31, 창세기 1:2,3, 예레미야 51:34, 시편 148:4을 함께 읽어보면 그리스도께서는 이 지상으로 내려오실 때 물을 통과해서 오셨고 이 물은 리비야단의 지배하에 있는 곳임을 알 수 있다(욥 41:1-31과 그 주석 참조). 그런데 이

리비야단을 예표하는 동물이 바로 고래인 것이다(창 1:21). 결과적으로 주님께서 사역으로 부르신 자들은 직업 어부였던 것이다.

12절을 보면 문제의 원인을 알고 있었던 유일한 사람은 다름아닌 문제를 야기시킨 사람이었다("교회 운영자"에 대한 주석을 기억하라). 교회 문제도 마찬가지이다. 강단 뒤편에서 목사의 설교 내용을 체크하고 회중들을 자극하는 메시지를 하지 못하도록 감시하는 자들은 자신들의 요구를 따르지 않는 목사를 결국은 쫓아내 버린다. 많은 사람들은 전천년주의를 표방하는 목사가 설교하고 거듭난 성도들로 이루어진 큰 교회가 왜 이리 냉냉하고 힘이 없는지 의아해 한다. 그 이유를 알고 있는 자는 바로 그 자들인 것이다. 목사들로 죄를 들춰 내고 헌신을 권면하는 설교, 즉 회중을 자극하는 설교를 못하도록 뒤에서 통제하고 있는 그 자만이 그 문제의 이유를 알고 있는 것이다.

대부분의 뱃사람들은 비록 자신들의 신들과 우상들을 지니고 다니지만 그래도 하나님을 두려워한다(계 11:13).

『그럼에도 그 사람들은 배를 육지에 대려고 애써 노를 저었으나 그렇게 할 수가 없었으니 이는 바다가 계속 움직여 그들에게 사나워졌음이라』(13절). 이 구절은 인간들이 스스로의 노력과 행위에 의해 필사적으로 노력하고 있는 모습을 잘 보여 준다. 그러나 유일한 해결책은 누군가가 그들을 대신해서 죽어야만 된다. 뿐만 아니라 대속제물은 무죄한 피로(14절) 분류되고 있다(마 27:4).

뱃사람들은 9절에 나오는 요나의 고백을 듣고서는 요나를 희생제물로 바치는 것을 꺼려했다. 그래서 그들은 배를 저어 육지에 대려고 필사적인 노력을 했던 것이다. 그러나 폭풍은 계속 심해만 갔다. **『그러므로 그들이 주께 부르짖어 말하기를...』**(14절) 결국 뱃사람들은 요나의 하나님을 참 신으로 인정한 것이다(단 4:34). **『오 주여, 우리가 주께 간구하고, 우리가 주께 간구하오니 이 사람의 생명으로 인하여 우리를 멸하지 마시며, 무죄한 피를 우리에게 돌**

리지 마소서』(14절). 대부분의 이교도들은 살인과 사형과 간음(창 20:4-6)에 관해 미국의 대법원 판사들보다 훨씬 더 바른 지각을 갖고 있다(행 28:4).

『그들이 요나를 들어 바다 속으로 던지니 바다가 그 사나움에서 그쳤더라』(15절). 때로 바람과 비와 파도는 한 사람 때문에(욥 1:19) 일어나기도 한다. 요나는 뱃사람들 눈에는 "영원히" 가 버렸다.

폭풍은 그쳤고 파도는 요나가 물 속에 빠지는 순간 잠잠해졌다. 뱃사람들은 누가복음 5:8,9에서의 베드로와 동료들같이 요나의 하나님의 신성에 깊은 확신을 갖게 되었다[요나서의 기록에 따르면 요나가 가는 곳마다 그곳에는 부흥이 일어난 것처럼 보인다. 그러나 그 부흥은 강제적으로 주어진 것이었다. 그 부흥은 하나님께서 요나의 불순종에도 불구하고 하나님께서 다른 사람들에게 강력하게 역사하심에 의해(욘 2:5) 이루어진 부흥이기 때문에 요나는 자기의 부흥 노력의 열매를 결코 누리지 못했다].

이 구절은 결코 가볍게 넘길 수 있는 구절이 아니다. 시퍼런 바다 속으로 던져지는 일은 누가 누구를 던졌든지 간에 두려운 일이다. 나는 1945-1947년 사이에 태평양을 군함을 타고 항해했는데 그때 누군가가 나를 그 배에서 밀어 떨어뜨리면 그것으로 끝이라고 생각했었다. 아무도 나의 외침을 듣지 못할 것이고 1시간도 못돼서 배에서 너무도 멀리 떨어져 헤엄쳐 간다는 것은 불가능하다. 그 어떤 선장도 군대를 수송하는 도중 나를 발견할 가능성은 거의 없다. 어떤 흑인 병사가 군함에서 바다를 보면서 옆 친구에게 "이봐! 저렇게 많은 물을 본 적이 있나?"라고 물었더니 그 친구는 "저건 아무것도 아니야. 저 속에는 얼마나 많은 물이 있는데..."라고 대답하였다고 한다.

뱃사람들의 행동은 그들이 원하는 효과를 가져왔다(15절). 그러나 얼마나 많은 배들이 선원들과 함께 물속으로 가라앉았는지는(1700-1950년) 하나님께서만 아실 것이다. 1880년 배 하나가 가라앉고 있었고 구명보트가 내려지고 승객들은 구명보트를 타려고 야단법석이었다. 그때 한 여자가 "이봐요, 누구든 종교 의식을 해 보세요."라고 외쳤다. 그때 한 사람이 잽싸게 접시를 들고서는 헌금을 걷으러 갑판을 한 바퀴 돌았다. 요나의 시대의 이교도들은 그런 미신적인 일은 하지 않았다. 그런데도 진화론을 믿고 있다니!

『**그러자 그 사람들이 주를 심히 두려워하며 주께 희생제를 드리고 서원을 하였더라**』(16절). 이 구절은 뱃사람들이 그들의 다른 신들을 바다 속에 내던졌음을 암시하고 있다. 왜냐하면 그들은 이스라엘의 하나님으로 맹세하였기 때문이다(룻 1:15,16). 결국 요나는 설교도 안했는데 이방인 회심자를 얻게 된 셈이다. 요나 자신은 별로라고 생각했던 은사를 발휘하고만 셈이다.

1:17 ○ 그때 주께서는 요나를 삼킬 큰 물고기를 예비하셨으니 요나가 그 물고기 배에서 삼 일 낮과 삼 일 밤을 있었더라.

이 구절을 독립해서 따로 놓은 것은 첫째, 단락 구분 표시가 이 구절 앞에 있기 때문이며 또한 그 결과는 구분되어 있기 때문이다.

큰 물고기라는 단어만큼 많은 고뇌와 충격을 야기시킨 단어도 드물다. 뉴스코필드 성경 편집자들은 이 구절과 관련해서 희한한 주석을 해놓았다. 이 에큐메니칼적인 성경에 따르면 마태복음 12:40에 나오는 고래는 잘못 번역된 것이며 진짜 이적은 요나가 큰 물고기에서 토해졌을 때 그가 살아 있었다는 사실이라고 한다(〈뉴스코필드주석〉 욘 1:17 참조). 이 주석을 요나가 토해지기 전에는 죽어 있었을 것이라고 암시해 놓고나서는 (살아 있는 것이 큰 기적이라고 했으니까), 요나의 기도를 보면 요나는 "살아 있었고 의식을 갖고" 있었음을 암시한다고 모순된 말을 하고 있다.

그러나 이런 주석은 진실과는 너무도 거리가 멀다. 요나의 기도는 그가 스올로부터 올라온 후에 드려진 것이며 그 증거는 17절에서 "삼 일 낮과 삼 일

밤을" 있었고 그후에(2:1) 요나가 기도했다고 성경은 기록하고 있기 때문이다. 즉 부활 후에 기도가 드려진 것이다. 그런데도 맥 클레인, 메이슨, 월부드, 월버 스미스, 페인버그, 맥라에, 윌리엄 걸벗슨, 잉글리쉬 등 주석가들은 성경 기록 그대로를 믿지 않는다.

더멜로우는 그의 주석에서 이 요나서의 기록은 풍유(parable)일 뿐이라고 주장한다. 그러니까 실제 사건이 아니라는 말이다. 사실 이 큰 물고기에 대해서는 이미 오래전부터 논쟁거리였다. (포피리와 셀수스 같은 초대 교부들은 물론 아리스토텔레스와 플라톤까지도 이에 연루되었다.) 큰 물고기는 성경에서 너무도 분명하게 사탄을 예표하고 있기 때문에(욥 41:1-31과 그 주석을 참조) 5만 명의 근본주의자, 10만 명의 보수주의자, 4만 명의 무신론자, 70만 명의 카톨릭, 그리고 1,000만 명의 공산주의자들은 한결같이 요나서의 이 구절이 실제 사실이 아니라고 우겨댄다(자신들의 은밀한 지원자인 사탄의 정체를 드러내고 싶지 않은 것이다).

제이미슨, 포셋, 그리고 브라운은 물고기는 마태복음 12:40의 오역이라고 주장하며(그들의 주석 p.807), 허버트 리빙스톤(애스버리)도 "고래"는 헬라어의 오역이라고 주장한다(위클리프 주석). 윌리암즈는 "그 물고기가 꼭 고래일 필요는 없다."라고 말하고 있다(그의 주석 p.655). New Bible Commentary의 D.W. 로빈슨은 요나는 "삼 일 낮과 삼 일 밤"이라고 쓴 적이 없으며(17절을 볼 것) 그 누군가가 36시간 이하의 기간을 그렇게 표현했을 것이라고 "억측"을 하고 있다. 보카트는 그 물고기는 돔발상어라고 말했고, 젭 역시 그것은 상어라고 주장한다. 그랜드 마문세는 숭어라고 하고, 조로는 고등어라고 하고, ASV 번역자들은 바다괴물이라고 주장한다.

신약성경 마태복음 12:40의 헬라어 어휘는 요나서 1:17과 2:1에서 "고래"라고 번역되었다(소위 70인역으로 알려져 있는 그 성서에서). 이사야서부터 요나서 사이에서만 장당 10번 이상씩을 70인역으로 킹제임스 권위역본의 본문을 수정한 "대학자님"들께서 어째서 이번에는 70인역대로 하지 않고 딴전을 피우는지 알다가도 모를 일이다. 헬라어 "ketos"는 모든 헬라어 성경들의 창세기 1:2에 나와 있는 것처럼 분명히 고래이다. 그런데 어째서 NIV, ASV, RSV, NRSV 등은 이미 알려진 동물의 이름을 밝히기를 거부하고 있는 것인가?

만약 그것이 고래가 아니라면 무엇인가? 바다괴물? 아담부터 그리스도 시대까지 아무도 고래가 무엇인지 몰랐다는 말인가?

이들 학자들은 시편 104:26의 리비야단을 "바다괴물"이라고 말하지만(NASV), 그에 해당하는 헬라어는 "ketos"가 아니며 그에 해당하는 히브리어도 "tanim"이 아니다. 이처럼 NASV 번역자들은 리비야단을 욥기 41:1에서는 "악어"라고 번역했다가 시편 104:26에서는 "바다괴물"이라고 했다가 고래도 바다괴물이라고 했다가... 완전히 제멋대로다. 이것이 오늘날 구령은 안하고 책상에만 앉아 있는 "신학자님"들의 "신앙"인 것이다.

이 모든 번역본들의 작태는 한마디로 번역자들이 하나님의 말씀을 믿지 않기 때문에 자신의 의견을 제시함으로써 야기된 것이다.

요나는 고래 안에 있었다. 고래는 "물고기"와 구별되는 큰 물고기에 속한다. 그래서 창세기 1:21에서 모든 물들의 생물과 큰 고래들을 구분해서 기록하고 있는 것이다. 창세기의 기록자들은 물속에 사는 포유류(고래들과 돌고래들)과 물고기들을 구분하고 있다. 성경은 꼬부라진 뱀이 리비야단이라고 말씀하고 있으며(사 27:1,2), 이 리비야단을 예표하고 있는 생물이 고래임을 말씀하고 있다(시 104:26). 이처럼 성경을 성경으로 풀어 가면 학자들처럼 억지 주장을 내세울 필요가 전혀 없다.

『○ **그때 주께서는 요나를 삼킬 큰 물고기를 예비하셨으니 요나가 그 물고기 배에서 삼 일 낮과 삼 일 밤을 있었더라**』(17절). 이 구절의 낮과 밤은 마태복음 27장과 마태복음 15장에서처럼 24시간을 말한다. 예수 그리스도의 죽음을 금요일로 만들어 버린 로마카톨릭 사람들에게는 낮과 밤이 합쳐서 24시간이 아닐지 모르지만 상식을 지닌 사람은 초등학교를 다니지 않았어도 다 알고 있다. 그리스도께서는 화요일 밤 겟세마네 동산에서 기도하셨고 수요일 오전 9시에 못박히셨다(이 문제에 관해서는 학회지 37호 참조).

요나의 다섯 단계에 걸친 타락은(욘 1:3; 1:3; 1:5; 1:15; 2:6) 사탄의 타락 다섯 단계와 일치하고 있음을 주목하라.

1. 셋째 하늘에서 둘째 하늘로(창 1:2)
2. 둘째 하늘에서 첫째 하늘로(눅 10:18)
3. 첫째 하늘에서 땅으로(계 12:12, 사 14:12)
4. 땅에서 구렁으로(계 20:1)
5. 구렁에서 불못으로(계 20:10)

요나가 들어갔던 "고래"가 사탄의 예표(유형)임이 명백하지 않은가? 사탄은 실제로 바다괴물이다(욥기 41장의 바다는 창세기 1:2에서 말하는 깊음으로 우주 위에 있다. 이에 관해서는 욥기 41장과 요한계시록 15:2의 유리 바다에 관한 주석을 참조). 따라서 이 땅에서는 고래가 사탄을 예표하고 있는 것이다.

요나 2장

2:1 그때 요나가 그 물고기 뱃속으로부터 주 그의 하나님께 기도하여
2 말하기를 "내가 나의 고통으로 인하여 주께 부르짖었더니 주께서 나를
들으셨나이다. 내가 지옥의 뱃속으로부터 부르짖었더니 주께서 내 음성
을 들으셨나이다.
3 주께서 바다 가운데 깊음 속으로 나를 던지셨으므로 큰 물들이 나를 에
워쌌고 주의 모든 물결과 파도가 내 위에 넘쳤나이다.
4 그때 내가 말하기를 '내가 주의 목전에서 내어쫓겼으나 내가 다시 주의
거룩한 전을 바라보리이다.' 하였나이다.
5 물들이 나를 에워싸 혼까지 에워쌌고 깊음이 나를 둘렀으며 해초가 내
머리를 둘러쌌나이다.
6 내가 산들의 밑바닥까지 내려갔더니 땅이 그 빗장들로 영원토록 나를 막
았나이다. 그러나 오 주 나의 하나님이여, 주께서 내 생명을 부패함에서
건져내셨나이다.
7 내 혼이 내 안에서 기진했을 때 내가 주를 기억하였더니 내 기도가 주께

이르렀으며 주의 거룩한 전에 이르렀나이다.

8 거짓된 우상들을 섬기는 자들은 그들 자신의 자비를 버리나

9 나는 감사의 목소리로 주께 희생제를 드리겠으며 내가 서원한 것을 갚겠
나이다. 구원은 주께로부터 오나이다." 하였더라.

요나는 궁지에 몰렸다. 아마 요나는 살아나서 그의 친구들에게 이렇게 말했을 것이다. "그때 마귀가 나에게 커다란 시련을 주었었지." 이처럼 우리도 우리가 일을 저지르고 하나님께서 마무리하신 일들을 마귀에게 책임을 전가할 때가 많다.

『**그때 요나가 그 물고기 뱃속으로부터 주 그의** 하나님**께 기도하여**』(1절). 요나는 삼 일이 지날 때까지 1-6절에 해당되는 기도를 드리지 않았다. 10절에서 요나가 기도하자 하나님께서 고래에게 요나를 토해 내라고 명하신 것을 보면 알 수 있다. 그런데도 주석가들은 마치 요나가 물 속에 던져지자마자 기도한 것처럼 생각하는 모양이다. (1:17에는 삼 일 낮과 삼 일 밤을 있었고, 그리고 나서 2:1에서 기도했다고 되어 있다.) 따라서 우리는 뉴스코필드성경, 더멜로우, 포셋, 브라운, 랑게, 헨리, 클라크, 로빈슨, 파인베르그, 노박, 카우츠쉬 및 기타 알렉산드리아 이단들의 학문을 무시해도 좋다.

요나는 고래 배 속에서 죽었다. 그러나 그는 그의 몸이 고래의 배 속에 있는 동안 그의 혼이 스올(모든 새로운 역본들에는 그렇게 되어 있다.)로 가기 전과 후에 기도했다. 그리스도께서 선지자 요나의 표적(마 12:39)에 관해 말씀하실 때 주님은 죽은 자들로부터의 부활에 대해 말씀하고 계셨다. 그런데도 요나의 부활에 대해 전혀 언급이 없는 주석서는 어디다 써먹을 것인가?

요나가 죽은 후 고래 배 속에서 부활하였다는 사실을 성경으로 확인해 보자.

1. 땅이 그 빗장들로 영원토록 나를 막았나이다(6절).

2. 그러나 ...주께서 내 생명을 부패함에서 건져내셨나이다(6절).

3. 내가 지옥의 배 속으로부터 부르짖었더니(2절).

예수 그리스도는 부패를 보지 않았었다(행 2:27). 그러나 요나는 부패함에서 건져내었다. 즉 하나님께서는 그의 육체가 썩어가고 있을 때 그를 다시 살리신 것이다. 그렇다면 소위 온갖 학문(철학, 과학, 종교)으로 무장하신 분들이(자유주의자, 근본주의자, 보수주의자들을 막론하고) 어떻게 이 문제를 다루고 있는지 살펴보도록 하자.

1. 리빙 바이블 : "당신은 나를 벌어진 죽음의 턱으로부터 낚아채셨나이다."(이 "주석"은 더멜로우에게서 빌어왔다. 더멜로우는 이 문장이 순전히 회화적이라고 하면서 "죽음의 턱"이라는 용어를 사용했다.)

2. 제이미슨, 포셋, 브라운은 물고기의 배가 단지 스올을 "닮았다고" 말한다.

3. 위클리프성경 주석을 쓴 리빙스톤은 "부패"라는 단어보다는 음부가 낫겠다고 했다.

4. 전천년주의자인 벌링거마저도 "부패"는 구렁, 혹은 음부일 것이라고 설명했다.

5. "New Bible 주석"을 쓴 로빈슨은 요나가 죽지 않고 삼 일 동안 의식불명 상태에 있었을 뿐이라고 한다. (자유주의자들이 예수님을 무덤에서 죽지 않고 졸도한 것이라고 주장하는 것과 비슷한 말이다.)

요나가 9절에서 하나님께 감사하고 있는 것은 무엇 때문인가? 그가 의식불명에서 깨어났기 때문인가? 주께 감사의 목소리로 희생제를 드리겠다고 말한 것은 무엇을 의미하는가?

하나님의 말씀을 있는 그대로 믿고 읽으면 알 수 있는 일을 무엇 때문에 뜯어고치는지 알 수 없다. 요나는 바다 속에 빠졌을 뿐 아니라 리비야단이 있는 "깊음" 속에도 있었다(3절). 그는 예수 그리스도를 제외하고는 유일하게 "지옥에 갔다가 다시 돌아온" 인간이다. 4절의 성전은 예루살렘에 있는 성전이 아닌 하박국 2:20에 있는 성전이다.

『**물들이 나를 에워싸 혼까지 에워쌌고**』(5절). 여기서 언급하고 있는 것은 그의 몸이 아님을 유의하라. 그의 몸에 관해서는 6,5,2절에서 생명, 머리, 음성으로 묘사되어 있다. 요나의 혼은 그의 몸 안에 있었다(7절에 따르면). 주의 거룩한 전에 이르는 그의 기도는 지옥에서 그의 혼이 드린 기도였다(눅 16:23을 볼 것). 지옥에서 드려진 기도가 응답된 것은 이것이 유일한 경우이다. 그것은 요나가 하나님을 사랑하라는 제1계명을 제외하고는 율법의 그 어떤 것도 범하지 않았기 때문이다. 요나는 하나님께서 지하세계로 보냈다가 다시 살려 그의 몸 안에 되돌려 놓으시고 그 간증을 사람들에게 하도록 명하신 놀라운 사람이다. 요나는 "고래대학"에서 많은 것을 배웠을 것이다.

3,5,6절에는 요한계시록 1:18, 마태복음 16:18과 일치하는 과학적 정보들이 제공되어 있다. 이 과학적 사실들이(문, 빗장) 모든 정통주의 주석가들에게는 "고도의 시적 묘사"이며 "환상적 심상"으로밖에는 안보이는 것같다. ASV, RSV 등과 같은 변개된 성서들에는 전부 시의 형태로 기록되어 있다. 그러나 이 기록들은 과학자들이 전혀 알지 못하고 있는 지하세계에 대한 과학적 정보이다.

우리 아래에는 구렁이 있다(계 20:1,2). 이 구렁은 아래가 없는 도너츠 모양이다(계 9:1). 이 구렁의 중간 혹은 윗부분 어디에 있는 것이 스올인데, 이 스올에는 죽을 때 육체를 떠나온 혼들이 있다. 구약에서는 이런 혼들은 낙원(눅 16:22에서는 아브라함의 품이라고 표현되어 있다.)이라고 하는 곳이 있고, 건너편에는 신약에서 "지옥"이라고 하는 곳("하데스")이 있는데, 그곳은 구원받지 못한 사람들이 가는 곳이다(계 20:14). 비록 요나는 지옥에서 타고 있지는 않았지만 그는 그 지옥불이 있는 그 방에 있었다. 『**지옥의 뱃속으로부터**』(2절). 그곳의 위치는 바로 당신의 발 아래쪽이고(암 9:2), 땅의 심장이라고 불리며(마 12:40), 땅의 아랫부분(엡 4:9)으로 문으로 잠겨 있으며(마 16:18) 빗장으로 잠겨 있어서(욘 2:6) 잠길 수도 있고(계 1:18) 열릴 수도 있다(계 20:1,2). 예수 그리스도께서는 지옥과 사망의 열쇠를 둘 다 가지고 계신다(계 1:18).

요나의 혼은 고래가 그를 삼키자 기진하고 말았다(7절). 그는 이미 파도 속에서 허덕이고 있었고(3절) 그러다가 고래에게 삼켜진 것이다. 그는 기진했을 때 주를 기억하였다고 말하고 있다(7절). 그때 요나가 드린 기도는 응답이 되었다(9절). 그러나 이 응답은 요나가 죽어 지하세계로 갔다 온 후에 응답되었다. 요나는 분명히 부활하였고 이에 그는 기도 응답에 대하여 감사를 드리고 있는 것이다. 칼뭇신학교의 셈문학과 구약 교수인 찰스리 파인베르크가 요나가 꼭 죽었다는 주장을 "붙들 필요는 없다"라고 했을 때, 그는 〈강단주석, The Pulpit Commentary〉이 말하는 요나는 "죽은 것처럼 보였다"는 말을 하고 싶은 것이거나 아니면 메튜 헨리처럼 요나는 지옥과 "음부"의 배 속에서 울부짖었다고 주장하는 것과 같다.

그러니까 이들의 주장에 따르면 요나가 죽었다는 성경적 사실은 잘못되었다는 말이다. 배교한 근본주의자인 윌리엄스는 6절의 시제를 미래 시제로 바꾸어 전체의 의미를 파괴시키고 있다.

『**내가 서원한 것을 갚겠나이다**』(9절). 이 서원에 대해 요나의 죽음을 추정 정도로 생각했던 주석가들은 모두 입을 다물고 만다. 위클리프 주석은 "이것은 선지자가 하나님께서 그에게 원하시는 그 일에 복종할 것을 암시하고 있다."라고 넘어가고 만다. 어째서 이렇게 모두 침묵을 지키는 것일까? 서원이란 사람이 하나님께 하는 것이다. 하나님의 원하심에 "복종"하는 것이 아니다. 서원을 하면 그것은 꼭 지켜야 한다(전 5:4). 요나는 이 서원을 거의 죽게 된 지경에서 한 것이다(1:16을 보라). 요나가 배 밖으로 내던져지기 전에 니느웨로 가서 하나님의 메시지를 전파하겠다고 서원했다고 생각하는가? 말도 안 된다. 그렇다면 요나는 2:9에서 이미 서원하였다고 했는데 도대체 무엇을 서원하였다는 말인가? 요나는 2:3,7에서 보는 것처럼 죽어가면서 서원하기를 하나님께서 살려 주시면 니느웨로 전파하러 가겠다고 한 것이다.

구원은 주께로부터 오며(9절) 유대인에게서 나온다(요 4:22). 그래서 주님은 육신으로는 유대인으로 오신 것이다(딤전 3:16, 롬 1:3). 우리는 "영적 이스라엘," "하나님의 이스라엘," 혹은 "영적 유대인" 등을 주장하면서 예수 그리스도께서 유대인이라는 사실을 부인하려는 사람들이 있음을 알고 있다. 하지만 주님은 고린도전서 1:22과 갈 2:15에 나와 있는 그 의미대로 육체적으로는 유대인이셨다.

전천년주의자들을 자처하는 보수근본주의자를 위시해서 카톨릭, 개혁교회, 무신론자, 자유주의자들까지 모조리 성경에서 제시된 세 가지 진리를 가려서 성경 독자를 암흑으로 이끄는 것을 이제껏 살펴보았다. 아무리 이들이 히브리어와 헬라어를 잘하는 학자라 할지라도 하나님의 말씀을 무시하면 진리를 알 수 없다. 세 가지 진리를 살펴보자.

1. 고래는 리비야단의 유형(예표)이며 리비야단은 바로 마귀이다.

2. 고래 안에 들어있는 요나는 지옥에 가 계신 그리스도의 모습을 보여 주거나 마귀의 지배하에 있는 큰 깊음 밑에 계신 그리스도를 보여 준다(마 12:29).

3. 요나는 죽어서 지옥의 배 속에 갔다가 죽은 자들로부터 부활하였다.

2:10 ○ 주께서 그 물고기에게 말씀하시니 그 물고기가 요나를 육지에다 토해 내었더라.

고래는 요나를 어디에다 토해 냈을까? 게발, 우가리트, 아르밧, 셀류시아, 시리아의 안티옥? 고래가 요나가 물 속에 던져졌던 그곳으로 다시 돌아가지는 않았을 것이므로 그곳은 스블룬에 있는 가드헤펠은 아닐 것이다. 요나서 3:3에 나와 있는 삼 일 길이 요나가 걸어가야 할 시간이었다면 고래는 티그리스 강의 앗수르까지 올라갔어야만 했다(그러나 문맥에서 볼 때 삼 일 길은 그 도시의 넓이가 그 정도로 크다는 말인 것 같기도 하다).

요나는 고래대학에서 "학위"를 따 가지고 드디어 80만 명이 넘는 이방인의 도시에 회개의 메시지를 들고 입성하게 된다.

요나 3장

3:1 주의 말씀이 요나에게 두 번째 임하여 말씀하시기를
2 "일어나 저 큰 성읍 니느웨로 가서 내가 네게 명하여 전파하라고 한 것
을 그 성읍에 전파하라." 하시니
3 요나가 일어나서 주의 말씀에 따라 니느웨로 가니라. 그때 니느웨는 삼
일 길이나 되는 심히 큰 성읍이었더라.
4 요나가 그 성읍에 들어가 하룻길을 시작하고 그가 부르짖어 말하기를
"사십 일이 지나면 니느웨가 무너지리라." 하였더라.

두 번째로 하나님의 말씀이 요나에게 임했다. 그러니까 하나님의 말씀의 원본이 성령에 의해 개정된 셈이다(렘 36:32에도 그런 경우가 나온다). 이번에는 1:2에서처럼 도시에 대해 외치는 것이 아니고 하나님께서 전파하라고 한 그것을 전파하라는 명령을 받게 된다. 우리는 여기에서 두 가지 사실을 엿볼 수 있다. 첫째, 하나님께서는 요나가 처음 사명을 받았을 당시에는 니느웨 거민들 가운데서 죄에 대한 거부감과 탄식을 보셨다. 둘째, 그래서 그들에게는 한마디의 경고면 충분하였다. 그러나 이제는 그 백성들의 죄목을 일일이 열거해야 할 필요가 있게 된 것이다.

『**요나가 일어나서...**』(3절). 요나는 바닷가에서 모래를 가지고 고래 배 속에서 배어난 냄새를 없애 버리려고 몸을 문지르고 있었을 것이다.

『**그때 니느웨는 삼 일 길이나 되는 심히 큰 성읍이었더라**』(3절). 로빈슨은(New Bible 주석) 니느웨의 크기를 줄여 보려고 캔사스 주 토페카 정도일 것이라고 하지만 그것은 오해이다(행 27:37의 주석 참조). 니느웨의 위성도시였던 칼라가 7만 명의 인구를 갖고 있었는데 이런 주변도시가 4개나 되었다. 하나님께서 심히 큰 성읍이라고 하면 그것은 신시내티나 디트로이트 정도로 큰 도시를 말한다. 니느웨의 둘레는 주변 도시를 합해 90마일은 될 것이다. 30마일을 하룻길이라고 친다면(출 5:3) 그렇다.

『**요나가 그 성읍에 들어가 하룻길을 시작하고**』(4절). 요나는 하룻길 만에 시내로 들어왔다. 실로 위급한 상황이요 시급성이 요청되는 상황이었던 것이다. 그는 『**사십 일이 지나면 니느웨가 무너지리라.**』고 외쳤다(4절). 그의 예언은 실패로 끝나고 말았다. 그의 예언은 60년이 지난 후에야 성취되었기 때문이다.

바로 이 사실이 요나를 괴롭힌 것이었다. 그가 그의 조국의 원수에게 설교하도록 부르심을 받은 것만도 괴로운 일이었는데, 그 설교로 그 원수들이 바로잡혀진다는 사실은 더 괴로운 일이었다. 그를 가장 괴롭게 했던 것은 이방인들이 그를 조롱하며 그의 예언이(4절) 거짓말이라고 놀려대며 모욕하는 것이었다. 거짓 선지자는 마귀로부터 나오며 사형에 처해지도록 정해져 있었던 것이다(신 18:20). 아비멜렉에게는 거짓말쟁이로 보였던 아브라함은 사실은 선지자였다(창 20:7).

3:5 ○ 그리하여 니느웨 백성이 하나님**을 믿고 금식을 선포하며 굵은 베옷을**
입었으니 그들 중의 가장 큰 자로부터 가장 작은 자에 이르기까지라.
6 소문이 니느웨 왕에게 이르자 왕이 그의 보좌에서 일어나 그의 왕복을
벗고 굵은 베옷을 입고 재에 앉았더라.
7 왕이 그의 귀족들과 더불어 니느웨 전역에 칙령을 선포하고 조서를 내리
게 하여 말하기를 "사람이나 짐승이나 소떼나 양떼나 입에 아무것도 대
지 못하게 하라. 먹지도 말고 물도 마시지 못하게 하고
8 사람이나 짐승이나 굵은 베를 쓰고 힘써 하나님**께 부르짖게 할지니 정녕,**
그들 각인으로 자기의 악한 길과 자기 손에 있는 난폭함에서 돌이키게
할지니라.
9 혹 하나님**께서 돌이키시고 불쌍히 여기시어 그의 맹렬한 진노를 그치시**
고 우리를 멸하지 않으실지 누가 말할 수 있겠느냐?" 하였더라.

한 사람에 의해 이루어진 부흥회로서는 역사상 최대 규모라고 할 수 있는 부흥이 일어났다. 무려 80만 명이나 되는 사람들이 올바로 돌아섰다. 그들의 왕도 그들의 귀족들도 모두 다 바로잡혔다(7절). 그들은 성령의 역사에 조금도 손상이 가지 않도록 하기 위해 짐승들까지도 금식을 시켰다(8절). 이 부흥운동(혹은 각성운동)의 핵심은 5절에 있다.

『**○ 그리하여 니느웨 백성이** 하나님**을 믿고**』(5절). 데살로니가 사람들처럼(살전 2:13) 그들은 하나님을 믿었다. 그들은 하나님께서 말씀하신 바를 믿었다(출 7:20,21과 그 주석). 『**금식을 선포하며 굵은 베옷을 입었으니 그들 중의 가장 큰 자로부터 가장 작은 자에 이르기까지라**』(5절). 바로 이것이 부흥이다.

『**니느웨 왕**』은(6절) 보좌에서 일어나 왕복을 벗고 굵은 베옷으로 갈아입고 욥과 같이(욥 1:20) 재에 앉았다(6절). 온갖 언론매체를 통해 특별방송이 실시되었다. "40일밖에 안 남았다. 40일 후면 우리는 모두 죽는다."

짐승들이 금식에 참여한 것은 그들이 수간을 일삼았기 때문이요(레 20:15) 그래서 짐승들도 인간과 함께 하나님께 힘써 부르짖게 한 것이다(8절).

『정녕, 그들 각인으로 자기의 악한 길과 자기 손에 있는 난폭함에서 돌이키게 할지니라』((8절). 이 모습이 샘 존스의 마음에 얼마나 강력하게 다가왔는지 이 순회설교자는 일생 동안 "악을 그치고 선을 배우라."(사 1:16,17)는 기본 메시지를 들고 설교를 했다. 니느웨 사람들은 진정으로 회개했다. **『내가 한 민족과 한 왕국에 관하여 그것을 뽑아 버리고 붕괴시키고 파멸시키리라고 말할 경우에 만일 내가 말했던 그 민족이 그들의 악에서 돌이키면 내가 그들에게 행하리라고 생각했던 그 재앙에서 돌이키리라』**(렘 18:7,8). 그래서 하나님은 그 말씀대로 행하신 것이다.

3:10 ○ 하나님**께서 그들의 행함을 보시니 그들이 그들의 악한 길에서 돌이키는지라. 그러므로** 하나님**께서는 그들에게 내리시겠다고 말씀하셨던 재앙에서 돌이키시고 그 일을 행하지 않으셨더라.**

주님은 요나의 사역을 모욕으로 관 씌우셨다. 첫째, 주님은 요나를 이방인 선원 앞에서 망신을 주셨고 그리고 나서 물에 빠뜨려 죽게 하시고 고래가 그를 삼키게 하시고 스올로 그를 데리고 가셨다가 고래마저도 배교자는 즐겨 소화시킬 수 없음을 보여 주었고 마지막으로 80만 명의 이방인이 회개함으로써 요나를 거짓말쟁이로 만들어 버리신 것이다.

요나 4장

4:1 그러나 그 일이 요나를 심히 불쾌하게 하였으니, 요나가 매우 노하였더라.
2 그가 주께 기도하여 말씀드리기를 "내가 주께 간구하오니, 오 주여, 이것
이 내가 아직 고국에 있었을 때 내가 말한 것이 아니었나이까? 그러므로
내가 앞서 타시스로 도망하였으니 이는 주께서는 은혜로우신 하나님**이시**
며 자비로우시고 노하기를 더디하시며 매우 인자하시고 재앙에서 스스
로 돌이키심을 내가 알았음이니이다.
3 그러므로 이제 오 주여, 내가 주께 간구하오니 내 생명을 내게서 취하소
서. 사는 것보다 죽는 것이 내게 더 나음이니이다." 하더라.

드디어 제4막이 우리 앞에 펼쳐진다. 1장에서 요나는 부르심을 받았으나 반역했다. 2장에서 그는 징계를 받고 회개했으며 3장에서는 다시 사명을 받고 순종했다. 그런데 제4장에 와서 요나는 다시 반역을 하고 책망을 받게 된다. 요나는 그가 전파한 내용을 누구라도 들었다면 그는 거짓 선지자로 드러날 것이기 때문에(신 18:20) 고향으로 돌아갈 수가 없었다. 그래서 『**그러나**

그 일이 요나를 심히 불쾌하게 하였으니, 요나가 매우 노하였더라』(1절). 그러나 『**이는 사람의 성내는 것이** 하나님**의 의를 이루지 못함이니라.**』(약 1:20)고 말씀하신 대로 요나가 못마땅해 하면서 화를 내는 것은 이로울 게 하나도 없었다.

이교도 선원들은 한 생명을 살리기 위해 그처럼 노심초사했는데(1:13) 요나는 하나님께서 어린아이 12만 명(어른은 제외하고)을 구해 주신 데 대해 크게 불만을 품고 시내로 들어가 개인 구령할 생각은 않고 차라리 죽겠다고 나섰다. 요나는 정통주의자였다. 그는 하나님께서 사람들을 구원해 주시는 것보다(살전 1:9, 행 20:20) 이단들을 심판하는 데 더 관심이 있었다. 그는 시내로 들어가 성경을 들고 곧 오실 메시아에 대해 가르쳐야 마땅했지만 그는 그 대신 도시 외곽으로 나가(5절) 털썩 주저앉아 불평을 늘어놓다가 의기소침한 채 우울증에 시달리고 있다. 엘리야, 야고보, 요한(마 17장)도 이런 기질을 갖고 있었고 모세도 때로는 예외가 아니었다(민 20:10). 우리 주님마저도 당시의 이스라엘의 "니느웨"였던(마 12:41) 그 성읍을 향해 연민의 눈물을 흘리시면서(눅 19:41) 『**그대로 두라. 그들은 소경이 되어 소경을 인도하는 자들이라. 소경이 소경을 인도하면, 둘 다 구덩이에 빠지리라.**』(마 15:14)고 화난 어조로 말씀하시기도 하셨다. 그러나 예수 그리스도께서는 『**화를 내되 죄는 짓지 말고 해가 지도록 분노를 품지 말며**』(엡 4:26)라는 말씀을 그대로 순종하셨으나 요나는 화를 내면서 죄를 짓고 있는 것이다.

『**그가 주께 기도하여 말씀드리기를…**』(2절). 샘 존스는 두 형제들을 화해시키느라고 6주일 동안 애를 썼다가 잘 안되자 그들을 6주일 동안 싸우도록 내버려 두었다고 한다. 그 두 사람이 서로 얼싸안고 결국 화해하자 샘 존스가 그들 중 한 사람에게 그 12주 동안 기도한 적이 있느냐고 물었다(마 5:23). 그 사람은 이렇게 대답했다. "아닙니다. 목사님, 제가 죄인이기는 하지만 명청이는 아니지요. 저는 12주 동안 한 번도 기도하지 않았어요. 기도해야 저만 바보되는 것이니까요."

『**오 주여, 이것이 내가 아직 고국에 있었을 때 내가 말한 것이 아니었나이까?**』(2절) 그러니까 요나는 자기의 설교가 어떤 결과를 가져올 것인지를 미리 알고 있었다. 그는 "이 민족은 회개할 것이고 더 강성해져서 결국 우리 이스라엘을 공격할 것입니다."라고 주님께 말씀드린 적이 있었다. 『**그러므로 내가 앞서 타시스로 도망하였으니 이는 주께서는 은혜로우신** 하나님**이시며 자비로우시고 노하기를 더디하시며…**』(2절).

요나는 출애굽기 34:7과 민수기 14:18을 이미 읽어 알고 있었으며 따라서 자기 설교의 결과를 예측하고 있었다. 그렇지만 한 번 이렇게 생각해 보라. 만약 당신이 러시아나 중국에서 설교하도록 부르심을 받았다면 그리고 부흥이 일어날 것을 알았다면 하나님께서 보시기에 올바른 나라가 하나님과 올바른 관계를 맺지 않은 나라를 무너뜨리는 것에 대해 당신은 어떤 견해를 갖고 있는가? 하늘 나라의 시민으로서 당신은 마귀처럼 사는 나라에 더 관심이 있는가? 만약 하나님께서 한 번의 메시지에 80만 명의 회심자를 주셨다면 당신은 당신의 나라도 아끼실 하나님을 신뢰할 만큼 기뻐하지 않겠는가? 한 번의 집회에 80만 명이 넘는 사람이 구원을 받았다니! 대단한 일이 아닐 수 없다. 무디, 토레이, 피니, 휫필드, 웨슬리, 선데이, 그래함, 스펄전도 그 정도의 부흥을 가져와 본 적이 없다. 실로 대단한 설교였음에 틀림없다. 따라서 그리스도께서 요나보다 더 위대하신 분이 여기 있다고 하신 것은(마 12:41) 교회 시대에 그분께 인도될 모든 혼들은 그분 자신의 영을 통해 인도될 것임을 시사하는 것이었다. 결과만 놓고 보면 오순절 날의 베드로도 요나의 부흥에 비길 것은 못된다.

『**그러므로 이제 오 주여, 내가 주께 간구하오니 내 생명을 내게서 취하소서**』

(3절). 모세도 민수기 11:15에서 이런 마음을 먹은 적이 있었다. 엘리야도 열왕기상 19:4에서 그런 생각을 했었고, 바울 역시 빌립보서 1:23과 고린도후서 5:8에서 죽고자 하는 마음을 표현한 적이 있었다. 사람마다 죽고 싶은 마음이 들 때 그 동기는 각각 다르다. 모세는 너무도 무거운 책임감에 그것을 벗어던지고 싶었고, 엘리야는 너무 창피해서 죽고 싶었으며, 바울은 하늘 나라를 너무 사모한 나머지 죽고자 했다. 그러나 요나는 자신을 부르신 분에 의해 너무도 낮아지게 되었음으로 인해 더 이상 계속 살고 싶지 않았다. 만약 엘리야가 죽었다면 그는 휴거되지 못했을 것이다. 모세가 포기했더라면 어떻게 되었겠는가? 그는 보좌의 오른쪽 자리를 잃어버렸을 것이다(슥 4:14과 그 주석). 베드로와 바울이 중도에 포기했더라면 어떻게 되었을까? 당신의 경우는 어떤가?

내 집에는 미식축구장의 벤치에 앉아 있는 16살 먹은 소년의 포스터가 걸려 있다. 그의 헬멧은 벗겨져 있고 머리는 푹 숙이고 있다. 그는 더 이상 선수로 뛰지 못한다. 그의 머리에는 두 단어가 써 있었다. "나는 포기했다"(I quit). 그런데 그 포스터 한구석에 조그마한 갈보리 십자가 그림이 그려져 있다. 그 밑에는 두 단어가 역시 쓰여져 있었다. "나는 포기하지 않았다"(I didn't quit).

4:4 ○ 그때 주께서 말씀하시기를 "네가 성내는 것이 잘하는 것이냐?" 하시더라.
5 그리하여 요나가 그 성읍 밖으로 나가서 성읍 동편에 앉아 거기서 움막을 짓고 그 아래 그늘에 앉았으니 이는 그 성읍이 어떻게 될 것인지 보려 함이었더라.
6 그때 주 하나님**께서 박 넝쿨을 예비하사 요나 위로 올라가게 하셨으니 이는 그의 머리 위에 그늘이 지게 하여 그의 슬픔에서 그를 구해 내시려 함이었더라. 그러므로 요나가 그 박 넝쿨로 인하여 심히 기뻐하였더라.**
7 그러나 그 다음 날 아침에는 하나님**께서 벌레 한 마리를 예비하시어 그 박 넝쿨을 상하게 하시니 그것이 시들었더라.**

8 **해가 솟아오르자** 하나님**께서 몹시 뜨거운 동풍을 예비하시고 해가 요나**
의 머리를 쬐니 요나가 기진하여 스스로 죽기를 바라며 말하기를 "사는
것보다 죽는 것이 내게 더 낫겠나이다." 하였더라.
9 하나님**께서 요나에게 말씀하시기를 "네가 그 박 넝쿨로 인하여 화를 내**
는 것이 잘하는 것이냐?" 하시니 그가 말하기를 "내가 죽는다 할지라도
성내는 것이 잘한 일이옵니다." 하더라.
10 **그러자 주께서 말씀하시기를 "네가 수고도 아니하였고 기르지도 아니하였**
으면서도 하룻밤에 나와서 하룻밤에 없어진 그 박 넝쿨을 긍휼히 여겼거늘,
11 **자기들의 오른쪽과 왼쪽도 분별할 줄 모르는 십이만 이상 되는 사람들과**
많은 가축들이 있는 저 큰 성읍 니느웨를 내가 아껴야 하지 않겠느냐?"
하시니라.

하나님께서는 불만에 가득 찬 그의 종과 따지기 시작하신다(행 10:15을 볼 것).

심히 변개된 70인역에서는 요나가 성낸 것이 아니고 "괴로워했다"(grieved)라고 번역했다. 이외 모든 성서들은 이 단어를 취했다. 결국 스스로 주관적이고 자의적임을 입증한 셈이다. (그들은 말로는 항상 "과학적" 객관성에 근거해 본문을 선택한다고 거짓말을 해 왔다.)

요나는 하나님의 질문에 대답도 않고 성읍 밖으로 나가 회개하는 이 성읍이 어떻게 될지를 관망하고 있다(5절).

이 회개 운동은 아직 40일이 채워지기 전(3:4)에 일어났으므로 요나는 40일이 되면 어떻게 될 것인지를 "희망"을 버리지 않고 끝까지(히 3:6) 바라보고 있는 것이다. 어쩌면 하나님께서 그들의 죗값을 치르도록 하시기 위해 무엇인가 하시지 않을까 하는 기대감을 갖고 있었을 것이다. 하나님의 질문은 너무도 시의적절한 것이었다(4절). 하나님께서는 니느웨에 대해 화가 나셨다(1:2). 그러나 하나님께서는 이스라엘에게도 화가 나셨다(출 32:10). 주님께서는 여러 명의 개인은 물론(잠 1:26) 여러 민족들에게도(겔 32:22,32) "진노를 진정하지" 않으셨다. 주님은 『**이는 사람의 성내는 것이** 하나님**의 의를 이루지 못함이니라**』(약 1:20), 『**성내는 것을 네 영 안에서 서두르지 말지니, 이는 성내는 것이 어리석은 자들의 품에 머무름이라.**』(전 7:9)고 말씀하신 바 있다. 이제 요나에게 주님은 말씀하신다. "나는 그들에 대해 너보다 더한 경우에도 참았다. 나는 용서할 수 있고 잊어버릴 수 있는데 너는 어떠냐?"(엡 4:3과 그 주석) 어떤 사람이 자신은 논쟁에서 늘 승리한다고 말했다. 그래서 어떻게 그럴 수 있느냐고 물었더니 그 사람 대답이 "논쟁에서 지는 사람은 먼저 성질을 내는 법이다."라고 했다고 한다. 한 미국 사람이 보니 두 명의 중국 사람이 상해 거리에서 서로 소리를 지르며 싸우더니 20분 만에 몸싸움 없이 헤어지더라는 것이다. 그래서 이 미국 사람이 묻기를 어째서 그렇게 심하게 다투었는데도 그렇게(몸싸움 없이) 헤어졌느냐고 물었더니 그 사람이 고개를 숙이고 하는 말이 "폭력을 먼저 쓰는 사람은 그 논쟁에서 지기 때문이오"라고 했다고 한다.

이 세상적인 교훈은 인류에 의해 선언된 것들 중 참으로 보석같이 귀중한 격언이다. 만약 당신이 이 말을 신중하게 묵상해 본다면 이 지상에서 일어나는 정부 간의 모든 갈등과 분쟁의 원인을 알 수 있다. 인간이 만들어낸 "유토피아," "왕국 도래," "황금시대," "천년왕국," "정의 사회," "소외 계층의 해방" 등등에는 반드시 폭력과, 강제와, 비방과, 고문과, 체포, 투옥, 등등이 따른다. 이런 방법을 동원해서 평화와 안정을 가져오겠다는 것이다. 인류 역사 6,000년 동안 단 한 번의 예외도 없었다. 인간에 의해 고안된 모든 정부 형태는 사탄적이라는 사실(눅 4:6)에 대한 분명한 증거는 모든 정부가 성경의 증언이나 거듭난 그리스도인들의 증거를 뒤엎어 버리기 위해 폭력을 사용해야 한다는 사실이다.

이 사탄적 세력이 사회주의와 같은 민주세력으로 등장하든, 아니면 나치의 파시스트 세력으로 등장하든 아니면 마르크스의 공산주의 형태를 띠든 아니면 교황의 로마카톨릭의 형태를 띠든 간에 그 기본 체계는 동일하다(고후 4:4). 그 어떤 공산주의, 카톨릭, 자본주의, 파시스트 체제도 "폭력 없이 정치적 목표를 달성하지는 못한다. 왜냐하면 정부에 대한 그들의 입장이 거짓되기 때문이다. 그 어떤 공산주의자나 카톨릭도 A.D. 500년 이래로 진화, 막스주의, 마리아의 승천, 공립학교, 무염시태, 통합, 교황의 무오성, 아일랜드 문제, 헤겔의 변증법적 유물론 등을 공개 석상에서 성경대로 믿는 교육받은 사람들과 논쟁해 본 적이 없다. 이들 그룹은 체포, 살인을 동원하거나 아니면 언론 매체를 동원해서 최대한의 수단을 써서 상대방의 입장을 왜곡시켜 버린다.

거짓말과 거짓말쟁이를 지원하는 사람은 오직 이성과 사실에 입각해서는 그런 짓을 못한다. 그는 목적을 달성하기 위해 폭력과 비방을 사용하기 마련이다. 시위, 민권운동, 소송, 로비활동, 데모, "시민불복종운동," "공동체운동" 등에 호소해서 그들의 문제를 해결해 본 적이 없다. 그들의 관심은 오직 그가 믿는 바에 대한 영원한 진리뿐이었다. 위와 같은 방법을 동원하는 자들은 거짓말을 믿기 때문에 자신의 주장이 먹혀 들어가지 않게 되는 거짓말쟁이들이다. 사람들이 그리스도께 한마디도 대답할 수 없게 되자(마 22:46) 그분을 살해하였다(행 7:52). 그러니까 거짓말쟁이가 진리에 대해 취할 수 있는 유일한 길은 살인뿐이다(요 11:51). 『**네가 성내는 것이 잘하는 것이냐?**』(4절)

요나는 급히 지은 움막의 그늘 아래 앉아 있다. 그러나 그 움막은 덩굴이 없으므로 충분한 그늘이 없다. 주님은 속으로 이렇게 말씀하신다. '인간들이란 가르치기가 쉽지 않군. 인간은 자기들이 만든 것이 내가 만든 것보다 더 낫다고 생각하는 모양인데. 내가 한 수 가르쳐야겠군.'

주님은 박 넝쿨을 예비하셨다(6절). 아마 2-5주 정도에 박 넝쿨은 무성해져서 충분한 그늘을 만들어 주었을 것이다. 그러자 『**요나가 그 박 넝쿨로 인하여 심히 기뻐하였더라**』(6절). 이 구절과 4:1의 심히 불쾌하였다는 말과 비교해 보라.

『**그러나**... 하나님**께서 벌레 한 마리를 예비하시어**』(7절).

하나님께서 예비하신 네 가지 것은 요나로 하여금 고래대학교에서 이수하도록 하신 네 가지 교과과목에 필요한 것이었다.

1. 하나님은 큰 물고기를 예비하셨다(1:17).
2. 하나님은 박 넝쿨을 예비하셨다(4:6).
3. 하나님은 벌레 한 마리를 예비하셨다(4:7).
4. 하나님은 동풍을 예비하셨다(4:8).

인간들이 보기에는 이런 자료들로 공부한다는 것이 매우 어리석게 보일 것이다(고전 1:27). 여기에 이 지상의 인정받는 학자들이 그것이 무엇인지를 믿지 않는 큰 물고기가 있고 두 달 이상을 살아남지 못하는 박 넝쿨이 있고 하나님이 부르신 선지자로 하나님께 따지도록 만든 벌레 한 마리가 있다. 그리고 요나로 "사는 것보다 죽는 것이 내게 더 낫겠나이다."(8절)라고 고백하도록 만든 동풍이 있다.

하나님께서는 인간을 바로잡아 주시는 데는 큰 노력이 필요 없다.

필자는 하나님을 저주하고 성경을 조롱하면서 생을 보낸 한 사람에 대해 읽은 적이 있다. (1800년대에 살았던 사람이다.) 어느 날 천둥 번개가 치는 날 그는 "자신의 담대하고 과학적인 판단에 따라" 집 밖으로 나가서 하나님이 계시면 번개로 자기에게 벼락을 내려 보라고 외쳐 댔다. 그의 이웃들은 그의 무모함에 두려워 문을 닫고 창밖을 내다보고 있었다. 그 불신자는 퍼붓는 빗속에서 15분을 그처럼 떠들었다. 그때 벼락이 내렸다. 그러나 그 벼락은 그를 친 것이 아니고 그의 집에 내려 전류가 흘러 들어가 그의 여섯 살 난 딸이 죽었다. 폭풍이 그친 지 1시간이 지난 후 그는 딸을 묻기 위해 뒤뜰로 갔다.

그러면서 그는 계속해서 하나님을 저주했다. 그가 물을 끓이기 위해 불을 지필 때도 그는 하나님을 "치사하다느니," "비겁하다느니" 하면서 욕을 해 댔다. (어린아이를 죽인 데 대한 반감이었다.) 그가 장작을 패고 있을 때 장작에 있던 거미가 그를 물었다. 그것은 검은색 거미였다. 그는 24시간도 안 되어서 죽었다. 벌레 한 마리로도 충분한데 무엇 하러 2만 볼트의 에너지를 낭비하겠는가?

『**그러나 그 다음 날 아침에는** 하나님**께서 벌레 한 마리를 예비하시어**』(7절). 여기서 다음 날이란 요나가 박 넝쿨로 인해 하나님을 찬양하고 즐거워하던 다음 날이라는 뜻이다. 『**그 박 넝쿨을 상하게 하시니**』(7절). 전도서 7:14은 이 구절에 대한 훌륭한 주석이 될 것이다. 『**번영의 날에는 기뻐하고 역경의 날에는 생각할지니** 하나님**께서 또한 이것과 저것을 병행하게 하셔서 사람으로 그의 뒤에 있을 일들을 알 수 없게 하셨음이라.**』

하나님께서는 그의 종에게 뭔가를 가르치려 하신다(행 10:1-8). 하나님께서는 요나에게 "요나는 자신의 육신을 육성하고 아낀다"는 사실을(엡 5:29) 보여 주고자 하신다. 요나는 자신 이외의 그 어떤 것에도 관심을 갖고 있지 않다. 만약 요나의 진정한 소원이 죽는 것이라면 그는 바다 속에 빠졌을 때 이미 죽었을 수 있었다. 그때 그가 입을 다물고 기도하지 않았다면 모든 것은 끝났다. 따라서 죽는다는 말에는 이론과 실제 사이에 커다란 차이가 있는 것이다. 이 사실은 위대한 인물들의 삶에서도 명백히 입증된다.

모세는 『**나를 즉시 죽이소서.**』(민 11:15)라고 했다가 『**나로 건너가게 하소서.**』(신 3:25)라고도 했다. 엘리야도 자신을 죽이려는 여자에게서 도망친 후 『**내 생명을 취하소서.**』라고 말했다(왕상 19:4). 여기 요나 역시 죽여 달라고 해 놓고서 『**내 혼이 내 안에서 기진했을 때 내가 주를 기억하였더니**』라고 말했다(2:7). 그런데 그는 다시 원점으로 돌아가 죽여 달라고 고백하고 있다. 요나의 그늘만 없어진 것이 아니고(7절) 주님께서는 덥고 건조하고 시들게 하는 동풍(출

10:13, 시로코 바람)을 더 가져오셨다. 요나는 태양 빛에 기진하여 거의 죽게 되자(4:8) 『**사는 것보다 죽는 것이 내게 더 낫겠나이다.**』라고 말한다(8절).

『하나님**께서 요나에게 말씀하시기를 "네가 그 박 넝쿨로 인하여 화를 내는 것이 잘하는 것이냐?" 하시니...**』(9절).

『**내가 죽는다 할지라도 성내는 것이 잘한 일이옵니다**』(9절). 욥도 역시 이와 비슷한 표현을 사용했다(욥 7:11,19). 그런데 욥과 요나 같은 자들이 자신들의 의로운 분노를 냈는데도 그리스도의 때가 되기 이전에 죽지 않았다. 『**네가... 그 박 넝쿨을 긍휼히 여겼거늘**』(10절). 요나는 박 넝쿨만 아까워했지 니느웨 사람들을 긍휼히 생각하지 않았다.

1. 『**네가 수고도 아니하였고**』 : 이에 반해 하나님께서는 니느웨가 바로잡히도록 여러 해 동안 수고하셨다.

2. 『**기르지도 아니하였으면서도**』 : 반면 하나님께서는 니느웨 사람들을 창조하셨고 그 도시가 커다란 성읍이 되도록 보살피셨다.

『**하룻밤에 나와서 하룻밤에 없어진...**』(10절) 이 표현은 마태복음 6:30에 나오는 『**오늘... 내일**』이란 표현방식과 같은 것이다. 하나님의 시간표에 따르면 니느웨는 하룻밤에 일어난 것이고 하룻밤에 사라진 것이다(나 1,2장).

『**니느웨를 내가 아껴야 하지 않겠느냐?**』(11절) 이 질문은 요나의 마음을 너무도 강력하게 찔러댔으므로 요나는 결코 대답할 수 없었다(눅 20:26). 하나님께서는 그의 못된 성질을 꾸짖을 필요가 없으시다. 그분은 요나가 하나님께 자신을 죽여 달라고 대드는 것이나 완고한 반역에 대해 책망하실 필요가 없으시다. 하나님께서는 그저 논리적 오류를 요나에게 지적해 주시는 것으로 요나의 입을 다물게 하셨다.

"네가 생명도(동물적 생명) 갖고 있지 않은 박 넝쿨로 인해 화를 낸다면 -

그것은 창조주에 의해 파손되었다 - 어째서 내가 그 성읍에 있는 동물들을 죽이는 데는 화를 내지 않느냐? 박 넝쿨 하나에 대해 아까워하는 네가 12만 명이 넘는 아이들과 많은 가축들의 멸망에 대해서는 왜 아까워하며 울지 않는 것이냐?" 하나님이 지적하신 요나의 논리의 모순이다.

요나는 미카 3:5의 사람들과 같았다. 그는 자기를 사랑하는 자들을 사랑했다(마 5:46). 그는 요한복음 7:48의 바리새인들처럼 이 세상에서 가장 위대한 사람들은 자기를 위로해 주는 사람이라고 생각했다. 오늘날도 이런 자들은 비일비재하다. 많은 "친교회," "교단총회," "연합회" 등이 자신들의 "프로그램," "수련회," "강연회" 등을 조직하고는 자신들을 지원하는 사람들은 헌신되고 경건한 사람들이라고 생각한다. 요나는 박 넝쿨이 대단한 것으로 생각했다. 그것은 그것이 자기에게 위안을 주었기 때문이었다. 그가 생각한 객관적 "가치" 판단의 과학적 기준은 간단했다. 나에게 유익한 것은 무엇이든지(혹은 나의 조국에 유익한 것) "주님으로부터 나온 것이다." 나와 내 조국에 해로운 것은(예를 들면 니느웨) 마귀로부터 나온 것이다. 어디서 들어 본 것 같은 논리 아닌가?

이렇게 해서 요나서는 물음표로 막을 내린다. 자유주의자들이 요나서로부터 얻을 수 있는 교훈이라고 주장하는 것들에는 주관적 억측에서부터 칼 막스의 논리와 같은 난센스에 이르기까지 다양하다. 위글(Weigle), 포티트(Poteat), 파이크(Pike), 속만(Sockman), 쉰(Sheen), 옥스남(Oxnam), 포스딕(Fosdick), 달버그(Dahlberg), 차펠(Chappell) 등에 따르면 요나서의 가장 위대한 교훈은 "이 책은 하나님께서 인류의 아버지이심을 보여 주는 것"이라고 한다. 그러니까 하나님께서는 "택한 백성" 이스라엘뿐 아니라 사악한 니느웨 사람들의 아버지도 되신다는 주장이다. 우리는 이런 주장을 잡동사니에다 분류한다.

아담으로부터 침례인 요한 사이에 하나님의 아들인 사람은 하나도 없다.

거듭남으로 인해(요 1:12; 3:3) 하나님의 아들이 될 때까지는 그 어떤 개인에게도 하나님은 아버지가 되실 수 없다. 인종차별 혹은 "하나님의 아버지 되심"과는 전혀 상관없이 요나서의 교훈은 이러하다. 하나님께서는 사람의 외모를 존중하지 않으신다는 것이다. 하나님께서는 흑인이건, 인디안이건, 유대인이건, 카톨릭이건, 프로테스탄트이건, 침례교인이건, 황인종이건, 백인종이건, 어떤 사람이 회개하고 악을 버리고 하나님을 거짓말쟁이로 만드는 데서 돌아서면 그를 구원하신다.

요나서 3,4장을 인종통합, 뉴딜정책, 황금시대, 심리치료, 가치규명, 여성해방운동, 군축, 사회복지 등과 연관시키는 사람은 엉터리들이다.

요나서는 우리에게 이러한 진리들을 보여 준다.

1. 인간은 하나님으로부터 숨을 수 없다.
2. 회개하지 않는 민족은 무너질 것이다.
3. 하나님께서는 불순종하는 종을 징계하실 것이다.
4. 하나님께서는 그리스도인들을 바로잡기 위해 이교도들을 사용하실 것이다.
5. 하나님께서는 오래 참으시며 자비로우시다.
6. 하나님의 어리석음이 인간의 지혜보다 더 낫다.
7. 하나님께서는 죽음과 지옥으로부터 구원하실 수 있다.
8. 인간이 하나님의 판단에 대해 하나님께 따진다는 것은 어리석은 일이다.
9. 하나님께서는 은하계, 성운, 성좌 등과 같은 우주뿐 아니라 벌레, 물고기, 박 넝쿨과 가축에도 관심을 갖고 계신다.

이와 같은 교훈들을 요나서에서 얻어내지 못한 사람은 그가 학자, 교수, 목사, 신학자 등 그 누구일지라도 요나서를 공부하는 데 있어 참조할 필요가 없다.

미 카

노년의 "모레셋인 미카"(1:1)는 "임라의 아들 미카야"(왕상 22:8)와 아모스(암 7:17)와 같은 성격이다. 하나님께서는 종교적인 백성들에게 그들의 종말은 죽음이고 그들의 종교 체제는 말끔히 청소될 것(렘 26:18)이라는 사실을 말씀하시기 위해 "무서운 두려움"을 주신다. 요즈음으로 비교하자면 성경으로 중무장하고 로마나 발티모아, 뉴오를레앙이나 마드리드 거리에 서서 사람들에게 "여러분이 살고 있는 이 도시는 쟁기질당하여 옥수수밭으로 변할 것이고, 여러분의 성당들이 있는 자리에는 소나무가 자라게 될 것이요."라고 설교하는 것과 같다. 이런 내용의 예언이 있는 미카 3:12은 예레미야 26:18에서도 볼 수 있다. 미카는 이 예언을 예레미야 시대 오래전에 설교했던 것이다.

미카는 "누가 여호와 같은가?"라는 의미이다.

미카는 요담, 아하스, 히스키야가 통치하는 동안에 예언하였다. 즉 이사야와 동시대 인물이다(사 1:1 참조), 이 왕들이 활동했던 시기는 대부분의 연대학자들에 따르면 B.C. 739-687(혹은 B.C. 757-699)년이다. B.C. 647-600년으로 보는 사람들도 있다(벌링거). 이 두 연대에서 차이가 약 100년 정도 나는 이유는 벌링거의 Companion Bible 부록 86번에 설명되어 있다(p.123). 미카야의 예언 시기는 대략 B.C. 720년부터 680년까지 잡을 것이다. 그러나 확실하게 믿는 것은 〈킹제임스성경〉 본문에 미카의 말들이 증명된 오류없이 보존되었고, 그 내용은 최초에 하나님의 영감에 의해 "하나님께서 호흡을 불어넣으신" 바로 그 내용이라는 것이다. 수많은 사람들이 자신의 인정받는 학위와 자격을 부여해 주는 권위를 가지고 하나님께서 주시고, 보존해 주신 권위 있는 말씀들을 변질시켰다. 이 사람들을 바로잡을 것이다. 이 사람들을 가르쳤던 사람들을 바로잡을 것이다. 이 사람들의 선생들에게 가르치기 위해 히브리어 교재들을 만들었던 신학자들을 바로잡을 것이다. 결국 이 지상에서 발견할 수 있는 최고의 과학적인 학문은 여전히 영어로 된 종교개혁 성경에서 나온다(창 1-3장 주석 참조). 그리고 이 우주에 존재하는 가장 위대한 "고등 비평"은 여전히 성경이다(히 4:12,13). 하버드, 프린스턴, 다트마우스, 예일, 옥스퍼드, 케임브리지, 시카고, 컬럼비아 대학의 교수진들을 가르쳤던 사람들에게는 신경 쓰지 않을 것이다.

미카는 7장, 105절, 3,152 단어로 되어 있다.

부패한 70인역에서는 미카서가 소선지서의 세 번째 순서에 있다. 〈킹제임스성경〉에는 여섯 번째 순서에 있다(올바른 히브리어 정경과 일치한다). ["책 순서"에 있어서 〈킹제임스성경〉이 70인역을 따랐다고 헛소리하는 자들은 스스로 화약을 짊어지고 불 속에 뛰어드는 꼴이 된다. 〈킹제임스성경〉은 단 한 번도 70인역의 책 순서를 따른 적이 없다.] 부패한 70인역은 밥존스대학이 비교하는데 보조를 맞춰 주는데 "모레셋"(THE MORASTHITE)이라는 이름을 예레미야 26:18에 더하여 예레미야 26:18과 일치시켜 버린다. 그러나 전에 언급했듯이(암 5:26; 9:11, 창 46:8-27의 주석 참조). A.D. 150-350년 사이에 신약성경 전체가 완성된 지 훨씬 후에 베끼기 좋아하는 서기관들이 이미 밝혀진 진리들을 그 이전 문맥에 거꾸로 써 놓고 표준원문도 마찬가지인 것처럼 가장하기 좋아했던 것이다. ["구부러진 뱀들이 표준원문의 로마서 8:1과 골로새서 1:14로 기어들어 왔다." 1880년부터 1980년까지 가장 권위있는 알렉산드리아 이단의 배교자들이 저지른 짓이다.]

미카는 이제 막 출발하려 한다. 미카가 한 말은 지난 300명의 사람들(존슨, 케네디, 닉슨, 포드, 루즈벨트, 교황 요한, 교황 바오로, 레닌, 스탈린, 막스, 엥겔스, 모택동, 교황 이노센트, 스펠만 추기경, 교황 우르반, 윈스턴 처칠, 카스트로, 교황 레오)이 연설했던 것보다 훨씬 더 중요하다. 하나님께서 하늘로부터 직접 어떤 사람에게 말할 것을 주셨고, 그 사람이 그 메시지를 성령과 더불어 증거하였고 그 메시지가 2,600년간 간직되어 왔다면 이만큼 중요한 것은 없다. 인간이 이 땅에 머무르면서 만들어낸 삼십 여 개의 주요한 정치, 철학 체제는 성층권으로 비행기가 통과할 때 남는 자국에 불과하다. 2,600년간 인간이 이룩해 놓은 정치기반은 한 권의 책(Book)과 경쟁 대상이 될 수 없다. 이 책의 근원은 영원에 있고(시 119:89), 그 생명은 영원하다(요일 2:25). 우리는 모레셋인 미카의 말에 세심하게 귀 기울일 것이다.

미카 1장

1:1 유다의 왕들, 요담과 아하스와 히스키야의 날에 모라셋인 미카에게 임한
주의 말씀으로 그가 사마리아와 예루살렘에 관하여 본 것이라.
2 너희 모든 백성들아, 들으라. 오 땅과 거기에 있는 모든 것들아, 경청하
라. 주 하나님으로 너희를 거슬러 증인이 되게 하되, 주께서 그의 거룩한
전으로부터 그리하시게 할지라.
3 보라, 주께서 그의 처소에서 나오시며 내려오시어 땅의 산당들을 밟으실
것이요,
4 산들이 그분 아래서 녹고 골짜기들이 갈라지되 불 앞에 밀초같이 비탈에
쏟아져 내리는 물같이 되리니
5 이것은 모두가 야곱의 죄과 때문이요, 이스라엘 집의 죄들 때문이라. 야
곱의 죄과가 무엇이냐? 사마리아가 아니냐? 유다의 산당들이 무엇이냐?
그것들은 예루살렘이 아니냐?
6 그러므로 내가 사마리아를 들의 무더기같이, 포도원의 밭같이 만들 것이
라. 또 내가 골짜기에 그 돌들을 부을 것이요, 거기서 그 기초들을 드러

내리라.
7 **내가 그곳의 모든 새긴 형상들을 부수어 조각내고 모든 음행의 대가들**
을 불사르며 그곳의 모든 우상들을 황폐케 하리니, 이는 그녀가 창녀의
몸값으로 그것을 모았으니 그것들이 창녀의 몸값으로 돌아가게 될 것
임이라.
8 **그러므로 내가 통곡하며 애통할 것이요, 내가 벌거벗은 몸으로 가리라.**
내가 용들처럼 통곡할 것이요, 올빼미들같이 애곡하리라.
9 **이는 그녀의 상처가 고쳐질 수 없음이니 이는 그것이 유다에까지 이르렀**
음이요, 그가 내 백성의 성문에 이르렀음이니 예루살렘에까지라.

사마리아에 대한 심판이 먼저 오고 그 다음에 예루살렘에 대한 심판이 온다(1절). 이는 북쪽으로부터 침공이 있을 것임을 보여 준다(렘 1:14,15). 그러나 『**너희 모든 백성들아, 들으라**』(2절), 『**오 땅과 거기에 있는 모든 것들아, 경청하라**』(2절), 그리고 『**거룩한 전**』(2절)이라는 말을 통해 살펴볼 때 미카의 예언이 팔레스타인 땅에만 국한되는 것이 아님을 명백하게 알 수 있다. 이 "거룩한 전"은 요나 2:7(주석 참조) 하박국 2:20(주석 참조)에서 볼 수 있는데 모두 요한계시록 15:6,8에 있는 성전이 분명하다. 이에 대해서 의심의 여지가 없는 것은 성령께서 다음 구절에서 다음과 같이 말씀하시기 때문이다. 『**주께서 그의 처소에서 나오시며 내려오시어**』(3절). 이 때는 가까운 미래의 어느 날일 것이 분명하다. 제이미슨, 포셋, 브라운은 이에 대한 관련 구절인 열왕기상 8:30, 시편 11:4, 신명기 32:13을 놓쳐버리지 않았지만 알렉산드리아식의 영적으로 비유시키는 한계를 넘지 못하였다. 이 영적 해석은 네슬, 알란드, 메츠거, A.T. 로버트슨, 카일 에이츠, J.G. 메이첸, 델리취 등을 감염시켰다. 이들은 4절에 나타나는 현상을 "비유적 표현"으로 보았다(욥 18-21장 주석 참조). 더멜로우가 "비유들"이라고 말한 것처럼 말이다. 그러나 미카 1:3,4에 나타나는 "비유들과 비유적 표현"은 인간이 달에 종족을 퍼뜨리기 전에 일어날 실제적이고 문자적인 이 땅에서의 재앙들이다(계 6,9,14,16장 참조).

『주의 말씀으로 그가... 본 것이라』(1절). 하나님께서는 종종 자신의 선지자들을 자신의 영화관으로 데려다가 막 개봉하게 될 영화를 미리 보여 주신다. "처음부터 그 끝을" 알고 계신(사 46:10) 분께서 이 영화의 "비유적인 표현"을 총천연색(사운드 트랙과 더불어)의 초자연적인 사진들로 보여 주신다. 거듭난 전천년주의, 보수주의 학자들은 거의 대부분 성경에서 말하는 모든 것을 실제로 믿지 않기 때문에 미카 1:3,4에서 일어나는 사건들이 단지 B.C. 720-700년경의 "이스라엘의 도덕적으로 타락"한 것에 대해 "화산 폭발이나 지진" 같은 사건 정도로만 알고 있다. 예레미야 26:11의 위선자들은 미카가 문자적인 멸망을 말했을 때(렘 26:18) 믿지 않았다. 오늘날 대다수의 보수주의 학자들도 마귀를 믿지 않는다. 2,600년이 흘렀어도 인간의 불신, 무지, 어리석음, 믿음 없음, 하나님의 말씀에 대한 증오는 치유되지 않았다. 2,600년 전에 예레미야 26:18을 거부했던 사람들은 아직도 미카 1:3,4을 거부한 채 우리 곁에 있다. 똑같은 무리들이다. 똑같은 학자들이다. 똑같은 선생들이다. 똑같은 이단들이다. 똑같은 배교자들이다. 성경대로 믿는 사람은 3,4절을 문자 그대로 믿는다.

『이것은 모두가 야곱의 죄과 때문이요, 이스라엘 집의 죄들 때문이라』(5절). 수많은 죄들이 일일이 지적된다. 우상 숭배하고(1:7; 5:13), 재산을 빼앗고(2:2), 거짓 예언을 하고(2:11), 잔인한 폭력을 휘두르고(3:1-3), 불의를 행하고(3:9-11), 부모를 존경하지 않고(7:6), 돈을 사랑한(6:10-13) 죄들이다.

『사마리아가 아니냐? 유다의 산당들이 무엇이냐? 그것들은 예루살렘이 아니냐?』(5절, 겔 16:1-46 참조) 벧엘에 있는 송아지(왕상 12:28,29) 때문에(호

8:5 참조) 유다로부터 "금이 있는"(대하 13:8 참조) "에프라임"에 이르기까지 수백명을 쓰러뜨렸다. "산당들"(5절)은 솔로몬의 시대에 있었던 산당들(왕상 11:7)을 말한다. 이 산당들은 단지 몇 번의 부흥기 때를 제외하고는(왕하 18:4; 23:13) 그 땅이 포로로 잡혀갈 때까지 지속되었다(왕하 25장, 렘 52장 참조). 6,7절의 대부분의 내용은 분명하다. 『**포도원의 밭같이**』(6절)는 사마리아의 성읍들이 포도를 경작하기 위한 평평한 언덕으로 되리라는 것을 나타낸다(왕상 16:24). 사마리아는 살만에셀(앗시리아)에 의해 파괴되었다. 그 기초석들은(6절) A.D. 70년에 로마에 의해 산산조각났다. 『**모든 음행의 대가들을 불사르며**』(7절). 이스라엘이 국가적인 매춘으로부터 거두어들인 "총소득"은 불타게 될 것이다. 『**이는 그녀가 창녀의 몸값으로 그것을 모았으니**』(7절). 이스라엘은 "이 땅을 살기에 더 좋은 곳으로 만들기 위한" 자금을 충당하기 위해 합법적인 매춘 – 물론 "종교적인" 이름으로 – 에 의존하였다. [병 표지에 새로운 상표가 붙었다고 해서 그 내용물이 바뀌었다고 생각하지는 말라.] 국가적인 매춘으로 벌어들이는 돈은 국가적으로 술을 만들어 파는(합 2:12과 그 주석 참조) 수입만큼 될 것이다. 어쩌면 그보다 더 될지도 모른다. 단지 시간 문제다. 마리화나, 헤로인, 도색잡지는 만져 보기도 전에 합법화될 것이다. 『**그것들이 창녀의 몸값으로 돌아가게 될 것임이라**』(7절). 앗시리아의 수도 니느웨는 창녀였다(나 3:4 참조). 유대인 포로들은 이곳으로 가는 것이다(왕하 17,18장).

『**내가 벌거벗은 몸으로 가리라. 내가 용들처럼 통곡할 것이요**』(8절). 히스테리 발작을 일으키는 곳이다. 보수주의자들과 근본주의자들이 이단들과 같이 정신질환적 반응을 보이는 곳이 욥기 41장(마귀를 다루고 있다), 요나 2장(마귀를 다루고 있다)인데 이들을 이어 알렉산드리아 이단들 – 카톨릭, 자유주의, 근본주의, 신정통주의, 보수주의 주석가들(그리고 개정자들)은 8절에 와서 동맥경화증을 일으킨다. ["마귀는 오로지 하나뿐인데(one devil)" 어떻게 "마귀들"(DEVILS)이 있을 수 있는가?(〈킹제임스성경〉의 마태복음 9:34; 10:8, 마가복음 1:34; 9:38, 고린도전서 10:20,21, 야고보서 2:19, 디모데전서 4:1을 보고 아울러서 배교한 근본주의자들이 쓴 마귀론에 관한 책 가운데 아무것이나 보라)라고 생각하는 것이다. 하나님의 아들(THE SON of God) 곁에 하나님의 아들들(SONS of God, 욥 38:7)이 같이 나타난다. 참 하나님과 함께(요일 5:20) 주의 천사들이(단 5:11, 시 82편) 나타난다. 마귀(THE DEVIL)와 함께 마귀들(DEVILS)이 등장하는 것이다. "기독교 학자들"은 무엇을 배우는 것인가? 정신병원에 입원하지 않았다고 해서 정신병을 앓지 않는 것은 아니다.]

1. New ASV : "...재칼들(JACKALS)처럼"
2. New RSV : "...재칼들처럼"
3. New English : "...늑대들(wolves)처럼"
4. Old ASV : "...재칼들처럼"
5. Old RSV : "...재칼들처럼"
6. Living Bible : "...재칼로서"
7. 여호와의 증인 성경(NWT) : "...재칼들처럼"

땅이나 바다에서 알려진 적이 없는 "바다 괴물"(SEA MONSTER, 욘 1:17) 같은 것을 믿고 있는 우리의 담대하고 용감한 학자들(성경적 진리를 거부하는 데 있어서는 자유주의나 보수주의나 다를 바 없다.)이 무슨 짓을 하고 있는지 아는가? 용(혹은 용들)은 알려지지 않았기 때문에 용 같은 것은 있을 수 없다고 말하려 하는 것이다. 이 자격 없는 돌팔이들은 성경 저자가 고래에 대해 알 수 없다고 믿기에 성경을 고쳤듯이 바로 두 페이지 뒤에서 성령 저자가 용들에 대해 알 수 없었다는 전제하에 성경을 고친 것이다. 성경 저자들이 무엇은 알았는가?

용(Dragon)에 해당하는 히브리어("tannim")는 새로운 "성서들"에서는 이사야 13,34,35장, 예레미야 9,10,14,49장, 에스겔 29장, 욥기 30장에서 "재칼"(jackel)로 번역되었는데 똑같은 말을 용(DRAGON)으로 취급한 곳은 신명기 32:33[New ASV에서는 "뱀들"(serpents)로 번역되었다.], 시편 74:13[New ASV에서는 "바다 괴물들"(sea monsters)로 번역되었다.], 예레미야 51:34[New ASV에서는 "괴물"(MONSTER)로 번역되었다]이다. 이것은 "일관성 있는 번역"인가? 요한계시록 12,13,16,20장에서 발견되는 용은 어떻게 다루는지 궁금하다. 구약에서는 용이 나타날 수 없었단 말인가? New ASV의 이사야에서 두 번 나타난 이 옛 "용"이 바로 미카가 바로 이곳에서 말한 그 단어이다. 그런데 왜 바꿨는가?

ASV, New ASV, RSV, New RSV와 "보수주의자들"이 만든 모든 자유주의의 번역본들에는 "올빼미들"은 날아가 버리고 "타조들"이 들어와 있다. 어떻게 타조들이 "애곡"하는가, 박사님들? 『**애곡하리라.**』(8절)고 하지 않았는가? 욥기 39:15,16을 제대로 읽었다면 타조들은 발을 옮겨 자기 "새끼"들을 밟을 때조차도 애곡하지 않는다.

구역질나는 70인역은 7,8,11,13절을 고쳤다. (70인역은 신약이 완성된 지 200년 후에나 쓰여졌다.) 사실 70인역이 미카서를 다루는 데 있어서 변개시킨 정도만큼 더 명백하게 부패시킨 곳도 드물다(2:8,9; 3:7,12; 4:8,11; 5:1 등 참조).

성경대로 믿는 사람이 "주의 책"(사 34:15,16)을 읽어 보았다면 "용들"이라고 불리는 날아다니는 뱀들은 여자 마귀들처럼(슥 5:9) 날개가 있고 요한계시록 18:2의 "새들"과 연관이 있다는 사실을 알 수 있다. "마귀들"(〈킹제임스성경, 1611〉)이 헬라어(daimon)에 대한 적합한 번역이어서 레위기 11장의 불결한 새들(unclean birds)이 하나님의 말씀을 공격하는 사람들에 의해 "새들"(fowls, 마 13:19)로 묘사된 사실에 그다지 놀라지 않는다. 그래서 "올빼미"는(〈킹제임스성경〉의 미 1:8) 정확한 말이다. 성경을 믿지 않고, 그리스도인을 오도하고, 학자의 양심을 버린 사람들이 "올빼미"를 "타조들"로 바꾼 것은(ASV, New ASV, 모든 배교한 근본주의자들이 추천하는 모든 "신뢰할 만한 번역본"을 보라.) 다리 부러진 오리떼에 대한 문맥에서나 적합하다고 하겠다.

그러나 100%의 근본주의 학자들과 보수주의 학자들은 "올빼미들"이 "타조들"로 되어야 한다는 데에 의견의 일치를 보이고 있다. 성경대로 믿는 사람이 해야 할 현명한 결정만이 남아 있다. 두 번 쳐다 볼 것도 없다. 모두 갖다 내버리는 것이다.

여기에 나온 "용들"과 "올빼미들"이 통곡하며 애통하는 것은 불못에서이다(사 34:9-15). 이 사실은 그리스도의 심판석만큼이나 성경에서 분명한 부분이다(계 19:20 참조).

『**이는 그것이 유다에까지 이르렀음이요 그가 내 백성의 성문에 이르렀음이니...**』(9절). 그래서 파멸은 사마리아를 거쳐(6절) 유다에까지 내려오게 된다(왕하 18,19장 참조). 그리고 그 파멸이(산헤립) 유다와 예루살렘을 침공할 때 "성문"(사 22:7)까지 닥치게 된다.

올빼미들을 문맥에 맞추려다 보니 "애곡하리라"(mourn)라는 말을 "소리지르고 있는"(crying, Dead Bible), "애곡"(lamentation, ASV), "처절하게 울다"(shrill cry, 제이미슨, 포셋, 브라운), "삐약거리다"(peeping, 위클리프 성경 주석) 등으로 바꾸었다. 한번 위선자는 영원한 위선자다.

1:10 ○ 너희는 그것을 가드에 알리지 말고 너희는 전혀 울지 말며 아프라의 집에서 티끌 가운데 네 몸을 굴리라.

11 너 사필 거민아, 너희는 벌거벗은 수치를 지닌 채 지나가라. 사아난 거민은 벧에셀의 애통으로 나오지 못하였고 그가 너희를 선 채로 영접하리라.

12 이는 마롯 거민이 조심스럽게 복을 바라나 재앙이 주로부터 예루살렘의 성문에까지 임하였음이라.

13 오 너 라키스의 거민아, 빠른 짐승에게 병거를 매라. 라키스는 시온의 딸에게 죄의 시작이라. 이는 이스라엘의 죄과들이 네게서 보였음이라.

14 그러므로 너는 모레셋가드에게 예물들을 줄지어다. 악십의 집들이 이스라엘의 왕들에게 거짓이 되리로다.

15 그러나 오 마레사 거민아, 내가 너에게 한 상속자를 데려오리니 그가 이스라엘의 영광인 아둘람에 이르리라.

16 너는 네 기뻐하는 자식들을 위하여 네 머리를 깎아 대머리 같게 하라. 네 벗겨짐을 크게 하여 독수리처럼 할지니 이는 그들이 네게서 떠나 사로잡혀갔음이라.

성읍들이 나열된다. 가드, 아프라, 사필, 사아난, 벧에셀, 마롯, 예루살렘, 라키스, 모레셋가드, 악십, 마레사, 아둘람.

『○ **너희는 그것을 가드에 알리지 말고 너희는 전혀 울지 말며**』(10절). 열거되는 도시들이 그 다음 문장에서 설명되기 때문에(먼지에 대한 "아프라"는 "티끌 가운데 네 몸을 굴리라."와 연결된다.) 가드에 대한 말이 "울음의 도시"(weep town)라고 결론을 내린다(그래서 이 말은 "너희는 전혀 울지 말며"와 연결되는 것으로 본다). 학자들이 가드를 "울음의 도시"라고 부르기 때문에 NEB를 쓴 C.H. 도드는 하는 수 없이 10절을 "울어서 눈을 붓게 하라."로 해석하였다. 그러나 "가드"(Gath)는 결코 "울음의 도시"가 아니다. 거짓을 입증하려 하는 사람들의 눈에만 그렇게 보인다. "가드"는 포도즙틀이나(winepress), "좋은 운"(good fortune)을 의미한다.

어떤 히브리어 학자이든 〈킹제임스성경〉을 공격하는 데 히브리어를 사용한다면 그 히브리어는 올바로 파악되지 않는다. 학자들의 주장대로 번역을 해 보자.

1. "울음의 도시에서 울지 말라. 티끌의 집에서 티끌 가운데 네 몸을 굴리라"(10절).
2. "아름다운 도시는 벌거벗은 수치를 지녔다"(11절).
3. "옆에 있는 도시는 나오지 못하였다"(11절).
4. "이웃 도시는..."

이것은 다음과 같이 말하는 것과 같다. "CONCORD(메사추세츠)에서 싸움이 벌어졌는가?" "PHILADELPHIA(펜실베이니아)에 인종 분쟁이 있는가?" "SALEM에 전쟁이 났는가?" "LOS ANGELES에 타락한 천사들이 있는가?" 이러한 표현들에 있어서 명백한 사실을 알 수 있다. 학자들이 미카 1장에서 이런 식으로 접근하는 한 아무것도 얻는 것이 없다(하나님께서 죄인들의 선입견에 맞추어 말씀하셔야만 한다는 고정 관념을 갖고 있다). "모레셋 가드"는 "예물들"과는 전혀 상관이 없다(14절). "악십"은 같은 구절에서 거짓과 연결되지만(14절), "라키스"는 "높이"를 의미하고 어떤 "빠른 짐승"의 어떤 "병거"와도 관련이 없다(13절). "사아난"은 "풍부한 무리들"을 의미하고 "벧에셀의 애통"과는 무관하다(11절). 라키스를 병거들과 연결시키기 위해(13절) "horse town"의 의미라고 하고 사아난이 "march town"을 의미한다고 하고 (11절) 가드가 "tell town"(10절)을 의미한다고 하는 것은 뉴욕이 "ghetto town"을 의미한다고 현학적으로 말하는 것과 꼭 같다. 어쩌다가 주사위가 맞아 떨어진다 해서(아프라, 사필, 마롯, 악십) 하나님을 알렉산드리아 이단들이 하는 소꿉놀이에 끌어들일 수는 없다.

이 구절은 산헤립에 의해 그리고 그 후에는 느부캇넷살에 의해 더 끔찍이 저질러질 살육을 나타낸다. 유다와 유다 가까이에 있는 성읍들은 경고를 받고 있는 것이다. 사무엘하 1:20은 본문의 10절 전반과 연결된다. 이런 말이다. "우리의 적인 필리스티아인들에게 우리의 손실을 알리지 말라!" 티끌 가운데 몸을 굴리는 것은(10절) 큰 회개와 슬픔을 말한다(시 7:5; 22:15, 사

47:1 등을 보라). 사필의 거민은 벌거벗은 채로 포로로 잡혀간다(사 47:3 참조). 사아난에 있는 사람들은 공격으로 벧에셀이 파괴되는 동안 애통해 하였다(11절). 마롯에 있는 사람들이 "조심스럽게 복을 바랐을 때"(12절) "재앙이 주로부터 임하였다"(12절). 비슷한 경우로 영국과 챔버린(Chamberlain)이 굴욕적인 타협(1939) 후에 조심스럽게 복을 바랐으나 폴란드의 침공과 런던 폭격이라는 "분명한 대가"를 받은 것을 생각해 보라. 계속 살펴보자. 북쪽의 베트남이 "파리 평화 회담"이 얼마나 도움이 되고 얼마나 합리적인지 결론을 내기도 전에 남쪽의 베트남이 조심스럽게 기다렸던 복을(1965-1973) 생각해 보라. 계속해서 살펴보자. 미국 사람들이(1920-1970) 조심스럽게 복을 바랐지만(이들은 두 세대에 걸쳐 "선"과 "악"은 상대적 용어이므로 "가치들"이라는 말로 대치되어야만 한다고 가르쳤다.) 얻은 것은 인플레, 기근, 종족 전쟁, 파산이었다. 죽음, 질병, 재앙, 퇴보 등을 흥겹게 받아들이도록 하는 "적극적 사고방식의 능력" 같은 것은 없다.

"병거"는 앗시리아의 공격에 대비하여 등장하지만 "구원은 주께 속한 것이다"(잠 21:31). "빠른 짐승"도(13절) 사악한 도시나 사악한 통치자를 구할 수 없다(출 15:19). 아합이나(왕상 22:34), 요람(왕하 9:23,24)도 구할 수 없다. 『**라키스는 시온의 딸에게 죄의 시작이라. 이는 이스라엘의 죄과들이 네게서 보였음이라**』(13절).

라키스는 필리스티아 접경 지역에 있었다(수 15:39). 라키스는 분명히 "북왕국 경계" 가까이에 있지 않았다(제이미슨, 포셋, 브라운 주석, p.813). 이 도시가 필리스티아 지역 가까이에 있었기 때문에 우선 유다가 이 지역으로부터 들어오는 우상들에 침범당하는 것은 자명한 일이었다. 열왕기상 11:1에서 파라오의 딸들이(왕상 11:1-8 참조) 이집트의 종교를 예루살렘으로 가져온 것을 볼 수 있다. 라키스에서 시작된 "이스라엘의 죄과들"에 해당하는 죄는 (호 10:9, 왕상 12:26-36 참조) "시온의 딸"과 관련이 있다. 솔로몬의 시대 후에(B.C. 960) 모압인들, 암몬인들, 시돈인들은 예루살렘을 우상으로 채우는

데 공헌하였다. 그러나 예루살렘의 죄들은 다윗이 처음 "시온"을 점령했을 때인(삼하 5:7) 사무엘하 5,6장에서(B.C. 1040) 시작되었다. 필리스티아인들이 즉시로 공격한 것을 주목하라(삼하 5:18). 여기에서 알 수 있는 것은 필리스티아에서 가르쳐졌던 것이 우선 처음으로 접경 지역의 라키스에 있는 유다의 유대인들에게 받아들여졌다는 것이다. 이 종교적인 가르침에는 금으로 동물들의 형상을 만드는 것과(삼상 6:4), 물고기 신을 경배하는 것과(삼상 5:3), 종교적으로 쓰이는 물건들을 수레에 얹어 끄는 것과(삼상 6:10, 삼하 6:3), 다른 종족들과 혼인하는 것(창 20:1-4) 등이 포함된다.

『**그러므로 너는 모레셋가드에게 예물들을 줄지어다**』(14절). 라키스는 도움을 청하기 위해 모레셋 가드에게 뇌물을 보낼 것이지만 아무것도 얻지 못할 것이다. 악십이 도움을 약속하지만 거짓으로 판명된다. 『**이스라엘의 왕들에게 거짓이 되리로다**』(14절). 산헤립이 올 때 유다의 왕들은 모든 실제적인 면에서 "이스라엘의 왕들"이다. 북쪽 지파들의 마지막 왕은 B.C. 722-720년에(왕하 17장) 포로로 잡혀갔기 때문이다.

『**내가 너에게 한 상속자를 데려오리니 그가 이스라엘의 영광인 아둘람에 이르리라**』(15절). 여기에서 언급하는 것이 역사적으로 새로운 상속자인 산헤립을 언급하는 것이지만 매우 주의 깊게 예언에 관한 모든 사람들을 연관 지어 살펴보아야 한다. 다니엘과 요한계시록을 읽어 보면 예수 그리스도의 재림이 11,15,16절 뒤에 "숨어" 있다는 사실을 알 수 있다. 역사적으로 말할 때 "이스라엘의 영광"은 요새화된 도시인 아둘람을 말한다. 이곳은 동굴의 구조로 인해 난공불락의 요새였다(삼상 22:1 참조). "이스라엘의 영광"에 있어서 또 하나의 가능성은 "마레사의 거민"(15절)이다. 이들은 숨기 위해 다윗의 동굴로(삼상 22장) 도망해야만 할 것이다. 그러나 "이스라엘의 영광"인 상속자는 본문에서 알 수 있듯이 계속 앞뒤로 움직이고 있다.

『**네 머리를 깎아 대머리 같게 하라... 이는 그들이 네게서 떠나 사로잡혀갔음이라**』(16절). 이것은 아이들을 잃어버린 것에 대해 처절하게 울부짖는 것을 가리킨다(스 9:3, 욥 1:20 참조).

미카 2장

2:1 죄악을 꾀하고 자기들의 침상에서 악을 행하는 자들에게 화로다! 아침이 밝
으면 그들이 그것을 실행하리니, 이는 그것이 그들 손의 능력에 있음이라.
2 그들은 밭들을 탐내어 그것들을 폭력으로 취하고 집들도 탐내어 빼앗아
감으로써 사람과 그의 집을 억압하고 사람과 그의 유산까지도 억압하는
도다.
3 그러므로 주가 이같이 말하노라. 보라, 내가 이 족속에게 내릴 한 재앙을
계획하노니 이 재앙에서 너희는 너희 목을 움직이지 못할 것이요, 너희
가 오만하게 다니지 못할 것이니 이는 이 때가 악함이라.
4 ○ 그 날에 누군가가 너희에 대하여 비유를 지으며 슬픈 애가로 애도하며
말하기를 "우리가 완전히 망하게 되었도다. 그가 내 백성의 분깃을 바꿨
으니 어찌 내게서 그것을 제거하셨는고! 그가 돌이켜 우리의 밭들을 나
누셨도다." 하리라.
5 그러므로 주의 회중에서 제비로 줄을 띄울 자가 너에게는 한 명도 없
으리라.

6 그들이 예언하는 자들에게 말하기를 "너희는 예언하지 말라. 예언하는 자들이 그들에게 예언하지 않아야 수치를 당하지 아니하리라." 하는도다.

미카는 특별한 죄들을 기록하고 있다. 거짓 선지자들은 두 부분에서 발견된다는 사실을 알아야 한다(1-6절, 7-13절). 예레미야가 NCCC와 "Southern Christian Leadership Conference"(렘 23:21)의 "꿈꾸는 자들"(렘 23:28)을 대항하여 위대한 설교를 하고 오래전에 미카는 이러한 일들에 대해 말하고 있다.

1,2절은 스스로 해석한다. 악을 행할 능력이 있는 자들이 악을 행한다. 집과 땅을 10%의 이자로 나누어 준 후(반년마다 복리로 계산하여) 다시 회수할 능력만 있다면 회수한다. 『**그들은 밭들을 탐내어 그것들을 폭력으로 취하고**』(2절). 총과 탱크를 몰고 와 농장을 몰수한 코민테른이든지(1930-1960), "인민을 위해" 소유주를 죽이고 재산을 몰수한 중국 공산당이든지(1948-1968) "무력"과 "생태학에 관한 법률 제정"을 들고 나와 학교와 놀이터를 빼앗은 "환경보호론자"나 "시민의 권리를 대변하는 자"이든지(1970-1980) 모두 똑같은 집단이다. 탐욕스럽고, 게으르고, 살인을 일삼는 도둑들이다. 『**사람과 그의 집을 억압하고 사람과 그의 유산까지도 억압하는도다**』(2절). 이에 대한 구약의 대표적인 예는 나봇의 포도원을 강탈한 것이다(왕상 21장), 이에 대한 신약의 대표적인 예는 하나님의 포도원을 강탈한 것이다(마 21장). 이에 대한 20세기의 대표적인 예는 세계를 지배하기 위한 계획을 가진 카톨릭과 공산주의자들이다.

하나님께서는 모든 불법을 행하는 자들을 "미워하시기에"(시 5:5) 『**내가 이 족속에게 내릴 한 재앙을 계획하노니... 이는 이 때가 악함이라.**』(3절)고 하신다. 여기에 언급된 족속은 유다 족속이다(7절). 하나님의 법을 범하여(레 25:23) 부동산을 획득하려 하는 자들은(레 6:4; 19:13) 자신들이 소작인에게 행했던 것과 똑같이 자신들도 그렇게 당할 것이다(3절). 형벌은 죄에 적합해야 하는 것이므로(히 2:2) 탐욕스럽게 땅을 훔치려한 것에 대한 보응으로 자신들의 땅을 잃게 된다(4절). 하나님께서 멍에를 벗겨 주셨더라도(호 11:4), 이들은 자신들이 멍에를 싫어하든 좋아하든 다시 이 멍에를 쓸 것이다(호 10:11 주석 참조). 쇠로 만든 멍에를 벗지 못할 것이다(렘 28:10). 『**너희는 너희 목을 움직이지 못할 것이요**』(3절).

『**이는 이 때가 악함이라**』(3절)에 곧이어 나오는 "비유"는 대환란에서 반복될 사건들을 보여 준다. 『**그러므로... 제비로 줄을 띄울 자가 너에게는 한 명도 없으리라**』(5절). 가난한 사람들을 박해했던 자들은(환란 때의 문맥인 마태복음 25:31-46, 욥기 24:1-12, 야고보서 5:1-7 참조) 천년왕국에서 분배를 받지 못한다(겔 48장 참조). 다음 번에 땅이 분배될 때는 - 첫 번째 땅이 분배될 때는 여호수아 20-24장이었다. - 부유했던 압제자들은 전혀 땅을 소유하지 못할 것이다. "줄"(cord)은 오늘날 측량할 때 쓰는 "쇠사슬"(chain)과 같은 것이고 땅이 측정될 때 누가 얼마만큼의 땅을 소유할 것인가를 결정하는 "제비"(lot)가 던져졌다.

『**너희는 예언하지 말라... 수치를 당하지 아니하리라**』(6절). 이 구절이 호세아 9:7과 아모스 5:13과 얼마나 유사한지 살펴보라. 〈킹제임스성경, 1611〉에서 말하는 것이 너무 분명하기 때문에 모든 "경건하고, 헌신되고, 훌륭한 사람"들은 가능한 한 빨리 엉망진창으로 변개시켜 버린다. 1800-1980년 사이에 "훌륭한 사람들"이 어떻게 이 본문을 잘라내었는지 살펴보기 전에 이 구절이 말하는 교훈과 훈계를 살펴보자.

이 구절이 말하는 내용은 다음과 같다. "예언을 말하는 선지자들에게 예언을 하지 말도록 말하라! 내가 이 선지자들은 '술을 마셔도 좋다.'고 말하는(11절) 거짓 선지자들로 바꿀 것이다. 나는 진짜 선지자들을(호 12:10) 가짜 선지자들과(11절) 바꿀 것이다. 그래서 진짜 선지자들은 나의 백성들에게 '예언하지 않을 것이다'(6절). 이들이 예언한다면 이들이(진짜 선지자들) 수치를 당할 것이기 때문이다"(잠 26:4, 대하 25:16 참조).

이런 평이한 내용과 비교하여 볼 때 달라스, 포트워스, 컬럼비아, 하일즈-앤더슨, 린치버그, 밥존스, 알링톤, 스프링필드의 교수진들은 이 구절을 "신뢰할 만한 번역본들"을 통해 어떻게 볼 것인가 추측해 보라.

1. ASV(1901) : "너희는 예언하지 말라. 그래서 그들이 예언하리라... 비난은 없어지지 않을 것이라."

2. New RSV : "발설하지 말라. 그래서 그들이 발설하리라... 비난은 돌아오지 않으리라."

3. RSV : "그와 같은 것들은 전파하지 않아야 한다. 불명예가 우리를 따라올 것이다."

4. Dead Bible("Living" Bible) : "그와 같은 행악들은 우리의 길에 오지 않을 것이다."

5. 여호와의 증인 "성서"(NWT) : "굴욕은 사라지지 않을 것이라."

6. Amplified Version(로크만 재단) : "불명예는 우리를 따라오지 못할 것이다"[욕을 하는 것은(the reviling) 끝이 없다].

제이미슨, 포셋, 브라운은 옳게 보았다(기분 전환할 때도 있어야 하니까). 그러나 글리슨 아처 주니어, 더멜로우는 베이스 캠프로부터 멀리 떨어져 나갔다. 〈강단주석〉은 "이 구절은 매우 어려워 해석하는 데 있어서 주석가들이 열심히 노력해야 한다."고 말함으로 모든 배교자들의 입장을 지지한다. 아니다. 크게 잘못된 생각이다. 해석은 하나님께 속한 것이다(창 40:8).

성경을 변개시킨 배교자들은 RV, ASV, New International Version, New ASV, New RSV를 가르치면서 6절을 다음과 같이 쓴 것이다. "주의 회중 가운데서 눈물을 흘리며 울지 말라. 이러한 일들로 울지 말라. 그가 비난을 없애지 않으실 것이기 때문이다." 이것이 6절 마지막에서 ASV, NIV, New

ASV, RSV, New RSV가 내린 결론이다. 전혀 열심히 노력하지 않는다.

"열심으로 하는 노력"이 어떤 것인지 보았는가? 70인역(A.D. 330)은 22단어를 고쳤다. 그러면서도 아직도 그 사본들은(바티칸 사본, 시내 사본) 가장 훌륭한 신약 사본으로 속이고 있는 것이다. 왜 70인역, ASV, New ASV, RSV, New RSV, Dead Bible이 하나님의 진리를 파괴시키기 위해 그렇게 심한 운동을 계속하는지 아는가? 간단하다. 〈킹제임스성경, 1611〉에서 말하는 11절을 믿을 수 없기 때문이다. 이에 대해서는 11절에서 다시 살펴볼 것이다. 여기에서 개정자들이 한 짓만 살펴보아도 이들에게는 학문적인 자질이나 지적 능력이 부족하다는 것을 알 수 있다. 이것은 라오디케아의 배교의 한 증상으로 보지 못하고 듣지 못하고 말하지 못하는 자들만이 분별력을 갖추지 못하고 따라가는 것이다.

2:7 ○ 오 너 야곱의 집이라 불리는 자야, 주의 영이 엄격하시냐? 이것들이 그의 행하심이냐? 정직하게 행하는 자에게 내 말이 유익이 되지 아니하겠느냐?

8 근래에도 내 백성이 원수처럼 일어나서 전쟁을 반대하여 안전하게 지나가는 자들의 겉옷과 속옷을 함께 벗기는도다.

9 너희가 내 백성의 여인들을 그들의 즐거운 집에서 쫓아내고 그들의 자녀들에게서 내 영광을 영원히 빼앗아 갔도다.

10 너희는 일어나서 떠나라. 이곳이 너희의 안식처가 아님이라. 이는 이곳이 더럽혀졌으므로 너희를 멸망시킬 것이며 크게 멸망시킬 것이기 때문이라.

11 영과 거짓으로 행하는 어떤 사람이 거짓말을 하여 이르기를 "내가 포도주와 독주에 관하여 네게 예언하리라." 한다면 그와 같은 자도 이 백성의 선지자가 될 것이라.

12 ○ **오 야곱아, 내가 반드시 네 모든 자들을 모으리라. 내가 반드시 이스라엘의 남은 자를 모으리라. 내가 그들을 보스라의 양같이 모으며 그들의 우리 가운데 있는 양떼처럼 함께 모으리라. 그 모인 사람의 수가 많음으로 인하여 그들이 큰 소리를 내리라.**
13 **길을 여는 자가 그들을 앞서 올라오면 그들이 흩어져서 성문을 통과하여 거기서 뛰쳐나갔으니, 그들의 왕이 그들을 앞서 지나가며 주께서 그들의 선두로 가시리라.**

7절은 6절의 내용과 마찬가지로 평범하다. 그런데도 학자들은 "긍정적"이라는 독소 교리를 본문에 주입시키려 하고 있다. 글리슨 아처 주니어, 제이미슨, 포셋, 브라운은 본문에서 말하는 『**그의 행하심**』(7절)에는 하나님께서는 악한 자를 해치는 것을 생각하지 않으시기 때문에 파괴를 말하는 부정적인 설교는 하나님의 행하심이 될 수 없다고 말한다.

도대체 본문에서 하나님의 성품을 다루는 것과 연관되는 것은 무엇인가? 예수 그리스도를 거부한 죄인을 지옥에 보내는 것이 하나님의 성품이다. 마귀처럼 사는 민족을 쓸어버리는 것이 하나님의 성품이다(시 9:17). 하나님의 "행하심"을 거부했을 때 자신의 아이들을 먹게 하는 것이(신 28:57, 애 4:10) 하나님의 "행하심"이다. 하나님의 말씀을 짓밟는 그 누구와도 결코 생각을 같이하지 않는 것이(잠 13:13) 하나님의 성품이다. 미카나 아모스 또는 호세아의 설교를 들어 본 사람이라면 본문에서 말하는 "these"는 1절부터 4절까지 말하는 죄들에 대한 언급이라는 사실을 즉시 알 수 있다. 문단 표시 부호를 무시함으로 배교한 변개자들은 "THESE DOINGS"를 6절의 예언과 연결시키려 하고 있다. 전형적인 "과학적 해석 방법"이다.

모든 히브리어 학자들의 학위, 이론, 설명, 추측, 변개시킨 본문을 무시한다면 모든 내용이 평범하다. "정직하게 행하는"(7절) 자에게(잠 8:9, 전 12:10) 하나님의 말씀은 유익을 준다[〈킹제임스성경〉의 문단 표시 부호를 통해 7-11절이 한 문단임을 알 수 있다. 〈킹제임스성경〉 번역자들이 "절대 무오를 주장하지 않았다"고 해서 그 권위와 능력이 스코필드 성경보다 못한 것은 전혀 아니다.

거짓 선지자들이 유다를 향해 말한다(11절). 하나님께서는 이를 허락하신다(11절). 그 말을 믿음으로 얻는 열매들은(겔 14:1-10 참조) 하나님을 대적하는 것이고(8절), 도둑질(8절), 강탈(9절)과 땅을 오염시키는 것(10절)들이다. 이것들이 하나님의 "행하심"(7절)인가? "이러한 참된 예언들이 진정 하나님께서 의도하시는 것인가?"와 같은 말은 없다. 그런 말씀은 없다. 하나님께서는 "이러한 파괴적인 예언들이 참으로 내가 말하려고 한 것들인가?"라고 말씀하시지 않았다. 하나님께서는 "그의 행하심이 엄격하시다 하겠느냐?"(이것들이 그의 행하심이겠느냐?)라고 말씀하셨다. 사마리아와 이스라엘을 파괴시킨 것은 분명히 "하나님의 행하심"이었다! 예레미야 52장, 에스겔 16,32장, 이사야 3,24장을 보라. "하나님의 행하심"을 확인해 볼 수 있을 것이다.

『**내 말이 유익이 되지 아니하겠느냐?**』(7절) "내 말이 선하지 아니하냐?"고 말씀하시지 않았다. "내 예언들이 너희 모든 즐거운 자들에게 달콤하고, 너희와 같은 생각이지 않느냐?"라는 말은 없다. 사람들의 인생과는 무관하다. 하나님께서는 "내 말들은 올바로 사는 사람에게 유익이 된다. 올바로 산다면, 내 말들은 부정적이든 그렇지 않든 간에 유익이 될 것이다."라고 말씀하신다. 성경을 사랑하는 구원받은 사람이라면 고린도전서 13:10-13, 로마서 8:11,28에서 얻을 수 있는 진리만큼 고린도후서 13:1-6, 고린도전서 11:30,31, 로마서 2:1-16에서도 똑같은 진리를 얻을 수 있다.

이단들이 7절을 혼미하게 만드는 진짜 이유는 11절에 가서야 명백하게 알 수 있다.

『**내 백성이... 지나가는 자들의 겉옷과 속옷을 함께 벗기는도다**』(8절). 고

속도로에서 강도 행각이 벌어지고 여기에 걸려든 사람은 겉옷뿐 아니라 속옷까지 빼앗겨 알몸이 된다. 이 희생자는 자신이 안전할 때 당한 것이고("전쟁을 반대하여") 고속도로를 걸어 내려가면서 자신이 정감 있는 지역에 있는 것이라고 생각한다.

9절은 스스로 해석한다. 과부들이 쫓겨날 때 과부들의 아이들은 유산을 잃게 된다(마 23:14 참조). 10절은 스스로 해석한다(암 6:1-4 참조).

『영과 거짓으로 행하는 어떤 사람이 거짓말을 하여 이르기를... 그와 같은 자도 이 백성의 선지자가 될 것이라』(11절). 이것이 하나님의 성품 운운하는 자들을 다루시는 방식이다. 빛이 비추어지지 못하면 번개가 된다. 에스겔 14:1-11, 데살로니가후서 2:10-12은 하나님의 부정적인 "성품"을 강력하게 제시하는 부분이다. 그래서 히브리어 학자나 헬라어 학자가 아니라면 누구든지 이 진리를 놓칠 수 없다. 하나님께서는 거짓말하는 술주정뱅이가 그 민족을 파멸로 이끌 것을 허락하신다고 미카는 말하고 있다. 하나님께서는 거짓 선지자들이 "포도주"를 추천하는 것을 허락하실 것이다. 이것은 마치 카톨릭 성경(구약) 마지막 구절에 있는 것과 같고 또 이것은 지금까지 교황들이 가르친 것과 똑같다. [사 56:12을 읽어 보고 미 2:11의 예언이("...될 것이라") 문자적으로 성취될 것을 주목하라. 이사야 56:12의 예언은 유다의 "파수꾼"들에 관한 것이다. 이들은 D.D.들이다(Dumb Dogs, 못 짖는 개들, 사 56:10)].

손가락으로 벽에 쓰여진 글자가 너무 분명하기에 전천년주의, 후천년주의, 무천년주의 이단들은 미카를 반격한다.

1. 선지자가 과거에 "왔었다면"(had come), 그 선지자는 "이루었을 것이다"(would have been, 마티, 노웩)! 아름답지 않은가? 모든 것이 가설 위에 세워졌다. 하나님은 결코 그와 같은 짓을 인정하지 않으신다.

2. New ASV : "만일 어떤 사람이 거짓말을 했다면(HAD told lies)... 그는

(He WOULD BE...)" 물론 과거 시제가 아니다. 거짓말하기 좋아하는 두 얼굴을 가진 위선자들은 "축자적으로 영감받은 원본"을 믿는다고 떠들어댄다! 아무도 과거에 말했거나 과거에 말하지 않은 것이 아니다. 과거 시제가 아닌 것이다(렘 23:25,26).

3. RSV : "If a man should go about... he WOULD BE..."

4. Amplified Version : "If a man SHOULD LIE... he WOULD BE..."

5. New English Bible : "If anyone HAD GONE about..."

6. 이들 가운데 케네스 테일러(Dead Bible)가 가장 가깝게 다가갔다. 포도주와 독주에 관한 설교가 하나님께서 비아냥거리시며 하신 것이라고 말했다. 그러면서 "그것은 너희가 좋아하는 그런 종류"라고 말했다. 훌륭하다. 이렇게 함으로 문자적인 예언의 성취를 제거해 버렸다. 사탄도 이보다 더 낫게 조작할 수는 없을 것이다.

〈킹제임스성경〉은 19세기에 걸친 "인정받는" 학자들을 바로잡아 줄 수 있어서 다음의 사실들로 요약할 수 있다.

1. 이스라엘의 지도자들은 포도주와 독주에 대해 예언을 하였다.

2. 유다의 지도자들은 포도주와 독주에 대해 예언을 하였다.

3. 이들 지도자들은 귀족들일 뿐만 아니라 선지자들이었다(렘 23:9,14).

4. 하나님께서는 이런 자들이 백성을 속이는 짓을 하도록 허용하셨다(겔 14:1-11).

5. 이것은 "정직하게 행하는 자에게 유익"을 주는(7절) 하나님의 말씀들을 거부한 것에 대한 보상이다.

6. 이 선지자들은 그들이 있었던 때보다 오늘날 훨씬 더 많다(마 24:11).

7. 대환란 때에 이들은 술제물로서 피를 마실 것이다(시 16:4). 그러면서 그것이 신명기 32:32,33의 로마카톨릭의 포도주로 가장할 것이다. (지금 이 시간에도 카톨릭 교회라는 볼링장의 레인에서 이십 년 넘게 계속 술을 팔고 있다.)

이상 일곱 가지 입증된 사실들이 확립된다면 누가 무슨 목적으로 출판했는지 물어볼 필요도 없이 International Version, New ASV, RSV, New RSV, Amplified, Phillips, American, Jerusalem, New English Bible 등을 거부해 버릴 수 있다.

『○ **오 야곱아, 내가 반드시 네 모든 자들을 모으리라. 내가 반드시 이스라엘의 남은 자를 모으리라**』(12절). 여기에서 다시 한 번 재림의 암시를 볼 수 있다(1:15 참조). "주"(13절)께서는 돌아오는 남은 자들의 선두에 서신다(계 19:11, 신 33:2, 사 63:1-9). 그분은 『**그들의 왕**』(13절)으로 나타나실 뿐만 아니라 그들의 목자로서(12절, 『**내가 그들을 보스라의 양같이 모으며**』) 나타나신다. 그러나 "지나친 운동"을 한 주석가들은 이 본문에서 여러 가지 사실들을 건너뛰었다. 한 예로 13절의 "길을 여는 자"는 하나님에 관한 언급일 수만은 없다(슥 11:10; 12:4과 그 주석 참조). 적그리스도도 언급하고 있다(렘 51장). 그러나 이 둘 중에서 많은 부분은 주님에 대한 언급이다(렘 2,5,28,30장, 사 14장, 시 10,29,46,48,74,76편, 겔 4,5,30,34장 등). 『**그들의 왕**』(13절)은 같은 구절의 "주"이신 주 예수 그리스도와는 별도로 다윗에 대한 언급일 수 있다(겔 34:23; 46:12 참조). 『**그 모인 사람의 수가 많음으로 인하여 그들이 큰 소리를 내리라.**』(12절)는 『**네 모든 자들**』(12절)에 대한 언급이고 이는 로마서 11:26의 미래의 회복에 관한 내용이지 에스라와 느헤미야 때에 일어나지 않았다. 『**그들이 흩어져서 성문을 통과하여 거기서 뛰쳐나갔으니**』(13절). 이는 이중 예언을 언급한다. 첫 번째는 포로로부터 나오는 때이고 두 번째는 예수 그리스도께서 통과하시는(겔 44:2) 동쪽 문(겔 46:1)이 열려지는 때이다. "흰 말"(계 19:11)을 타고 예수 그리스도께서 통과하시는 것이다. 두 양떼들은(요 10:16) 천년왕국 때에 주의 양떼들이 되고(겔 37:11-19), 이들은 화평 가운데 누울 것이다(겔 34:25-28).

미카 3장

3:1 또 내가 말하였도다. 오 야곱의 우두머리들과 너희 이스라엘 집의 통치
자들아, 내가 너희에게 청하노니, 들으라. 공의를 알아야 하는 자가 너희
가 아니냐?
2 너희가 선을 미워하고 악을 사랑하고 그들에게서 가죽을 뜯어내며 그들
의 뼈에서 살을 뜯어내고,
3 너희가 또 내 백성의 살을 먹고 그들에게서 가죽을 벗겨 내는도다. 그들
이 백성의 뼈를 부수어 잘게 다지기를 마치 솥과 가마솥 안에 넣을 고기
처럼 하는도다.
4 그때 그들이 주께 부르짖을 것이나 그는 그들을 듣지 아니하시고 오히
려 그때에 그들이 행한 악한 행실에 따라 그들에게서 자기 얼굴을 숨
기시리라.

모든 것이 명백하다. 2,3절은 대환란 때에 있을 문자 그대로의 식인 행위에 대한 언급이지만(계 6:9, 시 16:4, 사 6:13, 겔 5:10) 여기에서는 지도자들이

(1절) 야곱의 백성들을 혹독하게 다루는 사실을 비유적으로 가리킨다. 그러나 누구라도 잠언 1:24-29과 관련하여 4절을 잊어서는 안 된다. 이는 교회 시대 마지막에 있을 다니엘의 칠십째 주를 평이하게 말한다. 이 기간 동안에 적그리스도는 인간을 제물로 요구하게 되고 피의 제사를 요구한다(시 16:4, 계 6:9). 사람의 몸을 토막내어, 요리하고, 먹는 것이다. 『**그들에게서 가죽을 벗겨 내는도다. 그들이 백성의 뼈를 부수어 잘게 다지기를 마치 솥과 가마솥 안에 넣을 고기처럼 하는도다**』(3절).

3:5 ○ 내 백성을 오도하는 선지자들에 관하여 주가 이같이 말하노니 그들은 그들의 이로 깨물면서 "평화."라고 외치며 자기들의 입에 넣어 주지 않는 자에 대해서는 그들이 그를 대적하여 전쟁을 준비하는도다.

6 그러므로 너희에게 밤이 이르리니 너희가 환상을 보지 못할 것이며 너희에게 어두움이 오리니 너희가 점치지 못하리라. 또 해가 선지자들 위로 져서 낮이 그들 위에 어두움이 되리라.

7 그때에 선견자들이 부끄러움을 당할 것이요, 점치는 자들은 수치를 당할 것이라. 정녕, 그들 모두가 자기들의 입술을 가리리니 이는 하나님**의 응답이 없기 때문이라.**

어려운 구절은 하나도 없다. 시류에 편승하는 사역자들은(요 10:12) 생계를 위해 설교하는 자들이다. 세 부류의 사람들이 질책을 당한다. 선견자들(seer)과 점치는 자들(diviner)과 선지자들(prophet)이다. 아주 재미있는 사실이 있다. 모세오경에 대해 끊임없이 "최신"을 되뇌이는 사람들이 이상하게도 미카 3장의 주제에 대해서는 조용해진다. 그들의 추악한 이론에 따르면 미카는 이스라엘의 왕이 있기 전에 기록되었다고 말해야만 한다!

이스라엘을 오도했던 선지자들은 나머지 백성들이 굶주리는데도[『**이를 깨**

끗한 채 놔 두었고』(암 4:6)] 먹을 것이 풍부했다. 왜냐하면 긍정적인 메시지인 "평화"를 가지고 사역에 임했기 때문이다. 다니엘 11:24을 주의 깊게 읽는다면 이 메시지는 적그리스도에 관한 내용임을 알 수 있다(단 11:21, 살전 5:3).

"평화"는 예레미야 시대에 "긍정적 사고방식의 능력"을 유지시키기 위해 거짓 선지자들이 사용하는 위대한 주제로서 느부갓넷살이 예루살렘을 강탈할 때도 사용되었다. "평화"는 위대한 UN의 속임수로 사용하는 말이다. 사십 년도 안 되는 기간에 사십 번의 전쟁을 시작하고 다루는 데 이 평화라는 말을 사용하였다. "평화가 없을 때," "평화, 평화"(사 48:22)라고 말하는 것은 모든 미국의 인본주의자, 교육가들이 가지고 있는 기본적인 종교적 독단을 나타낸다. 여기에 "근본주의자들"이 제외된다고 생각해서는 안 된다. 『**자기들의 입에 넣어 주지 않는 자에 대해서는 그들이 그를 대적하여 전쟁은 준비하는도다**』(5절). "평화"를 외치는 자들은 대개 살인과 약탈을 계획하고 있다는 사실을 주목해야 한다. 두 손가락을 공중에 흔들며 달콤하고 부드러운 말로 늘 "사랑의 입맞춤"을 언급하는 거짓말하는 악당을 발견한다면 그는 이 세상에 살았던 가장 위대한 전략가라는 사실을 알아야 한다(계 18:24).

보수주의 『**점치는 자들**』(7절)에 대하여 "하나님의 응답은 없다." "어휘를 조명하기 위해" 헬라어, 히브리어 원어 사전을 샅샅이 뒤져도 소용없다. 웨스트코트와 홀트 이단 - 로버트슨, 데이비스, 웨스트, 트랜치 메츠거, 메이첸, 테이어에게 뛰어가 방법을 호소해 보지만 이미 돌처럼 굳어 버린 그들에게서 도움을 얻지 못한다. "하나님의 말씀으로부터 조명을 얻으려" 하지만 소용없는 것이다. 이미 자신의 배를 자신의 신으로 삼았기 때문이다(5절). 성경 위에 또 다른 권위를 세운 것이다.

『그러므로 너희에게 밤이 이르리니 너희가 환상을 보지 못할 것이며 너희에게 어두움이 오리니... 또 해가 선지자들 위로 져서 낮이 그들 위에 어두움

이 되리라』(6절). 이 사실은 요한계시록 16:10에서처럼 순간적으로 일어난 것이고 베드로후서 2:17에서처럼 영원히 일어날 것이다. 이 사실은 영적으로 1901-1910(스코필드와 라킨) 이후에 〈킹제임스성경〉을 거부한 그 어떤 학생이나 교수도 성경에서 말하는 예언을 알지 못한다는 것을 말한다. 기독교 서점에서 예언에 관한 책을 구입해 볼 수는 있겠지만 1910년 이전에 발견되지 않는 예언에 관한 지식을 얻을 수는 없다. 스탬이 벌링거로부터 얻은 한두 가지 세대주의에 관한 진리를 제외하고는 말이다. (벌링거는 달라스 신학원의 교수들이 태어나기도 전에 죽었다.)

『**그들 모두가 자기들의 입술을 가리리니 이는** 하나님**의 응답이 없기 때문이라**』(7절). 그대로 이들이 입술을 열고 마이크로 말한다면 이는 입술을 덮어야만 하는 문둥병자(레 13:45)의 소리일 것이다. 그들의 "대답"은 하나님으로부터 온 것이다. 그 대답은 사탄이 하나님의 책과 대체시켜 버리기 위해 19세기에 헬라어, 히브리어 학자들을 통해 사용한 파산된 학문에서 나오는 것이다. 하나냐 박사(렘 28:15)도 하나님으로부터 응답을 받지 못했다. 시드키야 목사(왕상 22:24)나 교회 연합 운운하는 400명의 멍청이들도 하나님으로부터 응답을 받지 못했다.

하나님으로부터 응답이 없다. 사람들은 노래하기 시작했다. "진리가 무엇이냐?" "누가 응답할 것인가?" "너는 어디에 있는가?" "나는 무엇을 해야 하는가?" "나에 관한 것은 무엇인가?" 말장난이 판을 친다. 앞이 보이지 않는다. 끝이 없다. 그래도 외친다. "전진! 안개를 뚫고 전진!"

예레미야 시대의 서로 연합하는 복음 전도자들과 목사들은(미카가 여기에서 묘사한 것처럼) "주를 송축할지로다 이는 내가 부요함이라"고 말했다. 자신을 지지하면 모두 "경건한 학자들"이고 "헌신된 주의 종들"이다. 자신을 반대하면 모두 "교회에 문제를 일으키는 분열시키는 자들"이고 "무례하고, 사랑이 결여되고 지옥이나 떠들어대는 자들"이고 "화 잘 내며, 난폭하고 이기주의자들"이다. 그들의 신은 자신들의 배이다(롬 16:18, 빌 3:19).

3:8 ○ 그러나 진실로 나는 주의 영에 의하여 권능과 공의와 능력으로 충만하며 야곱에게는 그의 죄과를, 이스라엘에게는 그의 죄를 알리리라.
9 너희 야곱 집의 우두머리들과 이스라엘 집의 통치자들, 곧 공의를 싫어하고 모든 공평을 왜곡하는 자들아, 내가 너희에게 간구하노니 이것을 들으라.
10 그들이 시온을 피로, 예루살렘을 죄악으로 세우는도다.
11 그 우두머리들은 뇌물을 바라고 재판하며 그 제사장들은 삯을 바라고 가르치고 그 선지자들은 돈을 바라고 점을 치는도다. 그러면서 그들은 주께 의지하며 말하기를 "주께서 우리 가운데 계시지 아니하냐? 재앙이 우리에게 임하지 아니하리라." 하는도다.
12 그러므로 시온이 너희로 인하여 밭같이 쟁기질당할 것이요, 예루살렘이 무더기같이 되고 그 전의 산은 숲의 산당들같이 되리라.

대조되는 내용을 살펴보라. 미카는 결코 그의 부르심을 의심하지 않았다. 미카가 입을 열자마자 모든 선견자, 점치는 자, 선지자들은 숨어 버린다(11절). 물론 미카가 『**그러나 진실로 나는 주의 영에 의하여 권능과 공의와 능력으로 충만하며 야곱에게는 그의 죄과를, 이스라엘에게는 그의 죄를 알리리라.**』(8절) 라고 말하면 꼬리를 내리던 이들은 뒤에 숨어서 이렇게 말한다. "자기가 누구라고 생각하는 거야? 자기만 잘났다는 거야? 자기만 옳고 남들은 다 틀렸다는 거야? 우-!"

『**너희 야곱 집의 우두머리들과 이스라엘 집의 통치자들, 곧 공의를 싫어하고 모든 공평을 왜곡하는 자들아, 내가 너희에게 간구하노니 이것을 들으라**』(9절). 북쪽 지파와 남쪽 지파 모두 포함된다. 10절은 하박국 2:12이 설명한다. 예루살렘은 피의 도시가 된다(사 1:21-31). 비록 예루살렘이 뉴욕, 필라델피아, 디트로이트, 클레비랜드, 시카고, 발티모어, 워싱턴, 로스앤젤레스, 애틀란타, 멤피스, 마이애미, 피츠버그처럼 피를 보지는 않지만(공민권법 통과 후 지금까지 범죄 통계를 확인해 보라.) 하나님께서 선언하신 대로 피를 보게 된다. 『**밭같이 갱기질당할 것이요... 무더기같이 되고**』(12절) 히로시마와 나가사키에 폭탄이 떨어지리라고 일 년 전에 누가 알았겠는가? 베트남에서 50만 명이 살해당하기 전에 경배받던 거짓 신들 가운데 얼마나 많은 신들이 그 사실을 알 수 있었겠는가? 북쪽에서 쳐들어와(1975년) 90만 명의 양민을 살해할 것이라는 사실을 남쪽의 베트남에서 누가 알았겠는가? 하나님께서 기록하신 계시 밖에서 누가 하나님의 생각을 알 수 있겠는가? 피는 피를 부른다(민 35장). 비록 죄 없는 사람들의 피로 지어졌지만(10절), 뇌물(11절), 왜곡된 재판(9절), 탐욕(11절)등이 난무하는데도 『**재앙이 우리에게 임하지 아니하리라.**』라고 말한다. 『**주께서 우리 가운데 계시지 아니하냐?**』(11절)

『**주의 영광이 그 성읍 가운데로부터 올라가서 성읍의 동편에 있는 산 위에 섰더라**』(겔 11:23).

『**주께서 우리 가운데 계시지 아니하냐?**』(11절)

『예수**께서 나가서 성전에서 떠나시자... 주께서 올리브 산 위에 앉으셨을 때, 제자들이 조용히 나아와서**』(마 24:1,3).

『**주께서 우리 가운데 계시지 아니하냐?**』(11절)

『**나는 네 가운데 올라가지 아니하리니, 이는 네가 목이 굳은 백성이라**』(출 33:3).

NCCC에 있는 거짓 선지자들과 UN은 이스라엘의 통치자들과 재판관들에게 거짓 안전을 보장해 왔다. 히스키야 시대에도 이 같은 마귀짓이 비밀리에 행해졌다. 『**그러므로 시온이 너희로 인하여 밭같이 갱기질당할 것이요**』(12절). 미카가 이 내용을 전했을 때 잠시 유예 기간이 있었다(렘 26:19). 그 당시에 통치자들과 재판관들은 미카를 깨끗하게 하였기 때문이다(렘 26:19). 수년 후에 예레미야가 똑같은 내용을 전했을 때는 듣는 사람도 없었고, 돌이키지도 않았고, 깨끗하게 하지도 않았다. 그래서 느부갓넷살이 대걸레와 빗자루, 비누, 양동이를 가지고 가서 집을 깨끗하게 청소하였다(렘 52장). 삼손이 머리를 깍지 않았기 때문에(민 6:18) 하나님께서는 데릴라를 통해서 삼손의 머리를 깍게 하신 것이다(판 16:17).

미카 4장

4:1 그러나 마지막 날들에 주의 전의 산이 산들의 정상에 세워질 것이요, 그
산은 작은 산들 위에 높여지고 백성들이 그곳으로 몰려들리라.
2 많은 민족들이 와서 말하기를 "오라, 주의 산과 야곱의 하나님의 전으로
올라가자. 그가 우리에게 그의 길을 가르치시리라. 우리가 그의 길에서
행하리라." 하리니 이는 율법이 시온에서 나오고 주의 말씀이 예루살렘
으로부터 나올 것임이라.
3 ○ 그가 많은 백성 가운데서 심판하시며 먼 곳의 강한 민족들을 책망하
시리라. 또 사람들은 그들의 칼들을 쳐서 보습을 만들고 그들의 창들을
쳐서 낫을 만들 것이라. 민족이 민족을 대적하여 칼을 들어올리지 아니
할 것이며, 그들이 더 이상 전쟁을 배우지 아니하리라.
4 오히려 그들 각 사람은 자기 포도나무와 무화과나무 아래 앉을 것이요,
아무도 그들을 두렵게 하지 아니하리니 이는 만군의 주의 입이 그것을
말씀하셨음이니라.
5 모든 사람이 각자 자기 신의 이름으로 행할 것이나 우리는 주 우리 하나

님의 이름으로 영원무궁토록 행할 것이라.

6 **주가 말하노라. 그 날에 내가 저는 민족을 모으며 또 쫓겨난 민족과 내**
가 고난을 주었던 민족을 모을 것이요,

7 **또 내가 저는 민족으로 남은 자가 되게 하며 쫓겨났던 민족으로 강한 민**
족이 되게 할 것이요, 주가 이제부터 영원무궁토록 시온 산에서 그들을
치리하리라.

본문의 문맥은 문자적인 땅인 팔레스타인으로 돌아갈 이스라엘 민족의 실제적이고 정치적인 국가 회복을 다루고 있다. 이 본문에 사탄이 얼마나 관심이 있는가를 알 수 있다. 소돔의 도시(뉴욕 시티)에 있는 유엔 빌딩에 어떻게 이 구절이 새겨져 있는지 살펴보라. 1960년대에 정부가 시민들로부터 은 증권(Silver certificates)을 제거한 것과 똑같다. 이사야 2:2-5의 문맥도 이 구절과 거의 같다. 멸망의 아들이 자신의 왕국을 평화롭게 가져오게 하는데(단 11:24) 어떤 권위를 필요로 한다면 바로 이 구절이 될 것이다. 다만 문맥을 무시하고서 말이다. 자, 이 구절의 문맥을 살펴보자.

1. 『**마지막 날들에**』(1절). - 이 날은 오순절과 더불어 시작되지 않았다(캠벨주의자들이 쓴 책을 보라). 이 날은 산헤드린이 스테판을 죽인 후로(행 7:55과 주석을 보라.) 마지막 때(단 12:8,13)로 연기되었다(히 1:2).

2. 『**많은 민족들이 와서**』(2절). 이들 중 어떤 민족도 갈보리로 오지 않았다. 어떤 민족도 "교회"로 들어오지 않았다. 어떤 민족도 "성막 밖으로" 가지 않았다(히 13:12,13). 어떤 민족도 속죄를 받지 않았고 어떤 민족도 "거듭나지" 않았으며 어떤 민족도 그리스도인들이 되지 않았다(2절).

3. 『**주의 말씀이 예루살렘으로부터 나올 것임이라**』(2절). 갈릴리로부터 나오는 것이 아니다(행 2:7). "야곱의 하나님의 전"은 신약이 완성되기 전에 산산이 부서졌다. 주의 말씀은 "시온"에서 나오지 않았고(2절) 이방인의 도시인 안티옥에서 나왔다. (행 11:26; 13:1,4과 주석을 보라.)

4. 『**민족이 민족을 대적하여 칼을 들어올리지 아니할 것이며**』(3절). 그러나 A.D. 70년에도 이 일은 벌어졌다. 1975년까지도 계속되었다. 이 일은 대환란 끝까지 계속될 것이다.

5. 『**오히려 그들 각 사람은 자기 포도나무와 무화과나무 아래 앉을 것이요**』(4절). 남자들이 밭을 갈고 씨 뿌리고, 추수할 때 여자와 아이들은 기관단총을 메고 있다는 사실을 안다면 깜짝 놀랄 것이다.

6. 『**내가 저는 민족으로... 강한 민족이 되게 할 것이요**』(7절). 이스라엘은 현재 5번째 강대국도 되지 못한다.

7. 『**주가 이제부터 영원무궁토록 시온 산에서 그들을 치리하리라**』(7절). [눅 1:30-33을 보라.] "선하고 경건한 사람"이 믿음을 가지고 겸손한 마음으로(롬 11:25) 이 구절을 살펴보았다면 예루살렘에서 눈으로 볼 수 있는 메시아가 보좌에 앉아 문자적인 국가를 다스리는 민족의 회복을 놓칠 수 있었을까?(슥 14:1-6)

A 매튜 헨리 : 율법(2절)은 율법을 말하는 것이 아니라 복음을 말하는 것이다. 이것은 믿음의 법(a law)이다. 문맥은 "복음적인 교회의 영광스러움"을 말하는 것이다.

B. 더멜로우 : 3절은 "성취되었다"(!) 1절은 요한복음 3:3-6에 있는 영적인 "하나님의 나라"를 말하는 것이다.

C. 강단주석 : "주의 말씀"(2절)은 사실 "복음"을 말한다. 예언된 내용들은 실제로는 비유들이다. 이 모든 내용은 카톨릭 교회로 흡수되는 모든 민족들을 말한다.

D 글리슨 아처 주니어 : "거룩한 산 시몬"은 "성경을 통하여 독특하고 권위 있게 계시하시는 하나님"을 말한다. (헤이, 박사양반! 박사는 마침내 "시온"에서 밭을 갈고 있는 말들처럼 되어 버렸구먼! - 미카 3:12 - 결국은 미카가 말하도록 쓰레기 더미같이 될 것이니 말이오.)

E. E.L. 카슨 : 2,3절에서 말하는 "평화"는 "하나님의 말씀을 가르치는 결과" 오게 된다.(헤이 박사 양반! 우리는 19세기 동안 하나님 말씀을 가르치고 설교해 왔고. 그런데도 지금 서 있는 곳이 "땅에는 평화, 사람들에게는 호의"와는 정반대의 벼랑 끝에 서 있는 것도 모르오!)

F. 존 칼빈 : 1,2절은 예수 그리스도의 재림을 말한다.

로마카톨릭, 공산주의자, 사탄주의자, 강신술사, 크리스챤 사이언스 교도들, 무신론자, 영지주의자, 제칠일안식일예수재림교도들, 캠벨 추종자들은 본문을 문자적으로 받아들이지 않는다. 이들의 이러한 입장은 하나님의 말씀과 정면으로 대치된다. 이들은 개인적인 이유들 때문에 사실을 믿지 못한다. 이들은 9백만 명이 넘는 숫자이고 미카가 한 말을 지구상의 인구의 5%미만이라도 진지하게 받아들였던 때는 없다. 진리는 다수의 군중과는 무관하다.

본문은 다음의 구절들과 연관하여 살펴볼 때 문자적인 것이 분명하다. 시편 2:5,9; 72:8,11; 82:8; 96:13; 98:9; 105:5, 이사야 11:1-5; 2:1-6; 24:23; 51:1-5, 마태복음 25장, 누가복음 1:30-33, 에스겔 34:16; 40-48장, 요엘 2장, 아모스 9장, 스파냐 3:19, 다니엘 2장; 7:14, 이사야 9:6, 요한계시록 11:15. 지구상 인구의 95%가 이 사실을 받아들이지 않는다면 그것은 단지 무지와(롬 11:1-29) 반역의 증거로서 기록된 형태로 주어진(딤후 3:16) 영원하신 하나님께서 계시하시는(요일 5:20) 영원한 진리를(시 119:89) 거부하는 것을 의미할 뿐이다.

"마지막 날들"(1절)은 히브리서 1:2과 함께 시작하는데 다니엘의 칠십째 주 때까지(행 2:17) 떼어 놓아졌다. 이것은 근본주의자들이 베드로후서 3장의 진리를 거부하기 위해 만든 소위 "Gap theory(간격 이론)"과 같은 이론 체계가 아니다. 시온 산은 천년왕국에서 "산"처럼(1절) 세워질 것이다. 이방인들은 시바 여왕이 솔로몬에게 갔던 것처럼 시온 산으로 갈 것이다. 세상에서

"권위"를 행사하고 모든 사람들이 반대할지라도 "야곱의 하나님의 전"은 문자적으로 다시 재건될 것이다(겔 40-44장을 보라). 예수 그리스도께서는 가르치기 위해 그곳에 계실 것이다. 이스라엘 민족을 위해 절기를 지키는 것에(슥 14:16) 대해서도 가르치실 것이다(겔 44-48장). 모든 세상이 인정해 주는 "권위"를 가진 사람들은 갈라디아서와 골로새서를 잘못 적용한다. 하나님께로 가지 않고 "헬라어"로 뛰어가기 때문이다.

요엘 3:10의 내용은 천년왕국 때가 되면 그 순서가 바뀔 것이다. 전쟁을 위해 세워진 프러시아, 베닝, 웨스트 포인트와 같은 학교들에서는 더 이상 전쟁을 배우지 않을 것이다. 유대 민족은 솔로몬의 통치 때와 같이(왕상 4:20,21) 『**아무도 그들을 두렵게 하지**』 않을 것이라(4절). 『**모든 사람이 각자 자기 신의 이름으로 행할 것이나 우리는 주 우리** 하나님**의 이름으로 영원무궁토록 행할 것이라**』(5절). 먼저 "결심"을 하고 다음에 천년왕국이 온다. 잊지 말아야 할 사실은 "이 세상의 신"(고후 4:4)은 천년왕국 끝에 이방인들로 자신을 따르게 하는 데 아무 문제가 없다는 것이다(계 20:8,9과 주석서를 보라). 민족들이 자신들의 우상들과 신들의 이름으로 행할지라도 이스라엘은 영원히 주 하나님의 이름으로 행할 때가 온다는 것이다.

6절과 7절은 모두에게 있어서 선명하다. 『**저는 민족... 쫓겨난 민족... 고난을 주었던 민족...**』(6절)은 여자로 미리 나타난 이스라엘 민족이다. 이에 대해서는 호세아 1-2장, 스파냐 3:9,19에서 정확하게 묘사되어 있다. 『**주가... 그들을 치리하리라**』(7절). 그래서 예수 그리스도는 진짜 "유대인의 왕"(마 27:37)이 된다. 7절의 "그들"은 교회가 아니다. 영적 유대인이 아니다. "하나님의 이스라엘"이 아니다. 그리스도의 몸이 아니다. 마태복음 25:46; 13:42을 부인함으로 예수 그리스도를 거짓말쟁이로 만드는 데 일생을 소비하는 자칭 144,000명도 아니다. 『**이제부터 영원무궁토록 시온 산에서...**』(7절). 여기에서 말하는 것은 시온 산이다. 새 예루살렘이 아니다. "복음 교회"가 아니다. 히브리서 12장에 있는 하늘에서의 시온 산이 아니라. 마음대로 상상해서 성령이 거하는 “영적인 전”으로 말한다고 될 일이 아니다. 시온 산은 시온 산인 것이다.

4:8 ○ 오 너 양떼의 망루야, 시온의 딸의 요새야, 첫 번째 통치권이 네게로 오리니 왕국이 예루살렘의 딸에게로 오리라.

9 이제 어찌하여 네가 크게 부르짖느냐? 네 안에 왕이 없느냐? 너의 의논자가 죽었느냐? 이는 진통하는 여인처럼 고통이 너를 붙들었음이라.

10 오 시온의 딸아, 진통하는 여인처럼 괴로워하며 수고하여 낳으라. 이제 네가 성읍에서 나가서 들에 거할 것이며 네가 바빌론에까지 가리니 거기서 구원을 받으리라. 거기서 주께서 네 원수들의 손으로부터 너를 구속하시리라.

이스라엘이 거부되어지고 회복되는 내용이 한 문단 안에서 같이 언급되는 것을 주목해 보라. 이는 예수 그리스도에 대한 언급과도 흡사하다. 『**그리스도의 고난과 다가올 영광**』(벧전 1:11)도 한 문단 안에서 발견되며, 한 구절 안에서 발견된 그대로 있다(사 61:2). 8절에서 『**첫 번째 통치권**』은 만왕의 왕이 통치하기 위해 돌아오실 때(솔 4:4을 보라.) “예루살렘의 딸”에게 온다(솔로몬의 노래 3:11과 창세기 35:16을 보라). 오펠은 예루살렘의 요새였다(대하 27:3). 유대인이 거부한 왕국은 [이 왕국은 로마의 통치로 대체된다(요 19:15).] 이후에 다시 회복될 것이다. 『**이제 어찌하여 네가 크게 부르짖느냐? 네 안에 왕이 없느냐?**』(9절) 산고의 고통이(9,10절) 재림 전 이스라엘에게 닥친다(살전 5:1-6을 보라). 10절에서 알 수 있는 것은 느부캇넷살이 예루살렘에 참여하는 것은 적그리스도가 공격(계 11:1-3)하는 예표라는 것이다. 『**오 시온의 딸아, 진통하는 여인처럼 괴로워하며 수고하여 낳으라**』(10절). 이 구절은 이사야 44:22,23; 66:7; 21:3, 예레미야 22:23; 30:6; 50:43 등 많은 구절들과 일치된다. 이스라엘은 두 곳에서 구원받는다. 하나는 『**아이들을 낳는 자리**』(호 13:13)에 이어지는 시온 산으로부터이고 또 하나는 로마가 주관하는 UN(요한계시록 17,18장의 다가올 "바빌론")의 사로잡힘에서 풀려나는 것이다. 이스라엘은 민족으로서 그리스도께로 회심할 것이다. 그래서 구원은 영적이고 정치적인 구원이 된다(로마서 11:25-28을 보라).

4:11 ○ 이제 또한 많은 민족들이 너를 대적하여 모여서 말하기를 "그 민족
을 더럽히고 우리의 눈으로 시온을 보자." 하는도다.
12 그러나 그들은 주의 생각들을 알지 못하며 그의 계획을 깨닫지 못하나
니 이는 그가 그들을 타작마당의 곡식단처럼 모으실 것임이라.
13 오 시온의 딸아, 일어나서 두드리라. 이는 내가 네 뿔을 철 같게 하며
네 굽을 놋같이 할 것임이니, 너는 많은 사람을 쳐서 산산조각을 낼 것
이라. 또 내가 그들의 노획물을 주께 바치며 그들의 재물을 온 땅의 주
께 바칠 것이라.

민족들은 이스라엘을 소멸시키기 위해(슥 14:2) 모일 것이다(11절). 사탄과 로마카톨릭의 통제하에 2억의 군대가 모여(계 14:19; 16:14; 17:14) 『**그 민족을 더럽히고 우리의 눈으로 시온을 보자.**』(11절)고 말할 것이다.

『**그러나 그들은 주의 생각들을 알지 못하며 그의 계획을 깨닫지 못하나니**』(12절). 하나님의 생각과 길은 사람들의 생각과 길과는 다르기 때문이다(사 55:8). 하나님의 생각은 스파냐 3:8에 잘 나타나 있다. 세계가 하나로 뭉쳐지는 에큐메니칼에 대한 하나님의 생각은 "부정적"이다(습 3:8). 하나님께서 "독보리를 모아 단으로 묶는"(마 13:30) 목적은 태우기 위해서이다(마 13:30,

살후 1:8). 어떤 중요한 종교 지도자, 정치 지도자, 과학자도 하나님께서 이런 일을 하실 것이라고 믿지 않기 때문에 "그들은 주의 생각을 알지 못한다." 하나님께서 생각하시고, 느끼시고, 보시고, 판단하시는 것을 말씀하신 그 말씀을 받아들이지 않고서는 하나님께서 생각하시고, 보시고, 느끼시고, 판단하시는 것을 알 수 있는 방법이 없다. 과학자들, 종교 지도자들, 정치인들이 기록된 계시를 무시하고, 웃어넘기고, 반대하고, 멸시하고 거부하는 한 결코 이 세상의 미래를 예측할 수 없다. 『**그들을 타작마당의 곡식단처럼 모으실 것**』(12절)이 하나님의 계획이기 때문이다. 즉 하나님께서는 분노 중에 이방인들을 타작하셔서 가루로 만든 후(마 21:44) 『**여름 타작마당의 쭉정이같이**』(단 2:35) 만드실 것이다. 이 예언은 부정적이기 때문에 어떤 주요 종교 지도자, 정치 지도자, 과학자도 이 사실을 믿지 않고 가르치지 않으며 뉴스 매체를 통해 언급되는 것을 들어 보지도 못한다. (욜 3:2–13을 보라.)

『**오 시온의 딸아, 일어나서 두드리라. 이는 내가... 네 굽을 놋같이 할 것임이니, 너는 많은 사람을 쳐서 산산조각을 낼 것이라**』(13절). 이스라엘은 UN과의 전투에서 승리할 것이다. 이스라엘은 우주의 전쟁터에서 승리할 것이다(계 14:19,20; 19:11–17) 유대인의 왕은 적들을 짓밟아 먼지로 만들고(사 63:1–6), 밀이 도리깨질당하듯이(렘 51:33) 이들은 두드릴 것이다(사 21:10). 본문은 하박국 3:12, 이사야 41:15과 연결시켜 읽어야 한다. 『**온 땅의** 주』(13절)라는 표현(시 97:5, 사 26:9,10)은 이 땅에 대한 분명한 경고이다. 만왕의 왕이 "첫 번째 통치권"(8절)을 가지고 나타나시면 이분은 유대인들의 왕이 되실 뿐만 아니라(눅 1:30–33) 창조의 하나님(골 1:15–19), 알파와 오메가(계 22:13), 이방인들의 하나님(행 15:17)이 되신다. 전쟁에서 얻은 탈취물들은(13절) 여호수아의 거짓 탈취물처럼(수 6:19) 주 예수 그리스도의 개인 소유가 될 것이다(사 53:12).

70인역은 8절에 "바빌론"이라는 말을 첨가시켰고 "우리의 눈으로 시온을 보자"(11절)에 "우리는 기뻐할 것이다"를 삽입시켰다. 또 "어찌하여 네가 크게 부르짖느냐?"(9절)를 "어찌하여 재난을 알게 되었느냐?"로 대체시켰다. 진리를 대체시키는 데 일조를 한 무리들은 케네스 테일러, 위클리프 성경 주석, 아담 클라크, 벌링거, New Bible 주석, 강단주석 등이다.

미카 5장

**5:1 오 군대의 딸이여, 이제 군대로 모이라. 그가 우리를 포위하였으니, 그들
이 막대기로 이스라엘 재판관의 빰을 칠 것이라.**
**2 그러나 너 베들레헴 에프라타야, 네가 비록 유다의 수천 가운데서 작을
지라도 이스라엘을 통치할 자가 너로부터 내게로 나오리라. 그의 나오심
은 예로부터요, 영원부터였느니라.**
**3 그러므로 진통하는 그 여인이 해산하기까지는 그가 그들을 버려 두실
것이나 그후에 그의 형제 중에 남은 자는 이스라엘 자손에게로 돌아오
리라.**

처음 두 구절을 보자마자 온갖 문제점을 동원해 걸고 넘어진다. 주 예수 그리스도의 인격이나 그분이 하시는 일에 관련된 예언을 다룰 때면 틀림없이 20세기의 근본주의자들, 자유주의자들, 카톨릭 교도들, 신복음주의자들, 현대주의자들, 보수주의자들은 연장통을 열어 대체시킬 장비를 꺼낸다.

"나오심(goings forth)"(2절)이라는 말은 강단주석에 따르면 "어쩐지 의심

스럽다"고 한다. 이들은 1절("이스라엘 재판관")이 예수 그리스도와는 관련이 없다고 말한다.

이와 같은 노선을 따라 강단주석은 이스라엘은 사도행전 1장까지 버려졌다고(3절) 말한다.

중병에 시달리는 70인역에서 "이스라엘 재판관"은 단수로 되어 있고 (Shophat) 오리겐의 상상으로도 "지파들"로 번역될 수 없는데도 "이스라엘의 지파들"로 변개되었다. 여호와의 증인들의 "성경"(신세계 번역)은 NCCC의 입장을 가장 잘 대변해 주는데 2절의 통치할 자는 단지 "일찍"부터(from earty times)나왔다고 하고 "정해지지 않은 날들"(the days of time indefinite)로부터 나왔다고 한다. 불경스런 와치타워협회를 알면 곧 이들이 러더포드와 러셀을 좇아가는 것임을 알 수 있다. 예수 그리스도는 육신으로 오신 여호와(딤전 3:16)가 아니라는 것을 입증하려 하는 것이다. 이러한 아리안 이단과 중간에서 만나기 위해 밥 존스 2세, 3세(그리고 교수진들)는 2절 마지막에 최소한 "날들(DAYS)"이라는 말이 삽입된 반아리안 성경인 New ASV를 추천해 왔다. 이들은 오리겐, 필립 샤프, 그리고 칼빈이 가르치는 문자적 해석 방법을 극단적으로 취하며 시편 2:7을 영원에 적용하는 가르침을 그대로 수용한다. 영원에는 문자적인 "날들(DAYS)"이 없는 것은 당연한 사실임에도 불구하고 말이다. 알다시피 밥존스대학을 지지하는 로크만 재단은 1972년에 확대 성경을 출판할 때 NCCC 성경인 RSV 본문을 베꼈다. 그리스도를 거부하는 현대주의자들로 구성된 자유주의자들의 노선을 따라 로크만 재단은 2절에서 "옛날들로부터(From ancient DAYS)"라고 썼는데 RSV와 New RSV에 있는 그대로의 내용이다. New English Bible은 한 걸음 더 나아가 "지나간 날들에(in DAYS gone by)"라고 하였다. 밥존스대학, 콜게이트, 로체스터, 로크만, 테네시템플, 유니온신학원, 컬럼비아대학, 예일대학 모두 "날들(DAYS)"이 본문에 맞는 말이라는 것에 동의한다. 낮과 밤의 구분이 없는데도 그리스도의 "기원"(2절)에 대해 어떤 특정한 날(DAYS)이 있다는 것이다. 알렉산드리아 이단은 성경의 권위를 부인하는 데 있어서는 항상 동의한다.

이 점에 있어서 알리바이가 하나 있는데 영원에 대한 문자적인 히브리어 숙어는 "mimay olam"["영원의 날들(the DAYS of Eternity)]이다. 이 숙어에 있어 그 말들에 대한 문자적인 번역이 맞는 것은 사실이지만 어떤 새로운 역본을 개정하는 어떤 개정자라도 하데스(Hades), 스올(Sheol), 밥티즘(Baptism), 디모데후서 2:15, 갈라디아서 5:2 그외 수십 개의 단어들과 절들을 문자적으로 번역하였는가? 더멜로우조차도 "영원(EVERLASTING)"이라고 번역하였는데 New ASV 번역자들은 이 구절에서 "날들(days)"이라는 말로 번역할 갑작스런 욕망이 왜 생겼겠는가? ASV조차도 "영원"이라고 말하고 1611년의 AV도 "영원"이라고 말하는데 말이다. 벌링거도 "영원"이라고 한다. 위클리프 성경 주석도 "영원"이라고 한다. 제이미슨, 포셋, 브라운도 "영원"이라고 한다. 케네스 테일러조차도 "영원"이라고 한다. ASV와 New ASV를 RSV와 New RSV와 나란히 놓고 로크만 재단이 본문에 "날들(DAYS)"이라는 말을 집어넣은 동기를 알아야 한다. "옛날들(ANCIENT days)" 대신 "영원의 날들(days of ETERNITY)"로 마지막에 고친 것은 NCCC의 목적을 위해 양보한 것뿐이다. 이 한 단어만 보더라도 밥존스대학의 New ASV는 쓰레기차에서 떨어진 다 썩은 생선과 같은 것이다.

『**이제 군대로 모이라**』(1절). 침공에 대해 대비하라고 유다에게 경고한다. 『**오 군대의 딸이여**』(1절). 이 말은 문맥이 대환란임을 알게 한다. 이 때의 "날"은 "환란과 책망과 모독의 날"(왕하 19:3, 계 13:5)이다. 이 날은 분명하게 이스라엘이 출생하는 고통과 관련되어 있는데(왕하 19:3) 노왁, 마티, 스코필드, 벌링거, 더멜로우, 헨리, 랑게, 클라크, 제이미슨, 포셋, 브라운, E.L. 칼슨, 글리슨 아처 주니어, 바톤 페인, 구데, 오렐리, 이왈드, 힛직, 체인, 그리고 그 나머지 3만 명의 주석가들은 이 사실을 놓쳐 버렸다. 산헤립은(왕하

19:3-8) 성경에서 보여 주는 너무나 분명한 적그리스도의 유형이다(렘 50:17, 사 10:10,12 등).

미카 5:1에 있는 예수 그리스도와 관련된 언급은 이중적으로 적용되는 경우들 가운데 하나다(벧전 1:11을 보라). 구약에서 반복적으로 일어나기 때문에 신약을 거부한 유대인들뿐만 아니라 구약을 거부한 이방인들도 혼란스럽다. 문맥에 나와있는 "이스라엘 재판관"은 이사야 50:6과 마태복음 26:67에 나타나 있는 초림을 말하는 것이지만 "이스라엘을 통치할 자"(2절)는 예수 그리스도의 재림을 나타낸다(사 11:13). 예수 그리스도의 탄생과(초림) 통치가(재림) 같은 절에 나타난다. 3절이 그 시기를 어떻게 정하는지 유의해 보라. 『**진통하는 그 여인이 해산하기까지는**』(호 13:13과 주석 참조).

『**오 군대의 딸이여**』는 열왕기하 19:21에 있는 『**시온의 처녀 딸**』과 연결시켜야 하고 요한계시록 13:3-7에 나타나는 신사를 겨냥하고 있다. 주석가들은 1절의 "재판관"을 유대인인 통치자로 만들려고 하거나(더멜로우) 이스라엘의 통치자를 그리스도의 유형으로 만들려고 하거나(왕하 17장에서 엘리의 아들 호세아) 첫 번째 문구를 "자 너희는 벽으로 둘러싸여 있도다."(TSV)로 고치려고 시도하고 있다. 아버지의 축복을 받지 못하는 세상 사람들에 대한 붉은 팥단지이다(창 27:38).

『**그러나 너 베들레헴 에프라타야... 이스라엘을 통치할 자가 너로부터 내게로 나오리라**』(2절).

예수 그리스도의 출생 장소에 관련된 위대한 메시아에 대한 예언이다. 실로가 오시기까지 홀이 유다에게서 떠나지 않는 것은(창 49:10) 스불룬이 아니라 유다에 있는 베들레헴이다(창 35:19). 이것은 우주 전체의 역사에서 자신이 출생하기 전에 자신이 출생할 장소를 말할 수 있는 유일한 사람이 있는 것이다. 자신을 따르는 사람이 얼마나 많든지 얼마나 많은 권력을 가지고 있든지 상관없이 어느 종교 지도자라도 이런 일은 할 수 없다. 주 예수 그리스도께서 선지자들을 통해(벧전 1:9-11) 자신의 출생지뿐만 아니라(본문) 자신의 출생 시기(단 9:25,26), 자신의 출생 방법(사 7:14), 자신이 어떻게 죽을 것인지(사 53:1-12), 자신의 부활(막 10:34)을 예언하셨다는 사실을 안다면 마호메트를 1억 5천만 명이 따른다 해도 예수 그리스도와 같은 선상에 있는 "선지자"라고는 도저히 말할 수 없게 된다.

여기의 통치자는 죽어야 하는 구세주가 아니라 통치하는 통치자이다(2절). 모든 사람이 다윗의 보좌였던(행 2:30) 그분의 보좌를(눅 1:30-33) 찬탈하려 한다. 그리하여 그분의 통치권을 영적인 왕국에 제한시키려고 하지만 허사로 끝난다. 골로새서 1:13이나 에베소서 2:6 만큼 거짓말을 자주하는 구절도 드물다. 하나님께서는 "새 세대"에(마 19:28) "위대한 왕의 도성"(마 5:35)에서 자신의 왕을(시 2:6) 다윗의 보좌에 앉히시려 한다(렘 22:2). 그곳은 땅에 있는(욜 2:32; 3:16) "거룩한 산"인(시 2:6) 시온 산이다. 그러나 요한복음 3:35과 누가복음 17:21을 구분하지 못하고 혼동하게 되면 (카톨릭이나 캠벨 추종자들이 쓴 책을 보라.) 이 모든 사실을 뒤집어엎게 된다. 이 구절에서 등장하는 그리스도는 예언된 교회를 통치하는 분도 아닌 하나님의 나라의 몸이나 천국의 몸도 아니고 영적인 유대인도 아니다. 하나님의 이스라엘도 아니고 영적인 이스라엘도 아니다. 이분은 "이스라엘을 통치할 자"(2절)이시다. "예루살렘의 딸"(슥 9:9)은 자신의 왕으로서(슥 9:9) 그분을 맞이하였지만 빌라도는 자신이 십자가에 쓴(요 19:19) 진리를 결코 받아들이지 않았다. 유대인 가운데 자신을 영적인 왕국으로 들어가게 하는 새로운 출생이 없이 하나님의 나라를 알 수 있는 유대인은 없다. 이방인 가운데 구약에서 말하는 예루살렘과 세워질 문자적인 왕국(슥 14:1-6)을 믿지 않고 천국을 알 수 있는 이방인은 없다. 이 면에 있어서 모든 카톨릭과 모든 캠벨 추종자들(소위 "그리스도의 교회"라고 불려지는)은 지금까지 예수 그리스도를 가장 심하게 거부했던 바리새인만큼 눈이 먼 것이다.

예수 그리스도의 초림에 관한 예언은 45가지나 된다. 이 예언들은 그리스도께서 탄생하시기 400년 전부터 1,500년 전에 기록된 책들에서 발견된다. 한 사람에게 45가지의 예언이 들어맞을 가능성은 10의 157제곱분의 1에 해당된다. 이는 통계학의 근거로 과학적인 산술 결과이다. 어떤 사람이 태어나기 전에 그 사람에 대해 45개의 예언을 하였고, 그 예언이, 즉 어디에서 태어날 것이고, 어디에서 죽을 것이며, 언제 죽을 것이고, 어떤 방법으로 죽을 것이며, 승리하여 입성되는 때와 장소, 그리고 죽기 전에 어떻게 다루어질 것인지, 또 말하기 전에 어떤 말을 인용할 것인지 등에 관해 모두 사실로 일어날 가능성은 무기물이 유기물로 바뀔 가능성보다 훨씬 적다. 성경에서만큼 사실에 입각하여 단백질, 핵산, 효소 등의 물질이 유전 암호등과 결합하여 생명체로 될 수 있는 가능성은 5억분의 일 이하이다. 그런데도 과학자들은 이를 믿는다.

그렇다면 어떻게 10^{157}의 가능성을 제외한 성경의 권위는 거부하는 것인가? 그리고 아무 지장 없이 예측을 할 수 있단 말인가? 코란이 감히 이와 같은 시도를 할 수 있다고 보는가? 수트라(Sutra), 베다(Veda), 샤스타(Shasta)에서 이런 현상을 발견할 수 있다고 보는가? 부처와 공자가 이런 사실을 시도조차 할 수 있었다고 생각하는가? "다른 신성한 책들"에 이런 점이 있다고 생각하는가? 성경에 영감이 주어졌다(딤후 3:16)는 사실은 수학적이고 과학적인 공리에 의해 입증되었다(계 19:10). 어떤 과학자도, 교황도, 철학자도, 사탄숭배자도, 컴퓨터 기술자도, 강신술사도, 종교 지도자도, 물리학자도, 독심술가도, 교육자도 이를 설명하려조차 하지 않았다.

자 설명해 보라. 우리가 현재 알고 있는 우주에 있는 전자 수는 10의 157제곱 개를 넘지 못한다. 한 변의 길이가 1,000억 마일 되는 입방체 안에 들어있는 전자의 수는 10의 62제곱밖에 되지 않는다.

계속하여 설명해 보라. 여러분을 이제까지 속여 왔던 레닌, 아인슈타인, 스탈린, 엥겔스, 마르크스, 헤겔, 마오, 카스트로, 교황 레오, FDR, CRF의 멤버 등과 같은 광대들에게 가서 왜 "지적인 사람들"이 성경을 문자적으로 믿지 않는지 설명 좀 해 달라고 해 보라. 성경은 한 사람이 태어나기 400-1,500년 전에 그 사람의 인생에 관한 45가지의 자세한 일들을 예언할 수 있다. 다만 여러분의 경우에 그 사실을 모르고 지내왔을 뿐이다. 더 나아가 성경은 앞으로 30년 안에 일어날 500가지가 넘는 자세한 사항들을 예언하고 있다!

자 설명해 보라. "모든 것에 대해 본질적이고 합리적인 설명"을 믿는 미신적인 천치들은 설명해 보라. 수학적인 기반 뒤에 우뚝 서 있는 성경과 필적할 만한 책을 써 내기 전까지는 이 천치들의 생각이 받아들여질 것이라고는 아예 기대도 하지 말라. 성경만이 참된 의미에서 지금까지 존재해 온 유일한 "과학"책인 것이다.

『**그후에 그의 형제 중에 남은 자는 이스라엘 자손에게로 돌아오리라**』(3절). 이 형제들은 이스라엘의 재판관이 오셨을 때(요 1:11) 있던 형제들이다. 이들은 재림 때에도 있을 것이다. (창 45:1-4과 주석을 보라.)

5:4 ○ 그가 주의 능력, 곧 주 그의 하나님의 이름의 위엄으로 서서 먹이시므로 그들이 거할 것이니 이는 이제 그가 땅 끝까지 위대하게 될 것임이라.

5 앗시리아인이 우리 땅에 올 때 이 사람은 화평이 될 것이요, 그가 우리의 궁들을 밟으면 우리가 그를 대적하여 일곱 목자와 여덟 귀인을 일으키리라.

6 그들이 칼로 앗시리아 땅을 황폐케 하겠고 님롯의 땅을 그 입구에서 황폐케 하리라. 앗시리아인이 우리 땅에 들어와서 우리의 경계 내를 밟으면 그가 우리를 앗시리아인으로부터 이같이 구원하시리라.

7 야곱의 남은 자가 많은 백성들 가운데 있으리니, 그들은 주로부터 내리는 이슬 같고 풀 위에 내리는 소나기 같아서 사람을 기다리지 아니하며 사람들의 아들들을 기다리지 않는도다.

본문은 어렵다. 주석가들은 본문을 2절에 적용시킨다. 그러나 이것은 4절의 문단 표시를 무시한 것이다. 이는 천년왕국의 끝이 아니라면(계 20:7,8, 겔

38:9) 앗시리아인들이 그 땅을 침공할 때 그리스도는 “화평”이 아니라는 사실을 무시한 것이다. 더욱이 “일곱 목자”(5절)는 요한계시록 17:10,11과 무관하며 다니엘의 칠십째 주의 후반부에 관련되어 알려진 예언과는 상관이 없다. 전천년주의자인 윌리엄즈는 본문에 비교적 바르게 접근했지만 목자들과 귀인들이 대환란 기간에 “알려질” 것이라는 내용 외에는 말하지 않는다. 글리슨 아처 주니어는(New Bible 주석) 4절을 영적으로 받아들여 2절과 함께 초림과 연결시키고 그리스도의 구원의 능력을 전파하는 교회가 지상사명을 확장해 감으로 “땅 끝까지”(4절) 이르게 된다고 한다. 물론 이 구절은 그렇게 말하지도 않고 그런 의미도 아니다. 벌링거는 이 구절이 초림이 아니라 재림에 관한 구절임을 알았다. 그래서 5절의 “목자”와 “귀인”에 관하여 “그 때가 오면, 이것이 의미하는 바가 밝혀질 것이라”고 말한다.

절대 무오한 〈킹제임스성경〉에서 한마디의 말씀을 살펴봄으로써 다음과 같은 사실을 알 수 있다.

1. 4절은 그리스도에 대한 언급일 수 있다. “그들이 거할 것이니”라는 말은 고난당하는 종으로서 죽어야 해던 초림이 아니라. 천년왕국의 문맥이다. “그”는 “이스라엘의 목자”(시 80:1, 창 49:24, 렘 31:10)이다.

2. 그러나 5절에 나오는 “이 사람”은 다른 종류의 “기름부음 받은” 사람이다(애 4:20). 이스라엘이 진통하여 낳은(3절) “사내 아이”(계 12:13)는 예수 그리스도일 수도 있고 그렇지 않을 수도 있다. (계 12:13의 문맥과 애 4:20을 비교해 보라.) 2절에 나타난 “사람”이 4절과 5절에 나오는 사람이라고 주장하는 것도 하나님의 계시를 한 본문 안에 고정시키려는 전형적인 수법이다. 성경 66권을 살펴본다면 주 하나님을 “바꾸시는 분(Switcher)”이라는 사실을 알게 된다(잠 30장, 욥 2장, 민 20장, 나 2장).

3. 『**앗시리아인**』(5절)은 평이하게 적그리스도를 나타낸다. (호 5:13; 10:6의 주석을 사 10:10-16, 출 1:8과 더불어 살펴보라.) 이 사람은 다니엘 11:21에서 『**우리 땅에**』(5절) 온다. 이 예언이 역사적으로 열왕기하 19장을 언급하는

것이라고 말하는 것은 터무니없는 소리라는 것을 알 것이다. 어떤 유대인도 히스키야 시대 전이든지 후이든지 『**칼로 앗시리아 땅을 황폐케**』하지 않았다(6절). 여기에서 "우리"라는 말은 이스라엘을 가리키는데 이스라엘은 이때까지 자신들의 성품에서 자신의 메시아와 함께 있다(1-4절). 그런데도 삼인칭 단수나 복수로 표현되고 있다. 문맥에서 갑자기 "우리" 땅(5절), "우리의" 궁들(5절), "우리가... 일으키리라."(5절), "우리를... 구원하시리라."(6절)처럼 "우리"를 보게 된다. 주석가들은 이 "우리"가 삼위일체인 것으로 다루고 있다. 이렇게 되어 버린 것은 그리스도를 4절과 5절의 "사람"으로 국한시키기 위해서다. 그러나 6절의 "우리의 경계"를 보게 될 때 소화하기 힘든 부분이 있다. 하나님께서는 이스라엘에게 "그분의" 땅(혹은 "나의 땅")이라고 말씀하시지 "우리 땅... 우리의 궁들... 우리의 경계"라고 말씀하시지 않는다. 삼키기에는 덩어리가 너무 크다. 미카는 5,6절에서 이스라엘에 대해 말하고 있다.

4. 『**그가 우리를... 이같이 구원하시리라**』(6절). 이 구절은 앗시리아인이 팔레스타인에 들어올 때까지는(5절) 평화를 가져왔던(5절) 이스라엘에 있는(5절) 사람에 관한 언급이었다. 모든 것이 예레미야 애가 4:20의 사내아이에게 맞춰지는데 이 사람은 대환란 중간까지(단 9:27) 적그리스도와 함께(단 11:21) 잠정적인 화평을 보장한다.

『**그들은 주로부터 내리는 이슬 같고 풀 위에 내리는 소나기 같아서**』(7절). 모든 주석가들은 이 구절을 비유적으로 적용한다. "마음을 새롭게 하는 축복이란," "원기 완성한 삶은 능력을 주는 것으로", "그리스도의 복음은 진리를 따라" 자신들과 맞지 않는 내용이면 편리하게 망각해 버린다. 천년왕국이 시작되기 전 9-10월에 있을 재림이 문자적인 소나기로 다가온다는 사실을 잊고 있다. (욜 2:23의 주석을 보라.)

밥존스대학과 "웨스트코트와 홀트 이단"이 추천하는 헬라어 대문자 필사본들에는 이 구절이 "풀 위에 있는 양들 같아서"(7절)라고 되어 있다. 충체적으로 부패한 New ASV도 이 구절을 감히 이런 식으로 번역하지는 않았다. 유대인은 단지 그리스도의 초림 때까지 "버려진" 것이며(3절) 3절의 "여인"은("그 여인이 해산하기까지는") 마리아라고 한다! "앗시리아인"은 단지 "하나님의 백성을 대적하는 세상 권력"이라고 하며 7절의 "소나기"는 하나님께서 거저 주시는 선물이고 이 선물은 하나님의 선한 시기에 하나님의 선한 방법으로 모든 민족들 위에 임할 것이라고 한다. 매튜 헨리는 『**야곱의 남은 자**』(7절)는 실제적으로 교회이며 광석에 흩어져 박혀 있는 금 같은 것이며 퇴적 더미의 밀 같은 것이라고 한다. 이들 모두가 성경적 진리와는 전혀 무관하기에 이들이 무엇이라고 하건 간에 우리는 갈 길을 간다.

5:8 ○ 야곱의 남은 자는 많은 백성들 중 이방인들 가운데 있으리니 숲속의 짐승들 가운데 사자 같고 양떼 가운데 젊은 사자 같아서 그가 지나가면서 밟고 조각조각 찢으리니 구해 낼 자가 없으리라.

9 네 손이 네 대적 위로 들려지리니 네 모든 원수들이 끊어지리라.

10 주가 말하노라. 그 날에 내가 너의 말들을 네 가운데서 멸망시킬 것이요, 네 병거들을 파괴하리라.

11 또 내가 네 땅의 성읍들을 멸망시키고 네 모든 요새를 무너뜨릴 것이며

12 내가 네 손에서 마법을 끊어 버리리니 다시는 네게 점쟁이들이 없으리라.

13 내가 또한 너의 새긴 형상들을 파괴시킬 것이며 너의 서 있는 우상들을 네 가운데서 파괴시키리니, 네가 다시는 네 손으로 만든 것에 경배하지 못하리라.

14 내가 네 가운데서 네 아세라들을 뽑아 버릴 것이며 네 성읍들을 멸할 것이라.

15 또 내가 분노와 진노로 이방 위에 복수하리니 그들도 그처럼 듣지 아니

하였음이라.

영국인 중에는 이스라엘이 없다고 말하는 사람들이(anti-Semitic British Israelite) 8절을 보면 아브라함과 이삭과 야곱의 후손들이 최종적으로는 민족들의 우두머리가 된다는(민 23:24, 신 28:1,10) 사실을 알게 된다. 야곱은 천년왕국에서 정상 위에 있다. 그들의 통치자인 유다 지파의 사자와 함께 있다(마 27:37). 야곱은 『**숲속의 짐승들 가운데 사자**』(8절)이다. 천년왕국에서 세계를 주도해 나가는 강대국은 팔레스타인 땅에 있는 이스라엘이다. 미국, 독일, 일본, 영국, 러시아들은 단지 위성국일 뿐이다. 『**네 손이 네 대적 위로 들려지리니 네 모든 원수들이 끊어지리라**』(9절). 예레미야 30:11에서 언급한 대로 이 구절은 문자적으로 성취될 것이다. 건전한 교리를 거부하는 현대주의자들과 마찬가지로 매튜 헨리도 9절의 "네(Thine)"라는 말을 대할 때 아주 교만하게 된다. 헨리는 교회가 영적인 적들을 이긴다는 의미에서 교회의 적들을 분쇄시키고 짓밟을 것이라고 말한다. 위클리프 주석가은 매튜 헨리와 진리의 중간 입장을 취하여 영적 이스라엘이(p. 858) 영적으로 영적 왕국을 성취하는 것이라고 말한다(8절).

하나님께서 이스라엘을 회복시키기 전에(천년왕국) 이스라엘은 불을 통과할 것이다(사 43:2, 말 3:1-4).

1. 『**내가 너의 말들을... 멸망시킬 것이요, 네 병거들을 파괴하리라**』(10절). 하나님께서는 이스라엘을 쇠약하게 만들어 아무 도움을 받지 못하는 남은 자가 되게(마 15장) 하실 것이다. 그들의 재앙으로부터(왕하 7:13) 구해낼 군대조차 없게 된다(신 17:16, 시 20:7, 왕상 10:26,28 참고).

2. 『**내가... 성읍들을 멸망시키고 네 모든 요새를 무너뜨릴 것이며**』(11절). 구원은 주께로부터 나온다. 높은 성곽의 꼭대기에 구원이 있는 것이 아니다(왕하 18:13, 전 9:14, 잠 18:10,11).

3. 『**내가... 마법을 끊어 버리리니 다시는 네게 점쟁이들이 없으리라**』(12절).

주께서 이스라엘에게 군사적으로 정치적으로 역사해 주시기 전에 이스라엘은 우상으로부터 사탄 숭배로부터 깨끗하게 될 것이다(왕하 9:22, 사 47:9, 나 3:4, 신 18:10을 보라).

4. 『**내가 또한 너의 새긴 형상들을 파괴시킬 것이며... 네가 다시는 네 손으로 만든 것에 경배하지 못하리라**』(13절). 모든 것이 명백하다. 이 구절에 대해 이사야 44:9-20은 좋은 주석이 된다(사 46:5-8; 47:6-15).

5. 『**내가 네 가운데서 네 아세라들을 뽑아 버릴 것이며 네 성읍들을 멸할 것이라**』(14절). 이것에 대한 첫 번째 성취는 마태복음 22:7이다. 요세푸스가 쓴 역사에서도 이 사실들을 최소한 발견할 수 있다. 그러나 마태복음 22장은 평이한 대환란의 문맥이다. 그렇기 때문에 가까운 미래에 이스라엘의 도시들은 파괴될 것이다.

6. 『**내가 분노와 진노로 이방 위에 복수하리니...**』(15절). 하나님께서는 앗시리아인과 "바빌로니아인"(렘 50:17)에게 배로 되갚아 주신다(사 10:16, 렘 51장). 하나님은 이스라엘을 벌주시는 데 이방인을 사용하신다(렘 52장). 그리고 나서 이스라엘을 박해한 것으로 이방을 벌주신다(렘 50:35). 이것은 3,300년간이나 계속되었다. (판 1-10장을 보라.) 그런데도 역사가들은 이 현상을 단 한 번도 파악하지 못한다.

다음 장을 살펴보기 전에 선반을 가득 메우고 있는 보수주의자들의 도서실에 불을 켜 보자.

1. "Living" Bible은 5절의 "화평"을 고딕체로 기록함으로 예레미야 애가 4:20의 "기름부음 받는 이" 대신에 그리스도를 언급하는 것으로 만들었다. 아세라 대신에 우상 성전들이라고 집어넣음으로 RSV, ASV, New ASV와 보조를 맞추었다. 모두가 신명기 16:21의 명령을 범한 20세기의 로마카톨릭을 전형적으로 변호하고 있는 것이다.

2. New ASV(존 R. 라이스 〈Sword of the Lord, 1975〉에서는 이 책을

"성경적 정직의 반석"이라고 불렀다.) 3절에 "아이를 낳다"를 삽입시켜 마리아가 그리스도를 낳은 것으로 생각하도록 만들었다(사 9:6 참조). 그리고 5절에서 "this"를 고딕으로 씀으로 "this One"과 같이 만들었다. 그 결과 예레미야 애가 4:20에서 말하는 기름부음 받은 사내아이에 대한 관련 구절을 없애 버린 것이다. 또 15절의 "듣다(heard)"를 "순종하다(obeyed)"로 바꾸어 1952년의 공산주의 성경인 NCCC의 RSV와 보조를 맞추었다.

3. 지옥이 없는 성경(New World Translation)은 "영원"(2절)이라는 말을 "정해지지 않은 날들의 때"로 바꾸었다. 물론 이것은 러더포드 판사나 러셀 목사가 예수 그리스도를 첫 번째 하나님이 아니라 두 번째 하나님으로 생각했기 때문에 이렇게 바꾼 것이다. "아세라들"(14절)을 "신성한 막대기들"로 바꾸어 문자적인 아세라를 받아들이지 않고 "형상"으로 받아들이게 하였다. 모든 성경이 위와 같이 변개시켜서 성경을 믿는 학생들에게 성령께서는 인정받는 학자들이 구분할 수 없는 것을 다음과 같은 성경 구절을 통해 알게 하신다. 『**어떤 나무로도 아세라를 심지 말며**』(신 16:21) 『**형상들을 산산이 부수고 아세라를 찍어 내며**』(대하 31:1) 『**아세라들과 새긴 형상들을 세운 자리들은**』(대하 33:19) 『**아세라들과 새긴 형상들과 부어 만든 형상들로부터**』(대하 34:3) 『**형상들을 깨뜨리고 아세라들을 베어 내어**』(왕하 23:14) 등과 같이 "형상들"과 "아세라"를 구분하여 기록하고 있음을 알 수 있다(신 16:21,22). "asherin"은 아세라로부터 가져올 나무를 잘라 만든 형상일 수 있다. 그러나 아세라는 아세라이다. 카톨릭 학교에서 캠퍼스에 있는 마리아상과 같은 관계이다.

마지막 절에서 "heard"를 "obeyed"로 바꾼 것은(ASV, New ASV, RSV New RSV, Living Bible) 어떤 히브리어 본문이건 제대로 번역하기를 거부한 것이다.

〈킹제임스성경〉이 룻기 3:15에서 동사를 잘못 번역했다고 말하고서 달라스 신학원에 있는 이기주의자들은(RSV와 New RSV 번역자들과 마찬가지로) 어떤 형태로든지 그 동사(히브리어 "Shama'u") 번역하기를 거부하였다. 이 동사 "Shama"는 "듣다"(hear나 Listen)의 의미이다. 이 동사를 "which hearkened not"(RV)이나 "refuse to obey me"(Living Bible)로 바꿔 버림으로 구절 전체의 의미를 바꿔 버렸다. 하나님께서는 듣지 않았던 이방에게 진노를 쏟아 부으신다는 내용이다(15절). 이것이 성경에서 사용되는 표현 방법이다(신 4:32, 욥 1:2, 출 9:18, 합 3:2). 민족들이 듣지 않을 것이란 뜻이 아니다. 이 구절에서 의미하는 것은 이 민족들은 "땅에 있는 지옥"(마 24:21을 보라.)을 통과할 것이라는 내용이다. 이것은 민족들이 과거에 들어보지 못한 내용이다(15절).

미카 6장

6:1 너희는 이제 주께서 말씀하시는 것을 들으라. 너는 일어나 산들 앞에서
항변하라. 그리하여 작은 산들로 네 음성을 듣게 하라.
2 오 산들아, 너희 튼튼한 땅의 기초들아, 너희는 주의 논쟁을 들으라. 이
는 주께서 자기 백성과 논쟁하시며 이스라엘과 변론하실 것임이라.
3 오 내 백성아, 내가 네게 무엇을 행하였느냐? 내가 무엇으로 너를 지치
게 하였느냐? 내게 증명하라.
4 나는 너를 이집트 땅으로부터 인도하고 종들의 집에서 너를 구속하였으
며 또 내가 네 앞에 모세와 아론과 미리암을 보냈었느니라.
5 오 내 백성아, 이제 모압 왕 발락이 의논한 것과 브올의 아들 발라암이
싯팀에서 길갈에 이르기까지 그에게 대답하였던 것을 기억하라. 그러면
너희가 주의 의를 알리라.

『**산들**』(1절)과 『**튼튼한 땅의 기초들**』(2절)을 향해 말씀이 전파된다. 비슷한 경우로 처녀 탄생에 대한 예언이 땅에게(렘 22:29) 예언됨을 주목하라. 주께서는 음파가 바위 안에 그대로 저장될 수 있다고 당연히 여기신다(수 24:27을 보라). 그래서 사탄이 예수 그리스도께 『**이 돌들에게 명하여**』(마 4:3)라고 말했을 때 사탄은 문자적 의미의 문맥을 생각했던 것이다(렘 2:27, 창 35:14, 수 4:3,5-9,21, 시 141:6, 눅 3:8, 벧전 2:4). 이는 과학자들, 물리학자들이 전혀 알 수 없는 부분이다. (과학과 물리학은 〈킹제임스성경〉에서 계시하는 내용보다 항상 40년에서 400년 뒤떨어져 있다는 것을 반드시 기억해야만 한다.)

본문에서 하나님의 백성들(이스라엘)은 하나님에 대해 증명하고 증거하기 위해 부름을 받았다. 이들 가운데 어떤 무리가 엉뚱한 소리를 한 것은 바리새인들이 했던 경우와 똑같다(마 26:59). 부정적인 증거를 제시하기에 앞서 주님은 네 가지 근거에서 이 민족의 양심에 호소하신다.

1. 하나님께서 아프리카에서 이들을 인도하셨다는 사실(4절).

2. 하나님께서 이들을 노예에서 해방시키셨다는 사실(4절).

3. 하나님께서 이들을 구원하실 때 이들의 친척을 사용하셨다는 사실(4절).

4. 이들을 죽이기 위해 적들이 연합하였을 때(민 22,23장) 하나님께서 방관하지 않으셨다는 사실, 더 나아가 벽에 손으로 쓴 것을 읽게 하기 위해(5절) 거짓 선지자를 진짜 선지자로 잠정적으로 바꾸어 버렸다는 사실. 5절은 나중에 더 자세히 설명해야 되는 무시무시한 결론을 내린다.

이 장면은 법정 장면이다. 하나님과 이스라엘 사이에 일어난 소송문제를 결정하기 위해 하나님께서는 산들과 땅의 기초들을 배심원으로 부르신다. 하나님은 이스라엘에게 말씀하신다. 『**너는 일어나 산들 앞에서 항변하라**』(1절). 2절의 논쟁은 법정에서 결정되어야만 하는 법률 소송이다(왕상 22:19).

『**내가 네게 무엇을 행하였느냐? 내가 무엇으로 너를 지치게 하였느냐?**』(3절) 이스라엘에게는 광야를 지나오는 사이 닳아 없어진 것이 없다. 하나님께서 사십 년간 먹여 주시고 입혀 주셨기 때문이다. 모세는 광야에서의 사십 년 후에도 정열적이고 튼튼하였다. 안경이 필요치 않았고 『**기력도 쇠하지**』 않았다 (신 34:7). 닳아 없어지게 하고 피곤하게 한 것은(사 1:14) 타락한 자들이 가져온 신(god) 때문이었다. 이 타락한 자들은 우상을 숭배하고, 고집 세고, 목이 뻣뻣하고, 자기 의로 가득 차고, 남을 다스리려 하고, 반역을 일삼는 자들이었다(렘 15:6, 행 7:51, 히 3:10).

5절에서 보수주의, 근본주의, 자유주의, 카톨릭, 공산주의, 신정통주의 학자들은 폭탄을 맞게 된다. 5절에서 말하는 것은 어떤(미카 시대에 살았던) 이스라엘 사람도 "주의 의"(〈킹제임스성경〉)을 알 수 있었다는 것이다. 로마서 2:1-6; 3:21을 통해 볼 때 5절의 내용은 심오한 계시가 아니겠는가? 훌륭하고, 경건하고, 헌신된 근본주의자들이 이 관련 구절을 아는 데 실패했다면 어떻게 그럴 수가 있다고 생각되는가?

톰 말론(Tom Malone)이 추천한 New ASV에서 행하는 "의로운 행위들"(righteous ACTS)은 무엇을 말하는 것인가?

NCCC의 RSV에서 행하는 "구원하는 행위들"(saving ACTS)은 무엇을 말하는가?

여호와의 증인의 성경(NWT)에서 행해지는 "의로운 행위들"(righteous ACTS)은 무엇을 말하는가?

이것은 쉽다. 여호와의 증인의 성경은 New ASV가 어떻게 번역했는지를 말해 준다. 여호와 증인의 지도자 러더포드 판사를 따른 것이다!

"의로운 행위들"(righteous ACTS)이란 말이 처음 등장한 것은 하나님을 모독하는 데 사용할 성경을 만든 웨스트코트와 홀트 작품(1884)에서 발견된다. 이를 필립 샤프와 A.T. 로버트슨이 이어받아(ASV, 1901) 하나님의 말씀을 음담패설로 바꿔 버렸다.

민수기에 기록된 발라암의 대답(5절)을 통해서는 결코 주의 의로운 행위들(ACTS)을 알 수 없다. 이와는 대조적으로 인간의 기준에서 본다면 발라암의 대답을 통해서는 불의의 행위들을 알 수 있을 뿐이다. - 성경에서는 발라암의 대답을 통해 주의 의를 알 수 있다고 한다.

자, 발라암의 대답(민 23:21)을 공부해 보자. 야곱에게 죄악이 있었는가? 다시 한 번 살펴보라(민 23:21). 이스라엘에게 패역이 있었는가? 민수기 13-15장, 출애굽기 15-17장을 읽어 보았는가? 민수기 21장을 읽어 보았는가? 고린도전서 10:1-13을 읽어보았는가? 잠깐, 지금 무슨 성경을 읽고 있는가? 취미로 성경을 왜곡시키는 제정신이 아닌 정신 이상자들이 내놓은 성경을 읽고 있는가? 발라암의 대답을 통해 알 수 없는 것이 하나라도 있다면 의로운 행위들이 무엇인지 알 수 없다. 이와는 대조적으로 올바른 성경을 읽고 있다면 행위들이 없어도 아니 행위들과는 무관하게 의를 넣어주시는 하나님을 알 수 있다. (로마서 3-5장을 보라.)

가장 불가사의한 일을 보게 되는데 International Version과 New ASV가 이 본문에서는 자신들의 알렉산드리아 신인 바티칸 사본과 칠십인역의 본문을 걷어 차 버렸다는 것이다. 이 바티칸 사본과 70인역의 계열의 본문은 "a dikaiosuna tou kuriou" 즉 "주의 의"로 되었다! 여기에서 우리는 한 가지 사실을 알 수 있다. 70인역이 〈킹제임스성경〉과 일치하면 70인역을 버리고 70인역이 〈킹제임스성경〉과 상충되면 70인역을 받아들인다. 이것이 "컬트(이단)"의 교리 신조 가운데 하나이다.

아주 중요한 사실이 있다. 『**그들의 땅이 이스라엘의** 거룩하신 분**을 거슬러 죄로 가득 찼을지라도**』(렘 51:5) 하나님께서는 이스라엘을 버리지 않으신 것이다. 이 사실을 설명하는 것은 주의 의로운 행위(Righteous ACT)가 아니다. 다만 이 말씀이 설명하고 있는 것은 그분의 의(HIS RIGHTEOUSNESS)가 나타나시는 것이다. 하지만 100%의 자격있는 근본주의 학자들은 AV(1611)에 반대한다.

6:6 ○ **내가 무엇을 가지고 주 앞에 나아가며 높으신** 하나님**께 절할까? 내가**

번제물들, 곧 일년생 송아지들을 가지고 그분 앞에 나아갈까?
7 **주께서 수천의 숫양이나 수만의 기름의 강들로 기뻐하실까? 내가 내 죄**
과로 인하여 내 첫태생을, 내 혼의 죄로 인하여 내 몸의 열매를 드릴까?
8 **오 사람아, 그분은 무엇이 선한 것인지 네게 보여 주셨으며 또 주께서 네**
게 요구하시는 것을 보여 주셨으니 오직 의롭게 행하고 자비를 사랑하
며 네 하나님**과 함께 겸손하게 행하는 것이 아니냐?**
9 **주의 음성이 성읍을 향하여 외치시며 지혜의 사람은 주의 이름을 보리니**
너희는 그 막대기와 그것을 지정하신 분에게 들으라.

이 구절들은 국제 주일학교(International Sunday School)에서 이십오 년간 인용되었다. 필자는 매주 방송하는 주일학교 공부에서 이십오 년 동안 이 구절에서 언급하는 교훈을 열 번이나 들었다. 소선지서 가운데 한 권에서 이 네 구절이 이렇게 자주 언급되는 것은 조사해 볼 만한 가치가 있다. 요한복음 3:16도 이렇게 자주 언급되지는 않는다. 로마서 10장이나 요한계시록 22장도 마찬가지다.

이 구절을 꾸준히 강조한 것에 비해 – 지난 백 년간 어떤 히브리어 학자나 헬라어 학자든 간에 – 그 내용의 중요성은 별로 없다. 조셉 휠레스(Joseph Wheless)는 〈성경은 하나님의 말씀인가〉(Is It God's word)라는 506페이지짜리 책을 썼는데 그 책의 내용은 성경 전체가 터무니없는 거짓말로 가득 찼다는 것이다. 그의 주장 중의 하나가 본문의 8절이다. 이 내용을 자세히 살펴보도록 하자. 본문의 8절이 사도행전 16:30,31, 로마서 10:9,10(신약에서의 구원 계획)과 상반되는 내용이고 로마서 3:23, 에베소서 2:8,9, 사도행전 15:11과 연결되지 않는다면 가던 속력을 잠시 줄여 기아를 1단으로 옮겨야 한다. 더군다나 7절이 요한복음 3:16, 로마서 8:24, 시 2:7을 부인하는 내용이라면 브레이크를 밟아 멈춰서야 한다. 그러나 그 전에 살펴보아야 할 것이 있다. 6절부터 9절 사이에 있는 다섯 물음표를 보아야 한다. 다시 뒤로 돌아가

찬찬히 살펴보아야 한다. 달밤에 마당 한구석에서 기웃거리고 있는 그림자를 포착한 독일산 셰퍼드처럼 주시해야 한다.

본문에 물음표가 다섯 개 있는 것은 하나님의 아들로 인한 피의 속죄에 대한 의심의 여지를 나타낸 것이고, 전적인 은혜로 인한(7절) 구원 계획에 대해 의심을 표한 것이라고 지난 삼십 년간 평균 25개월마다 한 번씩 주일학교에서 가르쳤던 것이 아니겠는가? 이런 가르침이 세뇌 교육이 아니고 무엇이겠는가? 구원을 위해 선하고 도덕적이고 교회에 잘 출석하고 십일조도 빠뜨리지 않는 선한 행위를 신뢰하는 남침례교도의 죄인들이 8절을 보고 무슨 생각을 하겠는가? 바리새인이라면(눅 18:12) 무슨 생각을 하겠는가?

성경에 대해 부주의한 사람들에게 미카 6:6-9은 말라키 1:11, 마태복음 23:8, 사도행전 10:35처럼 시한폭탄인 것이다. 허리케인보다 더 빨리 불못으로 처넣어 버릴 것이다.

로마서 3:25을 제거하기 위해 미카 6:8을 움켜쥐는 설교자나 교사들에게 화 있으리라! 요한복음 3:14-18을 제거하기 위해 미카 6:7을 움켜쥐는 교회통합 사회주의자들에게 화 있으리라! 잘못된 교재를 저술하여 사람들의 혼이 범한(사 53:10) "죄"(7절) 때문에 드려진 첫태생(7절)이 이룬 피의 속죄를 부인하는 자들에게 화 있으리라!

이렇듯 많은 빨간 불이 켜져 있기에 교차로를 지날 때 더욱 주의를 요하며 지나가야 한다. 자신의 의로 가득 찬 많은 사람들이 성경을 잘못 인용함으로 찰스 만슨(Chales Marson)이나 교황 레오의 가르침을 따랐던 사람들보다 훨씬 더 지독하게 자신을 저주해 버린다.

첫 번째 주목해야 할 사실은 어떤 그리스도인도 어떻게 **『주 앞에... 나아갈까?』**(6절)하고 묻지 않는 것이다. 모든 그리스도인은 죄 없는 사람(요일 4:17)에 의해 이루어진 완전한 의로(엡 1:4) 옷 입혀졌다. 하나님의 의 안에 있다면(롬 3:22) 구약 시대 그 어떤 유대인(종교 지도자건 아니건 간에)의 의보다 뛰어난 것이다(마 5:20).

『내가 무엇을 가지고 주 앞에 나아가며...』(6절). 구약 시대의 유대인인 미카는 사람들에게 그들이 어디에서 잘못되었는지를 보여 주면서 말하고 있다. 자신의 잘못에 대해 직접 대답하는 내용을 주목하라(5,7절). 미카가 제시한 대답은 8절이다. 어떤 이방인도 산상 설교를 지킴으로 구원받을 수 없는 것처럼 유럽이나, 아시아, 아프리카, 아메리카에 살고 있는 그 어떤 이방인도 (예수 그리스도를 구세주로 받아들이지 않고) 8절을 지킴으로 구원받지 못한다. 코넬료는 미카 6:8을 지켰지만 성경은 그가 예수 그리스도를 믿기 전까지는 구원받지 못한 것이라고 말한다(행 10:22; 11:14).

죄에 대한 제물로 자식을 바치는 것은 가증하다는 사실을 알고 있다(신 28:4, 왕하 3:27; 16:3). 이스라엘의 첫태생은 제물로 드려지는 것이 아니라 대속되었다(출 13:13, 렘 19:5, 시 50:9,13). 아이들로 불을 통과하게 하는 것은(왕하 16:3; 23:10) 전적으로 금지되었다. 창세기 22:1-4에 대한 오해가 진리를 왜곡시킬 수 있다. 아브라함은 아이들을 태움으로 자신들의 신을 달래기 위해 노력했던 마귀의 자식들(요 8:44)만큼 하나님을 사랑하는 것인지 보기 위해 시험받을 것이다(히 11:17). 더욱이 하나님께서는 잘못된 영으로 드려지는(삼상 15:22, 사 1:1-12) **『수천의 숫양이나 수만의 기름의 강들』**(7절)을 기뻐하지 않으신다. **『악인의 희생제는 주께 가증한 것이나』**(잠 15:8).

『오 사람아, 그분은 무엇이 선한 것인지 네게 보여 주셨으며』(8절). 미카는 구약의 이스라엘인들에게 다음과 같이 말한다.

1. 코넬료처럼(행 10:22) 의롭게 행하라(살전 2:10, 사 26:7, 시 7:9, 마 1:19).

2. 코넬료처럼(행 10:2) 자비를 사랑하라(느 1:11, 렘 31:20, 시 23:6, 막 10:47).

3. 코넬료처럼(행 10:22) 겸손하게 행하라(시 35:13, 마 18:4, 왕하 22:19, 약 4:10).

〈킹제임스성경〉이 얼마나 정확한지를 알 수 있을 것이다. 위에서 언급한 세 가지 중 어떤 것으로도 구원할 수 없는 자기 의를 신뢰하는 자에 대해 경고한다.

a. 『**네** 하나님**과 함께 겸손하게 행하는**』(8절).

b. 『**지혜의 사람은 주의 이름을 보리니**』(9절).

이 문맥 안에서 포착되는 것이 있을 것이다.

첫 번째로 죄인은 하나님과 함께 걸어야 한다고 한다. 그러나 두 사람이 『**동의하지 않고 함께 걸을 수**』없다(암 3:3)고 한다. 다시 말하면 어떤 죄인도 하나님께서 말씀하신 것에 그렇다고(살전 2:13, 잠 30:6) 동의하지 않고서는 하나님과 함께 걸을 수 없다. 예로 International Version이나 New ASV를 보라. 이들은 하나님께서 잘못 걸으셨기 때문에 자신들의 보조에 하나님께서 발걸음을 맞추셔야 한다고 생각하며 30,000군데를 고쳐야 했다.

두 번째로 죄인들은 하나님과 함께 걷는 것이 보는 것처럼 쉬운 것이 아니라는 경고를 받는다. 『**네** 하나님』(8절)이라고 말했기 때문이다. 이것은 개인적인 관계를 말한다. 이는 마치 『**주는 나의 목자시니**』(시 23:1), 『**너희의 어린양**』(출 12:5)과 같은 개인적인 관계이다. 이 시대에 있어서 구원받지 못하고 도덕적인 사람이나 자기 의를 신뢰하며 성사만을 고집하는 사람들은 하나님과의 관계가 무슨 말인지 전혀 알지 못한다. 이 시대에(엡 1:1-3) 하나님의 가족으로(히 2:13) 태어나기 전까지는(요 1:12,13) 하나님께서는 어떤 누구와도 개인적으로 관계를 맺지 않으시기 때문이다(갈 4:8,9). 그러므로 선한 일 등을 통해 미카 6:8을 순종함으로 하나님과 함께 행하려 하는 자기 의를 신뢰하는 자들은 자신을 속일 뿐이다. 이런 자들은 로켓처럼 지옥을 향해 발사될 준비가 된 것이다.

세 번째로 경고하는 것은 아무도 예수 그리스도 때까지는 진정으로 8절을 성취하는 데 성공할 수 없다는 사실이다. 왜냐하면 9절에서 『**지혜의 사람은 주의 이름을 보리니**』라고 했기 때문이다. 그분의 이름은 예수(마 1:25)이다.

그분은 하나님의 요구를(8절) 만족시키신 분이다. 그분은 자신의 몸을 첫태생으로서(7절) 드리셨다. 이사야 53:10에서 성령님께서 말씀하신 대로 혼의 죄들을 위해(7절) 드리셨다.

그러므로 계속해서 미카 6:8이 구원 계획이라고 미국인들을 세뇌시키는 시도는(주마다 반복되는 주일학교 강의를 통해) 마귀가 거듭나지 못한 교인들의 혼을 저주하는 행위이다

『**너희는 그 막대기와 그것을 지정하신 분에게 들으라**』(9절). "이 본문은 불분명하다"(강단주석), "이 본문은 불확실하다"(더멜로우), 인정받은 학자들이 말하는 권위 있는 견해들을 들어 보자. 부패한 ASV에는 "오 지파야 들으라. 누가 그 신간을 지정하였는가?"라고 하였다. NWT(지옥이 없는 성경)는 "오 너희 백성들"을 덧붙였고 전체적으로 오염된 70인역에는 "누가 그 성읍에 명령할 것인가"로 되어 있다. 테일러의 사사로운 해석(Linving Bible)에는 "주가 그들을 보내시고 계신다."라고 하였다. 〈킹제임스성경〉에는 모든 것이 분명하다. 그래서 보수주의와 자유주의 학자들은 이 성경을 혐오한다.

막대기는 사탄이다. 적그리스도의 인격을 말한다. (렘 48:17, 겔 19:11-14을 보라.) 이는 앗시리아인에 의해 예표된다. (사 10:12, 렘 50:17을 보라.) 하나님의 막대기가 다윗을 위로한다고 했을 때(시 23:4) 그 구절은 히브리서 12:6과 시편 23:4이 온화하게 다루어지는 것이 아니라는 것을 보여 준다. 왜냐하면 징계하시고 매질하실 때 사탄의 손으로 하시기 때문이다. (히 2:14, 고후 12:7을 보라.) 그리스도인에게 있어서 막대기는 하나님께 더 가까이 다가가고(시 23:4) 자신의 죄를 자백하여(시 51편) 의로워지는 의미에서만 위로가 된다. 역사적으로 이 막대기는 앗시리아 왕을 언급한다(왕하 19장). 이것은 적그리스도의 평범한 예표를 의미한다. (하나님께서 선택하신 막대기를 대적하기 위해 뱀이 세운 막대기의 관계를 살펴보라. 출 7:9-15, 사 11:1,2, 겔 21:13, 히 9:4.)

대환란 때에 유대인들에게 만나를 주기 위해 상처를 입은 것은 하나님께서 선택하지 않으신 막대기이다(미 7:14). [계 12:6과 출 16:14의 주석을 보라.]

주께서는 『**성읍을 향하여**』(9절) 외치신다. 이 성읍은 위대한 왕의 도성 예루살렘이기 때문이다(마 5:35). 하나님의 이름이 인간으로(마 1:25) 나타나실 때(사 7:14) 현명한 사람들만이(마 2:11) 『**주의 이름을**』 볼 것이다(9절). 구원받은 사람들만이 그분의 탄생을 보았다(눅 1-2장)!

자, 성경을 고친다는 것이 무엇을 의미하는 것인지 알 것이다. 30,000명의 보수주의, 자유주의 학자들은 사탄의 사주를 받아 예언적인 요소들을 파괴시켜 버림으로 주 예수 그리스도의 인격과 사역을 다루는 예언들을 집어 던지게 만든 것이다. 근본주의자들은 그리스도를 깎아 내리는 저주스런 죄를 계속 범함으로 인해 옛 성품은 거듭난 사람에게 계속 있는 것이며 교만과 시기는 모두 치유되지 않는다는 사실을 입증할 뿐이다.

6:10 ○ 악인의 집에 아직도 악한 재물들이 있느냐? 가증스러운 부족한 되가 있느냐?

11 내가 악한 저울들과 속이는 저울추들의 자루를 보고도 그들을 순수하다고 여기겠느냐?

12 그 부자들은 폭력으로 가득 찼고 그 거민들은 거짓을 말하며 그들의 혀는 그들의 입 속에서 거짓으로 가득 찼도다.

13 그러므로 나도 너를 쳐서 병들게 할 것이며 네 죄들로 인하여 너를 황폐케 하리라.

14 네가 먹을지라도 배부르지 아니할 것이며 너를 내어던짐이 네 가운데 있게 될 것이라. 네가 간직하여도 보존하지 못하리니 네가 보존한 것이라도 내가 칼에 넘겨주리라.

15 네가 씨를 뿌릴지라도 거두지 못할 것이요, 네가 올리브 열매를 밟아도

기름을 붓지 못할 것이며 맛있는 포도주가 있을지라도 마시지 못하리라.

『**부족한 되**』(10절)는 잠언 11:1과 아모스 8:5의 자(scale)가 정착된 것을 말한다. 『**악한 재물들**』(10절)은 악인의 집으로 들어간다. 악한 자들이 사람들을 속여 돈을 빼앗기 때문이다.

『**악한 저울들과 속이는 저울추들의 자루**』(11절)는 속이는 과정을 말한다. 물건들을 꾸리는 사람이 자기 자루에서 다른 무게에 해당하는 납을 꺼내는 것이다. 파운드가 어떤 때는 16온스가 되기도 하고 어떤 때는 17온스가 되기도 한다. 때로는 13.5온스가 된다.

하나님께서 이렇게 사기치는 장사꾼들을 순수하다고 여기시겠는가?(11절) 아니다. 만일 진리의 기준이 어떤 때는 Living Bible이 되고 또 다른 때는 New ASV가 된다면 어떻게 하겠는가? 때로는 AV가 되기도 하고 New ASV가 잘못 되었다고 여겨지면 그때 International Version으로 대치시킨다면 하나님께서는 그러한 학자들을 순수하게 여기시겠는가? 만일 적은 누룩이 온 반죽을 부풀게 하고 간음하던 창녀가(계 17장) 하나님의 말씀(눅 4:4)의 순수한 음식에(마 13장) 누룩을 넣은 것으로 알려졌다면 하나님께서 존 R. 라이스가 일생 동안 저질러온 실수를 하실 것이라고 생각하는가? 하나님의 말씀을 고치는 사람들을 경건하다고 하시겠는가? R.A. 토레이가 경건했다면 그 경건함의 영역에서 RV(1884)를 지지한 것은 제외된다. 자신이 독일에서 공부했다는 것을 자랑하고 싶었을 때 RV를 옹호한 것이다. (토레이는 독일에서 델리취에게서 공부하였다.)

12,13절은 해석이 필요 없다. 〈킹제임스성경〉만 읽는다면 누구든 이해할 수 있다. 13절은 지극히 평범하다. 모든 새로운 번역본들은 이 구절에서 말하는 어감을 부드럽게 고쳐 보려고 시도하여 이 구절에서 말하는 믿을 만하고, 부정적이며, 파괴적이고, 폭력적인 메시지의 무게를 격감시켰다. “나도 너를

쳐서 슬픈 상처를 남길 것이다." 이것이 진리를 피해 가려는 ASV(1901)의 내용이다. New ASV는 이렇게 중얼거린다. "나는 너를 쳐서 아프게 할 것이다." 케네스 테일러는 이렇게 말한다. "나는 너에게 상처를 입힐 것이다." "원본"(영원한 거짓말쟁이들이 하는 말을 인용해 보았다)은 이렇게 말한다. 『**나도 너를 쳐서 병들게 할 것이며**』(13절). 나는 네가 구토를 일으킬 때까지 계속 두들겨 패겠다는 의미이다. 이것이 진리이다. 이 진리는 원본에 너무 선명하게 기록되어 있어 현대의 그리스도인들은 이 진리를 참지 못한다(딤후 4:1-7).

잊지 말아야 할 것이 하나 있다. 보다 더 분명한 번역을 한답시고 현대인이 사용하는 최근의 언어 운운하는 것으로 진리가 보급되지는 않는다는 것이다. AV에서 분명하게 부정적인 말을 했기 때문에 변개시키고 그 어감을 누그러 뜨리는 것이다(아예 제거해 버리기도 한다. 마 23:14을 찾아보라). 성경을 거부하는 근본주의자들은 성경 한장 한장을 읽을 때 마음이 찔리는 것 없이 읽어 내리는 것이다.

타락한 유대인들은 레위기 26:16,26, 신명기 28장에 예언된 것처럼 식욕에 만족할 수 없을 것이다(14절). 이들은 누가복음 12:16-21의 부자와 같이 학개 1:6, 이사야 9:20처럼 될 것이다. 이들은 여전히 빈손으로 나와(전 2:23) 비참해질 것이다. 『**너를 내어던짐이 네 가운데 있게 될 것이라**』(14절). 이것은 다윗이 사용한 표현 방법이다(시 42:5,6; 43:5). 그러나 이 표현은 또한 성읍들과 백성들을 문자적으로 땅바닥에 내어 던지게 하는 데에도 언급된다(대하 25:12, 암 4:3, 시 89:44, 겔 6:4, 시 36:12). 유대인들이 침략을 당할 때(첫 번째는 산헤립에 의해, 그 다음에는 느부갓넷살에 의해) 이들은 아내들과, 아이들과, 소유물들을 붙잡고 도망갈 길을 찾을 것이다(렘 45장, 왕하 24:14). 그러나 이들은 칼에 넘겨질 것이다(14절). (렘 50:37, 신 32:25, 렘 52:8을 보라.)

15절은 스스로 해석한다. (신 28:38-40을 보라.)

근본주의, 보수주의 학자들이 얼마나 어리석은가를 살펴보기 전에 이들은 1900년대의 현대주의자들 앞에서 체면을 세우기 위해 유명한 상한 갈대들에 몸을 의지하였다. – 메이첸, 와필드, 로버트슨, 윌슨, 샤프 등 – 이 장의 마지막 절을 살펴보아야겠다.

6:16 ○ 너희가 오므리의 규례들과 아합 집의 모든 일들을 지키고 그들의 계략을 행하니 내가 너를 황폐케 하고 그 거민들을 조롱거리가 되게 하리라. 그리하여 너희가 내 백성의 비난을 담당하리라.

『**오므리의 규례들과 아합 집의 모든 일들**』(16절)은 열왕기상 16:31에 나와 있다. 이 부분은 요한계시록 2:20, 창세기 49:16에서 충분히 다루었다. 아합의 집은 바알을 경배하고, 향을 태우고, 하늘의 여왕을 숭앙하고, 가운을 입고, 일요일 교회 예배를 지켰다. 우상들이 들끓는 가운데서 참회연습을 하고 아버지라고 불리는 제사장들이 있고(판 17:10) 그들이 섬기는 신은 "거룩한 고양이"(Holy CAT)이다(〈짐승의 표〉를 보라).

글리슨 아처는(매튜 헨리, 클라크, 닥터 페퍼, 더멜로우, 제이미슨, 포셋, 브라운, 벌링거, 미스터 펍, 윌리엄즈, 칼슨과 마찬가지로) 로마카톨릭 교회와 관련된 연관 구절을 간단하게 지나쳐 버린다. "아합 집의 모든 일들"은 하나님의 선지자들과 나봇 같은 사람들을 죽인 것이라고 홍겹게 말하는 것이다. 이것은 린든 존슨(Lyndon Johnson)이 "우리는 베트남 안에서 몇 가지 문제점을 가지고 있다."고 말하는 이래로 어림잡는 대표적인 말이다. 아합의 규례들은 누가 누구를 죽이건 그렇지 않건 간에 뉴올리언스, 파리, 마드리드, 로마, 멕시코시티, 부에노스아이레스, 로스앤젤레스에서도 지켜지고 있다. 오므리의 규례들에는 선지자들 몇 명 죽이는 것보다 더 선명한 광경이 있다. 여기에는 태양신을 숭배하는 것 태양 표면을 나타내기 위해 머리를 밀고 칼라를 입는 것, Vesta 여신을 섬기는 처녀들(수녀들)을 만든 것, 의미 있는 경배를 드린다고 하며 짐승에 불멸성을 부여하여 종교를 만들어 버리는 것, 하늘의 여왕에게 향을 올리는 것, 돈을 거둬들이기 위해 사후 세계에 대해 거짓말하는 것, 성사에 참여하지 않는다고 하여 대량 학살하는 것, 세계의 정치 지도자들과 단합하여 40번의 전쟁을 통해 2,000만 명 이상을 죽인 것(계 18:24) 등이 포함된다.

미카 7장

7:1 나에게 화로다! 이는 내가 사람들이 여름 과일들을 거두어 버린 후 같고
포도 수확기에 떨어진 포도들을 거둔 후 같이 되었음이니, 내가 먹을 포
도송이가 없으며, 내 혼이 처음 익은 과일을 열망하였도다.
2 선한 사람이 땅에서 사라졌고 사람들 가운데 정직한 자가 한 명도 없도
다. 그들 모두가 숨어서 피를 기다리고 있으며 그들이 각기 그물로 자기
형제를 잡는도다.
3 ○ 그들은 양손으로 열심히 악을 행하나니 고관도 대가를 요구하고 재판
관도 대가를 요구하며 큰 자도 자기의 엉뚱한 욕심을 털어놓으니 그들
이 그처럼 서로 걸맞는도다.
4 그들 가운데 가장 선한 자도 찔레나무 같고 가장 정직한 자도 가시울타
리보다 더 날카롭도다. 네 파수꾼들의 날과 네 감찰의 날이 오나니 이제
그들이 당혹해 하리로다.
5 ○ 너희는 친구를 믿지 말며 안내자를 신뢰하지 말라. 네 품에 누워 있는
그녀로부터 네 입의 문을 지키라.

6 이는 아들이 아버지를 존경하지 아니하며 딸이 어머니를 대적하여 일어
나고 며느리가 자기 시어머니를 대적하여 일어남이니, 사람의 원수는 자
기 집안 사람들이니라.
7 그러므로 나는 주를 바라보며 나는 내 구원의 하나님**을 기다리리니 나의**
하나님**께서 내게 들으시리라.**

세 단락을 같이 살펴볼 것이다(1,2절, 3,4절, 5-7절). 이 세 단락은 모두 근본적으로 야곱의 고난의 때(렘 30:7)인 대환란을 다루고 있다. 바울은 타락한 인간의 일반적인 상황을 묘사할 때 시편 14,53편과 더불어 미카 7:2을 인용한다. 그러나 이 본문이 언급하는 정확한 세대가 있다(잠 30:11-14과 주석을 보라). 그 시기는 『**여름 과일들을 거두어 버린 후 같고**』(1절)라고 언급하는데 이 시기는 분명하게 다니엘의 칠십째 주 끝에 위치한(출 23:14과 그 주석을 보라.) 9-10월(장막절)이다. 예레미야는 통곡하며 이 시기에 대해 언급한다. 『**여름이 끝났고 추수가 지났어도 우리는 구원을 받지 못하는도다**』(렘 8:20). 환란 후 휴거가 일어나고 난 다음에(계 14:18) 남아 있는 유일한 추수는 "땅의 포도"에 대한 것이다(계 14:18, 신 32:14).

이 사실을 마음에 두고 이 구절에서 말하는 예언적 진리를 살펴볼 텐데 이 진리는 하나님의 권위를 보수주의 학문에 대한 선전으로 바꿔 보려는 전반적인 경건하고, 헌신되고, 인정받은 온전치 못한 머리들이 자세히 살펴보지 않고 비껴간 것이다.

1. 『**선한 사람이 땅에서 사라졌고**』(2절). 처음 익은 포도들이나 무화과들같이(렘 24:2, 호 9:10) 첫 열매들이(계 14:4) 땅에서 거두어 들여지면(계 14:4) 남게 되는 것은 "쓸개 포도"와(신 32:32) 썩은 무화과들이다(렘 24:8).

2. 『**그들 모두가 숨어서 피를 기다리고 있으며**』(2절). 대환란에서 문자적으로 성취된다. "피의 술제물"(시 16:4)로써 인간을 제물로 바칠 것이다(계 6:9과 주석을 보라). "하나님의 아들들"(창 6:1과 주석을 보라.)은 입으로 피

를 취하며(사 6:13, 계 16:6을 보라.) 재생산하고자 할 것이다.

3. 『**고관도 대가를 요구하고 재판관도 대가를 요구하며 큰 자도 자기의 엉뚱한 욕심을 털어놓으니**』(3절). 모든 사람을 속여 길을 잃어 헤매게 만든다. 가장 부도덕한 마약 중독자들은 가장 지능이 낮은 저능아뿐 아니라 모두를 속인다. 이들은 적그리스도의 편이 되어(단 11:38) 자신들의 사회적 신분을 지키면서(고전 2:8) 하나님과 하나님의 그리스도를 대적해 군대를 동원하게 된다(계 6:15). 이들은 서로 결맞게 되는 것이다(3절).

4. 『**그들 가운데 가장 선한 자도 찔레나무 같고 가장 정직한 자도 가시울타리보다 더 날카롭도다**』(4절). 다윗이 주장한 구원 계획에 대하여 얼마나 훌륭한 주석인가! 노만 빈센트 필에 대해 또 그에게 속아 넘어간 자들에 대해 얼마나 훌륭한 주석인가! 최상의 상태가 겨우 태워 버리기에 적합한 상태이다(찔레나무와 가시에 대해 삼하 23:6, 히 6:8을 보라). "이 사회가 무엇이 문제인가"라는 주제에 대해 하나님께서 설명하시는 것이다. 인간의 본성이 이 시대의 마지막에 있어서 가장 좋은 상태는 모두 다 헛될 뿐이다(시 39:5). 아무 쓸모없는 덤불일 뿐이다. 몸에 상처나 입히고 옷을 찢게 할 뿐이다. 20세기에 있어서 과학적 진보에 대해서도 마찬가지이다.

5. 『**너희는 친구를 믿지 말며 안내자를 신뢰하지 말라**』(5절). 아무도 신뢰하지 말라는 명백한 충고이다(시 118:8). 인류에 대해 믿음을 두지 말라는 충고이다. 이러한 신뢰는 지속될 수 없다(요 2:24,25). 다가오는 약육강식의 환각에 마비될 사회에서는 아무도 믿어서는 안 된다. 아내조차 믿어서는 안 된다. 『**네 품에 누워 있는 그녀로부터**』(5절). 예레미야는 예레미야 9:2-6에서 미카와 의견을 같이한다. 예수 그리스도께서는 마태복음 10:35과 누가복음 12:53에서 미카를 지지하셨다. 바울은 디모데후서 3:1-10에서 모두를 지지하였다. 성령의 감동으로 성령 충만한 상태에서 말했던 모든 사람들의 공통점을 마지막 시대에 하나님보다 우선하여 사람을 신뢰하는 사람이 있다면 그는 큰 바보들이거나 진리를 거부하는 반역자라는 것이다.

『**그러므로 나는 주를 바라보며... 나의** 하나님**께서 내게 들으시리라**』(7절). 미카가 사람을 바라보는 것 대신에 왜 이렇게 말해야 했는지 예레미야 17:5,7에 나와 있다. 『**사람을 신뢰하는 사람과... 그의 마음이 주로부터 떠나는 사람은 저주를 받으리라... 주를 신뢰하고 주께서 그의 소망인 사람은 복이 있도다.**』 사람의 일들을 신뢰하는 사람은(마 16:23) 쌓을 것이 형벌과 실망과 영원한 죽음뿐이다(눅 16:19-23). 그러므로 모든 교육 제도, 철학 체계, 모든 과학, 정신의학, 정치적 편의상 제정된 모든 법률, 세상이 긍정적으로 더 나아지며 따라서 이 지상은 살기에 더 좋은 곳이 될 것이라고 가르치는 모든 종교 - 이상 언급한 내용에 대해서는 1700-1990년까지 있었던 어떤 정치적 연설이든 살펴보라 -는 모두 난폭한 장난인 것이다.

7:8 ○ 오 내 원수야, 나를 대적하여 기뻐하지 말라. 내가 쓰러진다 해도 일어날 것이요, 내가 어두움 가운데 앉을지라도 주께서는 내게 빛이 되시리라.

9 내가 그를 대적하여 죄를 지었으니 그가 나를 변호하시어 나를 위하여 심판을 내리실 때까지 나는 주의 분노를 감당하리라. 그가 나를 빛으로 인도하시리니 그러면 내가 그의 의를 보리라.

10 그때에 나의 원수인 그녀가 그것을 보면 수치가 그녀를 덮을 것이니 그녀는 "주 네 하나님**이 어디 있느냐?"고 내게 말한 그녀라. 내 눈이 그녀를 보리니 이제 그녀가 거리의 진흙처럼 밟히리라.**

11 네 성벽이 세워지는 날, 그 날에 칙령이 멀리 거두어지리라.

12 그 날에는 또한 앗시리아에서 견고한 성읍들에서, 요새로부터 강에 이르기까지, 바다에서 바다까지, 산에서 산까지 그가 네게로 오리라.

13 그러나 그 땅은 그 안에 거하는 사람들로 인하여 또 그들이 행한 열매로 인하여 황폐케 되리라.

앗시리아는 창녀와 연관되어 있다. (나 3:4을 보라.) 그렇기 때문에 대부분의 주석가들은 여기에서 말하는 것이 여자를 말한다고 한다. 『**나의 원수인 그녀가**』(10절). 그러나 이것은 위대한 예언적 진리를 지나쳐 버리는 것이다. 앗시리아 왕과 바빌론 왕은 적그리스도를 나타낸다(렘 50:17,18). 그러므로 니느웨와 바빌론은 모두 요한계시록 17장과 스카랴 5:7에서 말하는 그 큰 마귀 음녀를 상징한다. 미카가 『**그녀가 거리의 진흙처럼 밟히리라.**』(10절)고 말했을 때 이스라엘의 적(10절)을 이세벨(왕하 9:33)과 연결시킨 것이다. (시 68:21-23을 보라.) 본문에서 언급하는 것은 앗시리아가 세계 강국으로서의 의미 그 이상인 것이다. 산헤립과 느부캇넷살이 이스라엘과 유다를 침략했던 과거 역사(B.C. 722-600) 그 이상의 의미가 있다. 본문에서 언급하는 것은 예레미야 애가 4장과 욥기 1,2장에 있는 유대의 남은 자들을 말한다. 이들은 흑암(사 9:2)에 앉아(미 7:8) 바울과(행 9:3) 다니엘과(단 10:6,8), 에스겔(겔 1:4)이 나타나는 형태처럼 대환란 중간에 예수 그리스도(시 82:1)의 나타나심을 목격하게 된다. 9절에서 미카가 언급한 내용이 욥의 믿음과 얼마나 잘 연결이 되는지 살펴보라. 『**그가 나를 빛으로 인도하시리니 그러면 내가 그의 의를 보리라**』(9절). 『**그러나 그는 내가 택한 길을 알고 계시니 그가 나를 연단하시면 내가 금같이 나오리라**』(욥 23:10).

본문은 교회 시대 끝을 말하고 있다. 그래도 의심이 생긴다면 광야에서 이스라엘을 먹이실 것에 대한(계 12:6) 문자적 예언인 14,15절을 보라. 모든 의심은 제거될 것이다. [100%의 학자들은(구원받았건 그렇지 않건 간에) 이 관련 구절을 놓쳐 버렸다. 그렇기 때문에 8-13절이 재림과 사탄의 신부가 할 일(계 17:1-18)에 대한 관련 구절이라는 사실을 놓치는 것은 당연한 일이다.]

『**내가 쓰러진다 해도 일어날 것이요**』(8절). 의로운 사람은 일곱 번 넘어져도 다시 일어난다(잠 24:16). 넘어져도 완전히 쓰러지지 않기 때문이다(시 37:24). 욥처럼(욥 1장) 『**네 성벽이 세워지는 날**』(미 7:11) 일어날 것이다(욥

42장). 다윗은 자신이 넘어질 때와 일어날 때의 문맥에서(시 51:18) 이 시간에 대해 말하였다. 〈킹제임스성경〉의 그 위대한 구도와 통일성을 보라! 어느 누가 다윗이 밧세바와 범죄한 바로 그 문맥에서 예루살렘의 재건과(시 51:18) 에스겔 40-48장에서 희생제사의 회복(시 51:19!)을 연결시킬 수 있겠는가? 성령님 말고 또 누가 있겠는가?!

이 예언이 다니엘의 마지막 때에 맞춰지는 현대적인 위치를 주목해 보라(11,14,16,18절). 미카는 다른 선지자들과 같은 선지자이다. 사회적 평등이나 정의 등을 말하는 그 이상이다. 미카의 주제는 재림 때에 민족들을 통치하게 될(4:2) 통치자(5:2)인 것이다.

『**내가 그를 대적하여 죄를 지었으니... 나는 주의 분노를 감당하리라**』(9절). 이것은 이스라엘의 회개를 언급하는 것뿐만 아니라(신 30:8, 왕상 8:47,48) 타락한 그리스도인에게도 정확하게 해당되는 것을 말한다. 하나님의 막대기로 징계를 받게 되는 것이다(히 12:6,7).

a. 넘어졌다고 해서 영원히 일어서지 못하는 것이 아니다. 하나님께서 일으켜 세우신다(8절).

b 모든 것이 흑암에 있다고 해도 구원받지 못한 사람들에게는 없는(8절) 세상의 빛(요 9:5)이 있다.

c. 자백하고 돌이키기만 한다면 하나님께서는 마귀 앞에서 잘못을 변호하실 것이다(9절).

d. 하나님께서는 걸려 넘어지게 한 것은 심판하실 것이다(8,9절).

e. 재림 때에(10절) 하나님께서 심판하시는 것을 보게 될 것이다.

f. 모든 문제에도 불구하고 예수 그리스도처럼 될 것이다(9절).

어두움 가운데 앉아 있을 때에도(8절) 우리에게는 아버지 하나님이 계시고(7절, "주") 아들 하나님이 계시고(7절, "하나님"), 성령 하나님이 계신다(7절,

"나의 하나님"). 그 어두움이 유혹의 시간이든, 연단의 시간이든, 사별의 아픔의 시간이든 문제가 되지 않는다. 예레미야는 절망의 구렁텅이에 빠졌었다(렘 20:14). 짙은 불신의 안개가 그를 삼켰었다(렘 15:18). 모세는 그의 권력이 위태로울 정도의 시련을 당했다(민 11:15). 낙담의 어두움으로 거의 소진상태였다(출 32:32). 나오미는 상속할 사랑하는 아들들의 죽음으로 절망하였다(룻 1:11-13). 그러나 죽음과 지옥의 어두움이 갈보리를 내리 눌렀을 때 하나님의 아들은 이렇게 말씀하셨다. 『**그가 나를 빛으로 인도하시리니**』(9절).

이전의 한 성도는 이렇게 말하였다. "주님께서 웃으실 수 있는 것은 무엇이든 허락하여 주시고 주님께서 슬퍼하실 일은 허락하지 마옵소서." 프랑크푸트, 일리노이의 탄광 사고(1951)에서 살아남은 생존자들은 지하 500피트의 무너져 내린 갱도에서 교황 바오로나 케네디가 일생 동안 하루도 볼 수 없었던 빛을 가지고 있었다. 그것은 탄광에 설치된 램프도 아니었고 손전등도 아니었다. 기자들이 생존자 가운데 한 사람에게 물었다. "깨끗한 공기와 물도 없이 서서히 죽어가는 그곳에서 무엇을 했습니까?" "우리는 각자 위대한 노래를 불렀습니다." "그 노래가 무엇이었습니까?" 연합통신사 기자가 진지하게 물었다. "나 같은 죄인 살리신 그 은혜 놀라워. 잃었던 생명 찾았고 광명을 얻었네."

켄터키 아연 광산 사고에서 살아남은 몇몇 생존자들의 헬멧에 이런 글이 적혀 있었다. "우리가 죽은 채 발견되었다면, 우리 모두는 구원받았다는 사실을 알려 드립니다."

이런 사람들은 미국의 하원의원들보다 더 많이 알려졌다.

근본주의자들, 보수주자들, 복음주의자들, 자유주의자들, 신복음주의자들 중에서 어떤 헌신된 학자들도 11절의 "칙령"(the decree)을 올바른 위치에 둘 수 없어서 슬그머니 이 말을 본문에서 제거시켜 버렸다. RV(1884)는 난외에 "경계"(boundary)라고 써 넣었다. 그러자 1901년에 나온 ASV도 난외에 이 말을 기록하였고, 밥존스대학이 추천하는 성경에는 아예 본문에 첨가시켰다. 그래서 근본주의자들은 RV나 New ASV와 조화를 이루는 성경을 가지게 된 것이다. 이 두 성경은 자유주의 학자들에 의해 추천을 받고 있지만, 밥존스대학에서도 사용되고 있다. 알렉산드리아 이단이 포용하지 못하는 그룹은 없다.

위에 언급한 성경들도 시편 2:7에서는 칙령(DECREE)으로 번역하였다. 그러나 달라스, 풀러, 무디, 휘튼 등에서 사용하는 성경들이 일관성 없다는 사실은 그다지 놀랄 일이 아니다. 이 구절에서는 칙령이라는 말은 찾아볼 수 없다. 마우러(Maurer)가 처음으로 "decree"는 "bounday"로 대체되어야 한다고 주장하였다. 이어서 카스파리((Caspari), 로어다(Roorda), 노왁(Nowack), 마티(Marti), 구터(Guther), 델리취(Delitzsch)도 동의하였다. 그래서 진리는 추방당하고 사람에 의해 만들어지고, 사람의 영감으로 된, 사람을 드높이는, 사람을 기쁘게 하고 하나님을 거부하는 New ASV가 들어앉게 된 것이다.

『**그 날에 칙령이 멀리 거두어지리라**』(11절).

절대 무오한 성경에서 말하는 두 개의 칙령을 살펴보자.

1. 본문에서 말하고 있는 것처럼 성벽이 재건되리라는 칙령이다(단 9:25, 느 2:8). 『**네 성벽이 세워지는 날**』(11절).

2. 하나님의 쌓였던 진노가 유다와 이스라엘과 이들을 박해했던 민족들에게 퍼부어지는 칙령이다(렘 51:44-50, 습 2:2; 3:8).

예루살렘이 두 번 멸망하는 것과(B.C 598년 렘 52장, 계 11:1-3) 예루살렘이 두 번 재건되는 것을 주목하라(단 9:25, 겔 40-48장).

처음 예루살렘이 재건되는 때와(에스라, 느헤미야) 두 번째 칙령(습 2:2; 3:8, 합 3:10-13) 사이에는 긴 간격이 있다. 이 두 번째 칙령은 그리스도의 생애, 교회 역사, 두 번의 세계대전, 미 대륙 발견, 로마의 흥망, 백년전쟁, 십자군, 징기스칸, 티무르, 한니발, 거룩한 로마제국, 한국전쟁, 베트남전쟁, 미국혁명, 프랑스 혁명, 미국 전쟁으로부터 멀리 떨어져 있는 것이다. 느헤미야가 성벽을 재건하는 때와(느 2:8) 다니엘의 칠십째 주 마지막에 진노의 호리병을 쏟아 붓는 칙령 사이에는 2,500년간의 간격이 있는 것이다. 『**그 날에 칙령이 멀리 거두어지리라**』(11절).

그러나 성벽이 두 번째 재건될 때(겔 40-48장) 성벽을 재건하라는 칙령은(단 9:25) 다시 2400년 전의 과거로 옮겨지게 된다. 교회 시대가 그 칙령과 그 칙령이 성취되는 사이에 있게 되기 때문이다.

본문이 언급하는 것은 정확하게 두 가지의 성취가 이루어질 이중 예언을 말하는 것이다. 이 둘 사이의 간격은 2,300-2,400년이다. 애매모호한 것은 전혀 없다. 자신의 타락한 성품에 맞추기 위해 성경을 뜯어고친, 앞 못 보는 멍청이들에게 있어서나 논리적인 문제점이 발견될 뿐이다.

의심이 생긴다면 왜 의심이 생기는가 알 수 있을 것이다. 『**그 날에는 그가... 오리라**』(12절). 성경을 뜯어고친 자들은 여기에서 대명사 "그"(HE)를 재빠르게 "백성들"(People, 제이미슨, 포셋, 브라운), "시민들"(citizens, 케네스 테일러), "그들"(they, ASV, New ASV, RV, RSV, New RSV, 지옥이 없는 성경인 NWT), "네 성읍들"(they cities, 70인역, 시내 사본, 바티칸 사본)로 고쳐 버렸다. 글리슨 아처는 본문에서 말하는 "그"가 실제로는 "진실한 마음을 가지고 주께로 나온 회심자들"이라고 말한다. 윌리엄즈는 "흩어진 이스라엘"이라고 말한다.

본문에서는 어떤 개인이 예루살렘으로 오는 것을 말한다. 그는 『**앗시리아에서 견고한 성읍들에서, 요새들로부터 강에 이르기까지, 바다에서 바다까지, 산에서 산까지**』(12절) 오고 있다. 그리고 그는 황폐하게 된 땅으로(13절) 오고 있다. 그 땅은 사람들로, 그들이 행한 열매로 황폐케 된다(13절).

그 땅은 지금 황폐케 되지 않았다. 천 년 안에도 황폐케 되지 않을 것이다. A.D. 70-1900년을 말한다고 한다면 재건하라는 어떤 칙령도 발견되지 못함을 알 것이다. 또 재건되어야 할 성벽도 없다(본문을 보라). 곡과 마곡이 내려올 때는 성벽이 없는 고장들의 땅이다(겔 38:11). 그러므로 성경대로 믿는 그리스도인이라면 불못이 언급하는 것은 야곱의 고난의 때라는 결론을 내릴 수 있다(14절에서의 주석을 보라). 그리고 본문에 나오는 "그"는 예루살렘을 파괴시킬(계 11:1-3) 앗시리아인이든지(호 11:5과 주석을 보라.) 이사야 28:17, 예레미야 48:40, 요한계시록 14:14에서 볼 수 있는 것처럼 날아다니는 UFO라는 결론을 내릴 수 있다. 『**그가 내게로 오리라.**』(12절)는 사도행전 13:26을 언급하는 것이 아니다. 본문에서 말하는 그가 그리스도인이라면 사도행전 4:20을 말한다. 예수 그리스도는 작은 산들로부터 오시기 때문이다(나 1:5). 만일 본문에서 말하는 그가 적그리스도라면 13절은 별다른 설명이 필요 없다. (이 모든 대답을 알기 원한다면 다음과 같은 사실을 잊지 말아야 한다. 역대기하 9장에서 12구절은 솔로몬이 그리스도의 예표로 나오지만 그 다음에 이어지는 여섯 구절에서는 적그리스도의 유형으로 나온다는 사실이다.)

7:14 ○ **주의 백성을 주의 지팡이로 먹이소서. 칼멜의 한가운데 삼림 속에서 외로이 거하는 주의 유업의 양떼를 먹이소서. 옛날처럼 바산과 길르앗에서 그들을 먹이소서.**

15 **이집트 땅에서 네가 나오던 날들과 같이 내가 그에게 놀라운 일들을 보여 주리라.**

16 ○ **민족들이 보고 그들의 모든 능력 앞에서 부끄러워하리니 그들이 그들의 손을 입에다 댈 것이요, 그들의 귀는 막히리라.**

17 **그들은 뱀처럼 티끌을 핥을 것이요, 그들이 땅의 벌레들처럼 그들의 구멍에서 꿈틀거리며 나올 것이니 그들은 주 우리** 하나님**을 무서워하고 너로 인하여 두려워하리라.**

18 **죄악을 용서하고 그의 유업의 남은 자의 죄과를 간과하시는 주와 같은** 하나님**이 누구니이까? 주는 자비를 기뻐하시니 그의 분노를 영원토록 품지 아니하시나이다.**

19 주께서는 다시 돌이키시어 우리에게 긍휼을 베푸시리니, 주께서는 우리의 죄악들을 정복하실 것이요, 주께서는 그들의 모든 죄들을 바다 깊은 곳에 던지시리이다.

20 주께서는 옛날부터 우리 조상들에게 맹세하신 바, 야곱에게는 진리를, 아브라함에게는 자비를 행하시리이다.

성경을 엉망으로 만들어 놓은 알렉산드리아 이단들의 또 한 모습을 보게 된다. 이들에게 있어서 14절은 골치 아픈 구절이다. 인정받는 학자들의 견해를 들어 보기 전에 하나님께서는 무엇이라고 말씀하시는지 살펴보자.

1. 하나님께서는 자신의 백성들을 먹이실 것이다(14절). 삼 년 반 동안 계속하여 먹이실 것이다(계 12:6).

2. 하나님께서는 자신의 백성들을 자신의 지팡이(14절)와 더불어 먹이실 것이다. 이 "지팡이"는 마귀이다(시 23:4).

3. 하나님께서는 자신의 백성들을 에스겔 34:2,6,8,10에서의 양떼처럼(14절) 먹이실 것이다.

4. 하나님께서는 이들을 예레미야 50:19,20, 에스겔 20:35, 사무엘상 25장에 따라 『**칼멜의 한가운데... 바산과 길르앗에서**』 먹이실 것이다(14절).

5. 하나님께서는 이들을 『**이집트 땅에서 네가 나오던 날들과 같이**』(15절) 출애굽기에서처럼 먹이실 것이다.

6. 이 놀라운 일들은(15절) 출애굽기 16:15에서 내렸던 것과 똑같은 하늘에서 내려온 만나일 것이 분명하고 이 사실을 시편 105:40에서 증명한다.

성경을 믿기만 한다면 무엇이 어려운 내용이겠는가? 너무 오래된 고어가 있어 진리를 나타내는 데 불분명한 말이 있는가? 300명의 학자들이 9,000시간 동안 히브리어에 매달렸다고 해서 이 구절에서 말하고자 하는 사실을 밝혀낸 적이 있는가?

여기에 대해 많이 언급하지는 않겠지만 한 가지 비참한 사실은 1850년에서 1900년 사이에 (독일의 합리주의자들과 영국의 이신론자들이 하루에 24시간 동안 〈킹제임스성경〉을 공격할 때) 미국에 있는 보수주의를 주도해 나가는 세력들은(주로 장로교인) 이 싸움을 포기해 버리고 사탄에게 항복해 버린 것이다. 이들이 사탄과 타협해 버린 내용은 비록 〈킹제임스성경〉의 오류에 대한 공격은 방어할 수 없다 하더라도 "최초의 원본"은 방어할 수 있다는 것이다.

그러나 이 최초의 원본들은 이 지구상 어디에도 존재하지 않는다. 이것이 정통주의의 요새, 믿음의 수호자라고 자처했던 겁쟁이들이 취한 자세였다. 이들은 축자영감 어쩌고저쩌고 떠들면서 자신들이 하나님의 말씀에 충성한다고 사람들을 속인다. 이들이 하나님의 믿음에 대해 진리를 말하는 것인지 검증하지 못한 사람들은 이들에게 속는 것이다.

미카 7:14을 살펴봄으로 교육받은 마귀들의 맹공을 받기 전에 이 겁쟁이들이 취하는 태도에 대한 논리적인 결론을 내릴 수 있게 된다.

1. 먹이는 것은 하나님의 백성들에 대해 목회자들이 취하는 방법이나 돌봄이다(제이미슨, 포셋, 브라운).

2. 그래서 본문은 『**먹이소서**』가 아니라 "주의 백성을 치소서"(Shepherd the people)로 되어야 한다(New World Translation).

3. 그래서 밥 존스 주니어는 이 러더포드 판사와 러셀 목사의 본문을 New ASV에 추천하여 주의 백성을 "치소서"(Shepherd)라고 읽는다. 존 알 라이스는 이것을 신뢰할 만한 번역본이라고 부른다.

4. 이 총체적으로 부패한 책은 처음에는 70인역에서 주장하였고 이것은 밥 존스 대학의 커스터 박사가 추천하여 "주의 백성을 돌보소서"(TEND)라고 하였다. 지금도 히스테리가 있는 집단들이 이 알렉산드리아의 인가된 학위를 붙잡고 의심의 여지가 없는 충성심을 보이고 있다.

5. 그리스도가 주의 지팡이이고, 그분의 백성들은 독특한 민족임을 즐거워하며 외로이 지낼 것이다(코넬리우스 스탬과 벌링거의 입장에서 본 윌리엄스

의 주석).

6. 먹이는 것은 단순히 먹이는 것을 의미하지 않는다. 이것은 "다시 통치하는 것"을 의미한다(케네스 테일러의 Living Bible).

7. 훌륭한 목자는 아무도 먹이지 못한다 하더라도 개인적으로 통할 수 있는 것이다(글리슨 아처, New Bible 주석).

8. 먹이는 것은 만나가 아니다. 그것은 바산의 목양지이다(더멜로우 주석).

9. New Scofield Reference Bible은 요한계시록 12:6에서 분명하게 말하고 있는데도 신약에서 성취되는 관련 구절을 찾지 못하였다. 이 구절을 부주의하게 보지 않는 한 결코 놓칠 수 없는 구절인데도 말이다.

성경의 어떤 구절을 곧이곧대로 믿으면 바보처럼 보이기에(행 17:26) 위엄 있게 보이기 위해서는 성경 구절을 고쳐야만 하는 것이다(창 9:25). 그들은 십자가도 없고, 비난받지도 않고, 채찍에 맞지도 않고, 피도 흘리지 않으며, 못 박히지도 않고 안전한 생활에서 존경받는 상태에만 머무르려고 한다. 그런 그리스도인 겁쟁이들이 우리 곁에 있다.

시편 78:1-12은 본문 해석의 개념을 말해 준다. 요한계시록 12:6은 본문이 성취되는 것을 말해 준다. 출애굽기 16:14은 왜 사탄이 그리스도를 시험할 때 광야에서 빵을 만들어 내라고 했는지 설명해 준다. (계 12:14과 눅 4:3을 참고하라.) 세 개의 모든 시험은 재림 때의 명령들이다.

지금까지의 내용을 통해 배운 교훈이 있다면 더 이상 자신들이 하나님보다 더 똑똑하다고 생각한 보수주의자, 카톨릭 교도들, 복음주의자들이 범한 어리석은 짓을 살펴볼 필요 없이 미카 7장을 끝맺어도 된다.

『○ **민족들이 보고 그들의 모든 능력 앞에서 부끄러워하리니**』(16절). 『**그들**』은 이스라엘 백성들을 말한다. (사 2:3; 11:15, 호 11:11, 슥 14장, 신 32:43 등을 보라.)

『**그들이 그들의 손을 입에다 댈 것이요... 그들은 주 우리** 하나님**을 무서워하고 너로 인하여 두려워하리라**』(16,17절). 민족들은 (UN, 슾 3:8과 주석을 보라.) 유대인들에 대한 비방이 다시 시작될 때 귀를 틀어막을 것이다(시 83편, 사 66:12, 슥 14:2, 계 20장). 이들은 유대 왕의 발밑에 전할 것이고 문자적으로(시 72:9, 사 49:23; 65:25) 『**뱀처럼 티끌을 핥을**』 것이다(17절). 그들은 그들의 구멍에서(17절) 문자적으로(계 6:15) 나올 것이다. 그리고 진노의 날이 임하여(계 6:17) 미카가 말한 『**주 우리** 하나님**을 무서워**』하리라는(17절) 말이 성취되도록 부르짖을 것이다. 17절의 너는 처음 태어난 고통 받는 종(출 4:23, 사 53:7,8)으로서의 이스라엘을 언급할 수도 있고 처음 태어난 고난당하는 종으로서의 메시아를 언급할 수 있다(시 22편, 사 53:1-12).

『**죄악을 용서하고 그의 유업의 남은 자의 죄과를 간과하시는 주와 같은** 하나님**이 누구니이까?**』(18절)[출 34:7의 주석 참고] 이 구절은 바울이 신약성경에서 말했을 때(롬 11:26)와 히브리서 기자가 히브리서에서 말했을 때(히 8:8) 성취될 것이다. 이사야는 이 사실을 이사야 65:9에서 말했고 예레미야도 예레미야에서 같은 선상에서 다루었다. 이스라엘 민족이 교회 시대의 끝에(행 3:21) 정치적, 군사적, 경제적, 지리적, 물질적으로 구원받게 될 것이라는 사실(눅 1:30-33)에 대해 보다 더 분명하게 말하는 곳은 없다.

이단들이 이 문제에 관해 무엇이라고 말하든지 그것은 중요하지 않다.

『**주께서는 다시 돌이키시어 우리에게 긍휼을 베푸시리니**』(19절, 롬 11:27, 호 6:1 참조).

『**주께서는 우리의 죄악들을 정복하실 것이요, 주께서는 그들의 모든 죄들을 바다 깊은 곳에 던지시리이다**』(19절). 1인칭에서 3인칭 복수로 바뀌는 것을 주목하라. 『**우리**』는 이스라엘 민족과 그들은 그의 유업의 남은 자(18절)이다. 그래서 두 가지의 용서가 필요하다. 하나는 이스라엘 민족에 대한 것으로(겔 40-46장을 보라.) B.C. 1500년(모세)부터 미카 시대(B.C. 723)까지 저지른 죄들이고 다른 하나는 대환란에서 남는 자들에 대한 것으로 이들은 성도들이지만 이들 역시 인간 본성이라는 바이러스에 감염되었기 때문이다.

『주께서는 옛날부터 우리 조상들에게 맹세하신 바, 야곱에게는 진리를, 아브라함에게는 자비를 행하시리이다』(20절).

미카는 마침내 긍정적인 결론으로 예언을 마친다. 아브라함에게 하셨던 맹세는(창 22:16) 국제연합, FBI, CIA, 공산주의 혁명, 정치, 종교, 언론, 문화, 경제의 방해에도 불구하고 문자적으로 성취될 것이다. 이스라엘은 팔레스타인으로 돌아갈 것이다(1918). 성읍들은 재건하게 될 것이고(1948), 로마에 있는 마귀의 통제하에 대환란에 들어갈 것이다. 그런 다음 정화되고 죽음을 당하여 소수만이 도망칠 것이며 (욥 30:6과 주석을 보라.) 그러다가 결국은 구조되고, 회심하여, 야곱에게 진리를 맹세한(20절) 그 불에 의해 구원받고, 회복되어 이름이 높여질 것이다. **『그 꿈은 분명하고 그 해석은 확실하나이다』**(단 2:45). **『이것들은 참된** 하나님**의 말씀들이라』**(계 19:9). 이 말씀은 그 어떤 고고학자, 언어학자, 어원학자, 신학자, 번역자, 개정자, 사역자의 도움을 전혀 받을 필요가 없는 〈킹제임스성경〉(AV1611)에 있는 절대 무오하게 순전한 순수함을 지킨 채 우뚝 서 있는 말씀이다.

미카는 모두 다 말하였다. 그리스도인이라면 이 진리의 말씀들을 믿어야 하리라(살전 2:13).

나 훔

신약성경에 나오는 카퍼나움은 "나훔의 마을"이라는 뜻으로, 바로 선지자 나훔으로부터 온 말이다. 유대 랍비들은 나훔이 B.C. 722년경에 포로로 잡혀가 티그리스 강 서쪽, 앗시리아 모술 북쪽에 위치한 "엘코스"에서 이 예언을 기록했다고 말한다. "엘코스인 나훔"이라고 말한 것으로 인한 언급이다. 그러나 갈릴리에도 "엘코스"(Elkesi)라는 똑같은 이름의 도시가 있었다. 이곳이 바로 카퍼나움 지역이다.

나훔이 예언한 시기는 B.C 740-700으로 히스키야와 이사야 때였다. 그러나 New Scofield Reference Bible에서는 나훔의 예언 시기를 산헤립이 예루살렘에 온 후로 잡아 산헤립에 대해서는 전혀 예언할 수 없었던 것으로 만들었다. (자유주의자들과 무신론자들이 어떻게 다니엘의 예언이 로마, 그리스, 페르시아에 맞추었는지 살펴보라. 또한 이들은 나훔의 예언을 B.C. 700년 후로 잡음으로써 열왕기하 18,19장의 사건들을 무관하게 만들었다.)

어떤 시기를 잡든지 간에 분명한 사실은 이 예언이 기록되었을 때 열 지파는 이미 사로잡혀갔고, 앗시리아는 이집트를 침공하였고(1:9-13; 2:13) 산헤립은 이미 예루살렘으로 향하는 도중에 유다를 침공하기 시작하였다.

윌리엄스만이(주요 주석가들 가운데) 이 예언의 내용이 미래에 일어날 일이며 마지막 때에 성취될 일이라는 사실을 파악하였다.

나훔의 많은 부분이 이사야의 문체와 비슷하다(사 8:8; 10:23; 21:3; 24:1; 52:7을 보라). 나훔의 예언에는 한두 번 숨을 돌릴 때를 제외하고는 처음부터 끝날 때까지 시종일관 부정적인 내용이다. "인간에게 신뢰"라는 말 같은 것은 없다. "사람들에게 최상의 것을 내놓다" 같은 것은 없다. "사람들을 그리스도께로 인도하라."는 말도 없다. "세상을 보다 살기 좋은 곳으로 만들라."는 말도 없다. 나훔이 입을 열어 마칠 때까지 그칠 줄 모르게 말하는 내용은 멸망, 지옥, 저주 등이다(1:6,10,14; 2:1,10,13; 3:1,4,6,12,19). 이 폭풍이 미치지 못하는 곳은 겨우 1장에서 3구절뿐이다(7,13,15절). 그것은 인류, 인간성, 형제애, UN 등을 다룰 때가 아닌 이스라엘을 다룰 때이다(15절). 이 구절들도 이스라엘이 아닌 구원받지 못한 사람이나 민족의 입장에서 본다면 긍정적인 내용이 아니다. 나훔이 『**그는 자기를 신뢰하는 자들을 아시는도다.**』(1:7)라고 말했을 때 나훔이 말한 대상은 "우리는 하나님을 신뢰한다."라고 인쇄한 지폐를 가지고 다니는 돈에 노예가 된 이기주의자들이 아니다.

무천년주의 신학과 후천년주의 신학이 뒤섞여 이상한 교리를 하나 만들어냈는데 15절이 로마서 10:15을 언급하는 것이며 로마서 10:15만이 올바른 해석이라고 말한다. 바울은 구약을 인용할 때 아주 자유롭게 적용하였다. 이것이 바울의 특징이다. (욥 1:10과 주석을 보라.) 나훔 1:15은 이사야 40:9처럼 평범한 재림에 관한 구절이다. 이 두 구절은 영적으로 적용하기 위해 초림에(마 4:16) 인용되었다. 그러나 사도행전 7장을 이해하지 못한 채 예언 적용을 아무렇게나 하는 것은 바보짓이다.

1:15이 말하는 긍정적인 면을 살펴보자.

a. 역사적으로 : 앗시리아 왕은 급사할 것이고 B.C. 700년에 유다는 성전으로 돌아와 경배하고 율법을 준수할 것이다.

b. 교리적으로 : 도움이 "산들"(시 121:1, ASV에는 없다, 나 1:5)로부터 온다. 이것은 주께서 문자적으로 재림 때에 산(시내산)에서 산(파란산)으로 오시는 것과 같다. (미 7:12과 주석을 보라.)

c. 영적으로 : 바울은 이 구절을 이스라엘과 이방인에게 복음을 전하는 자들에게 적용하였다(롬 10장). 완성된 속죄에 믿음으로 의롭게 되는 "기쁜 소식"에 적용시켰다.

그러므로 나훔의 메시지 가운데 유일하게 희망이 되는 것은 언제인지는 모르지만 - 앞으로 옮겨질 수도 있고 뒤로 연기될 수도 있다(마 10:19, 행 1:6을 보라). - 이스라엘이 회복되기에 앞서 영적인 좋은 소식이 있다는 것이다.

전체적으로 부패한 New ASV는 New RSV처럼 나훔 전체를 시적인 형태(Poetic form)로 만들어 교리적인 내용으로 취할 수 없게 하였다. 이것은 성경을 받아들이지 못하도록 하기 위해 시장판에서 흥을 돋우는 데 사용되는 전형적인 속임수이다.

나훔은 3장, 47절, 1,284단어로 되어 있다. 나훔은 "위로"를 의미한다. 같은 어원에서 나온 복수라는 의미도 있다. 나훔은 〈킹제임스성경〉에서 미카 다음에 위치한다. 이것은 AV1611이 70인역의 책 순서를 따르지 않았다는 것을 보여 준다. (글리슨 아처와 필립 샤프가 70인역이라고 부른 오리겐의 헥사플라 제5란에는 요나 다음에 나훔이 위치한다.) 나훔에 대해 책을 쓴 사람들은 많지만 이들은 하나님의 권위가 있는 말씀을 훼손시켰다.

이들에게 들려 줄 말이 있다. 『**네가 스스로 현명하다고 생각하는 사람을 보느냐? 그 사람보다는 어리석은 자에게 바랄 것이 더 많으니라**』(잠 26:12).

나훔 1장

1:1 니느웨에 대한 엄중한 말씀이라. 엘코스인 나훔의 환상의 책이라.
2 하나님은 질투하시며 주는 복수하시는도다. 주는 복수하시며 진노하시고
주는 그의 대적들에게 앙갚음을 하시는도다. 그는 그의 원수들로 인하여
분노를 간직해 두시는도다.
3 주는 노하기를 더디하시며 능력이 크시고 악인을 결코 면죄해 주지 않으
시며 주는 회오리바람과 폭풍 가운데도 그의 길을 가지고 계시며 구름
은 그의 발의 티끌이로다.
4 그는 바다를 꾸짖으시고 그것을 마르게 하시며 모든 강을 말려 버리시
는도다. 바산과 칼멜이 시들며 레바논의 꽃이 시드는도다.
5 산들이 그의 앞에서 진동하며 작은 산들이 녹아 내리고 땅이 그의 면전
에서 타나니, 실로 세상과 그 안에 거하는 모든 것이로다.
6 누가 그의 분노 앞에 설 수 있느냐? 누가 그의 분노의 열기 속에 거할
수 있느냐? 그의 격노함이 불처럼 쏟아지고 바위들이 그에 의하여 던져
지는도다.

7 주는 선하시며 고난의 날에 요새시라. 그는 자기를 신뢰하는 자들을 아시는도다.

8 그러나 범람한 홍수로 그가 그 자리를 완전히 멸하실 것이요, 흑암이 그의 원수들을 추적할 것이라.

모든 것이 재림을 가리킨다. 1,500명의 학자들이 (서론을 보라.) 이미 지나간 과거 역사에 초점을 맞추는 동안 나훔은 요한계시록 19장, 데살로니가후서 2장, 요엘 1장과 연결될 수 있는 내용을 다룬다.

1. 『하나님**은 질투하시며**』(2절). 이 말은 신명기 32:21과 열결된다.

2. 『**주는 복수하시며... 주는 그의 대적들에게 앙갚음을 하시는도다**』(2절). 이 말은 신명기 32:43과 연결된다.

3. 『**그는 바다를 꾸짖으시고 그것을 마르게 하시며**』(4절). 이 말은 시편 106:9, 요한계시록 16:12과 연결된다.

4. 『**산들이 그의 앞에서 진동하며 작은 산들이 녹아 내리고 땅이 그의 면전에서 타나니**』(5절). 이 말은 시편 68:2, 하박국 3:5, 신명기 32:22과 연결된다.

5. 『**세상과 그 안에 거하는 모든 것이로다**』(5절). 니느웨로부터 병사들이 찾아왔을 때는 팔레스타인뿐이 아니다.

6. 『**누가 그의 분노 앞에 설 수 있느냐?**』(6절) 이 말은 요한계시록 6:17로 정확하게 연결된다. 『**바위들이 그에 의하여 던져지는도다**』(6절). 이 곳은 요한계시록 6:15의 무리들이 숨어 있는 곳이다.

7. 『**그러나 범람한 홍수로 그가 그 자리를 완전히 멸하실 것이요**』(8절). 이 말은 다니엘 9:26, 요한계시록 12:15, 이사야 59:19과 연결된다. [두 번의 홍수가 있다. 하나는 문자적인 물의 홍수이고 다른 하나는 불의 홍수이다. 이것은 창 1:2,3의 첫 번째 물 침례(벧후 3:5)와 요한계시록 20:11의 두 번째 불 침례와 연결된다.]

따라서 나훔의 교리적인 진리들을 "개념적 비유"나 "시적인 모형" 등으로

격하시키려는 모든 시도는 쓰레기에 불과하다.

2절의 『**앙갚음**』과 『**진노**』가 B.C. 606-603년경에 (역사적으로) 니느웨에 쏟아진 것은 사실이다. 그러나 3절의 『**회오리바람**』은 즉시로 욥기 38:1과 에스겔 1:4과 연결된다. 즉 재림을 다루는 구절인 것이다.

4절에 『**바산과 칼멜**』이 나타나는데 이것은 막 공부했던 내용을(미 7:14) 분명하게 말해 준다. 이는 적그리스도의 위상을 말하는 것으로(슥 11:17, 계 13:15) 이 우상으로 인해 이 때에 하나님께서는 자신의 백성을 기적적으로 먹이신다(계 12:6과 주석을 보라). 『**고난의 날**』(7절)은 야곱이 고난받는 특별한 날이다(렘 30:7). 이 날은 구약에서 500번 이상 언급되었고 신약에서 100번 이상 언급되었다(마 24장, 막 13장, 계 6-19장). 알렉산드리아 이단 가운데 어느 누구도 9절을 요나가 예언하고 나서 176년 후에 발생했던 니느웨의 멸망과 연결시키지 못한다. 『**재난이 다시는 일어나지 아니하리라**』(9절). 그런데 재난은 니느웨 이후에 일어났다. 바빌론 후에도 일어났다. 로마와 티투스 후에도 일어났다. 지금도 계속 일어난다. 그러므로 나훔 1장을 과거 역사로 취급하는 것은 어리석은 짓이다.

역사적으로 살펴볼 때 하나님께서는 니느웨를 심판하셨다. 비록 하나님께서는 그들의 은혜스런 기적을 거의 200년간 연장해 주셨지만 말이다. 요나가 말한 "사십 일"(욘 3:4)은 625년이나 606년 어딘가로 확장되었다(사용되는 연대기에 따라 다르다). 그리고 니느웨가 있던 자리는 범람하였다(8절).

범람한 홍수는 때때로 군대를 말한다. (사 8:8; 10:5-19을 보라.) 티그리스 강이 성읍 문들을 쓸어버리고 궁전의 기초들을 밀어 버렸을 때 이 군대는 니느웨로 돌아와 불태워 버렸다. 우리 안에 늑대처럼(바이런) 내려온 앗시리아인은 185,000명의 살생자를 내고(왕하 19:36) 되돌아온다. 비록 주의 천사가 한밤중에 사람들을 쳤을 때(왕하 19:35) 4-8절에 나타나는 현상은 없었지만 앞으로 다가올 미래의 살육이 있을 때는(계 14,19장) 4-8절에 언급된 일들이 일어날 것이다.

1:9 너희가 주를 대적하여 무엇을 획책하느냐? 그가 완전히 멸망시키시리니
재난이 다시는 일어나지 아니하리라.
10 그들이 가시나무처럼 엉켜지고 주정뱅이처럼 취해 있을 때 그들은 잘 마
른 그루터기처럼 태워지리라.
11 주를 대적하여 악을 획책하는 자가 네게서 나오나니 그는 사악한 지략
가라.
12 주가 이같이 말하노라. 그들이 비록 평화롭고 수가 많을지라도 그가 지
나갈 때에 그들이 진멸을 당하리라. 내가 너를 괴롭혔으나 다시는 괴롭
히지 아니하리니
13 이는 내가 지금 네게서 그의 멍에를 꺾고 네 결박을 조각내어 끊을 것임
이라.
14 주께서 너에 관하여 한 명령을 주셨으니 다시는 네 이름이 전파되지 아
니하리라. 내가 네 신들의 집에서 새긴 형상과 부어 만든 형상을 멸절할
것이요, 내가 네 무덤을 만들리니 이는 네가 야비함이라.
15 보라, 좋은 소식을 가져오고 화평을 전하는 자의 발이 산들 위에 있도다!
오 유다야, 네 엄숙한 명절들을 지키고 네 서원들을 이행하라. 이는 악
한 자가 더 이상 너를 통과하지 못할 것임이라. 그가 완전히 멸절되었느
니라.

니느웨와 앗시리아의 최후 멸망을 언급하면서(9절) "재난"이 다시는 일어나지 않을 것이라고 말한다.

『그들이 가시나무처럼 엉켜지고 주정뱅이처럼 취해 있을 때』(10절). 역사를 통해 볼 때 술에 취해 한밤중까지 마시고 있을 때 바빌로니아인들이 그 도시를 함락하였다. 디오도루스 시쿨루스(Diodorus Siculus)는 적들이 들어왔는데도 술잔치가 벌어졌다고 기록하고 있다(The Historical Library, p.226). 이것은 흔히 있는 일은 아니다. (왕상 20:16, 단 5장을 보라.) 약물과 술로 인해 많은 공격을 받게 되고 전쟁 후에 많은 희생자를 내게 된다. 니느웨를 멸망시킬 최후의 무기는 불이다(10절). 그래서 히브리서 6장과 사무엘하 23:6,7의 가시나무와 관련된다. 이 두 구절 모두 대환란 구절이다.

『**주를 대적하여 악을 획책하는 자가 네게서 나오나니**』(11절). 에스겔 38장에 언급된 산헤립이 유일한 유형이다(왕하 19:22).

『**그들이 비록 평화롭고 수가 많을지라도... 그들이 진멸을 당하리라**』(12절). 대부분의 주석가들은 본문을 이렇게 받아들인다. 산헤립이 집으로 돌아가야 할 때 앗시리아 군대는 – 비록 이 군대가 쉬고 있고 그 수가 많더라도 – 주의 천사에 의해(왕하 19장) 멸망당할 것이다. 이 말의 진위여부를 알기 위해서는 많은 지식이 필요 없다. 이미 알고 있는 사실에 성경 본문을 맞추려고 애쓸 때 이런 유치한 짓을 범하는 것이다. 성경 본문이 이미 알고 있는 지식을 지지하지 못하면 사람의 생각에 성경을 맞추기 위해 성경을 고쳐야만 하는 것이다.

이스라엘이 평화롭고(겔 38장) 수가 많아졌을 때(겔 38:8) 앗시리아인(사 10장, 렘 50장)이 지나가게 된다(12절). 그리고 12절에서 계속하여 『**내가 너를 괴롭혔으나 다시는 괴롭히지 아니하리니**』라고 말한다. 이 문맥에서 두 부류의 "너"가 있다. 하나는 이스라엘이고(13절), 다른 하나는 앗시리아인이다(14절). 『**내가 네 무덤을 만들리니 이는 네가 야비함이라**』(14절).

성경 구절이 의미하는 바를 가장 잘 읽을 수 있는 방법은 성경으로부터 더 밝은 빛이 비추어지기까지 기다리는 것이다(결코 히브리어 학자나 헬라어 학자가 비추는 빛이 아니다). 본문에서 말하는 것은 비록 앗시리아인들이 평안 가운데 있고 그 수가 수만이라 하더라도(12절, 욜 3:11) 주께서 지나가실 때(12절) 그들은 진멸당할 것이라는 것이다(12절). 12절의 "그"는 11절의 주를 의미한다. 이 사실은 다음의 내용과 연결된다. 『**내가 너를 괴롭혔으나**』(12절). 하나님께서는 자신의 백성들에게 하나님은 니느웨를 멸망시킬 수 있을 뿐만 아니라 이스라엘의 죄들에 대해서도 잠시나마 이스라엘을 괴롭게 할 수 있는 분이라는 사실을 상기시켜 주신다. (미 7:13과 주석을 보라.)

『**이는 내가 지금 네게서 그의 멍에를 꺾고 네 결박을 조각내어 끊을 것임이라**』(13절). 세 가지 성취가 있다. 하나는 부분적인 성취로 열왕기하 19장과 이사야 38,39장에 있다. 둘째는 역사적인 성취로 B.C. 625-606년경에 있었다. 세 번째는 교리적인 성취로 재림 때에 적그리스도의 군대가 실제로 불타는 것이다(살후 1:8, 나 1:10).

14절은 이사야 10:5에 대한 설명이다. 우상이 시작된 것은 "앗시리아인"인 님롯과 더불어서이다(창 10:10). 이것은 니느웨가 계속적으로 바빌론과 연관되어 있으며 요한계시록 17,18장의 예언의 끝과 연결되어 있는지를 설명해준다(창 10:10,11). 역사적으로 보면, 무거운 과세의 멍에는 이 구절과 열왕기하 18:14을 언급할 수 있다. 『**네 신들의 집**』은 이사야 37:38과 열왕기하 19:37에 있다. 이곳은 산헤립이 자신의 "씨"에 의해 살해당한 곳이다. 『**내가 네 무덤을 만들리니 이는 네가 야비함이라.**』 이 표현이 에스겔 31:16-18; 32:2-10,18,19,24-32의 말과 얼마나 잘 어울리는지 살펴보라. 파라오, 산헤립, 느부캇넷살은 요한계시록 12장에 나오는 일곱 머리, 일곱 왕관을 쓴 용에서 세 개의 왕관을 나타낸다. 이 셋 모두는 멸망의 아들인 죄의 사람에 대한 완벽한 유형들이다. (렘 50:17, 겔 31:3; 32:2을 보라.)

성경을 주석하거나 해석하는 데 있어서 "앗시리아인"이(겔 31:3) "하나님의 동산"에(겔 31:8) 있었다는 사실과 아마겟돈 전쟁에 나타날 것이라는(겔 31:12,13) 사실과 "그 앗시리아인"이 요한계시록 6:1,2, 출애굽기 15:19의 흰 말 탄 자인 파라오와 동등한 인물인(겔 31:18) 사실을 언급하지 않는다면 그 해석은 엉터리 이단에 불과하다.

『**보라... 산들 위에 있도다**』(15절). 드디어 뜨거운 감자를 집었다. 이 문맥은 니느웨의 멸망을 알리는 소식인데 복음 전파자인 바울이 이 구절을 초림에 적용시켰다(롬 10:15). 그래서 재림 때에 "산에서 산까지" 오시는 분을 모른다(미 7:12). 그분의 발은(슥 14:4) 아름답고(솔 2:8), 산들 위로 뛰어오시며(솔 2:10) "작은 산들" 위로 가볍게 뛰어 오신다(시 121:1).

『**좋은 소식을 가져오고 화평을 전하는 자의 발이**』(15절). 모든 가짜 구세주들은 계속해서 평화를 전파할 것이다. 정치적인 영역에서(마 5:9) 세계 평화가 배교한 복음 전파자인 자신을 인정해 줄 것을 기대하면서 말이다. 이것은 왜 그토록 적그리스도가 평화를 부르짖고 권력을 지지하기 위해 평화에 입맞춤하는지를 설명해 준다. 〈짐승의 표〉를 읽어 보라.

그러나 이 예언을 기록하신 분께서 그분의 성경에서 말씀하시는 화평은 다음과 같다.

1. 열왕기하 19장 이후 임시적인 화평. 유다에 있는 유대인들은 그들이 한 서원들을 이행해야 한다(15절). 이들은 B.C. 710년 전에 굶주림으로 협박받을 때(왕하 18:27) 약속하였다.

2. 예수 그리스도의 발이 산들 위에 나타날 때인(슥 14:1-8) 천년왕국에서의 영원한 화평.

3. 하나님의 은혜의 복음을 믿는(롬 10:1-12) 이스라엘의 남은 자들(롬 9:6-11)에게 주어지는 영적인 화평.

나훔 2장

2:1 파괴하는 자가 올라와 네 면전에 있으니, 요새를 지키고 길을 경계하며,
네 허리를 튼튼하게 하고 네 힘을 크게 강화하라.
2 이는 주께서 이스라엘의 탁월함같이 야곱의 탁월함을 외면하셨으며 약탈
자들이 그들을 약탈하고 그들의 포도나무 가지들을 손상시켰음이라.
3 그의 용사들의 방패가 붉게 되었고 용사들은 주홍색이 되었으며 병거들
은 그의 예비의 날에 불타는 횃불과 함께 있을 것이며 전나무들은 몹시
흔들릴 것이라.
4 병거들은 거리에서 사납게 달리며 넓은 길에서 이리저리 헤치며 가리라.
그들은 횃불같이 보일 것이요, 그들은 번개같이 달리리라.
5 그가 그의 귀한 자들을 기억하리니 그들은 쓰러질 듯이 걸어서 급히 그
성벽에 이르러 방어할 준비를 하리라.

선지자들이 예언을 할 때 대부분 이중으로 적용되는 것을 살펴보았다. 2:3,4에 등장하는 대량학살에 관한 예언도 마찬가지이다. 1절에서 『**파괴하는**

자』를 군대(army)로 보거나(제이미슨, 포셋, 브라운) 나보폴라살이나 느부캇넷살로 보거나(더멜로우) 그 어떤 경우라도, 학자들은 재림 관련 구절을 놓쳐버린다.

나훔 2장을 살펴보자.

1. 『**주께서... 외면하셨으며**』(2절).

2. 『**그의 용사들의 방패가**』(3절).

3. 『**그가 그의 귀한 자들을 기억하리니**』(5절).

4. 『**보라, 내가 너를 대적하노라. 만군의 주가 말하노라**』(13절).

도대체 무엇이 문제가 되는가? 문제가 된다면 위에 언급한 올바른 해석을 받아들였을 때 『**그의 예비의 날**』(3절)은 앗시리아 왕과는 전혀 상관이 없다. 이 문맥은 이 땅을 인계받을 준비가 된 적그리스도와 관련이 있는 것이다.

위에 언급한 내용이 사실이라면 3,4절의 병거들은 현대의 기계화된 자동차를 말하는 것이다! 움직이는 병거들의 내용을 대할 때 미국과 유럽에 있는 모든 주요 보수주의, 복음주의 학자들은 이 본문에 대해 공격해야 할 최대한의 필요를 느끼고 즉시 행동으로 옮긴다. 제거하라! 가능한한 빨리 그 진리를 제거하라!

그러나 이들 보수주의자들과 근본주의자들의 생각을 던져 버리고 성령님께서 보존해 오신 하나님의 말씀들을 공부하도록 하자.

1. 『**파괴하는 자**』(1절)는 이사야 10:15의 도끼이며 앗시리아인이 이스라엘을 파괴하는 모습이다. 이사야 10장에서는 "앗시리아 왕"으로 불려지지만 예레미야 50:17,18에서는 바빌론 왕으로 불려진다. 이 사람과 더불어 주께서는 『**말과 그 탄 자를... 병거와 그 탄 자를... 남자와 여자를... 늙은 자와 어린 자를.... 목자와 그의 양떼를... 농부와 그의 소의 멍에를... 대장들과 치리자들을 산산조각**』 내실 것이다(렘 51:21-23).

2. 이 사람도 『**주께서 이스라엘의 탁월함같이 야곱의 탁월함을 외면**』하시

고 나서야 파괴할 것이다. 모든 것이 다니엘의 칠십째 주 후반부에 맞춰져 있다. 이것이 사실이라면 3절과 4절의 내용은 오늘날까지 이 땅에 굴러다니던 그 어떤 병거를 가리키는 말이 아니다. 만일 그것이 신들의 병거가 아니었다면 말이다(창 6장)!

『**사나운 풀쐐기들같이... 말들**』이 올라올 때(렘 51:27) 이 현상을 델리취, 게세니우스, 케일, 키텔, 70인역, 콥틱어, 시리아어, 아랍어, 라틴어 등에서 아무리 다르게 설명해 보려 해도 이 내용이 전차들에서 마력(HORSE POWER)이라는 사실을 피해 갈 수 없다. 예레미야 51:35,49은 요한계시록 17,18장을 가리키며 예레미야 51:6의 복수는 다리우스나 코레스에 대한 복수가 아니다.

3. 전나무들은 회오리바람이 지나갈 때(1:3을 보라.) 그 잎들이 모두 떨어질 때까지 몹시 흔들린다. 그런데 엉뚱하게도 "전나무들"을 "삼나무 창들"로 바꿔 놓은 것은 주석할 가치가 없다. 한 번 말해 보라. 만일 사람들이 독수리의 날개들 위에서(계 12:14) 새들이 집으로 날아가는 것처럼(사 60:8) 날아간다면 제트기들이 전나무들 위로 지나갈 때 전나무들이 몹시 흔들리지 않겠는가? 이미 이 사실을 알고 있는 사람들을 다른 방법으로 설득시킬 수 있겠는가?

4. 병거들은 로스앤젤레스, 워싱턴, 디트로이트, 클리블랜드의 거리에서 사납게 달린다. 『**넓은 길에서 이리저리 헤치며**』 달리고 『**번개같이**』 달린다(4절). 한밤중에 고속도로를 질주하는 자동차 불빛을 보여 주는 화면을 보았는가? 이 병거들은 『**횃불같이**』 보인다(4절). 『**횃불**』(TORCH)은 손전등(flashlight)를 말한다. 손전등은 배터리로 작동된다. 알겠는가? 배터리이다. [새들처럼(사 60:8) 불의 연료(사 9:5)를 가지고 머리 위로 타고 지나가는 것(시 66:12)을 어떻게 설명하겠는가? 이 구절이 그래도 2000년대 이후를 가리키는 말이 아닌가?]

이 전체 문맥은 전쟁을 준비하는 적그리스도를 말한다(계 19:19). 과거에 역사적으로 어떻게 성취되었건 간에 이 문맥은 교회 시대를 지나 대환란에서의 사건을 말한다.

역사적으로 이 장면은 『**네 면전**』에서의(1절) 앗시리아인(느부캇넷살)을 말한다. 여기에서 말하는 네(thy)는 앞에서 말한(1:15) 유다를 말한다. 멸망이 따르는데(2절) 이것은 요한계시록 11:1–3에서 있을 것이다. 유다가 "약탈당하고"(2절) "손상당한"후에(2절) 주께서 공격하신다(2:13과 주석을 보라). 적그리스도는 기계화된 장비들과(4절) 무장된 군인들로(3절) 전쟁을 준비한다(3절). 이 무장된 군인들은 자신들의 성읍들을 방어하기 위해 성벽에 오를 때(5절) 넘어진다(5절). 여기에서 언급하는 것이 앗시리아를 말하는 것이 아니라 바빌론(B.C. 598–536)을 말한다는 사실은 8절에 『**그러나 니느웨가**』로 시작하기 때문에 명백해진다. 앗시리아 왕과 바빌론 왕이 밀접하게 연합하는 사실은 2:1–5을 설명해 준다. 이 사실은 또한 7절에서 "훗삽"이라는 말이 있음으로 주석가들을 놀라게 한다.

나훔 2:1–5을 느부캇넷살이 예루살렘을 공격하고 그 다음 바빌론이 페르시아의 공격에 방어하는 모습을 보여 준다. 이것은 미래에 또 한 번의 성취를 가져오는데 적그리스도가 예루살렘을 공격하고(계 11:1–3) 그 다음 주 예수 그리스도의 공격으로부터 자신의 왕국을 방어할 것이다(계 17:14).

2:6 강들의 수문들이 열리고 왕궁이 해체될 것이라.
7 훗삽은 사로잡혀갈 것이며 그녀는 데려감을 당할 것이요, 그녀의 시녀들이 그들의 가슴을 치고 비둘기같이 울며 그녀를 수행하리라.
8 그러나 니느웨가 물 웅덩이같이 오래된 곳이라도 그들은 여전히 도피할 것이요, 그들이 "서라, 서라." 하고 외쳐도 뒤돌아보는 자가 아무도 없으리라.
9 너희는 은을 약탈하라, 금을 약탈하라. 이는 저장된 것이 끝이 없고 모든 좋은 가구의 아름다움이 끝이 없음이라.
10 니느웨는 비어 있고 공허하고 황폐하게 되었으며 마음이 녹아내리고 무

릎이 서로 부딪치며 모든 허리에 심한 통증이 있으며 그들의 얼굴은 모
두 다 검게 되는도다.
11 **사자들의 처소가 어디며 젊은 사자들의 먹는 곳이 어디 있으며 사자, 곧**
늙은 사자가 새끼 사자와 함께 다니되, 그들을 두렵게 하는 자가 아무도
없던 그곳이 어디 있느냐?
12 **사자가 자기 새끼들을 위하여** *먹이를* **충분히 찢고 자기 암사자들을 위해**
서는 *먹이의* **목을 졸라 먹이로 자기 구멍들을 채우고 약탈한 것으로 자기**
굴들을 채우는도다.
13 **보라, 내가 너를 대적하노라. 만군의 주가 말하노라. 또 내가 그녀의 병**
거들을 연기 속에 불사르고 칼로 네 젊은 사자들을 삼키리라. 또 내가
네 먹이를 땅에서 끊으리니 네 소식을 전하는 자들의 음성이 다시는 들
리지 아니하리라.

6절에서 학자들의 횡포는 멈췄어야 했다. 여기에서 말하는 것은 앗시리아 왕이 아니라 바벨론의 파괴하는 자였다. 『**강들의 수문들이 열리고**』(6절). 이 구절은 역사학자라면 누구나 알 수 있는 역사적 사실이다. 코레스가 바벨론을 침입한 것이다. 헤로토푸스는 페르시아인들이 바벨론을 침입했다고 기술했고 (Book I sec. 191) 모든 주석가들은 이사야 45:1을 여기에 적용시킨다. 그러므로 나훔 2:6은 니느웨를 말하는 것이 아니다. 니느웨는 이와 대조적으로 기록된다. 『**그러나 느니웨가...**』(8절). [하나님의 말씀을 3,000번 이상 고칠 수 있을 만큼 언어에 있어서 능숙하다고 여기는 사람이 있다면 (모든 역본은 1880년 이래로 이보다 더 많이 고쳤다) 자신이 말하는 가운데 분리접속사(그러나)의 기능과 그 쓰여진 의미를 충분히 이해할 수 있다고 생각할 것이다.]

『**훗삽은 사로잡혀갈 것이며... 그들의 가슴을 치고**』(7절). 케이스 테일러는 모든 히브리어 본문을 무시해 버리고 훗삽을 니느웨의 여왕이라고 말한다.

70인역은 "그 샘은 노출되었다."고 잘못 번역하였다. RSV는 그 의미가 불확실하며 그것의 "여주인(its mistress)"이라고 한다. New ASV는 간단하게 "그것은 고정되었다.(It is fixed)"라고 말한다. "강들의 수문들"을 은유적으로 만든 다음(강단주석) "훗삽"도 같이 취급해 버렸다. 어떤 것도 우월한 것이 없었기에 로크만 재단은 두 개의 본문을 포함시켰다.

마우러(Maurer)는 ASV와 New ASV 본문에 책임을 져야 한다. 바타블루스(Vatablus)는 케네스 테일러가 본문을 왜곡시킨 것에 대해 책임을 져야 한다. 고어체로 된 1900년대에 유행이었던 이 두 성경이 만들어낸 추측으로 인해 New ASV와 Living Bible은 50-70년 뒤쳐지게 되었다. 영의 성구사전에서는 이 장소를 티그리스 강 남쪽의 "자브 지방"(the Zab country)이라고 부른다. 그래서 다시 앗시리아와 묶어 놓는다. 그러나 한 도시(니느웨)가 훗삽과 비교되어 있다. 이것은 훗삽이 그 지역보다 한 도시와 더 관련이 있다는 것을 말해 준다. [그러나 히브리어 어근 "vernatsch"는 순수한, 결백한, 신실한을 의미한다. 이 말은 또한 음악에서 "성가대원"으로서 인도하는 것을 의미한다. 칼데아에서는 이 말은 "무엇을 능가한다"(to surpass)라는 의미이다.]

자, 진지한 학생이라면 바벨론은 한 개 이상의 이름이 있었다는 사실을 알고 있을 것이다. 예를 들면 예레미야 51:41에 나와 있는 신비의 "세삭"이다. 이 말은 사무엘 데이빗슨(Samuel Davidson)이 편집하고 사무엘 백스터(Samuel Bagster)에 의해 출판된 히브리어 사전에는 위치가 정해지지 않은 채 실려 있다. "훗삽"은 재미있는 함축적인 의미가 있는 말이다.

1. 노래 부를 때 합창을 인도하는 합창단 지휘자(겔 28:13, 욥 38:7).
2. 원래 상태에 있어서 완전한 어떤 것(겔 28:15).
3. 아름답고 영광스런 어떤 것(겔 28:13,15).
4. 정복할 수 있는 인물(눅 4:6).

『**그녀는 데려감을 당할 것이요**...』(7절). 이 말은 여성형이기 때문에 결론은 명백하다. 이것은 그저 잘생긴 앗시리아의 여주인(니느웨, 3:4,7을 보라.)

만을 말하는 것이 아니다. 이것은 요한계시록 17장의 잘생긴 창녀(바빌론, 렘 50,51장)를 말한다. 그녀는 사탄의 신부이다. 이것은 위에 언급한 "훗삽"이라는 말 안에서 발견된 관련 구절을 설명해 준다.

『**그러나 니느웨가 물 웅덩이같이 오래된 곳이라도...**』(8절). 바빌론의 멸망 후에(7절) 니느웨는 분배를 받는다(9,10,11절). 그곳을 방어하는 자들이 『**서라, 서라**』(8절) 소리치지만 이들은 뒤돌아볼 시간도 없이 도망간다. 니느웨에 대한 강탈은 느부캇넷살 전의 바빌론 왕들에 의해 성취되었다. 전리품들은(9절) 은을 제외하고 금만으로도 25,000,000달러나 된다. 니느웨는 확실히 오래된 곳이다. 우상의 자리로서(사 10:10) 창세기 10:11에 나타나기 때문이다. 물웅덩이같이(8절) 2,000년 이상 물이 흐르지 않고 고인 진흙 구덩이였다. 『**니느웨는 비어 있고 공허하고 황폐하게 되었으며**』(10절). 원창조의 상태가 변해 버린 것처럼 되었다(창 1:2과 주석을 보라). 얼굴이 검게 된 것은(10절) 사람들이 타 버린 것을 나타낸다(욜 2:6). 1:6,10에서 예언된 내용과 똑같다. 존 칼빈은 이 엄청난 진리의 강도를 좀 더 온화한 내용으로 누그러뜨리려고 최선을 다해 타오르는 불길을 꺼 버렸다. 맞다. 용광로의 그 열기에서 얼굴을 돌려 버린다면 화기가 없어져 버린 것 같을 것이다. [실제 얼굴이 실제로 타는 것에 대해 에스겔 20:47을 보라. 그리고 존 칼빈과 같은 진지한 학생들이 어떻게 반응하는지 살펴보라(겔 20:49).]

『**사자들의 처소가 어디며 젊은 사자들... 사자... 늙은 사자... 새끼 사자...**』(11절, 욥 4:10,11의 주석 참고). 누구나 이 구절을 영적으로 적용할 수 있지만 사자들을 어디에 위치시키느냐에 관한 것은 또 다른 문제다. G.T. 암스트롱은 앗시리아를 독일로 연관시켰다. 대부분의 주석가들은 젊은 사자들을 미국, 캐나다, 오스트레일리아에 연관시키고 늙은 사자를 영국과 연관시킨다. 그러나 이런 결론은 아직 이르다. 날개 달린 사자들은 앗시리아의 기념물이나 무덤에서 공통적으로 볼 수 있지만 다니엘 7장의 날개 달린 앗시리아인이 아니다. 바빌론인도 아니다(계 13:1-3의 주석을 보라). 11절의 사자는 동료들과(12절) 새끼들이 있다(12절). 그 사자는 『**자기 구멍들을 채우고 약탈한 것으로 자기 굴들을** 』채운다(12절). 니느웨가 사자를 인격화되었다고 말하거나 산헤립은 사자로 예표된다고 말할 수는 있겠지만 성경의 나머지 부분을 읽어 본다면 이 정도에서 멈출 수는 없을 것이다. 1,500명의 학자들이 지금까지 캐낸 금보다 더 많은 금이 매장되어 있다. 적그리스도는 세 사자들로 예표된다. (파라오, 산헤립, 느부캇넷살, 겔 32:2, 렘 50:17을 보라.)

8절부터 계속하여 니느웨 도시를 다루었다. 여기까지 살펴볼 때 잊지 말아야 할 것은 바빌론 왕과 앗시리아 왕을 동일하게 보고(겔 31:3) 이 둘을(사 10:5) 적그리스도와 같게 보게 하자는(렘 50:17) 성령님의 계산된 의도이다. 이것은 마지막 때와 연관된 니느웨에 관해서 특별한 무엇인가가 있다는 것을 의미하고 지금 읽은 본문이 이중으로 적용된다는 것을 의미한다. 한 번은 나훔의 때에 있는 문자적인 도시에 대한 적용이고 또 한 번은 위대한 『**피흘리는 성읍**』(3:1)에 대한 적용인데 이 성읍은 마법들의 여주인과 음행들(3:4)로 멸망당한다. 이 성읍은 바빌론의 완벽한 쌍둥이 자매로서, 『**가증한 것들의 어미**』이고(계 17:5), 『**가증스런 것들과... 더러운 것들로**』 가득 찬 도시이다(계 17:4).

선지서들에는 교리를 다루는 예언이 포함되어 있다는 사실을 결코 잊어서는 안 된다.

『**보라, 내가 너를 대적하노라. 만군의 주가 말하노라**』(13절). 이 구절에서 불분명한 내용은 없다. 하나님께서는 니느웨를 꺾으려 하신다. 하나님께서 그렇게 하실 때 니느웨에는 더 이상 대사들이나 수상들이나, 공무원들을 보낼 수 없게 된다. 『**네 먹이**』는(13절) 니느웨가 먹었던 사람들과 민족들이 될 것이다.

나훔 3장

3:1 피흘리는 성읍에 화 있으리라! 그곳에는 온통 거짓말과 강도짓이 가득하
며 약탈이 떠나지 않으니,
2 채찍 소리와 수레들의 덜커덕거리는 소리와 말들의 달리는 소리와 뛰는
병거들의 소리라.
3 기병은 빛나는 칼과 번쩍이는 창을 들어올리는도다. 살해당한 무리와 수
많은 시체들이 즐비하며 그 송장들이 끝이 없어 그들이 그들의 시체 위
에 넘어지니
4 잘생긴 창녀의 많은 음행 때문이라. 그녀는 그녀의 음행으로 민족들을
팔고 그녀의 마법들로 가족들을 파는 마법들의 여주인이니라.
5 보라, 내가 너를 대적하노라. 만군의 주가 말하노라. 내가 네 치마를 네
얼굴 위로 들어올려 민족들에게 네 벌거벗음을 보이고 왕국들에게 네 수
치를 보이리라.
6 또 내가 가증스럽고 더러운 것을 네 위에 던져 너를 천하게 만들며 구경
거리가 되게 하리라.

7 그러면 너를 쳐다보는 사람들이 모두 네게서 도망치며 말하기를 "니느웨는 황폐하였으니 누가 그녀를 위해 애곡하랴?" 하리니 내가 어디에서 너의 위로자들을 찾으랴?

『**약탈**』(1절)은 니느웨가 강탈하면서 얻은 모든 불법적인 전리품들이다. 약탈은 끊어질 때(2:13) 떠날 것이지만(1절) 하나님께서는 돌보실 것이다. 피흘리는 성읍은 가장 피를 많이 흘렸던 고대 국가들의 국회의사당이었다. 이들은 정복한 국가들의 백성들을 비인간적으로 다루는 것이나 죄인들을 잔인하게 다루는 데 있어서 정평이나 있다. 죄인들의 혀를 끊어 버리고, 산 채로 가죽을 벗기고, 설 수도 없는 좁은 감옥에 꼼짝달싹 못하도록 고정시켜 놓고 교살시키는 것 등은 앗시리아를 연구하는 분야에서 잘 알려진 사실이다. 이들의 후계자들이 로마카톨릭 교황들이고, 종교재판소 재판관들이고, 사제들이고 소련 공산주의자들이다. 아직도 이 전통은 계속 전래되고 있다.

2,3절의 장면은 현대에 일어날 장면이다. 사람들은 항상 시체들에 걸려 넘어져 왔다(3절). 와인버그의 주석은 순진해 보이기까지 한다. 포위되었을 때는 충분히 묻을 시간이 없었다는 것이다. 스탈린그라드에서 독일군들은 충분히 묻지 않았다. 땅이 8피트나 얼었기 때문이었다. 미군도 불도저를 이용해 태평양 해안에서 집단 무덤을 만들 때 충분히 묻지 않았다. 제2차 세계대전 때에도 마찬가지였다. 태형무덤을 파놓고 시체들을 태운다음 묻었다. 제1차 세계대전 때에는 묻은 지 24시간 후에 무덤이 폭탄을 맞아 부활한 시체들도 많았다. 포위를 당했건 그렇지 않건 관계없이 군대와 관련되어 충분히 묻는다는 것은 별 의미가 없다.

4절은 직접적으로 요한계시록 17장의 음녀를 가리킨다. 다음 표현을 주목하라. 『**창녀... 음행... 그녀의 마법들... 가증스럽고 더러운 것... 구경거리... 그녀**

를 위해 애곡하랴?』(4-7절) 이 말들을 요한계시록 17,18장과 비교해 보라. 아직까지 명백하지 않다면(성경을 거부하는 한 결코 명백해지지 않을 것이지만) 최소한 예언적으로 재림 때에 등장하는 니느웨와 바빌론이 잘 어울리는 짝이라는 것은 알 수 있을 것이다. 주께서는 니느웨에 대해 말씀하시기를 여자가 옷이 찢겨지고 그 몸은 오물을 뒤집어 쓴 것처럼 공개적으로 모멸을 당하게 될 것이라고 한다(5절). [렘 13:22, 겔 16:37-44, 사 47:2,3을 보라.] 구경거리는 시내광장에서 사람들이 쳐다보도록 나무에 묶어 놓은 여인과 같은 것이다.

3:8 물이 그 주위를 두르고 있고 강들 사이에 있어 바다가 누벽이 되며 그
성벽이 바다로부터 *떨어져* 있는 인구 많은 노보다 네가 더 낫겠느냐?
9 에디오피아와 이집트가 그녀의 힘이 되어 그것이 무한하였고 풋과 루빔
이 너의 돕는 자들이 되었도다.
10 그럼에도 그녀는 끌려가며 사로잡혀갔고 그녀의 어린 자녀들도 모두 길
바닥에 내던져져 산산조각이 났으며, 그녀의 존귀한 자들은 제비뽑아 나
뉘었고 그녀의 모든 큰 자들은 사슬에 묶였도다.
11 너 또한 취하게 되어 숨으리니 네가 또한 원수로 인하여 힘을 구하리라.
12 너의 모든 요새는 처음 익은 무화과 열매들이 달린 무화과나무들 같아서
흔들리면 먹는 자의 입 속으로 떨어지리라.
13 보라, 네 가운데 있는 네 백성은 여자들이라. 네 땅의 성문들은 네 원수
들에게 활짝 열려 있으니 불이 네 빗장들을 삼키리라.
14 포위됨을 대비하여 너는 물을 길으며 네 요새들을 견고케 하라. 진흙에
들어가서 흙반죽을 밟고 벽돌가마를 튼튼하게 만들라.
15 거기에는 너를 삼킬 불이 있을 것이며 칼이 너를 베어 버리리니, 마치 자
벌레같이 너를 먹으리라. 네 자신을 자벌레같이 많게 하고 네 자신을 메

뚜기들같이 많게 하라.

16 네가 네 상인들을 하늘의 별들보다 많게 하였으나 자벌레가 해치고 날아
가리라.

17 너의 관 쓴 자들은 메뚜기들 같고 네 대장들은 큰 황충들 같으니 추운
날에는 울타리에 깃들어 있다가 해가 뜨면 도망치므로 그들이 있는 곳
이 알려지지 않았도다.

18 오 앗시리아 왕아, 네 목자들은 잠자고 네 귀족들은 티끌 속에 거하리로
다. 네 백성은 산에 흩어져 있으나 그들을 모을 사람이 없도다.

19 네 상한 곳은 고칠 수 없고 네 상처는 심하도다. 네 소문을 들은 자들은
다 너를 향하여 손뼉을 치리니 네 사악함이 계속해서 닿지 않은 자가 누
구랴?

하나님의 심판은 계속된다. 니느웨는 다음의 사실을 상기시켜 준다. "노"(렘 46:25, 겔 30:14–16)는 동맹주들인 에티오피아(쿠스 : 이집트 주변), 이집트(이집트 아래 지역), 풋(창 10:6, 이집트 서쪽), 투빔(현재의 리비아)의 도움에도 불구하고 살곤에 의해 정복당했다(사 18,20장). 여기에서 사용된 『**무한하였고**』(infinite)(9절)라는 말은 엄격한 교리적 정의가 아니다. 종종 주께서는 우리가 사용하는 것과 똑같은 단어들을 사용하신다. 이는 자신의 일을 넘어뜨리기 위함이다(겔 14장). 그래서 진리를 왜곡시키게 하기 위함이다(살후 2장).

『**그럼에도 그녀는 끌려가며 사로잡혀갔고**』(10절). 미신적인 헬라어 학자들은 노와 암몬을 하나님의 도시라고 불렀다. 주피터의 상대격인 이집트인이 그곳에서 경배받았기 때문이다. (행 14:12,13과 주석을 보라.) 그곳은 나일강 양쪽에 위치했고(이집트 위쪽) 문이 백 개나 되었다고 한다(호머). 그럼에도 불구하고 노와 암몬은 쓰러졌고 또한 니느웨도 쓰러질 것이다.

니느웨의 거주민들은 적들이 쳐들어올 때 산들과, 동굴들과, 방공호들로 향할 것이다.(11절, 왕상 22:25). 이들은 바빌론을 대항하며 군사동맹을 꾀할 것이다(11절). 그러나 이들의 노력은 수포로 돌아갈 것이고(12절) 그들의 마지막 노선은 나무에서 떨어지는 무화과 같이 떨어질 것이다(12절). 『**네 가운데 있는 네 백성은 여자들이라**』(13절). 이것은 군대의 사기에 관한 말이다. 현대 공산주의자들은 이 말이 무슨 소리인지 모른다. 이들은 남자나, 여자나 똑같다고 보기 때문에 남자처럼 여자도 성읍을 방어할 수 있다고 본다. 여자들은 방어할 수 없다. 100,000명의 여자들을 특공대처럼 특수 훈련시킨다 해도 이들이 남자들처럼 생각하고 남자들처럼 먹고 남자들처럼 자고, 남자들처럼 걷고, 남자들처럼 싸우고 행동할 수는 없다(렘 51:30을 보라).

『**네 빗장들**』(13절). 성문에 걸쳐 있는 빗장을 말한다(판 16:3).

14절은 포위당할 것에 대비하여 내리는 명령이다. 물을 더 길어오고(이것이 항상 제일 중요하다.) 주둔지를 강화하고, 파괴된 곳을 보수하고, 벽돌로 요새를 더 만드는 것 등이다. 그러나 "불"이 그들을 삼켜 버린다. 바로 그들이 모든 노력을 들여 방어에 힘쓰는 그곳에서 말이다(15절). 칼이 "사람을 먹는다"(15절)라는 말은 군대에서 일반적으로 흔히 사용되는 은어이다. "대포의 밥"(cannon fodder)은 대포를 위한 밥이란 의미이다. 『**네 자신을 자벌레같이 많게 하고**』(15절). 너를 먹는 자들만큼이나 많아질 때까지 네 힘을 늘리도록 애쓰라는 말이다. 『**네가 네 상인들을... 많게 하였으나**』(16절) 하물며 왜 너의 군대들을 많게 할 수 없는가? 1인칭 소유격이 일곱 번 사용된다. (1. 네 상인들, 2. 너의 관 쓴 자들, 3. 네 대장들, 4. 네 목자들, 5. 네 귀족들, 6. 네 백성, 7. 네 상처)

침략하는 군대는 자벌레처럼(16절) 상인들을 해칠 것이며 곧바로 통과해 지나갈 것이다. "관 쓴 자들"은 메뚜기 떼와 같이(계 9:7) 통치자들이다. "대장들"은(17절) "해가 뜰 때"(17절) 살아남기 위해 도망갈 것이다. 여기에서 황혼들의 습관에 대해 더 많이 언급된 것을 볼 수 있다. 야고보서 1:11, 시 19:4,6과 비교해 볼 때 재림에 대한 언급임이 더욱 분명하다. 18절에 나와 있는 무리의 지도자들은 이사야 56:10에 있는 짖지 못하는 개들과 같다.

NCCC의(1900-1990) 자유주의자들과 흡사하다. 귀족들(18절)은 살해당할 것이고(시 83:11; 149:8) 욥기 4:19; 10:9의 의미에서 "먼지 속에서" 살게 될 것이다. 19절의 "소문"은, 여기에서는 니느웨가 함락되었다는 소리를 듣는 사람들에 의해 전파되는 소리를 말한다.

나훔의 예언은 간결하고 분명하다. 나훔은 바빌론에 의해 즉시로 멸망되는 니느웨를 다루었다. 이는 동시에 대환란 끝에 있을 적그리스도와 적그리스도의 군대의 멸망을 예견한다.

• 옮긴이 / 조 도 희

- 한양대학교 전자공학과 졸업 (B.E.)
- 킹제임스성경신학교 졸업 (B.D., Th.M.)
- 현 부산성경침례교회 담임목사

• 역서

- <피터 럭크만의 주석서 출애굽기>(말씀보존학회)
- <피터 럭크만의 주석서 목회서신>(말씀보존학회)

피터 럭크만의 주석서

소선지서 I(호세아-나훔)

2004년 1월 15일 초판인쇄
2025년 5월 30일 초판4쇄

지은이 피터 S. 럭크만
옮긴이 조 도 희
펴낸이 말씀보존학회
펴낸곳 말씀보존학회

서울시 강서 우체국 사서함 제90호
전화 (02) 2665-3743 / 팩스 (02) 2665-3302
인터넷 / www.biblemaster.co.kr
제409-2022-000036호

값 25,000 원